특수교육학개론

박숙자 · 이나미 · 최윤희 공저

청목출판사

머리말

특수교육학이라는 학문을 처음 접하는 학부 학생이나 대학원 학생들은 특수교육이라는 용어에서부터 어려움을 느낄 수 있다. 특수하다는 용어의 생소함, 장애학생을 교육한다는 데에 대한 이질감 및 장애학생들을 접촉한 경험이 많지 않은 학부생들의 두려움 등이 합하여져서 특수교육학이 더 어려운 학문처럼 다가온다. 이러한 생소함에 대처하여 특수교육학이라는 학문에 좀더 쉽고 가깝게 접근할 수 있는 교재를 고안하고자 하였다.

특수교육은 앞으로 더 이상 특수교육이라고 부르지 않고, 특수교사도 더 이상 특수교사라는 용어로 불리지 않아야 할 것이다. 시대가 변하면서 장애의 개념과 장애인을 대하는 시각이 바뀌어 이들을 특수한 사람들로 간주하지 않을 수 있게 되었다. 이들은 좀더 세부적으로 개별적인 지원을 필요로 하는 사람들로 바라보고 관련 용어의 정의에서부터 모든 교수방법도 변화해 나가고 있다. 따라서 특수교육에 대한 철학적, 사회학적인 관점에서부터 각 지원대상에 대한 설명과 보편주의적 교수-학습 방법까지 최대한 최신의 자료와 인식을 바탕으로 교재를 꾸미려는 노력을 하였다.

장애인을 더 이상 장애인이라고 부르지 않고 특수교육을 특수교육이라고 부르지 않으며 우리 사회의 한 일원으로서 보충적인 지원을 필요로 하는 대상으로 그들을 인식할 수 있을 때 우리는 모두 관용과 포용력 있는 선진국민이 될 수 있을 것이다. 특수교육 혹은 지원 교육은 이에 관련된 사람들만의 교육과 과제가 아니며 모든 교육자들과 일반 학생들 및 학부모들이 보충적 지원을 필요로 하는 학생들을 이해하고 협력하고 지원할 수 있을 때 가장 효과적인 교육을 제공할 수 있다.

아직도 일반교실, 특수학급, 특수학교 및 모든 대안학교나 복지관, 센터에서 지원을 기다리는 학생들을 하나의 울타리 안에서 필요한 지원을 해주고자 하는 모든 사람에게 참고할 수 있는 자료로서 부족하나마 이 책을 바치고자 한다.

2011년 12월

저자 일동

차 례

제1부

특수교육의 기초와 미래동향

아동들이 만든 그림 접시

제1장

특수교육의 기초

1. 철학적 배경 및 장애관

한 시대의 철학적 조류는 그 시대의 사회현상과 교육의 방향에 영향을 미치며, 또한 철학은 그 시대의 사회현상을 해석하고 설명해 주는 기능을 갖는다. 사회적 이념과 철학이 없이는 교육이념이 있을 수 없으며 교육을 떠받쳐 주는 사회의 가치관과 철학이 분명할 때에만 교육의 방향이 명료해진다. 특수교육의 철학적 이념과 가치관 또한 이 시대의 전반적인 사회와의 관계 속에서 방향을 정립하고, 문제가 되는 부분에 대한 설명을 분명히 함으로써 특수교육의 진정한 목적과 방향을 정립하고 특수교육의 문제점을 해소하는 데 도움이 될 수 있다.

1) 시대적 조류

21C의 포스트모더니즘적 사고는 전시대의 모더니즘적 기본 정신과 신념을 거부한다. 즉, 선험적이며 절대적 기초를 부정하고 지식과 가치판단은 임의적이고 우연적이며 불완전하고 가변적인 것으로 간주한다. 이러한 포스트모던 경향은 다원화, 상대화, 개인화, 탈중심화, 국지화, 파편화, 감각화, 탈정당화의 경향으로 전환하여 윤리적 상대주의와 주관주의로 변화하였다(유현옥, 2010). 즉 가치판단은 실천적인 삶의 과정 속에서 개방적이고 합리적인 대화와 논의를 통하여 합의되는 것이며 어떤 절대적인 기준이 주어지는 것이 아니다.

이러한 관점은 전 시대의 기능주의에서 탈피하여 삶의 경험과 상호주관적인 해석과 사회문화적 맥락을 파악하는 해석학적인 관점과 진보적 구조주의와 진보적 휴머니즘의 관점으로 사회과학의 관심이 확대되면서 일어났다. 이 사조는 교육에서도 일방적이며 주입적인 교육방식을 벗어나 보다 더 민주주의적이며 개별적인 개성을 존중하고 개인의 특성에 맞는 교육을 제공하여 이 사회에 필요한 홍익인간, 민주주의적인 시민, 민족주의, 참교육, 참인간상을 기르도록 한다.

한편 실제 교육현상과 문제점에 대한 인식과 가치관을 설명하는 것도 교육철학의 역할인데 우리사회가 겪고 있는 입시주의, 물질주의, 학벌주의, 출세주의, 왕따와 같은 문제는 어떠한 교육철학으로 설명될 수 있는가? 이러한 현상들은 교육의 목적으로 인식되는 홍익인간, 민주주의, 민족주의, 진보주의, 새 교육과 같은 교육적 개념들과는 관계없이 실제교육은 제멋대로 진행되어 왔으며 무이념적이다(정범모, 1993). 이러한 무이념은 포스트모더니즘의 가치중립적인 시대조류에 편승하여 교육외적인 출세주의나 세계화, 국가경쟁력 강화와 물질만능주의와 같은 경제적, 정치적 가치와 이념에 의하여 지배된 개념이다.

그러나 기본적인 교육적 규범은 올바른 가치판단을 할 수 있게 양육하는 것으로 민주적이고 개방적이며 대화와 토론을 통하여 결정할 수 있게 하여야 한다. 가치관을 획일적으로 주입하는 방식이 아니라 개방적이고 유연한 사고와 태도를 가질 수 있도록 하되 진보적 휴머니즘의 가치인 다양성의 존중, 개인의 자유와 자율성 및 권리존중, 인간 존엄성의 존중, 개인의 사회적 책임, 평등, 상호존중, 타인의 이해에 대한 배려, 공동체의식, 사회적 연대와 협동, 합의와 존중, 진실성과 정직, 객관성과 보편적 타당성의 추구, 비판적 사고와 검토, 공정, 정의, 사회적 약자에 대한 관심과 권익보호, 도덕적 공동체의 형성[1] 등 개방적 자유 민주주의의 시민으로서의 능력을 내면화하는 것이 이 시대의 중요한 교육적 덕목이라고 하겠다(유현옥, 2010).

(1) 시대적 조류와 특수교육관의 변화

이에 특수교육의 철학적 문제들도 절대적 지식관, 사회관, 교육관의 해석이 시대적으로 진보함에 따라 변하여 왔다. 기능주의, 해석주의, 구조주의, 인간주의적인 사회관 및 교육관을 바탕으로 특수교육이 발전되어 왔는데 특히 기능주의적 지식관이 지배적이던 20세기 초반에 시작된 특수교육은 그 이후 여러 관점들이 복합되면서 무이론적이고, 혼합된 이론이며, 잘못된 이론에 기반을 두고 있다는 비판을 받기도 한다. 즉 특수교육은 심리학, 생리학, 심리통계학, 행동과학적 이론을 무비판적으로 적용한 혼합된 기계적, 객관적 기준과 절차에 따른 진단-처방적 모델이고 기능주의적 미시적 모델이며, 장애를 개인의 병리적 문제로 간주하고 사회적 맥락을 간과하는 잘못된 이론에 편협하게 묶여 있다는 비판을 받는다(Skrtic, 1986).

한편 해석주의적인 관점은 미시 객관주의, 기능주의의 결함을 보완할 수 있는데 장애를 이해하기 위해서는 장애를 가진 사람의 삶의 경험과 맥락이 중요하고 상호주관적인 해석과 사회문화적 맥락을 중시하였다. 인간을 다루는 일은 실증주의적인 방법만으로는 적절하지 않고 양적으로 수치화하는 것으로는 인간의 전체성과 역동성을 파악하기 부족하다. 중도 장애인의 경우에도 표준화도구 및 기타 객관화 검사도구로 개인을 파악하기에는 부족하며 주관적인 접촉을 통하여 정신이 있는 존재자로서 서로를 이해하고 파악하는 것이 중요하다. 중증장애인 교육

1) Mason, 2001; Siegel, 2002; Fullinwider, 1996; Gutmann, 1987의 내용 유현옥(2010) 요약 정리 재인용.

이 효율적이고 성공적이 되려면 직접적인 접촉을 통하여 서로를 파악할 수 있어야 한다. 서로의 공통된 세계를 형성하고 상호주관성을 통하여 서로를 이해하고 파악할 수 있다(김성애, 2004. 인용). 이 해석주의는 Husserl의 현상학을 말하며 있는 그대로를 이해하기 위하여 자신의 '판단을 중지'하고 감정이입을 가능하게 하는 것을 말한다. 즉 장애아동의 행동을 객관적으로 해석하기 이전에, 그(그녀)의 생활세계를 주관적으로 이해하고 아동과 세계와의 작용을 아동의 삶의 맥락에서 파악할 필요가 있다. 이 해석학적인 관점에 의하면 장애는 더 이상 장애가 아니며 개인의 특성이다.

(2) 거시적 관점에서 본 특수교육 문제

한편 사회안에서 개개인의 특성과 위치에 대한 설명을 사회 전통, 제도 및 문화와 같은 거시적인 관점으로 보는 구조갈등주의나 진보적 휴머니즘 이론도 현대사회의 분석과 교육에 영향을 미친다. 구조갈등론적 관점은 한 사회를 일정한 합의로 조직된 질서정연한 것으로 인식하지 않고 사회를 개인간, 집단간의 끊임없는 경쟁과 갈등의 연속으로 이해한다. 각 집단은 갈등관계와 지배집단의 목적을 위하여 사회체제를 구성하고 있고, 교육구조도 그러한 형태로 구성된다. Bowles와 Gintis는 학교교육의 상황을 자본주의 사회의 모순과 연관지어 파악하고 교육제도의 비민주성을 비판하며 자본주의 사회체제에서 불평등을 정당화하고 직업적 위계구조의 고착을 비판하였다. 이 관점에서 특수교육에 대한 문제는 첫째, 특수교육은 누구의 이익을 위해, 어떤 관심사에서 계속 확충되어 왔는가? 장애범주의 세분화와 장애의 표준화된 사정은 왜 강조되고 있으며, 그것은 특수교육 실천과 더불어 어떻게 정당화되어 왔는가? 최근 특수교육을 일반교육과 통합하고자 하는 논의는 어떤 관점에서 제기되고 있으며, 그 이유는 정당한가?(김병하, 2006)와 같은 질문들이 거시적이며 객관적인 관점에서 분석해 볼 수 있는 문제들이다. 특히 이러한 특수교육의 현상에 대한 설명은 특수교육 대상학생들을 위한 분리수업이 아니라 일반학생들을 위한 분리에 더 큰 이유가 있음을 주장한다(Tomlinson, 1995). 여기에 덧붙여 장애학생이 일반교육의 장으로 재통합될 때 겪는 일반 교사와 학생들의 거부는 입시주의, 물질주의, 학벌주의, 출세주의, 왕

따와 같은 경제논리와 경쟁논리와 같은 이기주의를 볼 수 있다.

구조갈등론자들의 입장에 의하면 특수교육 요구학생들이 갖는 장애나 결함은 개인의 무능력에 관련한 문제로 보기보다 원천적으로 정치적・경제적・사회적・문화적 구조를 통제하는 지배집단의 의도에 의해 따돌림 당한 결과로 파악한다. 예를 들어 경제적으로 부유한 중상류계층의 자녀들은 교육적으로 어려움을 보이더라도 사회적 문제나 경제적 문제가 있는 것으로 취급되지 않는 비율이 높고, 특수교육의 대상자로 포함되지 않고 학교교육을 받을 가능성이 크다. 한편 학습장애는 지적장애로 판단되는 것을 거부하는 부모를 포함하여 학업적으로 문제를 보이는 학생들을 기준으로 그 정의와 진단 기준이 매우 모호하다. 초기에는 학습장애는 학업성취가 낮은 중산층 백인(우리나라의 경우에는 이 부류의 학생들은 거의 교육적 혜택을 받지 못하는 상황)을 위한 기준이었고 점차 지적장애나 정서장애보다는 쉽게 수용될 수 있는 학습문제아를 위한 기준이 되었다. 구조갈등주의적 관점에서 우리나라도 대도시와 농촌지역간, 경제적인 중・상층계층과 하류계층간에 장애아동의 특수교육기회가 어떻게 구조적인 불평등 양상을 보이고 있는지 거시・객관적인 관점에서 해명해 볼 필요가 있다.

(3) 진보적 휴머니즘과 자립주의

진보적 휴머니즘은 인간내면의 주관성을 중시하는 입장에서 해석주의적 관점을 보이지만 개인적인 관심에서 나아가 전반적 사회의 관점으로 보다 더 거시적인 관점을 갖는다(김병하, 2006). 이러한 측면에서 프레이리(Freire, 2000)는 교육이 제대로 된 해방의 교육이 될 수 있기 위하여서는 사회, 정치, 경제적인 모순을 깨닫고 현실을 비판적-객관의식으로 문제의 원인을 파악할 수 있도록 '의식있는 교육'이 되어야 한다고 강조하였다. 장애인을 위한 교육에 있어서도 일방적으로 주어지는 교육이 아니며 개성을 존중하고 대화와 협동을 통한 교육이 되어야 하며 자신과 주변환경과의 관계에서 분명하고 스스로 자신의 삶을 향유하고 주변인에게 완전히 종속되는 삶이 되지 않도록 지원되는 성인교육과, 지역사회에서의 자립을 이룩할 수 있는 지원이 필요하고 의식을 깨울 수 있는 교육이 되어야 한다. 그러나 장애인에 대한 교육은 지금까지 장애를 개인의 문제로 보는 축소주의와 개인의 사적문제로 접근하고 교육에 대한 전통이 사회사업적이며 온정주의로서 기대를 낮추고 과다한 보호주의 형태로 이루어지고 있다. 또한 장애인에 대한 보호관리, 훈련의 방식과 비통합적 환경은 그들을 더욱 사회적 종속의 관계안으로 내몰고 있다(유병주, 2000).

이러한 종속관계를 극복시킬 수 있는 방법은 장애인 스스로 자아에 대한 인식을 하여야 하며, 비장애인들은 장애인에 대하여 민주적이고 인간으로서의 장애인 권리를 인정할 수 있어야 한다. 그러한 관점에서 볼 때 정상화이론은 일반인의 시각을 중심으로 이루어진 논리이므로 장애인에게 '일반인의 사회구조'에 통합되는 것만을 요구할 것이 아니라 장애인이 있는 그대로 독립적인 존재가 될 수 있도록 사회구조도 함께 변화되어야 할 필요가 있다.

프레이리(Freire)의 의식교육은 장애인에게도 적용되어 자신의 요구와 고통을 들어낼 수 있는 의사소통의 주체자로서 자신의 관심과 결정을 내릴 수 있는 사람으로 인식하게 하여야 한다. 따라서 해방을 지향하는 문화적 행동으로서의 교육은 소외된 지식을 전수시키는 것이 아니라, 지식을 확충함으로써 피교육자와 교육자는 '의식화'되며, 기존의 지식에 대한 가르치는 자와 배우는 자의 이해를 바탕으로 하여 새로운 지식을 추구하는데 동참하도록 지향한다. 그럼으로써 크게는 억압과 피억압의 사회를 인식하고 작게는 교사가 학생위에 군림하고 일반인이 장애인 위에 군림하는 학교문화를 극복하고 새로운 교육과정과 방법을 모색하여 '문제제기식 교육방법'과 '대화론'을 통하여 능동적 학습이 되어야 한다(Elias, 1984).

프레이리의 해방교육은 학생과 더불어 토론자가 되는 교사는 사랑, 겸손, 믿음, 희망이라는 덕목을 갖추어야 하고 이와 반대화적인 자세는 정복, 분할과 지배, 조종, 문화적 침략과 같은 태도들이다. 교육은 보육이 아니며 보모 양육은 전문적인 일로 볼 수 없으나 교육은 학생들의 편에서고 그들과 의사소통하고 질문을 제기하고 대화로서 비판정신을 갖추게 하는 전문적인 일이다. 교사는 배움을 학생들과 공유한다. 교사는 만능적이고 절대적인 권위가 아니며 학생들과 열린 자세로 배우며 변화한다. 교사는 진보적 사고를 가지고 학생들을 침묵시키고 순응시키는 역할이 아닌 민주적이고 대화를 유지할 수 있는 교사가 되어야 한다. 대화를 단절시키고 진실을 감추는 사회로부터 민주적이고 인간주의적인 교육을 실천하는 사회가 포스트모더니즘적 사회이다. 이와 같은 거시적이고 해방적인 태도를 장애인에게 적용할 수 있어야 하며 특히 중증의 장애인에게는 어떻게 적용하여야 하는지를 고민할 필요가 있다. 또한 특수교육자들은 Freire가 말하는 '무장된 사랑'으로 장애아동이 스스로 삶의 주체가 되어 그들의 인권을 찾도록 의식화 교육에 보다 관심을 기울여야 하고 스스로 자신의 삶을 결정할 수 있는 힘을 키울 수 있어야 한다(김병하, 2006).

2) 특수교육 혹은 특별지원교육의 변화

특수교사는 장애학생들에게 치료와 교정에 대한 전문적이고 헌신적인 노력은 물론, 건강한 사회인으로 살아갈 수 있도록 '왜'라는 질문을 끊임없이 던져야 하며, 늘 객체적 존재로 소외되어 있던 그들을 사회의 주체자로 살 수 있도록 도와야 한다. 이러한 의미에서 '당사자주의'는 매우 중요하며 더 이상 소극적으로 학생 개개인의 치료와 교정에만 매달려 있지 않고 그들에게 다가오는 장애학생들의 진정한 삶의 질을 높일 수 있는, 그들이 숙명론에서 벗어나 희망을 가질 수 있는 교육행위와, 느리게 변화하는 반인권적 사회문화 앞에서 투쟁할 수 있도록 지원하여야 한다(김용욱, 2004). 따라서 특수교육에 특정의 패러다임이 획일적으로 지배하는 것보다 포스트모더니티에 걸맞는 학교체제를 구성하여 공교육 재편과 학교개혁에 따라 특수교육도 당연히 재구성되며, 질적으로 재구조화된 학교교육안에 '일원화'된 교육공동체로 공존하여야 한다(Gartner & Lipsky, 1997).

따라서 특수교육은 일반교육과 마찬가지로 평등, 인권, 참여와 같은 덕목들을 고려해야 한다. 평등의 원리로 볼 때 아직도 특수교육 대상학생들은 일반 학생들만큼의 평등원리를 적용받지 못하고 있다. 인권의 측면에 있어서도 일반인은 장애인을 무시하거나 차별하고 장애인은 스스로의 운명을 결정하는 주체로서 인정받지 못하고 있으며, 교사는 이들의 인권을 수호하고 지켜주고 이들을 '의식 있는 인간'으로 육성하는 참된 교사로서의 자세를 교사 모두 반성하여야 한다. 참여는 장애아에 관한 결정은 장애인을 포함하여 의논되어야 하는 '장애인당사자주의'와 일반생활에 독립된 인격체로서 살아갈 수 있는 능력을 키우고 일상 사회생활에 일반인만큼 참여하여 사회활동을 할 수 있게 하는 것을 말하며 「장애인차별금지법」과 「장애인연금법」과 같은 지원을 확보하고 장애인의 역량을 강화시키는 방향으로 전환하여야 한다.

(1) 특수교육 용어의 변화

이와 같이 장애를 보는 관점의 변화, 교육적 방향의 변화에 따라 특수교육에서 사용되는 용어의 변화에도 변화를 모색할 필요가 있다. 개인의 장애에 초점을 맞추던 상황에서 사용되어온 '특수교육', '장애'라는 용어는 장애에 관계없이 독립된 삶을 가능하게 해줄 수 있도록 '특별요구교육' 혹은 '지원'과 같은 용어로 사용할 수 있고 장애의 관점을 축소하고 지원의 강도 혹은 지원 프로그램에 따른 분류방법 등이 있다.

'손상(impairment)', '장애(disability)', '핸디캡(handicap)'이란 용어에 있어서도 각각이 비슷하게 사용되기도 하지만 약간의 뜻이 다르다. 손상이란 신체부위나 정신적인 측면에서 기능이 손실되었거나 감소된 상태를 말한다. 장애는 손상으로 인하여 특정과제를 대부분의 사람들이 현재의 사회환경에서 수행하는 방식으로 할 수 없을 때 발생한다. 예를 들어 시각장애 아동이 점자가 아닌 일반적인 인쇄물의 책을 읽지 못할 때 장애가 있다고 말할 수 있다. 핸디캡은 손상으로 인하여 교육적, 개인적, 사회적, 직업적인 문제를 야기할 때 핸디캡이 있다고 말할 수 있다(김진호 외 6인, 2009). 따라서 장애를 가진 사람이라도 그 신체적 손상 및 장애가 활동에 문제를 야기하지 않으면 핸디캡은 없는 것이다. 즉 시각장애인이 점자를 통하여 학년에 맞는 글을 읽고 이해할 수 있다면 시각장애는 읽고 이해하는 문제에 핸디캡이 될 수 없다. 그러나 혼자서 익숙치 않은 길을 걸을 때 그 시각장애는 대부분의 사람들이 수행하는 방식으로 길을 걸을 수 없으므로 장애를 일으키고, 또한 원하는 곳을 혼자서 찾아갈 수 없으므로 핸디캡을 경험한다고 말할 수 있다. 따라서 일반인이 할 수 있는 모든 것을 보조공학이나 다른 방법으로 해결하거나 다른 사람의 도움을 받던 간에 일상생활과 직업과 기타 삶에 어떠한 문제를 발생하지 않는다면 핸디캡이 있다고 말할 수 없다.[2)]

한편 핸디캐피즘이란 의미는 장애를 가짐으로 말미암아 사회로부터 받게 되는 차별을 의미하는 용어로도 쓰인다. 신체적, 정서적, 행동적 차이나 결함 혹은 손상을 가진 집단은 다른 사람과 다르게 그리고 불평등한 대우를 받을 가능성이 높다는 하나의 가정이다(Patton, J., Ittenbach R., Beirne-Smith, M., 1994). 이 의미로 보면 지원이나 대안적인 방법으로 일을 수행할 수 있지만 장애가 있으면 무조건 못한다거나 부족할 것이라는 차별이나 편견을 의미한다. 장애 아동이 지원을 받거나 대안적인 방법으로 일을 수행할 수 있을 때 핸디캡이 없다고 말할 수 있고, 장애로 인한 생활에 불편을 받지 않을 수 있지만 장애를 무조건적인 편견과 차별로 대하는 경향이 있다.

이러한 의미에서 장애에 대한 편견과 차별을 극복할 수 있는 방법을 모색하여야 한다. 장애에 대한 무조건적인 편견과 차별을 없애고 장애가 있어도 가능한 방법을 동원하여 생활의 불편함과 불이익을 없앨 수 있는 방법을 개발하는 길만이 핸디캐피즘으로 설명되는 장애관을 줄이고 실제 삶에서의 핸디캡 상황을 최소화 할 수 있는 길이다. 따라서 개인과 사회가 주는 편견과 차별인 핸디캐피즘을 줄일 수 있는 방안과 장애가 가져오는 결핍의 문제를 해결하는 방법이 모색되어야 한다.

장애를 질병으로 보는 병리적, 의료적 관점은 점차 사회 및 제도적 결함 관점으로 전환되어 국가와 사회가 장애인에 대한 책임을 인식하고 지원하여 재활훈련뿐 아니라 제도개선, 환경개선 및 기타 교육적 지원을 통하여 독립적이고 인간적인 삶을 보장해 주는 방향으로 변화하고 있다. 이에 따라 장애에 대한 명칭(labeling)도 바뀌어 정신지체는 지적장애, 정서장애는 발달장애(정용석 · 노치규, 2001), 청각장애는 '수화자'와 같은 용어를 사용할 수 있고 '특별지원' 혹은 '특별요구 대상'과 같은 용어로 대체할 수도 있을 것이다. 그러나 장애명칭은 장점과 단점에 대한 논란이 계속되고 있는데(이미숙, 2010)[3], 장애학생에게 가장 필요한

2) World Health Organization, 1993. International Classification of impairments, disabilities, and Handicaps(pp. 27-29). 핸디캡은 나이, 성별, 사회문화적 측면에서 볼 때 정상이라고 간주되는 역할의 수행을 방해하는 손상이나 장애로 인해 초래되는 불이익.

3) 이미숙(2010)은 장애명칭이 곧 핸디캐피즘으로 연결된다는 주장(정용석 · 노치규)을 언급하고, 부정적인 명칭에 대한 대안적 명칭이 필요하다는 주장, 발달의 가능성을 주는 수용적인 용어로 바꾸어야 한다는 주장 등을 하였다.

것은 장애명칭이나 교육되는 장소가 중요한 것이 아니라 '아동의 교육내용과 독립생활에 무엇이 필요할까?'에 집중하여야 한다. 현재의 특수교육 전반적인 문제는 명칭붙임 자체가 핸대캐피즘, 장애차별을 유도한다기보다는 명칭을 붙인 후 그 명칭에 부합되는 질적 교육이 제공되지 못하기 때문에 특수교육을 기피하게 된다(정용석 · 노치규, 2001). 따라서 장애나 특수 같은 명칭붙임을 줄이거나 변경시키려는 노력도 중요하지만, 특수교육의 진정한 가치인 장애인의 최대 잠재력 개발과 독립된 자아를 목표로 하는 특수교육의 효능성을 최대화할 수 있는 방법 개선이 무엇보다도 중요하다고 하겠다.

(2) 의식개선

장애에 대한 일반인의 편견을 줄이기 위한 방법은 장애를 다문화의 한 요소로 간주할 수 있는 자세에서 나올 수 있다. 또한 반편견 교육은 성, 사회계층, 종교, 장애, 민족 등의 내용과 같이 좀더 포괄적인 측면에서 고정관념, 편견, 차별적 행동들을 타파하도록 사회구조에 대한 실천적 행동주의자가 되도록 일반인과 장애인 모두의 의식개선이 필요하다. 이러한 원리 실천을 위하여 첫째, 장애아와 일반아동이 모두 참여하는 통합환경이 구성되어야 하고 특히 장애인에 대한 부정적 인식을 긍정적으로 전환하고, 태도 및 행동변화를 유도하는 환경이 아동의 어린 시절부터 조성될 필요가 있다. 둘째, 장애아동이 장애로 인하여 핸디캡을 받지 않도록 여러 대안적 지원이 충분히 공급되어 능력고취가 일어날 수 있도록 할 필요가 있다. 셋째, 일반인과 장애인 모두 장애인의 권리와 복지를 보호해야 한다는 윤리적 결정을 내릴 수 있어야 한다. 성숙한 시민정신을 바탕으로 그들을 옹호하고 책임을 공유할 수 있게 한다. 넷째, 일반인과 장애인의 감정이입과 있는 그대로의 현상학적인 시각능력을 향상시킨다. 협동활동을 통하여 집단노력을 하여 개인적으로 잘못된 태도를 고치는 자세에서 함께 협동하는 적극적인 상호협력 능력을 키운다. 다섯째, 지역사회의 보편적 편의증진 설계를 강화한다. 여섯째, 편견, 차별, 억압적 상황을 초래하는 사회구조에 대하여 비판적 사고를 기른다(양숙미, 2002).

의식개선은 장애인의 관점에서도 이루어져야 한다. 저소득, 저학력, 직업의식과 사회적 책임의 결여, 구걸행위, 시혜 및 복지의 요구, 장애인 집단간의 알력과 같은 행위들은 장애인 스스로의 가치를 저하시키는 결과를 낳을 수 있다. 따라서 일반인들의 태도개선과 더불어 장애인 스스로 자신들을 비하시키는 행위를 자제하고 스스로의 가치를 향상시킬 수 있는 노력도 매우 필요하다.

2. 특수교육의 발전

특수교육의 발전은 개별적인 종교인이나 의사들이 개인적으로 감각장애인에게 교육을 제공한 19세기(~1900년)까지의 특수교육의 출현기를 지나서, 20세기 중반까지의 종교적, 인도주의적인 관점에서 복지제공을 목적으로 하는 복지모델과, 20세기 후반까지 장애를 극복시키고자 하는 노력을 치료 및 재활을 통하여 실시한 의료적 치료 및 재활모델의 시기가 있었으며, 20세기 후반부터 현재까지는 보다 더 적극적으로 장애인을 일반사회에 통합하기 위하여 장애를 사회·정치적인 관점에서 파악하고 지원하려는 사회모델과 독립생활모델의 시기로 발전되고 있다.

1) 제 1단계: 특수교육 출현기(19세기~1900년까지)

고대 원시사회는 생명을 보존하고 자신의 종족을 보존하는 일이 최대의 관심사이기 때문에 종족보호에 도움이 안 되는 자는 가차없이 생명을 박탈당하고 추방당하기도 하였다. 고대 로마시대와 그리스, 스파르타, 아테네시대에서는 장애인을 식충이라 하여 산야에 버리고 자살을 방임하였으며 스파르타에서는 신체건강한 군인이 될 수 없는 심신장애자는 가차없이 유기하였다(Hodgson, 1954).[4)]

한편 부분적으로나마 장애인에 대한 자선보호가 고대 동방제국에 있어서나 이집트제국에서 국왕 및 승려계급에 의해 부분적으로 행하여졌으며, 고대 히브리인

4) 김병하, 2006 인용, p. 12.

들은 구약성서의 율법 중에서 '농아인과 맹인은 하나님의 내신 바라'(출애굽기 4장 11절)라고 하였다. 또한 Hebrew법전에 의하면 '귀먹은 자를 저주하지 말라, 앞못 보는 사람 앞에 장애물을 두지 말라, 그렇지 않으면 신의 노여움을 사게 될 것이다'라고 하여 약자와 불행한 자는 보호되어야 한다는 것을 교시하기도 하였다. 특히 중세에 기독교 사제들은 가난한 사람, 병든 사람, 장애인을 보호하는데 선구가 되어 A. D. 325년 Nicaea종교회의 이후 기독교의 발전과 함께 자선사업 정신을 배경으로 중세초기의 성직자들은 빈민, 장애인을 보호하기 위한 시설을 설립하기 시작했다.

서양의 르네상스는 고대 그리스, 로마의 학예(학문, 문학, 예술)의 부흥을 중심으로 한 인간의 자각운동이다. 중세시대의 신 중심에서 인간중심으로, 내세주의에서 현세주의로 권위주의에서 이성주의로 전환하면서 중세적 세계관을 극복하고 근세적인 인간중심으로 환원하고자 하는 변화이다. 이러한 신과 인간에 대한 사고의 전환과 의학의 발달은 '장애'의 생리와 병리를 더욱 이해할 수 있게 하는 계기가 되었다. 독일의 S. Alberti(1540~1600)는 의학적으로 청각장애를 연구하여 농아인, 난청인, 벙어리는 각각 그 유형이 다르다는 것을 밝히고 1591년 '*Oratio de Surditate et Mutitate*'라는 단행본으로 역사상 최초로 농아에 대한 의학서적을 발간하였다.

17C 이후 농아자를 위한 교육이 매우 활발하여 1661년에는 「의사소통기법」을 스코트랜드의 G. Dalgarno가 집필하였고, Amman(1669~1724), Jacob Rodrigues Pereira(1715~1780) 등이 전문 농교사로서 청각장애인을 위한 전문적인 능력을 보여주었다. 특히 Pereira는 불란서의 최초의 특수교육자로 인정되고 있는 이비인후과 의사였던 Itard에게 많은 영향을 미쳐 정신지체아를 위한 교육방법에 큰 역할을 하게 하였다.

Jacob Rodrigues Pereira(April 11, 1715-September 15, 1780) was an academic and the first teacher of deaf-mutes in France.

한편 그 당시 유럽사회는 동양과 달리 맹인교육에는 큰 발전을 보이지 못하고 구빈보호의 대상으로 보호하였고 16~17C에 접어들어 맹인들을 위한 문자지도를 위한 연구가 간헐적으로 이루어졌다. 1517년 스페인의 Lucas는 얇은 목판위에 조각한 한 벌의 문자를 고안하여 1580년 마드리드에서 맹아동에게 교수하였고 Lanaterzi(1631~1681)는 선과 점을 조합하여 알파벳 형식을 제안하여 오늘날의 점자의 선구가 되었다. 최초의 농학교는 파리의 Charles Michel de L´Epee에 의하여 1755년에 국립농학교가 설립되어 수화중심의 교육을 실시하였고, 독일에서는 1778년 Hamburg에 Samuel Heinicke에 의해 구화법에 의한 세계최초의 공립 농학교가 설립되었다. 미국에서는 1817년 Gallaudet이 코네티컷주의 Hartford에 농학교를 무상교육으로 설립하였고 이후 50년간(1817~1867) 미국내 24개주에 공적 무상교육 기숙제 농학교가 지속적으로 설립되어 주로 수화주의에 입각한 교육을 실시하였다. 그러나 구화와 수화를 병행하는 융통성을 보여 1890년에는 수화법 학교 13개교, 구화법 학교 19개교와 병행법이 52개교로 발전되었고, 1864년에는 농자를 위한 고등교육기관으로 Gallaudet College를 설립하였다. 근세 맹인의 정신적 개안에 공헌한 인물로서 Louis Braille(1809~1852)는 맹인용 점자를 연구한 끝에 점자 알파벳을 고안하였다.

지적장애아를 위한 교육은 농·맹 교육에 비하여 매우 늦게 시작되었다. 프랑스의 Pereira의 농교육을 돕고 있던 청년의사 J. Itard(1775~1838)는 Pereira가 농교육에서 성과를 본 감각훈련 방법을 통해 「Aveyron」숲의 야생아를 집으로 데려와 사회적 인간으로 회복시키는 노력을 하였다. 교육의 주요 목적은 다음과 같은 5가지 목적으로 실시하였다.

첫째, 생활에 안정을 주고 사회생활에 흥미를 갖도록 한다.

둘째, 강한 자극이나 격렬한 감동으로 신경적 감각을 깨운다.

셋째, 그에게 새로운 요구를 주어 사회적 접촉의 기회를 증가시킴으로써 새로운 요구나 관념의 범위를 넓힌다.

넷째, 모방의 훈련을 통해 언어를 사용할 수 있도록 한다.

다섯째, 생활의 욕구를 충족시키는 과정에서 심리적 과정을 교육과 연결시킨다.

Jean Marc Gaspard Itard (French physician April 24, 1774, Oraison, Alpes-de-Haute-Provence - July 5, 1838)

그러나 Itard가 목표하였던 언어발달은 저조하였고 정신발달도 부진하였으며 오히려 야생성이 더욱 난폭한 행동으로 표출되어 그의 노력을 실패로 단정하였다. 그러나 1806년 프랑스 아카데미는 그의 교육실험 성과에 대해 긍정적인 찬사를 보내었으며 Itard의 선구적 업적은 특히 지적장애자에 대한 과학적 연구에 계승되어 후에 Seguin의 지적장애 연구에 많은 영향을 미쳤다.

프랑스 이외의 국가인 독일, 영국에서도 정신지체인에 대한 교육적 조치를 실시하였는데 1867년 프러시아는 드레스덴에 통학제 보조학교를 개설하였고 1894년에는 이러한 종류의 학교가 32개교에 달했으며, 1876년에는 미국의 정신지체협회가 결성되어 정신지체를 이해하고 정의·분류하는데 중요한 영향을 미쳤다. 영국은 1895년 윌로우가 공립학교에 정신지체아를 위한 특수학급을 개설하였으며 1896년에는 런던시내만도 특수학교가 24개교에 달하여 농·맹·정신지체아를 위한 국·공립학교와 사립학교가 점차 확대되어 20C에는 전반적인 장애아동을 위한 교육이 정착되었다.

우리나라는 고려시대부터 관아인 서운관에 훈도 4~5명을 두고 총명한 맹인 10명을 선발하여 3일에 한번씩 모이게 하여 음양학을 교육하여 맹인을 점복에 종사하게 하였으며, 조선조 세조 12년(1466)에 서운관을 관상감으로 바꾸고 음양학을 명과학으로 고쳐 맹인들에게 점복교육을 실시하였다. 형식교육기관으로서 우리나라 최초의 특수교육기관은 관학인 서운관이라고 할 수 있으며 서운관에서 맹교육을 시작한 1445년을 우리나라의 특수교육 원년이 되는 해라는 주장도 있다(김승국, 1995).[5] 고려시대의 맹인에 대한 점복술교육은 스페인에서 귀족의 자제인 농아자를 교육한 16C보다 앞서고, 불란서 파리에서 유럽 최초의 맹학교를 설립한 1784년보다 앞서며, 불란서 이비인후과 의사인 Itard가 12세된 야생소년을 교육하기 시작한 시기보다도 앞선 일이다.

한편 1894년 평양에서 감리교 의료선교사인 로제타 홀(Rosetta Hall)여사에 의하여 맹여학생에게 점자지도를 시작한 것을 근대 특수교육의 기점으로 보기도 한다. Hall 여사는 1989년 뉴욕식 한글점자체제를 개발하여 성서점역사업을 시작하였고, 1900년경 마페드여사와 페리부인 등에 의하여 남자 맹인복지 및 교육을 시작하였으며 1909년에는 홀부인과 동료 선교사들, 그리고 한국인 이익민 등과의 협동적인 노력으로 농교육 사업을 시작하였다. 한일합방 직후 1912년에는 조선총

---

5) 김승국에 의하면 우리나라의 특수교육은 고려시대의 점복술 교육을 포함하여 550년의 역사를 가지고 있다고 한다. 한편 김병하(2006)는 특수교육으로서의 교육적 방법과 조건을 갖춘 기준으로 보아 그 시작연대를 1894년 Hall여사가 평양에서 한 맹아에게 점자지도를 실시한 것을 특수교육의 시초로 보는 차이가 있다.

독부가 제생원 관제 및 그 규칙을 제정 공포하고 제생원 농아부를 설립하였다. 제생원은 보통교과목과 직업교육으로 침·구·안마교육을 실시하였고 서울 뿐 아니라 평양·원산·함흥 등지에서도 맹·농교육이 이루어졌다. 이후 해방 후에는 미군정청이 일본으로부터 제생원을 인수받아 보건후생부 산하에 두고 학제를 6년제 초등학교로 고쳤으며 교명도 국립맹학교로 고쳤다. 1949년 「교육법」이 제정되면서 '특수학교는 시각장애자 등 심신장애자에게 유치원·국민학교·중학교·고등학교에 준한 교육과 그 실생활에 필요한 지식 및 기능을 가르침을 목적으로 한다'고 규정하였다. 이 법에 따라 시각장애와 청각장애 특수학교만이 아니라 기타 장애 특수학교가 설립되었고, 일반학교의 특수학급은 1969년 경주 영주초등학교에 처음으로 설치되었다.

1890년 뉴욕시 메디슨가 빈민의료선교에서 만난
닥터 홀과 닥터 로제타 셔우드

2) 제2단계 : 종교적, 인본주의적 복지중심(1900～1950년경까지)

1900년대 이후 과학의 발달 및 행동주의 이론을 바탕으로 한 과학실증주의는 의료교육학으로 특수교육 패러다임을 정립시키는 데 크게 기여하였다. 의료교육학은 의학과 교육을 결합시킨 것으로 19세기 이후 유럽을 중심으로 감각교육이 의학적 처치와 결합되는 모형으로 실제화되었으며, 그 후 '치료교육학'으로 명명되기도 하면서 특수아동의 요구를 일종의 질병 혹은 병리적 현상으로 인식하여, 요법적 행위로서의 치료교육학이 특수교육의 전문성으로 강조되었고 장애를 의료적, 병리적 모델로 진단하고 심리측정 모델에 의하여 장애와 비장애를 구분하게 하였다(김병하, 2006).

이 시기에는 교육적 지체를 보이는 아동을 구분하는 지능검사가 개발되고 여러 심리측정적 검사도구를 개발하여 장애인을 변별하기 시작하였다. 아동을 선별하는 검사도구가 개발되기 시작하여 근대적인 지능검사도구로서는 최초로 1905년 Alfred Binet와 그의 제자인 Theodore Simon에 의하여 The Binet-Simon Intelligence Scale이 개발되었고, 이후 계속하여 여러 심리측정도구가 표준화되어 발표되었다. 1916년에 The Stanford-Binet 지능검사도구가 Lewis Terman에 의하여 미국에서 번안되었으며, 1917년에는 Arthur Sintor Otis에 의하여 처음으로 집단지능검사인 The Absolute Point Scale이 개발되었다. 한편 이 시기에는 일반교육이 점차 의무교육화하고 발전되면서 특수교육이 성립되고 교사의 필요성을 인식하면서 교사양성을 시작하였다(표 1.1). 그러나 일부 장애인을 시설에 수용하고 사회복지적인 측면에서 교육과 훈련을 시키려는 시도가 있었지만 교사의 교수적능력, 교육행정적 효율성, 교육방법의 수정, 혹은 교육적 환경의 배려 및 일반인의 인식과 편견, 법률적, 사회적 환경의 중재와 같은 오늘날의 모습과는 매우 다르다고 하겠다. 이 시기는 각국이 전쟁과 사회적인 혼란상황에서 우생학설 및 불임시술과 같이 장애인을 일반인으로부터 격리시키는 것을 당연시하였으나 또 한편으로는 이들에 대한 교육의 필요성을 인식하기 시작하였다.

표 1.1 각국의 교사양성제도의 성립 및 발전

국명	연 도	내 용
영국	1910	맹·농 교사의 면허인정을 위한 사범대학설치
	1919	Manchester University에 농학교 교사양성과정(1년과정)
	1945	언어치료사 양성대학 설치
	1950	정신박약, 정서장애 아동 교사양성 프로그램 설치
	1956	Birmingham University에 맹학교 교사양성과정 설치(1년과정)
미국	1904	Vineland Training School 정신박약아 교사양성을 위한 하계학교
	1910	C. M. Elliot에 의해 Eastern Michigan college에 특수교사양성과정설치
	1913	Wisconsin University에 농학교 교사양성과정 설치

	1948	전국에 77개 특수교육교사양성 대학설치
	1965	전국에 131개 특수교사양성과정으로 확대
일본	1951	동경교육대학에 특수교육과 설치
	1953	광도대학에 맹·농학교 교원양성과정 설치
	1960	양호학교 교원 양성과정 설치
	1969	전국 43개 대학에 특수교육교사 양성과정설치
한국	1950	서울맹아학교 사범과 설치
	1954	서울 맹아학교 보통사범과 설치
	1961	한사대학(현재의 대구대)에 특수교육교사 양성과정설치
	1971	이화여대, 단국대학에 특수교육학과 설치
	1981	단국대 교육대학원, 우석대, 강남사회복지대학교 등에 특수교육과 설치

출처: 오봉수, 1985, p. 112-113.

이 시기의 우리나라는 일본 식민시대인데 박두성은 그 당시 사용 중이던 일본 점자에 불만을 품고 1926년 6점으로 된 한글점자 '훈맹정음'을 공표하였다. 또한 김창호목사는 1935년 평양 광명 맹학교를 설립하였고 1946년에는 대구맹아학원을 이영식목사가 설립하였다. 한국지체부자유 학교는 1964년 연세대학교 세브란스병원 소아재활원 초등학교가 최초이며 정신박약자 학교는 1966년 대구보명학교이다. 이상과 같이 우리나라의 근대적인 특수교육은 기독교 선교사와 한국의 기독교인에 의하여 구빈보호적 성격을 띠었고 장애학생들을 일반인과 격리한 상태에서 치료교육 및 보호하는 성격이 강하였다.

3) 제3단계 : 의료·치료 재활서비스 중심(1950년~1990년경까지)

1, 2차 세계대전이 끝나고 국가를 위하여 헌신한 상이군인들을 치료하면서 장애인에 대한 사회적 태도에 많은 변화가 일어났다. 1948년에는 국제연합에서의 세계인권선언, 1966년 국제 인권규약, 1971년 정신지체인의 권리선언 및 1975년 장애인 권리선언, 1981년을 '세계장애인의 해'로 정하여 세계적으로 인간의 존엄성과 장애에 관계없이 동등한 시민의 권리와 정치적인 권리를 강조할 수 있도록

사회분위기가 성숙하였다. 또한 1950년경부터 경제적으로 선진국가인 스칸디나비아국을 중심으로 대규모 장애인시설에 수용된 장애인들의 비인도적인 환경이 사회에 노출되면서 이들을 일반사회로 환원하여 일반인과 함께 살아갈 수 있도록 정상화시키려는 노력은 사회의 분위기를 장애인의 인권과 삶의 질에 관심을 기울이게 하였다. 그 결과 1975년에는 미국에서 「전장애아 교육법」(Education for All Handicapped Children Act, PL 94-142)이 통과되어 장애학생을 위한 특수교육이 획기적인 전기를 맞이하게 되었고 이 법은 전세계의 특수교육에 많은 영향을 미쳤다. 이 법에서는 특수교육을 정의하여 '특수교육은 장애아동에게 필요한 모든 교육적 조치를 부모나 그 보호자의 경비 부담없이 학교, 병원, 시설, 가정 등에서 그들에게 가장 적합한 교육과 그 관련 서비스를 받게 하는 것'이라고 정의하고 관련서비스에는 교통수단, 언어치료, 청능훈련, 물리·작업치료, 심리학자의 진단과 평가, 상담 및 각종 의료혜택을 포함하도록 하였다.

미국의 「전장애아 교육법」은 우리나라에도 영향을 미쳐 1977년 「특수교육진흥법」이 제정되고 1979년부터 시행되었다. 이 법의 시행으로 국립 또는 공립에 취학하는 자와 사립의 특수교육기관중 의무교육과정에 취학하는 자는 무상교육을 받을 수 있게 하였다. 또한 사립 특수학교는 운영비·시설비·실험실습비·직업보도비·교원의 봉급·기타 특수교육에 필요한 경비를 국고보조로 받을 수 있게 되었다. 1981년 '세계장애인의 해'를 맞이하여 우리나라는 「심신장애자 복지법」을 제정 공포하여 장애인의 발생을 예방하고 장애인의 복지를 증진할 실질적인 책임을 지게 되었으며 자립작업장 설치와 장애인복지관이 설립되고 1987년부터 장애인 등록을 받아 다각적인 지원을 실시하였다. 1989년에는 「심신장애자복지법」이 「장애인복지법」으로 개정되고 1990년에는 「장애인고용촉진 등에 관한 법률」이 제정되어 장애인의 취업에 큰 도움이 되었다. 그러나 이 시기는 장애를 개인의 문제로 인식하고 의료적인 치료 및 재활의 대상으로 바라보며 장애인의 불행을 극복시키는데 초점을 두고 재활이 제공되었다.

4) 제4단계 : 일반교육주도, 독립생활 지원중심(1990년~현재)

일반교육의 주도(Regular Education Initiative; REI)는 일반교육과 특수교육의 이분법을 종식시키고 그 대신에 일원화된 통합교육의 정책을 실천하여야 한다는 주장이다. 90년대 이후의 일반교육은 각국이 교육개혁을 실시하여 수월성교육, 창의적 인재양성, 자기주도적 학습을 강조하고 교육의 질적 향상을 강화하였다.

미국은 학교의 책무성 정책(Accountability policy)을 적극적으로 도입하기 시작했으며, 학교 선택권의 도입을 통한 공교육체제의 변화가 시도되었다. 그리고 학교 기반 경영(school based management, SBM)을 통한 학교의 변화를 추구하는 움직임과, 교사의 전문성 신장(professional development)을 통한 교육의 질을 향상시키기 위한 움직임 등이 일어났다. 미국 교육개혁의 주요 성과는 특히 공교육체제의 재구조화와 관련하여 학교의 자율성과 책무성, 수요자 선택권을 강화하기 위해 마그넷스쿨(특성화 학교), 차터스쿨, 바우처시스템, 학교단위책임경영제(SBM) 등 다양한 학교교육 형태를 도입하고 있다.

이러한 학교의 다양성과 더불어 장애학생들의 학업성취도에도 많은 목표를 세웠다. 미 연방 특수교육 및 재활청에서는 「아메리카 2000」에 따른 네 가지 우선과제로 ① 조기중재, ② 통합교육, ③ 가족지원, ④ 교사의 전문성제고 등을 제시하고, 학교의 재구조화를 통해 장애학생의 교육배치에 있어 종래의 제한적인 환경을 줄이는 소극적인 조치로서의 주류화를 탈피하고 모든 학생을 위한 재구조화를 함으로써 그 속에 장애학생의 '특별한 교육적 요구'가 충족될 수 있도록 일반학급에 완전히 포함되는 통합교육으로 전환하게 하였다. 따라서 중증·중복장애를 제외하고는 대부분의 특수교육 대상자들이 일반학교에 포함되는 방향으로 변하고 있다.

한편 특수교육을 유연성있게 포괄적으로 잘 시행하고 있는 국가로서 핀란드를 들 수 있는데 핀란드는 공교육의 최우선 과제는 모든 학생들에게 차별없는 학습과 복지를 제공하여 학생들이 누구나 어떤 처지에서나 전인적이고 건강한 성장 발달을 이룰 수 있는 조건을 마련하였다. 핀란드 학생들은 교육법에 따라 누구나 특수교육을 받을 권리가 있다. 대체로 종합학교 학생들 중에서 약 6.2%는 전일제로 특수교사의 지원을 받는다면, 20%정도는 부분적으로 특수교사의 도움을 받는다. 다른 나라에 비해 특수교육의 수혜자가 이처럼 많은 것은 특별히 핀란드 아동들이 학습상의 문제가 많아서가 아니라 특수교육의 범위가 그만큼 넓고 유연하게 적용되고 있기 때문이다. 특수교육은 종합학교 학력 이전인 취학전 교육에서부터 적용되어 고등학교에 이르기 까지 계속된다(곽재석 외 6인, 2005).

장애학생의 장애특성을 파악하여 장애영역을 보완하고 재활하는 관점에서 벗어나 보편적 교육디자인(universal design for learning)의 관점은 환경, 교육적 배치, 교육내용, 교수방법을 모든 아동들의 요구에 맞게 고안하여 학생들의 일반사회적응을 돕는다. 즉 장애학생의 특성에 초점을 맞추는 방식에서 학생의 사회·정치적인 환경을 조절하는 관점이 내포되었다. 보편주의적 모델은 '연령과 능력에 관계없이 모든 생활자에 적합한 디자인'이란 의미로서 그 배경은 1980년대 이후 세계장애인의 해를 기점으로 전세계적으로 확대된 장애인 편의시설 설치가 의무화된 것이 그 발단이 되었다.

교육의 보편적 디자인 모델을 교육과정에 적용할 때 학교전체의 재구조화(Whole School Approach)를 통하여 일반교육과정에 장애학생을 위한 교육과정을 포함시킨다. 지금까지의 통합교육은 일반교육의 장으로 장애학생을 통합시킬 때 특수교사가 IEP를 작성하여 가능한 시간에 일반학급으로 통합시켜왔으나 보편적 디자인 개념에 따라 일반교사 및 학교행정체제 전반에 특수교육대상 학생을 위한 교육과정을 함께 학기 초부터 구성하여 모든 교사들이 특수교육 대상학생들의 학급내 활동을 숙지할 수 있게 하는 방법이다(국립특수교육원, 2007).[6] 특히 일반교육과정과 특수교육과정의 구분을 두지 않고 통합교육과정으로 재구성하여 장애학생과 비장애학생, 학습부진학생과 학습우수학생 등 모든 학생들을

6) 국립특수교육원이 주관한 특수학급 컨설팅 시범학교는(2006) 유치부, 초등학교, 중학교, 고등학교 1개교씩을 연구시범학교로 지정하여 통합된 특수교육요구 학생을 위한 학교수준 교육과정계획을 구성하고, 통합교육특별위원회를 구성하였으며, 학교 전차원의 협력수업, 또래학습도우미, 방과후 프로그램지원, 방과후 장애학생 저녁시간 도우미제공 등의 방법으로 보편적 학습 디자인을 실현할 수 있는 다각적인 방법을 구안하였다. 이 보편적 디자인은 장애학생만을 위한 프로그램이라기보다 전 학교 학생, 교사 및 학부모들이 참여할 수 있는 방법을 통하여 학교 전차원의 수업의 질을 향상하고 사회성 및 특기활동의 활성화를 가져왔다.

고려하여 적합한 교수적 경험을 제공할 수 있게 한다. 교육과정은 교육내용, 방법, 교육자료, 및 평가방법을 모두 포괄하는 개념으로 수준별수업, 협동학습, 또래교수, 협력수업, 교육공학매체, 대안적 평가방법 등을 모두 포괄적으로 활용할 수 있게 함으로써 모든 학생들의 학습의 질을 높일 수 있게 하고 최종적으로는 완전통합을 달성할 수 있는 방법이 될 것이다.

자립모델은 장애인이 가진 장애의 종류나 장애의 정도에 관계없이 이들을 독립된 인격체로 자립할 수 있게 돕는 모델이다. 이 자립모델은 1971년 버클리자립센터가 최초로 운영된 후 미국에는 400여개 우리나라에는 50여개가 있다. 이 자립모델은 소비자주권, 자조, 정치·경제적 권리를 주장하며 장애인 당사자주의, 인권중심주의를 중시하고 최대한 의존주의적 생활을 탈피하여 독립된 인격체로 살아갈 수 있게 하는 것을 중시한다. 따라서 이 자립모델은 재활이나 치료에 중점을 두기보다 자립생활센터를 중심으로 장애인을 위한 활동보조서비스, 이동서비스, 주택서비스를 통하여 독립을 증진하고 장애인의 권익옹호, 동료간 지원, 정보 및 의료서비스, 자립생활기술훈련 등의 서비스를 제공하여 자립과 장애인의 역량강화를 중시한다(김동호, 2000; 이성규, 2007).

3. 특수교육의 정의 및 대상

1) 특수교육의 정의

최근까지는 장애인의 다른 점, 혹은 결함에 더 초점을 두고 그 점을 정상으로 교정하는데 교육의 목적을 두어 왔다. 그러나 장애인들은 그들의 장애를 제외하고는 일반인과 똑같은 감정, 욕구가 있으며, 삶의 목표도 같다는 점에 더 주목하여야겠다(Hallahan 외, 2009). 특수교육이란 장애로 인하여 발생하는 특별한 요구에 맞추어 특별히 고안된 교육을 말하는데, 특수한 자료, 교수방법 및 장비를 필요로 하며 특히 중요한 것은 장애학생의 능력을 발견하고 그것을 최대한 활용하여 그들의 잠재력을 최대한 키워주는 것을 말한다. 특수교육이란 일반교육보다 더 정밀하게 지도의 속도와 강도를 조절하고, 지도내용에 대한 집중적인 훈련을 필요로 하며, 교육의 방식과 환경을 구조적으로 조절하고, 다양한 강화제를 사용하며, 교사대 학생의 비율을 줄이고, 교육과정을 수정하며, 성취를 지속적으로 평가하면서 미세한 발전의 정도를 파악해 나가며 개별화교육계획의 목표가 달성되고 있는지를 평가해 나가는 방식이다(Rosenberg 외, 2008). 최근 일본에서는 심신장애자에 국한되었던 특수교육을 확대하고 특수교육을 특별지원교육이라고 명칭을 개정하였으며 2007년도에는 교육법으로 규정하여 지금까지의 특수교육 대상만이 아니라 지적으로 지체가 없는 발달장애를 포함하여 특별한 지원을 필요로 하는 모든 학생을 대상으로 지원교육을 제공하고 있다. 즉 진단명과 장애종별에 구애받지 않고 적절한 특별한 교육적 지원이 필요한 대상에게 적절한 지도를 실시하는 것을 말한다(노선옥 외, 2008). 그 결과 장애학생의 능력을 극대화시키고 그들을 일반사회에서 독립된 존엄한 시민으로 살아나갈 수 있게 지원하고 장애학생이 자립하여 살아갈 수 있도록 장애를 극복·개선하며, 사회적·제도적 제한과 편견을 제거하며 보편주의적 환경을 만들도록 하여 능동적 주체적으로 접근하도록 한다(김정희, 2009).

한편, 특수교육이 일반교육과 점점 통합되는 상황에 있으나 아직 특수교육이 존재할 수밖에 없는 이유를 Rosenberg 외(2008)는 다음 표 1.2와 같이 특수교육의 특수성을 설명하고 있다.

표 1.2 특수교육의 특수성

영역	특수교육
속도조절	특수교육은 가르치는 내용을 학습하는 학생의 능력에 맞추어 교수의 속도를 조절할 수 있어야 한다.
강도조절	특수교육은 복합적인 개념과 조작을 가르치는 여러 단계와 직접교수 및 훈련에 사용되는 시간을 조절함으로써 교수의 강도를 조절하여야 한다.
끈질긴 노력	고정된 시간표에 따라 운영되기보다 특수교육 대상 학생이 교육과정의 중요한 요소를 습득하는데 어려움을 보이는 경우, 다양한 접근법을 사용하여 끈기있고 인내하며 불굴의 노력을 들여 교수하여야 한다.
구조적인 구성	일반학생들에게 제공되는 것보다 더 직접적이고, 조직적이며, 분명하고, 예측가능한 구조화된 학습상황을 제공하여야 한다.

강화제사용	장애학생들은 긍정적 강화를 많이 사용하고, 때로는 필요한 기술과 행동을 빨리 습득할 수 있게 촉진하려면 1차원의 물질적 강화제를 사용할 수도 있다.
학생-교사 비율	특수교육은 더 구조적이고 집중적이며 끈기있는 노력이 필요할 때가 있기 때문에 학생과 교사의 비율이 더 낮아야 할 필요가 있다.
교육과정	대부분의 장애학생들에게는 일반교육과정을 적용하되 그 교육과정을 지도하는 데는 특별한 지원과 조절이 필요하다. 보다 더 중증의 학생들에게는 기본적인 삶을 위한 기술과 대안적인 의사소통기술 및 사회성 기술이 필요하다.
감독/측정	특수교육법(미국의 경우)은 학생의 성취를 문서로 남길 수 있는 구체적인 과정을 규정하고 있다. 즉 수행수준을 자주 측정하여 교수방법이 효과적인지를 알 수 있게 하여야 한다.
협력	특수교육은 장애학생의 삶에 관계되는 모든 사람들이 투입되고 참여하도록 요구하고 있다.

출처: Rosenberg 외 2인, 2008. Special Education for today's Teachers, p. 6.

이와 같이 특수교육은 현재의 일반교육 상황에서 제공되기 어려운 특별한 교육적인 과정이 필요하다고 하겠다. 한편 우리나라 「장애인 등에 대한 특수교육법」은 특수교육을 정의하여 '특수교육대상자의 교육적 요구를 충족시키기 위하여 특성에 적합한 교육과정 및 제 2호에 따른 특수교육 관련서비스 제공을 통하여 이루어지는 교육을 말한다'고 정의하고 있다. 제2호는 '특수교육 관련서비스란 특수교육 대상자의 교육을 효율적으로 실시하기 위하여 필요한 인적·물적 자원을 제공하는 서비스로서 상담지원·가족지원·치료지원·보조인력지원·보조공학기기지원·학습보조기기지원·통학지원 및 정보접근지원 등'을 말한다. 즉 특수교육은 위에서 언급된 특별한 교육적 방법에 덧붙여, 각 학생의 특별한 장애상태를 극복시키고 보완하는데 필요한 여러 관련서비스가 지원되었을 때에만 특수교육이 진정한 효율적인 교육이 될 수 있다. 특히 치료지원은 물리치료, 작업치료 및 언어치료를 포함하고 이 밖에도 미술치료, 음악치료 및 레크리에이션 치료 등이 포함되어 장애인의 대·소근육운동기능, 의사소통기능과 사회적 기능 등을 개선하여야 한다.

2) 특수교육 대상

특수교육의 대상은 「장애인 등에 대한 특수교육법」 제15조에 따라 특수교육을 필요로 하는 사람으로 선정된 사람을 말하는데 우리나라는 특수교육 대상자 선정기준을 다음 표 1.3과 같이 10영역으로 정하고 있다.

표 1.3 특수교육대상자 선정 기준(시행령 제10조 관련)

특수교육대상자 선정 기준
1. 시각장애를 지닌 특수교육대상자 시각계의 손상이 심하여 시각기능을 전혀 이용하지 못하거나 보조공학기기의 지원을 받아야 시각적 과제를 수행할 수 있는 사람으로서 시각에 의한 학습이 곤란하여 특정의 광학기구·학습매체 등을 통하여 학습하거나 촉각 또는 청각을 학습의 주요 수단으로 사용하는 사람 2. 청각장애를 지닌 특수교육대상자 청력 손실이 심하여 보청기를 착용해도 청각을 통한 의사소통이 불가능 또는 곤란한 상태이거나, 청력이 남아 있어도 보청기를 착용해야 청각을 통한 의사소통이 가능하여 청각에 의한 교육적 성취가 어려운 사람 3. 정신지체를 지닌 특수교육대상자 지적 기능과 적응행동상의 어려움이 함께 존재하여 교육적 성취에 어려움이 있는 사람 4. 지체장애를 지닌 특수교육대상자 기능·형태상 장애를 가지고 있거나 몸통을 지탱하거나 팔다리의 움직임 등에 어려움을 겪는 신체적 조건이나 상태로 인해 교육적 성취에 어려움이 있는 사람 5. 정서·행동장애를 지닌 특수교육대상자 장기간에 걸쳐 다음 각 항목의 어느 하나에 해당하여, 특별한 교육적 조치가 필요한 사람 가. 지적·감각적·건강상의 이유로 설명할 수 없는 학습상의 어려움을 지닌 사람 나. 또래나 교사와의 대인관계에 어려움이 있어 학습에 어려움을 겪는 사람 다. 일반적인 상황에서 부적절한 행동이나 감정을 나타내어 학습에 어려움이 있는 사람 라. 전반적인 불행감이나 우울증을 나타내어 학습에 어려움이 있는 사람 마. 학교나 개인 문제에 관련된 신체적인 통증이나 공포를 나타내어 학습에 어려움이 있는 사람 6. 자폐성장애를 지닌 특수교육대상자 사회적 상호작용과 의사소통에 결함이 있고, 제한적이고 반복적인 관심과 활동을 보임으로써 교육적 성취 및 일상생활 적응에 도움이 필요한 사람

7. 의사소통장애를 지닌 특수교육대상자
다음 각 항목의 어느 하나에 해당하여 특별한 교육적 조치가 필요한 사람
가. 언어의 수용 및 표현 능력이 인지능력에 비하여 현저하게 부족한 사람
나. 조음능력이 현저히 부족하여 의사소통이 어려운 사람
다. 말 유창성이 현저히 부족하여 의사소통이 어려운 사람
라. 기능적 음성장애가 있어 의사소통이 어려운 사람

8. 학습장애를 지닌 특수교육대상자
개인의 내적 요인으로 인하여 듣기, 말하기, 주의집중, 지각(知覺), 기억, 문제 해결 등의 학습 기능이나 읽기, 쓰기, 수학 등 학업 성취 영역에서 현저하게 어려움이 있는 사람

9. 건강장애를 지닌 특수교육대상자
만성질환으로 인하여 3개월 이상의 장기입원 또는 통원치료 등 계속적인 의료적 지원이 필요하여 학교생활 및 학업 수행에 어려움이 있는 사람

10. 발달지체를 보이는 특수교육대상자
신체, 인지, 의사소통, 사회·정서, 적응행동 중 하나 이상의 발달이 또래에 비하여 현저하게 지체되어 특별한 교육적 조치가 필요한 영아 및 9세 미만의 아동

한편 미국은 2004년 장애인교육법(Individuals with Disabilities Education Improvement Act: IDEA)에서 13개 영역인 ① 농(deafness), ② 농-맹(deafness-blindness), ③ 청각장애(hearing impairment), ④ 시각장애(visual impairment), ⑤ 말/언어장애(speech or language impairment), ⑥ 정신지체(mental retardation: 지적장애, intellectual disability), ⑦ 정서장애(emotional disturbance), ⑧ 자폐증(autism), ⑨ 지체장애(orthopedic impairment), ⑩ 외상성 뇌손상(traumatic brain injury), ⑪ 특정학습장애(specific learning disability), ⑫ 중복장애(multiple disabilities), ⑬ 기타 건강장애(other health impairment)로 구분하고 있으며, 학령기 학생의 10% 정도인 650만명에게 41만여명의 특수교사가 특수교육을 제공하고 있다.

일본은 2007년도부터 특수교육을 특별지원교육으로 명칭을 바꾸고 학교교육법에 규정하여 모든 학교에서 장애가 있는 학생의 지원을 확대해나가도록 하였다. 장애영역의 구분은 맹, 농, 지적장애, 지체부자유, 병·허약, 약시, 청각장애, 언어장애, 정서장애와 같이 심신장애가 분명한 학생들과 학습장애, 주의력결핍/과잉행동장애(Attention Deficit Hyperactivity Disorder: ADHD), 자폐증 등 학습과 생활면에서 특별한 교육적 지원이 필요한 학생들을 일반학급에서 지원하고 있다.

2006년도 특수학교, 특별지원학급 및 통급(일반학급)의 지도를 받는 학생의 비율은 약 1.9%이며 학습장애, ADHD, 자폐증 등 학습과 생활면에서 특별한 지원이 필요한 학생수의 조사에 의하면 약 6%에 이른다고 문부과학성에서 보고하였다(김정희, 2009).

제2장

일반교육과 특수교육의 미래

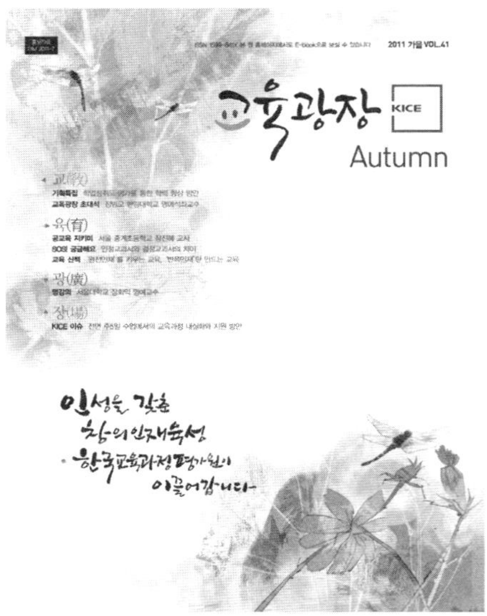

교육 및 학습에서의 보편적 디자인은 장애학생뿐 아니라 모든 학생의 특성을 배려하여 수정가능하고 접근가능한 교육과정, 교수·학습운영, 교육환경 등 교육 전반에 학습의 보편적 디자인(universal design for learning)개념으로 확대되었다(김용욱, 2008).

1. 특수교육의 법적 근거

1) 특수교육법의 과정

장애아동을 위한 특수교육은 「헌법」, 「교육기본법」, 「유아교육법」, 「초·중등교육법」, 「장애인 등에 대한 특수교육법」을 근간으로 하여 '유아교육법 시행령', '초·중등교육법 시행령', '장애인 등에 대한 특수교육법 시행령과 시행규칙'에 따라 운영되고 있다. 세부적으로는 특수학교 시설·설비 기준령, 특수교육 담당교원 및 교육전문직 인사관리 기준, 장애인 차별금지 및 권리구제 등에 관한 법령에서 정한 규정을 따르고 있다. 특수교육 관련 법령은 표 2.1과 같다.

표 2.1 특수교육 관련 법령

법령	관련조항
헌법	제31조
교육기본법	제3조(학습권), 제4조(교육의 기회 균등), 제8조(의무교육), 제 18조(특수교육)
유아교육법	제15조(특수학교 등)
유아교육법 시행령	제25조(특수학교의 교직원)
초·중등교육법	제2조(학교의 종류), 제21조(교원의 자격), 제55조(특수학교), 제56조(전공과의 설치), 제57조(특수학급), 제58조(학력의 인정), 제59조(통합교육)
초·중등교육법 시행령	제40조(특수학교의 교직원), 제43조(교과), 제45조(수업일수), 제57조(분교장), 제58조(국·공립 학교운영위원회의 구성), 제63조(사립학교의 운영위원회)
장애인 등에 대한 특수교육법 /시행령/시행규칙	전체
특수학교시설·설비기준령	전체
장애인 차별금지 및 권리구제 등에 대한 법률	제2절 교육

출처: 교육과학기술부(2010). 특수교육연차보고서.

장애학생의 교육권을 보장하는 우리나라 최초의 법은 「특수교육진흥법」으로 1975년 미국의 「전장애아동교육법」제정, 1979년 일본의 양호학교 의무제 실시 등 세계 특수교육의 발전방향과 발맞추어 1977년 12월 31일 제정된 특별법이다.

당시 제정된 특수교육진흥법의 주요 내용을 살펴보면 시·청각장애자, 정신박약자 등 심신장애자에 대한 교육 기회 확대, 그 질적 향상을 도모하기 위한 국가와 지방자치단체의 임무 설정, 사립 특수학교에 대한 보조, 피교육자에 대한 교육비 지원, 특수교사의 자질 향상, 교과용 도서, 점자도서관 등을 규정하고 있다(김원경, 2004).

「특수교육진흥법」은 문교부에서 교육부로 용어가 변화되고 의무교육 대상자의 확대로 인해 1987년과 1990년에 개정되었다. 두 차례의 부분 개정을 거친 특수교육진흥법은 그 동안 장애아동의 교육 기회 확대 제공과 특수교육의 질적 향상이라는 측면에서 크게 기여하였으나 특수교육에 대한 요구 증대, 특수교육기관의 급격한 신·증설, 부모의 다양한 권리 주장 등 그간 특수교육의 여건이 크게 변화됨에 따라 그 개정이 불가피하게 되었다.

1994년에 3차 개정된 「특수교육진흥법」은 전면개정으로 제정 당시의 특수교육진흥법과는 달리 상세하게 그 내용을 기술하고 있고 세부적인 사항을 법률로 정하고 있다. 그 내용을 보면 특수교육에 관련된 정의를 명확히 했으며 분리 위주의 교육이 아닌 일반환경에서 교육받도록 명시하고 있다. 그리고 특수교육의 기구와 단계를 제시하여 특수교육 대상자의 정도에 따른 교육기관과 교육방식을 명시하여 개인차에 알맞은 학습지도가 가능토록 교육방법을 구체적으로 제시하였다. 또한 통합교육을 실시하여 장애학생이 장애를 이유로 차별받지 않도록 법률로 제정하는 등 평등한 특수교육 기회 제공과 특수교육의 질 향상에 중점을 두었다. 교육과정에서도 혁신적인 변화를 꾀하여 교육과정, 직업보도교육에서 교과교육, 치료교육, 직업교육으로 세분화되고 진로교육 조항도 신설되었다. 그 외에도 교육방법과 관련하여 순회교육, 조기특수교육 등 다양한 특수교육 방법을 법 조항에 포함시켰다. 3차 개정은 특수교육의 목적, 유형, 교육내용 및 방법에서 이전의 특수교육진흥법과는 완전히 다른 틀을 제시하였다. 현재의 통합교육에 관한 법적 근거도 3차 개정의 특수교육진흥법에서 처음으로 마련되었다고 볼 수 있다.

4차 개정에서는 교육법에서 국민학교를 초등학교로 명칭을 개정함에 따라 관계 조문을 정비한 정도였고 5차 개정에서는 특수교육이 필요한 특수교육 대상자의 학습활동 및 재활을 효율적으로 지원하기 위해 특수교육 대상자의 선정 절차를 현실에 맞게 조정하였다. 2001년 6차 개정에서는 특수교육 대상자에게 장애를 이유로 입학을 거부하는 것에 대한 벌칙 규정을 바꾸었다. 2005년 7차 개정은 특수교육에 대한 주기적인 실태조사를 할 수 있는 법적 근거를 마련하였으며 심장장애, 신장장애, 간장애 등 만성질환으로 인한 건강장애 학생의 특수교육 대상자 선정 근거를 포함하였다. 또한 치료교육 담당교원의 배치 근거를 마련하여 특수학교와 특수학급에서는 치료교육을 담당하는 교원을 두거나 순회교사를 두도록 명시하였다. 특수교육진흥법의 제정 및 개정 과정을 통해 나타난 결과와 변화된 내용을 비교하여 살펴보면 표 2.2와 같다.

표 2.2 「특수교육법」의 변화 내용

구분	1~2차 개정 (1977년~1990년)	3차~7차 개정 (1994년~2005년)	장애인 등에 대한 특수교육법(2007년)
특수교육의 목적	생활에 필요한 지식과 기능교육, 사회생활 기여	자주적 생활능력 신장, 생활안정, 사회참여기여	통합교육 환경 제공 및 자아실현, 사회통합
특수교육의 정의	점자, 구화 및 보장구 등을 사용한 교육(교정) 및 직업지도	특성에 적합한 교육과정, 방법 및 교육매체를 통한 교과교육, 치료교육 및 직업교육	특성에 적합한 교육과정 및 특수교육 관련 서비스 제공
국가 및 지방자치단체의 임무 (특수교육예산)	예산 범위 내에 우선 지급 가능	예산 범위 내에 우선 지급	예산 범위 내에 우선 지급
특수교육 대상자	6개 범주의 장애에 해당하는 자	8개 범주의 장애 가운데 특수교육을 필요로 하는 자(학습장애, 건강장애)	10개 범주로 확대(발달지체, 자폐와 정서·행동장애 분리)
특수교육 방법	분리교육 및 부분 통합교육	분리교육, 통합교육, 순회교육, 개별화교육, 보호자교육, 진로교육 등	
특수교육 실시 장소	특수학교 및 특수학급	특수학교, 특수학급, 일반학급, 병원, 장애인 복지시설, 가정 등	특수교육지원센터 추가

대상자 선정 및 배치 방법	본인 지망, 학교 단위 판별 후 결정	교육감(장)이 선정·배치(희망학교 지원은 가능)	교육감(장)이 선정·배치(희망학교 지원은 가능)
규정 위반 시 제재	-	배치거부 학교장벌금(50만원 신설 및 500만원인상)	초·중·고 및 대학관련 벌금(300만원)
보호자 참여	-	진단·평가 과정 및 개별화 교육계획 수립 등 보호자 참여 허용	진단·평가 과정 및 개별화 교육계획 수립 등 보호자 참여 허용
배치 등에 관한 재심청구	-	보호자, 학교장 모두 재심청구 가능	보호자, 학교장 모두 재심청구 가능
통합교육	-	희망 시 일반학교 배치 가능, 일반학교내 편의시설 의무화	희망 시 일반학교 배치 가능, 일반학교내 편의시설 의무화
의무교육과 무상교육	의무교육: 초, 중 무상교육: 유, 고 (1988년 완성)	의무교육: 초, 중 무상교육: 유, 고	의무교육: 유, 초, 중, 고 무상교육: 영아(2세이하, 어린이집 포함)
치료교육	교정교육의 일환	교정교육의 일환	특수교육 관련서비스 일환

출처: 김원경 외(2009). 『최신특수교육』. 학지사.

2) 「장애인 등에 대한 특수교육법」

위의 표에서 제시한 바와 같이 2007년 5월 새롭게 개정된 「장애인 등에 대한 특수교육법」은 완전히 다른 법 체계가 아니라 「특수교육진흥법」을 계승 발전시킨 것이라 볼 수 있다. 「장애인 등에 대한 특수교육법」의 특징을 살펴보면 다음과 같다. 첫째, 특수교육대상자의 범위와 의무교육 연한을 확대하였다. 특수교육대상자의 범주 중 정서·행동장애에 포함되어 있던 자폐성 장애를 독립된 장애유형으로 분리시키고 발달지체를 포함하여 총 10개의 범주로 확대하였다. 또한 의무교육 연한을 초·중등학교에서 유치원과정부터 고등학교까지로 확대하였으며 만 3세 미만의 장애영아 교육과 고등학교 이후 전공과 과정은 무상교육의 적용을 받게 되었다. 이는 특수교육대상자에 대한 국가의 책무성을 강화하는 조치며 의무교육의 강화로 특수교육대상자의 사회통합을 광범위하게 지원할 수 있는 근거를 마련한 조치이다.

둘째, 「장애인 등에 대한 특수교육법」은 유·초·중·고의 학령기 아동에 대한 교육 뿐만 아니라 장애영아를 대상으로 하는 조기교육, 고등학교 졸업 이후의 성인 장애인 교육에 대한 규정을 포함하고 있다. 이는 특수교육 대상자의 교육이 학령기 학교교육만으로 충분하지 않다는 인식을 반영하는 규정이며, 장애 영아에 대한 가정의 부담을 적극적으로 해소하여 장애아동뿐 아니라 장애인 가족의 사회통합도 도모한다는 측면이 있다.

셋째, 특수교육 대상자의 개별화교육계획의 수립절차와 주요 구성 요소를 법적으로 명시하고 있다는 것이다. 이는 특수교육대상자의 교육에 대한 책무성을 강화하고 장애학생의 교육적 요구를 현장에서 좀더 충실하게 반영하려는 것이다. 또한 '특수교육지원센터'의 설치·운영에 대한 법적 근거도 마련하고 있으며 진로 및 직업교육에 대한 항목도 세부적으로 설치하여 교육의 질 제고의 기초를 마련하고 있다.

넷째, 「장애인 등에 대한 특수교육법」은 유·초·중·고별로 각각 4명·6명·6명·7명을 기준으로 한 학급을 설치할 수 있도록 하여 특수교육대상자 개개인의 특성과 능력에 따른 개별화교육을 제대로 실행할 수 있도록 학급당 인원수를 하향 조정하였다. 이전에는 특수교육 담당교사의 배치 기준은 특수학교에 대해서만 규정되어 있어서 특수학급 또는 일반학급에 배치된 특수교육대상자에 대한 특수교육 교원 수급계획을 수립하는 데 어려움이 있었다. 그러나 장애인 등에 대한 특수교육법은 특수교육 교원의 총 정원을 학생 4명당 1인 기준으로 정하고 실태에 따라 약간씩 조정할 수 있도록 규정하고 있다.

다섯째, 앞에서도 언급했듯이 특수교육 관련서비스에 대하여 세부적으로 규정하고 있다. 「장애인 등에 대한 특수교육법」 시행 이전에는 치료지원을 치료교과에 포함시켜 언어치료, 청능훈련, 물리치료, 작업치료, 감각·운동·지각훈련, 심리·행동 적응훈련, 보행훈련, 일상생활훈련의 8개 영역의 활동으로 나누고 모든 학생을 대상으로 정해진 수업시간에 제공해 왔다. 그러나 「장애인 등에 대한 특수교육법」의 시행과 함께 치료교육 활동 대신 치료지원을 제공하도록 규정하였다. 그리하여 교육감 또는 교육장은 진단·평가 결과에 기초해 학생 개개인의 교육지원 내용을 결정하고 그에 따라 학생별로 치료지원 내용이나 방법 등을 결정하게 된다. 또한 물리치료, 작업치료를 비롯하여 특수교육대상자에게 필요한 것으로 결정되는 치료지원은 국가면허 혹은 국가공인 민간자격증 소지 전문치료사가 제공하게 된다. 치료지원 제공에 필요한 보다 구체적인 사항은 시・도별로 인적자원, 예산, 유관기관의 분포 등 지역별 특성을 고려하여 결정해야 할 것이다. 다만 이제까지 제공해 오던 치료교육 활동 영역 중 전문치료사가 제공해야 하는 의료적 지원으로 볼 수는 없으나 특정한 장애 유형의 특수교육대상자에게 필요한 영역으로 인정되는 보행훈련, 심리・행동적응훈련 등도 기타 특수교육 관련서비스로 규정하여 그것을 필요로 하는 특수교육대상자에게 제공할 수 있게 되었다.

여섯째, 장애인에 대한 고등교육을 강화하고 장애인에 대한 평생교육 지원체계를 명문화하였다. 1995학년도부터 도입된 특수교육대상자 대학 특별전형제도 시행으로 대학에 입학하는 장애학생이 증가함에 따라 대학 장애학생의 실질적 학습권을 보장하고 교육복지를 향상시키기 위한 조치로서 대학 장애학생의 교육 및 생활 지원을 총괄・담당하는 전담기구를 두도록 법에 규정하고 있다. 또한 지식기반 사회의 도래로 평생학습의 욕구가 증대하고 있으며, 특히 장애성인의 경우 학령기 장애로 인해 교육의 기회를 놓친 사례가 많으므로 장애 성인의 평생교육에 대한 지원 근거가 필요하였다. 따라서 일반 평생교육시설에서 장애인 평생교육과정을 운영할 수 있도록 하고, 장애인만을 위한 별도의 시설로서 학교 형태의 장애인 평생교육시설을 설치할 수 있게 하면서 일반 평생교육시설이 기본으로 갖추어야 하는 시설・설비 외에 장애인 편의시설을 갖추도록 하였다. 또한 장애인 평생교육시설을 설치・운영하는 사람이 공공시설을 이용하려는 경우 그 공공시설의 본래 이용목적을 해치지 않는 범위에서 이용할 수 있도록 지원 근거를 마련하였다. 지금까지 설명한 「장애인 등에 대한 특수교육법」의 구체적 내용을 정리하면 표 2.3과 같다.

표 2.3 「장애인 등에 대한 특수교육법」의 기본 내용

구분	내용
목적	국가 및 지방자치단체가 장애인 및 특별한 교육적 요구가 있는 사람에게 통합된 교육환경을 제공하고 생애주기에 따라 장애유형·장애정도의 특성을 고려한 교육을 실시하여 이들의 자아실현과 사회통합을 하는데 기여함을 목적으로 한다.
특수교육대상자	① 시각장애 ② 청각장애 ③ 정신지체(지적장애) ④ 지체장애 ⑤ 정서·행동장애 ⑥ 자폐성장애 ⑦ 의사소통장애 ⑧ 학습장애 ⑨ 건강장애 ⑩ 발달지체 ⑪ 그 밖에 대통령령으로 정하는 장애
차별의 금지	① 각급학교의 장 또는 대학(「고등교육법」제 2조에 따른 학교를 말한다. 이하 같다)의 장은 특수교육대상자가 그 학교에 입학하고자 하는 경우에는 그가 지닌 장애를 이유로 입학의 지원을 거부하거나 입학전형 합격자의 입학을 거부하는 등 교육기회에 있어서 차별을 하여서는 아니된다. ② 국가, 지방자체단체, 각급학교의 장 또는 대학의 장은 다음 각 호의 사항에 관하여 장애인의 특성을 고려한 교육시행을 목적으로 함이 명백한 경우 외에는 특수교육대상자 및 보호자를 차별하여서는 아니된다.
특수교육 방법	① 통합교육:특수교육대상자가 일반학교에서 장애유형·장애정도에 따라 차별을 받지 아니하고 또래와 함께 개개인의 교육적 요구에 적합한 교육을 받는 것을 말한다. ② 순회교육:특수교육교원 및 특수교육 관련서비스 담당인력이 각급학교나 의료기관, 가정 또는 복지시설(장애인복지시설·아동복지시설 등을 말한다. 이하 같다) 등에 있는 특수교육대상자를 직접 방문하여 실시하는 교육을 말한다. ③ 진로 및 직업교육:특수교육대상자의 학교에서 사회 등으로의 원활한 이동을 위하여 관련 기관의 협력을 통하여 직업재활훈련·자립생활훈련 등을 실시하는 것을 말한다. ④ 특수교육 관련서비스: 특수교육대상자의 교육을 효율적으로 실시하기 위하여 필요한 인적·물적자원을 제공하는 서비스로서 상담지원·가족지원·치료지원·보조인력지원·보조공학기기지원·학습보조기기지원·통학지원 및 정보접근지원 등을 말한다.

(2007년 5월 25일 공포, 2008년 5월 26일 시행)

3) 장애아동의 교육권

(1) 장애인교육법

장애아동의 교육에서 역사적으로 가장 큰 영향을 미친 것은 1975년 미국에서 제정된 전장애아교육법(the Education for All Handicapped Children Act;

Public Law 94-142)이다. 전장애아교육법은 여러 차례의 개정을 통해 2004년 장애인교육법(IDEA, 2004)으로 발전하였다. IDEA는 장애아 교육을 위한 법적 토대가 되었으며 구체적인 법 조항들을 통해 학교와 치료기관에 종사하는 전문가들의 의무뿐만 아니라 장애학생과 그들의 가족이 갖고 있는 권리를 명백하게 밝히고 있다. IDEA(2004)의 내용을 살펴보면 표 2.4와 같다.

표 2.4 미국 「장애인교육법(IDEA)」의 기본 내용

구 분	내 용
무상의 적절한 공교육 (free and appropriate education: FAPE)	- 장애 정도와 상관없이 모든 아동은 배울 수 있으며 무상의 적절한 공교육을 받을 권리가 있다. - 특수교육과 관련서비스가 공적 비용으로 IEP에 따라 제공된다.
비차별적인 평가 (nondiscriminatory assessment)	- 장애학생을 판별하고 사정하는 모든 검사와 평가가 민족적, 문화적으로 차별되어서는 안된다. - 검사가 필요한 평가는 아동의 모국어나 적절한 의사소통 형식을 통해 이루어져야 하며 훈련된 전문가에 의해 타당하게 진행되어야 한다.
최소제한 환경 (least restrictive environment: LRE)	- 장애아동에게 우선적으로 배치할 환경은 일반교육 학급이다. - 상당한 수정을 통해서도 일반학급에서의 성공이 어려울 때 대안적인 배치연속체가 고려된다.
개별화교육프로그램 (individualized education program: IEP)	- IEP는 장애학생 개개인을 위해 개발되며 다음과 같은 요소를 포함한다. ① 현재수행수준 ② 연간목표 ③ 일반교육 프로그램에서의 참여범위 ④ 서비스 시작일과 예상 종료일 ⑤ 평가 방법 - IEP에는 최소한 한 명의 특수교사와 일반교사, 지역 교육기관 대표, 평가 전문가, 관련서비스 전문가, 부모가 참여한다.
부모 참여	- 모든 검사, 평가, 서비스 상의 변동에는 문서화된 허가가 필요하다. - 부모는 IEP 개발과 연간평가에 적극적으로 참여한다.
적법 절차 (due process)	- 회의를 위해 적절한 고지가 제공된다. - 조정과 적법절차 공청회를 통해 반대 의사가 결정될 수 있다.

출처: 박현옥 외(2010). 『특수교육개론』. 학지사.

장애아교육법은 공교육에서 배제되었던 장애아동의 권리를 되찾기 위해 노력한 수많은 장애아 부모와 관련 단체의 힘으로 이루어졌다. 1960년대까지 인종차별이나 부적절한 검사도구로 인해 교육계에서 이루어졌던 수많은 차별과 교육권의 배제는 부모들의 법에 대한 도전으로 재조명되었으며, 1971년의 PARC 법결과 1972년의 Mills 판결로 인해 기본 권리로 보장받게 되었다.

(2) 개별화교육

개별화교육 프로그램(Individualized Education Program: IEP)은 특수교육의 핵심이라고 할 수 있다. 개별화교육은 1974년 미국의 장애아교육법(PL 94-142)에서 장애 아동의 교육을 위해 처음 규정하였다. PL 94-142에 진술되어 있는 IEP의 규정은 두 가지 중요한 요소를 포함하는데 하나는 IEP 회의에서 결정된 사항을 자세히 기록한 문서라는 것과 IEP 모임이나 회의, 문서개발 및 시행을 포함하는 과정이라는 점이다.

우리나라에서 개별화교육의 법적 근거는 「헌법」과 「교육기본법」, 「장애인 등에 대한 특수교육법」에서 찾을 수 있다. 「헌법」 제31조에 따르면 "모든 국민은 능력에 따라 균등하게 교육을 받을 권리가 있다"고 명시되어 있다. 이는 개인이 가진 능력의 차이를 존중하고 이에 따른 교육을 제공하여야 함을 의미하는 것이다. 또한 「교육기본법」 제3조(학습권)에는 "모든 국민은 평생에 걸쳐 학습하고 능력과 적성에 따라 교육받을 권리를 가진다". 제12조(학습자) 제2항에는 "교육내용 · 교육방법 · 교재 및 교육시설은 학습자의 인격을 존중하고 개성을 중시하여 학습자의 능력이 최대한으로 발휘될 수 있도록 마련되어야 한다"라고 명시되어 있다. 이처럼 모든 국민에게 개개인의 능력과 적성에 따라 교육을 제공하여야 하며 학습자 개개인의 교육적 요구에 적합한 교육이 이루어져야 함을 밝히고 있다. 헌법과 교육기본법의 취지에 따라 「장애인 등에 대한 특수교육법」에서는 정의(제2조), 개별화교육(제7조), 개별화교육지원팀의 구성(제4조) 등 구체적인 규정을 명시하고 있다. 법에 명시된 개별화교육 관련 규정은 표 2.5와 같다. 개별화교육 프로그램이 개별 학생의 능력에 따른 교육적 요구를 최대한 충족시키기 위해 개발된다고 볼 때, IEP는 헌법이나 교육기본법에서 규정한 교육의 원리를 가장 잘 반영하는 교육방식이라고 할 수 있다. 따라서 장애학생의 독특한 교육적 요구를 충족시키고 아동의 미래를 준비할 수 있는 질적인 IEP가 개발되어야 할 것이다.

표 2.5 「장애인 등에 대한 특수교육법」에 명시된 개별화교육 관련 규정

구분	내용
제2조 (정의)	"개별화교육"이란 각급학교의 장이 특수교육대상자 개인의 능력을 계발하기 위하여 장애유형 및 장애특성에 적합한 교육목표·교육방법·특수교육 관련서비스 등이 포함된 계획을 수립하여 실시하는 교육을 말한다.
제22조 (개별화교육)	① 각급학교의 장은 특수교육대상자의 교육적 요구에 적합한 교육을 제공하기 위하여 보호자, 특수교육교원, 일반교육교원, 진로 및 직업교육 담당교원, 특수교육 관련서비스 담당 인력 등으로 개별화교육지원팀을 구성한다. ② 개별화교육지원팀은 매학기 특수교육대상자에 대한 개별화교육계획을 작성하여야 한다. ③ 특수교육대상자가 다른 학교로 전학할 경우 또는 상급학교로 진학할 경우에는 전출학교는 전입학교에 개별화교육계획을 14일 이내에 송부하여야 한다. ④ 특수교육교원은 제1항부터 제3항까지의 규정에 따른 업무를 수행하기 위하여 각 업무를 지원하고 조정한다. ⑤ 개별화교육지원팀의 구성, 개별화교육계획의 수립·실시 등에 관하여 필요한 사항은 교육과학기술부령으로 정한다.
제4조 (개별화교육 지원팀의 구성 등)	① 각급학교의 장은 법 제22조 제1항에 따라 매 학년의 시작일로부터 2주 이내에 각각의 특수교육대상자에 대한 개별화교육지원팀을 구성하여야 한다. ② 개별화교육지원팀은 매 학기의 시작일로부터 30일 이내에 개별화교육계획을 작성하여야 한다. ③ 개별화교육계획에는 특수교육대상자의 인적사항과 특별한 교육지원이 필요한 영역의 현재 학습 수행수준, 교육목표, 교육방법, 평가계획 및 제공할 특수교육 관련서비스의 내용과 방법 등이 포함되어야 한다. ④ 각급학교의 장은 매 학기 개별화교육계획에 따른 각각의 특수교육대상자의 학업성취도 평가를 실시하고 그 결과를 특수교육대상자 또는 그 보호자에게 통보하여야 한다.

(3) 통합교육

최근 통합교육은 인간의 다양성을 이해하고 수용하여 공동체성을 기르기 위해 반드시 필요한 교육으로 인식되고 있으며 많은 연구들이 통합의 긍정적인 효과에 대해 보고하고 있다(박현옥·김은주, 2004). 통합교육은 1960년대 정상화 원리(The Principle of Normalization)라는 철학적 이념에서 대두된 새로운 교육적 사조이다(신현기·최세민·유장순·김희규, 2005). 정상화 원리는 북유럽 스칸디나비아 반도의 국가들에서 정신지체인(지적장애인)들의 시설 보호를 반대하며

정신지체인도 일반인들의 환경과 가장 유사한 환경에서 살아야 한다는 것을 강조한 이념이다(송형우, 2007). 정상화 원리는 장애인들의 사회 통합을 유도했을 뿐만 아니라 장애아동의 통합교육에도 영향을 미쳐 1975년 미국의 전장애아교육법의 6대 원리 중 하나인 최소제한환경이라는 개념을 탄생시키는 계기가 되었다.

최소제한환경이란 가능한 한 장애아동들이 일반아동들과 함께 일반학급에서 교육을 받는 것을 의미한다. 장애아동들은 장애 특성과 정도에 따라 일반학급에서 특별한 지원없이 교육을 받거나, 일반학급 내에서 특수교사의 지원을 받을 수도 있으며, 특수학급에 배치되어 일정 시간동안만 통합될 수도 있다. 일반학급 내에서 통합되기 위해 필요한 다양한 보충적 지원이나 서비스를 제공하여야 하며, 그럼에도 불구하고 장애 특성이나 장애 정도로 인하여 교육적 성취가 어려울 경우에만 일반학급으로부터 분리할 수 있다(Smith, 2007). 이는 장애아동의 교육적 배치가 아동의 성취와 발달에 따라 유동적으로 제한적인 환경에서부터 덜 제한적인 환경으로 옮겨갈 수 있다는 것을 말한다. 최소제한환경이 법제화됨에 따라 1970년대 중반부터 미국 교육현장에서 장애아동의 통합교육이 실시되기 시작하였다. 이후 최소제한환경 규정은 정치, 사회, 경제적 영향에 의해 교육현장에서 다양한 형태와 다양한 용어로 적용되었다.

1970년대 미국의 교육현장에서는 최소제한환경에 의해 주류화라는 용어를 사용하여 통합을 유도하였다. 주류화는 비주류인 장애아동들을 주류인 일반아동들의 교육환경에 보내어 교육하자는 의도에서 출발하였다(Friend & Bursuch, 2002). 예를 들어 장애 정도가 가벼운 아동의 경우에는 가능한 한 많은 시간을 일반학급에서 보내고 장애 정도가 심한 아동의 경우에는 점심시간이나 쉬는 시간, 예체능 시간에 일반학급에 통합하도록 하여 장애아동의 특수교육적 요구에 따라 통합의 정도를 결정하는 것이다. 주류화는 특수교육적 요구가 많은 장애아동의 경우에는 일반학급보다 특수학급이 적절하다는 것과 특수학급이 이들의 교육적 요구를 충족시키는 데 가장 적합한 교육환경이라는 것을 전제로 하고 있다(Friend & Bursuch, 2002).

1980년대 불기 시작한 일반교육주도(regular education initiative: REI)는 교육계의 획기적인 개혁의 바람으로 중도장애아동들보다는 경도장애아동들의 학업성취를 향상시키기 위한 노력으로 시작된 개념이다. REI는 특수교육과 일반교육의 분리된 교육체계의 부적절함과 불필요함을 강조하며 모든 장애아동이 일반학급에서 교육받아야 한다고 주장하였다(Mercer & Mercer, 2002). 그러나 일반교육주도는 대부분의 교육현장에서 호응을 얻지 못하였으며 실현가능성으로 인해 특수교육 전문가들 사이에서도 비평을 받아오다 사라졌다(Heflin & Bullock, 1999). 그러나 일반교육주도를 주장함으로써 일반학급에서 교육을 받는 장애학생의 수가 늘어나게 되었으며(Heflin & Bullock, 1999) 이후 완전통합의 움직임을 촉구하는 계기가 마련되었다(Mercer & Mercer, 2002).

1990년대 새로운 통합교육의 움직임이 시작되었는데 이는 장애아동이 일반학급에 적을 두고 필요에 따라 통합을 하는 것이 아니라 일반학급에서 모든 시간을 보내는 완전통합을 말한다. 완전 통합을 주장하는 사람들을 일반학급이 경도장애아동들 뿐만 아니라 중도장애아동들에게도 최적의 교육환경임을 강조하였다(Fuchs & Fuchs, 1994). 그러나 많은 특수교육 전문가들은 완전통합이 모든 장애학생에게 적절한 교육환경이라는 것에는 동의하지 않는다. 완전통합에 대한 실증적인 증거보다는 윤리적인 정당성을 주장하는 완전통합의 문제점으로 인해 많은 전문가들은 장애아동들의 교육환경은 그들의 독특한 요구에 의해 결정되어야 한다고 주장하고 있다(Fuchs & Fuchs, 1994). 지금도 완전통합의 움직임은 계속되고 있으나 그 효과는 지속적으로 논란의 대상이 되고 있다.

우리나라 통합교육의 역사는 그다지 길지 않다. 1977년 특수교육진흥법이 제정 공포됨에 따라 최초로 특수교육대상자의 공교육권이 보장되었지만 대부분 특수학교나 시설을 중심으로 한 분리교육이었다. 그러나 1994년 특수교육진흥법이 전면 개정되면서 통합교육에 대한 정의(제 2조 6항)를 추가하여 우리나라에서 최초로 통합교육의 법적 근거가 마련되었다. 1994년 개정된 특수교육진흥법에서 통합교육은 "특수교육대상자의 정상적인 사회적 능력 발달을 위하여 일반학교에서 특수교육대상자를 교육하거나 특수교육기관의 재학생을 일반학교의 교육과정에 일시적으로 참여시켜 교육하는 것"으로 정의하였다. 이후 2007년 제정 공포된 「장애인 등에 대한 특수교육법」은 제 1조(목적)에 '국가 및 지방자치단체가 장애인 및 특별한 교육적 요구가 있는 사람에게 통합된 교육환경을 제공하고........(하략)'

라고 규정하면서 현행 특수교육법이 통합교육을 지향하는 법이라는 강한 의지를 표명하고 있다(교육과학기술부, 2008). 현행 특수교육법 및 동법 시행령에 명시된 통합교육의 관련 조항을 살펴보면 표 2.6과 같다.

표 2.6 법에 명시된 통합교육 관련 조항

조항	내용
[법] 제1조 (목적)	이 법은 「교육기본법」제18조에 따라 국가 및 지방자치단체가 장애인 및 특별한 교육적 요구가 있는 사람에게 통합된 교육환경을 제공하고 생애주기에 따라 장애유형·장애정도의 특성을 고려한 교육을 실시하여 이들이 자아실현과 사회통합을 하는데 기여함을 목적으로 한다.
[법] 제2조(정의) 6항	통합교육이란 특수교육대상자가 일반학교에서 장애유형·장애정도에 따라 차별을 받지 아니하고 또래와 함께 개개인의 교육적 요구에 적합한 교육을 받는 것을 말한다.
[법] 제21조 (통합교육)	① 각급학교의 장은 교육에 관한 각종 시책을 시행함에 있어서 통합교육의 이념을 실현하기 위하여 노력하여야 한다. ② 제17조에 따라 특수교육대상자를 배치받은 일반학교의 장은 교육과정의 조정, 보조인력의 지원, 학습보조기기의 지원, 교원 연수 등을 포함한 통합교육계획을 수립·시행하여야 한다. ③ 일반학교의 장은 제2항에 따라 통합교육을 실시하는 경우에는 제27조의 기준에 따라 특수학급을 설치·운영하고 대통령령으로 정하는 시설·설비 및 교재·교구를 갖추어야 한다.
[시행령] 제16조 (통합교육을 위한 시설·설비 등)	① 일반학교의 장은 법제21조 제2항에 따라 통합교육을 실시하는 경우에는 특수교육대상자의 교내 이동이 쉽고, 세면장·화장실 등과 가까운 곳에 위치한 66제곱미터 이상의 교실에 특수학급을 설치하여야 한다. 다만, 배치된 특수교육대상자의 수 및 그 학교의 여건 등을 고려하여 시·도 조례로 정하는 바에 따라 44제곱미터 이상의 교실에 학급을 설치할 수 있다. ② 일반학교의 장은 법 제21조 제2항에 따라 통합교육을 실시하는 경우에는 배치된 특수교육대상자의 성별, 연령, 장애의 유형·정도 및 교육활동 등에 맞도록 정보접근을 위한 기기, 의사소통을 위한 보완·대체기구 등의 교재·교구를 갖추어야 한다.

우리나라 통합교육의 흐름을 살펴보기 위해 특수교육진흥법과 현행 특수교육법을 비교해 보면 다음과 같다. 첫째, 통합교육의 정의에서 1994년 특수교육진흥법에서는 '일반학교에서 특수교육대상자를 교육하거나 특수교육기관의 재학생을 일반학교의 교육과정에 일시적으로 참여'시킴으로써 통합교육을 물리적 통합으로만 정의하고 있다. 그러나 현행 특수교육법에서는 '일반학교에서 장애유형·장애정도에 따라 차별을 받지 아니하고 또래와 함께'로 규정하여 단순한 물리적 통합

이 아니라 학교 구성원으로 수용되는 사회적 통합을 추구하고 있다. 또한 장애유형 · 장애정도에 따라 차별을 할 수 없다는 것을 규정하여 특수교육대상학생이면 누구나 통합교육을 받을 수 있다는 것이다. 이는 통합교육의 대상이 경도장애를 지닌 학생뿐만 아니라 중도 · 중복장애를 지닌 학생도 포함된다는 것을 의미한다.

둘째, 특수교육진흥법에서는 특수교육대상자의 교육적 요구에 적합한 교육을 제공하기보다는 '특수교육대상자의 사회적 능력을 발달시키기' 위한 것이 통합교육의 중요한 목적임을 알 수 있다. 그러나 현행 특수교육법에서는 '개개인의 교육적 요구에 적합한 교육을 받는 것'으로 특수교육대상자의 교육적(학문적) 통합에 중점을 두고 있음을 알 수 있다. 이는 특수교육 대상학생이 통합교육 장면에서 수업에 의미있게 참여할 때 현행 특수교육법에서 요구하는 통합교육을 실시한다고 할 수 있으며, 이에 대해 국가와 지방자치단체, 현장교사는 이에 대한 책무가 있다는 것을 명시하는 것이다.

(4) 정보접근권

21세기의 현대사회는 눈부신 과학 발전을 통해 첨단 지식정보화 사회로 진입하였다. 공학(technology)의 발달로 인한 첨단 정보 · 통신 기술 및 공학 기기의 보급은 산업영역뿐 아니라 개인의 일상적인 생활 방식 등 사회 전반에 커다란 영향을 미쳤다. 우리의 삶을 크게 바꾸어버린 첨단 공학의 정보통신기술 발달에 힘입어 교육 영역에서도 기존의 전통적인 학습형태를 벗어나고 있다. 교육 영역에서 공학의 활용은 특수보조공학기기의 보급 증대와 특수교육공학(special education technology)의 발전은 장애인의 삶의 질을 향상시키고 교육 역량을 증진시키고 있다.

미국의 장애아교육법은 장애 학생들에 의해 사용되는 첨단기술을 규정하기 위해 일찍부터 보조공학 설비(assisstive technology device)의 필요성을 강조한 장애인을 위한 공학관련 보조 법안(Technology-Related Assistance; PL 100-407)을 마련하였다. 또한 장애아교육법(IDEA)에서는 '장애인 개인의 기능적 능력을 증가, 유지 및 향상시키기 위해 상업적으로 판매, 수정 · 변경하거나 응용한 특정 아이템, 장치와 설비 혹은 생산 시스템'을 공학 관련 보조로 정의하고 장애인 누구나 필요할 경우 모든 공학기기를 제공받고 사용방식에 대한 서비스를 무상으로 제공받을 수 있도록 규정하고 있다.

우리나라에서도 2000년 제7차 교육과정에 따라 특수학교 기본교육과정 교과서와 교사용 지도서를 2만개가 넘는 파일로 구성한 특수학교의 디지털 교과서가 CD-ROM으로 제작되었고, 이것이 웹(http://210.104.161.201/Sch_book/index.htm)상의 데이터베이스에 수록되어 교사와 장애학생 및 그 가족들 모두가 교실, 집 어디서나 인터넷을 이용하여 자유롭게 화면이나 프린터로 출력할 수 있도록 하였다. 이로 인해 교과서의 내용을 온라인 환경에서 자유롭게 검색하는 것뿐만 아니라 교사나 부모가 학생의 특성에 맞도록 글자의 크기나 그림을 쉽게 가공, 편집하여 교수학습 활동에 활용할 수 있게 되었다. 또한 현장의 교사들이 보유하고 있는 학습 자료를 웹 기반의 전자도서와 연계, 공유하는 것이 가능해졌다. 이를 통해 타 학교의 교사들이나 장애 학생 가족과의 연계교육 강화 및 교육과정에 따른 교수-학습 자료 공유의 기반을 조성할 수 있게 되었다.

2. 교육의 재구조화와 보편적 지원

1) 일반교육의 재구조화

특수교육의 대상 학생들 혹은 특별지원이 필요한 학생들이 일반교실에서 일반학생들과 함께 교육받기 위하여서는 일반교육담당자들이 통합교육을 제대로 실천하려는 의지와 전문성뿐 아니라 일반교육의 전반적인 구조나 풍토 혹은 시스템이 재구조화되어야 한다(이대식, 2007). 특히 특수학급의 학생이 일반교실로 통합되는 경우에 지금까지의 우리나라 통합교육의 결과에 비추어볼 때 특수교사와 통합학급교사의 노력만으로는 역부족이다(정주영, 2004; 정근선 · 김애화, 2006).[1)]

1) 학습장애 학생을 지도하는 교사를 대상으로 한 연구에서 교수-학습 수정이 필요하다고 생

지금까지의 통합교육의 실시에는 대체로 일반 통합학급교사와 특수학급교사간의 팀티칭, 협력수업 혹은 교수적 자문, 협동학습 및 다양한 교수적 수정의 방식으로 특별요구 학생의 완전 통합을 지원하여 왔다. 교수적 수정(instructional adaptation) 이란 "일반학급의 일상적인 수업에서 특수교육적 요구가 있는 학생이 최적합한 수준으로 수업참여를 성취시키기 위해서 교수 환경, 교수적 집단화, 교수방법(교수활동, 교수전략 및 교수자료), 교수내용 혹은 평가방법을 수정 및 보완하는 것이다"(최하영, 2011).

그러나 이와 같은 부분적인 개인교사간의 노력만으로는 역부족이고 필요한 지원을 충실히 해주기 부족하기 때문에 이러한 교수적 수정에서 더 나아가 일반학급의 재구조화와, 일반학교 전체의 재구조화가 언급되고 있다. 이 재구조화(school restructuring)는 특수교육의 대상 혹은 특별지원대상 학생만을 위한 방법이 아니라 일반학생 모두를 위한 재구조화이다. 학교재구조화는 ① 학교교육의 본연의 기능을 회복시키기 위하여 학교의 문화, 학교조직에 대한 기본가정, 의사결정, 지도성, 수업에의 접근, 학교의 책무성 등에 대한 새로운 노력, ② 학교조직과 의사결정에서의 분권화, ③ 가능한 개별화 학습을 실현하기 위하여 다양한 교수-학습과정의 운영에 초점, ④ 교육과정 운영에 획일적이고 단선적인 운영구조를 탈피하고, 학습자의 개성과 능력을 최대한 발휘할 수 있는 다양한 교육과정 운영, ⑤ 명확한 학교교육의 목표설정, ⑥ 교사에게 많은 권한과 책임부여(박경묵, 1997; 최옥주, 2002)를 말한다. 또한 김정권(2002)은 ① 학년제도의 융통성, ② 학급편성 개방 혹은 집단편성의 융통성, ③ 학교의 위계적 행정조직 변화, ④ 교육과정의 질적 운영체제와 같은 변화가 일어나야 한다고 하였다.

이와 같은 일반교육의 재구조화는 일반학급 내 전체적인 풍토나 문화가 다양성을 수용하고 개성의 존중, 획일성 지양, 공동체 문화형성 등을 중시하는 쪽으로 바뀌어야 한다. 학교문화란 첫 번째 측면으로 교직원들의 가치관이나 태도가

각하는 정도는 모든 문항에서 응답교사들이 필요하다고 생각하고 있으나 현재 실현가능하다는 응답과는 유의미한 정도의 차이를 보인다. 교수-학습의 수정에는 교수-학습환경, 교수-학습자료, 교수-학습전략, 교수-학습집단, 교수-학습내용 교수-학습 평가, 문제행동관리 등을 말한다. 이러한 수정을 위하여서는 일반교사 개인의 노력만으로는 부족하며 교육제도적인 측면과 교사 개인적인 측면에서 함께 이루어져야 한다(정근선 · 김애화, 2006, p. 47).

통합적인 문화를 가질 수 있게 되는 것이다. 두 번째 측면으로는 협력문화이다. 교사와 교사, 교사와 학부모, 학생과 학생, 교사와 기타 전문인간의 협력 등 여러 차원에서 이루어져야 한다. 셋째, 개인차와 다양성에 반응하는 융통성 있는 교육방법의 사용이 가능한 상태를 말한다. 넷째, 전통적인 교사중심 수업보다는 학생 개개인의 특성과 참여를 바탕으로 하는 다양한 형태의 학습활동을 중심으로 해야 한다. 이와 같은 학교문화의 변화는 특수교육 대상자의 일반교실 통합의 전제조건이기보다 일반교육 개혁의 내용으로서 일반학생들을 위한 교육방향과 일치한다는데 더 의미가 있다(이대식, 2007)[2].

일반교육의 방향은 지식기반의 사회에 필요한 능력을 개발하여 인간의 잠재능력발현이 가능하도록 다양화·개별화된 기초능력과 공동체 문화를 활성화하기 위한 기본능력의 함양이 필요하다. 또한 정보화 사회에서 필요한 매체활용능력과 읽고, 쓰고, 말하는 전통적 기능 및 일의 세계에 대한 올바른 이해와 자기계발능력을 강화하여야 한다(김호경, 2003). 정보를 창출하고 적용하고 배분하는 정보산업, 지식산업사회에서 자기주도적 학습, 창의적 문제해결력을 키우고 자신의 흥미, 관심, 능력에 따라 다양한 정보를 탐색하고 획득할 수 있으며 개방화된 교육환경에서 자율화, 다양화, 특성화된 교육을 받을 수 있어야 한다. 개별화된 학습이 가능하고 학생중심의 교육을 받을 수 있어야 하므로 학생과 학부모의 교육선택을 최대한 보장하는 방향으로 진행될 필요가 있다.

이와 같은 사회구조의 변화는 학교의 풍토를 변화시켜 학교의 재구조화를 강조하게 되었다. 학교의 재구조화는 중앙집중적인 권한과 관료적 교육참여를 벗어나 교사와 학생중심의 교육과정을 발전시키는 과정이며 학생과 학부모의 교육수요자의 요구를 반영하며 적극적으로 만들어가는 교육과정을 중시한다. 즉 창의력배양, 수요자중심의 교육, 문제해결능력강화, 멀티미디어 학습환경, 열린학습사회의 구현(허운나, 1997)을 중심으로 한다. 재구조화는 학교교육의 과정에 영향을 주었는데 학교장의 행정적 권위는 활동의 지시자이기보다 민주적 문제해결자로서의 인식으로 바뀌며, 교사의 역할은 교육과정의 구성자이며, 학부모와 지역사

2) 우수한 학교의 공통사항이며 특수교육의 방향과도 일치하는 특성으로는 개별적 활동과 이질적 구성학급, 협동, 협력학급, 프로젝트 선택, 학생들의 선택강조, 탐구방법내면화, 도움주기, 시범보이기 등의 다양한 교수-학습활동의 강조를 말한다.

회는 학교교육과정에 적극적으로 관여하고 교육청은 학교통제의 역할이기보다 개방적 교육서비스전달체제를 구축하고 단위학교의 다양화, 자율화, 융통성 부여를 통한 재구성이 특징적이다. 교사 또한 전문적 소양을 갖추고 구조적인 변화에 참여할 수 있는 집단으로서 새롭게 시행하려는 교수-학습의 방법의 틀을 지원하고 학교경영의 의사결정에 참여하며 그만큼의 책임감을 인식하고 학생들의 학습과정에 안내자 역할을 할 수 있어야 한다.

2) 일반교육지원

일반교육의 재구조화가 실행되어 교육의 문화와 가치가 변화하는 것과 동시에 특별지원교육의 대상 학생들이 일반교육의 장에서 지원될 수 있기 위해서는 일반교사를 도와줄 수 있는 다양한 인력이 배치되고 충실한 지원을 위한 시간배당이 확보될 때에만 제대로 된 완전통합교육이 실현될 수 있다. 완전통합은 개별교사의 노력만으로는 이루어지기 어렵고 학교전체의 재구조화를 통하여 성공할 수 있다. 중등학교의 재구조화와 완전통합교육의 가능성에 대한 연구에서 Bain & Lancaster(2008)는 다음의 9가지 학교 전차원적인 개혁이 함께 일어나야 완전통합이 성공적으로 수행될 수 있다고 하였다. 그 9가지의 특징을 보면, ① 연구에 바탕을 두어 반복적으로 적용할 수 있는 교수·학습 방법의 사용, ② 측정가능한 목표와 중간 성취기준, ③ 학교내의 지원, ④ 전문적인 발전, ⑤ 부모와 지역사회의 참여, ⑥ 평가전략, ⑦ 외부의 기술적 지원과 보조, ⑧ 자원의 협력, ⑨ 각 구성 항목들의 종합이 필요하며, 이 전체가 동시에 일어나서 총체적인 현장중심적인 형태로 변화가 일어나야만 한다.

또한 완전통합을 위한 전문인간의 협력에 있어서는 김윤옥(1997)은 일반교사와 특수교사간의 협동과 자문이라는 전문적인 노력이 필요하고 전문적으로 자문해줄 수 있는 시간이 할당된 전문요원이 확보되어야 한다고 하였다. 협동과 자문의 공동노력으로 완전통합 프로그램이 고안될 수 있으며 특수아동의 요구에 맞출 수 있는 수업의 조정이나 각종 전략을 개발하고 교육과정적 수정을 할 수 있다. 교사간의 협력을 통하여 특수아동의 문제를 같이 정의하고, 개입 프로그램을 개발하며, 그에 대해 책임을 공유하고 그 효과를 함께 평가하는 초학문적인 팀(transdisciplinary team)을 구성하여야 한다. 완전통합교육을 위한 기법으로는 교사간 협력과 자문이 이루어져서 공동노력을 통하여 협동학습, 협동교수, 팀교수, 공동교수와 같은 수업방법을 학생들에 맞추어 수정할 수 있으며, 또한 학생의 특성에 따른 교육과정적 수정을 해줄 수 있어야 한다.

이러한 완전통합을 위하여 일반교사에게 지원되어야 하는 방법들로서 자문교사제도(consulting teacher services), 협력교수지원교사, 학습도움실지원교사(supportive resource programs), 교수지원(instructional assistants, 보조교사), 교육과정협력관(curriculum coordinator), 교수협력관(instructional coordinator), 읽기개별지도프로그램, 이질협동그룹구성, 행정가 지원과 같은 다양한 지원방법이 일반교사에게 제공되어야만 한다(Idol, 2006). 이 연구자는 완전통합이 잘 이루어지고 있는 초등·중등 8개 학교에 대한 세부적인 조사를 통하여 다음과 같은 전문인의 지원 역할을 권고하고 있다.

① 자문교사제도(consulting teacher service)의 교사는 특수교사로서 일반교사에게 자문하는 간접적 특수교육서비스교사를 말한다. 이 간접적 자문시간은 공식적인 특수교사의 업무시간으로 배당되어야 가능하다. 그러나 자문교사가 학교에 상주하는 경우가 아니면 자문하고 떠나버리는 상황이 일어나거나 한 학교에 근무하더라도 별도의 시간이 배당되지 않으면 형식적인 자문활동에 그치게 된다. 이러한 문제점을 보강하기 위하여 자문/협동교수모형을 구안할 수 있다

② 협동교수지원교사(cooperative teacher model)는 특수교사로서 일반교사와 한 교실에서 모든 학생들을 위한 교육을 함께 하는 방법을 말한다. 협력교수를 수행하는 협력교사가 자문교사와는 별도로 구성된다. 협력교수는 협력자문교사제도에서 파생된 직접적이고 보충적인 형식이라고 할 수 있다. 협력교수, 팀교수, 공동교수와 같은 다양한 방식으로 교실내 모든 학생들의 요구를 지원할 수 있어야 하며 협동교수의 시간이 별도로 책정되어 특수교사나 자문교사는 다른 일에 얽매이지 않는 시간배당이 필요하다.

③ 학습도움실지원교사(supportive resource program teacher)는 시간제 특수학급교사와는 다르다. 학습도움실교사와 일반교사가 학습도움실에서 수업할 내용을

함께 계획하여 개별화교육계획을 세운다. 이 학습도움실 수업은 일반교육프로그램을 지원하는 내용이며 학습도움실에서 배운 것을 일반교실로 전이할 수 있게 돕는다.

④ 교수지원(instructional assistants, 보조교사)은 특수교육대상 학생과 함께 일반교실에 들어오는 보조교사를 말한다. 이 보조교사는 특수교육비용으로 제공되고 특수교육요구학생 및 그 교실의 도움이 필요한 학생들을 도와주는 역할을 하여 전 학교시간에 그 특수교육 대상학생의 교실에 함께 있는다.

⑤ 교육과정협력관(curriculum coordinator)은 전일제로 교육과정구성을 돕는 전문인이며 적절한 교수자료를 찾아준다. 경험 많은 일반교사가 참여한다.

⑥ 교수협력관(instructional coordinator)은 전일제로 교수방법을 지원하고 수업을 지원한다.

⑦ 읽기개별지도프로그램(reading tutor program)은 도서실에서 읽기 개별지도를 실시하는 프로그램이다.

⑧ 언어병리치료사(speech-language pathologist)는 일반학교에 소속되어 자문교사로 역할을 담당한다.

이러한 특수교육대상과 직접 관련되는 전문인들의 참여 이외에도 학교 전체의 교직원을 자문교수, 협동교수와 교수지원팀, 학년별 팀, 학과별 팀, 캠퍼스 자문위원회에 소속시키며 학생들과 학부모를 또래교수, 방과후지원, 숙제지도와 같은 활동에 참여시키는 방법이 있으며, 특히 교장, 교감을 포함한 교육행정가의 참여와 지원은 완전통합을 위하여 매우 중요한 변수이다.

3) 보편적 지원

보편적 학습설계(universal design for learning)는 모든 학습자가 일반교육과정을 수행하면서 발생하는 높은 장벽을 개선하기 위한 방법으로써 융통성 있는 수업목적, 수업방법, 수업자료, 평가, 환경 및 보조공학을 학습자의 차이에 따라 조절한 상세계획이며, 학습목표를 성취할 수 있도록 하는 활동으로 교육과정적 통합 혹은 교수적합화(instruction adaptation)라는 용어를 포괄하는 개념이다(곽승철, 2010). 보편적 지원은 보편주의적 설계의 원리가 확장된 개념이다. '보편적 설계의 개념은 연령과 능력에 관계없이 모든 생활자에 적합한 디자인'이란 의미로서 그 배경은 1980년대 이후 세계장애인의 해를 기점으로 전세계적으로 확대된 장애인 편의시설 설치가 의무화된 것이 그 발단이 되었다. 이미 1960년대부터는 덴마크와 스웨덴을 포함한 선진국에서 장애인건축에 대한 디자인기준의 법제화가 이루어져서 장애인을 위한 편의시설 설치가 확대되었다. 그러나 편의시설은 장애인을 배려하고자 하는 법적 의무이기는 하지만 결국 '장애인만을 위한 특화된 디자인'으로 일반인 혹은 장애인 가족들에게도 불편한 시설이 됨으로써 장애인만을 위한 건축과 주택이 일반인들에게 기피대상 혹은 사회적 거부감을 일으키는 원인이 되었다. 이에 건축가들은 이러한 거부감을 해소시키기 위하여 '특정인을 위한 특정 디자인'을 뛰어넘는 '모두를 위한 보편적 디자인'으로의 전환을 하였다(강병근, 2008).

이 모두를 위한 디자인은 장애가 있는 사람에게 특별한 디자인이 아닌, 시민의 한사람 한사람의 인권을 존중하고 보다 많은 시민에게 이용가능성을 높이는 방향으로 진화되었다. 이러한 환경개조를 통하여 모든 사람에게 접근가능성한 디자인은 건축뿐만 아니라 생활용품, 거주, 고용, 교육, 서비스 등 전반적인 삶의 내용에서 접근가능하고 참여가능한 방향으로 확대되었다.

교육의 보편적 디자인 모델을 교육과정에 적용할 때 학교전체의 재구조화(Whole School Approach)를 통하여 일반교육과정에 장애학생을 위한 교육과정을 포함시킨다. 지금까지의 통합교육은 일반교육의 장으로 장애학생을 통합시킬 때 특수교사가 IEP를 작성하여 가능한 시간에 일반학급으로 통합시켜 왔으나 보편적 디자인 개념에 따라 일반교사 및 학교행정체제 전반에 특수교육대상 학생을 위한 교육과정을 함께 학기 초부터 구성하여 모든 교사들이 특수교육 대상학생들의 학급내 활동을 숙지할 수 있게 하는 방법이다(국립특수교육원, 2007). 특히 일반교육과정과 특수교육과정의 구분을 두지 않고 통합교육과정으로 재구성하여 장애학생과 비장애학생, 학습부진학생과 학습우수학생 등 모든 학생들을 고려하여 적합한 교수적 경험을 제공할 수 있게 한다. 교육과정은 교육내용, 방법,

교육자료, 및 평가방법을 모두 포괄하는 개념으로 수준별수업, 협동학습, 또래교수, 협력수업, 교육공학매체, 대안적 평가방법 등을 모두 포괄적으로 활용할 수 있게 함으로써 모든 학생들의 학습의 질을 높일 수 있게 하고 최종적으로는 완전통합을 달성할 수 있는 방법이 될 것이다.

보편적 교수-학습 설계의 핵심원리 3가지는 다양한 제시, 설명방법, 다양한 표현방법과, 다양한 참여방법이다(곽승철, 2010; CAST, 2008)). 첫째, 다양한 제시, 설명방법(multiple means of representation)은 학습자가 자신들에게 제공되는 정보를 인식하고 이해하는 방법이 다르기 때문에 제시방법을 다양하게 해줄 필요가 있다. 지각적, 언어상징선택, 이해를 위한 다양한 방식으로의 설명, 즉 다양한 배경지식의 사용, 중요한 특징설명, 기억과 전이지원과 같은 설명방법의 다양화를 사용한다.

둘째, 다양한 표현방법(Multiple means of expression)은 학습자가 아는 것을 표현하는 방법이 다양하기 때문에 표현방법을 스스로 선택할 수 있게 한다. 신체적, 의사소통의 선택, 표현기술, 혹은 실행기능의 선택을 할 수 있어야 한다. 도구나 보조기구사용, 의사소통의 매체선택, 목표설정을 안내하는 선택이나 정보와 자료를 관리할 수 있는 선택과 같이 표현의 방법을 다양하게 할 수 있도록 지원한다.

셋째, 다양한 참여방법(Multiple means of engagement)은 학생들이 학습동기가 다 다르므로 동기부여를 높일 수 있는 방법으로 관심, 끈기, 자기조절을 할 수 있는 선택을 할 수 있게 하는 방법을 다양하게 하여 교육과정을 유연하게 운영할 수 있어야 한다. 개인의 선택권제공, 타당성, 가치높이기, 주의산만요소의 감소, 피드백, 대처기술과 전략을 선택할 수 있게 하여 참여를 다양하게 할 수 있게 한다.

3. 한국 특수교육의 문제와 방향

1) 일반교육과 특수교육의 행정적 이분법 개선

한국 특수교육의 문제점으로 가장 먼저 지적되어야 하는 점은 일반교육과 특수교육의 이분법적 구조라고 말할 수 있다. 우리나라의 현실은 일반교실에 특수교육 대상학생들이 물리적인 통합은 되었으나 사회적 통합이나 교육과정적 통합이 실현되지 못하고 있다. 또한 일반교사와 일반학생들을 포함한 일반인들의 장애학생 이해가 부족하여 통합교육은 어려움을 겪고 있다. 한편 일본은 매우 제한적인 심신장애인을 대상으로 특수교육을 제공해오다가 2000년부터 점진적으로 특수교육을 확대하고 2007년도에는 특수교육이라는 명칭도 '특별지원교육'으로 명칭을 바꾸고 법적으로 지원이 필요한 모든 학생들에게 지원해 주는 방향으로 전환하였다. 일본은 정상화의 이념을(normalization) 장애인을 '특수한 존재'로 보지 말고 '지원을 필요로 하는 일반인'으로 인식하고 필요에 따른 모든 지원을 제공하는 것으로 본다(細淵富夫 · 박경란, 2006). 특히 일본은 지방자치에 의하여 특별지원교육도 지역에 따라 법 집행의 방법이 다르게 정상화 원리를 실천하고 있는데 나가노현에서는 특수교육을 '자율교육'이라는 용어로 바꾸고, 장애로 인해 사람의 가치는 변하지 않으며 자율적으로 살아가는 방식을 배운다는 의미에서 양호학교를 '자율학교'로 특수학급을 '자율학급'으로 명칭을 변경할 계획에 있다. 또한 자율학교에 다니는 학생들도 일반 지역학교에 학적을 가지게 하여 지역에서 더불어 살아갈 수 있게 하였다.

이러한 학적구상은 우리나라에서도 현재 이분법화되어 있는 일반교육과 특수교육을 통합시킬 수 있는 방법이 될 수 있을 것이다. 이분법적인 구조가 주는 문제점은 여러 연구에서도 지적되었는데(김병하 · 조원일, 2005; 김병하, 2000; 박승희, 1996), 현재 우리나라의 통합교육에 관한 법률은 물리적 통합만을 의미하고 있으며 온전한 통합교육이 되기 위하여서는 '학교문화'가 변하여야 함을 지적하고 있고 학교행정가, 전체교사, 전체 학부모, 전체학생 및 전 사회가 장애아동의 교육권을 보장하는 방향으로 변하여야만 온전한 통합교육이 가능하다고 지적하고 있다. 우리나라는 점수위주의 경쟁적 학급풍토가 지배적인 학력위주의 사회에서 특수교육의 대상학생들이 들어갈 틈이 없기 때문에 이러한 학력경쟁 풍토가 민주적이고 협동적이며 상호 존중하는 선진문화로 바뀌지 않고서는 통합교육이 제대로 실현되기 어렵다. 이와 같이 전반적인 사회문화와 학교문화가 바뀌어 사회가 전반적으로 도덕적이고 타인을 배려하며 서로 다름을 인정하고 남을 수용하는 관용정신이 사회주류의 사고가 되어야 함과 동시에, 행정적으로 분리된 특수교육체제를 바꾸기 위해서는 일반학교와 특수학교가 전반적인 재구조화를 시행하여 하나의 행정체계화 혹은 연계체제를 구성하는 것도 행정의 이분법을 하나의 체제로 묶어주는 방법이 될 수 있겠다.

이러한 이분법적인 상황을 개선하는 또 한 방법은 보편적 설계를 통하여서도 가능할 것이다(김정권, 2008). 특히 학생들이 통합교육 및 완전통합교육의 방향으로 옮겨가는 상황에서 교사의 배치에 있어서도 일반교육과의 통합이 필수적이라고 할 수 있다. 보편적 설계는 개별 학생의 능력과 특성에 맞는 교육을 계획하고 실천하는데 특수교사는 교육설계전문가로서 일반교육안에서 협력팀의 일원으로 협동하는 역할을 수행하여야 한다. 그러기 위하여 특수교사는 일반교육과 특수교육을 전공한 후 특수교육기관이 아닌 지역학교에 배치되는 방법이 있을 수 있겠다.

2) 교육지원 대상자 범주의 확대

현재 우리나라는 공식적으로 장애학생의 출현율을 2.7%로(정동영 · 김형일 · 정동일, 2002)로 추정하기도 하며 4.23%(강영택 외, 1998)로 추정하기도 한다. 4.23%로 추정할 경우 3-5세가 90,607명, 6-11세 162,269명, 12-21세 325,699명으로 총 578,575명이다. 이외에도 0-2세까지의 아동과 발달지체 및 기타 특수교육을 필요로 하는 학생들을 포함하면 그 대상자는 더 많다. 이에 비하여 현재 특수교육을 받고 있는 대상자는 2010년도 기준으로 79,711명이다. 이 수는 4.23%의 추정률에 의한 특수교육 대상자의 13.77%만이 현재 특수교육의 혜택을 받고 있다고 말할 수 있고 2.7%의 추정률을 적용할 때에 공식적으로 대상자의 21%만이 특수교육의 서비스를 받고 있는 실정이다. 현재 특수교육대상자의 현황은 다음 표 2.7과 같다.

표 2.7 특수교육대상자 현황

구분			특수학교	일반학교		특수교육 지원센터	계
				특수학급	일반학급		
전체 특수교육대상학생			23,776	42,021	13,746	168	79,711
학생수	장애영역별	시각장애	1,563	390	438	7	2,398
		청각장애	1,150	1,056	1,491	29	3,726
		정신지체	15,316	23,806	3,537	31	42,690
		지체장애	3,238	4,033	3,032	64	10,367
		정서·행동장애	895	2,007	681	5	3,588
		자폐성장애	1,267	3,667	526	3	5,463
		의사소통장애	79	828	682	2	1,591
		학습장애	15	4,996	1,309	-	6,320
		건강장애	24	496	1,652	2	2,174
		발달지체	229	742	398	25	1,394
		계	23,776	42,021	13,746	168	79,711
	과정별	장애영아	122	-	-	168	290
		유치원	794	815	1,616	-	3,225
		초등학교	7,095	22,886	5,313	-	35,294
		중학교	6,045	10,230	3,100	-	19,375
		고등학교	7,309	8,085	3,717	-	19,111
		전공과	2,411	5	-	-	2,416
		계	23,776	42,021	13,746	168	79,711
학교 및 센터수			150	5,797	6,775	187	10,296
				9,959			
학급수			3,777	7,792	12,375	41	23,985
특수학교(급) 교원수			6,738	8,271	-	235	15,244
특수교육보조원 배치수			2,334	5,608	644	-	8,586

출처: 교육과학기술부, 2010. 특수교육연차보고서, p. 14.

이러한 우리나라의 현실에 비하여 OECD회원국의 특수교육요구아동 출현율 비교는 미국과 독일이 7.0%, 노르웨이 6.0%, 호주는 5.22%, 스위스는 4.9%, 핀란드 17.08%, 덴마크 13.02%, 캐나다는 10.79%이며(노선옥외, 2008), 일본은 1.9%의 심신장애 기준에서 2002년도에는 출현율이 6%정도로 조사되었다(김정희, 2009)[3].

일본의 경우 장애를 병리라는 의학적 관점만이 아니라 병리와 환경과의 상호작용의 결과로 보아 일본어습득과 사회적응의 곤란에 직면한 외국인자제, 등교거부학생, 학대학생, 자택은둔형, 양친의 이혼 등으로 인해 정서불안을 일으켜 학업부진을 보이는 학생 등 다양한 이유에서 특별한 교육적 요구를 안고 있는 학생을 진단명과 장애종별에 구애받지 않고 적절한 '특별한 교육적 지원'의 대상으로 본다(노선옥 외, 2008). 전체적으로 일본은 5개 영역의 특수학교(맹학교, 농학교, 지적장애학교, 지체부자유특수학교, 병・허약 특수학교)와 7종류의 특수학급이(약시, 난청, 지적장애, 지체부자유, 병・허약, 언어장애, 정서장애 특수학급) 있고 통급지도교실(통합)로서 약시, 난청, 지체부자유, 병・허약, 언어장애, 정서장애 교실)이 있다.

스웨덴은 특별히 장애학생을 위한 특수교육관련법은 존재하지 않으며 특수교육에 대한 정의도 없고 특별한 보조를 필요로 하는 학생에 대한 지원과 보조에 대하여 법적으로 규정해 두고 있다. 이때 특별지원을 필요로 하는 학생은 지능이 높지만 소위 정상적이라고 일컫는 학생들보다 지능이 낮은 학생도 있고(즉 경계선급의 지적장애), ADHD, 아스퍼거 증후군, 자폐, 난독증, 집중력 문제, 친구사귀지 못하는 문제, 싸움 잘 하는 학생 등 일반학교에서 적응하고 학습목표를 달성하는데 어려움이 있는 학생들이 교육목표를 달성할 수 있도록 특별한 지원과 보조를 하도록 규정하고 있다. 따라서 스웨덴은 특수교육의 대상 범주를 청각장애, 시각장애, 발달장애 및 특별한 지원을 필요로 하는 학생으로 네 부류로 나눌 수 있다(노선옥 외, 2009).

---

3) 문무과학성이 2002년도에 실시한 일반학급에 재적하는 특별한 교육적 지원을 필요로 하는 학생에 대한 전국 실태조사의 결과: 특별한 교육적 지원을 필요로 하는 학생들은 심신장애 인외에 학습장애, ADHD, 자폐증 등 학습과 생활면에서 교육적 지원을 필요로 하는 학생수이다.

특수교사의 양성에 있어서도 스웨덴은 특수교사를 1980년대까지 사범대학에서 하나의 전공으로 양성했으나 그 이후에는 각 과목의 전공교사를 기본으로 하고 특수교사는 사범대학 졸업이후 하나의 전문화과정으로 간주한다. 또한 특수교사는 지방자치단체의 소속으로 그 지방자체단체의 학교에 근무하는 교사들을 자문하거나 도와주는 형태로 일할 수 있다. 특수교사가 직접 아동을 가르친다기보다 일반교사들에 대한 일종의 자문 역할을 한다. 일본의 경우에도 통합학급과 특수학급을 담당하는 교사는 일반교사자격만으로 가능하고, 특별지원학교의 교사는 일반교사자격을 취득한 후 특별지원학교 교사자격증을 위한 학점을 이수한 후 특별지원학교 교사자격증을 취득한다. 이러한 교사양성과 재정지원의 방법 및 학생에 대한 분류방식 등으로 일반교육과 특수교육의 이원화를 통합체제로 수정할 수 있겠다.

특수교육 혹은 특별지원교육의 대상은 이분법적인 기준을 완화하고 특수교육이라는 범주를 엄격히 구분하지 않는 방법으로 특수교육으로 진단되지 않은 학생 중에서 학습에 도움이 필요한 학생들을 지원할 수 있다. 특수교육의 요구가 있는 학생들을 특수교육의 대상으로 한정짓지 않고 지원이 필요한 학생들에게 필요한 지원을 제공할 수 있는 방향으로 수정될 필요가 있다. 우리나라는 공식적으로 2.73%의 학령기 학생을 특수교육의 대상으로 간주하고 있지만 일반교실에 남아 있는 많은 학생들이 개별적인 지원을 필요로 한다.

3) 통합교육지원 강화

특수교육의 대상학생 혹은 특별지원이 필요한 학생들이 일반교실에서 충실한 지원을 받으며 교육될 수 있으려면 일반교사를 지원해 주는 인력이 확대되어야 하며, 특수학급 혹은 특수학교의 교사를 도와줄 수 있는 보조교사인력이 확대되어야 한다. 또한 가장 중요한 사항은 특수교사의 인력이 확대되어 학급당 인원이 줄어들고 특수교사가 일반교실을 지원하고 특수학급의 학생들을 제대로 교육시킬 수 있는 환경이 마련되어야 한다. 이 밖에도 각종 치료사와 직업교육 교사 및 기타 관련서비스지원이 없이는 특수교육을 효과적으로 제공하기 어렵다. 일반교사가 일반교실에서 특별한 지원이 필요한 학생들을 지원할 수 있기 위하여서는 자문교사제도(consulting teacher services), 협력교수지원교사, 학습도움실지원교사(supportive resource programs), 교수지원(instructional assistants, 보조교사), 교육과정협력관(curriculum coordinator), 교수협력관(instructional coordinator), 읽기개별지도프로그램, 이질협동그룹구성, 행정가 지원과 같은 다양한 지원방법이 일반교사에게 제공되어야만 한다(Idol, 2006). 일본의 경우 특별지원 코디네이터를 두어(한영선, 2011), 학교내의 일반교사 및 특수교사뿐 아니라 학교 밖의 복지, 의료 등의 관계기관과의 연결조정자의 역할을 할 수 있는 전문가를 배치하고 있다. 이 코디네이터는 현직 교사로서 3년 이상의 교직경험을 가지고 연수 혹은 대학원 특별지원교육학을 2년 석사과정으로 전공하여 자격을 받는다.

특별한 지원을 필요로 하는 학생들을 지원해 주기 위하여서는 많은 관련전문인들이 일반학교에 배치되고 치료요원도 함께 지원해 주어야 한다. 이러한 전문인들과 함께 보조교사는 특수교육교실뿐 아니라 통합학급, 혹은 일반학급에 완전통합 되어 있는 학생들을 지원해주는 인력으로서 보조교사는 필수적이다. 우리나라의 경우 특수교육보조원제도는 2003년에 시범적으로 시도되고 2004년도부터 전국에 유급 특수교육보조원을 배치하기 시작하였다. 현재 우리나라의 특수교육보조원은 유급보조원과 무급보조원, 그리고 공공근로 및 공익근무요원 보조원이 운영되고 있으며 2010년 현재 국고·지방비 지원 등 유급 특수교육보조원, 공공근로 및 공익요원 등 무급 특수교육보조원 포함 모두 8,586명이 배치되어 있다. 국고·지방비 지원 등 유급 특수교육보조원은 6,353명으로 특수학교 1,542명, 특수학급 4,325명, 일반학급에 486명이 배치되어 있고 공공근로 및 공익요원 등 무급 특수교육보조원은 2,233명이 배치되어 있다(교과부, 2010).

통합교육시 보조교사는 학습을 지원하고, 또래와의 관계를 형성해 주는 다리역할을 해주며, 장애학생의 부적절한 행동을 중재해 주고, 원적교사와 특수교사의 협력을 원활하게 해주는 중간 역할을 할 수도 있다(이영옥, 2002). 이러한 통합교육을 지원하는 역할뿐 아니라 특수학급과 특수학교의 학생들을 제대로 교육적 지원을 해주고 개별적인 교육이 가능하기 위하여 학급마다 특수교육 보조교사는 필수적이다.

에이블뉴스 : 기사작성일 2011-11-05 21:17:09. 중앙정부청사 앞에서 '릴레이 1인 시위'를 통해 특수교사 법정정원 준수 및 특수교사 수급 문제 해결, 장애인 교육권 보장에 대한 대책 마련을 촉구. 특수교육과 학생들이 '장애인 교육 영결식'이라는 퍼포먼스를 보이고 있다.

한편 특수교사의 수를 대폭 늘리지 않으면 지금과 같이 특수교육이 있으되 효과없는 교육의 오명을 벗어날 수 없다. 특수교사의 수 확대에 미치는 요인으로는 첫째, 특수교육의 대상개념이 달라지고 확대되고 있다. 건강장애, 발달지체 및 그 밖에 대통령령으로 정하는 특수교육대상자로 대상자가 확대되고 있다. 둘째, 장애학생 통합교육이 점차 확산되고 있다. 통합교육에 따라 일반교실에서 지원하여야 하는 특수교사, 특수학급에서 지원하여야 하는 교사, 학습도움실지도와 코디네이터, 협력교사 등의 역할로 일반교사와 특수교사의 역할이 확대되고 있다. 셋째, 특수교육의 기회 확대로 유치부부터 고등부까지는 의무교육이며 3세 이하와 전공과는 무상교육으로 교육시기의 확대를 말한다. 넷째, 특수교육기관의 학급당 학생수의 감소는 학급 증설을 필요로 하고 학령기에 교육의 기회를 갖지 못한 경우에 그 만큼의 교육기간을 추후에도 받을 수 있게 되었다. 다섯째, 교사의 주당 수업시수가 점차 줄어들고 있다(김삼섭 외, 2007). 특수교육을 제대로 실시할 수 있기 위하여서는 개별화교육, 집중적 지원과 같은 강도 높은 지원과 조기에 예방교육 및 치료가 가장 중요하므로 교사의 수급확대는 매우 중요하다. 여기에 덧붙여 현재 교사의 약 50%는 임시교사로서 기간제 상태에 있기 때문에 정규교사의 수를 확대하여 교육에 차질이 없도록 노력하여야 한다.

제 3 장

보조공학

서울대 이상묵 교수

1. 정의 및 목적

1) 정의

보조공학(assistive technology)의 정의는 장애인의 기능을 향상시키거나 유지시키기 위한 설비나 기구로 장애인이 직면하는 문제들을 개선하기 위한 보조공학기기, 보조공학서비스, 관련 학문 분야 등을 의미한다(Maccini, Gagnon & Hughes, 2002). 즉, 보조공학이란 장애 학생들의 학습이나 생활을 돕도록 고안된 다양한 유형의 서비스와 장치들을 말한다(이종연, 2004). 보조공학의 정의는 미국의 과학기술관련 장애인지원법과 전장애아교육법(PL 101-476)에 명시되어 있다. 이 두 법에서는 "보조공학 도구는 구입한 것이든, 수정한 것이든, 개별적으로 맞춤 제작한 것이든 간에 기능적 능력 개발에 필요한 개인에게 그들의 기능적 역량을 증진하거나 개선하는 데 사용되는 품목, 장비, 제품들"이라고 규정하고 있으며, 이러한 지원을 받기 위한 서비스까지도 포함하여 무상으로 지원함을 보장하고 있다(강혜경 · 박은혜, 2002). 이러한 보조공학은 교육, 일상생활, 직업생활, 직업사회생활, 여가생활 등 생활 전반에 걸쳐 사용될 수 있으며, 이 중 주로 교육 분야에서 사용하는 보조공학은 특수교육의 영역에 포함시키고 있다(육주혜 · 전경일, 2004). 그러므로 장애학생을 위한 공학의 적용은 매우 광범위하게 시도되어야 하며, 물리적이고 장치적인 도구뿐 아니라 도구의 활용 및 서비스도 함께 이루어져야 한다. 즉, 장애학생들이 비장애 학생들과 함께 학습하고 활동할 때 장애학생들을 돕는 보조 도구들이다.

특수학교에서 장애아동교육의 성공적인 교육목표 수행을 위해서는 보조공학을 잘 활용할 수 있어야 한다. 지체장애학교에서는 이동, 수업시간 및 학교생활 전반에 걸쳐 사용되어지는 보조도구에 관해서 교사들은 잘 알아야 학생들을 잘 지도할 수 있다. 예를 들어 휠체어나 일상생활보조도구에 관해서 훈련을 받지 않으면 사고가 날 수도 있다. 농 · 맹 아동의 보행기나 점자 등의 보조도구 사용, 자폐성장애나 지적장애학생의 의사소통 보조도구사용 등 보조도구에 관해 많은 연구를 해야 한다.

보조공학은 복잡한 기계에서부터 단순한 쓰기 보조도구 등 매우 다양하다. 이러한 보조공학은 정보를 주고받는 개별학생의 능력을 극적으로 향상시켜 주며 장애학생들을 위해 자주 사용된다(Kirk, et al., 2003). 구체적으로 앉기 및 자세 유지를 위해서는 휠체어에 프레임을 끼워 넣는 것, 앉기 받침과 등받이를 포함하여 특정 개인의 필요에 따라 휠체어를 디자인하는 것 등을 말한다. 그리고 청각장애 학생을 위한 문자서비스, 비디오폰, 시각경보장치 등이 있을 수 있고, 시각장애 학생을 위한 화면 확대기, 음성정보, 점자프린터 등이 있다(이근민, 1999).

보조공학의 정의는 몇 가지 중요한 부분들로 구성되어 있는데, 첫째는 상업적으로 시판되거나, 개조·변형하거나 주문 제작할 수 있는 기구라는 의미를 내포하고 있다. 이는 보조공학 기구에는 아주 폭넓은 범위의 적용 장치들이 포함될 수 있음을 의미한다. 둘째는 장애인의 기능적 역량을 강조하고 있다. 기능적인 성과가 보조공학 기구의 성공여부를 측정할 수 있는 유일한 판단기준이기 때문에, 기능적 역량을 증진시킬 수 있는 보조공학 서비스를 제공하는 것의 중요성을 강조한다. 마지막으로, 장애인 개개인을 강조하고 있는데 이는 각 공학적 적용장치마다 그것을 착용하는 장애인에게 다른 것으로 대체할 수 없는 하나의 특유한 환경을 마련해 준다.

2) 보조공학의 목적

Lewis(1998)는 보조공학의 목적을 장애 영향을 없애고 개인의 능력을 확대하고 과제 수행의 대안적 방법을 제공하는 것이라고 하였다.

보조공학 장비들은 의사소통 보조도구, 대안적 컴퓨터, 키보드, 각종스위치, 서비스 등이 있다.

- ◦재활공학(rehabilitation technology)이란 보상방법 및 적용기구를 사용함으로써 장애인의 기능(삶의 질)을 증진, 유지, 향상시키는 기술이다. 장애학생들이 의료환경이 아닌 학교, 가정, 지역사회에서 원활한 생활을 위해서 사용하는 각종 의료장비 및 서비스 들이다.
- ◦정보공학(information technology)이란 광범위한 형태의 지식과 자료에 쉽게 접근할 수 있게 해주는 것으로 대표적인 정보공학은 인터넷이다.
- ◦특수교육공학은 장애인을 위해 사용되는 일반공학을 포함하며 컴퓨터 보조교수에 중점을 둔다. 국내에서 사용하고 있는 특수교육공학의 개념에 대해서 한성희(1997)는 특수교육 요구 학생들과 특수교육 관계자들이 직면하는 곤란한 문제를 개선하기 위하여 착상되거나 적용되는 장치, 서비스, 전략수단

이라고 정의하였다.

공법 100-467은 보조공학 서비스(assistive technology service)에 대해서도 정의하고 있는데 그것은 장애인이 보조공학 기구를 선택, 획득, 사용할 수 있도록 직접적으로 도움을 주는 어떤 서비스라는 것이다.

즉, 보조공학 서비스에는 (1) 보조공학에 대한 욕구와 기술을 평가하는 것, (2) 보조공학 기구를 획득하도록 돕는 것, (3) 보조공학 시스템을 선택, 디자인, 개선, 구조화하는 것, (4) 보조공학 서비스를 다른 치료와 통합 조정하는 것, (5) 장애인, 그리고 그와 더불어 일하는 사람 모두에게 보조공학 기구를 효과적으로 사용할 수 있도록 훈련하는 것이 포함된다. 이러한 정의는 보조공학 서비스를 전달하는데 광범위한 서비스가 포함됨을 시사한다.

보조공학의 성공적인 사용을 위해서는 몇 가지 기본적인 필수조건들을 충족되어져야 한다. 장애아동의 능력을 벗어나는 기기의 구입은 실망만을 가져다 줄 수도 있기 때문이다. 컴퓨터 사용에 관한 선결조건을 통해서 어떤 기본적인 사항들이 충족되어야 하는지를 살펴보자. 신체적 장애가 컴퓨터 이용을 제한하지는 않지만 인지적 능력은 컴퓨터 이용에 있어서 중요한 요소이다. 가장 중요한 선결조건은 원인과 결과를 이해할 수 있는 인지적 이해 능력이라고 볼 수 있다. 몇몇 장애아동은 컴퓨터를 가지고 장난치는 것을 좋아하지만 컴퓨터를 조작할 수 있는 인지적 능력을 가지고 있지 않은 경우가 있다. 컴퓨터와 성공적으로 상호작용하기 위해서는 사용자가 컴퓨터의 시각적, 문자적, 그리고 청각적인 자극에 적절하게 반응할 수 있어야 한다. 컴퓨터 사용에 대한 또 하나의 선결조건은 "예" "아니요" 같은 선택사항들을 결정할 수 있는 인지적 선택 능력이다. 간단한 선택이기는 하지만 컴퓨터 사용이 무작위적인 행동이 아니라 장애아동의 실질적인 인지적 선택이라는 것을 말해주는 중요한 증거인 것이다.

컴퓨터나 전동 보완·대체 의사소통 보조도구를 선택하고 이용하기 위해서 특수교육 교사들은 장애아동들의 신체적, 지적 능력을 충분히 고려한다면 장애 학생들은 큰 도움을 받을 수 있다. 그러므로 보조공학을 사용하는데 있어서 가장 중요한 것은 장애아동의 인지적 능력과 잠재성에 대해 정확한 이해가 있어야 하고 이들의 능력에 적절하게 부합하는 수준의 보조공학을 선택하는 것이라 중요하다.

3) 보조공학의 강조점

장애인의 삶의 질을 높이는 보조공학은 다음과 같은 점이 강조되어야 한다.

(1) 바람직한 장애 패러다임 정착

보조공학은 장애문제를 올바르게 바라보고 접근하는 패러다임에 기초하고 있다. 최근의 장애인복지는 개별적 모델(individual model)에서 사회적 모델(social model)로 패러다임이 전환되고 있다. 이 새로운 패러다임은 장애라는 환경과의 연관성 속에 비로소 정의될 수 있는 것이며, 장애문제는 그들이 가지고 있는 능력이나 직업기술의 한계보다는 장애인에게 불리한 물리적 환경과 사회전반에 팽배해 있는 차별적 사회 환경이라 하겠다. 보조공학은 바로 장애인들을 둘러싸고 있는 물리적 환경들을 개선하는 데 역점을 두어야 한다.

(2) 삶의 질을 높이는 보조공학

보조공학은 장애인의 광범위한 생활영역에서 혁신적인 도움을 주고 있다. 각 영역별로 다양한 보조공학기구들이 많이 개발되어 있으며 일상생활, 교육, 직업, 건강, 취미, 여가, 레크리에이션, 스포츠 등 모든 생활영역에서 그들의 삶의 질에 획기적인 영향을 미치고 있다.

현재 장애인복지관을 비롯한 여러 가지 장애관련시설을 통해 장애인들에게 제공되고 있는 재활 서비스 중에서 보조공학 서비스는 광범위한 영역을 아우를 뿐만 아니라 다양한 유형의 장애인들에게 도움을 준다. 그만큼 보조공학 분야는 장애인의 복지와 재활에 지대한 영향을 미치고 있다.

(3) 재활효과의 실천도구

장애의 종류와 상태, 욕구에 적합한 보조공학 도구는 막대한 재활의 효과를 가져다 줄 수 있다. 보조도구 사용의 가장 중요한 목표는 장애로 인해 제한된 신체적, 심리적 기능을 보완하여 수행능력을 증진시키는 것이다. 이러한 목표를 달성시키기 위해서 보조공학 서비스는 개인별 맞춤형 서비스를 지향해야 하며, 장애인 개인에게 보조도구를 적용하는 데는 사용자의 개별적인 욕구와 필요를 충족시킬 수 있는 적절한 도구를 선정하고 적용하는 방식으로, 보조공학 서비스가 이루어져야 한다.

(4) 고용창출 및 경제적 효과

보조공학 서비스의 활성화는 국가산업동력의 증대와 고용창출에도 기여하게 된다. 앞으로 보조공학 서비스에 대한 수요는 지속적으로 증가할 것이다. 다원화된 선진국형 민주사회를 지향하면서 사회복지에 대한 국가적 관심과 정책적 배려가 확대되고, 삶의 질을 강조하는 과학기술의 발전으로 보조공학에 대한 연구개발과 기술발전이 크게 이루어질 것이기 때문이다. 또한 각종 산업재해와 교통사고 등에 의한 신체적 장애인 그리고 노령화 사회로 인한 노령 장애인의 발생으로 보조공학에 대한 사회적 수요는 폭발적으로 늘어날 것이다.

그리고 정보화사회, 지식기반 사회에서 신체적 장애인들이 생산적인 경제활동과 정상적인 사회활동을 할 수 있는 기회는 더욱 확대될 것이며 장애인들이 그러한 활동을 원활히 하는데 궁극적인 도움이 될 수 있는 보조공학의 중요성이 크게 부각될 것이기 때문이다. 이러한 추세에 따른 보조공학 산업의 새로운 시장의 확대는 커다란 고용창출과 경제적인 효과를 가져올 것이다.

2. 보조공학의 분류

보조공학의 분류는 기술적 분류, 서비스적 분류, 전략과 실제적 분류로 구분된다. 보조공학의 구성은 공학장치의 복잡성, 비용, 설계요인, 상황, 훈련정도 등에 따라 High-tech, Medium-tech, Low-tech 등이 있으며 교실 안에서는 학생의 요구와 개인차를 우선적으로 고려해야 하며, 잠재적 혜택과 학생의 개인적 요구에 맞추어야 한다. 김용욱(2005)은 특수교육공학을 구성하는 주요 요소를 공학기기, 서비스, 전략과 실제로 구분하였다.

1) 기술적 분류

보조공학기기(assistive technology devices)란 장애인이 과제나 작업을 할 때 기기가 없으면 할 수 없거나, 또는 더 쉽고 나은 방법으로 할 수 있게 해 주는 등 장애인의 기능적인 능력의 개선, 유지, 확대에 필요한 도구나 물품 및 생산 시스템이다. 보조 공학은 기계적, 비기계적 혹은 전자적, 비전자적 장치로 특수하게 고안된 교수 자료, 서비스, 전략 등을 포함하는 개념이다. 보조 공학에서 중요한 개념은 장애뿐만 아니라 모든 사람이 이용 가능하도록 보편적 설계로 접근이 용이하도록 설계한 것이다. 그리하여 사용자의 경험, 언어능력과 무관하게 이해하고 사용할 수 있게 하였으며, 개인의 선호와 능력을 반영하여 수용이 보장되도록 하였고 우연적 행동에 의한 부정적 결과를 최소화하게 하였다.

장애를 가진 이들의 기능적인 능력들을 개선, 유지, 확대할 수 있도록 상업적으로 생산되었거나 기존의 도구를 변경 혹은 새롭게 만든 도구나 물품을 말하며, 여기에는 기계적, 전자적, 마이크로프로세스 기반의 도구에서부터 비기계적, 비전자적인 도구와 특별하게 고안된 교수·학습을 위한 매체, 서비스와 전략 등 모든 영역을 포함할 수 있다.

① 첨단공학 기기(high technology devices: 예-컴퓨터, 브레일 한소네 등)
② 일반공학 기기(medium technology devices: 예-휠체어, 비디오 등)
③ 기초공학 기기(low-technology devices: 예-식사 보조용품, 경사로 등)
④ 무공학(no-technology: 예-물리치료, 작업치료 등)

2) 서비스적 분류

장애를 가진 이들의 요구에 맞게 기기를 선택하고 획득하여 사용할 수 있도록 하는 전반적인 과정, 즉 보조공학 기기의 준비, 적용, 관리, 지원 등의 활동이 포함된다.

(1) 기초생활 지원

- 뇌성마비와 같은 신체장애를 가지고 있는 이들을 위해 고안된 식사도구
- 화장실 사용을 용이하게 해주는 기기
- 옷을 용이하게 입고 벗게 도와주는 기기 등

(일상 생활 속의 예)

사진	기기명칭	기기 특성
	손잡이를 개조한 숟가락 및 포크	손잡이를 손바닥에 걸쳐 사용하는 형태로 제작, 손목에 얼굴까지 닿기 어려운 부분을 감안해 손잡이 길이 연장
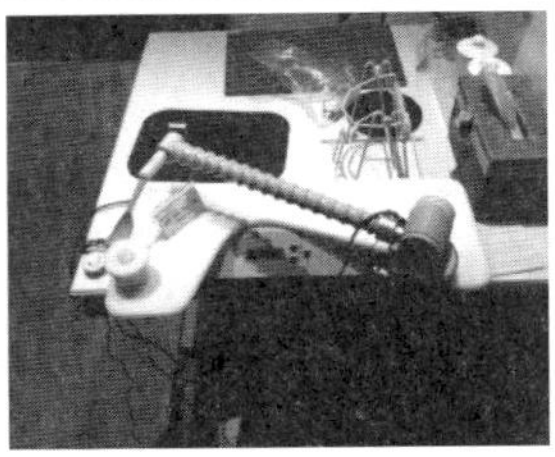	회전식 전동 식사 도구	스스로 식사가 어려우신 분들을 위해 버튼 클릭만으로 스스로 식사를 할 수 있도록 도움

	세면대와 욕실 리프트	높낮이 조절가능한 세면대는 몸이 불편하신 분들 외에도 아동을 위해 간단한 조작으로 안전하게 조절되며, 배스리프트를 이용하여 욕조로 안전하게 이동할 수 있음
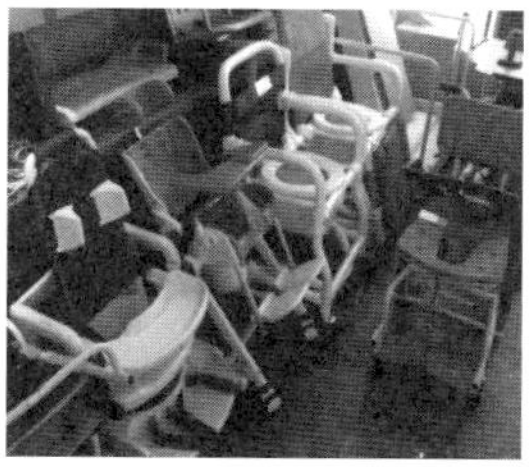	변기 겸용 목욕의자	목욕 시 안전하게 사용할 수 있으며, 변기겸용이기 때문에, 실내 용변기로도 사용이 가능

(2) 의사소통 지원

- 키보드, 마우스 에뮬레이션 장치
- 특수 제작된 스위치, 센서 등
- 보완 대체 의사소통판이나 기기
- 청각장애인을 위한 전화기인 TDD(Telecommunication Devices for Deaf)
- 컴퓨터를 기반으로 한 통신 장치들

(일상 생활 속의 예)

사진	기기명칭	기기 특성
	착석자세유지 보조의자	아동의 책상에서 활동을 하기 위해 앉은 자세를 유지할 수 있도록 도와주는 의자

	경사조절 받침대 및 키가드 키보드	경사조절 받침대에 노트북 및 키가드를 두어 시선을 정면을 향할 수 있도록 함. 타이핑 시 이웃키를 누르지 않도록 투명한 아크릴을 이용해 가드를 두어 오타를 감소 도움
	키가드 있는 확대 키보드	스틸로 된 크기가 큰 키보드. QWERTY배열에 F키 및 단축키 등이 색깔로 다르게 표시되어 시각적 구분에 용이
	라꾸라꾸 조이스틱마우스	조이스틱을 조정하여 사용하는 마우스. 더블클릭/드래그/속도조절/스크롤 등의 버튼이 모두 분리되어 있어 마우스의 기능적 사용이 어려운 분들에게 적합.

(3) 신체지지 및 자세유지 지원

- 머리나 허리를 받쳐주는 도구
- 의자에 앉거나 화장실의 좌변기를 사용할 때 신체를 지탱하거나 자신의 의지대로 도와주는 도구들
- 휠체어나 보조기기

(일상 생활 속의 예)

사진	기기명칭	기기 특성
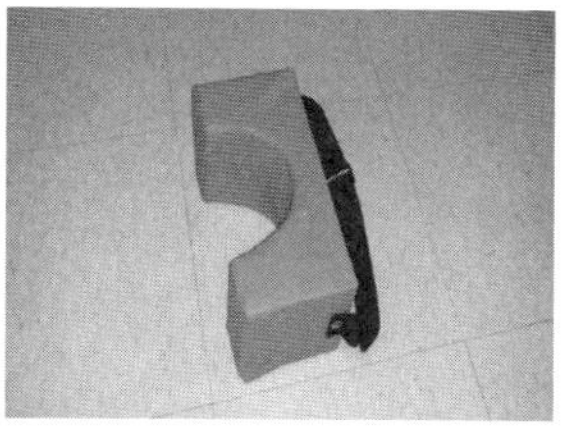	머리받침대	머리 고정 지지대
	RT 다기능 입식의자	착석면과 등받이 시트가 90도로 되어 있어 바른 착석자세 지원. 가슴벨트 및 골반벨트가 있어 안정된 자세 유지 가능. 시트에 내전방지 봉이 있어 다리 꼬이는 아동에게 적절

(4) 이동과 움직임 지원

- 수동 및 특수목적 휠체어
- 전동 휠체어 스쿠터 등
- 흰지팡이(맹인용지팡이)
- 안내견
- 의족(義足)
- 운전 보조 장치
- Electronic Travel Aid(ETA)

(5) 감각 장애인을 위한 지원

- 시각장애인의 경우 점자 키, 음성 합성기, 점자 프린터, 기타 기기들은 시각장애인들이 다른 비장애인들과 마찬가지로 의사소통을 할 수 있도록 해줌.
- 시각장애인들도 이메일을 보내고, 워드 프로세서로 문서 작업을 하고, 몇 가지 그래픽 툴을 사용할 수 있게 된다.

▷ 기기 :

- 휴대용 확대기 "반디"

-> 읽기용 스탠드 내장, 4인치 LCD모니터내장. 확대배율이 3~11배이고, 자동으로 초점이 조절 되어 사용이 매우 간단. 조명의 밝기 조절이 가능하며 칼라, 흑백, 역상, 파란 바탕에 노란색 글씨를 지원한다.

- 무지(점자) 점자기 "한소네"

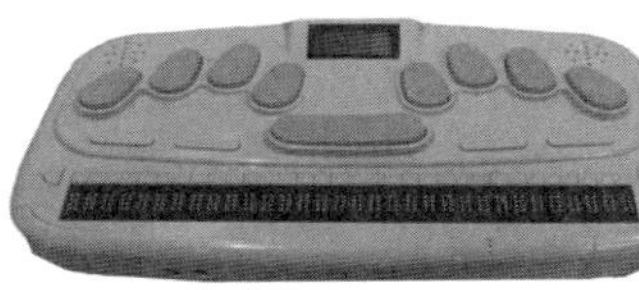

-> (주)힘스코리아에서 개발한 무지 점자기 한소네는 점자입력, 출력 그리고 음성합성을 통해 각종 문서작성과 편집뿐만 아니라 PC와 연결해 비장애인과 각종 파일 및 데이터를 주고받을 수 있으며 전자신문, 전자도서관 등 인터넷정보를 점자와 음성을 통해 동시에 제공받을 수 있다.

- 청각 장애인들을 위한 수화나 독순술(Lip-reading)에 대한 교육과 훈련을 제공해 주는 프로그램 개발이 많이 되어 있다.

▷ 기기 :

- 특수전화기 "골도 전화기"

-> 청각장애인, 노인, 소음이 심한 작업 환경에서 사용하도록 개발된 특수 전화기. 골도 진동자는 소리를 기계적 진동으로 변환하여 주는 장치로서 골

도 진동자를 이용하면 기계적 진동으로 변환된 소리가 뼈를 통해 청각 신경을 자극함으로써 소리를 듣게 하는 원리 이용. 따라서 고막이나 이소골에 이상이 있는 전음성 난청인이라도 감음계 계통(달팽이관, 청각신경)만 정상이면 통화 가능.

- 자막 수신기 : 자막 수신기는 TV에 직접 연결해서 사용하는 디코더 장치와 컴퓨터 장착하여 사용하는 두 가지 종류가 있다.

(6) 환경적응 지원

- 장애를 가진 학습자들이 학교 및 가정생활에서 제약을 주는 것들을 변화 혹은 개조시켜서 일반 학습자들과 같이 공유 및 공용하는 기기들이 있다.
- 개조된 출입문의 손잡이
- 자동문
- 휠체어의 이동이 용이한 슬로프
- 휠체어를 사용하는 학습자를 위하여 설계된 책상

(7) 교수 및 학습 지원

- 장애를 가진 학습자들이 학습 환경에서 일반 학습자들과 같이 학습하고 참여할 수 있도록 도와주는 기기들
- 컴퓨터 사용을 지원하는 관련 보조공학 기기들
- 특별히 고안된 대체 키보드 마우스 등
- 시각장애 학생들을 위하여 화면의 정보들이 소리와 점자로 출력될 수 있도록 해주는 출력 시스템
- 청각장애 학생들을 위해 소리 정보를 문자 정보로 제공해 주는 자막 서비스

사진	기기명칭	기기 특성
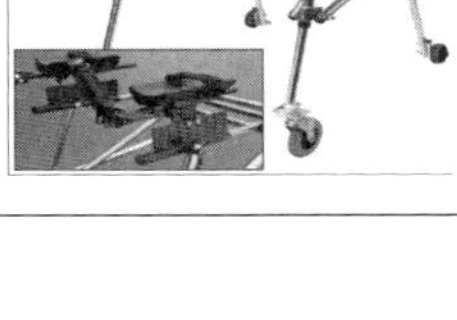	후방지지 워커	혼자서 독립적인 보행이 가능

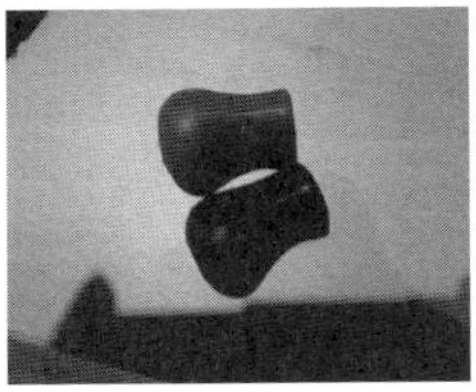	펜슬그립	펜슬 그립은 문구점에서 구입해서 사용하던 연필홀더와는 다르다. 센터 내 펜슬 그립은 일반 문구점 홀더보다 길고 소재가 부드럽고 탄성이 있어 연필 잡을 때 바른 자세를 유도하고 손에 힘을 주더라도 손가락 마디의 통증이 덜함.
	탁상용독서확대기	탁상용 독서확대기는 자동초점, 고정초점 기능이 있고 3중 카메라 시스템으로 쉽고 빠르게 스크린을 바꾸어줌. 명암반전 기능이 있으며, 멀리 있는 대상을 확대해도 선명함. 카메라의 기울기가 270도, 선회전이 180도 가능함. 카메라 거치대 이동이 가능하며 카메라 거치대의 간단한 단축키로 사용법이 간단.
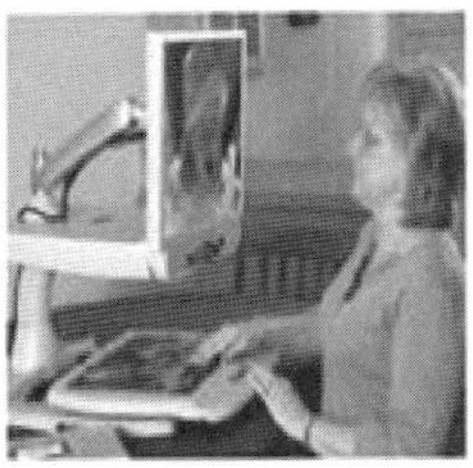	머린 LCD	LCD 모니터를 기본으로 장착하여 모니터의 위치를 사용자의 눈높이에 조절할 수 있으며 고 해상도의 또렷하고 선명한 이미지를 구현한 독서확대기.
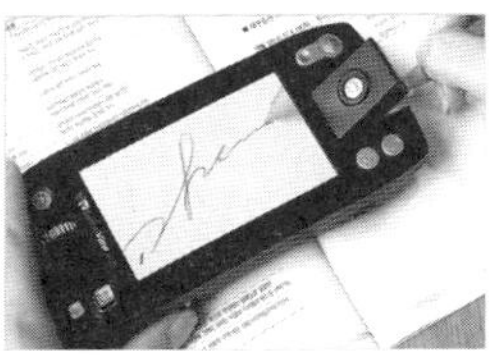	센스뷰 듀오	저시력인 및 노안으로 인한 시력이 저하된 사람을 위한 휴대용 독서확대기

(8) 컴퓨터 사용 지원

사진	기기명칭	기기 특성
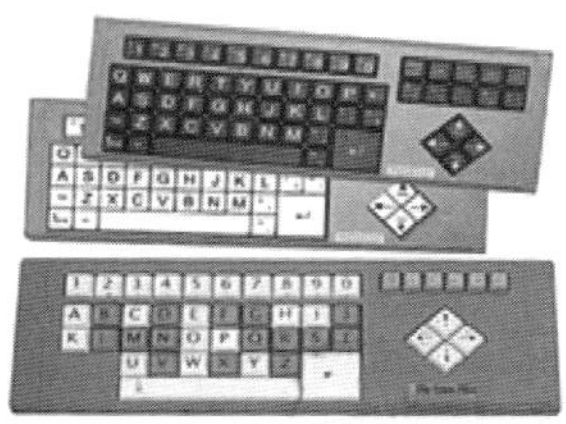	빅키 & 키가드 키보드	빅키는 일반키보드 보다 키의 사이즈가 크고, 이웃하는 키와 색깔이 달라서 키보드 인식이 어려울 경우 빠른 인식을 도와주는 대체 키보드

(9) 여가활동 지원

- 농구를 할 수 있도록 고안된 휠체어
- 산악 휠체어
- 핸드 바이크(hand bike)
- 시각장애인들이 게임을 즐길 수 있도록 점자가 찍혀진 카드

사진	기기명칭	기기 특성
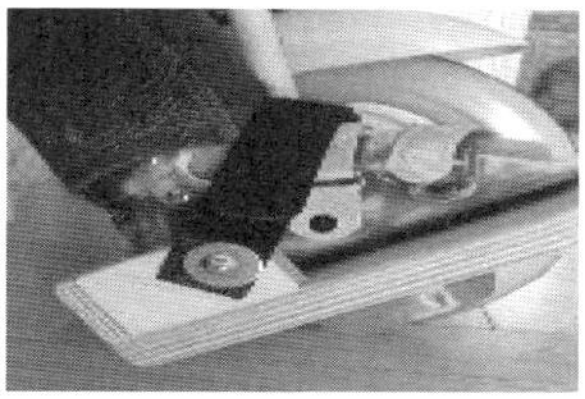	자전거	자전거 페달 위에 발을 올려놓고 유지할 수 없고 발이 고정이 되지 않아, 자전거를 추진하기 어려움 -> 발받침과 벨트를 제작하여 자전거에 부착함
	훈련용 자전거 16"	넓은 안장과 가슴벨트가 있어 상체를 안정되게 유지. 보호자용 손잡이가 있어 직접 페달이용이 어려운 아동의 이동 보조 가능. 페달을 신발에 맞게 하여 발이 떨어지는 것을 방지하며, 힘을 실어 페달을 밟을 수 있도록 맞춤제작

(10) 주택 및 직장환경 개조

사진	위치	특징
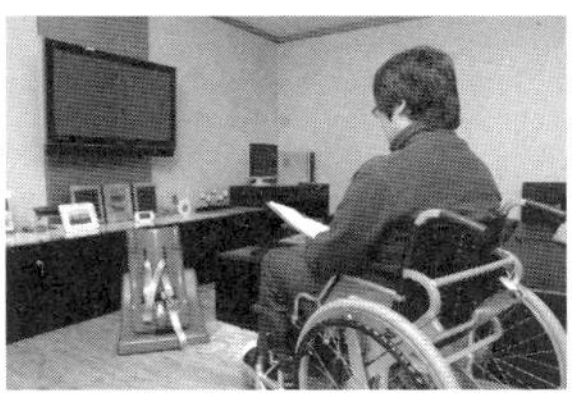	거실	좌식에 필요한 피더시트와 좌식 높낮이 조절 책상, 리모컨 하나로 작동이 가능한 환경조절 장치 등을 비치

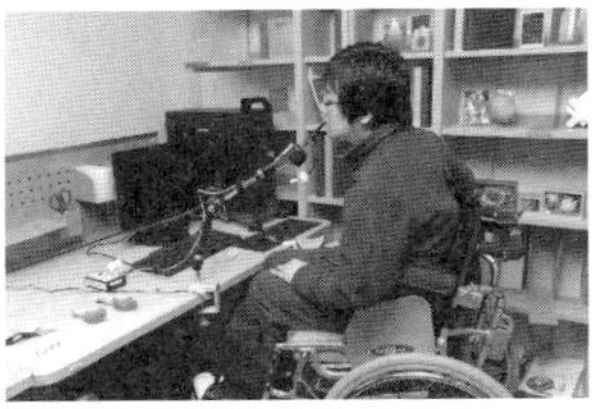	서재	전동으로 기립이 가능한 휠체어를 타고, 입과 호흡으로 작동이 가능한 컴퓨터 보조기구인 조우스를 사용하는 모습. 서재에는 사무환경과 학습 등에 필요한 보조기구들을 비치해야 하는데 전동으로 높낮이가 조절되는 책상과 의자, 책장을 넘겨주는 페이지터너 등이 있으며, 장애인들의 원활한 컴퓨터 생활을 위한 다양한 특수키보드와 마우스가 비치.
	침실	샤워와 배변이 가능한 전동침대와 키즈보이스 등을 의사소통의 보조기구로 사용할 수 있도록 함. 욕창방지에 도움이 되는 보조기구를 비롯해, 의사소통 보조기구들을 비치.
	주방	높낮이 조절이 가능한 싱크대와 찬장을 사용할 수 있게 설계하며, 특수 숟가락과 포크와 같은 식사에 필요한 보조 도구와 한손사용자도 도마와 병따개 및 칼 등의 요리에 필요한 보조도구, 높낮이 조절 가능한 식탁 등을 배치
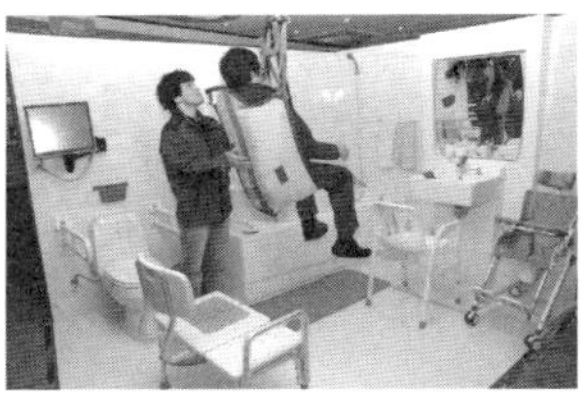	욕실	욕조에 입욕을 위한 천장주행리프트와 화장실 사용에 필요한 안전손잡이, 샤워 체어, 높낮이 조절이 가능한 세면대, 샤워 및 배변의자 등을 배치

3) 전략과 실제적 분류

보조공학이 실제 장애인의 삶에서 어떻게 활용되는지 그 사례를 크게 일상생활, 의사소통, 컴퓨터 활용 등으로 나누어 살펴보고자 한다.

(1) 일상생활

일상생활과 관련 있는 보조공학 도구는 장애인이 생활하면서 스스로 의식주를 해결하도록 도와 자립적인 생활을 가능하게 해주는 도구들이 많다.

① 의생활 보조도구

가. Dressing Stick

옷을 입고 벗는 데에 도움을 주는 도구로 옷 뿐 아니라 물건을 밀고 당길 때도 사용할 수 있다.

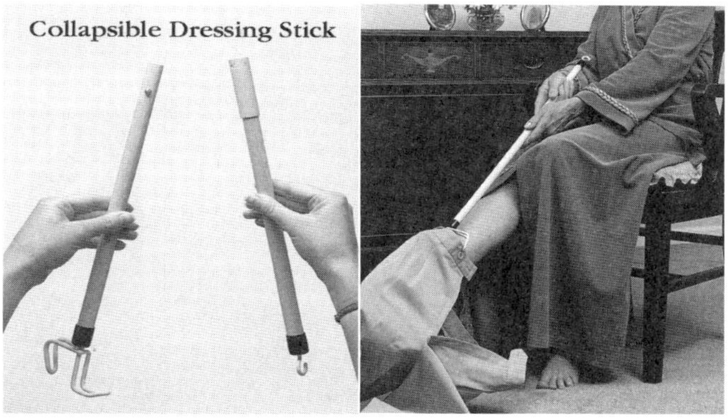

그림 3.1 Dressing Stick

나. 지퍼 잠그는 도구

손으로 움켜잡는 데에 어려움이 있는 장애인을 위해 지퍼를 손쉽게 잠글 수 있게 하는 도구이다.

그림 3.2 지퍼 잠그는 도구

② 식생활 보조 도구

이름	특징	사진
과일, 채소 닦는 기구	지체 장애, 뇌병변 장애가 있어 한 손만 사용 가능한 사용자가 과일이나 채소를 씻을 때 사용할 수 있다.	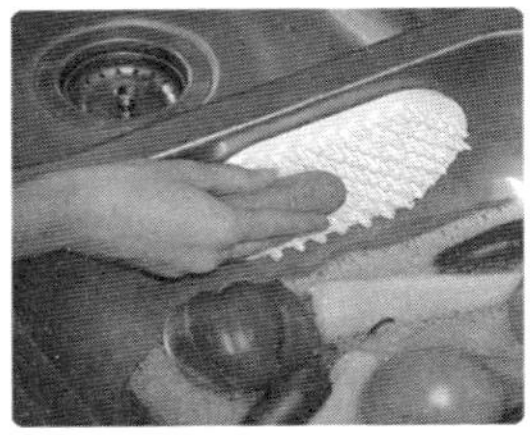
길이가 긴 식사 도구	상지의 제한된 관절가동 범위를 가진 사람들에게 식사 시 유용한 도구로 나사로 수저 또는 포크의 각도를 조절할 수 있고, 이후 그 각도를 유지한 채 사용할 수 있다. 손잡이의 확장 부위는 25cm이고, 전체 길이는 38cm정도이다.	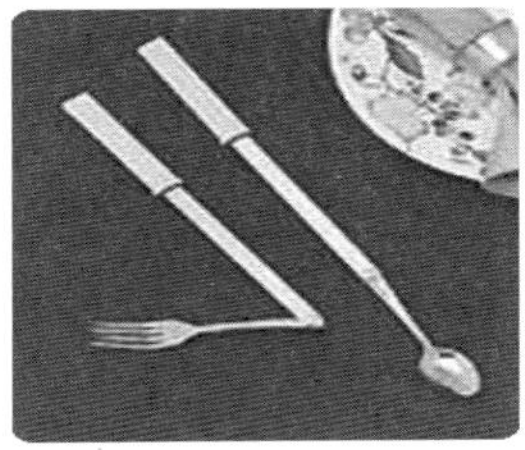
마시는 부분이 넓은 뚜껑	사용자가 음료수를 먹을 때 목과 머리를 적절한 자세로 유지하도록 도와주는 보조 도구이다. 컵에 뚜껑을 끼워 사용할 수 있으며 코가 파인 부분이 위로가게 하여 사용하여 음료를 마실 때 머리를 뒤로 젖히지 않아도 음료를 마실 수 있다.	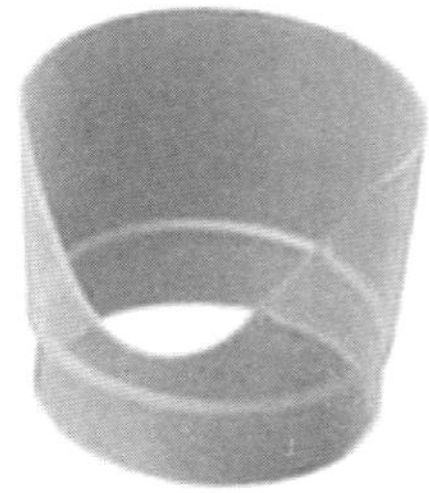
덮개가 있는 수저	불수의적인 움직임(떨림), 협응이 떨어지거나 상지의 약화가 있는 사람들에게 유용한 도구로 뚜껑이 있어 수저의 2/3 정도 덮어 주어 액체나 작은 음식을 먹을 때 음식이 수저 위에 있게 유지해 주며 수저 밖으로 흘리는 양을 줄여준다.	
중력을 이용해 마시는 컵	컵 바닥 쪽이 빨대와 연결되어 있어 마시기를 독립적으로 할 수 없는 사람들이 음료를 마실 때 중력의 도움을 받아 더 쉽게 마시도록 해준다. 빨대를 잡아 섭취 양을 조절할 수 있으며 구강 운동 능력을 촉진시킨다.	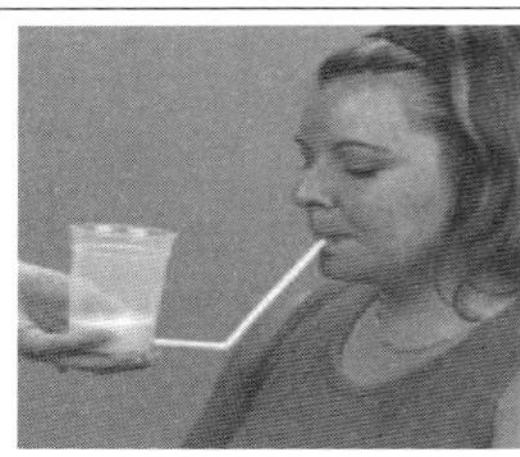

입술 닫기 훈련 숟가락	식사 시 입술 닫기에 어려움이 있는 사용자에게 어느 지점에서 입술을 닫아야 하는지를 촉각적으로 알려주는 숟가락이다. 경사진 벽면은 스푼이 입에 닿았을 때 윗입술과 접촉하여 입술을 닫아야 하는 시점에 대한 촉각을 제공해 준다.	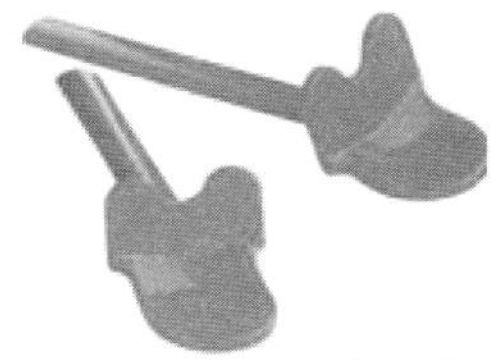

③ 주생활 보조도구

가. 목욕의자(Shower Chair)

몸을 혼자 가누기 힘든 장애인이 목욕 시 허리와 가슴을 고정시켜 줄 수 있는 안전벨트 등을 사용하여 몸과 머리를 잘 가눌 수 있도록 고정시켜 준다.

나. 집게(Reacher)

몸을 구부릴 수 없거나 손이 닿지 않는 곳의 물건을 집는 용도의 집게로 레버식과 자석식, 버튼형, 접이식 등 다양한 집게 등이 있다.

다. 스마트룸(Smart Room)

원격제어 시스템이 적용된 리모컨을 이용해 손발이 자유롭지 못한 장애인이나 노인들의 독립생활에 도움을 준다.

라. 이동 및 보행 보조도구

ⓐ 울트라캐인(Ultra Cane)

일정한 거리로 초음파를 내보내서 장애물이 나타나면 손잡이 부위에 있는 버튼에서 진동을 일으키며 진동의 강약을 통해 물체가 어느 방향에 얼마나 가까이 있는지를 알 수 있게 해주는 시각장애인용 지팡이이다.

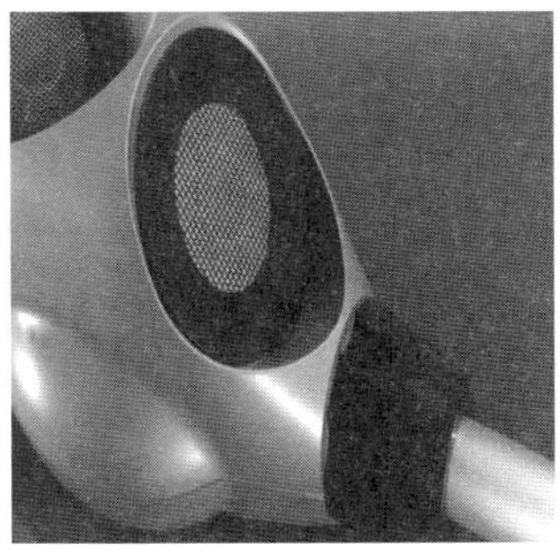

그림 3.3 울트라캐인

ⓑ 계단 인식 휠체어

계단을 인식해 오르내릴 수 있는 전동 휠체어이다.

ⓒ 기립형 전동 휠체어

일어서지 못하는 사람들이 서서 이동할 수 있도록 도와주는 휠체어이다. 앞바퀴가 뒷바퀴 위쪽으로 올라가면서 자연스럽게 휠체어의 몸체 전체가 들려서 올

그림 3.4 기립형 전동 휠체어

라가게 되어 사람이 앉아 있는 시트의 높이가 높아지게 된다. 좌, 우 뒷바퀴 2개만 지면에 닿아 있는 상태에서 휠체어 스스로 균형을 계속 유지하고 있기 때문에 넘어지지 않고 마치 두 다리로 서 있는 것과 비슷한 모습을 연출한다. 이는 시트에 승강 장치가 있는 엘리베이팅 휠체어와 같은 기능들을 수행할 수 있다는 실용적인 이유뿐만 아니라 다른 사람들과 눈높이와 어깨를 나란히 하고 함께 대화를 나눌 수 있는 등 장애인에게 심리적인 자신감을 주는 효과도 있다.

〈기립형 휠체어 특징〉

① 하체 관절의 오그라짐을 방지할 수 있다.
② 배변, 배뇨 운동을 촉진한다.
③ 오랜 착석으로 인한 욕창을 방지한다.
④ 골다공증을 완화시키고 뼈의 칼슘의 유실을 완화시킨다.
⑤ 개인적인 자신감을 증대시키고 신체적인 장애를 극복한다.
⑥ 하체의 하중 지지능력 개선에 유효하며 직립 훈련에 도움을 준다.
⑦ 잘못된 자세로부터 오는 저혈압을 방지하고 심폐기능을 향상시킬 수 있다.
⑧ 기립 상태에서 일할 수 있는 능력을 배양하고 더욱 독립적이며 스스로를 돌볼 수 있는 능력을 갖게 된다.
⑨ 표준적인 가정에서의 도구 사용이 가능하게 되어 환경 적응력을 향상시킬 수 있다.
⑩ 조이스틱 조정을 통하여 필요시 수시로 일반 전동 휠체어와 똑같은 형태로 이용할 수 있다.

ⓓ 보행기계(eLegs)

미국의 Berkeley Bionics 회사는 인간의 외골격(human exoskeletons)을 본 따 만든 “eLegs”라는 제품으로 하반신 마비로 걷는 것이 불가능한 장애인들이 보행하는 것을 돕고 있다.

(2) 의사소통도구

① 청각장애인을 위한 영상 전화기

영상 전화를 이용하여 청각장애인이 수화통역센터의 통역사를 통해 수화를 모르는 일반인과 의사소통을 할 수 있도록 중간에서 도와주는 전화기이다.

그림 3.5 Berkeley Bionics 사의 eLegs

② 보이스 아이

시각장애인용 문자 음성전환기기로 2차원 바코드에 저장되어 있는 텍스트 정보를 음성으로 변환하여 출력할 수 있는 장치로 스캐너로 2차원 바코드를 읽으면, 바코드에 저장된 출판물의 내용을 PC를 통해 음성으로 듣거나 문자로 읽을 수 있다. PC용 변환출력장치와 휴대용 변환출력장치가 있다. 시각장애인, 저시력자, 색맹, 난독증을 포함한 읽기 장애가 있는 사람들에게 유용하다.

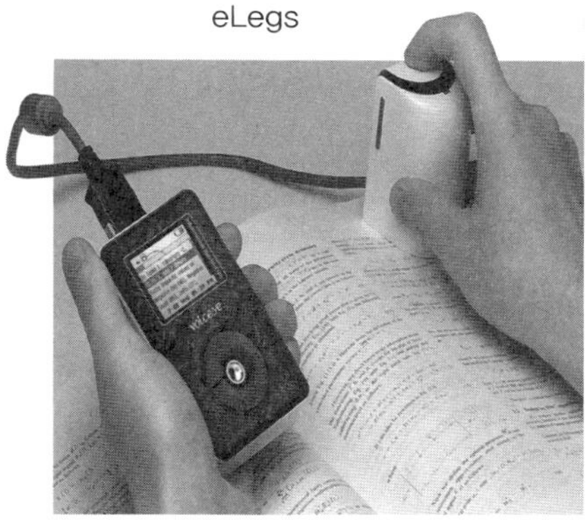

그림 3.6 보이스 아이

③ 랭귀지 프랜드

20개의 셀에 각각 음성을 녹음하고 그 셀을 누르면 녹음된 음성이 재생되는 기기로 언어능력이 부족하거나 의사소통이 안 되는 아동을 위해 사용한다. 설명 단어, 구, 문장을 미리 녹음해 두었다고 필요한 셀을 눌러 자신의 의사를 상대방에게 전달한다.

그림 3.7 랭귀지 프랜드

(3) 컴퓨터 활용

① 브레일 한소네(점자음성컴퓨터)

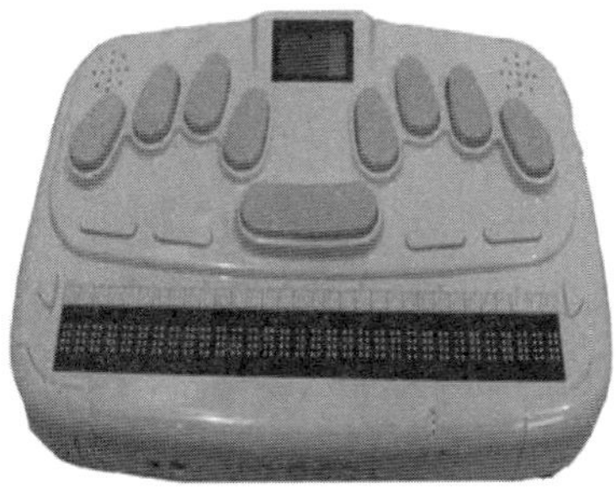

그림 3.8 브레일 한소네

2003년 대덕밸리 벤처기업 힘스코리아(대표 윤양택)가 개발한 시각장애인용 점자 음성컴퓨터 '브레일 한소네'는 시각장애인이 컴퓨터에 손쉽게 점자로 입출력을 할 수 있고 음성합성을 통해 문서를 작성할 수 있는 일종의 '점자정보단말기'이다. 시각장애인들이 입력하고자 하는 글자를 자판을 통해 입력하면 점자로 표시돼 자신이 입력한 글자를 확인할 수 있고 일반 텍스트 형태로 출력할 수 있어 시각장애인이 정상인과 문서를 통해 커뮤니케이션할 수 있도록 도와준다. 또한 인터넷 정보를 점자와 음성으로 구현할 수 있어서 워드프로세서, 일정관리, e메일, 계산기, 웹브라우저, 파일관리 등 컴퓨터가 제공하는 기능을 시각장애인도 쉽고 편리하게 활용할 수 있다.

② 롤러 트랙볼

그림 3.9 롤러 트랙볼

손가락의 자유로운 운동에 장애가 있어 일반 마우스 사용이 어려운 사람들이 손가락을 쓰지 않고도 공처럼 볼을 움직여 쓸 수 있는 트랙볼 마우스다. '롤러트랙볼'을 미는 행동으로 컴퓨터를 조작할 수 있다.

(4) 보조공학의 특성

① 보조공학의 장점 및 혜택

특수교육공학은 장애 학생들 교육에 많은 영향을 미치고 있다(손지영, 2008).

첫째, 수업의 개별화를 촉진한다. 컴퓨터를 이용한 수업상황에서 컴퓨터는 학습자 개개인의 능력에 적절한 학습내용을 선정하여 제공할 수 있다(박성익 외, 2001). Williams(1996)는 컴퓨터를 기반으로 하는 수업환경에서 적용할 수 있는 다양한 수업통제 유형을 제시하였는데, 학습자가 일련의 학습활동을 직접 선택하고 스스로 관리할 수 있는 학습자 통제적 학습 환경을 제공해 줄 수 있다고 하였다. 즉, 학습 내용의 순서와 계열화, 정보나 사례의 양, 질문의 유형, 피드백의 형태 등을 개별 학습자에게 제시해 주어 학습의 개별화가 가능하게 되는 것이다. 개별화 학습은 학습 능력이나 주의집중, 학습전략 면에서 특별한 요구가 있는 장애학생들이 자신의 성취 수준에 도달하도록 개별화된 학습을 제공할 수 있다.

둘째, 특수교육공학은 동기유발을 촉진시킨다. 컴퓨터나 공학매체들은 학습내용의 진행방식과 화면제시방식에 다양한 기법을 사용함으로써 학습자들의 동기를 유발시킬 수 있다(Lee & Vail, 2005). 다양한 그래픽과 이미지, 애니메이션과 같은 자극들은 학생들의 흥미를 유발시킬 수 있으며, 학생들의 선호도에 따라 원하는 것을 선택하여 학습할 수 있으므로 학생들은 자신감과 친밀감으로 학습할 수 있다. 따라서 공학은 장애학생들의 동기 유발을 할 수 있고 학습태도가 향상될 수 있는 장점이 있다. 주의집중시간이 짧고 산만한 장애학생들에게 공학은 새롭고 흥미를 주어 학습동기를 증진시킬 수 있다.

② 보조공학 활용을 방해하는 요소

보조공학 기기 구입에 대한 비용문제와 필요성에 대한 이해 부족으로 테크놀로지에 대한 접근가능성이 제한된다. 보조공학과 관련된 전문 지식과 경험의 부족으로 교사와 학부모에 대한 훈련과 교육이 미비하다. 또한 학교에서 교사들이 테크놀로지 활용에 대한 거부감을 갖는 경우가 많으며 학부모들도 활용에 대한 비현실적인 기대를 하는 등 교사, 학부모, 학생 모두 테크놀로지 활용 훈련에 부담감을 가져 보조공학활용을 어렵게 하고 있다.

③ 보조공학의 활용

장애인의 생활을 편리하도록 도움이 되는 보조공학 도구에는 여러 가지가 있다.

ⓐ 팔 보호용 소매(Cuffs) : 휠체어를 사용하는 사람들의 팔을 휠체어 바퀴의 움직임으로부터 보호

ⓑ 접시(Keep-Warm Dish): 소근육 사용 등의 어려움으로 음식을 먹는 시간이 오래 걸리는 아동들을 위해 계속해서 음식을 따뜻하게 유지시켜 주도록 고안

ⓒ 목욕의자: 목욕 시 선 자세나 이동, 균형유지에 어려움을 가진 사람들을 위해 제작

ⓓ 의사소통판(communication board): 음성언어를 사용하지 못하는 사람들이 뜻하는 바를 전달하기 위한 문장을 담고 있다.

ⓔ 스피커(speaker): 음성장애를 가진 사람들을 위한 의사소통용 소프트웨어로, 자신이 표한할 문장을 선택하여 버튼을 누르면 음성언어로 전달됨

ⓕ 전화증폭기: 매우 약하고 낮은 목소리를 가진 사람들이 전화로 의사소통시 소리의 높낮이를 다양하게 선택할 수 있음

ⓖ 음파탐지 지팡이(sonar cane): 시각 장애를 가진 사람들이 이동시 소리를 통해 물체를 파악할 수 있도록 고안

ⓗ 스위치1(switch): 중증의 지체 장애를 가진 사람들이 머리나 턱, 얼굴 등의 부위의 미세한 움직임으로 쳤을 때도 연결된 기기를 작동

ⓘ 스위치2(switch): 같은 역할을 하는 매우 단순화된 스위치로 장난감 등에 연결

ⓙ 침대조정장치(electric bed control): 침대의 위치를 바꾸거나 할 때 일반적인 버튼의 사용이 어렵거나 혼자서 조정이 어려운 사람들을 위해 조작할 수 있는 버튼 등

ⓚ 화면키보드(On-screen Keyboards): 일반적인 키보드나 수정되어진 키보드가 컴퓨터 스크린 위해 배치마우스, 터치스크린, 트랙볼, 조이스틱, 그리고 전자지시기 등을 이용해 입력이 가능하다.

ⓛ 음성인식시스템(Voice Recognition): 키보드나 마우스를 사용하는 대신에 사용자가 컴퓨터에 말로써 입력 기능을 대신할 수 있음

ⓜ 점자프린트기(braille embosser): 컴퓨터에 의해 만들어진 텍스트 파일을 점자로 출력하는 기기이다

ⓝ 스크린 리더(Screen Readers): 음성 합성기와 연계하여 제어 버튼, 메뉴, 텍스트 등 화면의 모든 것을 음성으로 표현해 주는 소프트웨어

ⓞ 화면확대프로그램(Screen Enlargement Programs): 읽기를 위해서는 큰 문자가 필요한 사람들을 위해 화면의 특정 부분을 확대

ⓟ 브레일한소네
- 시각 장애인의 학습 및 재활, 정보접근의 도구
- 워드프로세서기능, 파일관리기능, 이메일기능, 인터넷 기능 등
- 키보드가 8개의 점 키보드로 이루어짐

3. 교육적 지원

1) 보조공학의 교육적 활용

보조공학이 활용될 수 있는 두 가지 중요한 상황은 교육과 직업 영역이다. 이 중에서도 교사를 희망하는 이들에게 학령기 전부터 중・고등학교 수준에 이르기까지 교육적 환경에 있는 장애아동에게 교실상황에서의 보조공학의 활용에 대한 지식은 매우 중요한 도움을 줄 수 있다(Todis & Walker, 1993). 기본적으로 자세지지 시스템은 아동이 학급활동에 최대한 참여할 수 있는 자세를 갖추는 데 도움을 주는데, 특히 이러한 자세는 학습에 활용하기 위해 컴퓨터에 접근하는 데 중요한 역할을 한다. 보완대체 의사소통 시스템과 독립적인 이동에 대한 장치는 특히 의미 있는 도움을 준다. 더불어 전자식 일상생활 보조기구나 로봇과 같은 특정 보조테크놀로지 기구는 실제 물체를 독립적으로 조작할 수 없는 아동에게 도움을 준다. 이러한 보조공학을 통해 이루어질 수 있는 긍정적인 교육적 효과의 잠재성은 매우 크다. 장애학생들에게 교육적 효과를 최대화하기 위해 어떻게 활용될 수 있는지 알아보고자 한다.

– 법적 근거

'특수교육 관련서비스'란 특수교육대상자의 교육을 효율적으로 실시하기 위하여 필요한 인적·물적 자원을 제공하는 서비스로서 상담지원・가족지원・치료지원・보조인력지원・보조공학기기지원・학습보조기기지원・통학지원 및 정보접근지원 등을 말합니다(「장애인 등에 대한 특수교육법」 제2조제2호).

각급학교의 장은 특수교육대상자의 교육을 위하여 필요한 장애인용 각종 교구, 각종 학습보조기, 보조공학기기 등의 설비를 제공해야 한다(「장애인 등에 대한 특수교육법」 제28조제4항).

- 교육감은 각급학교의 장이 각종 교구·학습보조기·보조공학기기를 제공할 수 있도록 특수교육지원센터에 필요한 기구를 갖추어 두어야 한다(「장애인 등에 대한 특수교육법」 제28조제8항 및 「장애인 등에 대한 특수교육법 시행령」 제26조).

2) 교과지도와 보조공학

(1) 읽기

읽기는 운동, 감각 및 인지 기술을 요한다. 운동기술은 기본적으로 텍스트를 적당한 곳에 위치시키고, 페이지를 넘기고, 그와 유사한 과제(예: 책을 집고 펼치고 색인을 찾는 등)를 수행하는 것과 관련된다. 감각기술은 시각시스템을 사용하여 문서를 훑어보고 글자와 단어를 인식하기에 충분한 시야, 시력, 안구기능 등이 확보되어야 한다는 것이다. 시각장애학생의 경우 촉각(점자)나 청각(언어) 등의 대안적인 방식이 대신 사용될 수 있으며, 이는 보조공학의 도움으로 충분히 가능하다. 대표적으로 디지털 스캐너가 있다. 인지 기술의 경우는 단어를 파악하고 철자를 알고 이해하는 것 등과 관련되는데, 이는 교육용 소프트웨어를 활용하여 장애학생이 조작할 수 있는 이야기를 제시하는 프로그램, 여러 가지 출력 방식을 가지고 있는 프로그램, 손가락으로 가리키고 마우스를 클릭함으로써 변화시킬 수 있는 상호작용이 가능한 이야기 프로그램, 온라인 책 등이 해당된다.

(2) 쓰기

쓰기의 유형에는 노트 필기, 메시지 전달, 공식적 쓰기의 세 가지 범주로 구분할 수 있는데 장애학생의 경우 이런 활동의 일부나 전부를 하는 데 어려움을 겪으므로 여러 대안이 존재한다. 손에 손을 잡고 쓰듯이 보조자가 주는 도움에서부터, 스크린에 필기한 것을 인식하고 문서로 저장하여 편집하는 워드프로세서를 사용하는 컴퓨터 보조기구나 PDA, 개조된 펜이나 연필(예: 확대 손잡이나 받침대), 음성을 인식하여 문서로 전환시키는 시스템(자동 언어인식 시스템) 등이 포함된다. 또한 1) 습작(pre-writing)또는 브레인스토밍, 2) 초안작성(drafting)이나 구성, 작문, 3) 편집, 4) 출판의 작문 4단계 인지적 전 과정에 걸쳐 보조공학이 도움을 줄 수 있으며 학습자의 쓰기 기술 개발에 긍정적인 영향을 미칠 수 있다(Rocklage & Lake, 1997).

(3) 수학

효과적인 수학적 사고를 하기 위해서는 사고한 것을 중간에 연습장 같은 곳에 기록하는 등 시각적 표상(visual representation)을 할 수 있어야 제대로 수학적 기술을 개발시킬 수 있다. 수를 세거나 분류하는 것과 같은 수학적 능력은 흔히 조작물(manipulatives)을 사용하여 개발된다. 이러한 조작물로는 색깔, 길이, 무게 등 수학적 개념을 높이는 데 사용될 수 있는 막대나 토막, 단추, 구슬 기타 조그만 물체가 있다. 이런 실체적 조작물을 손을 자유로이 사용할 수 없는 장애학생들을 위해 컴퓨터 프로그램으로 대신할 수 있다. 특별하게 고안된 소프트웨어나 스마트클릭(SmartClick)과 같은 적응장치를 사용하여 스위치로도 조작될 수 있다. 보완대체 의사소통의 한 종류는 특수 심벌 및 계산기 기능 등을 비롯한 수학연습 소프트웨어(MathPad, FractionPad, Access to Math)를 내장하고 있어 어떤 장애를 가진 사람도 거의 모두 사용할 수 있도록 되어 있다. 이러한 접근방법을 통해 학습자가 컴퓨터 상에서 방정식을 쓰고 풀고 그 결과를 프린트하는 것이 가능하다. 학습자의 다양한 운동기술 수준을 충분히 수용할 수 있는 직접적이고 또한 간접적인 접근 방식이 모두 활용 가능하다.

(4) 과학

과학에서의 교육활동은 이론적이고 실험적이다. 즉, 물체를 직접 조작하는 것에 기초한다는 이야기이다. 그러나 컴퓨터그래픽의 질과 해상도가 급속도로 발달하면서 모의적인 실험실 상황을 구현하는 것이 충분히 가능해졌다. 더욱이 그러한 실험적 내용이 다운로드 될 수 있는 인터넷 자원도 존재한다. 물체에 도달하고 잡을 수 있는 데 한계가 있는 신체장애를 가진 학습자가 조작기능을 필요로 하는 과학활동에 참여할 수 있는 여러 방법이 있다. 자신이 직접 말하거나 보완대체 의사소통 도구를 거쳐 동료나 보조가, 교사의 도움을 받아 조작을 요하는 실험에 어느 정도 참여할 수 있고, 물체의 독립적인 조작은 전자식 일상생활 보조기구나 로봇 시스템의 도움을 받을 수 있다. 적합한 컴퓨터 적응장치만 충분히 확보된다면 장애학습자도 과학학습에 필요한 컴퓨터 모의장치, 개념발달 소프트웨어, 인터넷 기반 과학교수법을 비장애 학생과 동일하게 이용할 수 있다.

(5) 음악

음악수업은 기초 리듬과 집단참여와 관련된다. 학습자는 음악활동에 참여하기 위해 악기와 목소리를 사용한다. 듣기를 통한 음악감상도 교과과정의 일부이다. 장애로 인하여 악기를 사용할 수 없는 학생을 위한 적응장치(예: 머리나 발 움직임으로 작동되는 장치나 개조된 손잡이 등)가 사용될 수 있다. 디지털화된 언어를 사용하는 보완대체 의사소통 기구는 음악 소리(예: 악기음 등)나 성악곡을 저장할 수 있다. 대부분의 컴퓨터에는 악기 디지털 교류장치(musical instrument digital interface: MIDI)가 내장될 수 있다. 이 교류장치는 음악을 일련의 악보로 저장하는데 사용되는 파일로서 컴퓨터에 있는 사운드 카드를 통해 재생될 수 있다. 디지털 악기(예: 피아노 키보드)가 MIDI에 부착되면 악보를 저장하는 데 사용될 수 있어서 그 악기나 사운드 카드를 통해 재생될 수 있다(Merbler, Hadadian & Ulman, 1999). 이런 식으로 장애를 가진 학습자도 노래를 창작하고 악기를 연구하며 소리를 탐색할 수 있다. 또 여러 가지 적절한 컴퓨터 적응장치를 활용하여 MIDI가 구비된 컴퓨터를 사용할 수 있다.

(6) 미술

미술활동은 학생들이 소근육 운동조절력과 형태 및 색깔에 대한 이해를 개발하고 창조력을 발휘할 수 있는 표출구가 된다. 그림을 그리는 데 필요한 소근육 운동기술이 부족한 학생에게는 헤드 포인터나 마우스 스틱에 탈부착할 수 있는 펜이나 연필, 붓 등과 같은 적응장치가 사용될 수 있다.

그림 그리는 도구의 손잡이를 크게 만들고 개조된 손잡이 장치를 부착하는 것이 가능하다. 연필과 종이로 그림을 그리는 대신 디지털 이미지를 조작하는 것으로 대치될 수도 있다. 이는 신체 장애를 가진 학습자가 미술활동에 훨씬 쉽게 접근 가능하게 하는 방식이 될 수 있다. 또한 그림 그리기용 컴퓨터 소프트웨어가 교육 현장에서 사용될 수 있다. 이러한 소프트웨어는 적절한 컴퓨터 적응장치를 활용하면 장애와 무관하게 모든 학습자가 사용 가능하다.

그림 그리는 것과 같은 개방식 과제는 단일 스위치 스캐닝 장치를 사용하여 수행될 수 있다. 학습자는 스캐닝에 의해 자신이 원하는 색깔을 선택하고, 그 다음에 교사나 보조자가 그림의 부분을 채우는 데 그 색깔을 사용하는 식으로 과제가 수행될 수 있다. 중증장애인에게 음식을 먹이기 위해 특별히 개발된 로봇 시스템인 핸디1(Topping, 1996)과 같은 장애인용 로봇 시스템을 이용하여 좀 더 독립적인 과제수행도 가능하다. 펜의 색깔 선택, 펜의 위치 지정, 펜의 활동(움직이거나 그림)과 같은 미술활동을 하는 것이 단일 스위치 스캐닝 장치를 사용하여 성취될 수 있다.

3) 보조공학 활용의 구체적 사례

교육과 훈련을 위해서는 여러 가지 공학 기기들이 사용되어지고 있으며, 보다 다양하고 효과적인 활용을 위한 연구가 시도되고 있다. 컴퓨터 보조 수업(CAI), 교육용 비디오 및 오디오 테이프, 확대 시스템, 책 받침대 등을 활용하는 것이 여기에 포함되는 몇 가지 예라고 할 수 있다. 좀 더 구체적 사례를 통해 교사들의 노력을 살펴보기로 한다.

(1) 8살 다운증후군 준영이의 경우

준영이는 8살의 다운증후군을 가진 장애 아동이다. 언어능력은 또래 아이들보다 약 3년 정도 뒤쳐져 있지만 사회생활 능력은 또래들과 비슷하다. 준영이는 유치원부터 일반 아동들과 같이 수업을 들으면서 학교생활을 해왔다. 그러나 올해 3학년 담임선생님은 준영이가 급우들과의 학습 격차가 커져서 일반학교보다는 특수학교에서 학교생활을 하는 것이 훨씬 도움이 될 수 있다고 생각했다. 준영이는 근육 조정에 문제가 있어 글씨쓰기에 어려움을 겪고 있다. 그러나 비록 소리 내어 읽기는 언어 장애 때문에 힘들었지만 준영이는 셈하기를 익혔을 뿐만 아니라 2학년 수준의 독해능력도 가지고 있다. 준영이의 부모는 준영이가 계속해서 일반학교에서 공부를 했으면 하고 바라고 있지만 읽기와 쓰기의 장애로 인하여 학습에 어려움을 겪는다는 것을 잘 알고 있다. 준영이의 담임선생님과 학습도움실 지도교사는 준영이가 일반 학급의 또래들과의 환경에서 학습에서뿐만 아니라 또래관계에서도 많은 진보를 보여 왔다는 결론을 내렸다. 하지만 급우들과 학습보조를 맞추는데 있어서 어려움을 겪고 있기 때문에 좀 더 빠르게 그리고 효율적으로 학습하기 위해서는 보조공학의 도움이 필요하다는 생각을 하게 되었다. 과연 준영이에게 필요한 것은 무엇이고, 어떤 종류의 보조공학이 필요할까?

선생님은 준영이가 모든 글자들을 익힐 때까지 지속적으로 쓰기 연습을 했고 한편으로는 필기의 속도가 중요할 때 그리고 과제물이 많을 때는 컴퓨터를 이용해야 한다는 것을 강조하였다. 준영이는 컴퓨터 이용을 위해서 컴퓨터 키보드를 변형했고 변형된 키보드는 크고 사용하기 편리하여 준영이에게 큰 도움이 되었다. 소리 내어 읽기를 위해서는 준영이로 하여금 언어 치료사의 도움을 받아서 읽는 것을 녹음기에 녹음하여 선생님과 다시 들어보면서 교정하도록 하였다.

(2) 13살 학습장애 영희의 경우

영희는 학습장애를 가지고 있지만 통합된 환경에서 학교생활을 하는 중학교 1학년생이다. 특수교육 교사는 그녀가 정상적인 수업과 학교생활을 할 수 있도록 필요한 도움을 준다. 영화는 초등학교 때는 별다른 큰 도움 없이도 학교생활을 잘 할 수 있었지만 중학교 진학 이후로는 과제물로 인해 많은 어려움을 겪고 있다. 철자법을 잘못 적는다든지 과제물을 마치기 위해 하루 종일 시간을 투자해야 하는 경우가 허다했다. 녹음기를 이용해서 과제물을 소화했지만 잦은 교정 때문에 많은 시간을 허비해야했다. 따라서 영희는 학습 양을 조금 줄이고 학습에 필요한 교육을 받도록 권고 받았다. 영희는 정상 급우들과 같이 공부하고 싶었지만, 그들과 보조를 맞출 수가 없었다. 보조공학이 영희에게 어떤 도움을 줄 수 있을까?

이런 문제를 해결하기 위해서 특수교사와 담임교사는 영희가 컴퓨터를 이용하여 워드프로세스 작업을 하고 음성 철자 교정기도 이용하는 것이 좋다는데 동의하였다. 영희는 자료실에 가서 타이핑 연습도 하고 좀 더 분량이 많은 과제물도 시도해 보았다. 수업시간에는 휴대용 워드프로세서를 이용해서 필기도 하고 나중에 자료실에 와서 프린터도 한다. 이러한 간단한 해결책을 통해서 영희는 글쓰기에 있어서 많은 시간을 절약할 수 있었고 교정과 편집도 쉽게 할 수 있었으며, 결과적으로 학교생활에 있어서 자신감과 편안함을 가질 수 있게 되었다.

(3) 건형이의 달라진 학교생활

웃는 모습이 유난히 밝은 아이 건형이(가명, 7세). 이제 초등학교에 입학 예정인 건형이는 큰 꿈에 부풀어 있다. 유치원을 졸업하고, 초등학생이 되었다는 생각에 마냥 신이나기만 한가보다. 건형이는 꿈에 부풀어 있지만, 엄마의 얼굴엔 기쁨과 걱정이 함께 묻어난다. 학교에 가서는 유치원 때보다 이동을 해야 할 일도 많고, 학습량도 유치원 때보다 많아지기 때문이다. 건형이는 엄마의 손을 잡고 걷는다. 손의 기능은 또래의 아이들에 비해 발달이 덜 된 편이다. 필기를 할 때는 연필 두께가 얇아 제대로 쥐고 쓰기가 어려워서 문구점에서 연필홀더를 사주었으나 소재가 딱딱하고 길이가 짧아 완벽하게 보조하기 어렵다. 학교 생활을 더 잘하고 싶은 마음에 부푼 건형이에게 서울보조공학서비스센터의 전문가들이 건형이에게 꼭맞는 보조기구를 찾아주기 위해 발벗고 나섰다.

– 건형이가 만난 보조기구

① 후방지지 워커, 펜슬그립

이동시 엄마의 손을 잡고 걷던 건형이는 후방지지워커를 만나면서 혼자서 독립적인 보행이 가능하게 되었다. 후방지지워커를 만난 이후 건형이는 이동에 대한 욕구가 높아져 학교 어디든지 혼자서 누비고 다닐 태세다. 건형이는 학교 안을 혼자서 자유롭게 이동할 수 있게 되면서 자존감도 높아지게 되었다.

필기할 때만 되면 연필을 제대로 쥐기가 어려웠던 건형이에게 펜슬 그립은 안성맞춤 보조기구다. 모양은 비슷하게 생겼지만, 문구점에서 구입해서 사용하던 연필홀더와는 다르다. 센터 내 펜슬 그립은 일반 문구점 홀더보다 길고 소재가 부드럽고 탄성이 있어 연필 잡을 때 바른 자세를 유도하고 손에 힘을 주더라도 손가락 마디의 통증이 덜하게 되었다. 입학 전, 학교에 가서 필기를 열심히 하기 위해서 작업치료사 선생님과 함께 펜슬그립을 이용하여 필기연습을 꾸준히 하였고, 아직은 미숙하지만 건형이의 쥐기 패턴은 상당히 향상되었다.

② 빅키 & 키가드 키보드

빅키는 일반키보드 보다 키의 사이즈가 크고, 이웃하는 키와 색깔이 달라서 키보드 인식이 어려울 경우 빠른 인식을 도와주는 대체키보드이다. 빅키는 수입이기 때문에 한글자판이 없어서 서울보조공학서비스센터에서는 키보드의 키마다 한글로 크게 인쇄하여 아이의 빠른 글자 인식을 도왔다. 건형이는 꾸준히 빅키를 이용하여 타이핑 연습 중이고 한글이 빨리 인식되어 원하는 글자를 찾아 누르는 시간이 많이 단축되었다고 한다.

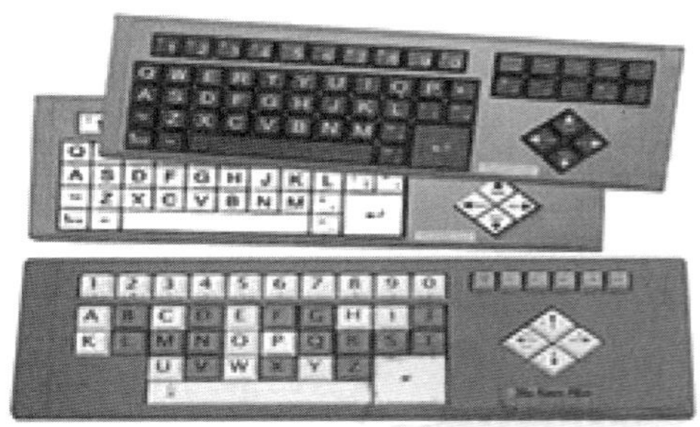

(4) 예 · 복습도 혼자서

영등포구의 한 아파트에 살고 있는 박보영씨(가명, 29세). 1999년 다발성 경화증 진단을 받고 현재 시각 · 지체 1급의 장애 판정을 받았다. 예습과 복습을 하려고 하면 교과서의 글씨가 너무 작아 혼자서는 공부하기가 너무 힘들었다. 이런 보영씨를 돕기 위해 서울보조공학서비스센터가 나섰다.

① 탁상용 독서확대기

서울보조공학서비스센터에서 보영씨의 정보접근을 돕기 위해 탁상용 독서확대기를 추천하였다. 탁상용 독서확대기는 자동초점, 고정초점 기능이 있고 3중 카메라 시스템으로 쉽고 빠르게 스크린을 바꾸어 준다. 명암반전 기능이 있으며,

멀리 있는 대상을 확대해도 선명하다. 카메라의 기울기가 270도, 선회전이 180도 가능하다. 카메라 거치대 이동이 가능하며 카메라 거치대의 간단한 단축키로 사용법이 간단하다. 보영씨는 탁상용 독서확대기를 사용할 때 검은 바탕에 흰 글씨로 배색을 변경하여 글자의 인식을 더 쉽게 인식할 수 있다.

② 머린 LCD

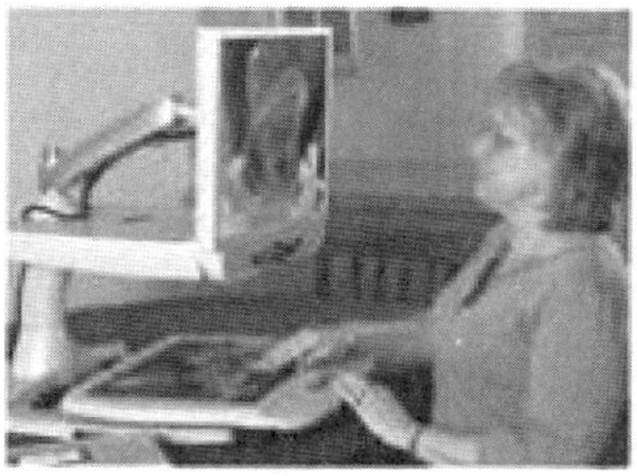

LCD 모니터를 기본으로 장착하여 모니터의 위치를 사용자의 눈 높이에 조절할 수 있으며 고해상도의 또렷하고 선명한 이미지를 구현한 최신형 독서확대기이다. 17인치 LCD 모니터 일체형 독서확대기 모니터 상하좌우 각도 및 높이 조절 기능 4가지 보기 기능(칼라, 흑백, 고 대비 흑백, 역상 확대비율-2.7~58배)이 가능하며 고해상도로 또렷하고 선명한 이미지로 보인다. 모니터 피봇, 회전, 기울기 기능으로 사용자의 최상의 위치에 장착이 가능하며 CD를 올리거나 내림으로 최적의 눈높이에 맞출 수 있다.

③ 센스뷰 듀오

저시력인 및 노안으로 인한 시력이 저하된 사람을 위한 휴대용 독서확대기이다. 4.3인치 LCD를 채택하여 선명하고 뚜렷한 이미지를 제공하며 7가지 색상 이미지와 4단계의 밝기 모드 설정이 가능하다. 사용자에 맞게 환경설정이 가능하며 근거리・원거리의 두 개의 카메라가 내장되어 있다. 최소 3배에서 최대 13배까지 확대가 가능하며 이미지 스크롤도 가능하며 각 기능별 메뉴 아이콘 구현으로 편리하다. 한번 충전으로 4시간 30분 동안 사용이 가능하며, 배터리 방전방지를 위한 자동 스립모드, 자동 전원 꺼짐 기능이 있다.

보영씨의 경우 센스뷰 듀오를 적용했지만 시각적 변별 능력이 저하되어 LCD 창이 4.3인치임에도 불구하고 글자 변별이 어렵고 어지러움을 느껴 장시간 이용이 어려웠다.

여러 가지 보조기구를 대여한 후 보영씨는 자신에게 가장 적합한 보조기구를 찾게 되었다. 옆에서 글을 읽어줄 사람 없이는 혼자 학습이 어려웠던 보영씨는 이제는 예습·복습도 혼자서 더 편리하게 할 수 있게 되었다며 기뻐하며 올해 말에는 더 좋은 소식을 전할 수 있을 것 같다고 했다. 보영씨의 바람대로 훌륭한 상담가가 되길 서울보조공학서비스센터가 응원해 본다.

(5) 맞춤제작 · 개조 서비스 사례 – 컴퓨터 접근 보조기구

OO씨는 평범한 학교생활을 하던 어느날, 뇌경색으로 인하여 장애를 가지게 되었다. 휠체어와 침대에서 생활하고 있으며 병원을 가는 것 이외에는 별다른 생활을 하고 있지 않았다. 장애상태는 눈동자를 통한 의사소통이 일부 가능하였고, 오른쪽 검지손가락만 약간 움직일 수 있었다. 장애 이후, 눈동자를 통한 의사소통 이외에는 의사소통이 어려워 굉장히 불편하였다. 서울보조공학서비스센터에서는 OO씨의 욕구인 의사소통과 컴퓨터 접근을 해결해주기 위해 상담과 평가를 통해 적절한 보조기구를 마련하였다.

<table>
<tr><th>장애유형</th><th>뇌병변 1급</th><th>나 이</th><th>21세</th></tr>
<tr><td>어려움</td><td>• 눈동자를 통한 의사소통 이외에 의사소통 어려움
• 오른손 검지손가락 이외에는 움직일 수 없어 컴퓨터 사용이 어려움
• 휠체어, 침대생활로 인해 컴퓨터 접근에 어려움</td><td>조치사항</td><td>• 컴퓨터 접근 보조기구
-침대형 워크스테이션
-모니터암
-터치패드 마우스
• 의사소통
- 클릭키(2.0 버전)
- 매직 잉글리쉬</td></tr>
<tr><td colspan="2">서비스 이전</td><td colspan="2">서비스 이후</td></tr>
<tr><td colspan="2">• 컴퓨터 사용 불가능
• 눈동자를 통한 제한적인 의사소통</td><td colspan="2">• 컴퓨터 접근 보조기구
- 워크스테이션과 모니터암 사용으로 침대나 휠체어에서도 컴퓨터 사용 가능
- 손가락맞춤스위치, 클릭키를 통해 마우스포인터 기능사용이 가능하여 컴퓨터 제어 가능
• 의사소통
- 손가락맞춤스위치와 키보드 개조를 하여 클릭키와 매직잉글리쉬 사용환경 제공</td></tr>
</table>

	- 숙달정도에 따라 효과적인 의사소통 가능

서비스 이후 OO씨는 컴퓨터접근이 가능해졌고, 현재는 보조기구 사용 훈련 중이며 숙달되면 의사소통도 이전보다는 원활하게 할 것으로 기대된다. 보조기구 서비스를 받은 이후, OO씨는 의기소침해 있던 이전보다 더 밝아진 모습이다. 서울보조공학서비스센터에서 서비스를 받은 이후, 컴퓨터 접근이 어려운 장애를 지닌 분들에게 이런 보조기구에 대해서 많이 알려 달라고 부탁하시며 인터뷰에 응해 주셨다. OO씨에게 서비스했던 보조기구에 대한 자세한 설명은 아래와 같다.

적용 보조기구	사진	설 명
침대형 워크스테이션		컴퓨터 본체와 모니터를 수시로 이동하며 사용가능한 환경제공. 벽에 구멍을 내거나 침대에 용접을 할 필요가 없이 컴퓨터를 간편하게 설치 가능
모니터 암		책상 및 테이블에 쉽게 설치 가능하며, LCD 모니터를 자유자재로 움직임이 필요한 장소에 적합

손가락 스위치		아주 작은 손가락의 힘과 움직임만으로 작동이 가능한 스위치. 손 그 자체의 움직임만으로 스위치를 작동하는 방식이며, 스위치는 손가락 위에 착용하여 스위치를 작동
키보드 개조		키보드의 Tab키를 누르기 위해 키보드를 개조하여 Tab키와 손가락 스위치를 연결함
클릭키 (화상키보드)		행·열 스캔 선택이 가능하고, 마우스 커서가 움직일 때 클릭 제어가능
매직 잉글리쉬		문서파일이나 텍스트를 음성으로 출력해주는 소프트웨어

(6) 맞춤제작 · 개조 서비스 사례 – 친구와 함께 공부 할래요

구OO양은 17세의 어여쁜 고등학생이다. 제법 숙녀티를 내는 OO양은 어릴 적 갑작스런 사고로 인해 척추를 다쳐 손과 다리의 기능을 잃고 말았다.

OO양은 그때의 사고로 경추 4-5번이 손상되었다. 손은 사용하기 어렵지만, 팔의 약한 힘으로 컴퓨터를 이용할 수 있고, 이동은 자신의 키보다 작은 휠체어를 이용하고 있다. 필기는 입으로 연필을 물고 하는데, 칠판을 보면서 동시에 필기가 어렵고, 친구들에 비해 속도가 많이 뒤쳐진다. OO양이 가장 좋아하는 컴퓨터 수업 때도 교내 컴퓨터책상에는 휠체어가 들어가지 않아 친구들과 뚝 떨어진 가장 뒤쪽에서 수업을 받아야 한다고 한다.

우리 센터는 이런 OO양의 어려움을 해결하고자 (주)코스콤의 후원으로 학습 부분을 지원하기로 했다. 그 당시 중지손가락을 이용해 타이핑 및 터치패드 마우스를 사용하던 OO양. 우리는 보다 휴대가 편리하고 접근이 용이한 무선의 터치패드 일체형 키보드를 지원하였다. 그리고 측만이 심했던 OO양에게 바른 자세로 편안히 장시간 작업할 수 있도록 적합한 이너형 휠체어도 같이 지원해 주었다.

적용 보조기구	사진	설명
무선터치패드 마우스		팬터그래픽 방식으로 적은 힘으로 쉽게 키를 눌러 입력할 수 있고, 터치패드형 마우스가 장착되어 약한 터치로도 마우스를 조정할 수 있는 무선 키보드
이너형 휠체어	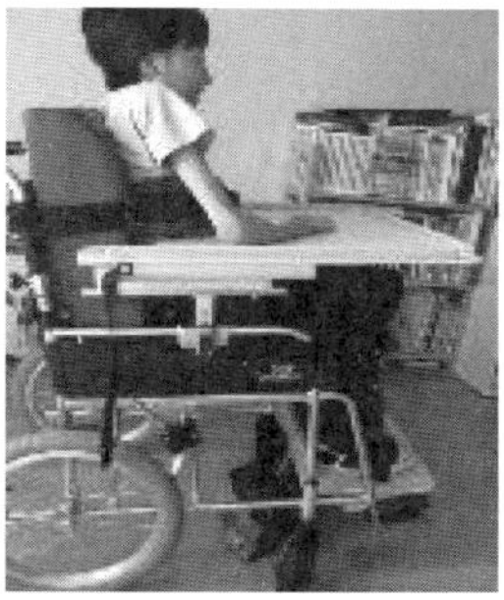	체형대로 시트를 성형하여 잘못된 자세로의 변형을 예방하며, 기능적으로 편안한 자세 유지

현재 OO양은 무선 터치패드일체형키보드를 이용해 빠른 필기가 가능하게 되었다고. 올해 2학년이 된 OO양은 다가올 3학년을 위해 학구열을 불태우고 있다. 뿐만 아니라 휠체어가 접근하기 어려웠던 컴퓨터 책상도 무선키보드를 이용함으로써, 가능하게 되었다고 한다. 친구들과 책상을 나란히 하게 된 OO양의 얼굴엔 요즘 예쁜 미소가 떠날 줄 모른다. 작년, 아쉽게 놓쳤던 서울시 장애인정보화기능대회 입상에도 올해 다시 도전하겠다는 각오 또한 전해 왔다.

제4장

보완 · 대체 의사소통

1. 정 의

보완 · 대체 의사소통(Augmentative and Alternative Communication : AAC)은 말이나 글로 의사소통을 할 수 없는 사람들을 위한 표현 의사소통 방법이다(ASHA, 1991). Beukelman(2005) 등은 보완 · 대체 의사소통이란 모든 상황에서 독립적으로 의사소통을 할 수 없는 사람들의 의사소통을 지원해 주고, 향상시킬 수 있도록 계획된 모든 접근방법이라고 하였다.

미국언어병리학회(American Speech-Language-Hearing Association : ASHA, 1991)는 보완 · 대체의사소통을 다음과 같이 정의하고 있다.

> 보완 · 대체의사소통이란 의사소통 즉, 말하기와 쓰기에 심한 장애를 보이는 사람들의 장애를 일시적 혹은 영구적으로 보완해 주는 임상치료 행위의 한 영역이다. 또한 보완 · 대체의사소통 체계란 개인의 의사소통에 사용되는 상징(symbol), 보조도구(aids), 전략(strategies), 기법(techniques) 등을 총체적으로 통합한 것을 말한다.

의사소통이란 서로 이해할 수 있는 상징으로 두 사람 혹은 그 이상의 사람들과 의견, 생각, 감정, 정보 등을 나누는 과정이다(Beukelman & Mirenda, 2005;

Hedge, 1995; DeCoste & Glennen, 1997; Arvidson, Fuller & Lloyd, 1997). 의사소통을 한다는 것은 자신의 사고나 감정 등을 나타내어 공동의 것으로 만드는 것이다. 의사소통은 인간이 사회생활을 영위하는 데 필수적인 것이며, 사회적인 사건인 동시에 사회적인 행동이다. 의사소통은 사회 구성원의 자격을 부여받는 열쇠일 뿐만 아니라 같은 문화 속의 사람들을 융화시키는 역할도 한다. 따라서 의사소통을 원활히 할 수 없는 사람들은 사회생활은 물론, 일상생활에서도 어려움을 겪게 되고 사회로부터 고립되기도 한다(McDonald, 1980; Light, 1997).

많은 사람들은 '의사소통'이 오로지 '말'을 통해서 이루어진다고 생각한다(Hege, 1995; Carpenter & Schulz, 1995). 그러나 의사소통은 관념 · 감정 · 정보의 교환이며 이러한 의사소통에는 음성 언어만이 아니라 몸짓, 얼굴 표정, 그림 같은 비음성 언어도 사용되며 실제로 사람들은 말이 아닌 다른 의사소통 형태인 웃음, 울음, 소리, 몸짓, 손짓, 기호 체계 등 다양한 방법으로 의사소통을 하고 있다(Beukelman & Mirenda, 1992; DeCoste & Glennen, 1997; Light, 1997). 말이 아닌 다른 방법으로 의사소통을 하는 것을 비음성 언어에 의한 보완 · 대체 의사소통이라 한다(Reichle, 1991). 아동들 중에는 다양한 원인으로 남의 말을 알아듣기는 해도 말을 통한 의사표현을 하지 못하는 아동들이 많다. 뿐만 아니라 손과 팔이 자유롭지 못하여 글씨를 써서 의사표현을 할 수 없는 아동들도 있다. 중증 의사소통 장애로 오랫동안 다른 사람들과 의사소통을 하지 못하는 아동들은 의사소통 자체에 거부감을 느껴 다른 사람들과의 관계를 꺼리게 되어 다른 사람들과 상호작용을 하지 못할 때가 많다. 그렇게 되면 정서적으로 왜곡되고 좌절감을 느껴서 다른 사람들과 더불어 사는 사회의 일원으로서의 인간관계를 수립하고 유지하기가 어렵다. 학교에서도 의사소통이 원활하지 못한 아동들은 학습활동에 자발적으로 참여하지 못할뿐더러 숙제한 것도 자신 있게 발표하지 못하며, 친구들과의 우정도 맺지 못할 때가 많다. 또한 수업상황에서도 주변에서만 맴돌게 되며 교사들도 이런 아동들에게 주의를 기울이지 못할 때가 있다.

Mirenda(1997)는 중증 의사소통 장애인들을 대상으로 보완 · 대체 의사소통 지도를 실시한 결과 문제행동이 감소되었으며, 상호작용을 할 수 있게 되어 요구하기 행동으로서 나타났던 책상 두드리기, 침 뱉기 등의 부적응 행동이 상당히 감소되었다고 보고했다. 박숙자(2004)는 의사소통시 말이나 글로 의사표현을 할 수 없어서 요구하기 행동을 소리지르기, 물건 내던지기, 울기, 책상 두드리기 등으로 나타냈던 행동들이 의사소통 지도 후 의사소통 보조도구를 사용하여 의사소통을 할 수 있게 됨으로써 개선되었음을 연구하였다.

의사소통 보조도구를 활용하여 의사소통을 할 수 있게 지도하였을 때 사회적 상호작용 능력이 향상된다는 연구 결과는 Barresi(1982), Calator(1986), Basil(1992), Goldstein과 Wichstrom(1988)의 연구 결과 및 기타 여러 사람의 연구 결과와 일치한다.

의사소통 보조 도구를 활용하여 의사소통을 하게 되었을 때 부적응 행동도 개선된다는 연구 결과는, DeLeon(1982)의 연구 결과와 Evans와 meyer(1986)의 연구 결과와 일치한다. 이러한 연구 결과는 음성언어에 의한 의사소통을 할 수 없는 중증 장애인이 의사소통을 할 수 있게 하고, 그리하여 사회적 상호작용을 할 수 있게 하며 부적응 행동을 하지 않게 하기 위해서는 보조 도구를 활용한 의사소통을 할 수 있게 지도하는 것이 바람직하다는 것을 입증해 주는 것이라 할 수 있다.

Hisher(1998)는 기능적인 보완·대체 의사소통 지도로 부적응 행동을 감소시킬 수 있는데 부적응 행동을 대체하기 위한 의사소통 방법은 사용하기에 쉽고 효율적이어야 한다고 했다. 기능적인 보완·대체 의사소통 지도로 요구하기를 통한 사회적 행동 범위를 넓히고자 할 때도 요구하기 그 자체의 변화만으로 다른 행동에도 긍정적인 효과를 가져왔다고 했다(Koegel, 1995).

1960년대에 Iowa에 있는 대학병원 내의 학교에서는 비음성 언어 서비스가 뇌성마비 아동에게 필요하다는 주장을 하는 첫 연구가 있었다(Vicker, 1974). Asmus 등(1997)은 요구하기, 사회적 기술, 놀이 습관 등을 광범위하게 사용할 수 있게 됨에 따라 문제 행동이 감소되었다고 하였다.

Collier, Light 그리고 Parnes(1985)는 4-6세의 지체장애 소년 8명을 대상으로 블리스심벌을 이용한 의사소통 지도를 하였을 때 양육자와의 상호작용뿐만 아니라 언어 치료사와의 상호작용이 향상을 보였다고 하였다. Calculator와 Glennen(1985)은 보행이 불가능한 지체장애 아동 2명을 대상으로 의사소통판을 사용하여 의사소통 지도를 하였더니 그들의 요구하기와 대화 시작하기 빈도가 높아졌다고 하였다.

박숙자(2004)는 보완 · 대체의사소통 보조도구 활용지도가 뇌성마비 아동의 언어능력을 향상시키고 사회적 상호작용능력이 향상되며 부적응행동이 수정되었는지를 연구한 결과, 보완 · 대체의사소통 보조도구로 의사소통지도를 하였더니 뇌성마비아동의 언어능력이 향상되어 사회적 상호작용 능력이 향상되고 부적응 행동이 감소되었다는 것을 확인하였다.

2. 중재 전략

1) 목적

의사소통 장애 아동들에게 다른 사람들과 상호작용을 할 수 있도록 의사소통 활동을 돕는 보완 · 대체 의사소통의 구체적인 목적은 다음과 같다(Blackstone, 1986; Light, 1997; Glennen, 1997; Lloyd, 1997).

첫째, 의사소통에 어려움을 겪고 있는 아동들에게 다른 사람이 이해하기 쉬운 의사소통 방법을 사용하여 의사소통을 원활히 함으로써, 다양한 상호작용을 촉진시켜 사회성을 향상시키는 것이다. 아동들이 무엇을 말하려고 할 때마다 스무고개를 하여 아동이 말하려고 하는 것을 알아낸다면 사용자와 대화 상대자 모두가 지쳐버리게 된다. 따라서 아동은 좀처럼 자발적인 의사표현을 하지 않으려고 하며, 부모 · 형제 · 친구 등 상대자 역시 의사소통하기를 기피하게 된다.

둘째, 의사소통의 기회를 제공함으로써 말과 언어 발달을 촉진시킨다. 표현 언어능력이 수용 언어 능력보다 떨어지는 발달장애 아동이 여러 해 동안 언어치료를 받아도 조음능력이 향상되지 않을 경우에는 비음성언어인 보완 · 대체 의사소통 방법을 이용하여 의사소통 능력을 증진시켜야 한다. 음성언어를 사용하기 위해서 조음치료, 발성치료와 병행해서 비음성언어 의사소통방법을 적용하면 언어

발달을 촉진하게 되어 의사소통능력이 증진하게 된다. 부모나 일부 전문가들은 조기에 비음성언어 의사소통 교육을 시작하면 음성 언어 발달이 지체될 것이라는 우려를 했으나(McDonald, 1980), Silverman(1989)이 실어증, 정신지체, 자폐성 장애 아동들을 대상으로 연구한 결과 비음성 언어 의사소통 교육은 자발적인 음성언어 사용 발달에 아무런 영향을 미치지 않았으며, 오히려 음성 언어를 사용하려는 시도가 늘어난 것으로 나타났고 주장했다. Eagleson(1990) 등은 31명의 성인 실어증 환자를 대상으로 연구한 결과 비음성언어 의사소통 방법을 사용했을 때의 성공적인 의사소통 경험이 오히려 음성언어사용을 촉진하는 동기가 되었다고 하였다(Beukelman & Mirenda, 1992).

셋째, 의견을 표시하며 질문하고 대답하는 등 학습활동에의 참여도를 높인다. 의사소통 보조 도구를 사용함으로써 의사소통 장애아동들은 교육활동이나 모든 생활영역에 능동적으로 참여함은 물론 일반 아동들과의 상호작용의 기회도 높일 수 있어서 친구와의 관계도 긍정적인 영향을 가져올 수 있다.

넷째, 의사소통의 기회를 질적・양적으로 확대시켜 줌으로써 의사소통 실패로 오는 좌절, 감정폭발, 자아학대 등의 문제 행동을 줄여서 정서적으로 바람직한 성장을 돕는다. 중증 장애아동의 문제행동 중 많은 경우 그들이 원하는 바가 다른 사람들에게 전달되지 않을 때 일어난다. 즉, 교사의 주의를 끌고 싶거나 과제가 너무 어려워서 쉽게 표현할 방법이 없으면 소리 지르기, 책상 두드리기, 물건 내던지기 등의 부적응 행동을 하게 되며, 의사소통에 지속적으로 실패할 경우 우울증에 빠져 자해행동과 같은 격렬한 행동을 하기도 한다.

다섯째, 의사소통을 함으로써 독립적인 생활을 촉진시켜 취업기회의 확대에도 도움을 준다. 의사소통 기법의 개발과 활용으로 의사소통 장애인에게 지역사회에서 독립적인 구성원으로서의 생활의 기초를 제공할 수 있으며 이로 인해 취업의 기회가 증가되었고, 컴퓨터의 활용, 대화에의 참여 등의 발달은 취업의 전망을 높일 수 있었다(Blackstone, 1986). 이와 같은 목적을 가진 비음성 언어 의사소통을 활성화시키기 위해서는 사용자, 가족, 컴퓨터 공학자, 교육자, 교사, 물리・작업・심리치료사, 언어학자 및 언어치료사 등 여러 분야의 전문가들의 잘 짜여진 팀웍과 효율적인 협력 체제가 필수적으로 요구된다.

미국언어병리학회(ASHA, 1991)는 보완 · 대체 의사소통 중재는 근본적으로 다감각적이어야 하며, 장애인에게 조금이라도 남아 있는 말 혹은 음성, 몸짓 등 장애인이 가지고 있는 모든 의사소통 능력을 이용하는 접근방법을 사용할 것을 강조하고 있다. 따라서 보완 · 대체 의사소통 체계를 적용하기 전에 사용자와 상호 접촉할 사람들에게 반드시 비음성 언어 의사소통에 관해 설명해 주고 협력을 구해야 한다.

2) 교수전략

의사소통 과정이란 의사를 전달하는 사람과 전달받는 사람 사이의 교류이다(Loncke & Snell, 2000). 즉, 의사소통 사용자와 상대자 사이의 교류인데 의사소통 교수 전략을 효과적으로 이행하기 위해서 Loncke와 Snell(2000)은 다음과 같이 제안하였다.

첫째, 의사소통 상대자는 사용자의 의도를 쉽게 이해할 수 있어야 한다. 그러기 위해서 의사소통 중재가 필요하다.

둘째, 사용자가 이해하고 기억하기 쉬운 의사소통 형태를 선택하는 것이 중요하다. 사용자와 상대자는 여러 가지 의사소통 형태를 사용하게 되는데 이중에서 가장 일반적인 것이 말하기와 쓰기이다. 그러나 의사소통 장애인들은 말하기와 쓰기를 사용할 수 없어서 그림, 글자, 몸짓, 손짓 등을 사용하게 된다. 비음성 언어 의사소통 방법을 처음 사용하는 경우에는 어휘 수가 많은 의사소통판보다 어휘 수가 적은 의사소통판이 사용하기가 더 쉽다.

셋째, 사용자의 인지 능력에 적합한 의사소통 방법을 선택해야 한다. 의사소통 도구를 사용하지 않는 방법과 사용하는 방법은 사용자에게 알맞게 선택되어야 한다.

넷째, 의사소통 형식은 다중형식을 취한다. 의사소통할 때 의사소통판, 알파토커 등과 발성, 몸짓 등을 병행해서 사용한다.

다섯째, 비음성 언어 의사소통에서는 시각적인 정보처리가 청각적인 정보처리보다 더 바람직하다. 일반적으로 의사소통에는 청각처리가 크게 강조되지만 비음성 언어 의사소통 체계에서는 의사소통판, 알파토커, 몸짓, 눈 응시, 머리 끄덕이기 등 시각적 요소가 더 많이 사용되고 있다.

여섯째, 사용자들은 매일 접하는 주변 사람들과 성공적인 상호작용을 하기 위해 노력해야 한다. 학교, 가정, 직장 및 기타 환경에서 상호작용하기 위해 의사소통 방법에 익숙해지도록 노력해야 한다.

아울러 의사소통 사용자들은 개인적 흥미, 환경, 능력에 기초를 둔 상호작용 범주에서 메시지를 효과적으로 전달할 수 있어야 하므로, Light(1997)는 의사소통 사용자들은 다음과 같은 내용을 준수해야 한다고 강조하였다.

의사소통 상대자에게 긍정적인 자기 이미지를 심어주고 다른 사람들에게 흥미를 줄 수 있고 상호작용을 할 수 있도록 상대자와의 대화에 적극적으로 참여해야 한다. 또한 의사소통 상대자와 대화할 때 시작과 끝을 맺는 연습을 하며, 질문하고 대답하는 대화 기술을 익혀야 하며, 의사소통 사용자는 상대자가 보완·대체 의사소통 체계에 적극적으로 동참할 수 있게 해야 한다.

3) 상대자 훈련

의사소통상대자의 태도나 선호도는 의사소통의 성공 여부에 많은 영향을 미친다. 의사소통 사용자가 만반의 준비를 하여 의사소통을 시도해도 상대자가 부정적인 태도나 낮은 기대감을 가지고 있다면 의사소통이 제대로 이루어질 수 없다.

사회적 상호작용에서 상대자의 역할이 큰 비중을 차지한다. 상호작용은 다른 사람들과의 관계 속에서 의사소통에 의해서 이루어지므로 상호작용을 촉진하고 향상시키기 위해서는 의사소통 상대자의 역할이 중요하다. 여기서 상대자란 의사소통 기술을 사용하는 아동의 가족 구성원, 교사, 또래 친구들, 치료사 등 아동의 생활권 안에 있으면서 아동과 의사소통 상대자가 되어 줄 수 있는 모든 주변 사람들을 말한다.

Vygotsky(1978)에 의하면 아동의 언어 발달에 영향을 미치는 요인은 내적요인과 외적요인이 있는데 내적요인은 아동자신의 신경 운동적 요인이며 외적요인은 언어 학습 환경이라고 했다. 내적요인은 음성 언어 산출과 의사소통 도구를 사용하는데 필요한 운동 능력과 심리적 요인인 인지 능력 및 언어 이해 능력이라고 할 수 있다. 외적요인인 언어 학습 환경에서 비음성 의사소통을 사용하는 아동을 위한 의사소통 보조 도구의 활용 및 지도도 중요하겠지만 의사소통 상대자의 기능이 가장 중요하다고 하겠다.

발달장애 아동의 의사소통에 영향을 미치는 요인은 다양하지만 Vygotsky의 언어 발달 요인에 비추어 볼 때 의사소통 학습 환경의 중요성이 더욱 강조되고 있다. 아동이 상호작용의 미흡은 아동의 내적인 요인 뿐만 아니라 상대자가 아동의 의사소통 행동에 익숙하지 못하여 의사소통 의도를 이해하지 못하거나 의사소통할 기회를 주지 않거나 적절하게 대응하지 못하는 요인도 큰 비중을 차지한다. 그러므로 상대자 훈련을 충분히 하여 상호작용의 효과를 높일 수 있도록 해야 할 것이다.

의사소통 상대자 지도 전략으로 Smith(1994)는 상호 작용에서 상대자는 아동에게 반응을 강요하기보다 아동이 시도한 화제를 반복하고, 아동의 시도에 즉각적으로 반응해 주며, 아동보다 말을 적게 하고 아동에게 대화를 시작할 기회를 많이 주도록 하는 방법을 제안 하였다(한경임, 1998). 또한 상대자 훈련에서 아동이 요구 사항을 전달하는 동안 상대자는 아동의 속도에 따라 기다려 주어야 하며, 아동이 의사소통 도구로 지적한 내용을 다시 크게 말해주어 확인하는 것도 효과적이라는 것을 상기시켜야 한다(Bottort & Deoaoem, 1982). 그리고 상대자는 아동들에게 의사소통 도구 사용방법을 시험해 보이며, 상호작용에서 아동이 주도적인 역할을 할 수 있도록 도와주어야 한다(Bruno, 1986). 그러기 위해서 상대자는 의사소통 도구 사용, 지적하기, 몸짓, 눈 응시 및 아동의 의사소통 방법에 익숙해질 수 있도록 많은 연습을 해야 한다. Light(1988)는 중증 장애아동의 효과적인 상호작용을 위하여 상대자가 주의해야 할 점으로 다음과 같이 제시하였다.

첫째, 상대자는 의사소통 도구의 내용과 조작법을 잘 알고 있어야 하며, 둘째, 아동에게 의사표현의 기회를 제공하여 언어능력을 신장시킬 수 있게 하며, 셋째, 다른 사람과 대화하는 의사소통 기술을 익히고, 순서를 주고받으며, 대화하는 방법 등 여러 가지 의사소통 기술을 습득할 수 있도록 도와주어야 한다고 했다. 그리고 아동이 의사소통 능력을 촉진할 수 있도록 여러 가지 전략을 사용하며, 아동이 생활하는 모든 환경에서 의사소통 도구를 유용하게 활용할 수 있도록 지속적인 지원을 해야 한다.

4) 의사소통 장애와 부적응 행동

대부분 정상적으로 발달하고 있는 아동은 부모와 주위의 다른 사람들과의 자연스러운 상호작용에서 일어나는 사회적 의사소통 과정을 통해서 언어를 배운다(김선희 등, 2002; 배소영 등, 2001; McDonald, 1987; Girometto, 1988). 아동은 자신이 의사소통을 시도했을 때 부모가 그들의 활동을 묘사하기 위해 또는 그들의 의사소통 의도를 정교화하기 위해 적절한 형태로 시범을 보이며 반응하는 것에서 언어의 형태를 배운다(Bruner & Ratner, 1978; Hallahan & Kaufman, 2002). 반응하기와 같은 초기 사회적 대화 기술이 발달함에 따라 아동은 대화에 참여하게 되고 성인의 언어로부터 의미를 발견하고 규칙을 배우게 된다(Snow, 1977; Bruner & Ratner, 1978; 김은경, 1997). 언어 획득은 아동의 사회적 기술과 반응해 주는 성인과의 상호작용에 의존한다(Gleason, 1997; 김은경 1997). 그런데 아동의 발달이 지체되었을 때, 자연적으로 나타나는 부모와 아동의 상호작용은 언어 학습에 충분하지 않다. 즉, 발달 지체 아동들은 지체된 발달로 인해 사회적 의사소통적 반응이 결여되기 때문에 자연적 언어 교수가 일어날 기회가 감소된다(Cardoso-Martin & Mervis, 1985; 김은경, 2001). 이로 인해 의사소통에 어려움을 지닌 아동들은 자신의 요구나 의사를 일반화된 의사소통 방법이 아닌 부적응 행동으로 나타내는 경우가 많다.

말을 사용할 수 없어 의사소통이 원활하지 못한 뇌성마비 아동들 중에는 담임교사나 또래들을 만났을 때 인사하기 행동으로 소리를 지르거나 물건을 내던지며 책상을 두드리는 경우를 흔히 볼 수 있다. 이러한 행동을 과거에는 부적응 행동으로 간주하고 부적응 행동 감소에 관심을 두어 왔었으나, 최근에는 이러한 부적응 행동이 아동들의 의사소통 의도를 전달하고자 하는 욕구의 표출이라는 것을 알게 되었다(Fredda & Martha, 2000).

의사소통장애 아동들 중에는 관심 끌기 행동을 하기 위해서 침을 뱉는 아동도 있다. 아침에 교사나 친구들을 만나거나 새로운 사람을 만나면 침 뱉는 행동으로 관심 끌기 행동을 한다는 것을 파악하고 의사소통판으로 '안녕하세요', '반갑습니다' 등 인사하기 어휘를 지적하여 인사하게 지도함으로써 침 뱉는 행동이 감소되었다. 또한 요구하기를 나타내기 위해 책상을 두드리고 찡그린 얼굴 표정으로 소리를 지르던 아동이 의사소통지도를 받은 후 의사소통판을 이용하여 요구하기를 할 수 있게 됨으로써 부적응 행동이 감소된 경우도 있다.

Altman, Hall 그리고 Talkington(1971) 등은 중증 의사소통 장애를 가진 사람에게서 공격 행동이 더 많이 나타난다고 하였다. 또한 Ainsworth & Bell(1972)는 부적응 행동의 빈도와 개인의 의사소통 능력 수준 간에 부적 상관이 있음을 밝혔다. 한편, 부적응 행동 자체를 비음성 형태의 의사소통으로 간주하는 연구들(Donnellan, 1984; Carr, 1988; Billingsley & Nell, 1989)이 있는가 하면 이러한 부적응 행동들을 비음성 언어 의사소통 형태라고 주장하는 연구들도 있다(Evans & Meyer, 1986). 부적응 행동의 기능과 의사소통이 밀접한 관계가 있다는 것은 부적응 행동의 기능을 파악하고 그에 맞는 의사소통 방법을 지도함으로써 부적응 행동을 감소시키거나 제거할 수 있었다는 연구에서 확인해 볼 수 있다(DelLeon, Iwata, Kahng & Worsdell, 1997).

윤치연(1998)은 부적응 행동에 대한 기능을 체계적으로 분석하여 그 기능에 맞는 바람직한 대체 의사소통 행동을 강화시키는 기능적 의사소통 지도로 표적 행동이 뚜렷하게 감소되었으며, 자해, 울기, 거부도 감소한 것으로 나타났다고 했다.

3. 원인 및 출현율

1) 원인

다양한 원인으로 인해 말하기와 쓰기를 할 수 없어서 의사소통에 심한 장애를 가진 사람들이 자신의 사고 · 감정 · 요구 등을 표현하기 위해서는 보완 · 대체 의사소통을 필요로 하는 의사소통 원인의 범주는 매우 광범위하다.

(1) 선천적 증상

① 뇌성마비(cerebral palsy)

② 지적장애(intellectual disabilities)

③ 중도 청각장애(severe/profound hearing impairment)

④ 농/맹(deaf/blindness)

시각장애(맹)와 청각장애(농)가 동시에 나타나는 중복장애는 심각한 의사소통과 발달 및 교육상의 어려움을 복합적으로 보임으로써 특별한 지원이 필요한 장애 유형이다. 「헬렌 켈러법」(Helen Keller Act, 1967)에서는 청각과 시각 활용이 가능하지 못한 농맹인들을 위한 의사소통 방식으로 촉각을 활용하는 촉독 수화, 촉독 알파벳, 지화, 타도마(Tadoma)법 등이 사용되어 왔다. 타도마는 농맹인이 화자의 입과 목을 직접 만져서 화자가 하는 말을 인식하는 방법이다.

⑤ 자폐성장애(autism)

자폐성 장애는 3세 이전부터 언어 표현-이해, 어머니와의 애착 행동, 사람들과의 놀이에 대한 관심이 저조해지는 양상으로 나타난다. 전반적으로 자폐아동의 경우 언어발달이 전혀 일어나지 않거나 많이 지체된다. 자신의 이름을 부를 때 돌아보지 않는다. 언어가 어느 정도 발달하더라도 타인과 의사소통을 하지 못하고 혼잣말을 하는 경우가 많다. 타인의 말에 적절하게 대답하지 못하고 그 말을 그대로 따라 하는 반향어가 많다. 많은 자폐성 장애인들이 보완·대체 체계를 이용하여 의사소통을 한다.

⑥ 실어증(developmental aphasia)

실어증은 입으로 소리를 내는 구음기관의 뚜렷한 기능 부전이나 의식의 혼탁 없이 언어 기능에 장애가 발생하는 증상으로 흔히 뇌의 병적인 변화로 인해 발생하는 언어장애를 가리킨다. 이런 사람들은 보완·대체 의사소통 체계를 이용하여 의사소통하는 경우가 많다.

(2) 후천적 증상

① 뇌 손상(closed head injury)

② 뇌혈관 손상(뇌졸중, CVA(cerebral vascular accident))

③ 척수 손상(spinal cord injury)

④ 후두 절개술(laryngectomy)

후두부에 암, 외상 및 그 밖의 여러 가지 원인으로 인해 제공되는 외과적 제거 수술이다. 이로 인해 코와 입으로 숨 쉬던 호흡 통로가 목에 뚫은 기공을 통하여 이루어지게 되며 의사소통장애를 초래하게 되어 보완 · 대체 의사소통방법을 이용하는 경우가 많다.

(3) 진행성 신경질환

① 근위축성 측색경화증(amyotrophic lateral sclerosis)

② 다발성 경화증(multiple sclerosis)

③ 파킨슨씨병 (Parkinson's disease)

④ 헌팅톤 무도병(Huntinton's chorea)

⑤ 후천성 면역 결핍증(acquired immune deficiency syndrome: AIDS)

(4) 일시적 증상

① 쇼크, 외상, 수술, 사고(shock/trauma/surgery/accidents)

② 길리안 - 바레 증후군(Gillian-Barre syndrome)

③ 레이 증후군(Reye's syndrome)

정유선 박사는 2004년 미국에서 뇌성마비 장애인 최초로 박사학위를 땄고, 조지메이슨대학에서 교수직을 맡고 있다. 두 살 때 신생아 황달로 뇌성마비 판정을 받았다. "제게 가장 힘들 때를 꼽으라면 바로 유학 초창기라고 답할 거예요. 그 당시에 쓴 일기장을 보면, '죽고 싶다'라는 낙서가 유난히 자주 눈에 띌 정도죠. 뇌성마비로 인한 언어장애 때문에 영어 발음이 여간 힘든 것이 아니었거든요. 유학생활은 정말 고달프고 외로웠어요." 토론 수업을 할 때 그녀가 큰 용기를 내어 이야기를 꺼내면, 다른 학생들은 "I can't hear you(네 말을 알아듣지 못하겠어)"라며 짜

증내듯 말했다.

정유선 박사와 어머니 김희선 여사

그녀는 점점 더 영어를 못하게 됐고 사람들과의 대화는 더욱 단절되어 갔다. 그녀는 매일 밤 '나는 왜 태어났을까. 죽고 싶다'며 자학했다. 이렇게 스트레스와 좌절 속에서 헤매던 그녀에게 인생의 희망을 느끼게 해 준 것은 바로 의사소통 보조도구와의 만남이었다. 이 보조기기는 하고 싶은 말을 자판에 치거나 입력한 후 엔터키를 누르면 '음성'으로 바뀌는 원리를 가졌다.

정유선은 어린시절(유치원) 연세재활학교에서 공부하였다. 장애가 있었지만 늘 긍정적이고 무엇이든지 해보려고 하는 의지가 강했고 희망적이었다. 의사소통 보조도구를 사용하면서 다른 사람들과 상호작용을 할 수 있어서 조지메이슨대학에서 가르칠 수 있게 되었다. 정유선이 대학 교수가 되기까지 딸의 그림자가 되어준 색동부모회 회장이었던 김희선 여사가 있다. 젊은 날 이씨스터즈 "목석같은 사나이"를 불러 명성을 날렸던 김희선씨는 가수 생활을 접고 딸을 위해 몸과 마음을 다 바쳤다. 또한 세계적으로 유명한 물리학 박사 스티븐 호킹과 슈퍼맨으로 유명한 크리스토퍼 리브 등이 의사소통 보조기기를 사용한다. 보완·대체 의사소통체계를 이용하여 활동하고 연구하는 스티븐 호킹은 케임브리지대학 루카스 수학 석좌교수로 있는 영국의 이론물리학자이다. 그는 21살 때부터 루게릭병(ALS)을 앓아 휠체어 생활을 하고 있다. 2~3년밖에 살지 못할 것이라는 진단을 받았으나 여러 치료를 통해 현재까지 기적적으로 살아 있다. 그러나 치료과정에서 그는 목소리를 잃었으며, 현재 거의 모든 근육이 마비되었기에, 그는 전자음성기기의 지원으로 의사소통을 하고 있다. 그의 컴퓨터 시스템은 그의 오른쪽 뺨의 움직임을 통해서 이야기를 하고, 자료를 찾고, 인터넷을 할 수 있도록 되어 있다. 인텔에서 1~2년마다 새로운 컴퓨터를 기증하고 있다. 이 전자 음성기기는 더 이상 생산되지도 않은 오래된 것임에도 그는 계속 이를 사용하고 있는데, 이 목소리 이상으로 마음에 드는 것이 없다고 한다.

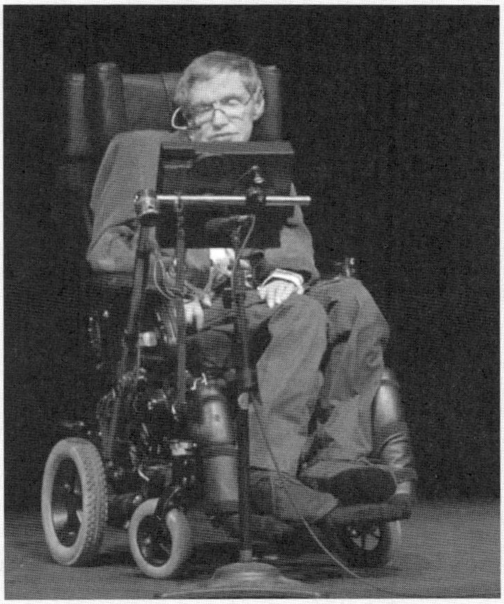

스티븐 호킹

2) 출현율

미국에서는 1970년대부터 비구어적 의사소통에 대한 연구가 시작되었으며, 1970년대 말에는 듣기는 하지만 중증 말-언어 장애로 표현언어를 사용할 수 없는 사람들에게 여러 가지 비구어적 의사소통 방법이 연구되어 사용되기 시작하였다.

Shewan과 Black(1991)은 미국내의 많은 말-언어치료기관을 대상으로 조사한 결과 약 50%의 기관들이 AAC서비스를 제공하고 있었으며 이 기관들 중 학교가 44.7%, 병원이 24.2%, 비기숙제 복지시설이 13.3%, 기숙제 복지시설이 12.8%, 대학기관이 3.4%였다고 한다.

미국언어병리학회(ASHA: 1991)에 의하면, 미국인의 약 0.8%인 2백만명 가량이 자신의 의사소통 욕구를 충족할 만큼 말을 할 수 없는 것으로 나타났으며, 1971년 현재 학령기 아동의 약 1.8%가 말을 할 수 없는 아동인 것으로 나타났다(박현숙, 1994).

Hoffman(1990)에 의하면, 미국인 중 약 2백 만 명, 즉, 인구의 약 0.8% 정도가 의사소통 요구에 적합한 언어를 구사할 수 없을 정도로 말하기 능력이 결여되어 있다고 하였다. 캐나다의 경우는 선천성·후천성 장애와 심한 읽기와 쓰기의 손상을 지닌 아동과 성인의 숫자가 20만 명으로 인구의 약 0.12%를 차지하고 있다고 한다(Lindsay, et al., 1986). 오스트레일리아의 경우는 인구 4만의 빅토리아주에서 행한 조사 결과, 5천명(0.12%)에 가까운 사람들이 적절한 의사표현을 못하는 것으로 나타났다(Bloomberg & Johnson, 1990). 따라서 위의 각국의 의사소통장애 비율은 작다 할지라도 전 세계적으로 볼 때 이들의 숫자는 수백 만 명에 달한다고 하겠다.

캐나다 교육부에 의하면, 뇌성마비아동들 중 6~8%가 중증언어장애로서 말로 의사표현을 하지 못하고 의사소통 보조도구를 사용한다고 한다. 지체장애학교 아동의 90%가 뇌성마비아동들인데 그 중 말로 의사표현을 하지 못하는 아동들은 63% 정도이다. 그 중에서 손의 장애가 심하여 사물을 지적할 수조차 없어서 의사소통판을 사용할 수 없으며, 컴퓨터로 된 보조도구를 손가락이나 주먹 등으로 누를 수 없어서 컴퓨터 의사소통기구를 사용할 수 없는 아동이나 지능이 요 보호급으로 사물을 잘 식별하지 못하는 아동들을 제외하고 37% 정도가 의사소통판이나 컴퓨터 의사소통기구를 이용하여 의사소통을 하였다(박숙자, 2001).

4. 의사소통 보조도구

보완 · 대체 의사소통의 유형은 보조도구를 사용하지 않는 유형(unaided)과 보조도구를 사용하는 유형(aided)의 두 범주로 나누어진다. 보조도구를 사용하지 않는 유형은 의사소통을 할 때 몸짓, 손짓 기호, 눈 응시, 머리 끄덕임 등 신체의 여러 부분을 이용하는 것이며, 보조도구를 사용하는 유형은 의사소통판, 컴퓨터, 알파토커 등 도구를 사용하는 것이다.

이 두 가지 유형은 경우에 따라 한 가지만 사용할 때도 있고 두 가지 다 사용할 때도 있다. 보조도구를 사용하면 서로 이해할 수 있는 가능성이 높아 쉽게 의사소통할 수 있으나, 가지고 다녀야 하는 번거로움이 따른다. 따라서, 사용자의 능력과 요구에 따라 보완 · 대체 의사소통 유형을 신중히 선택하여야 한다.

1) 보조도구의 종류

보완 · 대체 의사소통에 보편적으로 사용되는 상징체계로는 실제사물, 사진, 그림, 블리스심볼, 철자, 낱말, 문장, 기호, 부호 등이 있다.

(1) 실제사물

의사소통 도구에서 가장 구체적인 형태는 실제 사물이다. 실제 사물은 이해능력이 낮아 사물에 대한 선호도를 측정하거나 그림이 사물이나 사건을 나타내는데 사용될 수 있음을 이해하지 못하는 경우 초기단계 혹은 부분적으로 사용할 수 있다. 그러나 모든 실제 사물을 준비하기 어려울 뿐만 아니라 휴대하기도 쉽지 않다. 또한 실제 사물만이 의사소통의 자극원이 될 수 없으며 '사랑한다, '좋아한다' 등 추상적 개념을 나타낼 수 없기 때문에 실제 사물은 의사소통 도구로 널리 사용되기에는 제한점이 따른다.

(2) 사진, 그림

사진은 의사소통 도구로 유용하게 쓰인다. 사람, 동물, 집 등이나 좋아하는 간식, 놀이 등을 나타낼 때 사진은 효과적으로 사용된다.

그림은 의사소통 도구로 가장 보편적으로 사용되어지는 상징체계이다. 그림 의사소통 심볼은 명확하고 단순한 선화로 구성된 비교적 널리 사용되는 체계로서 그림 안에 낱말이 쓰여져 있는 것과 쓰여져 있지 않은 것이 있다. 그림의사소통 심볼은 상징책이나 스탬프 등 다양한 형태로 되어 있으며, 매킨토시 혹은 아이비엠 소프트웨어 프로그램에 수천 개의 그림의사소통 상징이 내장되어 있다.

(3) 블리스 심볼

블리스 심볼은 음성에 기초를 둔 것이 아니라 의미에 기초를 둔 체계이므로 그림보다는 조직적이고 글자보다는 간편하여 익히기가 쉬우므로 지능이 낮은 장애인도 사용할 수가 있다. 그 후 블리스심볼은 의사소통에 장애가 있는 사람들의 중요한 의사소통 보조수단으로 급속히 발전하여 세계적으로 널리 이용되었다.

㉠ 상형상징

상형상징이랑 상징화하고자 하는 것과 닮은 그림들로서, 사물의 모양을 모방한 것과 신체의 부분을 모방한 것들이 있다.

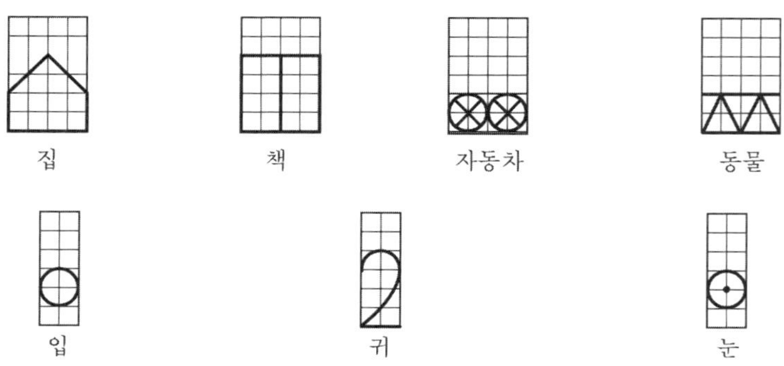

㉡ 표의상징

표의상징은 사물에 담긴 개념을 상징화시킨 그림으로서, 하나의 개념과 상징을 연관지어 나타낸 그림이다.

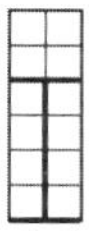
사람

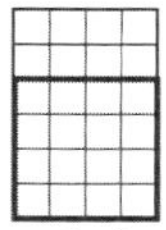
안에

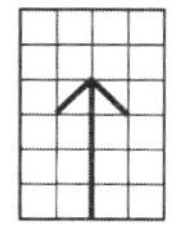
위로

ⓒ 임의상징

임의상징은 상징의 형태가 그것이 상징하고자 하는 것과 관계가 없는 그림으로서, 각 상징마다 합리적인 의미를 담고 있다.

사물

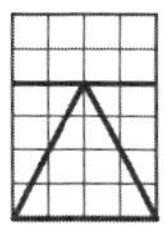
운동

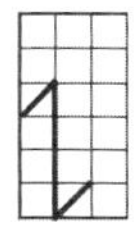
반대

ⓔ 복합상징

복합상징은 사물이나 개념을 표현하기 위해서 두 가지 이상의 상징을 나란히 놓은 상징의 집단이다.

행복한

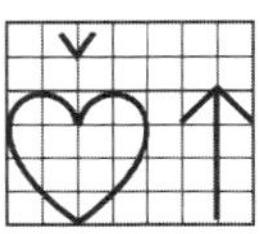
(감정 고조)

슬픈

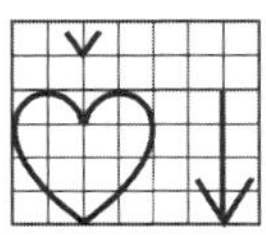
(감정 저하)

화난

(심한 역감정)

학교

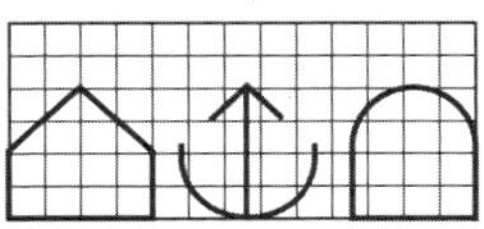
집+주다+지식
(지식을 주는 집)

선생님

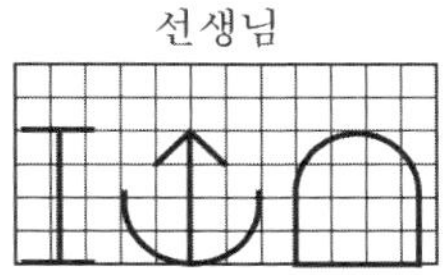
사람+주다+지식
(지식을 주는 사람)

2) 보조도구 유형

의사소통을 지원하는 보조도구의 유형은 크게 로우 테크놀로지(low technology)와 하이 테크놀로지(high technology)로 구분된다.

(1) 로우 테크놀로지(low technology)

복잡하거나 비용이 많이 드는 전자장치가 없는 도구를 말한다.

대표적인 예로 의사소통판, 의사소통 수첩, 의사소통 조끼 등이 포함된다. 이러한 것들은 만들기가 쉽고 비용이 적게 드는 반면, 구성하여 사용할 수 있는 어휘의 수가 제한된다는 단점이 있다.

㉠ 의사소통판

단면 의사소통판은 한 전시판 위에 사용자가 사용하는 모든 상징들을 배열하여 의사소통 훈련을 시작하거나 제한된 어휘를 포함할 경우 사용된다. 이것은 사용하기가 쉽고, 교사나 가족 등이 만들기가 쉬우며, 휴대하기도 편리하여 가장 널리 사용되고 있다. 사용하는 어휘수가 많을 경우에는 의사소통책, 홀더, 다면 의사소통판 등 다양한 크기와 주제별로 의사소통판을 제작할 수 있다.

㉡ cheap talk 8

여덟 종류의 단어나 문장을 녹음하였다가 필요시 해당 버튼을 눌러 의사전달을 하는데 사용하는 의사소통 보조도구이다.

(2) 하이 테크놀로지(high technology)

: 특별한 소프트웨어를 통해서 작동되는 컴퓨터 시스템이다.

- Prentke Romich Co.의 "Touch Talker" "Light Talker", "Liberator", Adamlab, Inc.의 "Mega Wolf", Adaptive Communication System, Inc.의 "DynaVox", "Disgital Augmentative commjnicator(DAC)" 등으로 전동의사

소통 보조도구이다. 출력의 양식은 기기에 따라 음성, 문자 혹은 둘 다를 출력할 수도 있다.

3) 보조도구의 사용

(1) 보완 · 대체 의사소통 보조도구로 의사소통을 함으로써 언어능력이 향상된다. 학교나 가정에서 매일 의사소통보조도구로 발음이 부정확해도 낱말 따라 소리내기를 하면 '엄마'를 '어와'라 한다든가 '물'을 '무우'라 하는 등 흉내내는 정도로 할 수 있다. 오랫동안 지도하여 엄마가 알아들을 수 있게 되면 아동은 좋아서 웃으면서 박수를 치기도 한다.

보완 · 대체 의사소통 보조도구로 지도하고 있는 모습

(2) 의사소통보조도구를 활용함으로써 다른 사람들과 사회적 상호작용을 할 수 있어서 사회성이 향상된다. 의사표현을 할 수 없어서 친구들과 대화하기, 요구하기, 인사하기, 양해구하기, 눈맞춤을 할 수 없었는데, 의사소통 보조도구를 사용함으로써 의사표현을 할 수 있게 되어 사회성이 향상된다.

의사소통 보조도구로 대화하는 모습

(3) 운동능력 특성을 고려한 의사소통 도구의 선택/개발하는 것이 특징이다.

지체 및 중복장애가 있는 학생들에게는 각자의 운동능력의 차이를 고려하여 최대한 의사 표현을 많이 할 수 있는 의사소통 도구 또는 방법을 개발해주는 일이 매우 중요한 특성이다. 운동능력에 장애가 없는 자폐나 정신지체 학생들의 경우 가능한 작고 휴대하기 편한 의사소통책이나 지갑 등의 로우테크 방법 등을 권할 수 있으나, 운동능력에 장애가 있는 경우에는 손사용 능력에 따라 크기가 큰 의사소통판이나, 스캐닝을 할 수 있는 도구, 눈 응시로 사용할 수 있는 눈 응시판 등을 사용해야 한다. 즉 사용하는 의사소통도구의 종류와 유형이 아동의 운동능력 특성에 따라 매우 다양하다. 교사는 이러한 다양한 도구/방법에 대해 모두 충분히 알고 개별 아동에게 적합한 것을 선정/개발해 줄 수 있어야 한다. 단순히 다른 아동에게 사용한 것을 바로 가져다 쓸 수 없는 이유가 여기에 있다. 사용자의 운동능력과 관련된 의사소통 도구 특성의 예로는 상징 및 의사소통판의 크기, 상징 선택 방법 등이 있다. 또한 의사소통도구 선정에 영향을 미치는 운동능력에는 손 사용 능력, 시력 및 시각적 추적 능력 등이 있다.

(4) 중복장애가 있는 경우, 대상학생의 인지/언어능력, 감각능력을 함께 고려해야 한다.

조음기관의 마비나 소근육 운동능력의 부족 등과 같은 신체적 어려움뿐 아니라 인지, 감각능력에의 장애를 함께 가지고 있는 중복장애 학생들을 위해 AAC 체계를 고안할 때는 언어 및 인지능력을 고려하여 적합한 의사소통 내용과 상징체계를 잘 선정해야 하는 특성이 있다. 또한 감각장애를 중복으로 가지고 있는 학생들의 경우, 이를 감안하여 의사소통 방법을 개발해야 한다. 예를 들어 시각장애가 있는 경우 촉각을 이용할 수 있도록 축소형 사물을 사용한다거나 의사소통판의 위치 및 크기 등을 수정해 줄 수 있다.

(5) 환경적 변인에 대한 고려가 함께 이루어져야 한다.

지체 및 중도장애가 있는 학생들은 대부분 자신의 힘으로 이동하는 능력이 부족하고, 의사소통에 필요한 환경적 변인들에 있어서 제약을 받는 경우가 많기 때문에 이에 대한 특별한 고려를 해야 하는 특성이 있다. 의사소통을 하기 위해서는 의사소통할 대상자들과 가까이 있어야 하는데 그렇지 못한 경우라든가, 참여할 수 있는 활동 자체가 많이 제한된다든가, 통합교육을 받지 못함으로 인해 학교에서 비장애 또래와의 의사소통 기회가 주어지지 않는 경우 등이 그런 예에 속한다.

5. 교육적 지원

보완·대체 의사소통사용자에게 적합한 의사소통 보조도구를 선택하여 활용하기 위해서는 사용자의 현재 의사소통 능력을 평가하고 그에 알맞은 목표를 정해서 의사소통 보조도구를 일상생활 환경에서 매일 활용하게 하는 것이 무엇보다 더 중요하다. 그러기 위해서는 부모, 교사, 동료 등 주위 사람들의 적극적인 협조가 요구된다. 여러 가지 의사소통 보조도구 중 의사소통판에 대해서만 살펴보고자 한다.

1) 의사소통판의 제작

의사소통 보조도구 중 가장 널리 사용되어지는 의사소통판을 제작할 때는 아동 개개인의 특성에 따른 다음과 같은 점을 고려해야 한다(McDonald, 1980; 박숙자, 1990).

첫째, 신체적으로 잘 활용할 수 있도록 만들어야 한다. 사용자의 운동 기능 즉 움직임의 범위, 미칠 수 있는 거리, 방향 등 사용자들이 의사소통판의 여러 영역을 잘 가리킬 수 있는가를 관찰하여 상징들을 배열해야 한다. 반응 시간을 줄이고 피로감을 적게 하기 위하여 자주 사용되는 상징들을 손이나 헤드스틱 혹은 눈 응시로 가장 쉽게 닿을 수 있는 부분에 배열해야 한다. 또한 의사소통판의 오른쪽, 왼쪽이나 모퉁이를 가리킬 수 없는 사용자를 위한 배치는 각각 달라야 한다.

둘째, 의사소통판에 포함되어질 상징의 형태를 고려해야 한다. 의사소통판에 포함되는 사용자의 능력과 요구에 따라 의사소통판에 들어갈 상징들을 선택해야 한다. 정신지체 학생을 위해서는 그림 의사소통 상징을 이용한 그림판을 제작하고, 낱말을 이해할 수 있을 정도의 지능을 가지고 있으면 그림, 철자, 낱말, 숫자 등을 혼합한 의사소통판을 제작하는 등 의사소통판에 들어갈 상징의 형태를 고려해야 한다.

셋째, 사용자의 능력에 알맞은 어휘를 선택해야 한다. 사용자에게 어떤 의사소통이 필요한지 알아본다. 의사소통에 사용되는 어휘들은 학교, 집, 연령, 성별 등 의사소통 상황에 따라 크게 달라질 수 있다. 어휘 선택에 있어서 기본적으로 일상생활에서 많이 사용되어지는 내용들을 포함해야 한다. 초기에 사용되는 어휘들은 아동이 접촉하는 사람들이나 특별히 관심이 있는 사물, 생활의 일부가 되는 활동, 기본 감정들을 나타내는 것 등을 선정하되, 개개인에게 적합하고 기능적이어야 한다. 즉, 일반적인 것과 아동의 특별한 관심과 요구에 따라서 선택하므로 '예, 아니오'의 단순한 표현과 음식, 용변 등과 같은 기본적 욕구에 대한 의사소통이 가능할 수 있게 된다.

넷째, 의사소통의 방법을 고려하여 제작한다. 사용자의 신체적인 장애 정도에 따라 쉽게 의사소통판에 접근할 수 있도록 의사소통판을 제작해야 한다. 사용자가 평평한 판 위에 의사소통판을 놓고 상징 하나 하나를 손가락이나 지시봉 등으로 직접 선택할 수 있으면 가장 간단하고 쉽지만 그렇지 못한 경우도 많다. 눈응시로 지적하기 위해서는 세워놓는 의사소통판이나 눈길을 이용하여 직접 선택하기 위한 수직 유리판 등 사용자가 접근하기 쉽도록 의사소통판을 제작해야 한다. 또한 의사소통판은 매일 매일 사용해야 하므로 가볍고 견고한 재료로 제작하여야 한다.

2) 의사소통 훈련 및 활용

의사소통 보조도구를 제작하여 의사소통 훈련을 한 다음 활용하기 위해서는 의사소통 훈련 주제 및 내용을 계획해야 한다. 의사소통 훈련 프로그램의 주제는 가정, 학교, 지역사회 등 아동들의 생활을 중심으로 생일잔치, 우리가족, 소풍 등으로 한다. 의사소통 보조도구로 의사소통 훈련을 한 다음 일상생활에서 활용하는 것이 바람직하다. 다음은 의사소통 훈련 주제 및 내용들의 예이다.

(1) 의사소통훈련 프로그램

① 생일잔치

〈지도 프로그램〉

1) 오늘은 제 생일입니다.
2) 아버지, 어머니, 누나, 동생 그리고 친구 등이 제 생일을 축하해 주었습니다.
3) 아버지, 어머니, 누나, 동생이 생일 축하 노래를 불렀습니다.
4) 친구도 노래를 불렀습니다.
5) 아버지께서 생일 선물로 컴퓨터를 주셨습니다.
6) 누나는 생일 선물로 크레파스를 주었습니다.
7) 동생도 생일 선물로 크레파스를 주었습니다.
8) 친구도 선물을 주었습니다.
9) 우리는 케이크를 먹었습니다.

10) 나는 너무너무 기뻤습니다.

〈반응 내용〉

1) 오늘은 무슨 날인가요?
   - ○○ 생일이요.
2) 생일 파티에 누가 참석했나요?
   - 아버지, 어머니, 누나, 동생, 친구요.
3) ○○가 받은 선물은 무엇인가요?
   - 컴퓨터, 크레파스요.
4) 선물을 받았을 때 ○○의 기분은 어땠나요?
   - 기뻤어요.
5) 우리가 먹은 음식은 무엇인가요?
   - 케이크요.
6) 컴퓨터는 누가 주었나요?
   - 아버지, 어머니요.
7) 크레파스는 누가 주었나요?
   - 누나요.
8) 가족들은 ○○ 생일에 선물도 주었지만 또 무엇을 했나요?
   - 생일 축하 노래를 불렀어요.
9) 생일에 가족 말고 누가 왔나요?
   - 친구요.
10) 친구는 선물을 주고 또 무엇을 했나요?
   - 생일 축하 노래를 불렀어요.

〈사용 어휘〉

① 오늘 ② 생일 ③ 아버지 ④ 어머니 ⑤ 누나 ⑥ 동생 ⑦ 축하하다 ⑧ 노래 부르다 ⑨ 컴퓨터 ⑩ 선물 ⑪ 주다 ⑫ 크레파스 ⑬ 친구 ⑭ 케이크 ⑮ 먹다 ⑯ 기쁘다

3) 상징 체계 중재 전략

보완대체 의사소통 중재에서 상징체계를 지도하는 전략으로 Song(1979)은 촉구와 모델, Reiche과 Yoder(1985), Mirenda(1985)는 사물 - 상징 짝짓기 방법, 상징 - 사진 짝짓기 방법이 상징체계의 학습에 유용하였음을 보고하였다. 그리고 Pecyna(1988)는 발달연령이 25개월 정도의 중도 정신지체 아동에게 5개의 Rebus 상징을 지도한 연구에서 연구자가 2개의 상징을 제시하고 한 개의 사진에 일치하는 상징을 선택하는 양자택일 변별과제와 정반응에 대한 강화와 오반응에 대한 촉구를 상징의 이해 훈련에 사용하였다. 이상에서 의사소통 도구로써 상징을 학습하는 데는 상징 - 그림, 상징 - 사물 짝짓기를 통해 상징의 의미를 이해하도록 지도하고, 지도 방법에는 촉구와 강화 방법을 많이 이용하며, 메시지 전달에 초점을 두고 지도한다는 것을 알 수 있다. 이러한 원리에 따라 VOCA 전자판 위에 말동무 상징과 PCS를 사물과 그림카드로 사물 - 상징 짝짓기와 상징 - 사진 짝짓기 형태로 학습하는 데 촉구와 모델의 지도 원리로 지도하였다.

4) 의사소통 기능훈련

상징학습 이외에 화용론적인 측면에서 보완대체 의사소통 체계를 적절하게 사용하도록 하기 위한 의사소통 기능훈련은 자연스러운 환경에서의 강화, 아동의 적극적인 참여, 맥락의 활용, 친숙한 활동들의 스크립트(script)를 제공하는 것이다. Glennen과 Calculator(1985)는 사물 요구하기 기능을 지도하기 위해 기대 시간 지연(expectant time delay)과 환경 중심 지도를 병합하여 사용하였고, Angelo와 Goldstein(1990)은 세 가지 정보 요구하기기능의 지도 전략으로 우발교수법과 시간지연, 촉구, 모델의 병합이 효과적이었음을 보고하였다. 그리고 Harris(1982)는 보완대체 의사소통 훈련은 아동이 자신의 욕구와 바람을 즉각적으로 의사소통하고자 하는 동기를 유발하는 자연스럽게 구조화된 활동을 하는 동안 수행되어야 한다고 주장하였다. Culp와 Carisle(1988)도 보완대체 의사소통

체계의 사용자와 의사소통 상대방간의 상호작용의 개선과 의사소통 기능의 훈련을 위해 역할놀이, 스크립트 활동을 제안하였다. Frumkin(1986)은 스크립트를 이용한 역할 놀이가 보완 대체 의사소통 체계를 사용하는 사람들의 성공적인 의사소통을 위해 화용론적인 기능과 대화 전략의 발달을 고무하는 효과적인 중재 전략이라고 하였다. 한편 스크립트를 이용한 보완대체 의사소통 중재의 효과에 대하여 보고는 미비하지만, 정신지체 아동의 언어훈련에서는 많은 효과를 보고하고 있다. 스크립트가 정신지체 아동의 표현 언어와 일반화 훈련 기회와 새로운 구조의 도입을 위한 기회를 제공한다고 하였고, 훈련가능급 정신지체 아동의 표현 언어 능력을 습득시키고 유지시키는 데에 스크립트 문맥훈련이 효과적이라고 하였다. 이상의 연구들을 고찰해 볼 때 보완대체 의사소통 체계를 사용하는 아동에게 단순히 보완대체의사소통 체계를 제공해 주는 것이 아니라 다양한 의사소통 기능을 표현하도록 의사소통 기능 훈련이 필요함을 알 수 있다. 의사소통 기능을 나타내기 위한 부호 체계는 연구자들마다 다양하게 사용되었다. Udwin과 Yule(1991)은 요구 기능, 반응 기능, 묘사 기능, 서술 기능, 구성어 기능, 유머 기능으로 나누어 분석하였고, Dore(1987)는 요구, 질문에 대한 응답, 묘사, 서술, 승인, 구성어, 유머 등으로 나누어 분석하였다. 한경임(1998)의 의사소통 기능분류를 바탕으로 가게 상황에 필요한 사회화(socialize) 기능, 사물 요구하기(request object)기능, 정보 제공하기(offer information)기능, 정보 요구하기(request information) 기능만을 사용하였다. 기능 분류에 대한 설명은 다음과 같다.

첫째, 사회화 기능은 인사하기와 정중한 표현을 사용하는 것으로써 "안녕", "잘 가", "고맙습니다"와 같은 말이다. "아줌마, 안녕하세요."와 "아줌마, 안녕히 계세요."의 표현이다. Culp와 Carlisle(1988)은 사회적인 말의 효과적인 사용은 아동에게 중요한 의사소통 적이고 대인관계 적인 가치를 지닌다고 하였다.

둘째, 사물 요구하기 기능은 물건을 원할 때 자신의 바람을 나타내는 것이다. "00(아동이 좋아하는 식품) 주세요."의 표현이다. Romski, Sevick과 Pate(1988)는 언어의 모든 의사소통 기능 중에서 요구하기 기능이 가장 기능적인 것으로 비음성적인 방법을 사용하는 아동이 기본적으로 익혀야 되는 기능이라고 하였다.

셋째, 정보 요구하기 기능은 상대방이 알고 있는 것에 대해 알고 싶어 하는 자신의 욕구를 표현하는 것으로 사람, 사물, 행위, 장소에 대한 정보를 찾는 것이다. "얼마예요?"의 표현이다. 이 기능은 아동의 인지 발달과 언어발달 분야에서 극적인 역할을 하며 환경에 대한 아동의 발달 적인 이해와 사회 · 정서발달에 영향을 미치고, 대화 교환을 유지하는 능력을 촉진시키므로 중요하다고 하였다(Culp & Carlisle, 1988).

넷째, 정보 제공하기 기능은 질문이나 촉구에 의해 요구되지 않은 정보를 제공하는 것으로서 "(동전을 꺼내며)여기 있어요."의 표현이다. 보완대체 의사소통을 사용하는 아동과 상호 작용하는 상대방은 정보 제공에 대한 아동의 시도를 제한하는 경우가 많은 데 아동의 창조적인 표현과 대화 통제 능력을 위해 훈련할 필요가 있는 중요한 기능이라고 하였다(Harris, 1982).

이렇듯 비구어 중증 정신지체아동들에게 지역사회에서 친숙한 가게에서 물건사기 활동을 의사소통 기능 분류를 물건사기 활동으로 구성한 스크립트 문맥 훈련을 통해 의사소통 기능표현을 실제 원하는 장소와 주제를 선택하게 하여 적극적으로 참여할 수 있는 동기와 환경을 구성해주는 일은 의미가 있는 일이라 하겠다.

5) 그림교환 의사소통 체계(PECS)

그림 교환 의사소통 체계(PECS: The Picture Exchange Communication System)는 자폐성장애 및 전반적 발달 장애를 가진 아동이나 성인들이 손쉽게 자발적이고 실제적인 의사소통 기술을 습득할 수 있도록 도와줄 수 있는 획기적인 의사소통체계(epochal communication system)다.

〈그림교환 의사소통 체계(PECS)의 중재 방법〉

(1) 선호도 측정에 의한 어휘 선택

- 선호하는 사물, 과자, 장난감 조사
- 목록 작성 후 해당하는 그림이나 사진으로 만듦
- 크기, 재질 고려

(2) 그림 교환 개념 익히기 지도

- 의사소통 상대방에게 그림을 주어야 한다는 것을 알게 하는 것
- 주교사가 의사소통 상대방 역할, 보조교사가 아동 뒤에서 아동에게 신체적 촉구 제공

(3) 자발적으로 그림 교환하기 지도

- 그림을 건네주어야 원하는 물건을 얻을 수 있다는 개념 습득 후 일반화 단계
- 자발적인 요구하기 기능 습득
- 다양한 환경, 사람과 상호작용

(4) 분별력 지도

- 여러 가지 그림 중에서 필요한 것을 선택할 수 있는 분별 기술 훈련이다. 아동은 자신이 원하는 물건을 얻기 위해 그림을 집중하여 보고 그림의 내용과 사물을 짝지어 생각함으로써 분별기술을 익힌다.

(5) 문장으로 표현하기 지도

- 요구하기를 위해 사물에 해당하는 그림과 덧붙여 "주세요", "원해요" 등의 표현을 함께 지도하여 동사 중심으로 점차 어휘 늘려가며, 부사, 형용사 등도 지도한다.

(6) 기다리기 지도

- '기다리세요' 그림 준비하여, 장난감 자동차를 위해서 '자동차' 그림을 즉시 주는 대신 아동에게 '기다리세요' 그림을 주고 '기다리세요' 그림과 자동차 그림을 교환해 준다.

(7) 종합적 훈련

- 습득한 모든 기술을 종합적으로 사용하도록 훈련하여, 자신의 생각, 감정, 질문 등의 고도의 표현력 향상에 목표를 두고 지도한다.

6) 보완·대체의사소통의 과제

(1) 의사소통 도구의 개발

외국의 경우 다양한 의사소통 도구가 개발되어 있어 사용자가 자신의 능력에

맞는 도구를 선택할 수 있는 선택의 폭이 넓지만, 우리나라는 아직 교사가 자체적으로 제작하는 의사 소통판 이외에는 대부분 수입하는 녹음방식의 간단한 의사소통도구에 의존하고 있다. 따라서 의사소통 도구의 구입 방법의 어려움과 높은 가격도 현장의 교사들에게는 AAC를 쉽게 사용하지 못하게 하는 요인이 되며, 소프트웨어 중심의 의사소통 도구나 음성합성 또는 스캐닝이 되는 도구가 없다는 것도 사용의 폭을 제한하고 있다. 물론 반드시 하이테크의 다양한 기능을 가진 의사소통 도구가 모든 경우에 필요한 것은 아니지만, 국내의 기술로 우리 실정에 맞는 다양한 도구가 개발된다면 일선 교육현장에서 활용할 수 있는 의사소통방법의 범위가 한결 넓어질 것이다.

(2) 상징체계의 다양화

PCS나 블리스 심볼 이외에도 간단한 수화단어나 손짓, 사진이나 축소형 실물 등과 같이 보다 다양한 상징체계를 활용하여 대상학생의 인지적, 언어적 능력에 맞게 AAC 체계를 개발하는 노력이 필요하다. 인지적 요구도도 낮고 휴대성이 좋아 간단한 수화단어나 손짓 신호가 중도장애학생들에게 사용 가능성이 높기 때문이다.

(3) 학교생활 전반에서의 AAC의 통합적 적용

언어 발달적 측면뿐 아니라 전반적인 의사소통수단으로서 AAC를 활용하고, 수업과 다른 여러 생활영역에서 통합적으로 적용하는 노력이 필요하다. 즉 한 교실이나 특정 선생님과만 사용하는 AAC는 대상아동의 의사소통 체계로서의 의미가 적어지기 때문에 보다 적극적으로 수업을 포함한 생활 전체에서 활용하도록 해야 한다.

(4) 교사 및 관련전문가들을 위한 연수 확대

현재 특수교사나 언어치료사 양성과정에는 보완 · 대체의사소통에 관한 내용이 보편화되어 있지 않으므로, 교사 및 관련전문가들을 위한 연수과정을 통해 AAC에 관련된 내용을 보다 많이 접할 수 있도록 해야 할 것이다. 즉 지체 및 중도장애학생들을 교육하는 교사들부터 구어 이외의 의사소통 방법의 교육적 의미에 대해 올바로 이해하고 잘못된 오해를 불식시키며, 각 대상학생에게 맞는 개별화된 적합한 교육방법을 찾을 수 있어야 할 것이다.

7) 보완 · 대체 의사소통 보조도구의 예

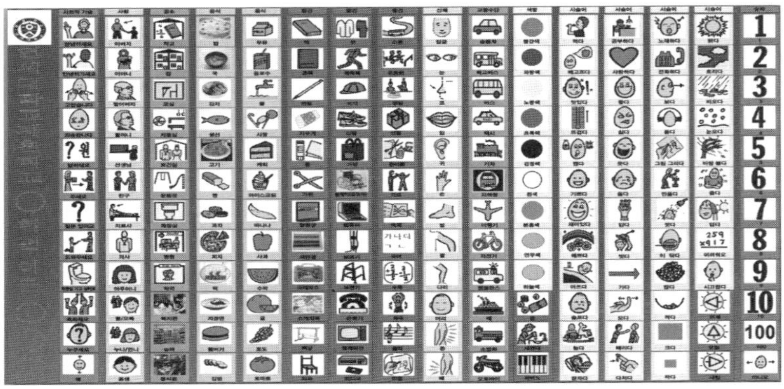

의사소통판

◇ 이 보조도구는 한 전시판 위에 사용자가 사용하는 모든 어휘들을 배열하여 제작한 것.

◇ 로우 테크놀로지의 대표적인 의사소통 도구이며 토끼모양 등 여러 형태의 판 위에 상징을 배열해 놓은 것.

◇ 의사소통판은 사용하기가 쉽고 교사, 치료사, 가족 등이 제작하기 쉬우며, 휴대하기도 편리함.

◇ 사용하는 어휘 수가 많은 경우에는 의사소통책, 홀더(folder), 다면 의사소통판 등 다양한 크기와 주제별로 제작할 수 있음.

◇ 의사소통판에 포함된 상징은 글자, 낱말, 숫자, 그림, 사진, 그림 의사소통 상징, 블리스 상징 등이며 완전한 문장을 사용하기도 함.

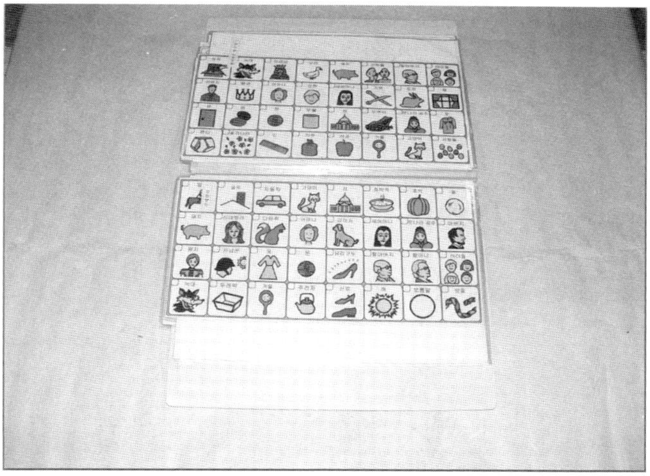

의사소통책

◇ 사진이나 바인더 책자에 상징들이 진열되어 있는 의사소통책은 다양한 상징과 학습자를 위한 많은 어휘를 저장할 수 있다는 장점을 가지고 있다.

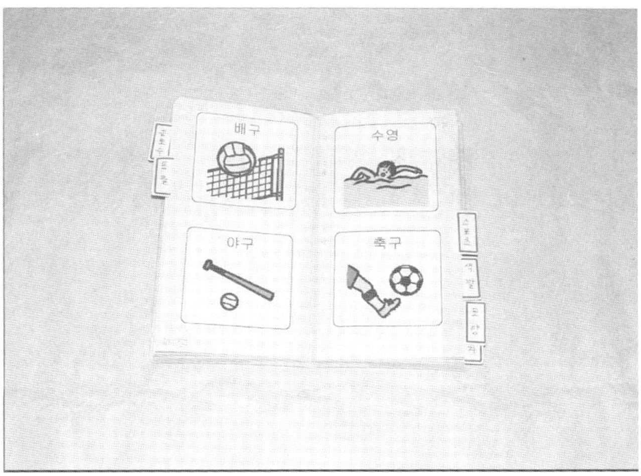

의사소통용 지갑

◇ 지갑모양으로 만들어져 있으며 휴대하기가 간편하다. 하지만 한번에 많은 상징들을 진열하기가 어려우며 분실하기 쉽다는 단점을 가지고 있다.

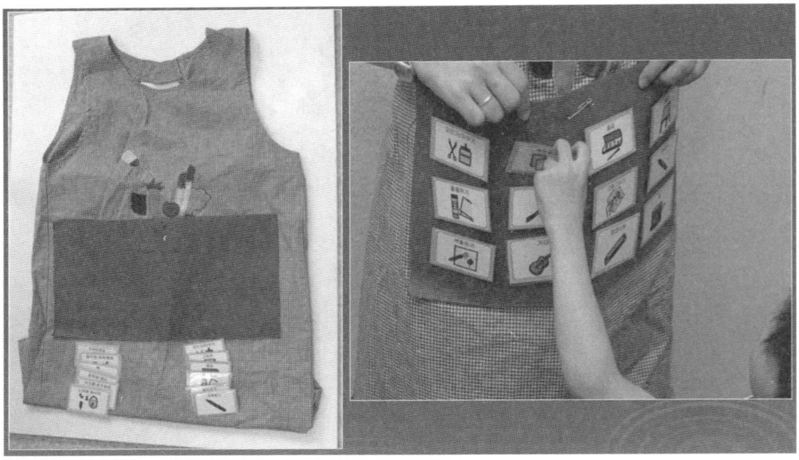

의사소통 앞치마

◇ 흔히 가정에서 사용하는 앞치마에 비닐 주머니를 부착하고 그 주머니 안에 상황에 맞는 의사소통판을 제작하여 끼워 넣은 형태로 제작한다. 미술, 요리 시간에 사용하면 매우 효과적이다.

〈음성출력이 가능한 간단하고 기초적인 의사소통 보조도구〉

DigiVox

Alpha Talker

Delta Talker

종 류	사 용
디지복스 (Digivox)	디지털 유형으로 음성출력이 가능한 보조도구. 사용하기 전에 가정, 학교, 놀이공간에서 필요한 어휘를 미리 녹음하여 각 상황에 따라 디스켓만 바꾸어 장착하면 필요에 따라 의사소통이 가능
알파토커 (Alpha Talker)	음성출력이 가능한 디지털 유형으로 연령에 상관없이 사용할 수 있으며, 필요한 어휘를 미리 녹음하였다가 사용자가 원하는 메시지를 누르면 음성으로 출력되는 의사소통 장치
리베레이트 (Liberator)	언어장애인을 위한 의사소통 도구로서 사용자들의 연령과 인지능력 수준에 관계없이 잠재능력을 발휘할 수 있도록 하여 의사소통 할 수 있도록 돕는 최첨단 장비. 음성합성이 가능하고 사용자의 필요에 따라 어휘를 첨가하거나 삭제할 수 있으며 목소리와 어휘의 배열, 자판 배열을 바꿀 수 있다. 컴퓨터의 대체 키보드로도 사용 가능
델타토커 (Delta Talker)	노래, 외국어 및 특정한 실용기능을 위한 디지털화된 음성과 새로운 많은 어휘를 독립적으로 만들어내는 기능을 위한 음성합성 유형의 의사소통 보조도구
기타	메시지메이트, 다이나복스(Dyna Vox), 페가슈스(Pegasus) 등

제2부

특별지원아동의 이해

제 5 장 발달지체
제 6 장 학습장애
제 7 장 지적장애
제 8 장 정서 · 행동장애
제 9 장 의사소통장애
제10장 자폐장애
제11장 청각장애
제12장 시각장애
제13장 지체장애
제14장 건강장애
제15장 영재

제 5 장

발달지체

발달지체(developmental delay)란 개념은 미국 장애인 교육법(IDEA)에서 처음으로 유아특수교육 대상자를 판별하기 위한 기준으로 제시되었다. 영유아를 장애 범주로 분류하여 판별하는 것이 적합하지 않다는 지적에 따라(Danaher, Armijo & Lazara, 2006) IDEA에서는 1991년 신체적, 인지적, 사회적, 정서적, 적응적 발달 영역에 대한 객관적인 검사도구를 사용하여 발달지체 영유아에게 특수교육 서비스를 제공하도록 규정하였다.

1. 정 의

우리나라에서 발달지체에 대한 법적 정의는 2007년 개정된 장애인 등에 대한 특수교육법에서 처음으로 등장하였다. 발달과정에 있는 유아들에게 발달지체라는 개념을 적용하게 되면 장애 범주별 명칭이 아닌 발달 상태를 제시함으로써 발달상 적합한 환경에 배치하게 되며, 배치된 환경에서 유아의 욕구와 능력에 맞는 서비스를 제공할 수 있게 된다. 이러한 혜택은 장애 표찰에 따른 분리된 서비스보다는 통합된 서비스를 제공하기 때문에 장애 유아의 통합교육을 촉진하게 된다(DEC, 1996). 또한 발달지체 정의는 되도록 이른 시기에 교육을 제공하여 문제가 심각해지는 것을 예방해 주기 때문에 정부는 장애가 명확하게 나타나기 전에 서비스를 제공하게 되고 추후 발생할 서비스 비용을 절감하게 된다(Cambell et al., 2002; McCormick et al., 2006; Peterson et al., 2004).

어린 연령의 유아들은 성별, 인종, 문화적 차이에 의해서 발달의 범위가 다양하게 나타난다. 일부 영유아는 발달과정 중 극단적인 변화를 보여서 쉽게 문제점이 파악될 수 있으므로 범주별 장애 분류에 부합되기도 하지만 대부분의 영유아들은 서로 다른 발달 양상을 보이므로 하나의 장애 범주에 맞아 떨어지지 않는다. 이러한 경우 발달지체의 범주에 포함시키는 것이 낙인에 따른 부정적인 효과가 줄어들고 일반적인 발달 과정을 따라 발달을 촉진시키기에 적합하다(Stephen & Warren, 2009).

우리나라의 장애인 등에 대한 특수교육법(제10조 관련)에서는 발달지체의 정의를 다음과 같이 규정하고 있다.

> "신체, 인지, 의사소통, 사회 · 정서, 적응행동 중 하나 이상의 발달이 또래에 비하여 현저하게 지체되어 특별한 교육적 조치가 필요한 영아 및 9세 미만의 아동"

시행규칙에서는 보다 발달지체의 가능성을 갖고 있거나 장애 위험 유아까지 포함하는 세부 규정을 포함하고 있다.

> 발달지체 영 · 유아는 아래의 항목 중 한 가지 이상에 해당되어 특별한 교육적 조치가 필요한 자를 의미함.
> 1) 적절한 진단도구와 절차에 의해 인지발달, 신체발달, 의사소통발달, 사회성 또는 정서적 발달, 적응행동 발달 중 한 가지 이상의 영역에서 지체를 보이는 자
> 2) 발달지체를 일으킬 높은 가능성을 지닌 이미 형성된 정신적, 신체적 조건을 지닌 것으로 진단된 자
> 3) 생물학적 또는 환경적 위험요인으로 발달지체의 잠재적인 가능성을 지닌 자

발달지체의 진단은 발달과정에 있는 유아라는 특성으로 인해 전문가에 따라서 매우 다양하게 이루어지고 있다. 우리나라의 장애인 등에 대한 특수교육법에는 발달지체에 대한 적격성 기준이 명시되어 있지 않으므로 미국의 예를 참고로 하면 다음과 같다.

미국은 주마다 또는 전문가에 따라 다양한 정의를 제시하고 있는데 발달지체의 적격성 결정을 위해서 구체적인 판별 기준이 제시되어 있다. 1997년에는 PL 105-17의 개정을 통해서 발달지체의 개념에 의한 적격성 판정을 3세부터 초등학교 저학년인 9세까지로 확장시켰다. 발달지체에 대한 구체적인 판별 기준은 각 주가 주 교육법과 정책에 맞도록 개발하여 사용하고 있는데 발달 기능의 백분율이나 표준편차 상의 이탈 정도, 발달연령이 기준이 되고 있다(Shackelford, 1998). 유아특수교육 대상자 적격성 판정을 위해 Harbin 등(1991)이 제시한 정의는 다음과 같다.

> 발달지체 : 다음 (1),(2),(3) 중 한 가지에 해당해야 함.
>
> (1) 표준화된 진단도구를 사용하여 발달 영역(신체, 인지, 의사소통, 사회 · 정서, 적응행동) 중 하나 이상의 영역에서 발달이 지체되는 경우(검사결과가 명시되어야 함).
>
> (a) 평균에서 표준편차 2 이하인 경우

(b) 연령상 25%의 지체를 보이는 경우

(2) 전문가(심리검사자, 작업치료사, 물리치료사 등)의 임상적 판단에 의해 진단되는 경우

(a) 진단을 실시하는 과정에서 지체나 일탈적인 발달이 관찰되는 경우
(b) 한가지 이상의 비정상적인 행동(수면장애, 섭식장애, 과다행동, 자해행동, 사회성 결핍)이 관찰되는 경우
(c) 비표준화 검사도구를 사용하여 발달지체가 확인되는 경우

(3) 이미 형성된 정신적 또는 신체적 장애

(a) 염색체 이상/유전성 장애
(b) 신진대사장애
(c) 감염성 질병
(d) 신경학적 장애
(e) 선천적 기형
(f) 감각장애
(g) 지나친 애착 또는 기타 비정상적인 발달
(h) 유독성 물질에의 노출

<u>장애 위험</u>

장애 위험 아동을 대상자로 포함하려고 한다면 적어도 세 가지 이상의 생물학적 또는 환경적 위험요인들을 제시해야 함.

수정발췌: 이소현(2003). 『유아특수교육』, 학지사.

2. 원 인

인간의 발달은 상당히 순서적인 일련의 사건들로 구성되어 있으며 수정란에서 어린 아동으로 성장하기까지 발달에 영향을 주는 요인들은 무수히 많다. 산모의 연령이나 출산 경험과 같은 임신 이전의 요인부터 산모의 영양 상태나 질병과 같은 임신 시의 요인, 미숙아나 저체중과 같은 출산 시 요인과 아동 학대와 같은 출산 이후 요인 등 다양한 요인들이 상호 연관되어 있다. 이러한 요인들은 발달을 저해하고 장애로까지 이르게 한다. 출생 시기별로 발달에 영향을 주는 구체적인 원인들을 살펴보면 표 5.1과 같이 정리할 수 있다.

표 5.1 출생 시기 별 장애의 발생요인

시기	위험요인
출생전	선천성 위험요인 임신상의 위험요인 부모의 생물학적 위험요인 출생전 환경적 위험요인
출생시	조산 및 저체중 질식 분만 중 손상
출생후	질병 및 감염 독극물 오·남용 사고로 인한 손상 영양 결핍 환경 박탈

출처: 이소현(2003). 『유아특수교육』, 학지사.

1) 출생 전 원인

발달에 영향을 주는 위험 요인 중 출생 전 요인으로는 의학적인 진단에 의해서 장애 발생 요인이 확인된 선천성 위험요인이 있다. 대표적인 것이 염색체 이상인데 다운증후군(Down syndrome)이나 윌리암 증후군(William syndrome), 약체-X 증후군(fragile-X syndrome), 프라더-윌리 증후군(Prader-Willi syndrome)이 포함된다. 선천성 청각장애나 PKU 등의 신진대사 이상[1], 근위축증 등과 같은 가계에 선천성 장애의 병력이 있는 부모도 태아의 발달에 부정적 영향을 미친다.

임신 기간 동안의 적절한 건강 관리는 장애의 발생과 밀접한 영향이 있다. 특히 임신 초기의 여러 가지 상태가 태아의 건강과 장애 발생에 결정적인 영향을 미치게 되는데 모체의 연령이나 출산 경험, 모체의 영양 상태는 태아의 성장과 발달에 직접적인 영향을 준다.

모체의 연령이 증가하면 태아에게 여러 가지 위험이 올 수 있는데 고령 임산은 조산(Delbarere et al., 2006; Machado, 2006), 제왕절개 출산(Delbarere et al., 2006; Seoud et al., 2006), 신생아의 저체중(Machado, 2006), 극체중과 신생아 집중치료(Delbarere et al., 2006), 분만 전 어려움(Seoud et al., 2006), 사산(Reddy, Ko & Williger, 2006) 등에 영향을 준다. 모체의 연령이 25세가 넘어가면 염색체 이상과 관련없는 내반족과 같은 선천성 기형이 나타날 확률이 증가한다(Hollier, Leveno, Kelly, McIntire & Cunningham, 2000). 모체의 연령이 35세가 넘으면 신생아에게서 뇌성마비(Wu, Croen, Shah, Newman & Najjar, 2006)와 같이 여러 가지 장애가 나타날 확률이 높아진다.

임신 경력이나 자녀 수도 다른 자녀의 출산에 영향을 줄 수 있는데 모체의 연령과 상관없이 첫 출산에는 부가적인 위험이 따른다. 이는 임신, 출산과 관련된 모체의 모든 체계가 아직 시험을 거치지 못했기 때문이다(Blondel, Kaminsky & Breart, 1980). 또한 출산 간격이 2년 이하이거나 세 번째 이상 자녀를 출산하는 경우, 유산이나 조산, 사산, 장애아 출산 등의 경험이 있는 산모도 부가적인 위험이 따르기 때문에 산전관리가 매우 중요하다(Apgar & Beck, 1972).

모체의 질병은 본인에게 미치는 영향은 미미하지만 태아에게 치명적일 수 있다. 질병과 감염은 임신 1/3 시기에 매우 강력한 영향을 주는데 태아의 신체가

---

1) 염색체 이상 외에도 열성 유전자에 의한 단백질 대사 이상인 페닐케토뇨증(phenylketonuria: PKU), 갈락토세미아(galactosemia), 테이-삭스병(Tay-Sachs disease)과 복합적인 요인에 의한 구개파열이나 이분척추(spina bifida) 등이 포함된다.

형성되는 시기이기 때문이다. 풍진이나 주혈원충병(toxoplasmosis), 매독과 같은 임신 중 바이러스 감염은 심장기형이나 심장병, 소두증, 정신지체, 시각장애, 청각장애를 초래할 수 있다. 주혈원충병[2] 역시 성인에게는 감기와 같은 가벼운 증세로 지나가지만 임신중 감염은 태아에게 장애 발생의 위험한 영향을 미치게 된다. 주혈원충병에 감염된 신생아의 약 10-15%가 사망하는 것으로 보고되었으며, 생존자의 25% 정도는 정신지체나 심한 시각장애, 신경학적 장애를 보이는 것으로 알려져 있다. 산모가 매독(syphilis)에 감염되는 경우에도 태아에게 손상을 미치게 되는데, 매독 균이 태반을 뚫고 침입하여 태아에게 감염되거나 출산 시 출산 경로를 통해서 감염되는 경우가 있다. 태아나 신생아가 매독 균에 감염되는 경우에 다양한 증세가 나타날 수 있는데 태아의 신경이나 순환체계의 발달을 방해하고 심장병, 청각장애, 백내장, 뼈의 결함 등을 일으킬 수 있다. 이 외에도 거세포봉입체증(cytomegalic inclusion disease)과 헤르페스 바이러스(herpes virus hominis) 감염, 후천성면역결핍증인 AIDS 등이 산모의 임신 중 감염을 통해서 태아에게 장애를 일으키는 생물학적 위험요인에 속한다.

당뇨나 갑상선기능항진증, 심장 이상 등의 만성적인 질병을 가진 산모도 자녀의 발달에 부정적인 영향을 미칠 수 있다. 임신중독증, 이식증, 결핵, 성홍열, 요도감염 등도 태아의 지적, 운동적, 신체적, 감각적 차이나 결함의 원인이 될 수 있다.

기형발생 물질은 태아의 구조적, 기능적 장애를 초래하는데 임신 초기에 노출될수록 발달에 더 심각한 영향을 미친다. 예를 들어 납, 수은 등은 두뇌 발달에, 마리화나와 알코올은 주의력 결핍에 영향을 주며, 흡연은 향후 문제행동의 유전적 변인과 관련이 있다(Williams & Ross, 2007). 특히 산모의 알코올 중독은 태아 알코올 증후군(fetal alcohol syndrome: FAS)을 일으키게 되는데, 알코올 중독인 산모들에게서 태어나는 태아들의 약 30-40%가 이러한 증후군을 보이는 것으로 보고되고 있다(Streissguth, Landesman-Dwyer, Martin & Smith, 1980). 태아 알코올 증후군은 신장, 몸무게, 머리 둘레 등의 성장 발달에 부정적인 영향을

2) 주혈원충병이란 고양이나 기타 포유동물, 몇 가지 새 종류에서 발견되는 원생동물에 의해서 감염되는데 육류를 날로 먹거나 고양이 배설물에 접촉했을 때 감염될 수 있다.

미쳐 평균보다 매우 낮은 발달을 보이게 하며, 특히 중추신경계의 발달에 부정적인 영향을 미침으로써 정신지체, 빈약한 운동기능의 발달, 과다행동, 주의력 결핍 등의 특성을 나타낸다.

임신 중 약물 남용은 심각한 문제인데 탈리도마이드(thalidomide)라는 입덧을 완화시키는 진통제를 먹은 산모에게 기형아가 출산한 1960년대부터 약물남용에 대한 관심이 증가되었다(Chasnoff, 1991). 헤로인, 마리화나, LSD(Lysergic acid diethylamide) 등 약물의 강력한 파괴적 영향력이 계속 보고되고는 있으나 불법 약물을 남용하는 사람들이 여러 가지 약물을 함께 사용하기 때문에 특정 약물의 개별적인 영향력을 밝혀내는 것은 쉽지 않다. 아동은 약물 노출의 직접적 영향과 더불어 부모의 약물남용과 관련된 질병에도 영향을 받으며 향후 자신들이 약물을 남용할 가능성도 매우 높다(Richter & Richter, 2001). 많은 산부인과 의사들은 아버지의 연령과 약물 남용과 같은 아버지 관련 요인들도 어머니 요인과 더불어 위험 요인이라고 생각한다.

적합한 모체의 영양은 모체의 건강과 태아에게 매우 중요하다. 일반적으로 가임기 여성의 영양결핍은 태아의 발달에 영향을 주며 불충분한 태아의 영양 상태는 전생애의 발달에 부정적인 영향을 준다(House, 2000;King, 2000). 철과 엽산은 임신 중에 부가적으로 요구되는 대표적인 영양소인데 임신 중 엽산의 부족은 태아의 신경관 결함(Smithells et al., 1983), 구강안면열(oralfacial cleft)(Shaw, Lammer, Wasserman & O'Malley, 1995), 저체중(Scholl, Hediger, Schall, Khoo, & Fischer, 1996)과 관련이 있는 것으로 알려졌다. 콜린(choline), 이오다인(iodine), 칼슘(calcium), 항산화제(antioxidant) 같은 식이구성요소들도 임신한 여성에게 매우 중요하며 두뇌성장과 인지발달에 영향을 줄 수 있다. 임신 중의 체중 증가는 태내성장을 결정하는데 일반적으로 임신 중 체중 증가가 낮은 경우 자궁 내 성장지체를 가져오고 향후 신경행동적 문제의 원인이 될 수 있다. 자궁 내 성장지체는 유전적인 요인과 환경적 원인의 결과인데 미국 신생아의 약 5%에서 발견된다(Wu, Bazer, Cudd, Meininger & Spencer, 2004). 영양과다도 태내환경에 영향을 주고 태아 발달에 부정적인 영향을 주는 것으로 보고되고 있다(Wu et al., 2004). 과도한 체중 증가는 신생아의 과제중과 관련이 있으며 출산 시간의 지연, 출생시 어깨 탈골, 제왕절개, 출생외상, 질식 등과 관련이 있을 수 있다.

모체의 정서 상태도 태아에게 영향을 미치는데 임신 중의 정신적 문제는 아동의 불안장애를 유발시키며 부모의 정신건강 상태보다 훨씬 더 심각한 문제를 발생시킬 수 있다(Hirshfeld-Becker et al., 2004). 우울한 상태의 어머니에게서 태어난 아동은 그렇지 않은 어머니에게 태어난 아동보다 우울이나 다른 형태의 정신병리학적 문제를 가질 가능성이 크다(Chronis et al., 2007). 임신 1/3 시기에 심각한 스트레스를 경험한 어머니는 기형아를 낳을 확률이 더 높다(Gilbert, 2006). 따라서 모체의 정서 상태가 아동에게 직접적인 영향을 주는 것은 아니지만, 우울한 정서와 스트레스로 인한 억압된 상태에서 분비되는 호르몬은 출생 전후의 아기에게 영향을 준다(Glover, 1999).

임신 초기에 모든 여성들은 혈액형 검사와 Rh 요인 검사를 받는다. 이것은 산모와 태아가 서로 다른 Rh 혈액형을 지니게 됨으로써 산모가 태아에 대하여 항체를 형성하고 면역반응을 보일 수 있기 때문이다. 만약 어머니가 Rh 음성이고 아버지가 Rh 양성이면 임신 중이나 출산 중에 위험을 겪을 수 있다. 산모의 면역 반응이 태아를 이물질로 인식하여 항체를 형성함으로써 태반을 통해 태아의 적혈구를 공격하게 되고 이로 인해서 태아에게 여러 가지 손상을 일으킬 수 있다. 어머니의 항체가 태아의 Rh 양성 혈액 세포들을 공격하여 정신지체나 청각장애, 뇌성마비가 초래되는 심각한 황달이 생길 수도 있다.

2) 출생 시 요인

조산이나 난산, 비정상적인 분만, 태아 질식 등과 같은 분만과 관련된 요인들은 출생 시의 문제들로 뇌성마비 발생과 밀접한 관련이 있는 위험요인이다(Little, 1862).

조산이란 임신 전 마지막 생리의 첫째 날부터 37주가 되기 전에 출산하는 경우를 의미한다. 조산으로 태아난 아기들을 미숙아라고 한다(March of Dimes, 2007). 2004년 미국에서 태어난 신생아의 약 12.5%는 미숙아였으며 이 수치는

1990년대부터 증가하여 18%에 이르렀다(Hamilton, Martin, Ventura, Sutton & menacker, 2005). 37주 이후에 태어난 대부분의 아기들이 비교적 문제를 덜 경험하고 생존율이 높은 것에 비해 미숙아는 높은 사망률과 더불어 다양한 문제들과 위험을 경험한다. 많은 미숙아들은 움직임이나 울음이 적고 약하며 무호흡이나 체온 유지가 어렵고 폐가 미성숙할 수 있으며 대뇌반구나 뇌출혈도 많이 발생한다.

많은 전문가들이 출생 시 체중이 태아의 향후 발달지표를 결정하는 중요한 요인이라고 생각한다(Figreras et al., 2007). 일반적으로 2,500g 이하의 체중으로 태어난 아기들을 저체중이라고 보는데 약 8%의 아기들이 저체중으로 태어나고 이러한 아기들의 62%는 신생아기에 사망하거나(Hoyert et al., 2001), 생존하더라도 50%는 학령기에 특수교육적 도움이 필요한 것으로 알려졌다. 대부분의 저체중아들이 전 영역에 걸쳐 정상적으로 발달하기는 하지만 정신지체, 뇌성마비, 시각장애, 청각장애, 정신운동 문제, 학교 실패, 표준 이하 성장, 기타 건강문제를 가질 확률이 높다(Hack, Klein & Taylor, 1995).

의학기술의 발전은 미숙아의 생존율을 높이고 있으나 미숙아와 저체중아는 여전히 다양한 발달적 어려움을 겪으면서 생존을 지속한다. 미숙아 출산과 관련된 변인들은 부적절한 산전관리(Krueger & Scholl, 2000), 다태아 임신, 자궁과 자궁경부의 기형, 감염, 당뇨, 고혈압, 흡연, 알코올, 약물남용 등이다(March of Dimes, 2007). 이 외에도, 외상 등에 의한 충격이나 산모의 상태 (예: 혼전 임신, 45kg 이하의 저체중, 150cm 이하의 키, 20세 이하 또는 40세 이상의 나이, 저소득층), 유산 경험, 임신중 하혈 등이 조산과 관련된 것으로 알려져 있다.

난산이나 비정상적인 분만은 태아에게 전달되는 산소의 양을 감소시켜 질식이나 무산소증을 가져올 수 있다. 분만과정이 길어지거나 두뇌의 혈관이 과중한 압력에 의해 터질 경우, 탯줄이 꼬이거나 수축되어 산소의 흐름이 원활하게 이루어지지 못한다. 산소 결핍에 의한 질식은 분만전, 분만중, 분만직후에 발생하게 되며, 장애가 수반되거나 심하면 사망에 이르기까지의 치명적인 뇌손상을 일으킬 수 있다. 많은 경우 무산소증과 저산소증은 두뇌의 운동 영역과 관련된 부분을 손상시켜서 다양한 운동장애를 유발시킨다(Peterson, 1987).

출생 시 아동에게 주어지는 직접적인 신체적 손상은 여러 가지 형태의 장애를 일으키는 위험요인으로 작용하게 된다. 출생 과정에서 나타날 수 있는 신체적 손상으로는 뇌 조직에 직접적인 손상을 입히는 두개골 손상과 뇌출혈 또한 뇌 세포에 산소를 전달하는 기능을 저해하고 혈액순환이 중단되어 나타나는 두뇌 손상, 척추골절 또는 박리로 인한 척수손상, 내장기관의 손상을 들 수 있다. 태아에게 직접적인 신체적 손상을 가져오는 원인으로는 태아의 머리나 몸이 산모의 골반 크기에 비해서 너무 크거나 태아의 위치가 부적절한 경우를 들 수 있다 (Peterson, 1987).

3) 출생 후 원인

영아기를 포함하는 아동기에 오랜 시간 고열이 계속되는 질병을 앓는 경우 여러 가지 유형의 손상을 가져올 수 있다. 장애 발생의 원인이 될 수 있는 대표적인 전염병은 홍역, 수두, 볼거리, 뇌막염, 뇌염 등이다. 또한 정상적인 성장과 발달을 방해할 수 있는 질병에는 낭포성 섬유증(cystic fibrosis)[3], 청소년 관절염, 백혈병, 근위축증, 신장염, 중이염, 소아마비, 류마티스성 열병, 당뇨 등이 있다. 이러한 질병은 신체발달에 영향을 줄 뿐만 아니라 뇌발달에도 영향을 미치기 때문에 장애를 유발시킬 수 있다.

발육부진도 영아기와 유아기에 발생하는 만성적이고 잠재적으로 생명을 위협하는 질병이다. 발육부진은 일반적으로 체중이 동일 연령대의 아동들 중 하위 3%에 해당하는 영아나 어린 아동을 말하는데 소아과 입원의 3%는 발육부진으로 기인한다(Dacey & Travers, 2002). 대부분의 경우 발육부진의 원인은 복합적이며 충분한 음식 섭취가 부족하고 칼로리의 소모와 유지에 문제가 나타나는 특징이 있다(White, 2004). 의학적인 영양실조와 더불어 발육부진 아동들은 신체적 성장이 느리고 운동, 언어, 인지적 능력이 지체되며 감정적 반응이 부족한 경향이 있다(Homer & Ludwig, 1981). 그러나 발육부진 아동에 대한 연구에서는 지

3) 낭포성 섬유증은 열성유전질환으로 폐, 간, 췌장, 비뇨기계, 생식기계 및 땀샘 등에서 점액을 정상적으로 만들지 못하여 염분과 수분이 조절되지 않는 상태가 되고 각 장기의 세균감염, 영양 장애, 간경변, 직장탈출증, 당뇨, 불임(특히 남성) 등이 나타나게 된다.

적 손상과 관련이 있거나(Corbett & Drewett, 2004), 일반 아동과 영아기 발육부진이었던 아동 사이에 지적 능력이나 감정 표현에 차이가 없다(Drewett, Corbett, & Wright, 1999; Drewett, Corbett & Wright, 2006)는 상반된 연구들이 혼재하고 있다. 발육부진에 관한 통일된 연구는 없지만 대부분의 연구에서 발육부진 아동들이 인지발달에 비해 신체적 발달의 예후가 더 좋은 편이라고 밝히고 있다. 59명의 발육부진 영아에 대한 종단연구에서는 67%의 영아들이 3세에 신체발달을 따라잡았으나 지적 영역에서는 경계선 안으로 진입하는데 실패하는 경향이 있었다. 조기중재의 시기가 빠르고 강도가 높을수록, 특히 부모가 참여하고 원인이 다방면으로 고려될 때 발육부진에서 회복될 가능성이 높았다(Spinner & Siegel, 1987).

납이나 수은 등과 같은 환경 내에서 쉽게 발견되어지는 특정 독소들은 신경체계나 신체의 성장 발달이 진행되고 있는 영유아들에게 특히 유해한 것으로 알려져 있다. 납이나 수은 등과 같은 독극물이 물이나 공기 등의 환경이나 음식물을 통해서 체내에 축적되거나 우발적으로 섭취하게 되는 경우에는 성장 발달에 치명적인 영향을 미치게 된다. 유아들이 납에 중독되는 경우에는 초기에 빈혈, 피로감, 변비 등의 증세를 보이게 되며 체내에 축적된 양이 많아지면서 구토와 경련 등의 증세를 보이게 된다. 혈중 납 성분의 축적이 지속되면 시각장애, 경련장애, 뇌손상 등의 장애를 일으키게 된다. 수은 역시 납과 마찬가지로 체내에 축적되면서 심각한 손상을 일으키는 물질로 주로 물의 오염을 통해서 생선이나 조류 등의 음식물로 섭취하게 된다. 수은 중독은 경도에서 중도에 이르는 다양한 정도의 신경학적 손상을 일으키며 경련장애, 정신지체, 기억상실, 시각장애 등의 증세를 보이게 한다.

독극물 중독에 의해서 나타나는 결과는 아동의 나이와 체중, 섭취한 독극물의 종류와 양 등에 의해서 달라진다. 일반적으로 나이가 어릴수록 독성 물질에 더 민감한 반응을 보이며 영구적인 손상을 입기 쉬운 것으로 알려져 있다. 급성 중독인 경우에는 급성 맹장염이나 뇌염, 뇌막염 등의 증세와 유사한 증세를 보인다. 적절한 의학적 조처 없이 우발적으로 특정 약물을 복용하는 경우에 심각한 손상을 입게 되는데, 예를 들어서 항생제 계통의 마이신 종류의 약물을 잘못 복용하게 되면 내이 손상으로 인해 영구적인 청각장애를 일으키게 된다(Green, 1981).

사고로 인한 뇌손상은 1990년 공법 101-476인 장애인교육법(IDEA)의 개정에 의해서 '외상성 뇌손상(traumatic brain injury: TBI)'이라는 독립된 장애 범주로 추가될 정도로 발생 비율이 증가하고 있다. 아동기 사망률의 가장 많은 부분을 차지하고 있는 원인 중 하나가 사고에 의한 것인데 사고는 자동차 사고, 아동학대, 보호태만, 물에 빠지거나 기타 이유로 인한 질식 등의 여러 가지 유형의 사고를 모두 포함한다. 특히 어린 아동들에게 있어서 뇌손상을 일으키는 가장 보편적인 사고의 유형은 자동차 사고와 아동 학대이다(MacMillan, 1982). 사고로 인한 뇌손상은 지적장애, 학습장애, 시(지)각 손상, 청각 손상, 경련장애, 기타 운동기능 장애 등의 다양한 종류의 장애를 수반하게 되므로 예방적 차원에서의 주의 깊은 관심이 뒤따라야만 한다. 아동 학대와 방임 또한 의학적인 요소들과 마찬가지로 아동의 발달에 치명적인 영향을 준다. 학대는 신체적, 성적, 심리·정서적 학대 등 다양한 형태가 있다. 아동학대는 인종, 민족, 사회경제적 지위를 막론하고 발생하며 발견되기가 어렵다. 다양한 요인들이 학대와 관련이 있는데 부모, 아동, 가족적 특성과 지역사회, 문화적 요인들이 포함된다(Belsky, 1993; Cicchetti & Toth, 1998). 사회적 관계망이 적은 경우, 부모가 너무 어린 경우, 교육 수준이 낮은 경우, 부모의 정신과적 병력, 부모의 아동기 학대 경험은 아동학대의 발생 가능성과 관련이 있다. 아동 학대의 경우 신체적 손상은 물론 정신지체나 기타 인지적 장애와 함께 정서적인 문제를 일으키게 되며 그 외에도 다양한 발달상의 손상을 일으키게 된다. 영아기 동안의 학대와 방임은 정서조절, 애착장애, 언어지연, 또래관계 문제 등과 관련이 있다(Cicchetti & Rogosch, 1994). 생애 초기의 스트레스는 신경전달체계와 두뇌구조에 영향을 주어 아동의 발달을 변화시킨다. 아동기의 학대경험은 아동기나 이후 성인기에 행동 또는 정신과적 문제를 야기한다. 외상후 스트레스 장애, 우울, 불안, 성격장애, 자해행동, 약물남용, 섭식장애, 대인관계장애, 기타 정신병리학적 문제들은 아동 학대와 관련성이 있다(Briere & Elliot, 1994; Rosenberg & Krugman, 1991). 최근 연구들은 학대당한 아동의 두뇌 구조가 구조적으로 기형이 되기 때문에 인지발달에 어려움을 겪는다는 결과를 제시하고 있다(Beers & De Bellies, 2002).

3. 특 성

특수교육이 필요한 발달지체 유아에는 학령기 장애 아동과 마찬가지로 특정 판별 기준에 의해서 장애를 지닌 것으로 진단된 유아들이 포함되지만 앞으로 발달지체를 보일 가능성을 갖고 있는 장애위험 아동(at-risk children)도 대상자로 포함될 수 있다(이소현, 2003). 이는 미래 장애를 나타낼 수 있는 유아들을 예방하기 위한 유아특수교육의 목적에 따라 학교생활이나 학습 상의 실패를 최소화하기 위함이다. 유아특수교육의 정의에 따른 유아특수교육 대상자에는 장애 유아와 발달지체 유아, 장애위험 유아가 포함된다. 각각의 특성을 살펴보면 다음과 같다.

1) 유형에 따른 특성

(1) 장애 유아

장애 유아란 이미 형성된 장애를 지니고 있는 유아로 우리나라 특수교육법에 명시된 장애 판별 기준에 의하여 장애를 지닌 것으로 진단된 유아들을 의미한다. 이들은 장애 진단을 통해서 특수교육 대상자로서의 적격성을 인정받게 되는데 시각장애, 청각장애, 정신지체, 지체장애, 정서・행동장애, 자폐성장애, 의사소통장애, 학습장애, 건강장애의 아홉 가지 장애 범주 중 하나로 진단되거나 기타 교육부령이 정하는 장애를 지닌 것으로 진단 받은 유아들을 말한다.

(2) 발달지체 유아

유아의 발달은 환경변화, 성숙, 유전요인 등에 의해 변화될 수 있으며 평가 시 오류가 발생할 수 있기 때문에 전통적인 장애 범주의 기준에 부합되지 않으면서 전반적인 발달 문제를 보이는 유아들을 발달지체로 분류한다. 발달과정에 심각한 지체를 보이기 때문에 발달지체로 진단할 때는 경미하거나 단기간의 지체를 보이는 상태를 포함하지는 않는다.

(3) 장애위험 유아

장애위험 유아란 현재 형성된 장애를 지니고 있지는 않지만 아무런 교육적 조처를 취하지 않고 방치할 경우에 학교 생활의 실패를 초래하거나 장애를 일으킬 위험이 있는 아동을 의미한다(Spodek & Saracho, 1994). 장애위험 아동은 일반적으로 환경적 위험, 생물학적 위험, 이미 형성된 위험의 세 가지 위험 상태에 놓인 아동을 말한다(Zervigon-Hakes, 1995).

환경적 위험(environmental risk)이란 경제적, 또는 사회적 위험 요인을 의미한다. 정상적으로 출생한 유아들이 빈곤과 같은 경제적 요인이나 사회적 계층적 요인에 의해서 학교 생활의 실패를 가져올 수 있다. 낮은 사회-경제적 지위는 양육환경의 질을 떨어뜨리게 되고 부모의 알코올이나 약물 중독은 자녀의 발달을 저해하며 아동 학대의 가능성이 높아지기 때문에 유아의 발달에 부정적인 영향을 미칠 수 있다.

생물학적 위험(biological risk)은 출산 전후나 출생 중에 나타나는 특정 위험 요인으로 인해 성장과정 중에 비정상적인 발달이나 지체를 초래하는 것을 말한다. 예를 들어서, 당뇨병이나 풍진 등과 같은 산모의 특정 질병이나 감염, 조산이나 저체중, 출생 시 무산소증, 출생 후 감염과 같은 생물학적 위험 요인은 이후 장애를 일으킬 가능성이 높아진다.

이미 형성된 위험(established risk)은 유전학적으로나 의학적으로 이미 형성된 조건에 의해서 장애나 발달지체를 초래할 가능성을 지닌 경우를 말한다. 다운증후군과 같은 염색체 이상이나 신진대사 장애, 선천적 기형, 뇌성마비 등은 성장하면서 앞에서 설명한 장애 유아로 진단되기도 한다.

장애 유아나 발달지체 유아, 장애 위험 유아들은 모두 발달영역에서의 지체를 보이는 특성을 나타낸다. 이들은 한가지 발달영역에서만 지체를 보일 수도 있고 연관된 다른 영역에서의 발달에도 문제를 나타내기 때문에 다음 특성을 고려하여 정확한 진단과 교육적 중재를 필요로 한다.

2) 발달영역에서의 특성

(1) 언어 및 의사소통 발달의 지체

정상적으로 언어발달을 이루기 위해서는 체계적으로 조직된 필수 요소들이 필요한데 불충분한 신경체계나 손상된 감각체계, 지적 능력의 부족, 낮은 사회-경제적 환경은 언어 및 의사소통 발달에 부정적인 영향을 준다.

청력손실은 구어발달에 가장 심각한 영향을 미친다. 출생 후 3년 동안 매우 급속한 언어발달이 이루어지기 때문에 아주 작은 혹은 일시적인 청력손실도 언어발달에 심각한 영향을 줄 수 있다. 영아가 감기나 중이염 때문에 불규칙한 청력손실을 경험할 때에도 언어발달이 지연될 수 있다(Zeisel & Roberts, 2003).

시력 손상은 영아기 언어발달에 영향을 주며 시지각의 장애는 읽고 쓰는 것에 어려움을 가져온다. 시각장애 유아의 언어습득은 볼 수 있는 아동의 언어습득과 다른 양상을 보인다. 공간적인 형용사와 전치사의 습득 및 사용은 시각장애를 가진 유아에게는 매우 어려운 과제이다(Wakefield, Homewood & Taylor, 2006).

언어 습득에서의 지능의 역할은 오랫동안 연구되어 왔다. 지능과 언어는 복잡한 상관관계가 존재하며 쌍방 간에 영향을 준다(Iverson, Longobardi & Caselli, 2003). 기억, 주의력도 언어발달에 영향을 준다. 언어를 습득하는 과정에서 아동은 머릿속에서 자신이 배운 언어를 다시 시연해야 하는데 기억이나 지각, 주의력에 결함이 있다면 언어 시연, 부호화, 범주화에 어려움을 갖게 되고 이는 언어발달에 부정적인 영향을 가져온다.

언어발달이 지체되는 아동들은 출생 초기 목소리를 내거나 우는 빈도가 매우 낮고 지나치게 조용한 경우가 있다. 또한 18개월이 지나도록 한 단어도 말하지 않거나 30개월이 지났는데도 두 단어 어절을 말하지 않는 경우에도 언어 발달 지체를 의심할 수 있다. 유아기에 말이나 언어에 장애를 지닌 것으로 판별된 많은 유아들이 초등학교 진학 후에 학습장애로 재진단되는 경우도 많다. 표 5.2는 영유아기에 언어나 의사소통 장애를 예측하게 하는 특성들이다.

표 5.2 언어 및 의사소통 장애의 초기 특성

행동 특성
· 자신의 욕구(배고픔, 편안함, 관심, 거부 등의)를 알리기 위해서 울지 않는다. · 소리의 근원에 주의를 기울이지 않는다. · 비구어적 의사소통의 노력(안아달라고 팔을 올림, 낯익은 사람에게 미소지음, 손을 뻗침, 가리킴)이 제한된다. · 발성을 잘 하지 않는다. · 목소리를 내거나 옹알이를 내거나 소리로 놀이하지 않는다. · 소리를 모방하지 않는다. · 낯익은 이름을 말할 때 쳐다보거나 건네주지 않는다. · 언어 습득 속도가 느리다.

출처: 이소현(2003). 『유아특수교육』, 학지사.

(2) 인지발달의 지체

인지란 주변 사건을 이해하여 적절하게 행동하도록 하는 정신 활동을 말한다. 인지발달의 기초는 사물과 사건을 상징 형태로 뇌에 저장할 수 있는 개인의 능력이다. 정보를 습득하고 저장하고 조작하는 것은 언어, 사회성, 의도적인 운동기술과 관련되므로 지능이 낮은 유아는 인지발달에 지체를 보이게 된다. 또한 인지발달이 이루어지려면 환경 내에서 중요한 것에 주의집중할 수 있어야 하는데 주의집중에 어려움을 갖거나 지각 능력, 기억에 결함을 갖고 있다면 인지발달의 지체를 가져올 수 있다.

지적장애 유아는 복잡하고 다양한 표상을 저장하고 회상하는데 문제가 있어서 새로운 자극을 의미있게 해석하지 못하고 자극에 대해 지속적으로 주의집중하려는 동기가 부족하기 때문에 인지발달의 지체를 가져올 수 있다.

출생시 시각장애가 있어도 인지발달에 결함이 올 수 있다. 시각장애 유아는 시각 경험의 제한으로 기초적인 감각운동기 도식을 바르게 형성할 수 없기 때문에 높은 수준의 인지기술 습득에 영향을 미친다(Miles, 2003). 청각장애아는 수용언어와 표현언어의 손상으로 인해 환경으로부터의 많은 괴리를 갖는다. 발달초기단계에서는 언어습득시 특정 인지구조가 반드시 필요하므로 청각장애로 인해 낮은 인지자극과 서투른 대인관계 기술이 축적되면 수행능력도 낮아질 수 있는 위험이 있다.

지체장애나 만성질환을 지닌 영유아는 인지결함을 보일 수 있다. 이는 환경과의 제한된 상호작용 및 보호자와 전문가의 낮은 기대감으로 인해 동기가 부족하고 적절한 피드백을 받지 못하기 때문이다. 지각과 개념 기술의 습득에 독특함을 나타내는 자폐범주성 장애 아동도 인지발달이나 학습에 어려움을 가져올 수 있다.

이와 같이 인지적 결함은 유아의 발달과 학습에 직접적인 영향을 미치게 되며 학습 속도가 느려 정상적으로 기대되어지는 발달에 비해서 그 성취가 매우 느리게 된다. 이는 주의집중, 기억력, 언어 발달, 자기-조절, 사회성 발달, 학습 동기와 관련이 되며 관찰이나 모방을 통하여 배우는 모방 학습, 우발 학습의 능력이 부족하기 때문이다.

그러나 평균의 지적 기능을 지니고 있으면서도 주의집중이나 지각, 기억력 등의 결함으로 인해서 특정 기술의 학습에 심각한 장애를 보이는 아동이 있는데 이러한 아동은 학령기에 학습장애로 진단받기도 한다. 표 5.3은 영유아기 이후 학습장애로 진단받을 수 있는 행동특성을 설명하고 있다.

표 5.3 학습장애의 위험 요소로 인식되는 영유아기 행동 특성

위험 요소	행동 특성
발달상의 문제와 상관관계를 보이는 생물학적 · 환경적 위험 조건	· 조산, 저체중, 임신 기간중의 스트레스 및 난산, 낮은 APGAR 점수, 생후 1개월 동안의 고위험 상태 등
발달, 습득, 활동 참여의 문제	· 정상적인 발달지표 습득의 지체 · 운동기능, 지각 운동, 언어, 말 영역과 같은 기초 기술 습득의 어려움 · 기억, 식별, 단순한 사고를 요구하는 과제 참여의 어려움
효과적인 학습을 방해하는 행동	· 과제를 지속적으로 수행하지 못함 · 오랜 시간동안 자극에 집중하지 못함 · 과잉행동 및 충동성 · 산만함
어린이집에서 성공적으로 생활하기 위해서 필요한 다양한 기술 결여	· 읽기와 수학적인 사고를 위한 준비 기술 결여 · 집단 상황에서 기능할 수 있도록 해주는 사회적 기술(예: 기다리기, 나누기, 협력하기, 목적을 달성하기 위해서 놀이 활동을 조직하기) 결여 · 효과적인 학습자가 되기 위한 도구(예: 듣고 이해하기, 분명하게 말하고 이해시키기, 생각을 전달하기) 등을 포함하는 인지적 기술 결여

출처: 이소현(2003). 『유아특수교육』, 학지사.

(3) 사회성 발달의 지체

정서는 구체적인 생리반응을 동반하는 감정, 욕구, 욕망의 표현이다. 정서능력은 표현, 이해, 조절의 세 요소로 구성된다. 영아기의 단순한 정서는 유아기의 인지 및 언어발달과 결합되면서 사회성으로 연결된다. 사회적 능력은 또래에게 흥미를 보이는 행동에서부터 발달하기 시작하여 다른 아이가 반응을 하면 사회적 상호작용으로 발달한다(Vandell et al., 2006). 사회정서발달에 영향을 미치는 요인으로는 기질, 성별, 스트레스, 형제관계, 부모의 양육태도 등으로 내적, 외적 요소가 복합적으로 작용한다. 정서 및 사회성 발달이 지체되는 영유아기 특징으로는 잠을 잘 자지 못하거나 신경질적이고 칭얼거리는 행동을 자주 나타내며 사회적인 상황에서 위축되거나 불순종, 공격행동을 보일 수 있다. 또한 주의집중 시간이 매우 짧고 주변의 자극에 의해서 쉽게 산만해지고 충동적인 행동을 보이며 때리기, 싸우기, 친구 놀리기, 소리지르기, 반항하기, 울기, 던지기, 빼앗기 등의 품행문제를 나타내거나 - 환상이나 백일몽, 아무런 이유없이 우울증 증세를 보이기도 한다.

장애는 아동의 정서, 정서조절, 사회성 기술, 사회적 능력, 우정 형성에 영향을 미칠 수 있다. 자폐범주성 장애 아동은 사회정서 관계에 커다란 어려움을 보인다. 또래와의 사회적 시작행동, 반응행동의 비율이 낮으며 비구어적 의사소통을 거의 보이지 않는다. 또한 일반아동에 비해 타인의 정서표현에 관심이 적으며 감정이입 또는 정서공유가 적다(Sigman & Ruskin, 1999).

자폐아동과 대조적으로 발달지체 아동은 일반아동과 유사한 수준의 감정이입을 나타냈으나 혼자놀이를 더 많이 하였으며 놀이 중 상대방에게 부정적이었으며 또래와의 사회적 그룹을 형성하는 데 어려움을 보였다(Guralnick, 2001).

의사소통 장애 아동은 표현언어의 어려움으로 인해 또래와의 사회적 상호작용에 대한 의지가 부족할 수 있으며 긍정적인 사회적 행동 비율이 낮으며 또래에 대한 사회적 시작행동에 대한 성공률도 낮은 것으로 나타났다(Guralnick, Connor, Hammond, Gottman & Kinnish, 1996).

시각장애 아동은 손상된 시력 때문에 미묘한 사회적 단서를 해석하지 못하고 자신의 행동에 대한 타인의 반응을 보지 못하고 놀이활동, 사회적 규칙과 인습에 대한 이해가 왜곡되거나 제한적이기에 사회적 관계 형성에 어려움을 가져올 수 있다(Diamond, 2002). 제한된 청력을 가진 아동은 사회적 경험과 사회적 상호작용에서의 문제와 좌절을 경험하게 된다(Brown, Remine, Prescott & Rickards, 2000).

유아기에 과잉행동, 충동성, 공격성, 반항성, 지시 거부하기 행동과 같은 외현화 행동이나 두려움, 우울, 위축된 행동과 같은 내재화 행동과 같은 문제행동을 보이는 아동은 아동기 발달에 심각한 영향을 미칠 뿐만 아니라, 성인이 된 후에도 정신건강상 좋지 않은 예후를 나타낼 수 있다. 주의력결핍장애는 신경학적 문제로 유아기 진단이 어려울 수 있다. 그러나 ADHD 유아를 조기에 진단하고 치료하는 것은 매우 중요하므로 발달시기 동안 총체적인 평가가 지속적으로 이루어져야 한다.

(4) 신체 발달의 지체

운동기능의 발달은 아동의 성장에 매우 중요하다. 아동은 대근육운동의 발달로 자기통제감, 자아존중감이 향상될 수 있으며 대근육운동 기술은 소근육운동, 인지, 의사소통, 자조기술, 사회정서 영역의 발달을 도모한다. 소근육운동 발달은 아동에게 주변 세계와 상호작용할 수 있는 수단을 제공한다. 아동은 환경 내에 있는 물체를 잡고 입에 넣고 조작하면서 보이는 모양과 느낌을 연결시키고 지각 특성을 배워 나간다.

조산아의 근육발달은 정상발달에서 벗어나는 경우가 많은데 뇌손상, 근육구조, 협응력, 힘의 차이에 의해 운동발달지연을 보이게 되며 부적절한 자세조절력과 중력에 대항하는 신체조절력에서의 지체를 나타내기도 한다. 발달적으로 행동이 불완전하거나 협응이 안되는 아동은 환경이나 자신의 신체로부터 오는 감각정보들을 제대로 통합하지 못하므로 비습관적인 운동과제들을 개념화하고 계획하는 능력에 어려움을 보이는 데 이것을 통합운동장애(dyspraxia)라고 한다.

지체장애나 신경기능의 장애는 출생 시부터 분명히 나타나는 것으로 생각하기 쉬우나 출생 즉시 이러한 진단을 내리기는 사실상 어렵다. 표 5.4는 생후 초기

지체장애를 예측할 수 있는 행동 특성들이다.

표 5.4 생후 초기에 지체장애의 예측을 가능하게 해주는 행동 특성

증 상	특 성
구조적 이상	추측에 의한 증상이 아니라 운동기능이나 이동력에 영향을 미치는 눈에 보이는 신체적인 기형으로 분명하고도 즉각적인 진단이 가능함.
운동 기능의 장애	신체적인 구조는 정상으로 보이지만 신경학적 손상, 근육 손상, 또는 기타 질병에 의한 좀더 세세한 증상에 의해서 운동기능상의 문제들을 예측함. · 비정상적인 반사 행동 (적절한 반사 행동의 결여, 잘못된 반사 행동, 원시반사가 적절한 시기에 사라지지 않음) · 생활연령에 맞는 운동기능상의 협응이나 통합의 결여 · 이상하고도 반복적인 운동 양상 (움직이는 중에 설명할 수 없는 이유로 잠깐씩 멈추거나 방해를 받음) · 빈약한 균형, 또는 뛰기, 오르기, 자세 조절을 아주 어렵게 만드는 허약함 · 비정상적인 근긴장도 · 잡고, 걷고, 흥분하거나 놀랐을 때 보이는 지나친 움직임
운동 기능 발달의 지체	머리 조절하기, 구르기, 몸통 조절하기, 앉기, 잡고 서기, 기기 등의 연령에 따른 발달 지표 습득의 실패
운동 기능의 퇴행	운동기능이나 근긴장도가 성숙하고 분화하는 대신 저하됨
신경학적 장애	빨기 행동, 쥐기, 자세, 반사행동, 근긴장도에 있어서의 비정상 및 이동능력의 지체

출처: 이소현(2003). 『유아특수교육』, 학지사.

운동발달이 지연된 유아에게는 다양한 근긴장도를 관찰할 수 있다. 중력 및 움직임에 반응하는 근긴장도가 정상보다 낮거나 높을 수 있으며 변동적일 수 있다. 예를 들어 조산아나 다운증후군 아동은 근긴장도는 낮은 편이며 경직성 뇌성마비 아동은 근긴장도가 높다. 뇌성마비와 외상성 뇌손상아의 근긴장도는 중추신경계의 손상 부위와 정도에 따라서 그 종류와 정도가 다를 수 있다.

소근육운동 발달의 어려움은 비정상적인 자세의 긴장도, 원시반사가 너무 오래 남아 있거나 적절히 분화되지 않는 경우 등의 신경학적인 문제, 사지 결함, 감각처리 문제 등의 구조적인 결함, 낮은 수준의 동작계획, 지각문제, 문제행동, 환경적 제약, 인지적 지체 등 다양한 원인에 기인한다.

지체장애 정도가 경하거나 장애가 일시적일 경우에는 학업 성취상의 문제는

거의 없지만 장애가 심하거나 정신지체나 시각장애, 청각장애를 동시에 갖고 있는 경우에는 학업성취도가 낮아질 수 있다. 신경계통의 장애가 있는 경우에는 인지 및 지각능력에도 결함이 나타나므로 또래보다 학업 성취가 늦어질 가능성이 높다.

심장의 상태나 결핵, 류마티스성 열병, 신장염, 천식, 겸상적혈구빈혈증, 혈우병, 간질, 납중독, 백혈병, 당뇨병 등과 같은 만성 또는 급성 건강 문제로 인해 일상생활에 지장을 받는 경우에도 신체발달에 지체를 보일 수 있다. 시설에서 성장한 아동은 제한된 사회적, 환경적 상호작용 때문에 감각이 결핍되어 있을 수 있다. 따라서 운동발달의 차이는 환경, 양육법, 문화적 측면을 모두 고려해야 한다.

(5) 적응행동발달의 지체

영유아기의 적응행동은 자조기술이나 신변처리기술과 관련된다. 옷입기, 용변보기, 씻기, 머리빗기, 먹기, 잠자기 그리고 일상생활에 꼭 필요한 움직임과 관련된 기본적인 활동을 말한다(American Occupational Therapy Association, 2002). 일상생활 기술들은 소근육운동 발달과도 밀접한 연관이 있다. 팔을 사용할 때 몸통을 안정적인 자세로 유지할 수 있어야 하며 뻗기, 잡기, 놓기와 같은 기본적인 단계들이 발달되어야 한다. 또한 지각능력 및 인지능력의 발달을 바탕으로 놀거나 식사하는 등의 복잡한 과제를 수행하게 된다.

의학적, 구조적, 운동적, 감각적, 행동적, 환경적, 신경학적 문제 등 다양한 요인들이 구강운동 발달의 저해요인이 될 수 있다. 구강운동 발달에 문제가 있다면 입을 벌리거나 혀 내밀기, 턱 내밀기, 씹기 등에서 어려움을 보일 수 있으며 이는 음식물 섭취에 영향을 주게 된다. 근육긴장도가 비정상적이면 옷을 입을 때 제대로 자세를 잡는 것이 어렵다. 아동이 감각-지각에 문제가 있다면 특정한 질감의 옷을 입는 것을 싫어할 수도 있다. 이완된 방광을 가진 이분척추 아동은 배변학습이 어렵다. 운동발달이나 신경학적 손상이 있다면 배변을 위한 적절한 자세를 잡기 어려우며 팔의 운동이 미약하거나 범위가 제한적이기 때문에 배변 전후 처리에도 어려움을 가져올 수 있다.

(6) 감각-지각발달의 지체

감각통합에 문제가 있는 아동은 청각, 촉각, 자기수용감각, 평형감각, 시각, 미각, 후각 등의 감각적인 정보를 조작하고 해석하는데 어려움을 겪는다. 이러한 장애는 말초의 감각수용체에 이상이 없어도 중앙처리에 문제가 있기 때문에 발생한다. 감각조절장애를 가진 아동은 감각에 과잉반응하거나 과소반응하는 경향이 있다. 예를 들어 청각자극에 민감한 아동은 변기 물 내리는 소리나 헤어드라이어 소리를 극도로 참지 못할 수 있다. 촉각 자극의 조절에 어려움을 가진 아동은 특정한 종류의 옷, 장난감, 음식 등을 회피하게 되고 이러한 결과는 지속적으로 경험의 기회를 박탈하게 되어 학습에 어려움을 가져오게 된다. 중도의 감각조절 문제를 보이는 영아는 유아기 때 지각, 언어, 감각통합, 행동적, 정서적인 문제를 보일 가능성이 매우 높다(Gutman, McCreedy & Heisler, 2002). 또한 감각정보를 구별하는데 문제가 있다면 촉각을 통해 장난감을 찾기 어렵거나 여러 아동이 놀고 있는 소음 속에서 자신의 이름을 불러도 듣지 못하고, 그림에 있는 세세한 부분을 알아차리는데 어려움을 겪게 되며 이러한 감각구별장애는 이후 학습의 어려움을 가져오게 된다.

4. 교육적 지원

1) 교육진단

발달지체 영유아들은 시각장애, 청각장애, 지체장애와 같은 9가지 장애 범주 중 한가지 이상의 장애로 진단받을 수도 있지만 어린 연령임을 고려할 때 특정 장애나 식별된 문제가 명확하게 드러나지 않을 수 있다. 특정 장애나 명확한 문제가 나타나지 않는 경우 발달 영역에서의 지체 정도에 따라 발달지체라고 판별한다. 발달지체를 보이는 경우에는 적격성 기준에 의해서 판별하게 된다. 진단시에는 모든 주요 발달 영역을 진단의 내용에 포함시키며 필요하다고 판단된 다양한 학문의 전문가들이 협력하여 진단하는 것이 필요하다. 또한 자연적인 환경에서, 다양한 근거를 통해서 진단 정보를 수집하는 것이 연령이 어린 유아를 대상으로 진단하기 위해 필수적인 내용이다.

발달지체의 적격성 판정을 위해 사용하는 검사도구는 규준참조 검사도구와 준거참조 검사도구를 함께 사용할 수 있다. 규준참조 검사도구로는 한국 Bayley 영유아 발달검사 II(조복희·박혜원, 2006)가 있으며 준거참조 검사도구로는 캐롤라이나 교육과정(최진희 외 역, 1996), 포테이지 아동발달 지침서(강순구·조윤경 역, 1990), AEPS(이영철 외, 2005)가 있다. 연령에 따른 진단기준은 표 5.5와 같다.

표 5.5 연령에 따른 발달지체 진단기준

연령	진단기준
36개월 미만	- 하나 이상의 발달 영역에서 25% 또는 표준편차 2 이상의 지체 - 둘 이상의 발달 영역에서 20% 또는 표준편차 1.5 이상의 지체 - 전문가팀의 전문적인 임상적 판단
36개월 이상	- 하나 이상의 발달 영역에서 20% 또는 표준편차 1.5 이상의 지체 - 둘 이상의 발달 영역에서 15% 또는 표준편차 1 이상의 지체 - 전문가팀의 전문적인 임상적 판단

2) 교육내용 및 교수방법

발달지체 아동의 교육은 일반 아동을 위한 교육과정을 기반으로 운영되어야 한다. 이것은 장애가 있는 아동이 장애가 없었다면 가졌을 모든 경험을 동일하게 함으로써 성장과 발달 과정 중에 장애로 인한 불이익을 받지 않게 하기 위한 최소한의 배려라고 할 수 있다. 따라서 발달지체 아동의 교육은 일반 교육과정이 운영되는 중에 개별 아동의 필요에 따라 적절한 지원이 삽입되는 형태로 운영되며, 그렇기 때문에 장애 아동 교육 프로그램이 성공적으로 운영되기 위해서는 그 기초가 되는 일반 교육 프로그램이 잘 운영되어야 한다. 일반 교육과정을 중심으로 프로그램을 운영할 때 장애 아동을 위해서는 특별히 별도의 개별화된 접근을 제공해야 한다. 이것은 장애가 있고 없는 것과는 상관없이 모든 아동이 동일한 교육과정 내에서 교육을 받게 된다는 전제 하에 장애 아동의 개별적인 특성과 요구에 따라 도움을 제공해야 함을 의미한다. 일반적으로 교육 프로그램의 진행 중에 개별 장애 아동에게 주어지는 특별한 지원은 진행되는 일반 교육 프로그램에 참여하도록 도와주고, 아동들 간의 상호작용이 활발하게 이루어지도록 도와주고, 개별적인 교수목표를 성취할 수 있도록 도와주는 것을 포함한다. 일반교육환경에서 일반교육과정과 프로그램을 중심으로 월간, 주간, 일일 일과 및 활동이 계획되고 실행되는 과정 중에 장애 유아를 위한 진단 및 평가 절차를 거쳐 개발된 개별화교육 프로그램에 따라 활동을 수정하고 실행하여 평가하는 일련의 과정을 통하여 이루어져야 한다.

3) 최근 동향

최근의 장애 아동의 교육은 아동 중심에서 가족 중심으로 변화하였고, 이러한 가족 중심의 장애아 교육은 가족의 참여를 전제로 하고 있다. 교육에 있어 부모를 포함한 가족의 참여는 어느 발달단계의 어느 아동에게나 필요하나 유아특수교육 프로그램 계획의 수립과 시행에 가족이 참여하는 것은 아동의 교육 및 발달적 중재를 위한 동반자로서 매우 중요하다. 또한 장애 유아의 모든 주요 영역의 발달을 균등하게 지원하고 포괄적인 서비스를 제공하기 위해서 다학문적인 접근과 학문간 협력이 필요하며 가족과 전문가, 전문가 간의 협력이 프로그램의 성공을 좌우하게 된다.

유아특수교육의 목적은 발달이 지체되는 아동을 대상으로 조기에 발견하고 선별함으로써 장애의 부정적인 영향을 최소화하고 발달을 최대화하기 위한 예방적 중재이다. 따라서 대상자의 연령이나 장애 정도 및 유형에 따라 서비스 전달 체계가 다양하고 신축성 있게 운영되어야 하며 유아의 개별적인 필요와 집중적인 서비스 제공을 위해 교육과정을 구조화하고 목표 지향적인 활동에 우선적인 초점을 두어야 할 것이다.

제 6 장

학습장애

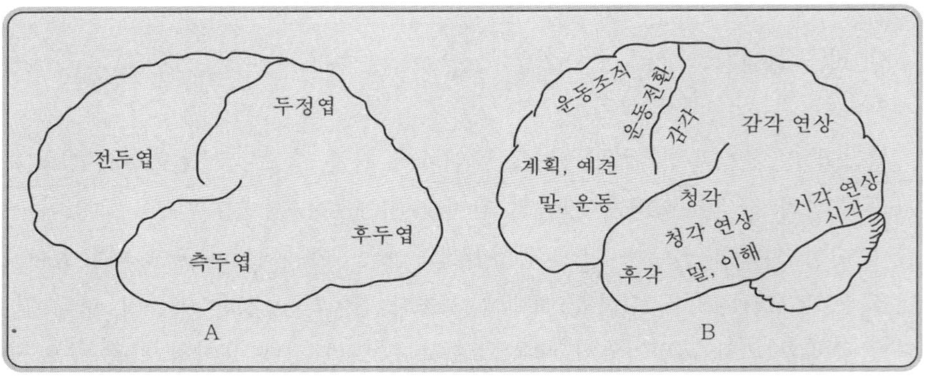

1960년대 초 미국의 교육자이며 임상심리학자였던 Samuel Kirk(1963)는 미세뇌손상, 학습지체, 난독증, 읽기장애, 혹은 지각장애로 불리우는 학생들을 모두 포괄할 수 있는 용어로서 '학습장애'라는 명칭을 제공하였다. 관련 학부모들은 그 이름을 사용하여 '학습장애 협회(Association for Children with Learning Disabilities)'를 발족시켰으며, 이 협회는 이후 '미국학습장애협회'(Learning Disabilities Association of America)로 개칭되었다. 우리나라는 1980년대부터 학습장애에 관심을 보이고, 1994년 「특수교육진흥법」에 이 장애의 진단기준을 포함시켰다.

1. 정의

1) 각국의 정의

학습장애라는 용어는 초기에는 의학자들에 의하여 실독증, 난독증, 뇌역기능, 미세뇌손상, 지각장애와 같은 이름으로 불리었다. 영국의 안과의사였던 Hinshelwood는 1895년 성인 실독증환자(word blindness) 케이스를 보고하였는데 1903년에 그 환자를 부검하여 Wernicke영역의 바로 뒤쪽인 왼쪽 모이랑(angular gyrus) 부위가 비정상적임을 밝혔다(Handler 외, 2011).

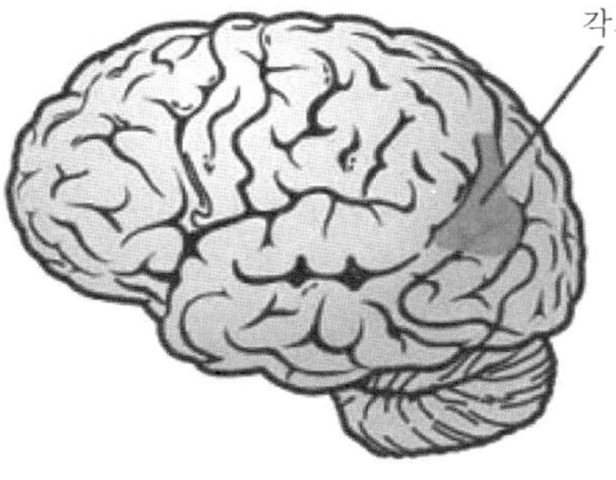

그림 6.1 모이랑(각회, angular gyrus)

또한 미국 아이오와 주립 의대 정신과 의사였던 S. Orton은 1920년대 뇌손상 성인연구를 바탕으로 읽기장애의 유전요인을 조사하고 좀더 광범한 뇌역기능성과 시지각 역기능성을 주장하였다. 한편 미세뇌손상(minimal brain injury)은 행동으로는 뇌손상자와 같은 산만성, 과잉행동, 지각손상의 행동을 보이지만 신경학적 검사에서는 어떠한 손상도 파악되지 않는 경우이다. 난독증(dyslexic)은 읽기장애를 의미하지만, 일부 난독증 아동들은 수학 등 여러 과목에서 어려움을 보일 수 있으며, 지각장애(perceptually disabled)는 더 혼란스러운 용어이고 지각장애라는 말만으로는 학습문제의 전체를 설명하기 어렵다.

우리나라에서 학습장애는 1994년 「특수교육진흥법」에 이 장애의 진단기준이 포함되었다. 그 당시 학습장애를 지닌 특수교육대상자는 '셈하기 · 말하기 · 읽기 · 쓰기 등 특정한 분야에서 학습상 장애를 지니는 자'[1]로 정의되었고, 2007년 「장애인 등에 대한 특수교육법」에서의 정의는 다음과 같다.

> 개인 내적 요인으로 인하여 듣기, 말하기, 주의집중, 지각, 기억, 문제해결 등의 학습기능이나 읽기, 쓰기, 수학 등 학업성취 영역에서 현저하게 어려움이 있는 사람

한편 학습장애라는 용어를 처음 도입한 미국은 연방정부의 장애인교육법 정의(IDEA 2004)와 전국학습장애 공동위원회(National Joint Committee on Learning Disabilities: NJCLD)의 정의가 많이 사용되고 있고, 이 이외에도 여러 정의가 각기 다르게 사용되고 있다.

장애인교육법 미 연방정부의 학습장애 정의는:

> 일반적으로 특정학습장애는 말이나 글로 표현된 언어를 이해하고 사용하는데 관련되는 기본적인 심리과정의 하나 혹은 그 이상의 과정에서 장애를 의미한다. 이 장애는 듣기, 생각하기, 말하기, 읽기, 쓰기, 철자법, 수학계산을 수행하는데 어려움을 보일 수 있다.

이 정의에서 장애 포함 조건은 지각장애, 뇌손상, 미세뇌역기능, 난독증, 발달적 실어증과 같은 상태를 포함할 수 있으나 시각, 청각, 운동기능상의 장애 또는 정신지체, 정서장애, 환경적, 문화적, 경제적 불이익이 주 원인인 학습문제 아동은 포함하지 않는다.

위의 연방정부의 정의와는 달리 미국의 전국 학습장애 공동위원회(National Joint Committee on Learning Disabilities: NJCLD)의 정의는 다음과 같다:

> 학습장애는 듣기, 말하기, 읽기, 쓰기, 추론하기 및 수학능력의 습득과 사용에 있어서 어려움을 보이는 다양한 집단을 칭하는 일반적인 용어이다. 이 장애는 개인내적인 장애로 중추신경계의 기능장애로 추정되며 일생에 걸쳐서 나타날 수 있다. 자기조절행동, 사회적 지각,

1) 1994년 특수교육진흥법 시행령 별표

사회적 상호작용 등에 있어서의 문제가 학습장애와 함께 나타날 수 있지만 그러한 특성들만이 학습장애를 유발하는 것은 아니다. 학습장애는 감각장애, 지적장애, 정서장애나 외부적인 영향인 문화적 차이, 부적절한 교수와 동시에 나타날 수 있지만 학습장애가 그러한 조건들의 결과는 아니다.

위의 두 정의를 비교해 보면 우리나라의 2007년도 학습장애의 정의는 '개인 내적인 요인으로 인하여 듣기, 말하기, 주의집중, 지각, 기억, 문제해결 등의 학습기능이나 읽기, 쓰기, 수학 등 학업성취영역에서 현저하게 어려움이 있는 사람'으로 정의되어 NJCLD의 정의가 제시한 개인내적인 장애를 인정하고 있다. NJCLD의 정의는 다음 7가지가 점에서 미연방정부의 정의와 다르다(Hallahan · Kauffman · Pullen, 2009).

① **'기본적인 심리과정'**이라는 설명은 혼란을 초래한다. 그 이유는 학습장애영역의 발전 초기(1960년대)에는 시각, 청각적 정보처리 및 이해(맹 · 농이 보이는 시각, 청각문제와는 별개)가 문제의 원인이라고 생각하여 학업기술과는 별도로 개별적인 시각, 청각적훈련 프로그램이 널리 사용되어 왔다. 그러나 이러한 지각적, 지각-운동적 훈련은 읽기성취도에 도움이 되지 않고 관련성이 없으므로 '기본적인 심리과정'이라는 용어의 사용을 반대한다.

② **학습장애의 개인내적 문제** 연방정부의 정의는 원인에 대하여 언급하지 않고 있는데 NJCLD는 개인내의 중추신경체의 장애 혹은 역기능으로 본다.

③ **학습장애와 성인** NJCLD는 학습장애는 학령기의 문제만이 아니라 전생애에 걸친 문제로 본다.

④ **자기조절행동, 사회적 지각, 사회적 상호작용** NJCLD는 학습장애 학생은 자기조절행동과 사회적 상호작용의 문제가 있다고 본다.

⑤ **정의하기 어려운 용어를 포함** 연방정부는 지각장애, 난독증, 미세뇌역기능과 같은 정의하기 어려운 용어를 포함하고 있다.

⑥ **제외 장애의 문제** 연방정부의 정의는 다른 장애로 인한 학습문제는 제외한다. 그러나 학습장애는 다른 장애가 함께 있을 수 있기 때문에 NJCLD는 다른 장애를 가진 사람도 학습장애를 가질 수 있다고 본다.

⑦ **철자법** 철자법은 쓰기에 포함되므로 별도로 포함시킬 필요가 없다.

이와 같이 학습장애에 대한 정의는 통일되어 있지 못하며 전문가들은 자신의 전문성 관점에서 접근하여 중추신경계의 신경학적 손상, 학업실패, 시·지각장애, 심리과정 장애, 행동증후, 학습의 효율성 결함 등 학습장애의 각기 다른 측면들을 강조하여 혼란을 가중시키고 있다(정대영, 2001).

한편 일본은 주로 심신장애학생을 대상으로 특수교육을 제공해 왔으나 1995년 문부성에서는 학습장애를 정식으로 특별지원대상으로 평가하여 다음과 같이 정의하였다.

학습장애란 기본적으로 전반적인 지적발달에 지체를 나타내지 않지만 듣기, 말하기, 읽기, 쓰기, 계산하기, 추론하기 등의 특정능력의 습득과 사용에 현저한 곤란을 나타내는 여러 가지 장애를 가진 경우를 말한다. 학습장애는 그 배경으로 중추신경계에 어떤 기능장애가 있는 것으로 추정되며, 그 장애로 인한 학습상의 특정학습곤란은 주로 학령기에 나타나지만 학령기를 지날 때까지 분명하게 드러나지 않는 경우도 있다. 학습장애는 시각장애, 청각장애, 정신지체, 정서장애 등의 상태와 가정, 학교, 지역사회 등의 환경적인 요인이 직접적인 원인으로 작용하여 일어난 것은 아니지만 그런 상태나 요인과 함께 일어날 가능성이 있다. 또한 행동의 자기조정, 대인관계 등의 문제가 학습장애와 중복으로 나타나는 경우도 있다.

출처: 上野一彦 등, 1996[2)]

이와 같이 학습장애는 각 나라마다 조금씩 다르지만 각국의 경제적 능력에 따라 학습부진, 학업지체 및 내적기능장애로 인한 학업문제를 보이는 학생들을 포함하여 광범위한 포괄적인 정의를 내리고 있다.

2) 정대영(2007)에서 인용.

2) 예방적 정의 RTI

학습장애의 판별과정은 현재 변화를 겪고 있는데, 최근까지의 판별방법으로는 성취도-능력간의 불일치기준을 사용하였으나, 2004년도 미국의 「장애인 교육법」 IDEA(Individuals with Disabilities Education Act)가 재인준되면서 중재에 대한 반응(Response To Intervention, RTI)방식을 더 권고한다.

성취도-능력간의 불일치 기준이란 표준화된 학업성취도 수준과 지능검사로 나타나는 능력간의 불일치를 말한다. 즉 각 학생의 학업적인 성취가 지능에 기초한 예상 성취에 비하여 현저히 낮은 경우를 말한다. 그러나 지능수준에 비하여 현저히 낮은 성취도가 어느 수준을 말하는지 모호하다(정대영, 2007). 이러한 성취와 능력간의 불일치기준은 여러 이유로 논란이 되고 있다. 즉, 지능(IQ)은 어느 정도 읽기능력에 바탕을 두고 있기 때문에 학습장애 학생의 지능수준은 저평가될 수밖에 없다는 점이다. 그 결과 지능검사에서 낮은 점수를 받아 지능과 성취도간의 불일치점수가 낮아지므로 학습장애가 판별 안될 수도 있다. 또한 가장 큰 문제는 초등학교 저학년시기인데 1~2학년 시기에는 학력신장을 기대하지 않기 때문에 성취와 능력간의 불일치를 찾아내기 어렵고 이 불일치모델은 결국 실패할 때까지 기다리는 모델이 될 수밖에 없다.

이에 비하여 중재반응모델(Response To Intervention, RTI) 혹은 치료반응모델에 의한 판별방식이 최근에는 더 강조되고 있다. 이 중재반응모델은 가능한 저학년 중심이면서 읽기교육에 초점을 둔다. 이 모델은 다층모델로서 3단계 모델이며 일반교사와 특수교사간의 협력이 필요한 모델이다. 이 다층모델은 그림 6.2와 같다.

▶ Ⅰ 단계 중재: 첫 단계의 중재는 학교 전학년을 대상으로 하는 보편적 중재의 성격을 갖는다. 효과적인 교수방법을 사용하여 학습장애로 판별되기 전에 충분히 중재를 제공하도록 한다. 다시 말하면 일부 학생들은 학습장애가 아니라 좋지 못한 교수방법에 의한 장애가 될 수도 있기 때문이다. 모든 학생들은 선별작업을 통하여 교육과정중심의 진단(curriculum-based measurement)을 받는다. 예

를 들면 각 학생은 자기 학년의 읽기교재의 일부분을 큰소리로 읽게 하여 낱말을 몇 개 정확히 읽었는지 세는 방법으로 간단히 학생의 능력을 파악하고 선별 과정에서 읽기 위험(at-risk) 학생에게는 교수지원과 함께 성취 진전 사항을 감독하여 나아지는 상황을 파악하도록 한다. 이 단계에서는 모든 학생들은 일반교실에서 일반교사의 교육을 받는다.

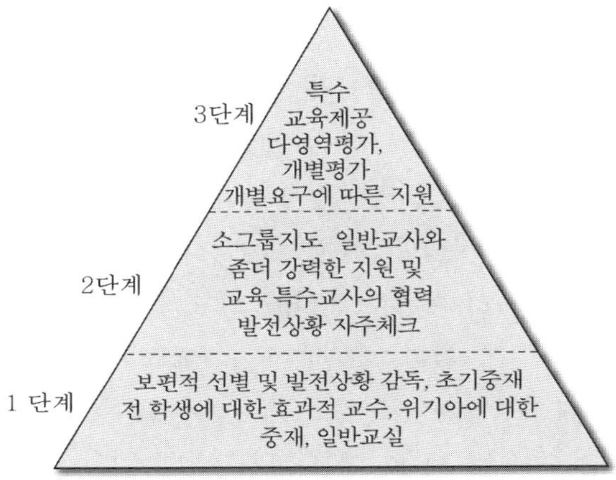

출처: Kirk외, 2009. p. 129.

그림 6.2 3단계 중재반응 예방모델

▶ **II 단계 중재:** 2단계에서는 1단계를 통하여서도 성취가 매우 부진한 학생들을 대상으로 소그룹지도를 실시하여 일주일에 3, 4차례 45분 수업을 실시하고 15~20주 동안 집중적인 중재수업을 실시한다. 중재반응의 결과는 두 가지 준거로 평가한다. (1) 읽기문장에서 마지막에 도달한 옳게 읽은 낱말의 수와 (2) 15-20주 동안 옳게 읽은 낱말의 발전비율을 준거로 한다. 이 두 가지 기준에서 다른 학급 학생들보다 표준편차 1 아래로 떨어진 경우 다영역적인 검사 대상이 된다. 이 평가를 통하여 그 학생이 학습장애인지 혹은 다른 장애가 있는지를 파악하여 III 단계 중재로 보낼 것을 결정하게 된다.

▶ **III 단계 중재:** 이 단계에 들어온 학생은 특수교육이 필요하다고 정식으로 판별된 학생들이다. 이 단계의 학생들은 더 집중적이고 개별적인 교육을 특수교

사에 의하여 교육된다. 학생들은 더 작은 소그룹으로 혹은 일 대 일의 수업을 받고 매일 1.5시간씩 교육되며 특수교사에 의하여 진전사항이 관찰된다. 각 단계는 점선으로 제공되어 아동은 발전하고 변화 가능하므로 그들의 교육적 서비스는 변화할 수 있음을 나타낸다. 점선은 또한 각 아동은 전체 3단계의 지원을 동시에 필요로 할 수도 있다는 점이다. 학생의 요구에 따라 융통성있는 지원과 서비스가 필요하다.

2. 원인 및 예방(출현율)

대부분의 학습장애에 대한 원인은 정확하게 밝혀지지 않고 있다. 그러나 많은 요인들이 학습장애의 원인으로 제시되고 있는데 그것을 크게 나누면 뇌손상-기능장애 요인, 유전적 요인, 및 환경적 요인으로 구분하여 볼 수 있다(구미자, 2005).

1) 뇌손상-기능장애 요인

학습장애 학생들은 뇌졸중이나 뇌상해를 입은 사람들이 보이는 행동과 유사한 행동특성(산만성, 과잉행동, 언어문제, 지각장애)을 보이지만 뇌조직에 실제로 손상을 보이는 신경체적인 증거는 보이지 않는다. 따라서 뇌 혹은 중앙신경체의 기능장애로서 역기능이라는 용어가 상해나 손상이라는 용어 대신 사용되어 학습장애아는 중앙신경체(central nervous system dysfunction, CNS) 역기능장애 아동이라고 불리운다. 한편 최근에는 첨단기구를 사용하여 더 정확히 뇌활동을 조사하는 연구가 진행중이다. 학습장애인의 신경역기능을 분석한 방법은 자기공명영상법(magnetic resonance imaging, MRI), 기능자기공명영상법(functional magnetic resonance imaging, fMRI), 기능자기공명분광영상법(functional magnetic resonance spectroscopy imaging, fMRSI) 및 양전자방출단층촬영장치 (positron emission tomography scan, PET) 등이 있다.

- 자기공명영상법(MRI)은 방사선학적인 검사방법으로 현재 많이 쓰이고 있는 컴퓨터단층촬영술(CT: computerized tomography)과는 다른 방법으로 시행하며, 그 해상도가 컴퓨터단층촬영보다는 뛰어나다. 또한 인체에 무해하고, 여러 가지 면에서 사람을 단층으로 분리시켜 볼 수 있는 등 장점이 많다.
- 기능자기공명영상법(fMRI)은 자기공명영상법을 응용하여 뇌가 활동하는 상태에서 혈액의 흐름의 변화를 파악하는 방법.
- 기능자기공명분광영상법(fMRSI)은 자기공명영상법을 응용하여 뇌가 활동하는 상태에서 뇌신진대사의 분비의 변화를 파악하는 방법.
- 양전자방출단층촬영장치(PET)와 PET/CT(퓨전양전자방출단층촬영)은 양전자방출단층촬영(Positron Emission Tomography)장치인 PET와 CT(Computed Tomography)를 결합한 형태로서 생체내에 양전자를 방출하는 방사성의약품을 투여한 후 전산화 단층촬영과 유사한 방법으로 360° 모든 각도에서 측정되는 방사능의 분포를 재구성하여 영상화하는 방법.

난독증은 신경생리적인(neurobiological)[3] 원인이 가장 크다. 이러한 신경생리적 원인은 영상법으로 특히 읽기장애가 있는 학습장애아의 뇌는 일반아에 비하여 구조적이고 기능적인 차이가 밝혀지고 있다. 그러나 모든 학습장애 아동들이 뇌상해가 나타나는 것도 아니며, 뇌상해로 진단된 모든 아동들이 학습장애를 가지는 것이 아니기 때문에 뇌의 구조적이고 기능적인 장애가 학습장애의 주원인이라고 주장하는 데에는 어려움이 있다.

2) 유전적 요인

학습장애는 유전될 수 있다. 유전성을 파악하는 연구방법은 가계연구와 유전연구이다. 가계연구는 학습장애와 같은 상태가 한 가족내에서 일어날 수 있는 가능

3) 정상인의 뇌에서는 왼쪽의 planum temporale(측두평면)이 더 커야 정상인데, 난독증의 환자는 왼쪽, 오른쪽 측두평면이 크기가 같다. 읽기 중에도 정상인은 왼쪽 뇌를 주로 사용하는데 난독증 환자는 양측반구의 전두엽과 오른쪽 반구의 후두-측두엽의 낱말구성 영역을 사용한다. 즉 낱말 분석의 뇌 사용에서 비정상적인 방법이 사용된다(Handler 외, 2011, p. e823).

성을 쌍생아 가계 연구를 통하여 밝혀내었다. 연구자들은 읽기장애가 있는 사람의 부모-자식관계에서 35-45%가 읽기장애를 가질 수 있고 부모 양측이 읽기장애를 가진 경우 그 자녀가 읽기장애를 가질 확률은 더 커진다(Schulte-korne 외, 2006; 이원령 · 이한우, 2004). 같은 종류의 가족성 문제는 말 · 언어장애가 있는 가족에서도 발견되었다.

학습장애가 가족내력이 되는 경향에는 환경적인 요인도 영향을 미친다. 예를 들면 학습장애가 있는 부모는 자녀양육방식을 통하여 그들의 장애를 자녀에게 물려줄 수 있다. 이러한 이유로 학습장애가 유전적인 요인인지를 파악할 수 있는 방법으로는 일란성 쌍생아와 이란성 쌍생아에서 학습장애의 출현율을 비교하는 것이다. 그 결과 일란성 쌍생아가 읽기장애, 말 · 언어장애와 수학장애를 더 많이 보인다. 그러나 모든 유전학자들은 하나의 유전자가 학습장애를 일으킨다고 보지 않고 최소한 네 개의 유전자가 학습장애와 관련이 있다고 한다. 또한 이들 유전자들은 한 종류 이상의 학습장애 타입과 관련이 있다. 다시 말하면 같은 유전자들이 읽기, 수학, 철자장애와 연관이 있을 수 있다는 것이다.

〈난독증의 상호관련성과 가족성〉

난독증은 그 원인이 잘 알려져 있지는 않으나 유전자-환경간의 매우 복잡한 원인의 장애인데 학령기 아동의 5% 정도가 보이는 증세이다. 난독증은 어떠한 언어를 사용하든지 관계없이 일어나며 고차원의 사회적·심리적 질병과 관련이 있다; 약 40-50%는 성인시기까지 지속된다. 가장 핵심적 증세로는 낱말 읽기와 철자장애이지만, 여러 다른 인지적 요소들이 그 핵심적 증세에 영향을 미친다.

난독증 관련 증세인 음운 해독, 음운인식, 철자배열 처리, 단기기억, 빠른 읽기와 기본 수학능력과 같은 분야에 대한 상관도 조사 결과는 난독증의 중심 증세는 읽기와 철자장애이고 음운적 해독이나 인식, 철자순서상의 처리와 같은 능력들도 염색체 배열과 관계가 있다.

출처: Schulte-korne 외, 2006.

3) 환경적 요인

부적절한 학습환경, 교수계획의 부족, 동기부여의 부족, 부적절한 교수방법과 교육내용, 가정의 빈곤, 양육방식의 미비 및 영양부족 등이 모두 학습장애를 일으킬 수 있다(김용욱 외, 2002; 한숙경・오상우, 1993). 아동 양육 초기의 부적절한 환경자극의 영향과 유아기의 심각한 영양실조는 감각적 심리적 자극의 결핍을 가져오고 아동의 학습활동을 저해할 수 있다. 또한 가족의 구성에 있어서 가족의 수가 너무 많거나 빈곤한 가정의 경우에 읽기 능력의 저하를 가져올 수 있으며(채규만, 1999; Badian, 1984), 부모의 애정결핍 혹은 자녀에게 읽기를 자주 해주지 않은 가정에서 음운변별문제 혹은 읽기문제를 일으킬 수 있다(Pennirgton, 1991; 조성민, 2011). 학습장애 아동을 조기에 발견하여 교육적 중재를 함으로써 일부 아동의 경우 학업실패의 문제를 예방할 수 있기 때문에 적절한 치료적, 교육적 중재가 중요하다.

출현율

우리나라의 경우에는 경도 장애학생들이 특수교육의 혜택을 많이 받지 못하고 있는데 전체 특수교육 요구 아동수는 공식적인 비율이 2.71%이고 이중에서 1.17%가 학습장애로 판별되고 있을 뿐이다(정동영 외, 2001). 그러나 독해능력만을 기준으로 한 조사에 따르면 우리나라 학령기 아동의 약 4%내외의 아동들이 학습장애를 보인 것으로 추정되고, 독해능력 이외의 다른 장애를 포함하면 실제 학습장애의 빈도는 더 높게 나타날 가능성이 많다(허묘연, 1990). 미국의 경우에는 10%정도가 특수교육의 대상이면서 약 5.5%의 학령기 학생들이 학습장애를 가지고 있고 개별적인 교육적 지원을 필요로 한다(Handler 외, 2011). 일본은 2007년도부터 특수교육을 특별지원교육으로 명칭을 바꾸고 학습장애, 주의력결핍/과잉행동장애(ADHD), 자폐증 등 학습과 생활면에서 특별한 교육적 지원이 필요한 학생들을 일반학급에서 지원하고 있는데 학습과 생활면에서 특별한 지원이 필요한 학생수의 조사에 의하면 약 6%에 이른다고 문부과학성에서 보고하였다

(김정희, 2009).

한편 학습장애의 80%가 난독증을 보이고 정의에 따라 학령기 학생의 5-20%가 읽기장애가 있다. 읽기 기술은 전형적인 독서자와 난독증간에 분명한 구분이 없으므로 난독증이라는 말은 가장 읽기문제를 보이는 2-5%의 사람에 한정할 수 있다. 읽기장애는 남아가 여아보다 좀더 많고 학교에서는 남아비율이 여아의 두 배에 이른다.

3. 심리 · 행동적 특성

학습장애 학생은 뇌손상 혹은 기능적 역기능으로 인하여 뇌의 발달과정에 이상이 있을 수 있으며, 이로 인하여 특정한 인지과정의 결함을 보일 수 있다. 특히 인지과정의 장애는 학업성취의 문제를 일으켜 읽기문제, 수학문제, 철자문제를 보일 수 있다. 일부 학생은 학업 수행에 필요한 전략이나 집중력이 부족하고 혹은 사회성 및 정의적인 문제, 학습동기 등이 복합적으로 문제가 되어 나타날 수도 있다. 이러한 특성의 설명은 정보처리모형, 언어발달모형, 학습전략결손모형, 신경심리학적 모형, 지각-운동모형(추정선, 1993) 및 기타 사회-정서적 문제의 관점에서 설명될 수 있다.

1) 특성이론모형

(1) 정보처리모형

학습장애를 이해하기 위하여 정보처리과정과 인지발달 심리학 연구에 기초하여 정보처리과정 모형이 도출되었다. 이 모형은 가장 일반적으로 인정된 교육모형으로 학습은 수용된 자극에 대한 주의집중, 주의 선별, 변별, 및 유지, 정보구분, 기억, 시연, 연합, 추론, 조직, 통계와 같은 자극에 대한 적극적인 대응을 통하여 학습이 일어난다고 보는 모형이다(추정선, 1993). 학습장애는 정상적인 지능을 지니나 발달이 미숙하여 학업상황에서 성공적인 수행의 기초가 되는 특정 전략과 문제해결 기능을 적용하는데 어려움을 겪는다(Atkinson & Shiffrin, 1968). 즉 시스템을 구조적으로 분리하여 먼저 유입되는 정보는 감각기에 등록하고 감각기억(sensory-motor memory)에서 최초로 조작되어 선택적으로 단기기억(short-term memory)과정으로 이전하며 필요한 정보를 장기기억(long-term memory)장치에 입력하는 과정상의 어려움이 있다.

주의집중 주의집중은 유관자극에 주의하고 무관자극을 무시하는 능력인데 학습장애아는 주의집중에 전반적으로 문제를 나타낸다. Bryan(1998)은 같은 시간에 정상아동은 과제지향행동을 88% 보인 반면, 학습장애아는 주의집중 장애 때문에 68%만 집중하였고, 주의집중 결함으로 과제지향 행동의 결함이 가중된다.

기억 학습장애가 있는 학생들은 과제나 약속을 기억하지 못하는 경우가 많다. 기억문제는 단기기억(short-term memory, STM)과 작동기억(working memory, WM)으로 구분할 수 있다. 단기기억 문제는 무엇을 보거나 들은 직후 그 정보를 기억하는 어려움을 말하고, 작동기억 문제는 정보를 들은 후 동시에 다른 일을 하면서 그 정보를 기억하는 능력의 문제이다. 학습장애아가 기억을 잘 못하는 이유 중 하나는 정상 학생들에 비하여 전략을 사용하지 않기 때문이다. 예를 들어 기억할 낱말들을 제시하였을 때 대부분의 학생들은 스스로 그 낱말들을 암기하도록 반복하거나 낱말들을 그룹화하는데 반하여 학습장애 학생들은 자발적으로 그런 전략을 사용하지 않는 경향이 있다.

초인지 초인지는 최소한 세 요소로 되어 있다: ① 과제가 요구하는 것을 인식하고, ② 적절한 전략을 선택하여 수행하며, ③ 수행을 감독하고 조절할 수 있는 것이다. 첫째, 과제가 요구하는 것을 인식하는 능력에 있어서 학습장애 학생은 과제가 얼마나 어려울 수 있는지 판단하는데 어려움을 보인다. 예를 들면, 매우 기술적인 정보를 얻어야 하는 자료에 대한 접근방법을 재미삼아 읽는 자료처럼 접근하여 과제 인식에 어려움을 보일 수 있다. 둘째, 적절한 전략을 선택하고 수행하는 능력이 부족하다. 즉 학습장애 학생에게 "아침에 숙제를 잊지 않고 학교에 가져오는 방법은 무엇일까?"라고 물었을 때 그들은 일반학생들과 같이 여러 전략(예: 자신에게 쪽지 적어놓기 혹은 현관문에 과제 미리 갖다 두기 등의 방법)을 말하지 못한다. 셋째, 스스로 감독하고 수행을 조절하는 능력을 말한다. 과제수행이나 행동 중에 스스로의 전략을 점검하고 제대로 효과를 보고 있는지 점검하고 조절하는 능력이다. 결국 읽기장애아는 글의 주제를 파악하는데 어려움을 보이고 어떠한 전략을 사용해야 하는지 혼란되고 스스로 잘 하고 있는지에 대한 판단도 어려울 수 있다.

(2) 언어발달 모형

언어를 구성하는 요소에는 음운적, 구문적, 의미론적 단서가 있다. 읽기장애아는 단어 해독능력이 늦기 때문에 단어기억능력이 떨어지고, 그 결과 독해능력에 영향을 준다(추정선, 1993). 구두 언어 기술이 부족한 아동들은 읽기 부진이 되기 쉽다. 1학년 시기에 부진한 독서자는 아무 지원이 없으면 4학년이 되었을 때 그들의 88%가 부진한 독서자로 남게 되며, 3학년 시기에 부진한 독서자는 74%가 10학년이 되었을 때 여전히 부진한 독서자로 남는다(Hallahan 외, 2009). 읽기장애 학생은 해독, 유창성과 독해력의 문제를 갖는다(이예다나, 2010). **해독**(decoding)은 문자를 구두어로 바꾸는 능력으로 음성학상의 인식(구두어는 소리의 작은 단위로 되어 있다는 것을 인식하는 능력으로 음소, 음절, 낱말의 단위를 아는 것)과, 음소인식(phonemic awareness)은 낱말이 소리, 음소로 이루어져 있는 것을 인식하여, 예를 들어 사과는 음소 ㅅ, ㅏ, ㄱ, ㅗ, ㅏ로 구성됨을 아는 것이다. 영어사용권의 아동들이 타 언어권의 아동들보다 음성학적 인식에 더 어려움을 보이는데 영어철자가 예외적인 발음규칙이 많고 음소가 일렬로 배열되기 때문이다. 그러나 한글은 자모를 영어처럼 일렬로 배열하지 않고 모아쓰기 하므로 한 단어내에 음절을 나타내는 글자가 시각적으로 뚜렷이 구별된다. 따라서 각 글자가 음절을 나타내기 때문에 자소-음소의 대응이 용이하여 우리나라 아동의 음절에 대한 인식은 영어를 사용하는 아동보다 3년은 빠르게 나타난다(윤혜경, 1997). 해독에 어려움을 보이게 되면 읽기 유창성에 어려움이 따라온다. **읽기유창성**(reading fluency)은 노력을 들이지 않고 순조롭게 읽을 수 있는 능력으로 읽기속도와 적절한 표현을 써가며 읽을 수 있는 능력이 읽기 유창성이다. 읽기유창성의 문제는 읽기독해력의 문제를 일으킨다.

- 음운인식(phonologic awareness) 구두언어의 소리구조에 대한 민감성
- 음소인식(phonemic awareness) 구두어의 낱말은 소리와 음소로 이루어진 것을 아는 능력
- 읽기 유창성(reading fluency) 노력을 들이지 않고 순조롭게 읽을 수 있는 능력이다. 읽기속도와 적절한 표현을 써가며 읽을 수 있는 능력이 읽기 유창성이다. 읽기유창성의 문제는 읽기독해력의 문제를 일으킬 수 있다.
- 읽기독해력(reading comprehension)이란 읽은 내용에 대한 의미를 파악해 내는 능력 이다. 다시 말하면 너무 느리거나 머뭇거리며 읽게 되면 글의 의미를 파악하지 못하게 될 수도 있다.

문자언어 일반학생도 필체가 완벽하지는 못하지만 학습장애 학생들은 더 심한 문제를 보인다. 난필증(dysgraphia)은 철자법과 표현 및 철자쓰기에 필요한 운동 협응력의 문제가 복합된다. 철자법은 소리와 낱자의 관계를 이해하지 못하기 때문에 큰 문제가 될 수 있다. 이러한 기능적인 문제에 덧붙여 작문이라는 창의력에도 어려움을 보이는데 일반 학생들에 비하여 이들은 구문구조가 단순하고 낱말의 어휘력도 부족하며, 문장도 덜 조직되고 아이디어의 부족 등이 더 많이 보인다.

구두언어 학습장애 학생중에는 언어의 기술적이고 사회적인 사용상의 어려움을 보이기도 한다. 기술적이라 함은 구문(문법), 의미, 음운과 같은 문제를 말한다. 언어의 사회성이란 화용론이라고 할 수 있는데 대화를 이해하고 표현하는데 어눌하여 기민하게 반응하지 못한다. 간단히 말하자면 능숙한 대화자가 못되어 상호 주고 받는 대화에 잘 참여하지 못한다. 예를 들면 학습장애 학생과의 대화는 정상 일반 학생들이 사용하는 미묘한 전략들을 사용하지 못하기 때문에 긴 침묵이 대화중간에 생기게 된다. 또한 다른 사람들의 말이나 질문에 대답하지 못하고 자신이 질문한 후에 상대방이 대답하기도 전에 자신의 질문에 자신이 대답하는 산만성을 보인다.

(3) 학습전략결손모형

학습장애 학생을 한마디로 표현하자면 학업문제를 해결하는 전략을 적극적으

로 사용하지 못하는 학습자라고 표현할 수 있다. 특히 이들은 자신의 능력을 믿지 못하는 학생들로서 문제해결에 어떤 전략이 필요한지를 파악하지 못하고 자발적으로 적절한 전략을 수립하지 못한다. 이러한 특징들을 종합하면 학습장애 학생들은 독립적으로 활동하는데 어려움을 보인다. 이들은 스스로 시작하는 학생들이 아니어서 교사가 주의깊게 필요한 지원을 제공하지 않으면 스스로 해야 하는 과제가 주어질 때 문제가 발생할 수 있다. 숙제는 학습장애 학생에게 중요한 문제가 된다. 이들에게는 숙제를 집에 가져가는 일, 숙제를 하면서 산만해지는 일, 과제를 학교에 와서 제출하는 일 모두가 어려운 일이 된다. Simpson(1983)은 학습장애아는 과제수행에 필요한 정보와 지식은 갖추고 있고 특정한 능력에 결손은 보이지 않으나 가진 지식을 활용하는 전략이 부족하여 구두적 시연, 범주화, 그룹짓기, 정교한 약호와의 능력부족, 인출단서의 선택, 인지적 노력의 부족 및 동기부족 등을 원인으로 본다.

(4) 신경 심리학적 모형

읽기를 신경심리학적으로 다루는 연구들은 주로 뇌의 왼쪽 반구의 언어영역이 읽기와 관련됨을 증명하고 있다(김선희, 2003). 읽기는 순서적인 정보처리의 과정으로 시각적으로 문자의 형태와 공간적 배치를 인식함과 동시에 언어학적 처리과정이 존재한다. 읽기습득의 초기단계에는 우반구의 개입으로 시 · 공간분석과 문자군과 음소를 연결하는 규칙의 새로운 적용은 우반구가 우세하다. 그러나 학년이 높아지면서 좌반구의 활동이 우세하여 문자-음소의 과정을 자동화하여 구문론, 의미론적 과정에서는 좌반구가 우세하게 활동한다.

난독증에 대하여 Thompson(1984)은 불완전한 반구 우세성, 언어처리과정을 위한 좌반구의 기능적 분화발달의 지연이나 미성숙, 좌반구장애, 우반구에 의한 좌반구 기능방해, 좌 · 우반구 통합의 결핍과 같은 원인을 제시하였다. 학습장애 학생은 주의집중 문제가 있어 주의집중 과잉행동장애(attention deficit hyperactivity disorder, ADHD)로 진단되기도 한다. 읽기장애의 15%는 ADHD를 가지고 있으며 주의집중장애아의 35%가 읽기장애를 보인다. ADHD는 주의집중, 과잉행동, 충동성문제가 심각하여 미국정신병리협회(APA)의 기준을 사용하여 정신병리학자나 심리학자에 의하여 진단된다. 비록 예상추정은 서로 다르긴 하지만 ADHD와 학습장애간에는 25%정도가 서로 중복된다. ADHD는 많은 사람들이 신경학에 기초한 장애로 생각하지만 일관된 증거는 아직 부족하다. 그러나 유전적 요소의 증거가 늘어나고 있으며 생화학적 반응 이상을 지적하고 있다(김진호 외, 2009).[4] 뇌의 언어영역의 역할은 제9장 의사소통장애의 그림 9.2 Broca 영역과 Wernicke 영역을 참조할 수 있다.

(5) 지각-운동모형

연구에 의하면 일부 학습장애 학생들은 시·청각적 장애를 보인다. 시지각 장애를 보이는 아동은 퍼즐을 푸는데 어려움을 보이거나 시각적 도형을 기억하는 장애가 있어서 글자를 거꾸로 보기도 한다. 청지각 장애를 보이는 아동은 비슷한 소리가 나는 낱말을 변별하는데 어려움이 있거나 구두로 제시하는 지시사항을 따라가지 못하는 문제를 보이기도 한다. 어떤 경우에는 운동기술과 관련된 신체활동에 어려움을 보이기도 한다. 소근육운동과 대근육운동기술이 부족할 수 있고, 소근육운동은 시각과 운동시스템간의 협응을 필요로 하기도 한다. 이 모형에 따른 치료방식은 유치원 혹은 초등학교 저학년 아동에게 적용이 가능하다.

2) 사회적-정서적 특성

학습장애 학생들은 일반학생들에 비하여 사회적-정서적 문제의 위험성이 크다. 예를 들면 우울증, 사회적 거부, 자살생각이나 고독함과 같은 위험이 있고 오랜 기간의 거부로 얻은 상처가 있을 수 있다. 학습장애가 있는 학생들은 사회 인식이 결핍되어 사회적 단서를 잘 못 읽고 타인의 느낌이나 감정을 잘 해석하지 못한다. 사회적 상호작용의 문제는 수학, 시각-공간 과제, 촉각과제와 자기규제 및 조직하는데 문제가 있는 아동들로 오른쪽 두뇌의 역기능 때문이다.

또한 장애학생의 동기문제는 매우 중요한 정서적인 문제이다. Maslow의 욕구

---

4) ADHD의 원인은 신경학적 장애, 유전장애, 생화학적 장애를 원인으로 보기도 한다. 그러나 뇌구조 진단은 일반아동의 뇌와 그다지 다르지 않기 때문에 원인불명으로 진단하기도 한다. 환경적인 요소도 원인이 될 수 있다.

위계설에 의하면 인간은 생리적 욕구, 안전과 안정의 욕구, 사랑과 소속의 욕구, 자존의 욕구, 자아실현의 욕구(김영진, 1998)의 순서로 각 위계의 만족을 경험하여야 그 다음 단계로 향상될 수 있다. 교사, 학부모와 학습장애 학생 자신에게 이러한 동기문제를 해결하기 어렵게 만드는 것은 학습과 동기문제가 상호 관련되어 있기 때문이다. 악순환은 학생이 과거의 경험을 통하여 새로운 상황에서 실패할 것을 예견하게 되어 실패의 예견은 어렵거나 복잡한 과제를 너무 쉽게 포기하게 만들어 그 결과 학생은 새로운 기술을 습득하지 못할 뿐 아니라, 새롭게 나쁜 경험을 추가하고 무력증을 강화시키며 자신이 무가치함을 다시 느끼게 하고 그 사이클이 반복된다.

학습장애 학생들은 내적 통제보다는 외적 통제적이다. 다시 말하면 그들은 자신의 삶이 자신의 결의나 능력과 같은 내적 통제소에 의하여 영향을 받는다는 생각보다 운이나 운명과 같은 외적 통제소에 의하여 더 영향을 받는다고 믿는다. 이러한 생각을 가진 사람들은 학습된 무력증을 보이는데 그들이 어떻게 노력하더라도 실패할 수밖에 없다는 생각을 하기 때문에 포기하고 최악의 상황만을 생각하는 경향이 있다.

4. 교육적 지원

1) 교육진단

학습장애 학생의 사정은 학업적 기술 및 음운인식검사에 초점을 둔다. 학업적 진도에 대한 측정과 읽기, 수학, 쓰기 표현력에 대한 측정이 중심이다. 학습장애 영역에서는 교육적 전략계획을 도와줄 수 있는 사정이 중요하다. 학습장애 학생들을 위한 교사는 학업과목에서의 성취를 파악하기 위하여 교육과정중심 사정(Curriculum Based Measurement, CBM)을 많이 사용하고, CBM 뿐 아니라 학생의 발전 정도를 파악하고 교수관련 결정을 내리기 위하여 비표준화 사정을 실시할 수 있다.

교육과정중심 사정. 교육과정중심 사정(Curriculum-Based Measurement, CBM)은 학생이 배운 내용에서 수행샘플을 중심으로 평가한다. 교육과정사정은 유사한 난이도의 검사를 여러 형태로 만들어 두고 정기적으로 학생이 특정한 목표를 향하여 발전하고 있는지를 파악하는 비표준화 측정이다. 그 검사는 실시에 몇 분 걸리지 않는 간단한 평가방식이다. 예를 들면, 교육과정중심 사정은 낭독 읽기유창성을 검사할 수 있다(각 학년별 낱말을 1분 안에 정확히 읽을 수 있는 개수). 특정한 목표를 향하여 발전사항을 감독하기 위하여 교사는 학생의 현재 수행력을 파악한다. 이것이 기초선이 되고 이를 바탕으로 기대하는 발달정도를 계획하며 성취정도를 계획할 수 있다. 그 후 일주일에 2번 이상 목표를 달성하고 있는지를 자주 측정할 수 있다.

두운과 각운 찾기 음운 인식검사. 그림카드 한 장에 그림단어 4개가 있고 그림 밑에는 글자가 제시되어 있다. 아동은 자료를 보면서 직접 두운 및 각운이 같은 단어를 찾는다. 두운과 각운 음운 인식 검사문항의 예는 다음 표 6.1과 같다.

표 6.1 두운과 각운 음운인식 검사문항

두운	제시 단어	각운	제시단어
사	사과/사탕	기	비행기/태극기
가	가방/가위	이	오이/고양이
바	비행기/비누	두	만두/구두
우	우산/우표	미	다리미/거미
고	고구마/고양이	마	고구마/하마
코	코끼리/코알라	리	항아리/사다리
나	나사/나비	자	모자/사자
주	주전자/주머니	어	악어/오징어
다	다람주/다리미	추	고추/배추
피	피자/피아노	스	마우스/버스

초성-중성의 음소 결합 음운인식검사. 글자카드에 초성과 중성의 음소를 보여

주고 아동은 소리내어 글자를 결합하여 읽어야 한다. 초성-중성 음소 결합 음운인식 검사 문항의 예는 다음 표 6.2와 같다. 그 밖에 종성음소첨가 음운인식검사, 초성 이중모음의 결합 음운인식검사 혹은 문자해독 검사를 통하여 음운인식정도를 분석할 수 있다(이미숙, 2006).

표 6.2 초성-중성 음소 결합 음운인식 검사문항

초성-중성의 음소결합				
ㄱ + ㅏ	ㅊ + ㅠ	ㅅ + ㅑ	ㅎ + ㅜ	ㅂ + ㅣ
ㅍ + ㅗ	ㅁ + ㅡ	ㄴ + ㅓ	ㅇ + ㅕ	ㄹ + ㅜ
ㄴ + ㅠ	ㅇ + ㅑ	ㅂ + ㅕ	ㅅ + ㅛ	ㅎ + ㅣ
ㄷ + ㅓ	ㅈ + ㅛ	ㄷ + ㅗ	ㄱ + ㅡ	ㅋ + ㅏ

▶ 낱말 읽기교육과정적 차트 만들기

1. 현재 수행하고 있는 기초선 잡기(예: 1분에 정확히 읽는 낱말의 수 50개)
2. 한 학기 동안 일반 아동이 주어진 교수를 통하여 성취할 수 있는 평균속도
(한 학기에 성취하는 속도를 30개로 잡으면 한 학기 후 80개의 낱말 읽기)
3. 현재수행 낱말부터 한 학기 후의 목표 낱말까지의 선을 목표선으로 한다.

기타 비공식 사정. 교육과정중심 사정에 덧붙여 교사는 학생의 성취와 교수계획을 위하여 비공식적인 측정을 할 수 있다. 읽기에서는 비공식적 읽기 시리즈 도구(informal reading inventory)를 사용할 수 있다. 이 도구는 일련의 문장이나 낱말리스트를 점진적으로 난이도를 높인 도구이다. 학생은 점점 난이도가 높은 글을 읽으면서 교사는 학생의 수행정도를 파악해낼 수 있다. 혹은 오류분석(miscue analysis)을 통하여 학생의 문제를 파악할 수 있다. Reading specialist를 두어 문자지식을 측정하는 받아쓰기 검사(Developmental Spelling Inventory, Grade-level Spelling Invenroty)와 읽기의 정확성, 유창성, 이해력을 측정하는 비공식 읽기검사 및 쓰기검사를 비공식적으로 평가하여, 한학년 이상 뒤떨어진 아동들을 선별하여 소그룹 형태로 지도함으로써 학습장애 혹은 학습부진 상황을

사전에 예방하는 방법을 취하고 있다(양민화, 2005).

미국의 경우를 보면 사회경제적 지위가 낮은 학생들이 많은 학교는 읽기쓰기 교수를 지원하는 프로그램으로 Title 1이 있는데 무료점심을 먹는 학생이 전체학생의 40%이상인 경우에 학교전체가 Title 1 학교로 정하여져서 많은 돈을 지원 받으며 35%이상인 경우에 Title 1 교사를 임용할 수 있으므로 reading specialist를 고용하거나 교재나 프로그램을 살수도 있다. 이와 같이 예방차원의 읽기/쓰기 문제를 대비하는 정책도 학습장애의 범주 안에서 실천할 수 있다.

결과 측정은 표준화 성취도검사가 필요한데 학생의 능력과 성취도 불일치가 학습장애의 가장 큰 특징이기 때문이다. 과거에는 불일치기준을 위하여 표준화검사가 사용되었으나 최근에는 학생의 성취결과를 기록하기 위하여 사용한다. 중요한 검사와 교사의 책임소재 때문에 학생의 성취도를 문서화해 두어야 한다. 우리나라에서 사용할 수 있는 성취도 검사로는 읽기진단검사(수준별 교육을 위한 초1-고1), KISE-학습장애선별척도, 기초학습기능검사, KISE-BAAT(읽기, 쓰기, 수학) 등이 있다.

2) 교수방법

교수방법에는 읽기중재방법, 학습전략훈련, 직접교수, 또래교수방법 등을 사용할 수 있다.

(1) 읽기중재방법

읽기중재는 음운인식, 단어인식, 유창성, 어휘력 및 내용이해의 전반적인 영역에서의 읽기훈련을 말한다. **음운인식**은 읽기장애아나 고위험아 모두에게 효과적이다(Wagner 외, 1993). 음운인식훈련은 시작음 같은 단어찾기, 끝음 같은 단어찾기, 끝말잇기놀이를 통한 두운과 각운이해훈련, 자음과 모음 음가익히기, 초성·중성 결합 훈련, 자·모음 기본 음절표 익히기 등을 통한 초성·중성의 결합, 음절에 대한 이해능력, 운율에 대한 이해능력, 자·모음의 조작원리 등을 배운다. **단어인식**은 음소, 음절, 문맥분석 및 반복적인 경험을 통한 일견읽기(sight reading)를 통해 이루어진다. **유창성**은 단어나 글을 읽는 속도, 정확성, 혹은 힘들이지 않고 유창하게 읽을 수 있는 능력이다. 이 훈련은 사전경험을 활용한 생활관련 읽기소재를 사용하고 또래교사 및 또래 학습자를 통한 읽기중재가 효과적이다(이태수 · 김동일, 2006). **어휘력 교수**전략은 문맥속에서 단어의 의미를 추론하고, 단어사이의 연관성을 이해하는 활동에 대한 지도로 개념지도, 지식지도, 의미지도 마인드맵 등이 있다(김애화, 2006; 최성규 · 남상직, 2004). 이해력지도는 읽기교육의 최종적인 목표이며 타 교과의 학습을 돕고 결국 학습능력과 학업성취를 돕는 최종적인 목표라고 할 수 있다. 이해력 향상을 위하여서는 중심내용 파악하기전략, 과정중심 읽기지도, 이야기도식화전략 등을 사용하여 읽기이해력을 증진시킬 수 있다(이예다나, 2010). 한 방법으로 **그래픽조직방법과 암기방법**을 사용한다. 그래픽조직방법은 선, 원, 박스모양을 사용하여 정보를 조직적으로 만드는 시각적 방법이다. 위계, 원인/효과, 비교/대비, 나선형/선형 순서같은 시각적 방법이며 암기는 그림과 낱말을 사용하여 정보기억을 돕는다. 예를 들면 낱말의 첫 글자만 모아 기억하거나 외우려는 낱말의 첫 글자와 같은 그림을 연결하여 암기할 수도 있다. 학습장애 학생은 자발적으로 기억증진 암기전략을 사용하지 못한다. 암기전략중에 연습(rehearsal)은 매우 중요한데 그림과 상세화 암기전략이 더 효과적이고 추상적인 내용을 구체적인 그림과 연결하여 더 의미있게 만들어준다. 암기전략은 ① 핵심낱말 암기방식은 정보기억에 도움이 된다. ② 여러 암기전략을 사용하면 어느 특정한 암기방법의 효과를 줄이지 않고 도움이 될 수 있다. ③ 암기를 돕는 그림은 과학이나 역사과목의 정보를 이해하고 기억하는데 도움이 된다. ④ 학습장애 학생들은 자기자신의 암기방법을 창안할 수 있고 성공적으로 적용할 수 있다. ⑤ 학습장애와 행동장애 학생들은 교사가 만든 암기방법을 사용할 수도 있고 암기방법이 제공되지 않은 학생들보다 더 오래 기억할 수 있다.

(2) 학습전략훈련

일련의 인지적 사고과정에서 사용되는 하위기술들로 학습을 효율적으로 도와주는 자기관리, 행동통제, 인지전략, 자기주도적 학습 등으로 구성된다(이예다나,

2010). 인지훈련은 학습장애 학생의 여러 학업적인 문제를 돕는데 효과적이다. 학습장애 학생들이 초인지적 문제를 극복할 수 있도록 문제해결에 필요한 구체적인 전략을 제공하고 수동적이고 학습된 무력감을 극복하여 동기문제를 해결하는데 있어서 자기-주도적이고 자기 스스로 대처할 수 있도록 참여하게 하여 문제를 해결하게 한다. 학습전략 훈련의 범주로는 자기-교수, 자기-관리, 단계적 교수와 상호호혜적 교수 및 읽기중재방법을 들 수 있다.

자기-교수. 자기-교수의 목적은 문제해결과제의 여러 단계를 스스로 인식하게 하고 그 과제를 수행하면서 행동을 구두적인 통제아래 두게 하는 것이다. 전형적으로 교사가 문제를 풀면서 구두적 교시의 모델을 보인다. 그 다음 교사는 학생이 과제를 수행하면서 구두적 교시를 수행하는 것을 감독하고, 그 다음으로는 학생이 스스로 행할 수 있는 단계이다. 자기-교수의 다섯 단계로는 ① 학생이 문제를 큰소리로 말하고, ② 중요한 낱말을 보고 동그라미치며, ③ 무엇이 일어나고 있는지를 도와주는 그림을 그리고, ④ 수학 문제를 쓰고 ⑤ 그 답을 쓴다. 덧붙여 다음과 같은 자기-교수를 따르게 한다.

1. **문제 정의:** 내가 무엇을 해야 하지?
2. **계획세우기:** 어떻게 이 문제를 풀 수 있지?
3. **전략사용:** 다섯 단계의 전략은 내가 중요한 낱말을 보게 하는데 도움이 될 꺼야
4. **자기평가:** 나는 어떻게 하고 있지?
5. **자기-강화:** 잘했어. 잘 맞추었어.

자기-관리. 자기-관리의 목적은 자기 자신의 행동을 감독하는 두 가지 요소로 자기평가와 자기 기록이 있다. 자신의 행동을 평가하여 행동이 일어났는지 아닌지를 기록한다. 학생은 학업행동을 자기-관리하도록 가르친다. 예를 들어 여러 수학문제를 푼 후 학생은 자신의 답을 체크하여 몇 개의 답을 맞추었는지 가록한다. 며칠 후, 학생의 발전 사항을 학생과 교사가 함께 검토할 수 있다. 학업적인 행동뿐 아니라 학생은 그들 자신의 과제집중행동과 과제에 벗어난 행동을 감독할 수 있다. 교사는 학생에게 "내가 집중하고 있는가?"를 벨이 울릴 때마다 물어보도록 지도한다. (그 벨소리는 매 30초-90초로 무작위로 소리가 들리게 할 수

도 있다.) 이 자기-관리전략은 학생의 과제 집중행동을 증가시키고 학업성취도도 증가시킬 수 있다.

단계적 교수. 단계적 교수란 도움을 제공하는데 점진적으로 도움 제공을 줄이고 결국에는 학생 스스로 독립적으로 행동할 수 있게 한다. 예를 들어 글쓰기를 할 때 3단계로 가르칠 수 있는데

1. 생각하라. 누가 이것을 읽고 왜 내가 쓰는가?
2. 계획하라. 무엇을 이야기해야 하나? (주제문장, 이유를 검토하고 마무리짓기)
3. 쓰고, 더 이야기하라.

전략을 지도할 때 학생과 교사는 여러 면으로 토의하고 학생이 점차적으로 전략을 기억하고 스스로 쓸 수 있도록 한다.

상호적 교수 단계적 교수처럼 상호적 교수는 교사와 학생간의 상호대화를 통하여 교수가 진행되는데 전문인과 도제의 관계와도 같다. 교사는 점진적으로 자신의 역할을 줄이고 학생이 같은 교수자의 역할을 떠맡을 수 있게 한다. 교사가 모델을 보이고 학생이 전략을 사용하도록 격려한다. 상호호혜적 교수의 예는 아래와 같다.

> 교사는 학생이 스토리 제목, 머릿글, 혹은 적절한 문장들을 보고 내용을 예측해 보도록 한다. 이런 방법으로 학생들은 배경지식과 정보를 활용하고 읽기의 목적을 설정할 수 있게 된다. 교사는 좋은 질문 전략을 학생들이 학습할 수 있게 하여 단순히 빈칸 채우기 학습이 아닌 교사처럼 질문을 할 수 있게 훈련할 수 있다. 덧붙여서 학생이 질문하지 못하면 교사는 촉진방법으로 적절한 질문을 제공한다. 요약전략은 중심생각과 세부내용을 파악하게 하며 교재를 보지 않고 그들 자신의 언어로 말할 수 있게 한다. 중심생각을 파악하기 위하여 중점 문장을 찾게 하거나 여러 항목에 이름을 붙여줄 수도 있다. 마지막으로 새로운 어휘와 낯선 표현, 모호한 정보를 분명하게 하면서 불분명하고 모르는 정보를 지적해낼 수 있다.

(3) 직접교수(direct instruction)

직접교수 옹호자들은 학생의 특성분석보다 가르칠 개념을 구체적으로 분석하고 교수과정의 상세한 내용에 초점을 맞춘다. 직접교수의 중요부분은 과제분석이

다. 과제분석은 학업의 문제를 세분하여 구성 부분으로 나눈 후 교사는 각각의 부분을 따로 가르친 후 학생이 그 각각의 기술을 합하여 통합적인 기술로서 만들 수 있게 가르치는 것을 말한다. 직접교수의 프로그램은 읽기와 수학 프로그램을 확실한 순서로 빠르게 소규모의 학생들에게 가르치는 것이며 훈련과 연습을 매우 강조한다. 교사는 잘 연습한 뒤 빠르게 진행하고 학생들은 교사의 지도를 따라가며 참여를 촉진하는 손의 싸인을 따라가게 한다. 교사는 학생의 대답이 틀린 경우 수정 피드백을 즉각 제시하고 맞는 답에 대하여는 칭찬을 제공한다.

(4) 또래교수

교실전체의 또래교수와 또래지원학습전략으로 구분해 볼 수 있다. 교실전체의 또래교수는 학습장애와 학습장애의 위험이 있는 학생들을 대상으로 한 연구에서 그 효과가 입증되었다. 이 방법은 교사가 학생을 훈련시키고 감독한 또래로 하여금 학생들을 가르치는 것으로 학생을 그냥 교수하도록 하는 것이 아니며 또래학생을 훈련시키고 감독한 후 교수하도록 한다. 또래지원 학습전략은 능력이 높은 학생과 능력이 낮은 학생을 짝지어 그 한 쌍이 매우 구조적인 또래교수에 참여한다. 그 후 또래는 역할을 바꾸어 코치와 읽기자의 역할을 바꾼다.

3) 최근동향

우리나라의 경우 학습장애 학생은 일반교실에 방치되어 있는 경우가 대부분이며[5] 자료실 혹은 특수학급에서 교육되고 있는 학생들에 대한 개별화교육의 적용 및 평가에 있어서도 교육의 책무성이 적용되고 있지 못한 것이 현실이다. 경도장애의 학생들은 일반교육과 특수교육의 사이에서 아무런 교육적 지원을 받지 못하는 경우가 대부분이며 그 결과 학교를 졸업한 후 학력부진 및 직업교육부진으로 독립생활에 어려움을 갖게 되는 결과를 낳는다. 따라서 이들에 대한 중재반응 모델을 적용하여 사전에 최대한 학업부진을 예방하기 위하여 특수교육과 일

5) 미국의 경우 10%의 특수교육 대상자중 45%가 학습장애이고 일본의 경우 특별한 교육적 지원 대상학생이 일반학급에 재적하는 비율을 6%로 파악하고 있다(홍정숙, 2005. p. 139).

반교육의 협력이 필요하다고 하겠다.

(1) 중재반응모델의 적용

중재반응모델은 조기선별과 조기중재를 강조한 모델이다. 이 모델은 의뢰 전 서비스를 통해 일반학급에서 장애가 있는 것으로 보이는 아동을 공식적인 진단에 의뢰하기 전에 일반학급내에서 특수교사의 협력적 지원을 받으며 대상아동에게 좀 더 심층적이고 다각적인 교수적 지원을 하여 조기에 장애를 예방하도록 하는 공식적인 절차를 말한다. 이러한 중재를 통하여 학습장애 학생의 출현율을 감소시키고 특수교육에 불필요하게 의뢰되는 경우를 방지하며 장애를 사전에 예방할 수 있는 모델이다(김애화, 2005). 의뢰전 중재 서비스는 우리나라의 경우에는 공식적인 의뢰 전 중재의 절차가 전무한 상황이므로(김수희, 2009), 학습장애 학생이 불필요하게 의뢰되는 경우와는 관련이 없고 반대로 되도록 많은 학습장애 혹은 학습부진 학생들이 조기에 중재의뢰되어 장애예방을 받도록 해야 할 상황이라고 하겠다. 따라서 학업부진 학생들을 포함하여 학습장애 학생들에게 조기 중재서비스를 제공할 필요가 있다. 이 중재반응모델은 3단계 예방모델로서 본 장의 앞에서 예방적 중재 3단계 모델에서 상세히 설명되었다(그림 6.2 포함).

우리나라의 일반학급에는 심각한 수준의 문제행동, 학습부진, 정서불안 문제를 보이는 학생도 1-2명씩 있다는 의견이 많이 있으나 비공식적인 의뢰전 중재를 교사의 재량에 따라 실시한 비율은 40%에 불과하다. 또한 이러한 비공식적 의뢰전 중재도 지속적인 지원방식이라기보다 부모상담, 방과후 프로그램, 수업중 협동학습, 부과적 과제제시와 같이 일반교사의 개별적인 지원에 머물고 있다. 이와 같은 상황에서 대부분의 교사들은 공식적인 의뢰전 중재가 필요하다고 생각하고 있다(김수희, 2009).[6)]

6) 김수희의 연구조사에 의하면 인천지역 초등학교 일반교사 145명중 94.5%가 공식적인 의뢰전 중재활동이 필요하다고 응답하였다. 그러나 의뢰전 중재를 책임져야할 주체로서는 특수교육교사가 담당해야 한다는 비율이 37.9%이고 전문상담가가 책임져야 한다는 비율은 36.6%이며 일반교사가 책임져야 한다는 비율은 14.5%에 불과하므로 의뢰전 중재를 실시하기 위하여서는 일반교사들에 대한 연수와 더불어 일반교사를 지원할 수 있는 인력과 시간이 충분히 배당되어야만 한다.

(2) 일반교사와 특수교사의 협력

일반학급에서의 지도에 있어서 학습장애의 지도를 담임에게만 맡기는 것이 아니라 학교전체가 관여하는 것이 중요하다는 전제하에 담임이 배려해서 지도하는 것과 팀티칭에 의한 지도를 병행하여야 한다. 또한 일반학급 이외의 장에서 개별지도가 효과적이다(홍정숙, 2005). 장애의 정도에 따라 특별한 장에서 지도하던 방식에서 벗어나 개개인의 교육적 필요에 따라 적절한 교육적 지원을 해주어야 한다. 이 교육적 지원은 교육기관뿐 아니라 복지, 의료, 노동 등 여러 다양한 관련기관과의 연계·협력이 필요하다.

일반학급안에서 완전통합을 하기 위하여서는 일반교사 혼자의 힘으로 특수교육 혹은 지원이 필요한 학생들을 지원해주기 어려우며 일반교사를 돕는 지원 방법들로서 자문교사제도(consulting teacher services), 협력교수지원교사, 자료실지원교사(supportive resource programs), 교수지원(instructional assistants, 보조교사), 교육과정협력관(curriculum coordinator), 교수협력관(instructional coordinator), 읽기개별지도프로그램, 이질협동그룹구성, 행정가 지원과 같은 다양한 지원방법이 일반교사에게 제공되어야만 한다.[7] (Idol, 2006)

(3) 일반교육의 구조조정

일반교육의 교실로 장애학생이 통합될 수 있기 위하여서는 특수교육관련 자문교사나 협력교사 혹은 숙련된 일반교사들이 멘토가 되어 완전통합교육의 교실을 지원할 수 있다 하더라도 일반교육시스템상의 구조적인 개혁이 필요하다. 그 이유는 일반교육과 특수교육이 특성상 여러 가지 차이가 있는데 일반교육의 시스템이 변화되지 않은 채 특수교육의 대상 학생들과 특수교사들이 통합되는 경우에 여러 가지 비효율적인 상황을 맞을 수도 있다. 즉 일반교육은 집단교육이 중심인 반면 특수교육은 개별화교육이 핵심이다. 또한 현행 학교교육 시스템은 통합교육은 일반교육주도로 이루어지고 특수학급교육은 특수교사가 담당하되 필요시 서로 협력과 팀티칭을 할 수 있다. 교사 양성에 있어서도 일반예비교사는 교

---

7) 제 2장 2-2) 일반교육지원에서 설명되어 있음-저자주

육과정이나 교수법에 비교적 폭넓은 훈련을 받는 반면 특수교사는 각 장애영역에 대한 이해와 개별화교육중심의 교육을 집중적으로 교육받아 일반교사와 특수교사의 능력간에는 많은 차이가 있다고 할 수 있다(이대식, 2007).

이러한 상황에서 통합교육을 실시하여 특수교육대상자를 질적으로 수용하고 제대로 된 교육을 제공할 수 있기 위하여 일반교육이 변화되어야 하는 부분을 보면 다음과 같다.

첫째. 일반교육은 표준적인 능력을 기준으로 한 집단중심의 교육인데 집단중심의 교육보다 개별화된 교육을 제공할 수 있어야 한다. 수업진행방식, 교육과정 운영방식, 평가방식 등이 개인을 고려하는 방향으로 변화되어야 한다.

둘째. 사회적 상호작용을 할 수 있는 학교문화의 변화이다. 학교문화는 교직원들의 가치와 태도뿐 아니라 학부모의 가치와 태도가 변화되어 전반적인 사회의 분위기가 경쟁과 학력만을 중요시하지 않는 협력과 다양성의 존중과 같은 변화가 필요하다.

셋째. 일반교사와 특수교사 및 기타 특수아동을 지원하는 전문인이 일반교육의 장으로 통합되고 협력교수를 할 수 있기 위한 학교 전체적인 교육에 대한 재설정이 필요하다. 일반교사, 교수지원교사, 특수교사, 언어치료사, 읽기지원교사 등 여러 명의 전문인이 함께 계획하고 교육을 실시할 수 있는 협력적인 분위기와 상호 존중하여 학생을 중심으로 유연한 팀 구성을 할 수 있는 자세가 필요하다.

넷째. 학교전체의 재구조화를 위하여서는 학교의 행정관리자의 통합교육에 대한 연수와 교육이 필요하다. 학교관리자인 교장의 장애학생에 대한 수용정도가 교사의 수용정도보다 낮기 때문에 교육행정당국, 학교관리자의 의식개선이 이루어져야 한다(윤점룡, 2006).

다섯째. 우수한 학교들의 공통적인 특징은 협동수업, 활동적인 탐구학습, 자기주도적 학습, 이질적인 구성의 학급 안에서 연구프로젝트 수업 등과 같은 적극적인 학습을 할 수 있게 하는데 있으며 이러한 학습은 전통적인 교사주도적인 교실운영을 개선하여야 가능하다.

여섯째. 일반교육자체가 보편적 설계를 기반으로 해야 한다. 즉 학교의 환경, 교육과정, 교수방법 및 평가의 모든 부분에 있어서 모든 학생들을 수용할 수 있는 방법으로 설계되어야 한다. 지금까지의 환경, 교육과정, 교육방법, 교육자료 및 평가의 방법은 보통의 일반학생들을 위한 계획으로 더 지원이 필요한 학생들을 수용하는데 부족하여 왔다. 어느 부분에서 매우 우수한 학생이나 어려움이 있는 학생에게 적용될 수 없는 체계이었다. 누구나 쉽게 사용할 수 있고 접근할 수 있으며 선택할 수 있는 대안을 마련해 두어야 한다(김정권, 2008).

일곱째, 일반교실 운영의 변화가 필요하다. 수업시간의 융통성있는 조절을 통하여 수업을 한 시간으로 끊어 수업준비에 너무 많은 시간을 빼앗기지 않도록 블록제 수업을 가능하게 하여 보조교사 혹은 팀티칭을 통하여 각 학생의 필요에 더욱 대처할 수 있는 시간의 융통성이 필요하다. 또한 교직원의 활용에 있어서도 융통성이 있어서 상호지원이 가능하도록 하고 학급구성의 경직성이 완화되어 과목에 따른 구성운영을 보다 자유롭게 운영하도록 한다. 높은 교사 대 학생의 비율을 고려하여 팀티칭과 협력학습 등 다양한 방법으로 학급운영을 할 수 있는 재량과 창의성이 필요하다(Wedell, 2008).

그러나 일반교육의 체제와 문화를 재구조화 하는 일은 그리 간단한 일이 아니다. 특히 우리나라와 같은 학교경쟁체제와 학벌위주의 사회에서 서로 협력하고 다양성을 인정하며 시간표의 융통성이나 수업방식의 다양화 및 학생구성의 변화 등에 있어서 각자의 능력에 맞는 수업을 진행할 수 있고 개성을 존중하는 학교문화를 형성하기는 쉬운 일이 아니다. 모두 다 좀더 점수를 높여 일류학교에 진학하여 안정된 소득이 보장되는 직장을 얻는 것을 목적으로 공부하는 학교 있어서 현실에서 장애인을 일반교실로 통합하고 그들과 더불어 협력학습 하며 함께 탐구하고 또래교수하는 환경을 이룩하기에는 학년이 올라갈수록 더욱 더 어려운 것 같다.

제 7 장

지적장애

지적장애는 노둔아, 저능아, 정신박약, 정신지체와 같이 일반인이 듣기에 혐오스러운 용어로 불리우다가 최근에는 지적장애라고 부른다. 예전에는 경도 지적장애보다 중등도 및 중도장애를 지적장애로 인식하였고 점차 간헐적, 제한적 지원이 필요한 경도장애를 지적장애의 범주에 포함시켰지만 아직 우리나라는 경도장애와 경계선급 지원대상에 대한 지원이 부족하고 출현율도 낮다. 이 경도(경계선급)장애를 특수교육의 범주에 두지 않더라도 일반교육과 특수교육이 협력하여 이들을 지원하여야 한다. 자주 실패하고 성공의 기대가 높지 않으며 신체적, 사회경제적으로 열악한 환경에 처한 대부분의 지적장애인이 학령기에 충분한 지원을 받아야 성인이 되어 독립된 사회인으로 행복한 삶을 영위할 수 있을 것이다.

1. 정의

우리나라는 1949년 12월 교육법(법률 제 86호)이 최초로 공포되어 이에 따라 지적장애(정신지체) 아동을 위한 교육이 1949년 중앙각심학원(국립각심학원, 현재 국립재활원)에서 시작되었다. 이 기관은 국립수용시설로서 수용·보호기관의 성격이 강하였고 이들을 위한 실질적인 교육은 1966년 대구보명학교가 최초이다(김정권, 1966). 이미 우리나라는 1950년대부터 미국의 정신박약협회인 AAMD[1]의 정의와 용어를 인식하고 있었지만 1960년대의 보건사회부 실태조사에는[2] 현재의 경도 지적장애 혹은 그 당시의 우둔급 아동(educable)은 정신박약의 범주에 포함되지 않고 있었음을 알 수 있다.

AAMD 전신인 American Association for the Study of the Feebleminded(AASF)에서 첫 번째 정의가 1919년에 정의되었고 2010년까지 11차 정의가 개정되었다. 한편 우리나라는 2007년 「장애인 등에 대한 특수교육법」에서 지능지수의 수치와 적응행동의 수치를 언급하지 않은 채 '정신지체를 지닌 특수교육대상자란 지적기능과 적응행동상의 어려움이 함께 존재하여 교육적 성취에 어려움이 있는 사람'으로 정의되어 있다. 그러나 구체적인 기준으로는 미국의 AAIDD정의를 참고적으로 사용하기 때문에 이 기관의 정의를 이해할 필요가 있다.

---

1) 지금은 AAIDD(American Association on Intellectual and Developmental Disabilities)로 미국 지적장애 및 발달장애협회

2) 한국최초의 장애자 실태조사는 1961년 보건사회부에서 실시하였다. 이 조사결과에 의하면 정신박약아수는 2,228명으로 판명되었다. 이 수치에 대하여 김정권(1968년 한사대논문집)은 정신박약에 대한 개념의 설정이 없어서 그 한계를 분별치 못한다고 하였고, 추측컨대 중증만을 취급한 것 같다고 기록하였다. p. 8

1) 1961년 AAMR 6차 정의~1983년 8차 정의

> 정신지체는 발달기에 나타나는 유의미한 평균이하의 지적기능과 동시에 적응행동상의 결함이 있는 것을 말한다. 이러한 결함은 발달기에 나타난다(AAMR, 1983).

1961년 정신지체 정의는 미국정신지체협회(AAMR, American Association on Mental Retardation)가 정신박약(Mental Deficiency)대신 '정신지체(Mental Retardation)'라는 용어를 처음 사용하고 '적응행동'이라는 용어를 도입하였다(Heber, 1961). 그러나 이때의 정신지체의 기준은 -1SD(표준편차)이하인 지능지수 85이하를 정신지체의 기준으로 삼아 지나치게 많은 사람들이 정신지체의 범주안에 들게 되어 1973년도 정의부터 '평균 이하의 지적기능' 기준을 -2SD 이하로 조정하였다(Grossman, 1973). 적응행동은 지능문제와 동시에 적응행동문제를 가진 자로 지능과 적응행동의 문제를 분리시킨 것이 특징이며, 지능의 점수기준을 1973년도에는 경도 정신지체는 69~52와 같이 범주화하고, 발달기는 18세까지로 연장하였다.

한편, 1983년도 정의는 1973년도 정의와 유사하지만 강조점이 조금 다른데, IQ 점수를 수치적으로 엄격히 끊는 방식을 지양하여 지능검사자체 오류인 측정의 표준오차[3]를 적용하여 지능지수를 범주화한 것과 진단과정에서 임상가의 임상적 판단의 중요성을 강조하였다. 1983년도 분류체계의 목적은 전 세계적으로 받아들여질 수 있는 체계를 만드는데 공헌하고 진단, 치료, 연구목적과 정신지체의 예방을 촉진하는 것이다. 1983년도 정의는 사회-환경적 요인을 중시하였다. 즉 부모부재, 냉담, 거부, 태만, 학대, 통제와 제한성 부재, 적절한 정신적, 감각적, 구

3) 측정의 표준오차(Standard Error of Measurement)는 이론적으로는 한사람(혹은 한 집단)에게 검사를 실시할 때 한번 검사에서 나오는 점수는 그 사람 (집단)의 표준적인 점수라고 말하기 어렵다. 따라서 실제로는 여러 번 실시하면 각각의 점수가 다르고 그 다른 점수들의 평균과 그 표준오차를 구할 수 있다. 그 여러 번 실시한 점수의 평균이 그 개인의 진점수가 되고 표준편차는 진점수를 중심으로 관찰되는 점수의 변산이 된다. 이 표준오차의 계산은 한 집단의 점수분포에서 계산된 표준편차와 검사의 신뢰도를 알면 측정의 표준오차를 구할 수 있다. 측정의 표준오차식(S_E) = 표준편차$\sqrt{1-신뢰도}$ ($S_E = Sx\sqrt{1-r_{xx}}$)

두적 자극의 부족, 가족구성과 마찰, 부적절한 역할모델, 사회화와 교수접근방법의 미숙, 또래, 교사, 기타 사회적 관계에서 적절한 관계의 기회부족 및 사회적, 직업적 기회 접근의 부족 혹은 가족내의 문화적 마찰과 같은 점들이 정신지체의 요인임을 강조하였다.

2) 1992년 AAMR 9차 정의~2010년 AAIDD의 11차 정의

> 정신지체는 현재 기능이 매우 제한적인 것을 말한다. 그것은 유의미하게 평균이하인 지적기능과 동시에 다음과 같은 실제 적응기술 영역들 가운데 두 가지 혹은 그 이상에서의 제한성을 말하는데, 즉 의사소통, 자기관리, 가정생활, 사회적 기술, 지역사회활용, 자기지시, 건강과 안전, 기능적 학업교과, 여가, 직업을 말한다. 이러한 제한성은 18세 이전에 나타난다 (AAMR, 1992).

1983년도까지의 정의는 모두 1961년도의 정의에 기초를 둔 것으로, 즉 낮은 지능과 적응행동의 결함을 말한다. 이에 비하여 1992년도 정의는 서비스모델과 가치에 있어서 근본적인 변화를 가져왔다. 시설-중심의 서비스에서 "지원중심"적 사고와 장애를 가진 사람들을 더 존중하고 지능에 대한 낙관성을 포함시켰다.

이 정의의 특징은 정신지체가 개인에 내재한 절대적 특성이라는 과거의 관점을 바꾸어 개인과 환경과의 상호작용에 의해 나타나는 현상으로 파악하였다. 또한 적응행동은 10개의 구체적인 적응기술로 구분하여 의사소통, 자기관리, 가정생활, 사회적 기술, 지역사회활용, 자기지시, 건강과 안전, 기능적 학업교과, 여가, 직업영역(Beirne-Smith 외 2인, 2002)이다. 이 10 영역에서 2영역 이상이 표준편차(SD) -2 이하인 경우 적응행동의 문제로 간주한다. 이와 더불어 정신지체를 경도, 중등도, 중도, 최중도로 구분하는 대신 지원의 요구수준(표 7.1)에 따른 간헐적, 제한적, 확장적, 전반적 지원으로 구분하고 지적장애 분류의 4가지 가정을 강조하였다.

표 7.1 지원요구수준에 따른 분류

분류	지원정도
간헐적 지원 그룹	필요에 따른 지원. 항상 지원을 필요로 하는 것은 아니며, 인생의 전환기(예: 실직 또는 심각한 질병으로 인한 위기상황)에 단기적인 지원 등과 같은 일시적인 필요에 따른 지원. 제공되는 지원의 강도는 상황에 따라 높을 수도 있고 낮을 수도 있다.
제한적 지원그룹	시간에 걸쳐 일관적인, 그러나 간헐적이 아니라 시간 제한적인 지원강도로, 적은 수의 지원인력과 적은 비용이 들 수 있다(예: 시간 제한적인 고용훈련 또는 학교에서 성인기로의 전환을 위한 지원)
확장적 지원그룹	적어도 몇몇 환경(직장 또는 가정과 같은)에서 정기적으로(예: 매일), 시간 제한적이 아닌(예: 장기적 지원, 장기적인 가정생활지원)지원.
전반적 지원그룹	지속성과 높은 강도 및 전반적 환경에 걸쳐서 제공되며 잠재적으로는 삶을 유지하기 위해 필요한 것을 특징으로 하는 지원 수준, 확장적이거나 시간 제한적인 지원보다 전형적으로 더 많은 수의 지원인력과 더 많은 개입을 필요로 하는 지원

출처: Beirne-Smith 외, 2002, p. 58.

또한 이 정의는 다음 네 가지의 가정에 유의하여야 한다.

① 평가는 의사소통과 행동적 요인뿐 아니라 문화적, 언어적 다양성을 고려할 것.

② 적응기술의 부족은 개인의 동년배 또래의 전형적인 지역사회 상황에서 발생하고 그것은 개별적인 지원요구의 척도가 된다.

③ 특정한 적응 제한은 다른 적응기술이나 다른 개인적 강점과 함께 존재한다.

④ 적절한 지원을 제공하면, 지적장애인의 생활기능성은 대체로 향상될 것이다.

1992년도의 지원정도에 따른 분류는 1983년도 장애수준 분류기준과 너무 동떨어져 있다는 지적을 받고 일부 전문가집단의 반대가 컸다(신종호외, 2008)[4]. 또한 1983년도까지의 정신지체 정의는 기능적, 객관적, 과학적인 패러다임에 바탕을 두었다면 1992년도에는 사회 체제에 기초한 해석적 포스트모던적 패러다임으

4) AAMR의 1992년도 정의는 지원의 정도에 관심이 증대된 것으로 이 정의는 미국 정신의학회에 채택되어 가장 최신판 정신장애 진단 및 통계편람(DSM-IV-TR)에 실렸다. 또 한편에서는 이 정의가 지금까지 받아들여져 온 1983년도 정의에 너무 벗어나 있다는 비판을 받고 미국 심리학회는(American Psychological Association, APA) 33분과는 1996년에 새로운 정신지체정의의 요소들(예: 열 가지 적응기술)을 제시하고 '정신지체의 진단 및 전문적 실제'라는 책을 출판하여 1992년도 정의가 전문가집단에 수용되지 않았음을 표명하였다. p. 70.

로 바뀐 것에 대하여도 논란이 있었다. 그러나 이 정의는 네 가지 가정을 통하여 지적장애(정신지체)가 개선될 수 있음을 강조하고 개인의 능력과 환경과 다양한 차원이 개인의 기능에 영향을 줄 수 있음을 강조한 것으로 2002년도의 정의와 분류에서도 1992년도의 기준들이 모두 수용되어 오늘날에 이르고 있다. 또한 2002년도 정의는 적응행동을 세 요소로 나누어 개념적 기술, 사회적 기술, 실제적 기술로 하였으며 신체기능과 구조(제한된 지능과 같은 손상), 활동(여러 역할이나 과제수행의 어려움), 및 참여(개인의 환경이 사회적 역할 수행을 촉진하기도 하고 혹은 방해하는 정도)가 상호작용하는 것으로 인식한다. 이 정의에는 다음과 같은 다섯 가지의 가정이 포함된다:

① 현재 기능 제한은 또래 및 전형적인 문화환경의 맥락 안에서 고려되어야 한다.
② 타당한 진단으로 문화적, 언어적 다양성과 함께 의사소통, 감각, 운동기능, 행동 요소들에서의 차이를 고려해야 한다.
③ 개인 안에는 제한점과 함께 강점도 공존할 수 있다.
④ 제한점을 설명하는 목적은 필요한 지원의 프로파일을 개발하기 위해서이다.
⑤ 적절한 지원이 주어지면, 지적장애인의 기능이 향상될 수 있다.

2010년의 11차 정의의 가장 큰 변화는 '지적장애'가 '정신지체' 용어 대신 사용된 것이다. 그 용어변화의 다섯 가지의 이유로서는 장애개념에 대한 변화된 인식, 기능적 행동과 상황맥락적 요인에 더 초점을 두는 최근의 경향, 사회-생태적 관점으로 지원중심의 관점, 장애인에 대한 부정적 인식제거, 및 국제적인 용어의 통일을 위한 것이다. 또한 2010년에는 '정신지체협회(AAMR)'가 '지적·발달적 장애협회(AAIDD)'로 바뀌었고 2010년도 11차 정의는 다음과 같다.

> 지적장애는 지적인 기능과 개념적, 사회적, 실제적 적응기술로 표현되는 적응행동 양면에서 유의한 제한을 가진 장애로 특징지어진다. 이 장애는 18세 이전에 나타난 경우를 말한다(AAIDD 2010년 11차 정의).

정신지체라는 용어는 장애가 개인 안에 내재하는 것으로 보는 반면 지적장애는 개인의 능력과 개인이 기능해야 하는 맥락 또는 환경간의 차이로 본다. 지적장애는 어떤 제약상태가 아니라 기능의 상태를 말하고 인간의 기능 차이는 두 요소로 인하여 크게 변화되는데 한 면은 지적능력, 적응행동, 건강, 참여, 상황맥락을 말하며 또 다른 한 면은 지원의 역할을 말한다.

다섯 차원의 요소는

I 차원: 지적능력, 지능이란 일반적인 정신능력으로 논리, 계획, 문제해결, 추상적 사고, 복잡한 생각 이해하기, 빨리 배우기와 같은 능력이다(Gottfredson, 1997).

II. 차원: 적응행동. 적응행동이란 개념적, 사회적, 실제적 기술의 집합으로 매일의 일상생활에서 배우고 수행하는 활동을 말한다.

III. 건강: 세계보건기구(World Health Organization)는 건강이란 완전한 신체적, 정신적, 사회적으로 조화된 상태를 말한다.

IV. 참여: 사회생활의 활동에서 사람들이 보이는 수행을 말하는데 개인의 기능과 관련된다. 일상활동에의 참여는 개인의 배움에 중요하며 인간의 성장과 발달에서 상황, 맥락 안에서의 발전에 중심이 된다.

V. 상황·맥락: 상황이란 일상생활을 하는 상호관련된 조건을 말한다. 이 상황은 생태적인 관점으로 가장 가까이는 가족, 옹호자를 말하며 두 번째의 관계는 이웃, 지역사회, 여러 가지 기관이며 세 번째의 상황으로는 전반적 문화, 사회, 대그룹의 인구, 국가, 사회정치적 영향과 같은 것을 말한다.

이와 같이 지적장애의 능력에 영향을 주는 5차원에 더하여 지원의 가능성 또한 능력에 영향을 주는 요소인데 지원의 의미는 개인의 발전, 교육, 관심, 행복을 증진시키고 개인의 기능을 높여줄 수 있는 자원이나 전략을 말한다. 개인의 기능은 그 개인에게 주어지는 자원이나 전략을 활용하는 지원의 정도에 따라 달라진다.

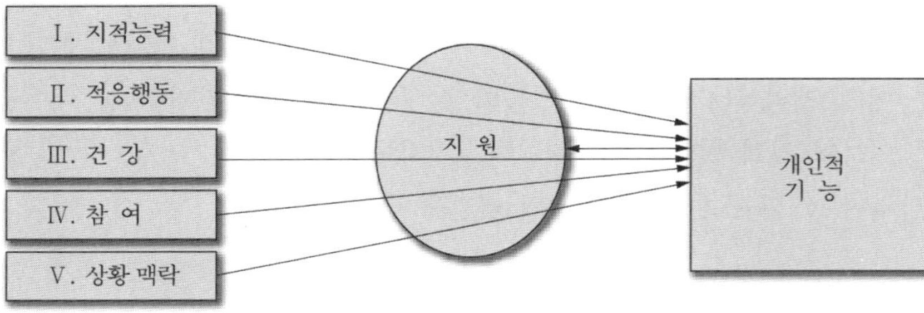

출처 : aaidd, 2010.

그림 7.1 인간기능의 다차원 모델

2. 원인 및 예방(출현율)

1) 장애 원인

지적장애의 85% 정도는 경도장애이고 중도 이상의 장애는 15% 정도이다(신선경, 1994). 이들 장애의 원인은 약 750가지 이상이지만 일반적으로 장애의 원인이 확실하게 알려져 있는 경우는 30-40% 정도에 불과하며, 아동의 발달사나 병력, 가정환경에 대한 정보 등을 종합하여 원인 추측이 가능한 경우가 20-30%, 나머지 35-50% 정도의 경우에는 원인을 알 수 없는 것으로 보고되고 있다(이나미 · 최윤희, 2011; Crome & Stern, 1972; Milunsky, 1975). 장애를 일으킬 위험요인을 선천적 장애위험, 생물학적 장애위험, 혹은 환경적 장애위험으로 구분해 볼 수 있는데 이 세 가지 장애 발생 위험요인들은 상호 배타적으로 영향을 미치는 것이 아니라 복합적으로, 또는 상호적으로 영향을 미치면서 장애를 일으키게 된다. 이 원인들을 더 구체적으로는 출생 시기를 기점으로 출생전, 출생시, 출생후 원인들로 구분하여 살펴보면 표 7.2와 같다.

표 7.2 출생 시기별 장애의 위험요인

시기	생물학적 요인	사회적 요인	행동적 요인	교육적 요인
출생전(임신중)	-염색체이상 -단일유전자 장애 -증후군 -대사장애 -대뇌이상 -산모의 질병 -부모의 연령	-빈곤 -산모의 영양결핍 -가정폭력 -산전관리체계의 소홀	-임신중 약물복용 -임신중 알코올 섭취 -임신중 흡연 -부모의 미성숙	-외부지원 없는 지적장애부모 -부모 역할 준비부족
출생시	-조산 -출산시 상해 -신생아 질환	-출산관리체계의 소홀	-부모의 양육거부 -부모의 아동유기	-중재서비스를 위한 의료적 의뢰 체계의 부족
출생후	-외상성뇌손상 -영양실조 -뇌수막염 -간질 -퇴행성질환	-잘못된 부모 상호작용 -적절한 자극 결핍 -가정빈곤 -가족의 만성질환 -시설수용	-아동학대, 유기 -가정폭력 -안전조치의 부재 -사회적 박탈 -다루기 힘든 아동행동	-양육방법의 문제 -진단시기의 지연 -부적절한 조기 중재 서비스 -부적절한 특수 교육 서비스 -부적절한 가족 지원

출처: 이나미 · 최윤희, 2011, p. 79[5)]

(1) 출생전(임신중) 원인

출생전 원인으로 가장 잘 알려진 요인으로는 염색체 이상을 들 수 있는데 전체 중등도 이상의 정신지체의 70%를 차지한다. 다운증후군(Down syndrome), 프레더윌리 증후군, 혹은 묘성증후군 등이 상염색체 이상으로 일어나는 경우이다. 다운증후군은 세포의 감수 분열 과정에서의 비분리 현상이나 유전인자의 전위로 인해서 발생하는 장애인데 하위유형으로는 삼염색체(trisomy), 모자이키즘(mosaicism)과 전좌(전위)(translocation)가 있다. 삼염색체는 21번째 염색체가 정상적인 한쌍 대신 3개의 염색체가 한 그룹을 형성하는 경우로서 다운증후군의 가장 보편적인 원인이다. 모자이키즘(mosaicism)은 서로 다른 세포들의 불균형한 패턴을 말하며, 전좌(전위)는 21번쌍의 염색체조각이 15번 쌍에 붙어서 발생하는 것이다. 이 이외에도 결실(deletion)은 기본적인 유전자 물질의 양이 특정 염색체

5) 원출처: American Association on Intellectual and Developmental Disabilities(2010). Intellectual Disability: definition, Classification and Systems of Support(11th ed.), P. 60

상에 결여되어 있는 경우를 말한다.

윌리암 증후군(William syndrome), 약체-X 증후군(fragile-X syndrome), 프레더-윌리 증후군(Prader-Willi syndrome) 등이 염색체 이상에 의해서 발생한다(아래 표 7.3). 염색체 이상 외에도 우성 유전자에 의한 신경섬유종증, 결절성 경화증과 열성 유전자에 의한 단백질 대사 이상인 페닐케토뇨증(phenylketonuria: PKU), 갈락토세미아(galactosemia), 테이-삭스병(Tay- Sachs disease), 복합적인 요인에 의한 구개파열이나 이분척추(spina bifida) 등이 선천적인 장애로 포함된다.

표 7.3 염색체 이상의 지적장애 증후군

선천적 증후군	증상 및 특성
다운증후군 Down syndrome	주로 21번 염색체가 두 개가 아닌 세 개가 됨으로써 발생하며 정신지체와 근긴장도 저하 및 신체적인 용모상의 특성(예: 꼬리가 위로 올라간 눈, 작은 키, 크기가 작은 구강과 길게 나온 혀, 넓고 짧은 손바닥 등)을 보인다. 출생시 나타나는 정신지체의 원인 중 가장 빈번한 원인으로 알려져 있으며, 다른 염색체 이상들과는 달리 유전에 의해서 발생하지 않는다.
윌리암 증후군 William syndrome	7번 염색체의 결함으로 인해서 발생하며 경도에서 중등도에 이르는 정신지체와 심장 기형 등을 수반한다. 평균 50-60 정도의 IQ를 보이며 심장 결함이나 소리에 대한 지나친 예민함을 보이기도 한다. 요정과 같은 얼굴 모습을 공통적으로 보인다. 공간 지각이나 읽기, 쓰기, 수학에 심각한 어려움을 보이는 반면에 사회성 및 말하기에는 놀라울 만한 강점을 보인다.
약체-X 증후군 Fragile-X syndrome	23번 염색체의 X 염색체 끝 부분이 약화됨으로써 나타나며 정신지체와 함께 여러 가지 외모상의 특성(예: 큰 머리, 길고 큰 귀, 길로 좁은 얼굴, 튀어나온 이마, 넓은 코, 두드러진 사각 턱, 큰 손, 끝이 가늘어지지 않는 손가락 등)을 보인다. 여아보다는 남아에게서 더 자주 나타나며 정신지체를 일으키는 유전적인 원인 중에서 가장 빈번한 원인으로 알려져 있다.
프레더-윌리 증후군 Prader-Willi syndrome	아버지로부터 전해지는 15번 염색체의 유전적 결함으로 인해서 발생하며 비만을 일으키는 유전적 원인 중에서 가장 빈번한 원인으로 알려져 있다. 수반되는 정신지체의 정도는 다양하지만 대부분이 경도 정신지체의 범위에 포함된다. 성장 호르몬의 이상으로 키가 작으며 심장 결함, 낮 시간의 지나친 졸음이나 수면 중 호흡 정지 등의 수면 장애, 척추 측만증 등의 증상을 함께 보인다.

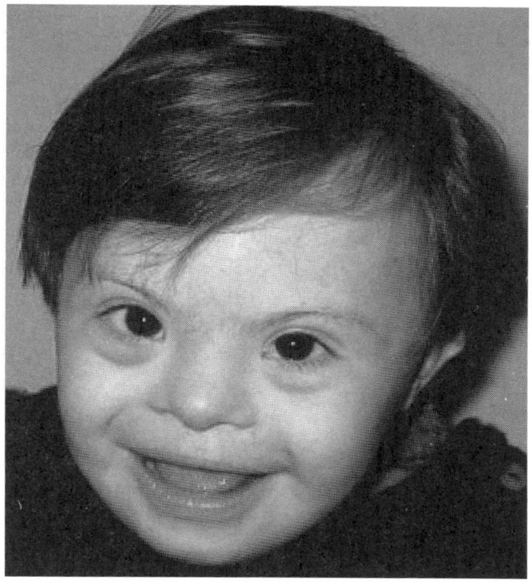

그림 7.2 다운증후군 아동

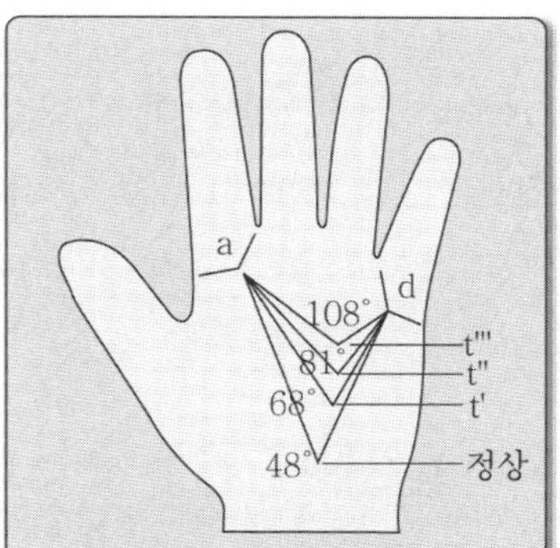

다운증후군에서는
정상에 비해 atd각이 크다

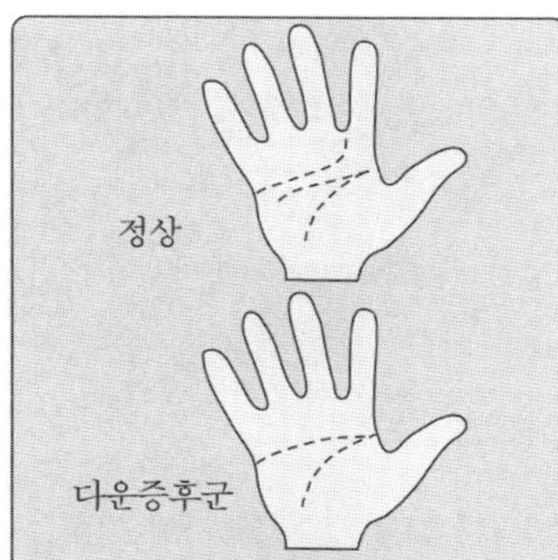

다운등후군에서
빈번히 관찰되는 simian line

그림 7.3 윌리엄 증후군 모습

임신중의 위험요인으로는 ① 평균 이하의 빈곤상태, ② 15세 이하의 산모, ③ 40세 이상의 산모, ④ 유산, 조산, 사산, 장애아 출산 등의 경험이 있는 산모, ⑤ 만성적인 질병이나 임신을 방해하는 신체적인 조건(예: 당뇨병, 매독 등의 성병, 갑상선기능항진증, 심장 이상, 면역 반응[6], 약물 중독, 알코올 중독 등)을 지닌 산모, ⑥ 가계에 선천성 장애의 병력이 있는 부모(예: 선천성 청각장애, PKU 등의 신진대사 이상, 근위축증 등)가 있다(Hobel, 1977; Nesbitt & Aubry, 1969). 또한 임신중 감염으로 풍진(rubella), 주혈원충병(toxoplasmosis)[7], 거세포봉입체증(cytomegalic inclusion disease)[8]과 헤르페스 바이러스(herpes virus hominis) 감염, 선천성 면역 결핍증으로 알려져 있는 HIV 감염 등이 산모의 임신 중 감염

6) 산모의 면역 반응은 산모의 몸이 태아를 이물질로 인식하여 항체를 형성함으로써 태반을 통해 태아의 적혈구를 공격하게 되고 이로 인해서 태아에게 여러 가지 손상을 일으키는 경우를 말한다. 혈액형이나 다양한 생화학적 상반작용이 이러한 항체를 형성하게 하는데, Rh 상반혈액형은 산모의 몸에 항체를 형성하게 하는 가장 잘 알려진 경우이다. 산모와 태아가 서로 다른 Rh 혈액형을 지니게 됨으로써 산모가 태아에 대하여 항체를 형성하고 면역반응을 보이는 것을 말한다.

7) 주혈원충병이란 고양이나 기타 포유동물, 몇 가지 새 종류에서 발견되는 원생동물에 의해서 감염되는 것으로, 육류를 날로 먹거나 고양이 배설물에 접촉했을 때 감염될 수 있다. 감염된 신생아의 약 10-15%가 사망하는 것으로 보고되었으며, 생존자의 25% 정도는 정신지체나 심한 시각장애, 신경학적 장애를 보일 수 있다.

8) 임신말기에 태반을 거쳐 모체에서 이행한 사이토메갈로 바이러스에 의해 생기는 태아 또는 신생아의 이상으로 출생시의 몸무게가 적고 황달, 빈혈, 혈소판 감소 등의 증상 외에 뇌내 석회화와 뇌수종, 소두증 등을 보인다.

을 통해서 태아에게 장애를 일으키는 생물학적 위험요인에 속한다. 임신중 사회적, 행동적, 교육적 위험요인이란 무관심, 산전관리소홀 등으로 자궁 내 환경에 영향을 미침으로써 태아의 물리적인 안전과 영양에 부정적인 영향을 미치는 위험요인을 말하며, 특히 중추신경계의 발달에 부정적인 영향을 미침으로써 정신지체, 빈약한 운동기능의 발달, 과다행동, 주의력 결핍 등을 일으킬 수 있다.

(2) 출생시 원인

임신 37주 이전에 출산하는 경우를 조산이라 하는데 전체 조산의 약 40% 정도는 원인 불명이다. 조산을 예측할 수 있는 위험 신호는 쌍생아를 임신한 경우이거나, 조산의 경험이 있는 산모는 또다시 조산할 가능성이 35%까지 높아지고 두 번 이상 조산의 경험이 있는 산모의 조산 가능성은 75%까지 높아지는 것으로 보고되고 있다(Cetrulo, D'Alton, Newton, 1990).

출생 과정에서 나타날 수 있는 신체적 손상은 다음과 같이 네 가지 유형으로 분류될 수 있다(Peterson, 1987): (1) 뇌 조직에 직접적인 손상을 입히는 두개골 손상 (2) 뇌출혈 또한 뇌 세포에 산소를 전달하는 기능을 저해하고 혈액순환을 중단시킴으로써 나타나는 두뇌 손상 (3) 척추골절 또는 박리로 인한 척수손상 (4) 내장기관의 손상(주로 간이나 비장의 손상). 이와 같이 태아에게 직접적인 신체적 손상을 가져오는 원인으로는 태아의 머리나 몸이 산모의 골반 크기에 비해서 너무 크거나 태아의 위치가 부적절한 경우를 들 수 있다.

(3) 출생후 원인

출생후의생물학적 원인은 홍역, 수두, 볼거리, 뇌막염, 뇌염 등을 들 수 있으며, 정상적인 성장과 발달을 방해함으로써 위험요인으로 분류될 수 있는 질병에는 낭포성 섬유증(cystic fibrosis), 청소년 관절염, 백혈병, 근위축증, 신장염, 중이염, 소아마비, 류마티스성 열병, 당뇨 등이 있다. 출생후 인체에 해로운 독극물이 체내에 축적되면 아동의 성장 발달에 치명적인 영향을 미치는 장애 위험요인으로 작용한다. 특히 납이나 수은 등과 같은 독극물이 물이나 공기 등의 환경오염, 음식물 섭취 등을 통해서 체내에 축적되거나 각종 약물, 세제, 비누, 표백제, 왁스,

살충제, 농약 등의 독극물을 우발적으로 섭취하게 되는 경우에는 성장 발달에 치명적인 영향을 미치게 된다.

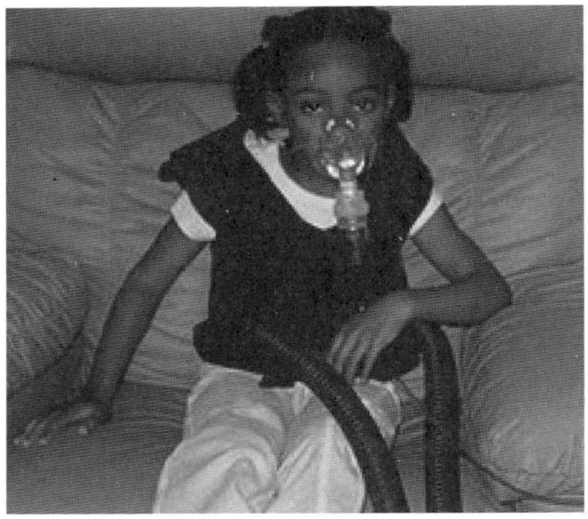

사용하는 마스크, 낭성 섬유증 nebuliser를 위한 호흡 치료 및 therapy 방탄 조끼

그림 7.4 낭성 섬유증 증상

출생전이나 출생시의 여러 가지 장애 위험요인은 사회적, 행동적, 교육적 환경 요인이 가장 크다. 다시 말해서, 박탈된 환경의 신체적 · 사회적 · 심리적 상태는 앞에서 설명한 출생전, 출생시, 출생후 위험요인들과 높은 상관관계를 보인다. 빈곤한 환경이 항상 장애를 일으키거나 능력저하를 초래하지는 않지만 빈곤과 관련된 여러 가지 요소들이 아동의 성장 발달과 수행 능력에 부정적인 영향을 미치기도 한다. 빈곤과 관련된 이러한 요소들은 (1) 낮은 사회 · 경제적 위치 및 부모 변인(예: 제한된 교육 기회, 풍부한 경험제공의 결여), (2) 환경적 변인(예: 영양 결핍, 가정 환경), (3) 부모와 가족에게 미치는 심리적 영향(예: 우울증, 비관주의, 무기력감, 부정적 자세), (4) 아동에게 미치는 영향(예: 신생아 사망률의 증가, 조산 및 저체중아 출산의 가능성)의 네 가지를 들 수 있다. 이들 요소들은 서로 복잡하게 얽혀서 상호 연관이 되기 때문에 빈약한 환경에 놓여진 유아들은 그렇지 않은 유아들에 비해서 학습이나 건강상의 문제와 인지 및 언어발달상의

손상 및 내적 동기부족을 보일 높은 가능성을 지니고 있다고 할 수 있다.

2) 장애 예방

장애 예방이란 단순하게 장애의 발생을 방지하는 것으로 정의할 수도 있지만 이미 발생한 장애의 심화나 부수적인 장애의 발생을 방지하고 교정하는 것도 장애의 예방에 속하게 된다. 일반적으로 장애 발생에 대한 예방은 3차적인 예방의 단계로 구분된다(Pianta, 1990; Simeonsson, 1991).

1차적인 예방은 특정 문제의 발생률을 감소시키거나 문제의 원인에 대한 예방접종을 통해서 개인의 안녕을 강화하기 위한 목적으로 이루어지는 예방으로, 장애 예방의 경우 장애나 특정 문제가 발생하는 것을 근원적으로 방지하는 것을 의미한다. 장애의 발생과 관련해서 상담 및 교육을 제공하며, 유전검사를 실시하고, 약물 복용을 제한하며 발달상의 지체가 불확실한 상태에서 제공되기 때문에 1차적인 예방에 속하는 것으로 볼 수 있다(Simeonsson, 1991).

2차적인 예방은 특정 문제를 보일 높은 가능성을 지니고는 있지만 아직까지는 모든 증세가 나타나지 않은 아동들을 위해서 제공되는 서비스를 의미한다. 빈곤층 자녀들에게 제공되는 보상교육의 경우 나중에 발생할 수 있는 문제를 사전에 방지한다는 차원에서 2차적인 예방 서비스라고 할 수 있다. 다운증후군 영·유아의 경우 발달지체가 들어날 때까지 기다리기보다는 예방적인 차원에서의 서비스를 통해서 앞으로 나타날 발달지체를 최소화하고 이후의 특수교육의 필요성을 감소시키는 것이 2차적인 예방의 역할이다.

3차적인 예방은 문제가 발생한 후에 주어지는 서비스를 의미하며, 교정(remediation)이라는 용어로도 사용된다. 언어 발달이 지체된 3세 유아를 위한 특수교육 프로그램의 목표는 언어 발달 지체의 정도와 이로 인한 영향을 감소시키며 후차적으로 발생할 수 있는 관련 문제들을 예방하는 것이다. 또한 청각장애의 경우 조기에 주어지는 특수교육을 통해서 잔존 청력을 훈련하고 언어 능력을 강화하는 것은 예방적 차원에서의 접근이라고 할 수 있다. 그러므로 3차적인 예방은 이미 발생한 장애가 더 악화되는 것을 막고 기존의 장애로 인하여 부가적인 문제가 발생하는 것을 방지하는 것을 의미한다.

예방적 차원에서의 서비스(preventive service)는 일반교육이나 특수교육 모두 결정적인 대안으로 채택되어야 하며 특수교육이 지향하는 매우 중요한 목표 중의 하나이다(Pianta, 1990). 이러한 의미에서 조기특수교육은 장애를 예방할 수 있는 기장 기본적인 절차라 할 수 있다.

3. 지적장애아의 특성

1) 간헐적, 제한적 지원대상

경도 혹은 간헐적, 제한적 지원대상으로 파악되지 않은 경계선급 학생들은 Goddard에 의하여 정신박약(feebleminded)이라고 불리우기도 하였고, 문화-가족성, 가족성, 교육가능급, 경도 지적장애, 혹은 "6시간 지적장애", 일반적 학습장애(MacMillan, Siperstein & Gresham, 1996)라고도 불리우다가, 최근에는 '잊혀진 세대'(forgotten generation: 지적장애로 판단되지 않은 경계선급)(Fujiura, 2003) 등과 같이 불리운다. 어떤 분류체계를 사용하든 이들이 부딪치는 삶의 문제는 매우 심각하여 이들을 '경증(mild)이라고 부르는 것은 잘못된 것이다'라고 주장하기도 한다.[9] 이들은 학령기에 공식적으로 판별되지 않았다고 하여 아무 문제가 없는 그룹이 아니며, 경도 지적장애와 마찬가지로 학령기 이후에 많은 어려움을 겪고 사회·경제적으로 하위 그룹에 속하며 자신을 보호하고 위험에 빠지지 않도록 지원이 필요한 대상으로 어떠한 방법으로든지 지원할 필요가 있다(Edgerton, 2001).

---

9) 지능이 비교적 높은 지적장애인, 특히 2010년도의 지적장애 범주는 70-75이하로 보다 융통성있게 범주화하였다. 이전의 경계선급(IQ 70-85)과 지적장애지만 높은 지능을 보이는 '6시간 정신지체 아동들'에 대한 연구는 전무하며 정신지체/발달장애 서비스제공체계에서 전혀 언급되지 않는 대상이나, 이들이 학령기 이후에 겪는 독립생활, 직업등의 문제는 매우 심각하다. aaidd, 2010, p. 153.

(1) 발달 이론과 질적 차이 이론(Developmental Approach/Difference Approach)

정상발달적 이론에 따르면 특히 경도지적장애는 심리-사회적 불이익(psychosocial disadvantage)집단 혹은 문화-가족성 지체(cultural-familial retardation)라고도 불리운다(Zigler & Balla, 1982; Zigler & Gates, 1999). 이들은 인지적인 구조나 요인에 있어서 비정신지체아와 근본적으로 차이가 없으며, 정신지체아의 인지수준이 정신연령이 동일한 비정신지체아에 비하여 현저하게 낮은 것은 단순히 발달이 지체되기 때문이라고 본다(Hodapp & Zigler, 1997; 여광응 외, 2005). 이 정상발달론자들이 설명하는 경도지적장애인의 특성으로는 (1) 사회적 결핍(social deprivation)에 의한 긍정적 반응경향(positive reaction tendancy)과 부정적 반응경향(negative reaction tendancy), (2) 외부지향성(outerdirectedness), (3) 과도한 실패에 대한 예측과 그로 인한 학습된 무기력증(learned helplessness), (4) 즉각적인 강화제 선호, (5) 실제적 자아개념과 이상적 자아개념이 낮아 목표와 기대수준이 저하되어 있고 자존감이 낮은 점이다. 따라서 경증 혹은 간헐적, 제한적 지원대상아가 다양한 학습경험을 통하여 다양한 문화에 노출되고, 이를 통해 배경지식을 충분히 습득하면 시각적 처리능력, 청각적 처리능력 및 언어적 유추·추론의 수준도 비정신지체아의 수준으로 향상될 수 있다고 가정한다(Zigler, 1981).

반면 이질론 혹은 질적 차이론을 주장하는 이론은 정신연령이 같은 지적장애와 일반 아동은 내적인 차이로 인하여 인지과제에 대한 수행이 다르다는 것이다. 질적차이 이론은 경직이론(rigidity theory), 구두적 중재능력의 부족, 단기기억력 부족을 일으키는 자극추적이론(stimulus trace theory)이 중심이다. 한편 최근에는 인간의 인지적 능력이 기억, 추론, 추상능력 등의 인지요인적 측면과 함께, 광범위한 동기적 요인에 따라 결정되며, 정신지체아의 인지기능도 성격이나 동기를 중심으로 하는 발달론적 측면과 인지요인에 있어서의 결함을 중심으로 하는 차이론적 영향을 모두 받는다는 입장이 지지를 받고 있다(MacLean, 1997; 박현옥, 2005).

(2) 생활실태

이들의 특성은 교육, 사회경제적 지위, 고용, 가정, 건강, 친구관계와 사회적 행동, 가족의 안녕, 권리, 사회적 판단, 부적절한 사회적 반응 및 판단, 사고와 학습의 어려움에서 나타난다(aaidd, 2010). 그러나 이러한 인지적인 결함은 조기에 일관성있게 지도하고 적절한 지원이 주어지면 그 능력들을 개선할 수 있다(Browder, Trela, Gibbs, Wakeman & Hallis, 2007; Carter & Hughes, 2007; Snell, 2007). 지적장애 혹은 발달장애를 가진 가족은 일반가정에 비하여 소득이 매우 뒤떨어지고 특히 지적장애가 있는 가정중에서도 편모 · 편부 가정은 소득이 더 적은데(Fujiura, 2003; Lewis & Johnson, 2005), 지적 · 발달적 장애가 있는 아동의 가정은 편모 · 편부 비율이 다른 가정보다 두 배 더 많으며, 특히 거의가 편모가정으로 이들 가정의 경제적 어려움은 매우 크다.

Fujiura(2003)는 네 그룹의 사람들을 비교하여 그들의 고용, 경제적 수준 및 서비스요구의 특성을 파악하였다. 첫 그룹은 정신지체로 명명되지는 않은 경계선급 및 경증의 지능장애인, 두번째 그룹은 정식으로 정신지체(mental retardation)로 진단된 그룹, 셋째 그룹은 학습장애로 진단된 그룹, 네 번째 그룹은 장애가 없는 일반 그룹과 비교하였다. 첫 번째 그룹인 지적장애로는 진단되지 않았으나 경계선급 및 경증의 지적장애인으로 파악된 그룹의 특성은 일반적으로 학습에서 어려움을 보이며, 주요한 생활에 참여하는데 어려움을 보이거나 장애관련 프로그램의 지원을 바라는 그룹으로서 활동에 제한이 있고 공식적인 프로그램의 지원을 필요로 하는 그룹이다. 그런데 이 그룹은 정신지체로 판명되지 않기 때문에 서비스와 지원대상에서 제외됨으로써 더 많은 어려움을 겪고 있다. 첫 그룹과 둘째 그룹인 지적문제 그룹을 합한 출현율은 대략 1.27%로 보고되었는데, 이들은 경제적인 어려움, 취업 및 필요로 하는 서비스요구에 있어서 두 그룹이 거의 유사한 수준에 있다. 즉 지적능력이 지체의 수준은 아니지만 경증으로 일반인의 수준에 미치지 못하는 지적장애자 및 경도 지적장애자는 대부분 저소득층이며(Edgerton, 2001), 이들의 삶은 표 7.4와 같이 사회복지 정책이 변화되거나 기업체나 국가의 경제동향에 가장 민감하게 피해를 받게 되는 취약한 계층이다. 또한 이들은 사회보장, 건강보험의 지원도 제한적이므로 이들의 사회·경제적 지위는 매우 취약하다.

표 7.4 네 그룹의 경제적 수준 지표(%)

장애범주	인터뷰 2주전의 고용상태[1]		기초소득 이하의 가정 수[2]	
	%	SE[3]	%	SE
첫째 그룹 (지적장애로 진단되지 않은 경계선, 경증장애)	35	3.6	31	3.4
둘째 그룹 (정식으로 지적장애로 진단된 그룹)	34	2.4	27	2.1
셋째 그룹(학습장애)	59	1.9	23	1.5
넷째 그룹 (미국 정상 일반인)[4]	81	0.2	8	0.2

[1]성인 22세~64세까지. [2]성인 22세 이상. [3]Standard Error(표준 오차)샘플이 적을수록 오차범위는 커진다. [4] 주요 삶의 활동에서 제한이 있어서"장애"로 정의 되는 모든 미국인은 제외함. (출처: Fujiura(2003), p. 426)

2) 확장적, 전반적 지원대상

여기에서의 확장적, 전반적 지원대상이란 중도장애를 말하는데 중등도, 중도, 최중도를 모두 포함하여 지칭하는 것을 말한다(신종호 외, 2005). 이들은 전체 지적장애자의 15%정도에 해당되고 가정의 사회-경제적 수준에 관계없이 발생하는 경우가 대부분이다. 그림 7.5에서와 같이 경도 장애가 85%정도이며, 중등도 10%, 중도 3%, 최중도 2% 정도이다(신종호 외, 2008). 단 이 비율은 경도장애자를 어느 정도 포함시키느냐에 따라 비율이 달라진다. 1992년도 AAMR 정의 이후 장애정도에 따른 구분보다 지원정도에 따른 분류를 사용하면 확장적 지원과 전반적 지원의 대상을 일컬으며 정기적이고 장기적인 지원과 강도 높은 지원을 지속적으로 필요로 하는 대상이다. 중도 장애인협회(The Association for Persons with Severe Handicaps, TASH)는 중도장애를 다음과 같이 정의한다.

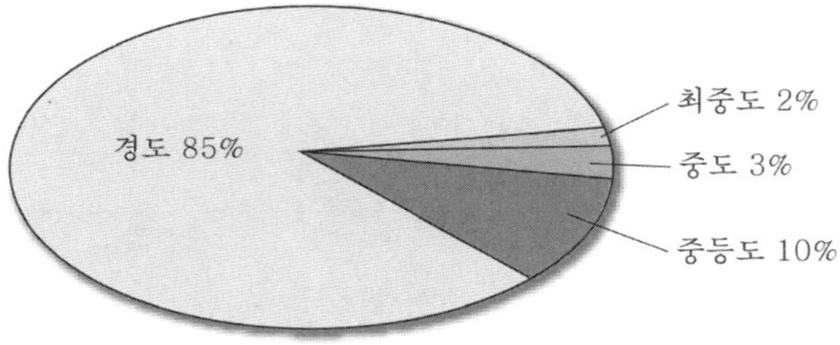

그림 7.5 지적장애 비율

"...중도 장애인이란 통합된 사회환경에서 장애가 없거나 조금 있는 사람들이 누리는 것과 같은 삶의 질을 누리기 위하여서는 확장적이고 지속적인 지원을 필요로 하는 모든 연령대의 사람을 말한다. 지원이 필요한 삶의 활동이란 이동, 의사소통, 자기관리와 학습, 그리고 독립적인 삶과 고용 그리고 자립과 같은 상황을 말한다"(Beirne-Smith, Ittenbach, Patton, 2002).

(1) 행동적 특성

특히 중도 지적장애 학생, 확장적 전반적 지원이 필요한 학생들의 문제는 상동행동이다(streotyped behavior). 상동행동은 중증장애인에게 가장 흔히 나타나는 문제행동으로 자기-자극적 행동(self-stimulatory), 반복적 행동, 자폐적 매너리즘 등 여러 명칭으로 불려지는 행동으로 지속적이고 반복적인 행동을 말한다(양인자, 1998). 이러한 상동행동의 원인으로는 습관성, 정서적 욕구의 표현, 혹은 감각소거(sensory extinction)나 감각보상(sensory reinforcement)으로 생각해볼 수 있다. 이러한 상동행동은 간단한 식별과제도 학습하기 어렵게 하고(Koegel & Covert, 1972), 기존의 학습된 경험들을 파괴하는 작용을 하며(Lovaas 외, 1971), 학습활동에 대한 집중력을 약화시키고(Runco 외, 1986), 정상적인 사회에 통합과 수용을 방해하게 된다.

(2) 언어적 특성

확장적, 전반적 지원이 필요한 중도 지적장애 아동은 다른 사람과의 의사소통적 상호작용에서 반복적인 실패를 경험하고, 또래 및 성인과의 상호작용에서 수동적인 태도를 갖게 되며 자기자극과 같은 부적절한 행동으로 의사소통 요구를 표현하기도 한다(조선현, 2005). 이들은 비상징적인 의사소통에 의존하여, 주로 얼굴표정, 동작, 주시하기, 신체접촉의 방법으로 의사소통을 하는 특성을 보인다(Siegel & Wetherby, 2000). 따라서 이러한 비상징적 의사소통은 모호한 몸짓이나 손짓을 상대방이 잘 이해하지 못하거나 대화상대자가 익숙치 않을 경우 의사소통이 원활하지 않을 수 있으므로, 중도 지적장애 아동의 필요와 특성을 고려하여 다양하고 구체적인 의사전달을 할 수 있는 의사소통 중재가 필요하다고 하겠다.

(3) 신체 · 정서적 특성

이들은 일반적으로 중복장애를 가지고 있어서 지능의 문제 뿐 아니라 수반장애를 가지고 있는 경우가 대부분이다. 중복장애아동의 특성은 첫째, 식사, 용변과 같은 자기관리의 전 영역에서 독자적인 자립이 어렵고, 둘째, 운동기능면에서 보행이나 앉고 서는 동작에도 문제를 보이며, 감각적 혹은 정신 병리적인 장애까지도 지원이 필요하다. 중도 지적장애인의 경우에는 의료적인 문제가 복합된 경우가 많지만 의료적인 문제는 선천적으로 발생한 경우와 태생후에 습득된 경우가 있다. 태생적인 문제로는 종양, 발작, 혹은 기관 미성숙과 같은 결함을 가지고 태어나는 경우이며 태생적으로는 큰 복합장애가 없는 경우에도 태어난 후 건강관리나 질병을 조기에 관리하지 못하여 발생한다. 정신지체를 갖는 장애인은 정상인에 비하여 구강위생관리가 부족하여 치아우식증이 높고, 또한 치주질환이 발생할 비율이 높다(이해송 외, 2006). 퇴행성 신경질환을 가진 렛뜨 증후군이나 복합장애로 뇌성마비를 가진 아동들의 경우에도 운동장애와 자세의 문제를 보이므로 운동발달 및 감각통합훈련이 필요하다(송창호, 2000).

지적장애가 있는 아동들이 모두 정서적인 문제가 있는 것은 아니다(조용태, 2002). 다만 중증 장애 학생들은 그들의 여러 신체적인 문제와 의사소통의 제한으로 인하여 정서적으로 일반인보다 불안정하다. 정서적인 특성을 나무 그림형태로 분석한 결과에 의하면 훈련가능 지적장애아는 다소 폐쇄적이고 현실적응성이 떨어지며, 즉각적이고 안정성과 인내심이 없는 편으로 유아적이다(박혜정, 1999). 이들은 충동적이며 내향적이고 일반아이와의 사회적인 행동을 하는데 제약을 받아 바람직한 대인관계를 형성하는데 어려움을 보인다(서강석, 1994; 정현숙, 1991). 특히 시설에 거주하는 중증 지적장애자를 대상으로 조사한 결과에 의하면(King외, 1994; Koenen, 2009) 자해, 공격성, 과잉행동, 소란일으키기, 우울증, 기분변동(mood distrubance), 수면장애(sleep disturbance), 자폐성 혹은 정신이상(psychosis)과 간질 및 심장병 등의 의료적 문제가 복합되어 있다.

4. 교육적 지원

1) 동기부여

Zigler(1999)는 특히 경도 지적장애자 혹은 간헐적, 제한적 지원대상자가 보여주는 성격적인 특성으로 긍정적·부정적 반응경향성, 잦은 실패 경험으로 인한 실패의 예상과 무기력증 및 외부인의 관심을 필요로 하는 외부지향성 및 자신에 대한 기대감 저하, 효능동기와 같은 특성들을 분석하고, 그러한 특성을 진단할 수 있는 질문지 도구인 Edward Zigler-Personality Questionnaire(EZPQ)도구를 개발하였다. 지금까지의 연구에서 지적장애인은 성공의 기대와 효능동기가 일반인보다 낮고, 나머지 긍정적 반응경향성, 부정적 반응경향성, 외부지향성에서는 일반인보다 높다고 한다. 이러한 성격형성은 지적장애인의 부정적 경험의 누적으로 일반인보다 부정적 성향을 갖은 결과로 파악할 수 있으므로 긍정적 경험을 충분히 제공할 필요가 있음을 시사한다. 이 결과는 일반학교의 특수학급 학생들과 특수학교 학생들의 비교에서(이미아·강영심·정은영, 2007; 김정은, 2007), 일반학교 특수학급 학생들이 특수학교 학생들보다 더 부정적이고 실패경험이 누적되어 있음을 보여줌으로써 이들의 긍정적 경험을 강화시킬 필요가 있다(장동태, 1995).

내적동기를 높이는 방법으로 이미아·강영심·정은영(2007)은 긍정적 반응경향, 부정적 반응경향, 외부지향성, 성공기대 및 효능동기에 관한 제안을 다음 표

7.5와 같이 제시하고 있다.

표 7.5 내적동기 회복방법

학생 특성	문제 특성 회복 교수방법
긍정적 반응경향	- 특정한 사회성 기술 기르치기 - 팀 혹은 또래교수 사용하기 - 사람과 관련된 일로 접근하라 - 상실에 대한 민감성 인식
부정적 반응경향	- 느긋하게 칭찬하고, 적당한 상호작용 - 초기 사회적 의사소통 기술지도 - 팀접근과 반대로 개인과제 강조 - 교사, 치료자, 양육자, 환경의 변화 최소화 - 교실이나 작업장소에서 사람의 흐름을 줄여라
외부지향성	- 신기하고 도전적 과제 이전에 쉽고 숙달된 자료제공 - 독립성 증가를 위한 성공적인 접근 시도 - 성공을 경험할 수 있는 쉬운 문제를 어려운 문제 이전에 제시 - 문제해결을 위한 노력 자체를 보상하라 - 언제, 어떻게 도움을 요청하는지 명확히 하기 - 학교, 작업환경에서 청각적, 시각적 자극을 최소화 - 충동성을 감소시키는 행동이나 기술을 사용
성공기대 및 효능동기	- 성공을 방해하는 행동문제 줄이기 - 행동을 나무라는 사람 피하기 - 결과에 관계없이 노력자체를 보상하라 - 어떤 행동을 시작하는 것보다 유지하는 것에 초점을 맞추어라 - 행동적으로 성공하기 위한 합리적인 기대를 세워라 - 조금만 노력하면 충분히 해낼 수 있는 학습내용과 학습목표를 제시 - 아동이 어떻게 성공과 실패를 인식하는지 고려하라 - 취미, 놀이, 여가활동을 통해 기쁨을 느끼도록 하라 - 학교나 작업환경에서 학생의 취미 혹은 흥미꺼리를 이용하여 학습동기를 촉진하라 - 성공을 장기적이고 집중적으로 경험할 수 있게 한다.

출처: 이미아 · 강영심 · 정은영, 2007, p. 85; 한현민, 1996.

2) 인지적 특성과 중재

지적장애 아동의 제한성에는 주의집중, 중재전략, 기억, 일반화, 감각처리 및 추론 능력과 같이 전반적인 인지활동에 제한이 있다(표 7.6).

표 7.6 인지학습적 결손

특성	설명	주 연구자
주의변인 (attention variable)	*주의의 주요한 세 측면에서 문제: 주의집중 시간, 불필요한 자극에의 관심을 억제하고 초점을 갖기, 주요한 자극에 선택적으로 주의집중하기 *주요한 점은 주의집중의 중요성을 가르치고, 적극적으로 주의집중하는 방법을 배우게 한다.	Alabiso(1977) Zeaman & House(1963, 1979) Connis(1979) Howell, Rueda, & Rutherford(1983) Kneedler and Hallahan(1981)
중재전략 (Mediational Strategy)	*나중에 회상할 수 있도록 정보를 조직하는 전략이 일반 학생에 비하여 뒤떨어진다. *언어적인 시연, 반복, 명명, 분류, 연합, 심상전략의 사용이 부족하다. *소극적인 학습자로 남아 있는 경향이다.	Spitz(1966) Bray(1979) Robinson & Robinson(1976) Strichart & gottlieb(1983) 여광응 외(2005) 이상춘 · 조인수(1998)
기억 (Memory)	*단기기억의 결손(STM)이나 장기기억(LTM)력은 일반인과 유사하다. *무의미한 과제의 단기기억결손은 중재전략을 자발적으로 사용하지 못하는데 그 이유가 있다. *전략사용이 부족하지만 조직적이고 잘 계획된 방식을 가르치면 기억력 향상이 가능하다.	Belmont(1966) Cohen(1982) Baumeister & Brooks(1981) Borkowski & Cavanaugh(1979)
전환/일반화	*지식과 기술을 새로운 과제, 문제 혹은 촉구되는 상황에 적용하는데 결손. *그러한 결손은 학습의 세트가 형성되지 못한 때문이다. 즉 사전의 경험에서 미래의 문제를 해결할 수 있는 어떤 규칙을 끌어내지 못하는 부족함.	Stephens(1972) Stevenson(1972) Robinson & Robinson(1976)
감각처리 추론능력	*시각적 도안과 자극에 대한 형성, 지각, 분석, 종합, 조작, 변형, 사고에 관한 능력의 결손 *청각적 자극들 유형의 지각, 분석, 종합이요구되며, 음성적 부호화와 같은 음성적 인식과 음성적 처리와 관련된 능력의 결손. *사고의 집행능력과 유연성의 결손 *이해와 추리, 귀납, 추론 등의 능력 결손	Shavers(2004) 문수백 등(2003) 조인수(2005), 김영환(2001) Wayne(2003), Kyvelos(2003) 최중옥 외(2003) Conners 외(2001)

출처: Beirne-Smith 외 2인(2002), 박현옥, 2005.[10)]

위의 표 7.6에서 보는 바와 같이 지적장애아동은 적절하지 못한 자극의 특징에 집착하거나 조직 또는 군집화를 못하거나 시연전략이 부족하기 때문에 저장능력

10) Beirne-Smith 외 2인(2002), Mental Retardation(6th ed.), p. 252.
박현옥, 2005. CHC 지능이론에 따른 정신지체아의 인지요인 특성과 읽기기능분석, 문학박사학위논문.

이 제한된다. 그러나 의식적으로 기억을 유지하고자 할 때에는 어느 정도 연장이 가능하다. 정신지체아동은 정보를 묶거나 시연하는 것을 훈련받으면 단기기억의 수행능력은 증가할 수 있다(김선영, 2001). 정신지체아의 기억문제는 투입, 저장, 인출의 기억과정중 투입과 인출에 문제가 있는 것으로 보이며 투입요인이 인출과정에 영향을 미친다. 투입과정의 전략은 시연(rehearsal), 조직화(organization), 정교화(elaboration)방식을 사용할 수 있다(Wessells, 1982). 조직화에는 분류학적(taxonomical) 조직화와 도식적(schematic) 조직화의 방법이 있는데 도식적 조직화의 방법이 분류학적 도식화보다 효과적이다(김선영, 2001; Blewitt & Krackow, 1992).[11] 조직화(organizing) 이외의 기억훈련 방법으로는 명명하기(labeling), 정보단위화(chunking), 단서화(cuing), 심상 시연(image rehearsal), 심상 언어 정교화(image verbal elaboration)[12], 누적적 시연(cumulative rehearsal), 및 쌍연합(paired- association) 등의 방법을 적용할 수 있다(조용태, 1994).

또한 시연은 기억능력의 증진에 필수적인 방식이다. 시연은 유지형 시연(maintenance rehearsal)과 정교형 시연(elaborative rehearsal)으로 나누며 유지형 시연은 반복적 시연(rote rehearsal)로서 기계적인 반복을 말하며 정교형 시연은 자발적 시연으로 의미분석과 기억술을 위한 정교화과정을 포함하여 정교화, 자발적 시연은 유지형, 반복적 시연보다 월등히 효과적이다(김호일, 2000).

Zeaman과 House의 주의집중에 관한 연구에서 보여지는 교육적 함의는 ① 정보를 제공하는 초기에는 한두 가지 차원에서만 차이가 있는 초기자극을 제시하고, ② 아동의 주의를 이러한 중요한 차원으로 유도하며, ③ 초기에는 아동이 현재의 주의를 기울이는 것을 방해할 수 있는 외부자극을 제거하고, ④ 과제에 주의를 기울일 때 그에 대해 보상하며, ⑤ 시간이 지날수록 과제의 난이도를 증가

11) 김선영의 연구(2001)에서 도식적 조직화란 시공간적 접근성을 공유하는 조직으로 동물원과 코끼리, 강아지와 고양이의 관계와 같은 것이며 강아지와 코끼리, 동물원과 강아지는 도식적 관계가 아니다.
분류학적 조직화란 음식이라는 개념아래 바나나, 과자 등을 모으고, 동물이라는 개념아래 사자, 코끼리, 강아지, 말 등을 포함하는 것이다.

12) 심상정교화 학습전략(learning strategy for imagery elaboration)이란 기억의 파지와 인출의 증진을 위한 학습전략의 한 형태로 학습자가 상상을 통해 과제에 제시된 항목간의 관계를 마음속에 생생히 그려보고, 문장으로 연결하여 의미를 첨가하는 방법이다(홍효숙, 1994, p. 206).

시킨다.

중재전략에 있어서 지적장애아는 시연, 반복, 명명, 분류, 연합, 심상전략 등의 방법을 보완시켜 주어야 한다. 전략사용은 ① 위에서 언급된 심상정교화 방법, ② 질문을 미리 제공하여 시연준비를 유도하고, ③ 교재는 그들에게 익숙한 것이거나 그들의 생활과 어느 정도 관련이 있는 것이어야 하며, ④ 의미있는 부분으로 분류시키거나 조직하여 제공하며, ⑤ 쌍연합 학습 방법과 같이 새로운 정보를 익숙한 정보와 연계하여 제공하는 방법을 적용할 수 있다.

전환/일반화를 위한 방법으로는 ① 여러 장소에서의 반복 연습, ② 자연적인 환경의 활용, ③ 문제의 규칙을 파악할 수 있는 노력 ④ 또래지도의 활용, ⑤ 일반화가 일어나야 할 환경, 시간, 대상에서의 훈련 및 지도를 활용할 수 있다.

3) 환경적 특성과 중재

아동이 학교생활에 적응하고 사회생활에 필요한 적응행동기술을 잘 길러 일반사회에 통합되어 생활해 나갈 수 있기 위하여서는 아동자신의 학업적, 긍정적 행동 능력을 길러야 함과 동시에 아동들의 발전에 영향을 주게 되는 가정환경, 및 학교환경의 중재도 매우 중요하다. 가정환경으로는 부모의 사회경제적 지위와 영양, 문화시설과 부모의 양육태도와 같은 점들이 고려되어야 하고, 학교환경으로는 교사와 또래 및 학교의 물리적 환경과 같은 내용들이 아동의 학업적, 정서적 발달에 영향을 주게 된다.

이들에 대한 보상교육은 빈곤층자녀를 위한 미국의 헤드 스타트(Head Start)와 Early Head Start를 비롯하여 영국의 Sure Start, 캐나다의 Fair Start, 한국의 We Start와 같은 빈곤퇴치 운동을 일으켰다. 이 빈곤퇴치는 발달의 뒤짐, 학업부진, 취직의 불이익과 같은 빈곤의 악순환을 단절할 목적으로 혜택 받지 못한 어린이들(disadvantaged children)을 위하여 정책적으로 교육상의 편의를 부여하게 된다. 이와 같은 목적으로, 행하여지는 교육을, 불완전한 교육을 보충한다는 뜻과 불완전한 교육의 희생자에게 손해배상으로서 교육조건을 개선한다는 뜻을 담아 보상교육이라 한다.

미국의 헤드스타트를 통하여 부모활동을 통해 프로그램의 성공을 높일 수 있다는 효과와 학생들의 수준에 맞는 학습 자료를 고안하는 방법들이 발견되었으며, 문화실조를 받는 아동들의 조기진단을 가능케 하고 이 프로그램의 결과 특수학급에 배치된 비율의 감소 및 범죄율의 감소비율을 낮추었다. 우리나라의 빈곤아동수는 2005년도말 100만명으로 추산되며 전체아동 1,157만명의 8.6%에 해당한다. 그리고 전국에 400여개의 공부방이 있으나 이곳에 보호중인 아동은 전체 빈곤아동 100만명의 1%밖에 되지 않는 열악한 상태이다. We Start 프로그램은 외국의 프로그램처럼 국가의 재정적 지원을 받는 프로그램이 아니며 사회의 지도층에서 2004년 5월 3일 '가난의 대물림을 끊자'는 슬로건 아래 빈곤 가정의 아동들을 돕기로 뜻을 모으고 We Start[13]운동을 출범시켰다.

4) 상동행동 중재

상동행동을 치료하기 위한 방법으로는 부정적이고 혐오적인 치료방식보다 긍정적이고 대체행동의 개발을 목적으로 하는 교수방법이 중요하다. 그러한 시도는 정적강화법이다. 정적 강화법으로는 강화로서의 자기-자극, 다른 행동의 차별강화(DRO)[14], 적절한 행동의 차별강화(DRA)[15], 상반행동의 차별강화(DRI)[16], 및 과잉교정의 방법으로 문제행동을 줄일 수 있다(양인자, 1999). 최근에는 상동행동의 중재방법으로 응용행동 분석(Applied Behavior Analysis)이 많이 사용된다. 문제행동에 대하여 장애아동뿐 아니라 전체 학교와 또래집단이라는 환경적 맥락을 고려하여 학교 전체적인 차원과 학급차원에서 긍정적 행동지원(Positive Behavior Support)을 하여 예방계획 및 강도 높은 중재계획으로 문제행동을 줄

13) We의 W는 Welfare로 복지를 말하고 e는 education을 말한다. Start는 여러 선진국에서 사용하고 있는 빈곤아동 지원사업의 일반 명칭이기도 하다.

14) DRO, Differential Reinforcement of Other behavior. 상동행동이 일어나지 않을 때 칭찬, 안아주기.

15) DRA, Differential Reinforcement of Appropriate behavior. 적절한 긍정적 표적행동에 대하여 강화

16) DRI,Differential Reinforcement of Incompatible behavior 상동행동과는 상반되는 행동을 정하여 그 행동을 강화.

인다. 문제행동을 기능평가한 후 상동행동이 과제-관련 행동으로 대체되거나, 상동행동 대신 기능적 의사소통을 할 수 있게 하였으며 다양한 사물의 기능적 조작을 증가시켜 질적이고 심각한 행동문제를 감소시킬 수 있다(김정효, 2008). 또한 상동행동을 아주 제거하기 어렵다면 행동제거를 위해 노력하기보다 상동행동 감소와 동시에 대체행동을 교수하여 문제행동의 발생을 줄여나갈 수 있다.

5) 조직적 중재

(1) 실제적인 자료로 실제적인 환경에서 교수

교수는 교실에서 모의 환경을 만들어 연습할 수도 있고, 혹은 실제 환경에서 실시할 수도 있다. 일상생활기술은 그 기술을 사용할 실제 환경에서 지도하는 것이 효과적인데 편의상 교실에서 먼저 지도한 다음 현장에서 보충지도 할 수도 있다. 예를 들면 쇼핑할 목록을 교실에서 그림이나 사진으로 모의 가게를 활용하여 배운 후 직접 식품점으로 가서 보완하여 지도할 수도 있다. 또한 식품 목록과 그림보다 실제 음식캔이나 실제 돈으로 배우는 것이 더 효과적이다.

(2) 기능적 행동 평가와 긍정적 행동중재 및 지원

부적응 행동은 장애학생이 일반학급으로 통합되는데 가장 큰 장애물이다. 이유없이 때리기, 물기, 소리지르기와 같은 행동들은 일반교실의 분위기를 흩트리고 일반교사들이 장애학생을 기피하게 한다. 교사는 기능적 행동평가(functional behavior assessment; FBA)와 긍정적 행동중재 및 지원(positive behavioral intervention and support, PBIS)으로 아동의 문제행동을 줄인다. 기능적 행동평가는 행동이 일어나기 이전의 사전상황(antecedents), 행동이 일어난 후의 후속결과(consequences)와, 문제행동이 지속되고 있는 좀 더 넓은 주변의 상황요인을 말한다. 후속결과란 일어난 행동의 목적을 말한다.

(3) 자기결정력

자기결정력을 위해서는 역할놀이를 통하여 사람들은 서로 견해가 다르다는 점을 인식하여 자기중심성을 탈피시키고 상상력, 창의력, 협동심을 향상시키는 프로그램을 활용할 수 있다(방명애, 2009). 자기결정력의 향상은 ① 자기인식능력 ② 자기관리기술 ③ 선택기술 ④ 자기옹호기술 ⑤ 지원망구성기술 ⑥ 지역사회 활용기술 ⑦ 사회성기술 ⑧ 협력기술 ⑨ 스트레스해소기술 등을 통하여 지도할 수 있다. 특히 자기인식능력은 표 7.7과 같이 역할놀이를 통하여 자신을 타인의 입장에서 파악할 수 있는 방법을 배울 수 있다(방명애, 2006).

표 7.7 역할놀이를 통한 자기인식훈련

1. 다른 사람이 나를 놀리는 상황	26. 물건이 배달되었을 때 상황
2. 신문기자놀이 상황	27. 헤어질 때 상황
3. 다른 사람이 나를 오해하는 상황	28. 면접놀이 상황
4. 음식점 놀이 상황	29. 억울하게 의심받는 상황
5. 다른 사람이 나를 위협하는 상황	30. 가족놀이 상황
6. 미용실 놀이 상황	31. 직장놀이 상황
7. 어른이 꾸중하는 상황	32. 병원놀이 상황
8. 은행놀이 상황	33. 옷가게놀이 상황
9. 거절해야 하는 상황	34. 택시놀이 상황
10. 문구점 놀이 상황	35. 선생님 놀이 상황
11. 다른 사람이 줄에 끼어드는 상황	36. 약국놀이 상황
12. 응급상황	37. 도서관 놀이 상황
13. 축하해야 하는 상황	38. 생일파티 상황
14. 서로 원하는 것이 다른 상황	39. 가위바위보 상황
15. 위로해야 하는 상황	40. 과일가게놀이 상황
16. 감사를 표현해야 하는 상황	41. 길을 잃어버린 상황
17. 사과해야 하는 상황	42. 학급회의 상황
18. 허락받는 상황	43. 슈퍼마켓놀이 상황
19. 비디오가게놀이 상황	44. 전화놀이 상황
20. 사진관 놀이 상황	45. 칭찬받는 상황
21. 대중목욕탕 놀이 상황	46. 열쇠를 잃어버려 집에 못 들어가는 상황
22. 동 사무소 놀이 상황	47. 자기 소개를 해야 하는 상황
23. 버스타기 놀이 상황	48. 친구와 싸운 후 화해해야 하는 상황
24. 도움요청 상황	
25. 인사해야 하는 상황	

출처: 방명애, 2006.

6) 의사소통

중도 정신지체 아동은 거의 대부분 말이나 언어에 장애를 갖는다. 말의 문제는 소리가 나지 않거나 왜곡되어 상대방이 쉽게 이해할 수 없는 정도를 나타내고 언어장애는 수용과 표현의 두 유형으로 볼 수 있다. 수용언어는 상대방의 말을 이해하지 못하거나 언어규칙을 해석할 수 없는 것을 가리키고, 표현언어는 경험을 나누어도 언어에 대한 규칙을 사용하여 자신의 의사를 언어로서 표현 할 수 없는 것을 말한다(조선현, 2005). 이러한 말과 언어장애로 인해 중도 정신지체 아동은 다른 사람과의 의사소통적 상호작용에서 반복적인 실패를 경험하고, 또래 및 성인과의 상호작용에서 수동적인 태도를 나타내게 되며 부적절한 행동으로 자신의 의사를 표출하게 된다(Rowland & Schweigert, 1993; 윤진영, 1997).

이러한 구두어 장애를 보이는 중도장애자를 위한 의사소통중재는 한 두 마디의 의사소통이 가능한 학생에게는 기능적 의사소통훈련을 적용하며,[17] 언어적인 훈련이 불가능한 경우에 보완·대체의사소통(augmentative and alternative communication; AAC)방법을 사용할 수 있다. 보조도구는 의사소통판, 의사소통책, 컴퓨터 장착기계 등 메시지를 주고받는데 사용하는 물리적인 도구들이 포함된다.

17) 기능적 의사소통이란 학생이 한 두 마디로 자신의 의사를 표현할 수 있을 때 학생이 접하게 되는 자연적인 상황에 필요한 말들을 제대로 사용할 수 있도록 지도하는 것이다. 쉬고 싶다거나 자신을 도와달라는 표현일 때 "쉴래요" "도와요"와 같은 표현을 중심으로 기능적인 의사소통 리스트를 만들어 축구를 활용하여 점진적으로 문제행동을 기능적 언어로 대체해나가는 훈련이다(윤진영, 1997).

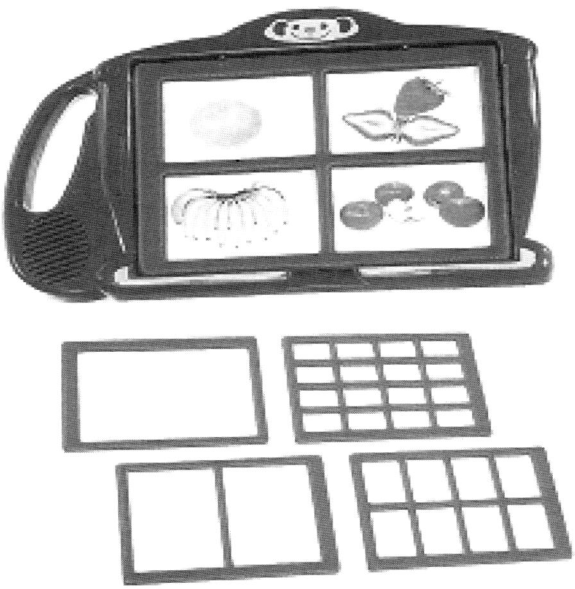

그림 7.7 커뮤니케이션 빌더

7) 가족지원

아동기 정신지체 자녀를 돌보는 어머니의 양육 스트레스, 가족의 부양부담 및 성인장애인을 둔 부모들이 부적절한 행동을 보이는 자녀에 대한 부양부담감으로 인한 우울감, 신체적, 감정적인 어려움을 보여준다(최선경, 2006). 특히 양육 스트레스를 해소하고 아동교육을 위한 부모의 효능감 증진을 위한 부모교육이 일부분 제공되고 있는데 이 부모교육은 전문가에 의한 교육형태보다 비공식적인 가족이나, 친지 및 이웃으로부터 받는 지원이 더 효과적이다(강연희, 2002). 부모교육 내용으로서는 장애아동의 교육 및 중재방법에 대한 정보습득, 심리적인 지원을 위한 집단 가족지원, 직접적인 양육서비스를 제공하는 단기보호 프로그램의 제공, 배우자, 친척, 이웃을 활용하는 사회적 지원의 강화, 부모의 자기조절 프로그램, 가족중심 위기중재참여, 가족상황을 고려한 긍정적 행동중재 및 부모결연 프로그램의 방법들이 있다. 특히 장애아동들의 가족들은 전문가에 의한 교육의 형태보다 장애아동의 부모들은 같은 경험을 한 부모들끼리의 공감대에 의하여 깊은 결연이 이루어지고 장애자녀 양육에 필요한 정보와 장애에 대한 긍정적인 조망 및 정서적 지원을 얻을 수 있다(전혜인, 2006).[18]

18) 전혜인의 연구는(2006) 부모결연 프로그램을 통하여 장애아동 유형이 유사한 선배 장애아 부모와의 결연을 통하여 양육스트레스와 양육효능감의 변화를 실험집단과 통제집단으로 구분하여 비교한 연구이다. 장애아동의 부모들은 자녀들이 입학하는 초기에 많은 스트레스를 경험하는데 부모결연은 그 입학초기 스트레스의 경감에 좋은 방법이며 양육효능감과 가족 역량강화에도 유의미한 차이를 보여주었다. 이 프로그램은 짝을 지은 실험집단 학부모 양측에 모두 긴장감 해소와 정서적 지원을 해줄 수 있는 방법이다.

제8장

정서 및 행동장애

정서 및 행동장애를 정의하는 것은 복잡하게 얽혀 있는 여러 가지 요인과 상황을 고려해야 하는 매우 어려운 문제이다. 정서 및 행동장애는 지난 수 십 년간 여러 가지 용어로 표현되어 왔는데 이는 정신 건강이 무엇인지에 대해 명확하게 일치되지 않기 때문이며 장애가 있는 행동에 대한 판단이 주관적이기 때문이다.

1. 정 의

우리나라 「장애인 등에 대한 특수교육법」에서는 정서 및 행동장애를 다음과 같이 정의하고 있다.

장기간에 걸쳐 다음 각 항목의 어느 하나에 해당하여, 특별한 교육적 조치가 필요한 사람
가. 지적 · 감각적 · 건강상의 이유로 설명할 수 없는 학습상의 어려움을 지닌 사람
나. 또래나 교사와의 대인관계에 어려움이 있어 학습에 어려움을 겪는 사람
다. 일반적인 상황에서 부적절한 행동이나 감정을 나타내어 학습에 어려움이 있는 사람
라. 전반적인 불행감이나 우울증을 나타내어 학습에 어려움이 있는 사람
마. 학교나 개인 문제에 관련된 신체적인 통증이나 공포를 나타내어 학습에 어려움이 있는 사람

미국의 경우에는 장애인 교육법(IDEA)에서 "심각한 정서장애(seriously emotionally disturbed)"라는 용어를 사용해 왔다. 그러나 학계와 교육 현장의 지속적인 비판을 수용하여 1997년에는 '심각한'을 빼고 "정서장애(emotionally disturbed)"로 사용하고 있다. IDEA의 정서장애에 대한 정의를 살펴보면 다음과 같다.

정서장애는 다음과 같은 특징이 한가지 또는 그 이상 나타나며 장기간에 걸쳐 현저한 정도로 나타나서 교육적 성취에 부정적인 영향을 미치는 경우를 말한다.
① 지적 · 감각적 · 건강 요인들로 설명할 수 없는 학습상의 무능력
② 또래 및 교사와 상호적인 관계를 형성하고 유지하지 못함
③ 일반적인 상황에서 부적절한 형태의 행동이나 감정을 보임
④ 전반적인 불행감과 우울한 기분이 지속됨
⑤ 대인관계나 학교 문제와 관련된 신체적 증후나 공포를 보이는 경우

이 용어에는 정신분열증 또는 자폐증을 포함한다. 사회적으로 부적응을 보이는 아동 중 정서장애를 동반하지 않는다면 이 범주에 포함되지 않는다.

IDEA의 정의는 정신분열증은 포함시키지만 정서장애를 지닌 것으로 확인되지 않은 사회부적응 아동은 제외된다. 사회부적응 아동을 제외하는 조항은 특수교육에서 품행장애 학생을 배제시킬 수 있는 근거가 되기 때문에 많은 비판을 받고 있다. 또한 용어를 변경해도 "정서장애"는 용어에서 나타나는 의미의 부적절함 때문에 많은 비판을 받고 있다(Kauffman, 2005). 예를 들어 '장기간'이란 어느 정도의 시간을 말하는지, '현저한 정도'를 어떻게 측정해야 하는지 등 잘못 해석될 가능성으로 인해 지나치게 모호하고 주관적이다.

이러한 문제를 해결하고자 미국 특수교육협회(Council for Exceptional Children)에서는 공식적으로 행동장애(behaviorally disordered)라는 용어를 사용하고 있으며, 이 용어는 객관적으로 관찰할 수 있는 아동의 일탈된 행동 문제에 초점을 맞춘다는 장점을 지닌다. 또한 특수교육 분야의 많은 전문가들은 정서장애보다는 행동장애라는 용어를 더욱 선호해 왔는데, 그것은 행동장애가 나타내고자 하는 장애 영역을 표현하기에 더 적절하며(Huntze, 1985; Lloyd, Kauffman & Gansneder, 1987; Walker, 1982; Wood, 1987), 아동에게 주어지는 낙인이 덜하다는 이유 때문이다(Feldman, Kinnison, Jay & Harth, 1983; Smith, Wood & Grimes, 1988).

1980년대 말에 이르러서 정서 및 행동장애 영역과 관련된 30여개 단체들의 모임인 미국 정신건강 및 특수교육위원회(the National Mental Health and Special Education Coalition)에서 "정서 및 행동장애(emotionally or behaviorally disordered)"라는 용어 사용을 제안하였다(Forness & Knitzer, 1992). 그 이후로 현재까지 많은 전문가들은 이 용어를 가장 적절한 용어로 선호하고 있으며, 비록 "정서 및 행동장애"라는 용어가 공식적인 법적 용어로 채택되지 못하고 있음에도 불구하고 학문과 교육 현장에서 가장 폭넓게 사용되는 용어로 정착되어가고 있다. 위원회에서 제안한 정서 및 행동장애의 정의는 다음과 같다.

> "정서 및 행동장애"라는 용어는 학교 프로그램에서 연령, 문화, 민족적 규준에 비추어 지나치게 상이한 정서 및 행동적 반응을 보이며 그로 인해 학문적, 사회적, 직업적, 대인관계기술 등의 교육적 성취에 부정적인 영향을 미치게 되는 장애를 말한다. 또한 이는 일시적이지 않으며 스트레스를 받을만한 사건이 있는 환경에서 보일 수 있는 반응을 넘어서는 것으로,

> 최소한 학교와 관련된 환경을 포함하는 두가지 이상의 상이한 환경에서 지속적으로 나타나며, 일반교육에서 적용된 직접적인 중재에 반응하지 않거나 아동의 상태가 그러한 일반교육 중재로는 불충분한 경우를 의미한다. 이 용어는 다른 장애와 동반되어 나타날 수 있는 장애라는 의미를 포함한다. 이 용어는 정신분열장애, 기분장애, 불안장애, 기타 품행이나 적응장애 등의 장애가 아동이 앞서 기술된 교육적 수행을 하는 데 부정적인 영향을 주는 장애라면 이를 포함한다.

Forness와 Kavale(2001)은 정서 및 행동장애라는 용어와 정의가 여섯 가지 측면에서 장점을 지닌다고 하였다. 첫째, 이 정의는 본질적으로 비슷한 학습장애나 지적장애 범주의 손상이나 증후를 확인하는 2단계의 진단적 절차를 강조한다. 둘째, 판별에 있어서 민족적이거나 문화적인 사항을 고려하고 있다. 셋째, 사례에 관한 자료를 다양한 자원을 통해서 구할 것을 강조한다. 넷째, 조기판별과 조기중재의 가능성을 촉진시킨다. 다섯째, 교육적 수행이 성취되지 않았을 경우에 그 적격성을 부여할 수 있는 임상적 진단사례가 목록으로 제시되어 있어서 정신건강을 위한 의뢰를 하게 된다. 그러나 반드시 정신건강 진단을 해야 한다는 것은 아니다. 여섯째, 이 정의는 의미없이 사회적 부적응과 정서적 부적응을 구별하지 않고 있는데 이미 심각한 문제가 있음이 명확한 경우 구별이란 진단의 낭비이기 때문이다. 또한 이 정의에서는 '현저한'이나 '장기간'같은 막연하고 모호한 용어가 아니라 '사회적 규준을 넘어서는 극단적인(extreme) 문제행동을 보이고 최소한 6개월 이상 지속되는 만성적인(chronic) 상태'로 문제행동은 '학교, 가정, 지역사회에서 아동의 학업적 성취와 사회적 관계를 방해하는 것'으로 규정함으로써 매우 구체적인 지침을 제시하고 있다(Jensen, 2005).

우리나라의 장애인 등에 대한 특수교육법에서는 미국 장애인교육법의 영향을 받아 앞서 제기된 용어의 모호함이나 잘못 해석될 가능성, 오명 효과 등의 문제점을 갖고 있다. 이에 한국특수교육학회에서는 국내 학자들의 협동 연구를 통해 정서 및 행동장애에 대한 정의를 다음과 같이 규정하였다(한국특수교육학회, 2008).

> 정서 및 행동이 또래집단의 규준 혹은 기대 수준을 심하게 벗어나 일반적인 환경 하에서 사회적 관계, 감정조절, 활동수준, 주의집중력 등의 곤란으로 자신 및 타인의 기능을 방해하며 학업, 대인관계, 일상생활에 부정적인 영향을 미치는 상태

이 정의는 국내 연구자들의 합의에 의해 도출된 것으로 최근 학계의 동향을 반영하고 있는데 규준 및 기대 수준에서의 심각한 일탈을 제시하였으며 구체적인 곤란함을 언급하였고 학업, 대인관계, 일상생활 등의 영역을 제시함으로써 법적 정의의 문제점을 보완하고자 하였다. 또한 선별 기준에서 2개 이상의 평가 방법으로 2개 이상의 장면에서 2명 이상의 관련인이 평가하도록 명시하고 다른 장애와 중복될 수 있음을 명기하여 교육적 활용에 도움이 되고 있다. 정서 및 행동장애를 지닌 아동을 정의하고 판별하는 일은 그 과정이 비록 아동의 행동에 대한 객관적인 관찰을 근거로 한다고 할지라도 매우 주관적인 절차라고 말할 수 있다. 그러한 이유 중의 하나는 아동이 보이는 행동 그 자체가 장애를 대표하는 것은 아니며, 오히려 행동이 발생하는 환경과 주변의 성인이나 또래들의 기대가 행동의 적절성 여부를 결정하는 요인으로 작용하고 있기 때문이다. 실질적으로 그동안 실시되어 온 여러 연구 결과들에 의하면 정서 및 행동장애를 정의하기 위해서는 환경적인 접근 방법이 반드시 필요하며 아동의 행동과 그 행동을 받아들이는 주위 사람들의 반응 간의 상호작용 등이 고려되어야 한다. 그러므로 정서 및 행동장애의 개념을 정의하고 아동의 장애 여부를 판별하는 과정은 환경을 무시한 상태에서 그 아동의 행동이 장애를 지녔는지의 단순한 판단만으로 이루어져서는 안 되며, 그 아동을 포함하고 있는 환경 전체가 하나의 단위로 인식된 상태에서 아동의 행동이 관찰되어지는 과정이어야 한다.

2. 원인 및 출현율

1) 원인

(1) 생물학적 요인

정서 및 행동장애에 영향을 미치는 생물학적 요인으로는 유전적 요인, 뇌 손상이나 기능장애, 영양실조, 알레르기, 기질 등이 있다(Kauffman, 2008).

유전적 요인은 모든 유형의 장애에 대하여 그 원인이 될 수 있다. 의학의 발달로 점점 더 많은 정서 및 행동장애들이 생물학적 요인에 의하여 발생하고 있다는 사실이 밝혀지고 있다. 예를 들어서, 자폐나 정신분열증에 있어서는 항상 그런 것은 아니지만 신경학적 이상의 증거를 보이기도 하는데(Prior & Werry, 1986), 특히 정신분열증의 경우에는 유전적인 요소의 원인이 입증되고 있다(Gottesman, 1991; Plomin, 1989). 기분장애, 불안장애, 우울증, 반항장애, 품행장애, 주의력결핍 과잉행동장애, 뚜렛장애 등도 유전적인 요소에 의하여 영향을 받는 것으로 알려지고 있다(APA, 2000; Bassarath, 2001). 그러나 유전적 요인이 장애를 일으키는 절대적인 원인은 아니며 유전체계가 어떻게 장애를 일으키는지에 대해서는 아직까지 제대로 밝혀진 바가 없다. 다만 유전적 요인이 취약한 사람이라면 부정적인 환경적 요인에 의해서 장애가 일어날 가능성이 상대적으로 높다고 할 수 있을 것이다.

뇌손상이나 뇌의 기능장애도 정서 및 행동장애의 원인이 될 수 있다. 외상성 뇌손상으로 인해 뇌에 손상을 입으면 다양한 정서 및 행동장애가 발생하는 원인이 될 수 있다. 또한 심각한 영양실조나 알레르기도 아동의 발달을 저해하거나 장애 발생에 영향을 미칠 수 있으며 약물 등의 독극물 남용 역시 심각한 정서 및 행동장애의 발생에 기여할 수 있다. 그러나 아직까지 이를 뒷받침할 만한 확실한 연구 결과는 부족한 상황이다.

모든 아동은 출생 시 서로 다른 기질[1]을 지니고 태어난다. 두 아동이 동일한 상황에 처했을 때 각각의 아동이 지닌 독특한 생물학적인 요소에 의해서 같은 상황에 대해서 서로 다르게 반응할 가능성이 있다는 것이다. 기질이라는 것이 생물학적 근거를 지닌 것이기는 하지만 이것 역시 환경적 요인에 의해서 많은 영향을 받는다. 부모와 교사들이 이러한 기질적 소인을 잘 다루고 효과적으로 대처한다면, 소위 '난기질(difficult temperament)'이라 불리는 까다로운 기질이 정서 및 행동장애로 발전할 가능성은 줄어들 것이다.

실제로 특정 생물학적 요인과 정서 및 행동장애 사이의 관계를 입증할 수 있는 경우는 매우 드물다. 중도 장애의 경우 생물학적인 요인들이 장애 상태에 기여할 수 있다는 증거가 제시되고는 있지만, 대부분의 정서 및 행동장애에 있어서 생물학적 요인이 장애의 단일 근거인 경우는 거의 없는 것으로 알려져 있다. 장애를 일으키는 원인의 한 부분으로 생물학적인 요소를 밝히는 것은 그 치료에 있어서 중요한 역할을 할 수 있다는 점에서 매우 중요하지만, 이러한 의학적인 치료가 장애 아동을 위한 단일 접근으로 사용되어서는 안 되며(Forness & Kavale, 2001) 아동의 심리적·사회적·교육적인 측면을 모두 고려한 접근이 이루어져야 한다.

(2) 환경적 요인

정서 및 행동장애에 영향을 미치는 환경적 요인은 가정요인, 학교요인, 문화적 요인, 기타 요인으로 살펴볼 수 있다.

가정은 아동이 부모나 가족과의 활발한 상호작용을 통해서 바람직한 행동을 배우고 원만한 성격을 형성하게 해 주는 또 하나의 학교이다. 따라서 가정에서 부모와 아동의 상호작용은 성격을 형성하는데 매우 결정적인 역할을 한다. 지난 20년 이상의 연구 결과를 살펴보면 적대적이고 거부적이고 일관적이지 못한 태

1) 기질(temperament)이란 일관된 행동양식 또는 어떤 사람이 환경에 대하여 특정한 방식으로 반응하는 경향을 말한다. 출생 시부터 지니고 태어나는 행동 양상이므로 성장 과정에서 까다로운 아동과 다루기 어려운 아동(난기질), 또는 순한 아동, 다루기 쉬운 아동으로 인식된다.

도로 양육하는 가정에서 반사회적 아동이 나타날 가능성이 더 높다는 것이다(Baumrind, 1996). 이러한 반응과 요구의 수준을 적절하고 조화롭게 균형을 이루는 것이 바람직한 자녀 양육의 주요 요소인 것으로 강조되고 있다(Abrams, 1995). 최근에는 부모나 가족의 일방적인 영향만이 아니라 아동의 정서 및 행동장애로 인한 이상행동 등으로 인하여 부모 역시 영향을 받을 수 있다는 측면에서 그 상호작용적 역할에도 주목하고 있다. 또한 부모의 사회·경제적 지위, 가족의 형태나 기능 등의 가정환경이 아동의 정서 및 행동장애에 많은 영향을 미칠 수 있다. 특히 빈곤의 경우는 정서 및 행동장애를 일으키는 기여요인[2)]으로 입증되고 있는데(Hosp & Reschly, 2002), 실제로 정서 및 행동장애의 38%가 극빈층에서, 32%는 저소득층에서 출현했다는 보고가 제시되고 있다(Fujiura & Yamaki, 2000). 그러나 빈곤층 가정에서 성장한 모든 아동이 정서 및 행동문제를 일으키는 것은 아니며, 동일한 환경에서 성장한 많은 아동들이 긍정적인 정서 및 행동의 발달을 보인다는 사실을 기억해야 한다. 가정 내 폭력과 아동 학대는 정서 및 행동장애를 일으키게 하는 또 하나의 심각한 환경적인 요소이다(Becker & Bonner, 1997; Saigh, 1998). 학대를 경험하는 아동은 빈약한 자아상을 형성할 뿐만 아니라, 다른 사람을 신뢰하거나 의지하지 못하게 되고, 공격적이고 파괴적인 행동을 보이며, 수동적이고 위축된 행동을 보이면서 새로운 관계나 활동을 시작할 때에는 두려움을 나타내고, 학교에서의 학업 성취도가 떨어지며, 약물이나 알코올 중독 등을 경험하게 된다(American Federation of Teachers & AFL-CIO, 1996). 특히 부모에 의하여 학대받은 아동들은 우울증과 같은 내재적인 문제와 품행장애와 같은 외현적인 문제를 모두 포함하는 다양한 범위의 정서 및 행동장애를 보일 위험을 지니게 된다(Widom, 1997). 가정 폭력과 아동 학대는 겉으로 들어나지 않게 이루어지기 때문에 그 정확한 출현율을 알기 어려울 뿐만 아니라 피해 아동을 발견하기도 쉽지 않다는 문제를 지닌다. 그러므로 교사들은 학대를 당했거나 당하고 있는 아동이 보이는 행동 특성들을 잘 알고 조기에 이들을 발견하여 적절한 지원을 제공해 줄 수 있어야 한다.

2) 기여요인(contribution factors)이란 장애를 일으키는 직접적인 단일 원인을 밝히기는 어려우며 일반적으로 여러 가지 요인들이 문제의 발생에 기여한다는 개념이다.

정서 및 행동장애에 미치는 학교의 영향 혹은 역할은 교육관계자들이 특히 신중하게 고려해 보아야 할 측면이다. 교사와 학교는 학생의 행동에 심각한 영향을 미칠 수 있다(Tolan, Gorman-Smith, Henry, 2001). 정서 및 행동장애 아동들 중에는 학령기가 되기 이전에 이미 문제를 보이기 시작한 아동들도 있지만 학교에 입학한 후에 학교에서의 부정적인 경험으로 인해서 장애를 보이게 되는 아동들도 있다. 학교에서 아동들의 정서 및 행동장애에 원인을 제공하게 되는 특정 요인들을 살펴보면 다음과 같다(Kauffman, 2005).

(1) 학교 관리자, 교사, 다른 학생들이 학생의 개성에 둔감한 경우
(2) 아동의 성취나 품행에 대한 교사의 기대치가 너무 높거나 낮은 경우
(3) 교사들이 학생의 행동을 관리하는데 있어서 방임적이거나, 너무 완고하거나, 일관적이지 못한 경우
(4) 기능적이지 못한(겉으로 보기에 무의미한) 기술을 교수하는 경우
(5) 학교에서의 성공에 결정적인 역할을 하는 기술을 효과적으로 가르치지 못할 경우
(6) 교사나 또래가 바람직하지 못한 행동의 모델을 제공하는 경우

정서 및 행동장애 학생들은 지능검사 점수가 평균보다 낮거나 학업성취도가 낮은 편이며 문제행동으로 인해 성공적인 학교생활을 하기 어려운 경우가 많다. 문제행동과 낮은 학업성취는 어떤 것이 어떤 것의 원인이라기보다는 서로 밀접하게 상호작용한다고 할 수 있다. 학업실패와 낮은 지능, 여기에 반사회적 행동이나 품행장애까지 있다면 장차 성인기에 이르러 사회적 부적응이 나타날 가능성은 매우 높아진다. 따라서 정서 및 행동장애 학생을 가르치는 교사들은 성취도가 낮거나 가르치기 어려운 학생들을 가르칠 준비가 되어 있어야 하며 이 때의 교수 내용은 사회적 기술과 학문적 기술 모두를 포괄하는 것이어야 한다.

환경과 문화는 행동에 대한 상황을 설정해 주는 요소들이다(Maag, 2000). 우리는 우리가 속한 사회의 문화적 가치에 큰 영향을 받으며 살아간다. 특히 다문화사회에서는 더욱 그러하겠지만 문화 간의 갈등, 혹은 같은 문화 내에서도 세대, 지역, 종교, 계층, 성별 간에 다양한 가치관의 차이가 존재함으로써 아동의 행동에 많은 영향을 미친다. 이 외에도 대중매체를 통하여 전달되고 있는 폭력성, 다

문화권 내에서의 문화적인 행동 규범 간의 차이, 또래 집단의 부정적인 영향, 사회적 계층, 지역사회 도심화 등의 환경적인 요인들이 아동의 정서 및 행동에 영향을 미치는 요인으로 인식되고 있다. 그러나 한 가지 환경적인 요소가 독자적으로 정서나 행동문제를 일으키는 경우는 매우 드물며, 빈곤, 학대, 방치, 부모의 스트레스, 일관적이지 못한 기대, 사회적 불안 등의 여러 가지 요소들이 복합적으로 영향을 미치게 된다. 그러나 어떠한 요인도 직접적으로 정서 및 행동장애를 일으키는 것으로 결론지을 수 있을 만한 임상적인 증거가 아직까지는 없는 실정이다. 정서 및 행동장애는 아동에게 문제를 일으킬 수 있는 원인이 있거나 이미 성향을 지닌 아동에게 문제가 일어나도록 영향을 미치는데 이 때 여러 가지 원인들이 복합적으로 작용한다는 개념으로 접근하는 것이 바람직하다.

2) 출현율

국내·외에 보고되어 있는 정서 및 행동장애의 출현율은 다른 장애와 비교하여 그 범위가 상대적으로 넓은 편이다. Cullina와 Epstein(1995)는 행동장애의 출현율을 '1/3 법칙'으로 설명하고 있다. 즉 아동들 중 약 33%는 담임교사가 관심을 가져야 할 행동문제를 가지고 있고, 이 아동들 중의 1/3(학령기 아동의 10%)은 중재가 필요하거나 정규 수업 이외의 도움이 필요하며, 또 이들 중의 1/3(약 3%)은 특수교육이 필요한 심한 행동문제를 가지고 있는 것으로 본다.

우리나라 정서 및 행동장애 아동의 출현율은 불과 몇 년 전까지만 해도 연구자들의 보고마다 상당히 달라서 적게는 1.27%부터 많게는 22%에 이르기까지 상당한 불일치를 보이고 있어 하나의 수치로 나타내기에는 어려움이 따른다. 이에 대한 가장 큰 이유는 출현율 조사대상 적령기인 3세에서 7세 사이의 한국 아동을 대상으로 하는 정서 및 행동장애 판별도구가 표준화되어 있지 않기 때문이다.

국립특수교육원은 2001년에 정부수립 이후 최초로 전국 규모의 조사를 실시하였으며 조사결과, 만 6세~11세 아동 중 약 0.15%에 해당하는 6,114명이 정서 및 행동장애인 것으로 추정되었다[3](김성호, 한국일보 2002-01-21). 주목할 점은 우

3) 조사기준일이 2008년 4월 1일로 구법의 장애범주에 따라 조사되었으며 자폐성 장애를 포함

리나라도 미국과 마찬가지로 여아보다 남아의 출현율이 상당히 높다는 것이다. 한편 최근 조사결과에 의하면 우리나라의 유치원부터 고등학교 단계까지 특수교육대상 학생 수는 전체 82,665명으로 집계되었으며, 그 중 약 3.4%에 해당하는 2,817명이 정서 및 행동장애인 것으로 집계되었다(교육과학기술부, 2011). OECD 회원국들과 비교할 경우[4] 우리나라에서의 출현율은 상대적으로 낮은 편이지만 최근 우리나라 10대 이하 아동의 주의력결핍 및 과잉행동장애(ADHD)의 출현율이 현저히 높아지고 있다는 사실에 주목할 필요가 있다.

미국의 경우 학령기 아동의 약 1%, 특수교육 프로그램에 참여하고 있는 학생들 중 약 8.2%가 정서 및 행동장애를 가진 것으로 조사되었다(U. S. Department of Education, 2003). 미국내 특수교육 담당 부처인 OSEP(Office of Special Education, 1995)의 특수교육 기초종단연구 자료에 의하면 미국 정서 및 행동장애 학생의 80%가 남자이고, 약 50%는 약물치료를 받고 있는 것으로 나타났다.

3) 진단 및 평가

(1) 선별

정서 및 행동장애 아동의 교육적 진단은 아동의 어떤 문제가 정서 및 행동장애라고 결정하는 데 있지 않고, 아동의 행동이 특수교육 서비스를 받아야 할 정도로 아주 다르다는 것을 이해하고 어떤 서비스를 받아야 하는지를 확인하는데 있다. 그러나 실제로 많은 학교에서는 정서 및 행동장애 아동을 판별하기 위한 체계적인 방법을 사용하지 않는다. 그 이유는 대부분의 정서 및 행동장애 아동들이 자기 자신을 알기 때문에 행동을 숨기는 경우가 많기 때문이다. 또 모든 아동들의 행동은 지속적으로 변화하기 때문에 어린 아동들이 정서 및 행동장애를 가지고 있는지를 판별하는 일은 매우 어렵다. 또한 내면화 장애를 가진 아동들은 그들의 문제가 부모나 교사의 주의를 끌지 않으므로 드러나지 않기도 한다

한 정서장애의 비율임.

4) 1995년 기준: 이탈리아 1.27%, 프랑스 3.54%, 일본 4.80%, 호주 5.22%, 미국 7.00%, 캐나다 10.79%, 핀란드 17.08%

(Rhode et al., 1998).

학교에 입학하게 되면 반사회적 행동유형을 보이는 아동들은 학교와 생활 속에 더 심각하고 장기적인 문제행동을 나타낼 위험이 있다. 특히 심각한 반사회적 행동유형의 위험이 있는 아동들을 가능하면 빨리 체계적으로 선별[5)]하고 확인해야 한다(Sprague & Walker, 2000). 정서 및 행동장애를 판별하는 대부분의 선별 도구들은 교사나 부모, 또래, 아동 스스로가 완성하는 행동평정척도나 검목표로 이루어져 있다.

(1) 아동 · 청소년 행동평가척도

교사나 부모의 보고, 아동의 보고를 통해 이루어지는 CBCL은 5세부터 18세의 아동을 대상으로 사용한다(Achenbach & Edelbrock, 1981). 교사용 체크리스트는 112개의 행동 목록으로 구성되어 있는데(예를 들어 크게 소리를 지른다, 다른 학생들이 싫어한다 등) '전혀 아님', '때때로 그러함', '매우 그러함' 등 3점 척도로 평가한다. 또한 CBCL은 다른 사람들과 잘 어울린다 등과 같은 사회적 능력과 적응기능을 나타내는 문항들도 포함되어 있다.

(2) 행동장애 종합 선별검사(SSBD)

SSBD(Systematic Screening for Behavior Disorder)(Walker, & Severson, 1990)는 현재 정서 및 행동장애 아동들을 선별하는 데 사용될 수 있는 가장 체계적으로 개발된 도구이다. 3단계의 다관문 선별과정을 이용하여 심각한 행동문제들을 가지고 있다고 의심되는 아동들의 수를 점진적으로 좁혀 가는데 1단계에서 담임교사는 외현화 문제(반사회적 행동, 무의식적 행동, 공격성)와 내면화 문제의 두 차원의 행동 프로파일에 따라 학급의 모든 학생들의 순위를 매기게 되며 직접적이고 반복적인 관찰에 의해 체크하게 된다.

(3) 투사적 검사

투사적 검사는 애매한 자극(예: 이 잉크얼룩이 무엇처럼 보입니까? 또는 개방

5) 선별(screen)이란 행동장애의 증후가 나타나는 아동과 행동문제를 나타낼 위험이 있다고 여겨지는 아동을 구별하는 과정이다.

식 과제들(예: 이 문장을 완성하세요. 대부분의 소녀들이 좋아하는 것은....)로 이루어진다. 맞거나 틀린 답이 없는 문항들에 대한 반응은 한 사람의 실제 성격 특성들을 나타낸다고 가정한다. 가장 유명한 투사적 검사는 로르샤하 검사(Rorschach, 1942)가 있으며 그 외에 주제통각검사(TAT : Thematic Apperception Tes), 집-나무-사람검사(HTP : House-Tree-Person), 가족화검사(KFT: Kinetic Family Test) 등이 있다.

(4) 행동관찰 및 측정

직접관찰과 측정을 통해 어떤 학생이 왜 문제행동을 일으키는지를 IEP팀이 체계적으로 정보를 수집하는 기능적 행동평가(Functional Behavioral Assessment: FBA)가 있다. 문제행동을 유발시키는 사건과 환경 요인에 대한 정보와 행동을 유지시키는 결과에 대한 정보를 얻기 위해 면접도 함께 실시한다(Chandler & Dahlquist, 2006). 기능적 행동평가는 전문가에 의해 기능분석이 이루어져야 하며 이를 통해 행동의 기능에 대한 가설을 세우고 대체행동을 지도함으로써 문제행동의 빈도나 정도를 감소시키기 위한 중재계획을 세우게 된다.

3. 특 성

정서 및 행동장애는 매우 다양한 특성을 지닌 대상자들을 모두 포함하는 이질적인 집단으로 구성된다. 정서 및 행동장애아들은 공격적이고 겉으로 드러나는 행동을 보이는 외현화 행동문제와 미성숙하면서도 내부적으로 위축된 행동을 보이는 내면화 행동문제를 나타낸다. 일반적으로 외현화와 내면화 행동문제는 모두 자신의 문화 및 또래 집단의 규준에서 유의미하게 벗어난다는 특징을 나타낸다. 이러한 두 가지 유형의 특성은 학업성취와 사회적 관계에 부정적인 영향을 주는 경우가 많다(Achenbach & Edelbrock, 1981; Gresham, Lane, MacMillan & Bocian, 1999; Kauffman, 2008; Smith, 2004).

1) 외현화 행동문제

공격적이고 겉으로 들어나는 행동인 외현적인(externalizing) 행동문제는 주로 반항장애나 품행장애의 형태로 나타나는데(Walker, Ramsey & Gresham, 2004), 때리기, 싸우기, 친구 놀리기, 소리 지르기, 반항하기, 울기, 기물 파괴하기, 강탈하기 등의 구체적인 행동 특성들이 이에 속한다. 이러한 행동은 일반 아동들에게서도 흔히 관찰되는 행동이지만, 행동의 발생이 지나치게 충동적이거나 잦으면 문제로 여겨져야 한다. 교실 상황에서 나타나는 행동으로 교사들은 불복종을 주로 이야기한다. 불복종이란 적절한 시간 내에 지시를 따르지 않는 것으로 대부분의 논쟁이나 울화, 싸움, 규칙위반 등은 요구나 주어진 과제를 회피하기 위해 뒤따르게 된다. 외현적 행동문제의 특징은 다음과 같다(Turnbull, Turnbull, Shank & Smith, 2004).

- 사물이나 사람을 향한 공격적 양상을 반복적으로 보인다.
- 과도하게 언쟁한다.
- 신체적이거나 언어적인 방법으로 다른 사람의 복종을 강요한다.
- 합리적인 요청에 응하지 않는다.
- 지속적인 성질부리기(tantrum)의 양상을 보인다.
- 지속적인 거짓말 또는 도벽의 양상을 보인다.
- 자기-조절력의 결여 및 지나친 행동을 자주 보인다.
- 만족할만한 인간관계를 개발하고 유지하는데 방해가 될 정도로 다른 사람이나 교사, 또는 물리적 환경을 방해하는 기타 특정 행동을 보인다.

반항장애는 거부적이고 적대적이고 불순종적이고 반항적인 행동을 일으키는 장애로(APA, 2000), 이성을 잃거나, 성인을 무시하거나 언쟁하고, 잘 흥분하고, 복수심을 품고 있으며, 음란한 말을 사용하고, 실수나 잘못된 행동에 대하여 다른 사람을 비난하고, 자존감이 낮은 구체적인 행동 특성들을 보인다. 이러한 행동 특성들은 생리학적인 원인에 의하여 발생하는 것으로 알려져 있으며(Hall,

Williams & Hall, 2000), 교사의 적절한 중재를 통하여 좀 더 심각한 문제인 품행장애로까지 심화되는 것을 예방할 수 있다(Turnbull et al., 2004).

품행장애는 학교생활, 가정생활, 및 사회적 기능을 심각하게 방해하는 반사회적 행동을 지속적으로 보이는 장애로(Walker et al., 1995), 다른 사람들의 기본적인 권리를 침해하거나 자신의 연령에 적합한 사회 규범이나 규칙 등을 위반하는 행동으로 나타난다. 품행장애는 (1) 사람이나 동물에게 해를 끼치는 결과를 초래하는 공격적인 품행, (2) 기물의 손실이나 손상을 초래하는 비공격적인 품행, (3) 거짓말 또는 절도, (4) 심각한 규칙 위반의 네 가지 유형으로 분류된다(APA, 2000). 품행장애를 보이는 아동들의 공격행동은 성인이나 다른 아동에 대한 욕설, 파괴, 야만적 행동, 다른 사람에 대한 신체적 공격 등 여러 형태로 나타난다. 이런 아동들은 주변 사람들과 지속적으로 갈등을 겪게 되고 공격행위로 인해 다른 사람들을 난처하게 만드는 경우가 종종 있다. 또한 다른 사람들의 호감을 얻기가 힘들고 또래들과 우호적인 관계를 형성하기가 어렵다.

ADHD가 반드시 정서 및 행동장애의 외현적 특징이라고 할 수는 없지만 학습장애와 행동장애 아동의 거의 60~70%가 ADHD를 가진 것으로 추정되어 왔다(Kube, Petersen & Palmer, 2002). ADHD는 일반적으로 주의력 결핍, 과잉행동과 충동성의 증상을 지니며 이 증상들이 7세 이전에 적어도 두 가지 상황, 즉 집과 학교에서 일관되게 나타날 때 진단할 수 있다. ADHD는 발달적으로 부적절하고 다른 조건에 의한 결과가 아니므로 사회적, 학업적 혹은 작업적 기능을 수행하는데 어려움을 갖는다(APA, 2000). ADHD는 정서 및 행동장애나 품행장애, 반항장애와 부분적으로 일치하는 행동 특성을 갖는다(Gresham, et al., 2005). 품행장애와 ADHD를 지닌 아동들, 특히 과잉행동과 충동성을 나타내는 아동들의 경우 반사회적 행동과 범죄 행위의 위험에 놓여 있다(Barkley, Fischer, Smallish & Fletcher, 2004; Miller, Lynam & Leukefeld, 2003).

무단결석이나 가출은 품행장애를 보이는 학생들이 흔히 보이는 행동 특성이다. 그러나 실제로 교육 현장에서 품행장애는 정서 및 행동장애로 진단되기보다는 사회적 부적응 행동으로 여겨짐으로써 이들에게 필요한 개별적인 교육적 필요를 충족시켜주지 못하는 경우가 많다. 그러므로 교사들은 특수교육과 일반교육의 사각지대에 방치될 수도 있는 품행장애를 보이는 학생들을 위한 적절한 교육적 지원을 제공할 수 있도록 특별한 관심을 기울여야 한다. 이러한 행동들은 전형적인 방법의 훈육을 통해서 변화시키기 어려우며 주위 환경으로부터 부정적인 반응을 받게 되고 이로 인해서 상호간에 부정적인 영향을 미치게 된다. 많은 사람들은 일탈행동을 보이는 아동들이 성장하면 대부분 정상적인 성인과 같은 기능을 할 것으로 믿는다. 이러한 긍정적인 생각은 위축과 두려움, 언어장애와 같은 문제를 보이는 아동들에게는 맞을 수도 있지만(Rutter, 1996), 공격적, 강압적, 반사회적 행동이나 비행행동을 일관되게 보이는 아동들의 경우에는 그렇지 않다(Patterson, Cipaldi & Bank, 1991; Trembly, 2000). 학교생활 실패와 품행장애 및 청소년 비행은 상당히 높은 관계가 있는 것으로 알려져 있다. 그러므로 외부적으로 드러나는 문제행동을 보이면서 학업 성취가 낮은 아동들에 대해서는 각별한 관심과 교육의 필요성이 강조되어야 한다.

2) 내면화 행동문제

사회적으로 미성숙하거나 위축된 행동을 하는 아동들은 반사회적 아동들이 하는 것처럼 다른 사람을 위협하지는 않지만 자신의 발달에 심각한 장애를 초래한다. 이들은 정상적인 발달 특성인 만족스러운 인간관계를 발달시키지 못하기 때문에 사회적으로 고립되어 친구가 거의 없고, 놀이 기술 등의 필요한 사회적 기술의 결핍을 보이며, 백일몽과 환상에 자주 빠진다. 일부 아동은 이유없이 사물을 두려워하고 자주 아프다고 호소하거나 초기 발달기로 퇴보하여 끊임없는 도움과 관심을 요구하기도 하고, 아무런 이유 없이 우울증 증세를 보이기도 한다. 이러한 행동으로 인해 학습활동에 참여하거나 일반 아동들의 여가활동에 참여할 기회를 놓치기도 한다. 내재적 행동문제의 특징은 다음과 같다(Turnbull, Turnbull, Shank & Smith, 2004).

- 슬픈 감정, 우울함, 자기-비하 감정을 보인다.
- 환청이나 환각을 경험한다.

- 특정 생각이나 의견이나 상황에서 벗어나지 못한다.
- 반복적이고 쓸모없는 행동에서 벗어나지 못한다.
- 갑자기 울거나, 자주 울거나, 특정 상황에서 전혀 예측하지 못한 비전형적인 감정을 보인다.
- 공포나 불안의 결과로 심각한 두통이나 기타 신체적인 문제(복통, 메스꺼움, 현기증, 구토)를 보인다.
- 자살에 대하여 말한다 - 자살 생각을 이야기하고 죽음에 대하여 몰두한다.
- 이전에 흥미를 보였던 활동에 대한 관심이 줄어든다.
- 과도하게 놀림을 당하거나, 언어적으로나 신체적으로 학대를 당하거나, 무시되거나 또래들에 의하여 기피된다.
- 활동 수준이 심각하게 제한된다.
- 신체적, 정서적, 또는 성적 학대의 증후를 보인다.
- 만족할만한 개인적인 관계 형성 및 유지에 방해가 될 정도로 위축, 사회적 상호작용 회피, 또는 개인적인 돌봄의 결여와 같은 기타 특정 행동을 보인다.

정서 및 행동장애를 진단하기 위하여 가장 많이 사용되고 있는 진단 체계인 정신장애 진단기준 통계편람(DSM-IV-TR)(APA, 2000)에서 내면화 문제로 인한 정서 및 행동장애 범주에는 불안장애(anxiety disorder), 기분장애(mood disorder), 정신분열증(schizophrenia), 뚜렛증후군(Tourette syndrome) 등이 있다.

불안장애는 아동기에 가장 보편적으로 나타나는 장애로 지나친 두려움과 걱정 등에 의하여 나타나는 부적응적인 정서적 상태나 행동으로 특징지워진다. 일반화된 불안장애(generalized anxiety disorder), 공포증(phobia), 강박장애(obsessive-compulsive disorder), 섭식장애(eating disorder), 공황장애(panic disorder), 외상 후 스트레스성 장애(post-traumatic stress disorder), 선택적 함묵증(selective mutism) 등이 불안장애에 포함된다. 일반적으로 불안장애를 지닌 아동들은 학업이나 사회성 및 기타 일상적인 기능에서의 심각한 결함을 보이곤 한다(Saavedra & Silverman, 2002). 그러므로 교사들은 학업 성취를 포함한 학교생활 전반과 사회적 적응을 위한 관심을 기울여야 한다.

기분장애는 정서적으로 과도하게 의기소침하거나 반대로 지나치게 고취된 정서적 상태를 보이는 장애로 때때로 양극단의 정서적 상태를 번갈아 보이기도 한다. 과거에 조울증(manic-depressive disorder)으로 불리던 양극성장애(bipolar disorder)와 우울증이 이에 속한다. 우울증은 자살 시도로까지 연결될 수 있는 행동적 특성을 보이기 때문에 교사들은 개별 아동의 우울증과 자살 시도의 가능성에 대한 행동 특성과 위험 요소들을 잘 이해하고 특별한 관심을 기울여야 한다. 특히 청소년 자살 행위는 심각한 사회문제로 여겨지고 있으며, 아동 및 청소년기 자살 행위는 심한 좌절감이나 우울증, 또는 약물/알코올 중독과 함께 나타나곤 한다. 교사들은 이와 같은 학생들을 발견했을 때 시급하게 대처해야 하며, 필요한 경우 외부의 전문적인 도움을 받도록 하고, 특히 이들이 학교나 지역사회에서 어떤 전문적인 도움을 받을 수 있는지에 대해서도 미리 잘 알고 있어야 한다.

정신분열증은 망상, 환각(환청), 학대에 대한 근거 없는 공포감, 체계적이지 못한 언어 사용, 무감각이나 근육 긴장으로 나타나는 긴장성 분열증, 제한된 정서적 표현, 현실 감각의 상실, 기쁨을 경험하지 못함, 위축 등의 특성을 보이는 장애로, 주로 초기 아동기나 청소년기에 나타나기 시작한다(APA, 2000). 정신분열증은 치료될 수는 없지만 약물치료 및 행동치료, 사회적 기술 훈련과 같은 교육적 중재를 포함하는 다양한 접근을 통하여 증세가 호전되고 적절한 혜택을 받을 수 있는 것으로 알려져 있다.

뚜렛증후군은 눈 깜빡거리기, 얼굴 찡그리기, 목청 가다듬기, 코 킁킁거리기, 팔 뻗치기, 발로 차기, 점프하기 등의 신체 및 음성 틱장애를 보이는 유전에 의한 신경학적 장애이다(Tourette Syndrome Association, 2000). 뚜렛증후군은 18세 이전에 나타나며 여아보다 남아에게서 3~4배 정도 높게 나타난다. 뚜렛증후군을 보이는 아동들은 대체적으로 주의집중 문제나 충동성, 강박적인 행동, 의식적인 행동 등을 보이며 학습장애를 보이기도 한다. 이들이 보이는 틱 행동은 긴장하거나 스트레스를 받는 상황에서 더 빈번하게 나타나며, 반대로 편안하거나 과제에 집중할 때 감소되기 때문에 교사들은 이러한 특성을 잘 이해하고 인내심을 가지고 접근해야 한다.

사회적 위축은 나이에 따라 일시적으로 새로운 관계를 형성해야 하는 상황을 피하고 싶어 하는 등의 가벼운 증세로부터 소아정신분열증이나 자폐와 같이 다른 사람과의 상호작용에 대해서 전혀 관심을 보이지 않거나 다른 사람의 상호작용 시도에 반응을 보이지 않는 등의 심각한 증세에 이르기까지 그 정도에 있어서도 다양하게 나타날 수 있다. 중요한 것은 사회적 위축 행동은 겉으로 드러나는 공격행동과는 달리 학급 활동을 방해하지 않기 때문에 잘 발견되지 않는 경우가 많으므로 조기 발견과 적절한 지원을 위해서 교사들의 각별한 관심이 필요하다는 것이다.

3) 지능 및 학업 성취

정서 및 행동장애 아동은 지적으로 매우 우수할 수도 있고 정신지체를 지니기도 하는데, 일반적으로는 평균에서부터 평균보다 약간 낮은 하위 평균의 범주에 속하며 상위 평균 이상의 지능을 보이는 아동은 비교적 적은 것으로 보고되고 있다(Duncan, Forness & Hartsough, 1995; Kauffman, 2008). 정서 및 행동장애 아동들이 보이는 중요한 특성 중의 하나는 낮은 학업 성적으로 이들은 자신의 잠재적인 지적 능력과는 상관없이 학교에서의 낮은 학업 성취를 보이곤 한다(Lane & Wehby, 2002). 많은 아동들이 읽기와 수학에 어려움을 보이며 기타 과목들의 학습에도 문제를 보이곤 한다. 이들은 행동문제로 인한 학습의 어려움뿐만 아니라 학습기술 및 내용을 숙달하는데 어려움을 갖는 학습장애와 언어장애를 수반하기도 한다(Kaiser, Cai, Hancock & Foster, 2002).

그러나 정서 및 행동장애 아동들이 학업 과제에 참여하는 동안에는 방해행동 등의 문제행동이 감소한다는 보고 등이 제시되고 있으므로(Lane, 1999), 교사들은 아동의 행동문제에 대한 지원뿐만 아니라 학업 기술 교수에도 관심을 기울여야 한다. 특히 정서 및 행동장애 아동들이 학교에서 보이는 학교생활과 관련된 보편적인 문제들을 미리 알고 이에 대한 적절한 지원을 제공해 주어야 한다. 다음은 정서 및 행동장애 아동들이 학교에서 흔하게 보이는 학교-관련 행동문제들이다(Culatta, Tompkins & Werts, 2003).

- 빈번한 장기 결석 및 지각
- 대부분의 학과목에서의 낙제

- 2~3년 정도의 학업 수준 지체
- 과제를 완성하지 않음
- 과제를 늦게 제출하거나 더럽히거나 엉망으로 제출하고, 때때로 교사에게 불손한 말을 적어서 제출함
- 지시 따르기에 어려움을 보임
- 학교 과제에 대한 주의집중에 어려움을 보임

낮은 학업성취와 행동문제 간에 높은 상관이 있는 것은 일방적 관계가 아니다. 정서 및 행동장애 아동의 파괴 및 반항행동은 대부분 학업실패를 가져오고 이러한 실패는 또 다른 반사회적 품행문제를 일으키는 원인이 된다(Hallenbeck & Kauffman, 1995).

4) 사회 · 정서적 특성

아동기와 청소년기에 대인관계를 발달시키고 유지하는 능력은 현재와 미래 적응에 아주 중요한 예측변인이다. 많은 정서 및 행동장애 학생들은 친구를 사귀기가 아주 어렵다. 행동장애가 없는 또래들과 행동장애가 있는 중등 학생들의 사회적 관계를 비교한 연구 결과에 따르면 정서 및 행동장애 아동들은 장애가 없는 또래보다 타인에 대한 공감수준이 더 낮고 교육활동에 덜 참여하며 친구들과 접촉하는 빈도가 더 적고 질적인 관계를 잘 형성하지 못하는 것으로 나타났다(Schonert-Reichl, 1993).

정서 및 행동장애 아동 중에서 사회적으로 미성숙하고 위축된 행동을 보이는 아동은 주의집중시간이 짧고 주의산만하며 관심을 쉽게 잃고 딴 곳을 쳐다보거나 생각없이 대답하는 경우가 많다. 또한 느리고 게으르며 자의식이 강하고 쉽게 당황하며 아주 민감하고 쉽게 상처를 입으며 걱정과 우울에 빠지기 쉽고 항상 슬픈 기분 등의 퇴행성 행동을 나타내기도 한다. 아동 스스로 고립되거나 다른 아동으로부터 거부되는 사회적인 수용의 문제가 발생하기도 하며 사회정서적인 상황이나 맥락에 맞게 언어를 사용하고 이해하는 데에도 어려움을 나타낸다(Hallahan & Kauffman, 2003).

또 한편으로는 과잉행동이나 충동성을 나타내기도 한다. 그 외에도 기능적인 목적없이 동일한 행동을 반복하는 상동행동이나 자신을 상해하는 자해행동, 지나친 음주나 흡연, 다양한 종류의 약물복용, 자살행위 등과 같은 문제들이 정서 및 행동장애 아동들에게 나타나고 있다.

4. 교육적 지원

전문가들은 정상 행동과 이상 행동에 대해서 서로 다른 견해를 가질 수 있다. 이러한 서로 다른 견해는 학생을 정서 및 행동장애로 특수교육에 의뢰해야 하는가를 결정하는 데 영향을 미치게 된다. 만일 교사가 모든 학생들이 제자리에 앉아 있는 조용하고 정돈된 학급 분위기를 원한다면 활발하게 움직이는 활동적인 아동은 그 학급에서 문제가 될 수도 있다. 그러나 학생들의 활동과 움직임, 상호작용을 적극적으로 권장하는 교사의 학급에 이 아동이 배치된다면 아무런 문제가 되지 않을 것이다. 결론적으로 아동의 행동을 부적절하다고 판단하기 전에 교사는 그 행동에 대해서 해 줄 수 있는 모든 교수를 시도해 보아야 한다는 것이다. 이러한 측면에서 최근 정서 및 행동장애아 교육은 선별 후에는 의뢰가 되기 전에 중재를 시도해야 한다는 것을 강조하고 있다.

1) 의뢰전 중재

의뢰전 절차는 일반적인 선별검사보다는 특별한 방법인데 학생의 학업적 성취를 촉진시킬 수 있는 중재와 전략들을 제시한다. 의뢰전 중재는 아동의 기능을 향상시키기 위한 심사숙고, 계획 및 노력의 과정이라 할 수 있으며 특수교육 사정과 중재를 위한 형식적인 의뢰를 시행하기 전에 시도된다. 의뢰전 중재의 목적은 학습 프로그램에서 어려움을 갖는 학생들에게 조정방법을 제공하는 것이다. 예를 들어 학생을 교실의 앞쪽으로 이동시킨다든지, 과제를 완성할 수 있는 시간을 더 늘려 주거나 특정학생에게 과제를 적게 제시하거나 하는 간단한 방법을 말한다. 만일 이러한 조정방법들이 성공하지 않게 되면 교사는 학생을 학교의 위기 팀이나 학년 수준의 팀에 보내야 한다.

팀회의에서는 교사들이 참여하여 학급 안에서 그 학생을 도울 수 있는 전략들을 논의해야 한다. 위기팀은 문화적, 언어적 다양성을 지닌 학생들에게 필요한 중재를 제공할 수 있다. 이러한 중재가 효과적이기 위해서는 팀 내부에 전문교사를 포함해야 하며, 학생의 행동에 미치는 언어와 문화의 영향력을 결정하기 위해 학생의 부모를 포함하고 문화적, 언어적 요인들을 고려한 중재를 계획해야 한다(Ortiz, Wilkinson, Roberton-Courtney & Kushner, 2006).

우리나라에서는 특수교육 대상자로 선정되어야만 서비스가 제공되기 때문에 의뢰전 중재가 이루어지기 어려운 실정이다. 그러나 미국의 경우 2004년 제정된 IDEA에서는 학교가 학생들에게 교육 및 행동적 평가, 서비스 및 지원을 제공해야 하며 교사들에게는 전문성 개발을 위한 서비스를 제공하도록 되어 있다. 따라서 학교는 연방정부로부터 지원받은 특수교육 예산의 15% 이상을 부가적인 학업 및 행동지원이 필요한 학생들을 위한 조기 중재 서비스 개발에 사용할 수 있게 되어 있다.

2) 중재에 대한 반응

중재에 대한 반응(responce-to-interventions: RTI)이란 특수교육 서비스를 의뢰하기 전에 다양한 수준의 중재를 제공한 후 학생들의 반응에 따라 적절한 수준의 지원을 결정하는 단계를 말한다. RTI는 학습장애 학생들을 판별하기 위해 사용되었지만(Gresham, 2005; Linan-Thompson, Vaughn, Prater & Cirino, 2006) 정서 및 행동장애 학생들을 판별하기 위해서도 사용되고 있다. 긍정적 행동지원과 비슷하게 RTI는 3차에 걸친 중재를 제공하는 삼차원 예방 모델로 개념화 되어 있는데 보편적 중재라고 할 수 있는 1차적 중재는 학교 차원의 중재로서 학교의 전교생을 대상으로 한다. 2차적 중재는 개별화된 중재로서 개별학생이나 개별학급을 대상으로 특정한 지원을 제공한다. 3차적 중재는 2차적 중재로 효과를 거두지 못한 학생을 대상으로 강도 높은 개별화된 지원을 제공하는 것이다(Bradley, Danielson & Doolittle, 2005; Marston, 2001).

RTI를 사용하기 위해서 교사는 각 수준에 적절한 효과적인 중재를 개발해야 한다. 학생의 학업 혹은 행동문제를 적절히 정의하는 것이 필요하며 효과적인 중재를 개발하여 이를 실행해야 하고 동시에 중재의 효과를 점검해야 한다. 만일 학생이 1차 중재에서 적절한 반응을 나타내면 그 학생은 일반학급에서 계속적으로 진보를 보일 것이라고 기대된다. 그러나 1차 중재를 받아도 진전이 없다면 2차적 중재를 제공해야 한다. 2차적 중재는 집단중재이거나 강도있는 중재이며 2차적 중재에서도 적절한 반응이 나타나지 않는다면 3차 중재가 적용될 수 있다. 이 단계에는 기능적 행동 분석, 행동적 중재 계획 혹은 특수교사로부터의 특별한 도움이 포함된다. 만일 학생의 학업 혹은 행동문제가 부적절하게 지속된다면 학생은 특수교육 평가로 의뢰되어야 한다(Bradley, Danielson & Doolittle, 2005; Linan-Thompson et al., 2006; VanDerHeyden, Witt, Gilbertson, 2007).

의뢰전 중재를 실행할 때 일반교사들은 학생을 가르치고, 기능을 점검하고 1차적, 2차적 중재를 실시하게 된다. 특수교사들은 1, 2차 중재에서 자문을 제공하고 3차적 수준에서 보다 많은 개입을 하게 된다(Mastropieri & Scruggs, 2005). 학업 및 정서, 행동문제를 갖는 많은 학생들이 중재를 받은 후 성공적으로 수행하게 되면 추후의 사정과 평가는 필요하지 않다. 따라서 의뢰전 중재는 적격한 장애를 지니지 않은 학생들을 특수교육 프로그램에 배치하는 것을 피하게 해 준다(Fuchs et al., 2002).

3) 특수교육

정서 및 행동장애로 진단받은 학생이 일반학급에 통합되는 경우 교사들은 일반적으로 교실에서의 행동 문제, 사회적 기술, 교과 학습의 세 가지 측면에서 교육 프로그램의 적용을 고려해야 한다. 특히 정서 및 행동장애는 정신지체나 학습장애 등의 기타 장애와 유사한 행동적 특성을 보이므로 이들의 교육을 위한 전략과 기술들도 동일하게 적용될 수 있으며, 이들을 위한 특정 교수방법들은 장애의 유무나 유형과 관계없이 모든 아동들에게 성공적으로 시행될 수 있다.

(1) 행동관리

정서 및 행동장애 학생을 가르치는 데 있어 교실행동관리는 중요한 부분이다. 정서 및 행동장애 학생은 자신의 행동을 통제하는 데 어려움을 겪기 때문에 학교와 교실에서의 기대에 부응하기가 어렵다. 따라서 교사들은 정서 및 행동장애아를 포함한 모든 아동을 위한 행동관리계획을 세우고 실행해야 한다. 교사들이 아동의 행동을 관리해야 하는 것은 학습이 이루어지는 안전한 환경을 제공하기 위함이며, 학생이 타당한 규칙과 후속결과를 배울 수 있는 기회와 그 이유를 이해할 수 있도록 하기 위함이다. 이를 통해 학생은 스스로 자신의 행동을 관리하게끔 돕고 자기원칙과 자기통제를 기를 수 있게 된다(Laursen, 2003). 대부분의 교실관리계획은 행동이론 원리에 기초하여 확고한 훈육(Assertive Discipline)[6] 과 유사한 규칙, 후속결과, 보상 등이 포함된다(Canter & Canter, 2001). 확고한 훈육을 위해서는 일련의 규칙, 일련의 후속결과, 일련의 보상, 그리고 실행 계획 등의 네 가지 구성요소가 필요하다(Malmgren, Trezek & Paul, 2005).

교실행동전략은 사소한 문제행동을 효과적으로 감소시키는 단순한 교사 개입의 중재이다. 정적 및 부적 강화는 학생으로 하여금 보상을 얻거나 후속결과를 회피하도록 함으로써 행동의 빈도나 강도를 증가시키는 것이다. 벌은 혐오적인 후속결과를 따르게 함으로써 행동의 빈도나 강도를 감소시키는 반면, 형성은 일련의 단계를 통한 행동의 강화이다. 유관계약은 학생의 행동적, 학업적, 사회적 목적을 명시하는 학생과 교사 간의 동의로서 행동의 증가나 감소를 강화하는 기술이다. 토큰 경제는 강화물로 교환할 수 있는 토큰을 분배함으로써 행동을 증가시키거나 감소시키는 것이고 수준 체계는 강화를 증가시키면서 다른 계급 수준으로 기대행동을 강화하는 것이다. 이러한 모든 교실관리계획은 학생 개인의 요구를 충족시킬 수 있도록 충분히 융통성 있는 것이어야 한다. 또한 교사는 그들이 특정 학생에게 적용하는 중재에 영향을 미칠지도 모를 문화적 차이에 민감해

6) 확고한 훈육(Assertive Discipline)이란 교사가 행동에 관한 일관적인 기대를 유지하면서 기대에 어긋나는 행동을 하는 학생들에게 적절한 후속결과를 제공하는 체계적인 행동관리계획이다.

야 한다.

(2) 사회적 기술 교수

정서 및 행동장애 아동들은 사회적 기술에 있어서 결함을 보이는 경우가 많다. 정서 및 행동장애 아동들은 사회적 단서를 이해하고 해석하기, 사회적 상황에서 효과적으로 반응하기, 감정이입 나타내기, 또래나 어른들과 나이에 맞는 상호작용을 주도하기 등에 어려움을 갖는다. 정서 및 행동장애 아동들이 다른 사람들과 상호작용하는 것이 어렵기 때문에 교사나 또래로부터 거부당하거나, 학교 실패, 제한적인 사회적 관계 등을 경험하게 된다(Lane, Menzies, Barton-Arwood, Doukas & Munton, 2005). 연구에 따르면 사회성 기술이 성공적인 학교생활에 반드시 필요함에도 불구하고 수업에서는 이 기술을 거의 가르치지 않는다고 한다. 사회성 기술이 부족한 학생에게 사회성 기술을 가르치게 되면 그들의 행동은 개선될 수 있다(Shepherd, 2010).

일반적으로 사회적 기술은 또래들의 적절한 기술 수행을 관찰함으로써 가장 잘 학습된다. 그러나 아동에 따라서는 관찰 이상의 교수적인 개입을 필요로 하기도 한다. 학생이 습득해야 할 중요한 사회성 기술은 또래나 어른과의 상호작용, 교실에서 생존하는 기술, 대처기술 등이다. 교사들은 이러한 기술들을 직접 가르쳐야 한다. 사회성 기술을 가르치기 위한 방법에는 소개, 모델링, 또래 중재, 역할놀이, 피드백, 바람직한 사회적 행동 강화 등이 있다. 표 8.1은 정서 및 행동장애 아동의 사회적 행동을 향상시키기 위해서 사용될 수 있는 구체적인 교수전략이다.

표 8.1 사회적 기술 향상을 위한 교수전략

특성	교수전략	내 용
공격적인 행동문제를 지닌 아동	시범 보이기	공격행동을 일으키기 쉬운 상황에서 비공격적인 행동이 사용될 수 있음을 보여준다. 이때 성인이나 또래들이 시범자로 직접 행동할 수도 있고 영화나 비디오테이프 등을 사용할 수도 있다.
	역할놀이	비공격적인 행동을 연습할 수 있도록 역할놀이를 실시한다. 이때 가상 상황을 설정하여 실제로 어려운 상황에 부딪치기 전에 적절한 행동으로 대처하는 방법을 학습하도록 기회를 제공한다.

공격적인 행동문제를 지닌 아동	자기방어	상대방의 언어적이거나 신체적인 공격에 대한 적절한 반응을 학습시킨다. 도움을 구하거나 자리를 뜨거나 비공격적인 언어를 사용하도록(예: "어제 축구시합에서 너 정말 잘하더라.") 가르친다. 이러한 반응을 학습하지 못한 경우에는 신체적이거나 언어적인 공격행동으로 반응하기 쉽다.
	대체행동 강화	이전에 공격행동을 보였던 상황에서 적절한 대체행동을 보일 때 즉시 강화한다. 예를 들어서, 점심시간이나 자유놀이 시간에 친구와 싸움을 하거나 친구를 놀리는 행동 대신 함께 게임을 하고 있다면 즉시 강화한다.
	소거	욕하고 놀리고 싸우고 부적절한 언어적 행동에 대해서 무시하는 방법을 사용한다. 학급의 다른 아동들에게도 동일한 유형의 문제행동이 나타날 때 관심을 보이지 말고 무시하도록 지시한다.
	벌칙	부적절한 행동에 대한 벌칙을 정하여 강화 받을 수 있는 기회를 제한하거나 이미 얻은 강화나 활동 시간을 반납하게 하거나 꾸짖거나 부모에게 알리는 등의 방법을 사용한다. 그러나 이러한 방법은 자주 사용되어서는 안 되며, 문제행동을 신속하게 교정해야 할 시급함이 있는 경우에 사용될 수 있다. 벌칙은 행동이 발생했을 때 즉각적으로 사용되어야 하며, 적절한 대체행동에 대한 강화가 함께 사용되어야만 효과가 나타난다.
위축된 아동	행동분석	위축된 아동의 사회적 기술을 주의 깊게 분석하여 강점과 약점에 따라 필요한 영역에 대한 교수를 제공한다. 예를 들어서, 다른 사람들에게 안시하고 반기는 방법이나 상호작용을 시작하는 방법, 대화에 참여하고 유지하는 방법 등을 가르친다.
	강화	위축된 아동의 사회적 상호작용을 강화한다. 그러나 처음에는 위축된 아동의 또래들을 강화하여 사회적 상호작용이 발생하게 하는 것이 더 좋다. 처음부터 위축된 아동에게 지나친 관심을 집중하면 오히려 더 위축되고 상호작용을 회피하게 될 수도 있기 때문이다.
	모둠 활동	위축된 아동이 모둠 활동에 참여하게 한다. 이때 사회적 상호작용이 발생하도록 특정 활동을 지정하는 것이 좋다. 예를 들어서, 문제지를 풀 때 문제의 답을 맞추기 위해서 필요한 교재들을 각각의 아동들에게 다르게 배부하여 서로 의논하지 않고는 답을 맞출 수 없게 한다. 대상아동이 적극적으로 참여할 때에는 모둠 전체에게 강화를 제공한다.
	보조인력 활용	위축된 아동에게 또래 교수자나 성인 보조원 등을 지정하여 적절한 사회적 상호작용을 시범보이도록 하고 아동이 유사한 행동을 보일 때 강화한다.

출처: 이소현 · 박은혜 (2010). 『특수아동교육』, 학지사.

정서 및 행동장애를 지닌 아동에게 사회적 기술을 교수하기 위해서는 가장 먼저 아동의 사회적 능력이 어느 정도인지를 정확하게 진단해야 하며, 정확한 진단을 통하여 개별 아동에게 가장 적절한 교수전략을 선택해야 한다. 특히 정서 및 행동장애 아동들에게 사회적 기술을 교수할 때에는 학업 기술 교수에서와 마찬가지로 일반화가 잘 이루어지지 않는다는 사실을 고려하여(Scott & Nelson, 1998) 인위적인 상황을 피하고 장애가 없는 또래들을 훈련 프로그램에 참여시키는 등의 일반화 촉진을 위한 관심을 기울여야 한다.

사회성 기술을 일반교육과정에 통합하는 것은 많은 이점을 갖는다. 교사는 학생이 배울 기술을 소개하는 것으로 사회성 기술 수업을 시작한다. 그런 후에 기술을 시범보이거나 수행함으로써 모델링을 하게 한다. 수업에는 정서 및 행동장애아동의 사회적 행동을 개선시키는 것으로 보고된 방법인 또래 중재를 사용할 수 있다. 역할놀이는 학생이 기술을 배운 교실에서 사회성 기술을 연습하는 것으로 학생은 수행 피드백을 통하여 역할놀이에서 그가 어떻게 수행했는지를 알게 된다.

학생은 또한 의사결정과 문제해결 전략을 배워야 한다. 정서 및 행동장애 학생은 흔히 어떤 결정을 해야 하는 사회적 상황에서 잘 행동하지 못한다. 그들에게는 선택을 연습하는 기회와 자신의 선택의 결과를 인정하는 기회가 주어져야 한다. 또 학생들은 외부의 영향없이 목적을 확인하고 추구하는 능력인 자기결정 기술을 발달시켜야 한다. 이러한 기술의 숙달은 성인이 되었을 때의 성공적인 결과와 관련된다. 사회성 기술을 잘 배운 학생들은 학교와 일터에서 제 역할을 다할 수 있을 것이다.

모든 학생에게 사회성 기술을 가르치기 위한 학교 수준의 프로그램이 개발되어 왔으며 교실에서 사용할 수 있는 간단한 전략들이 정서 및 행동장애 아동들의 사회성 기술의 발달을 도울 수 있다. 이러한 전략들은 보드게임, 스포츠, 기타 여가 활동과 같은 실생활의 사회적 활동을 수반해야 한다. 이러한 전략을 사용할 때 교사들은 학생의 배경을 이해하는 것이 중요하다. 문화적 신념과 전통이 학생의 행동에 영향을 미친다는 것을 이해한다면 교사는 학생의 사회적 행동을 더 잘 이해할 수 있게 될 것이다.

(3) 학업기술 교수

정서 및 행동장애 학생들은 행동문제와 사회적 기술의 결함 때문에 특수교육이 필요하지만 학교수업도 소홀히 해서는 안 된다(Lane, Gresham & O'Shaughnesy, 2002). 대부분의 정서 및 행동장애 학생들은 일반학생에 비해 학업성취가 저하되어 있다. 이는 정서 및 행동장애의 대표적인 특징인 주의산만과 충동성, 불안정한 정서 상태에 기인한다. 계속되는 실패와 좌절의 경험은 학업에 대한 집중도를 더욱 감소시키며 새로운 정서 및 행동상의 문제를 야기시킬 수도 있다. 그러나 인지적 능력에 문제가 없다면 대부분의 정서 및 행동장애 학생들은 직접적이고 체계적인 수업을 제공할 때 진전이 빠르다(Mooney, Epstein, Reid & Nelson, 2003).

정서 및 행동장애 학생들에게 필요한 학습기술은 대부분 초등학교 저학년 단계에서 습득되어야 할 기본 기술들이다. 특히 주의집중이나 행동조직 및 정확한 반응 표출 등은 학교학습에 필요한 기초능력으로 교사는 정서 및 행동장애 학생들을 개별적으로 파악하여 부족한 기술을 향상시켜야 한다. 모든 아동과 마찬가지로 정서 및 행동장애 아동들에게도 성공적인 사회적 기능을 위해 읽기, 쓰기, 셈하기는 중요하다. 교사는 정서 및 행동장애 학생의 불복종 및 문제행동을 피하기 위해 쉬운 과제만 제시하거나, 반응할 기회를 제한하고 낮은 기대를 하는 제한된 교수를 제공해서는 안 된다(Gunter et al., 1993; Sutherland, Alder & Gunter, 2003).

제 9 장

의사소통장애

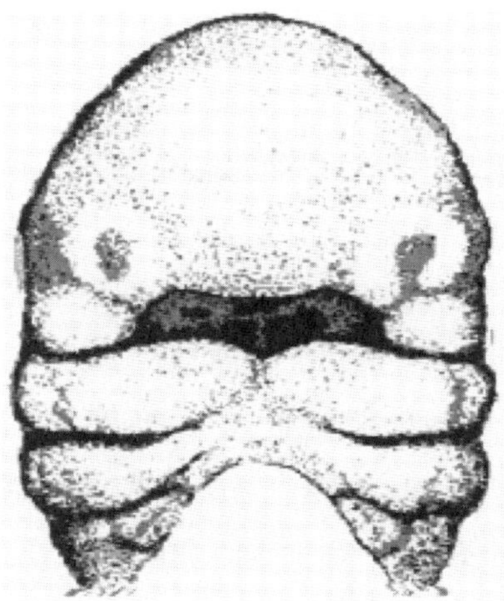

의사소통이란 서로 이해할 수 있는 상징으로 두 사람 혹은 그 이상의 사람들과 의견, 생각, 감정, 정보 등을 나누는 과정이다(Arvidson, Fuller & Lloyd, 1997). 언어란 상징 부호(symbol system)를 일정한 규칙에 맞추어 사용함으로써 서로 생각을 교환하는 것이다. 따라서 같은 연령의 아동 집단에서 상징 부호의 사용 능력이 현저하게 뒤떨어지는 아동을 의사소통장애아동(communication disorders)이라고 한다(Hallahan & Kauffman, 2005). 즉 의사소통장애란 같은 연령의 집단 내에서 언어를 잘 이해하지 못하거나 적절하게 사용하지 못하는 것을 말한다. 말(speech)이란 구두어의 소리를 계열화(sequencing)하고 조직(forming)

하는 행동으로 말장애(speech disorders)란 구두 표현에서 남이 알아들을 수 없을 정도의 이상한 말씨를 사용하는 것을 말한다. 언어장애는 비문법적이고, 다른 사람이 이해하지 못하며, 문화적으로나 개인적으로 적절하지 못할 때에 장애가 있다고 말한다.

1. 정의 및 분류

1) 정의

의사소통장애는 일반적으로 말장애(speech disorders)와 언어 장애(language disorders)로 나눌 수 있다. 말(speech)을 산출하는 과정에서 나타나는 장애를 말장애라고 하며, 언어(language)를 구성하고 두뇌 안에 존재하는 낱말이나 문법적 지식을 이해하는데 관련된 중추신경의 손상으로 인해 나타나는 장애를 언어장애라고 한다. 한편 구어나 비구어적인 언어(예: 몸짓)를 통하여 생각, 의견, 감정, 지식 등을 교환하는 과정에 나타나는 장애를 의사소통장애라고 한다. 따라서 호흡기관(폐, 기관, 기관지 등), 발성기관(후두 및 성대) 그리고 조음기관(입술, 구강의 각 조직, 비강, 입천장 등)에 손상이 생겨서 일어나는 의사소통 장애가 말장애이다. 말장애는 증상별로 살펴보면 발성 장애, 조음 장애, 구개열로 인한 장애가 있으며, 언어장애에는 아동의 언어 발달지체, 말더듬, 실어증 등이 있다(이승환, 1994).

「장애인등에 대한 특수교육법」의 의사소통장애를 지닌 특수교육대상자는 다음과 같이 정의되고 있다.

의사소통장애를 지닌 특수교육대상자는 다음 각 항목의 어느 하나에 해당하여 특별한 교육적 조치가 필요한 사람 가. 언어의 수용 및 표현 능력이 인지능력에 비하여 현저하게 부족한 사람

나. 조음능력이 현저히 부족하여 의사소통이 어려운 사람
다. 말 유창성이 현저히 부족하여 의사소통이 어려운 사람
라. 기능적 음성장애가 있어 의사소통이 어려운 사람

한편 장애인복지법에서는 언어장애를 매우 간단하게 정의하여 '음성기능이나 언어기능에 영속적으로 상당한 장애가 있는 사람'으로 정의되어 있다.

미국의 장애인 법(IDEA)과 미국언어청각협회(The American speech-Language-Hearing association; ASHA, 1993)의 정의는 각각 다음과 같다.

미국의 장애인 법(IDEA)의 정의

말 또는 언어장애는 교육적 수행에 불리한 영향을 미치는 말더듬, 손상된 조음, 언어장애, 음성장애와 같은 의사소통의 장애를 의미한다.

미국 언어청각협회(ASHA)의 정의

개념이나 구어 및 비구어, 그래픽 상징체계를 지각하고 전달하며 이해하는데 손상을 가지는 경우.

독일은 언어장애를 다음과 같이 정의하고 있다(노선옥 외, 2008)[1)]

언어장애는 연령에 맞는 말하기와 쓰기를 할 수 없으며, 더 나아가 인격과 사회성 발달에 장애가 발생하는 경우이다. 언어장애의 원인들은 언어기관의 장애로 인한 경우, 체질적으로 언어능력이 약한 경우, 심리사회적으로 잘못된 언어모델과 결손가정의 무관심, 그리고 사회문화적 사랑의 결핍 등이 있다.

이와 같은 언어장애는 6가지 언어발달의 장애로 구분한다.

첫째, 말장애는 음, 음절 그리고 조음을 구별할 능력이 현저히 떨어진다(조음

1) 독일은 장애의 종류를 지체장애, 만성질병(건강장애), 청각장애와 난청, 시각장애와 약시, 정신지체, 학습장애, 언어장애, 정서(행동)장애로 구분하고 있다(노선옥 외, 2008, pp. 24-27).

장애와 유사).2)

둘째, 문법으로 올바른 문장을 만들어 이야기할 수 없는 언어장애가 있다.

셋째, 말의 흐름이 끊어지는 말더듬 장애

넷째, 속도를 스스로 조절할 수 없는 장애이다.

다섯째, 비음으로 말하는 장애로 언어기관의 병리적 현상 때문이다.

여섯째, 목소리장애로 스트레스 같은 심리적 요인에 의한 장애이다.

2) 분류

말-언어 장애에는 여러 가지 형태가 있으나 일반적으로 다음과 같이 분류하고 있다.

(1) 조음 장애(articulation disorders)

(2) 음성 장애(voice disorders 또는 phonation disorders)

(3) 유창성장애(fluency disorders)

(4) 실어증(aphasia 또는 dysphasia)

(5) 구개열(cleft-palate)로 인한 조음 장애

(6) 뇌성마비(cerebral palsy)로 인한 언어 장애

(7) 언어 발달 지체(speech-language developmental delay)

(8) 언어 발달 장애(speech-language disorders 또는 deviancy)

(1) 조음 장애(articulatory disorders)

조음 장애란 호흡기관, 발성기관, 조음기관의 손상으로 말소리를 만들지 못하는 장애로 말하는 사람이 말을 생략, 대치, 추가, 왜곡하여 말함으로써 듣는 이로 하여금 생략·대치·추가·왜곡하여 듣게 될 때 말하는 사람에게 조음 장애가 있다고 말한다. 생략(omissions)이란 산출되어야 하는 낱말의 음소를 산출하지 못하는 것으로 낱말의 일부분만이 발음되는 것이다. 즉 '아버지'를 '아지'로 발음하거나 '고기'를 '고이'로 발음하는 것이다. '과자'를 '아자'라고 하면 /ㄱ/ 음소가 생략된 것이다. 대치(substitutions)는 올바른 음을 다른 음으로 바꾸어 산출하는 것

2) 저자 주

으로 '고기'를 '고지'로 발음하는 것이다. 우리말에서 흔히 나타나는 대치 현상은 'ㅅ'을 'ㄷ'이나 'ㅌ'으로 'ㄹ'을 'ㄷ'로 발음하는 것 등이다. 첨가(additions)란 낱말에 없는 음이 더해지는 것으로 가외의 소리를 첨가하는 것이다. 즉 '형'을 '형아'로 '콩'을 '콩아' 등으로 '아'를 추가하는 것이다. 왜곡(distortions)은 정상적인 음과는 다른 음을 발음하는 것이다. 즉, 정확하게 발음하지 못하는 것이다.

말소리를 내기 위해서는 말소리를 내려고 하는 낱말과 문장을 머리 속에서 미리 구성해야 하며, 구성된 낱말과 문장은 소리내기를 담당하는 발음기관(호흡기관, 발성기관)으로 명령이 전달되고, 이 명령에 따라 발음기관이 제대로 움직여 주어야만 말소리 내기가 가능해진다. 말소리를 내는 힘은 허파에서 나오는 날숨이다. 날숨이 허파에서 기관과 기관지를 통하여 올라오면 후두(larynx) 안에 있는 성대(vocal cords)를 지나고 인두강(pharyngeal cavity)을 지나 더 올라오면 두 갈래 길이 나오는데 한쪽은 구강(oral cavity)이고 다른 한쪽은 비강(nasal cavity)이다. 말소리들을 상호 구분하는 조음은 구강과 비강에서 이루어진다.

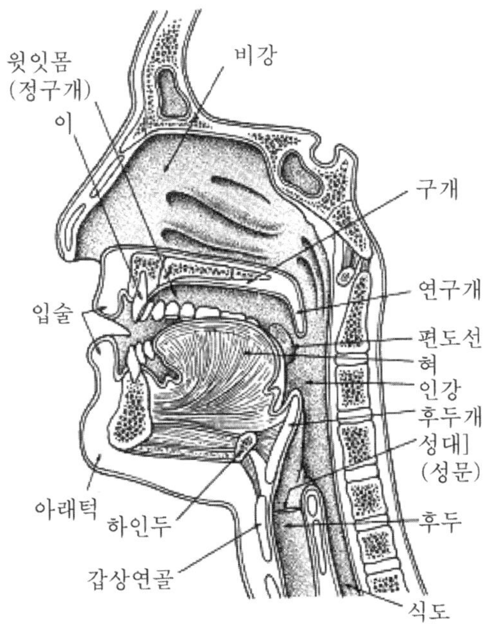

그림 9.1 발음기관의 구조

(2) 음성 장애(voice disorders 또는 phonation disorders)

후두 안에 있는 성대의 이상으로 생기는 말소리의 높낮이와 질(즉, 거친 소리, 쉰 소리 등)의 장애, 그리고 호흡량의 조절이 잘 되지 않아서 생기는 말소리의 강세 장애 등을 음성 장애라고 한다. 정상적인 발성을 하던 사람에게 갑자기 발성 장애가 나타날 경우에는 후두에 질병이 생겼는지를 먼저 확인해야 한다. 그러나 일반적으로 음성 장애는 기질적인 장애가 아닌 기능적인 장애인 경우가 대부분이다. 이것은 심리적인 불안, 가정이나 사회에 잘 적응하지 못하는 사람들에게 많이 나타나는 장애이다. 음성 장애의 또 다른 유형의 하나는 심리적인 불안과 대인공포증이 심하면, 성대의 기질적인 장애가 없는 사람이라도 발성이 전혀 불가능해지는 경우가 있다. 다시 말하면 말소리를 전혀 내지 못하는 상황에 처하게 되는데 이런 장애를 무성증(aphonia)이라고 한다. 음성 장애의 극단적인 경우는 후두암(laryngeal cancer) 등으로 인하여 일부 또는 전체적인 후두 절제 수술을 받은 사람들이라고 할 수 있다. 이런 사람들은 후두를 제거했기 때문에 성대가 없다. 따라서 성대의 기능인 발성(phonation)을 할 수 없게 된다.

(3) 유창성장애

유창성(fluency)이란 쉽고 부드럽고 물 흐르듯이 노력을 크게 들이지 않고 발화하는 것을 말한다(Hedge, 2002. 김선희 외 역). 그런데 유창성장애란 부적절한 속도나 부적절한 리듬으로 말하는 것을 의미하며, 말이 너무 빠르거나, 문장의 잘못된 곳에서 쉬거나 부적절한 형태의 강세를 사용하거나, 흐름이 부드럽지 못하여 음절이나 단어를 반복하는 등의 특성을 보인다(박은혜, 2011). 일반적으로 유창성문제는 전형적인 말 발달을 보이는 아동에게서도 빈번히 발견되며, 특히 5세 이전에 구어적 의사소통과 언어를 학습해가는 과정에서 나타나는 비유창성 문제는 흥분하거나 낯선 상황 또는 스트레스 상황에서 더 빈번하게 나타난다(Conture, 2001; Pollard, 2010). 아동기에 나타나는 유창성 문제는 유창성장애의 진단 기준에 부합되는 경우라고 할지라도 그 회복률이 매우 높아 대부분의 경우 성인이 되기 전에 해결되는 것으로 보고되고 있다(Ratner, 1995; Yairi &

Ambrose,2004). 유창성장애의 가장 보편적인 형태는 말더듬(stuttering)으로, 여아보다 남아에게서 더 자주 나타난다(박은혜, 2010).

(4) 실어증(aphasia 또는 dysphasia)

말-언어를 담당하고 있는 뇌의 중추신경 손상으로 발생하는 말-언어 장애를 실어증이라고 한다. 교통사고 등으로 뇌를 다쳐서 신경외과적 수술을 받은 사람들 중 많은 수가 실어증의 증상을 보이며 최근 이러한 환자가 급격히 늘어나고 있다(Hedge, 2002. 김선희 외 역).

대부분의 사람에 있어서는 좌반구가 말-언어를 담당하는 주요 반구이다. 좌반구에서도 특히 하위 전두엽의 뒤쪽 부위에 위치한 브로카 부위(Broca's Area)와 상위 측두엽의 뒤쪽 부위에 위치한 베르니케 부위(Wernicke's Area)가 말-언어의 구성, 산출, 이해의 기능을 담당하는 주요 뇌 중추신경 부위들이다. 이렇게 뇌의 부위를 기능적으로 분할해서 실어증의 증상을 기술하려는 학파를 보스톤 학파(Boston School of Aphasia)라고 한다(Penfield and Roberts, 1959 : Geschwind, 1969; Goodglass and Kaplan, 1972; Brookshire, 1978). 보스톤 학파와는 달리 뇌의 특정 부위에 말-언어의 기능을 부여하지 않고 뇌 전체가 말-언어 수행에 관여되고 있다는 입장을 취하는 학파도 있다. 이를 미네소타 학파(Minnesota School of Aphasia)라고 한다(Jenkins, Jimenez-Pabon, Shaw and Sefer, 1975). 근래에 이르러서는 보스톤 학파 혹은 미네소타 학파의 '극단적인' 입장을 취하는 학자들은 드물고, 양자의 입장을 가미한 절충적인 견해를 갖는 학자들이 늘어나고 있다(Luria and Hutton, 1977). 그러나 실어증의 현상을 쉽게 이해하기 위해서는 우선 보스톤 학파가 주장하는 뇌 기능의 부위별 특정화의 견해를 따르는 것이 좋다.

(5) 구개열(cleft-palate)로 인한 조음 장애

입천장파열 혹은 입천장과 입술의 파열로 인하여 말하는 동안 입과 코를 차단하는데 어려움이 있다. 그 결과 말소리에 비음이 너무 많이 섞인다. 즉 비자음(/m/, /n/을 발음할 때는 비강의 공명이 부족하고 구강내에서 내야하는 모음을 발음할 때에는 비강공명이 생기는 현상이 보인다. 즉 모음을 발음할 때 비음이 너무 많이 섞이고 비자음을 발음할 때 비음이 제대로 나지 않는다.

(6) 뇌성마비(cerebral palsy)로 인한 언어 장애

뇌성마비 아동은 30-60%가 언어장애가 있고 말 산출의 모든 면에서 장애가 생긴다. 호흡, 발성, 공명, 조음운율, 말발달의 전반적인 면에 장애를 보일 수 있다. 뇌성마비 아동들은 심각한 조음 문제를 가지는 경우가 많다. 호흡의 장애, 발성기능의 장애, 공명의 장애는 조음 문제를 야기한다. 이들은 입술을 둥글게 하거나, 내밀거나 다무는 것이 어렵고 턱이 튀어나오고 혀의 모양이 비정상적이어서 모음과 자음을 조음할 때 성도를 정확한 모양으로 만들고 조음기관을 협착시키는 일이 어렵게 된다. 이들은 호흡기 통제가 불완전하고, 호흡과 후두기능의 박자가 안 맞고, 후두 긴장의 통제가 불완전하여 억양과 발화내에서 강세 단어를 두드러지게 발음하는데 어려움을 보인다. 또한 언어장애는 뇌성마비에 빈번히 동반된다. 운동제약, 지적장애, 청력손실, 그리고 지각 결손에 기인한 환경탐색 능력의 감소는 뇌성마비 어린이의 어휘, 문법, 그리고 담화 기능발달의 제한을 가져올 수 있다.

(7) 언어 발달 지체(speech-language developmental delay)

학령전기에 언어발달이 지체되는 경우가 있다. 이 아동들은 어휘가 적고, 문장이 짧고, 자기 나이 또래의 다른 아동에 비해 말을 적게 한다. 2세 정도에 심한 언어지체 아동의 반수는 5세경에 자기 나이 또래의 언어를 사용할 수 있게 되는데 나머지 반수는 언어지체의 현상이 그 이후에도 지속된다. 학령전기나 학령기 초기까지는 언어장애와 언어지체를 구분하기 힘들다.

(8) 언어 발달 장애(speech-language disorders 또는 deviancy)

어떤 아동들은 언어를 이해하거나 자신의 생각과 감정을 언어로 표현하는데 심각한 어려움을 가지고 있다. 수용성 언어장애(receptive language disorder) 아동은 요일을 순서대로 학습하는 것이 불가능하거나 연결된 지시를 따르는데 어려움을 보일 수 있다. 표현성 언어장애(expressive language disorder) 아동은 또래에 비해 어휘의 수가 제한적이며 단어의 순서를 혼동하고 시제나 복수의 개념이 혼동된다. 주요 언어장애의 유형은 아동기에 발생하는 발달적(기능적) 언어장애, 아동기에 발생할 수도 있지만 대부분 노인에게서 생기는 후천적 언어장애가 있고 거의 대부분 노인에게서 발생하는 치매 3가지 유형이 있다(이승복 · 한기선, 2000).

2. 원인 및 출현율

1) 장애 원인

말-언어장애의 원인은 보통 기질적인 것과 기능적인 것으로 분류한다(Tunbull & Wehmeyer, 2010). 기질적 장애란 신경조직이나 기관구조의 이상으로 인한 것을 말한다. 기질적 원인이 아닌 장애를 기능적 장애라 하며 기능적인 장애는 심리적 또는 환경적 요인에 의한 장애이다.

(1) 기질적 장애

모든 행동은 신경조직적 근거를 가지고 있다. 사람들이 말을 하거나 행동을 하는 것은 뇌가 기능을 하지 않는다면 불가능한 일이다. 따라서 말-언어 장애는 신경조직의 손상으로 기인한 것이다(Angell, 2009; Murtoch, 2010). 그러나 언어장애의 대부분은 신경조직의 손상보다는 기능적인 장애로 보는 경우가 많으며 뇌손상이 명확히 지적된다 하더라도 그 효과가 항상 같지도 않다. 구체적인 효과는 뇌손상의 부위, 정도, 손상 받았을 때의 연령 등에 따라 다르다. 즉 두 사람이 같은 뇌손상을 받았다 해도 그 결과는 아주 다를 수도 있다는 것이다.

뇌손상으로 인한 언어장애 중 널리 알려진 것이 브로카(Broca) 실어증과 베르니케(Wernicke) 실어증이다. 뇌의 좌반구의 브로카 영역과 베르니케 영역을 나타낸 것이다. 브로카 영역이 손상을 받으면 상대방의 말을 이해하는 데는 문제가 없으나 자신의 의사표현에 문제가 생긴다. 즉 표현 실어증이 된다. 반면 베르니케 영역이 손상을 받으면 말은 할 수 있으나 말의 내용이 없다. 즉 언어 이해 능력에 결함을 가져온다. 따라서 베르니케 실어증을 이해 실어증이라고도 한다. 뇌손상이 조음 기관의 근육통제에 영향을 주어 말을 정상적으로 하지 못하는 경우도 있는데 이를 마비성 조음장애(dysarthria)라고 하며 뇌성마비 아동 등에서 흔히 볼 수 있다. 호흡과 후두, 연구개와 인두, 혀, 입술, 턱을 조절하는 근육에 영향을 주어 음성의 질이나 말의 흐름에 장애를 가져오기도 한다.

신경조직의 결함 외에 다른 기관의 결함으로도 구개파열을 들 수 있다. 구개파열은 조음과 음성에 장애를 가져온다. 구개파열은 출생시 이미 문제를 가지고 태어나는 것이며 출생 후 사고로 인한 경우는 드물다. 구개파열의 원인은 확실히 밝혀지지 않았으나 유전적인 요인과 환경적인 요인, 즉 모체의 영양상태, 태아의 산소 결핍상태, 약물중독, 방사선에의 노출 등이 있음이 지적되고 있다. 그밖에 혀, 목, 후두의 이상도 말-언어장애를 초래하나 매우 드물다(Hedge, 2002).

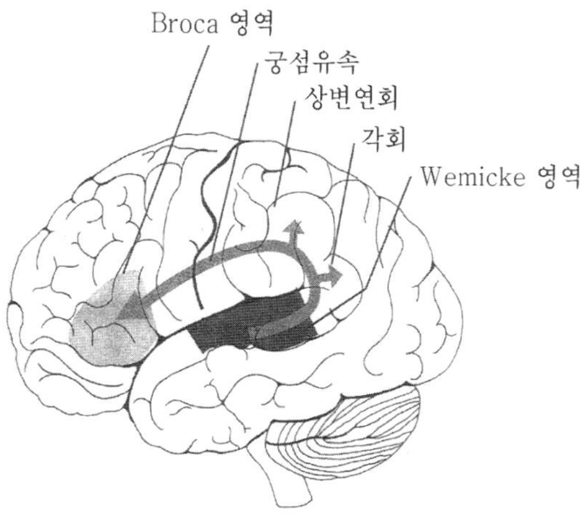

출처: 이승복 · 한기선, 2003, p. 431.

그림 9.2 Broca 영역과 Wernicke 영역

(2) 기능적 장애

말-언어장애의 원인은 대부분 기능적인 장애에 기인되는 것이 대부분이다. 즉, 원인을 알 수 없는 말-언어장애는 기능적 요인에 의한 것이라고 할 수 있다. 어떤 경우에는 언어를 학습할 수 있는 모델이 없어서 언어를 발달시키지 못하는 경우도 있으며, 언어자극이 없이 방치되거나, 너무 많은 말을 듣거나 의사소통시도가 무시되는 등의 요인으로 언어발달이 지체되기도 한다. 신생아의 울음이나 옹알이 같은 의사소통시도가 부모가 적절한 반응을 해주지 않을 경우, 말이나 언어습득의 속도가 지체된다(박은혜, 2011). 그러므로 아동기의 언어습득환경은 언어 발달 촉진에 많은 영향을 미친다. 기능적 장애의 원인에 대해서는 여러 가지 이론이 있으나 여기서는 조음장애와 발성장애, 유창성장애, 언어장애에 관해서 살펴보고자 한다.

① 조음 장애와 발성 장애

많은 임상전문가들은 조음이나 발성(음성)에 장애를 가지고 있는 아동들은 자신의 조음기관과 목소리를 어떻게 적절하게 사용하는가를 학습하지 못했기 때문에 언어장애가 생겼다고 한다. 어떤 부모들은 아동이 소리를 지르거나 칭얼대야만 반응을 하며 또는 부모들과 아동들이 소리나 어휘놀이를 충분히 하지 못해서 구두어를 주의 깊게 듣지 못했기 때문에 말을 학습할 수 있는 기회가 결여되어 조음·발성장애가 올 수 있다고도 한다. 즉 언어 임상가들은 말은 학습된 것이라고 전제하기 때문에, 아동들이 어떻게 발음하고 자신들의 목소리를 어떻게 사용할 것인가를 가르치는 데 중점을 두어야 한다고 주장하고 있다. 한편 조음장애나 발성장애가 성격문제로 인해서 온 것이라면 조음과 발성장애를 치유하기 전에 먼저 성격의 장애가 해결되어야 한다.

② 유창성장애

유창성장애의 가장 흔한 형태인 말더듬은 일반적으로 말을 산출하는 속도에 관한 문제이다(김종구, 2010). 지나치게 말이 빠르거나 말을 반복하거나 말이 막혀서 말의 흐름이 끊겨 말 산출이 어려운 경우를 말더듬이라고 한다. 2~4세 아동 중 80%가 말을 더듬지만 대부분 회복된다(송준만, 1990). 아동들 중에는 말을 더듬는 아동들도 있고, 더듬지 않는 아동들도 있으며, 또한 말을 더듬다가도 정상적으로 되돌아오는가 하면 고질적인 말더듬이가 되는 아동들도 있다. 아동은 말을 더듬는 것을 인식하나 처음에는 별 문제를 느끼지 않는다. 그러나 대화에 있어 단절이 자주 일어나자 놀라움과 좌절감을 느끼기 시작한다. 그러면 말을 더듬는 것이 더 불규칙해지고, 더 긴장감을 초래한다. 이러한 긴장감, 좌절감의 증가는 말을 하는데 고심을 하게 되고 그 나름의 독특한 습관을 형성하게 된다. 이것은 점차 어떤 상황, 어휘, 소리에 대해 말을 더 더듬게 하고 마침내는 말 더듬는 것이 자기 강화가 되는 상태가 된다. 즉 두려움을 느낄수록 더 더듬게 되고, 많이 더듬을수록 더 두려움을 느끼게 된다는 것이다. 말더듬에 관하여는 여러 가지 이론이 있는데, 정신 분석학에서는 말을 더듬는 것을 정서적 갈등의 증세로 본다. 아동이 정상적 발달과정에 말을 더듬는 것을 부모가 말더듬이로 진단하였기 때문에 고질적 말더듬이 된다고 본다. 아동이 정상적으로 말더듬는 것을 부모가 말더듬이로 잘못 판단해서 지나치게 관심을 표현하거나 비판을 하게 되며 아동은 말을 하는데 두려움을 갖기 시작하며 자신의 문제를 극복하고자 고심하게 된다. 즉 말더듬는 것을 두려워하고 안 더듬으려고 함으로써 말더듬이 더욱 심해진다는 것이다.

③ **단순언어장애(specific language impairment)**

단순언어장애란 언어발달장애의 대표적인 유형으로 언어발달과정에 어려움을 겪을 때 생긴다(배소영, 2001). 아동이 언어 발달에는 큰 문제가 없으나 또래에 비해 언어 및 의사소통능력이 심각하게 떨어져서 가족이나 친구와 의사소통이 잘 되지 못할 때 단순언어장애를 의심할 수 있다. 뚜렷한 뇌손상으로 인한 언어장애 외에 언어장애의 기질적인 원인을 찾기는 매우 어렵다. 즉 언어장애의 원인은 부모가 아동들에게 말을 거의 하지 않거나 수준 이하의 언어를 사용하여 언어자극이 결핍, 또는 사고나 추리 등의 개념 발달의 결손 및 청·지각상의 문제 등으로 보고 있다.

2) 출현율

협의의 의사소통에는 일정한 음운조직을 가진 음성으로 표출되고 문법체계를 갖춘 음성언어만이 포함되며, 광의의 의사소통에는 음성언어를 비롯해서 문자언어, 수화, 지화, 점자, 몸짓 등 의사소통의 모든 수단이 포함된다. 그러므로 의사소통장애는 말이 포함되는 음성언어의 장애를 의미하는 용어로 사용할 수도 있고, 의사소통의 장애를 의미하는 용어로 사용할 수도 있다. 의사소통 장애는 정신지체, 뇌성마비, 자폐증, 학습장애, 행동장애 등의 다른 장애의 이차적인 장애가 되는 수가 많다. 이 중 몇 가지 장애 조건을 가진 아동들은 출현율 자료에서 계산되지만, 다른 것은 그렇지 않다. 예를 들면, 조음장애 치료서비스를 받는 청각장애아는 의사소통 장애의 출현율보다는 청각장애의 출현율 자료에서 계산될 것으로 생각된다.

이러한 유형의 중복 때문에 사실상 의사소통 장애의 정확한 출현율을 파악하는 일은 쉽지 않다. 미국의 경우 학령기 아동 가운데 약 5%가 어떤 형태이든 의사소통 장애를 갖고 있음이 여러 연구에서 지적되고 있으나, 이 수치는 의사소통 장애의 규모를 과소 추정한 수치로 보는 것이 더 적절하다. 또한 미국교육성이 보고한(1990) 미의회 12차 연차자료는 1988-1989학년도를 통하여 전체 학령인구의 2.3%가 언어장애로 판별되었음을 보여 주고 있다.

3. 특 성

1) 신체적 특성

중증 말-언어장애 아동들 중에는 신체적인 장애를 가지고 있는 아동들도 있으나 대부분의 언어장애 아동들은 신체적으로는 별 문제가 없는 경우가 많다. 그러나 이들은 신체기관의 손상이 없음에도 불구하고 운동 및 운동협응검사에서 열등함을 보인다. 이러한 특성은 결손가정 아동으로 영양결핍이나 부적절한 의학적 관리로 비롯되기도 한다. 한편 중증의 시각장애아나 청각장애아들이 언어장애를 수반하는 경우가 많다. 특히 청각장애의 경우 조음장애를 가져오는 경우가 많은데 말소리를 습득하는 데 있어 듣는다는 것은 매우 중요한 역할을 하기 때문이다. 아동들이 어떤 말소리를 정확하게 듣지 못하거나 왜곡되게 듣는다면 그 말소리는 정확하게 발음할 수 없다. 모든 말소리를 잘 듣지 못하는 청각장애도 있지만 특정 말소리만을 듣지 못하는 청력손실도 있다. 또한 말-언어장애 아동들은 일반아동과 비교하여 신경증적 증상을 더 많이 나타낸다. 대인관계에서 수줍어하며 대화에서 공포증이나 불안을 나타내며 회피하려고 한다. 손가락을 일반아동들보다 더 빠는 경향이 있고 복종하기를 거부할 때가 많다. 이들은 일반아동에 비해 비정상적 출산이나 조기 이유를 한 아동, 조기 대소변 훈련을 한 아동에게서 더 많다고 한다(송준만 · 유효순, 1990).

2) 인지 · 학업 기능

말-언어발달과 지능과는 밀접한 관계가 있다. 말-언어장애 아동의 대부분이 지능이 낮은 경우가 많다. 특히 언어발달지체, 조음장애 등은 아동들의 지적능력이 떨어져 적절한 학습을 할 수 없기 때문에 오는 경우가 많다. 따라서 지적장애 아동들이 언어발달지체와 조음장애가 많다. 또한 지적장애, 자폐증, 뇌성마비 등으로 인한 말-언어장애 아동들은 지적능력이 떨어지지만 그 이외의 원인으로 인한 말-언어장애 아동들은 지능과 관계가 없는 경우가 대부분이다. 뇌성마비, 지적장애, 자폐증 등으로 인한 말-언어장애가 아니라 하더라도 말-언어장애 아동들은 학업 성취도 면에서 일반아동에 비해 뒤떨어진다. 이것은 말-언어장애가 일반교육 방법에 있어서 아동이 학습을 하는데 커다란 결손요인이 되기 때문이다.

3) 장애영역별 말-언어장애 특성

(1) 지적장애(intellectual disabilities)[3]로 인한 말-언어장애

지적장애인의 말-언어장애의 문제는 지적장애 자체의 특성과 말-언어의 언어학적 측면을 연결해서 교정 및 치료 방법을 모색해야 한다. 지적장애 자체의 특성에는 인지손상 정도의 분류와 각 분류의 인지능력, 사회적응능력, 그리고 감각기관의 손실정도를 정확하게 객관적으로 판단하여야 하고 이들 능력의 발달 또는 성숙의 과정과 현재의 능력이 발달 진행되고 있느냐 또는 정지 상태에 있느냐 하는 것에 대한 판단이 중요하다. 아울러, 지적장애인의 이러한 특성과 이들의 말-언어 능력을 대비하여 판단하여야 한다. 즉, 인지, 적응행동, 감각의 잔존능력에 맞먹는 말-언어 능력이 있는지를 판단해야 하고 특히 발달의 관점에서의 능력을 판단할 수 있어야 한다(이승환, 1994).

말-언어의 현재 능력의 판단과 교정 또는 치료의 목표 설정과 과정 구성에서는 일반아동의 말-언어 발달의 과정에 따라 말소리, 낱말, 문장, 담화의 능력발달, 그리고 말-언어와 직접적인 인과 관계가 있는 대인 관계 및 언어 환경적 요소들을 수용할 수 있는 말-언어의 화용론(pragmatics)(Levinson, 1983)적 능력을 고려해야 한다. 특히 정도가 심한 지적장애인을 위한 치료 프로그램 구성에 있어서는 말(speech)을 통한 의사소통능력을 목적으로 할 것인가 또는 말 이외의 비언어적(nonspeech) 의사소통능력을 목적으로 할 것인가를 확실한 근거 위에서 판단해야 한다. 이와 아울러 또 한 가지 심각하게 생각해야 할 것은 교정 또는 치료의 목표를 어느 정도의 정상 말-언어 능력의 수준으로 잡을 것인가의 문제이다. 정상 말-언어 능력으로서의 접근이 매우 어렵다고 판단되는 경우에는 부모나 보호자를 설득하여 신변처리(self-care)를 위한 기능적 말(functional speech) 또는 비언어적 의사소통의 능력을 키우는데 노력을 집중하는 일이 더욱 보람된 결과를 가져올 수도 있다. 우선, 말-언어의 선행요건이 되는 인지능력 가운데 사물

3) 저자 주: 지적장애(intellectual disabilities)는 이전의 용어인 정신지체(mental retardation)와 같은 의미로 쓰인다.

항구성(object permanence)의 상징능력과 수단-목적의 관계(mean-end relation)에 대한 개념을 지적장애인들에게 훈련시켜야 한다.

의사소통능력(communicative competence)은 정상적인 경우 말-언어가 주가 되고 여기에 대인관계에서의 적응능력과 환경적 요인을 적절하게 말-언어 수행에 통합하는 지식과 기술로 이루어진다. 말-언어의 발달에서 보면 일반적으로 의사소통능력의 발달이 말-언어 자체의 능력발달에 선행한다(이승환, 1994). 여기에는 초기의 현상으로 눈 마주치기(eye contact)를 위시하여 시선의 움직임, 몸짓 등의 행동적인 요소들과 사회적인 대인관계의 인식(어른과 어린 사람, 남자와 여자를 구별할 수 있는 능력 등), 사회현상(버스 탈 때의 과정, 식당에서의 행동양식, 학교에서의 행동양식 등)에 대한 지식과 상호 작용에 필요한 기술 등이 포함된다. 의사소통능력을 말-언어와 관계지어 볼 때, 요구, 거절 등을 나타내는 억양, 대상을 참조하는 손의 가리킴, 하나의 낱말에 특징적인 억양을 부가하여 서술문, 의문문, 청유문, 명령문, 부정문 등의 언어 기능을 나타내는 능력(Ingram, 1981), 대화를 할 때 자신이 화자(speaker)가 되거나 청자(hearer)가 되는 시기 또는 기회에 대한 지식과 기술, 대화의 주제를 새로 시작하는데 필요한 지식과 기술(Sacks, Schegloff & Jefferson, 1974), 그리고 상대방의 말-언어 표현이 나타내는 의사소통의도(communicative intent 또는 communicative act)를 판단할 수 있고 이 의도에 대하여 말 또는 행동으로 적절하게 반응하는 데 필요한 지식과 기술(Grice, 1967 ; Austin, 1962 ; Searle, 1969; Ingram, 1981) 등의 제요소들을 고려해야 한다.

(2) 자폐증(autism)으로 인한 말-언어 장애

자폐증 아동의 말-언어 특징을 살펴보면 다음과 같다.

① 대화를 할 때 서로 주고-받기(turn-taking)를 하지 못한다.
② 다른 사람이 하는 말의 뜻을 이해하지 못할 때가 많다.
③ 다른 사람의 말에 관심을 두지 않으며 스스로 말을 시작하지도 않는다.
④ 요구사항이 있을 때에는 말로 하는 대신 어른의 팔목을 잡고 끌고가는 경

우가 있다.

⑤ 손으로 대상물을 지적하는 경우가 많지 않다.

⑥ 나이가 들면서 말의 이해력이 증가하기는 하지만 말의 이해 능력이 일반적으로 떨어진다. 따라서 다른 사람이 아주 쉬운 지시어로 말해도 지시 내용을 이해하지 못하는 경우가 많다.

⑦ 말수가 적으며 일반아동처럼 엄마를 졸졸 따라다니면서 끊임없이 재잘거리는 경우가 없다.

⑧ 자폐 아동의 말은 창의적이지 못하고 상투적인 표현(stereotyped utterances)들만을 사용한다.

⑨ 반향어(echolalia) 또는 반향 표현을 상용하는 경우가 많다. 이러한 반향 표현은 다른 사람의 말이 끝나자마자 하는 '즉시 반향 표현'(immediate echolalia)이 나타나기도 하고, 한참 뒤에 반향하는 '지연 반향 표현'(delayed echolalia)이 나타나기도 한다. 그렇지만 대부분의 반향 표현들은 의미가 없다. 반향 표현 중에는 자폐아동이 텔레비전에서 본 광고문 등을 외운 것들을 상황에 맞지 않는 시간과 장소에서 말하는 경우들이 있다.

⑩ 지능이 정상적인 자폐 아동이 나이가 든 후에도 말을 반복적으로 하는 경우가 많으며 질문을 할 때도 상황이나 다른 사람의 반응을 고려하지 않고 한 가지 질문을 반복하는 경우가 많다. 나이가 든 후에도 복잡하거나 추상적인 말은 하지 못한다.

⑪ 말을 할 때 문법적인 오류가 많다. 특히, 대명사와 부사 즉 '여기, 저기, 거기', '어제, 오늘, 내일' 등을 적절히 사용하지 못한다.

⑫ 자음, 모음 등의 개별적인 발음은 일반적으로 정확할 때도 있다. 그러나 말의 억양은 대체로 평탄하고 감정 표현이 나타나지 않으며 때로는 음절 또는 낱말마다 딱딱 끊어가며 말하기도 한다.

⑬ 다른 사람이 말을 할 때 사용하는 몸짓, 손짓, 그리고 얼굴 표정을 이해하지 못한다.

⑭ 많은 자폐증 아동에게는 이상행동으로 과다 행동증(hyperactivity)이 나타난다. 과다 행동증이 심한 경우에는 이를 행동치료 등으로 우선 다루지 않으면

다른 학습 또는 치료가 이루어지기 어려울 때가 많다.

위와 같은 특징으로 자폐증 아동들은 의사소통에 장애를 보이는 경우가 많다. 캐나다 토론토에 있는 Geneva Centre에서는 자폐에 의한 사회적응능력 향상, 사회참여의 극대화, 의사소통능력의 향상 등을 위해서 자폐아동 가족, 교사 및 치료사 등 자폐인들과 관계되는 사람들을 위해서 다양한 의사소통 워크숍 및 훈련을 실시하고 있다(Geneva Centre, 1996). 자폐 아동의 말-언어 치료는 자체의 지능, 지각, 근육 운동, 과다 행동 등의 문제가 말-언어 치료보다 선행되어야 한다. 이러한 문제들은 일반적으로 행동 수정의 방법(behavior therapy)으로 치료하는 것이 효과적일 때가 많다. 행동 수정으로 말-언어 치료를 위한 준비 상태가 어느 정도 갖추어진 후에 말-언어 치료를 시작해야 한다.

(3) 뇌성마비(cerebral palsy)로 인한 말-언어장애

지체부자유학교에 재학하고 있는 대부분의 아동들은 뇌성마비 아동들이며, 이들의 대부분이 언어장애를 가지고 있다. Mysak(1986)에 의하면, 뇌성마비 아동들의 언어발달지체와 발성장애는 보편적인 현상이며, 의사소통장애의 기본 요인이 되는 말하고 듣는데 필요한 자세를 통제하는 능력의 결여, 호흡의 결함, 운동통제의 손상, 그리고 지적능력의 결여 등을 수반하는 경우가 많다고 하였다. 뇌성마비 아동에게서 발생되는 언어장애의 종류는 다음과 같다.

① 조음장애 : 발음이 불명료하고 유창하지 못하며 혀, 입술, 구개, 인두 등 조음에 관계되는 각 기관의 근육운동협응이 원활하지 못하여 발생한다.

② 실어증 : 뇌성마비 아동들은 뇌중추신경 손상으로 말-언어장애가 발생한다.

③ 정신발달지체에 따른 언어발달지체: 뇌성마비아동들은 언어중추의 손상으로 이미 언어를 획득한 성인의 경우와는 달리 언어의 습득과정에서 정신발달이 지체되면 언어습득이 어렵고 어휘나 말의 내용이 결핍되면 말도 어색하게 된다.

④ 환경성 언어발달장애: 환경에 기인하는 언어발달의 지체를 말하는 것으로 뇌성마비아동 중에는 사회와 차단되어 가정에만 있다든지 빈약한 언어환경에 있는 아동이 있다. 이렇게 문화가 박탈된 상태에서는 충분한 언어의 발달이 이루어

지지 않는다.

⑤ 청력손상에 의한 언어장애: 일부 뇌성마비아동의 경우 청력손상에 의한 것은 농아에게서 관찰이 가능한 것과 같이, 들을 수 없기 때문에 소리를 듣고 모방한다든가, 자기의 소리를 환류시켜서 발음을 학습하는 일이 곤란하여 언어장애가 발생하기도 한다. 여기서 주의할 것은 고음역만의 청력손실이 있어 보통 대화중에 일부의 소리를 들을 수 없는 상태에서 올바른 발음을 발달시키지 못하는 경우가 있다는 점이다. 이들은 농아와는 달리 모든 소리를 들을 수 없는 것이 아니므로 청력이 나쁘다는 생각을 갖지 않게 된다. 그러므로 언어에 이상을 나타내는 아동은 청력검사를 할 필요가 있다.

⑥ 심인성 언어장애 : 정서적 불안이나 긴장 등 심리적 요인에 의해 일어나는 말더듬과 같은 증상으로 뇌성마비아동의 언어장애는 주위에서 웃는다든가 이해해주지 않는 불안과 공포 때문에 언어장애가 심해진 아동들도 있다. 그러므로 바람직한 언어지도를 위해서는 심리적인 불안과 긴장을 제거해주는 것이 중요하다.

뇌성마비의 생리학적 분류에 따른 언어장애의 특징은 뇌성마비를 생리적으로 분류하여 경직형(spasticity), 불수의 운동형(athetosis), 운동실조형(ataxia)의 주된 세 가지 유형으로 그 특징은 아래와 같다.

① 경직형 : 경직형 아동은 폭발적이며 도중에서 오랫동안 말이 끊어질 것 같은 말을 하는 경향이 있다. 언어장애가 심한 경우, 경직형의 아동은 '완전히 말이 막힌 상태'가 되어 버려 발어기관을 움직일 수가 없는 경우가 있다. 또한 약간 낮고 멜로디의 변화가 결핍된 단조로운 작은 소리를 내는 경향이 있으며, 느리게 말하는 것이 특징이다.

② 불수의 운동형 : 불수의 운동형 아동은 말의 변화가 매우 다양한데, 목소리의 높이가 갑자기 변하며, 조절이 곤란하고 그 정도도 다양하다. 경증이면 가벼운 구음장애 뿐이나, 중증의 경우에는 전혀 말을 할 수 없게 될 수도 있다. 불수의 운동형에는 빨리 말하는 아동과 말더듬이가 많다. 겨우 1~2초의 호기(呼氣)가 1회 계속되고 있는 사이에 될 수 있는 한 많은 말을 하려고 재빨리 말하는 아동이 많다. 또한 이러한 유형의 아동들은 목의 조절을 할 수도 침을 삼킬 수도 없어서 그 결과 침이 흐르는 것 등이 언어장애를 한층 더 심하게 만들 수 있다.

③ 운동실조형 : 운동실조형 아동은 협동운동이 나쁘며, 불명료하고 리듬이 없는 말을 하는 것이 특징이다.

4. 교육적 지원

1) 진단 · 평가

아동의 언어에 문제가 있을 때 진단은 아동의 연령과 장애유형에 따라 차이가 있을 수 있지만 일반적으로 다음의 4가지 영역의 진단을 받게 된다.

(1) 의학적 진단

아동의 장애 유형과 각 병원(혹은 의료원)의 특성에 따라 차이가 나긴 하지만 일반적으로 언어장애 아동과 관계가 있는 분야는 소아과, 소아정신과, 재활의학과, 이비인후과, 성형외과, 신경과 등이다. 재활의학과, 소아과, 신경과 등에서는 아동의 유전적, 생리적 이상이 있는지 여러 가지 발달 지표(developmental milestones)들이 정상적으로 발달되고 있는지를 확인한다. 그리고 뇌파검사나 컴퓨터 촬영 등을 통해서 두뇌 기능의 이상, 특히 경련의 유무를 확인한다. 또한 대근육, 소근육 기능과 여러 가지 반사(reflex)를 평가하여 운동발달과 신경계 기능장애도 알아본다.

소아정신과나 정신과에서는 인지능력을 평가하고 아동기 정신질환이 있는지도 알아본다. 정신질환이 있을 경우에 심리치료나 놀이치료를 받을 수 있으며 행동장애가 심할 경우에는 약물을 복용할 수도 있고 행동치료도 받을 수 있다. 한편 귀나 청각기능에 문제가 있다고 평가될 때는 이비인후과의 진단을 받아야 하며 귀의 질병은 빠른 시간 내에 조치를 취하지 않으면 청력손상으로 연결되어지므로 신속하고도 철저한 치료를 받아야 하며 치료 후에는 다시 검사를 받아 치료가 되었는지를 확인해야 한다. 치료가 끝난 후 청력검사를 받아서 청력에 손상이 가지 않았는지도 확인해야 한다. 성형외과에서는 아동의 조음기관인 구순열 및 구개열 검사를 하고 수술이 필요한 경우 수술을 한다.

(2) 청력검사

말-언어장애 아동들은 반드시 정확한 청력검사를 받아야 한다. 경미한 청력장애도 언어습득에는 방해가 되므로 언어습득 저해요소는 무엇이든 조기에 제거하거나 최소화해야 한다. 아동의 청력상태에 조금이라도 문제가 나타나면 정규적으로 청력검사를 받고 치료해야 한다. 말-언어장애 아동은 일반적인 청력검사에 반응을 잘 못하기 때문에 종전에는 청력검사를 할 수 없는 경우가 많았지만 지금은 유아 청력검사 등 장애아동이나 아주 어린 아동에게도 실시할 수 있는 청력검사들이 개발되어 있다. 검사결과 청력에 이상이 있을 경우에는 곧 전문인의 도움을 받아서 아동에게 가장 적합한 보청기를 착용시켜야 하며 남아 있는 청력을 최대한 이용할 수 있도록 청능 훈련을 실시해야 한다.

(3) 심리검사

심리검사는 병원의 소아과, 소아정신과, 재활의학과, 정신과 등에서 실시한다. 심리검사실에서는 여러 가지 표준화된 혹은 표준화되지 않은 지능검사, 성격검사 등으로 검사를 하고 있다. 심리검사 결과는 말-언어장애 아동의 진단과 평가에 중요한 역할을 한다. 그러나 말-언어를 향상시키기 위해서 지도계획을 세울 때에는 언어습득에 연관되는 여러 가지 인지 기능 및 행동 특성을 보다 세분해서 정확하게 평가할 필요가 있다. 언어습득에 중요한 인지기술로는 목적-수단 관계의 인식능력, 모방능력, 상징놀이를 하는 능력 등이다(배소영, 1995).

심리검사로는 KISE 발달척도, 적응행동검사, 인물화 지능검사, 오세레츠키 운동능력검사, 그림지능검사, K-ABC 지능검사, 시지각 발달검사(K-DTVP), 포테이지 아동발달지침(Portage Guide to Early Education), 아동기 자폐증 평정척도(CARS) 등이 있다.

(4) 언어 평가

언어평가는 언어치료실에서 실시하는데 언어이해와 언어표현으로 구분해서 평가하며, 최근 언어의 사용능력도 점점 더 중요하게 인식되어 가고 있다. 언어평가의 목적은 다음과 같다(Carrow-Woolfolk et al., 1982).

① 실제로 문제가 있느냐 없느냐를 판별한다. 여기서는 정상발달이 중요한 판단기준이 된다.

② 문제의 심각도 정도를 측정한다. 정상발달을 알아야만 아동의 현 상태가 다른 아동에 비해 얼마나 뒤떨어졌는지 또 뒤떨어진 정도가 문제시할 정도로 심각한 것인지 아닌지를 판정할 수 있기 때문이다.

③ 진단명과 원인을 밝힌다. 의학적인 진단, 청력검사, 심리검사들로부터 얻은 정보들은 언어평가에서 중요한 역할을 한다.

④ 언어문제가 있는 아동을 전체적으로 자세히 평가하여 치료나 교육을 받을 때 아동을 도울 수 있는 정보를 얻는 것이다.

앞의 세 가지 평가는 진단에 필요한 것이고 네 번째 평가는 치료 교육 계획을 작성할 때 필요하다. 이것은 앞의 세 가지 진단에서 얻은 정보들을 기초로 해서 보다 자세한 정보들을 수집하고 분석함으로써 이루어진다. 어떤 아동이 같은 또래아동에 비해 뒤떨어지는 것이 분명한데도 이것을 장애, 혹은 지체로 보느냐 아니냐가 문제가 되는 것은 성장기 아동의 발달속도가 개인차에 따라 상당히 다르기 때문이다. 언어발달의 경우 일반적으로 정상 기준에서 전후 6개월 정도는 개인차로 나타날 수 있다. 그러나 1년 이상 뒤떨어져 있을 때는 개인차라기에는 차이가 너무 크므로 보다 세밀한 진단평가를 실시해야 한다(Krajicek and Tomlinson, 1983). 언어 진단도구는 한국어표준 그림조음음운검사, 영·유아언어발달검사(Sequenced Language Scale for Infants: SELSI), 취학전 아동의 수용언어 및 표현언어 발달척도(Preschool Receptive-Expressive Language Scale: PRES), 그림어휘력검사, 읽기진단검사, 구문의미이해력검사, 한국어발화분석 프로그램(KCLA) 등이 있다.

언어습득이 가장 두드러진 시기는 4~5세까지이다. 이 시기에는 연령에 따라 언어의 발달 정도에 뚜렷이 차이가 나타나므로 언어발달 정도를 가지고 아동의 장애 여부도 가리고 장애 정도도 판가름할 수 있다. 그러나 이 시기를 넘어서 학령기에 들어가면 언어발달 정도보다는 학습능력이 아동간의 차이를 더 잘 드러내준다. 그러므로 학령기에 들어선 아동의 언어장애를 평가할 때는 언어발달정도보다는 학업기술에 더 중점을 두어야 한다(한재순, 1994).

언어장애에 대한 진단을 할 때 재활병원 내 각 팀의 전문가들의 견해 및 진단결과를 상호 전달해야 한다. 특히 아동의 치료나 교육을 담당하고 있는 사람은 아동에 대한 각 팀의 진단과 관찰 결과를 충분히 알고 있어야 한다. 또한 진단을 받을 당시에 아동이 이미 어떤 치료나 교육을 받고 있을 경우, 어떤 유형의 치료, 교육을 받고 있으며 진전이 어떠한지를 진단가나 검사자들에게 알려 주어서 진단에 참고가 되도록 해야 한다. 이러한 상호 의견 교환에는 부모가 물론 중요한 역할을 한다. 부모는 각 분야에서의 진단 결과를 객관적이고 정확하게 진단할 뿐 아니라 부모 자신이 충분히 이해하고 있어야 한다. 어떤 진단 결과가 내려지든지 아동에 대한 최종 결정은 모두 부모가 내려야 하기 때문이다(배소영, 2000).

각 분야의 전문가들로 구성된 팀 접근적 평가는 아동을 어디에 배치해서 어떤 서비스나 치료를 가장 우선적으로 해 주어야 할 것인가를 결정하거나 예후를 알고자 할 때, 아동에게 적절한 기대 수준을 알고자 할 때 중요한 정보를 제공해준다. 예를 들어서 특수학교나 특수학급, 일반학급 중에서 어느 것이 아동에게 가장 적절한 학습 환경이 될 것인가를 결정할 때라든가, 어떤 직업 기술을 아동에게 훈련시킬 수 있을 것인가 등을 결정할 때 좋은 참고 자료가 된다. 또한 진단평가는 한 번으로 끝내서는 안 된다. 아무리 장애가 심한 아동이라 하더라도 아동은 변화하고 발전해 간다. 따라서 아동의 상태도 끊임없이 변하므로 아동의 현재 상태를 영역별로 정확하게 파악해서 아동에게 가장 알맞는 조치를 해주려면 지속적이고 정규적인 평가를 해야 할 것이다.

교사는 아동의 일상생활을 직접 관찰할 수 있으므로 말-언어장애 아동 평가에서 매우 중요한 역할을 하게 된다. 아동의 말-언어 평가에서 가장 중요한 기준은 아동이 일상생활에서 의사소통을 위해 사용하는 언어이다. 공식적 검사 상황에서 아동들이 사용하는 언어는 교실이나 놀이터에서 하는 말과는 다르다. 대부분의 특수학교나 특수유치원에는 말-언어장애 아동을 평가해 줄 언어 임상사가 없다.

언어 임상가가 없다고 하더라도 교사는 아동의 말-언어 문제에 관심을 가지고 관찰하여 문제가 있다고 의심이 되면 곧 전문가에게 의뢰해야 한다. 말-언어장애 아동을 정확하게 평가하기 위해서는 관찰과 검사를 하게 되는데, 아동의 청력, 조음, 발성, 유창성, 언어수행의 적절성 여부 등을 자세히 검사하게 된다. 평가에서 아동의 문제가 확인되면 임상 전문가는 이에 따른 구체적인 계획을 세워 개별적 또는 소규모 집단 언어치료를 실시하게 된다. 때로는 외과의사, 이비인후과 의사, 심리사, 청각사 등 다른 전문가의 도움이 필요할 때도 있다. 아동의 청력의 손실이 심각하거나 특별한 경우에는 아동이 치료를 받을 수 있도록 해주어야 하며, 청능훈련을 해줄 수 있는 사람에게 의뢰해야 한다.

구개파열의 경우에는 성형외과 의사의 수술을 받아야 하며, 뇌손상으로 인한 경우에는 신경외과의 도움이 필요하다. 정서적인 문제를 가지고 있는 아동이나 언어발달지체 아동의 경우에는 심리검사를 받아보아야 하며, 가족간의 문제를 해결하기 위해서는 사회사업사의 도움을 받는 것이 필요하다. 말-언어장애 아동들이 어떤 종류의 장애를 가지고 있는지 조기에 발견하고 치료해야만 효과를 거둘 수 있다.

선별검사는 말-언어장애가 있는지 없는지를 구별하는 검사인데, 이 검사를 통해서 어떤 종류의 말-언어장애가 있는가를 평가할 수 있다. 검사의 종류로는 ① 언어이해력 평가, ② 언어표현력 평가, ③ 언어사용 능력의 평가, ④ 상징적 놀이와 평가, ⑤ 수단-목적관계의 인식능력 평가, ⑥ 주의력 통제능력 평가, ⑦ 조음 및 호흡기관의 기능평가 등 여러 가지가 있다.

언어이해력검사는 언어의 이해력이 어느 정도인가를 검사하는 것으로 청각장애의 유무를 평가하는 데에도 도움이 된다. 조음검사는 조음장애가 있는지 없는지를 평가하는 검사이며, 조음장애가 있을 경우 어떤 음에 장애가 있는지도 알아보아야 한다. 언어표현력검사는 사용어휘, 구문의 정도, 표현방법, 화법과 같은 것을 검사하여 언어발달지체, 말더듬, 언어장애, 중복장애 등을 가려내기 위한 검사이다. 진단검사는 말-언어장애의 원인을 알아내고 현재의 상태를 파악하며, 선별검사를 통하여 평가된 말-언어장애를 다시 확인하는 검사이다. 따라서, 진단검사는 말-언어장애의 종류에 따라 언어치료의 계획과 방법을 계획하기 위한 것이다. 진단검사에는 말-언어발달검사, 발음기관검사, 발음 및 말소리에 관한 검사, 말더듬에 대한 검사, 지능검사, 성격검사, 청력검사, 사회성숙도검사, 지각검사, 각종 의학적검사 등이 있다. 이러한 진단검사는 모든 말-언어장애 아동에게 실시하는 것이 아니라 아동에 따라 필요한 경우 선택해서 실시해야 한다.

2) 말-언어장애의 치료

말-언어장애 아동은 그 종류와 정도에 따라 치료를 해야 한다. 의학적인 처치가 필요한 경우 이것이 선행되어야 한다. 즉 구개파열의 경우 수술을 하지 않고는 언어치료가 불가능하다. 언어치료는 의사의 처방에 따라 전문 언어치료사의 치료를 받는 것이 바람직하다. 언어치료는 아동의 상태에 따라 개별적인 방법으로 이루어져야 한다.

(1) 조음 장애

조음 장애의 치료는 기능적인 장애와 기질적인 장애로 구분하여 치료프로그램을 작성하고 치료하여야 한다. 기능적인 장애는 말소리의 변별(discrimination)과 알아맞히기(identification)의 두 가지 훈련을 단계적으로 실시해야 한다(이준자, 1997). 변별치료는 말을 듣고 분간하는 것으로 'ㅅ'을 'ㅈ'으로 대치하는 아동의 경우 "사사", "사자", "자사", "자자" 등의 소리를 들려주어 이 소리들을 구분할 수 있도록 훈련하는 것이다. 알아맞히기 훈련은 특정음을 발음하고 그 소리가 어느 글자의 소리였는지를 알아맞히는 것이다. 즉 어머니가 '사' 또는 '자'를 발음하고 아동이 그 말소리가 '사, 자, 다' 중에서 어느 것인지 알아맞히는 훈련이다. 지적장애 등 중복장애가 없는 순수한 기능적 조음 장애 아동들은 이러한 청각적 변별(discrimination) 및 알아맞히기(identification) 훈련을 일주일에 2번씩 3-4주 동안 훈련하면 대부분 정상적인 발음을 하게 된다.

청각 훈련만으로 정상적인 발음을 배우지 못하는 아동들은 청각훈련 후 2~4주 동안 산출 훈련을 하면 말소리를 배우게 된다. 뇌성마비 등으로 조음 기관의 일부가 마비되어 특정 말소리를 발음하지 못하는 조음 장애 아동들의 경우도 말소리 상호간의 식별에 문제가 있으면 변별 및 알아맞히기 훈련을 먼저 해야 한다. 그 다음에 세밀하게 작성된 치료프로그램에 따라 산출 훈련을 다양한 방법으로 오랫동안 실시해야 한다. 마비된 조음기관의 근육운동을 위해서는 물리치료를 받기도 한다. 마비된 조음기관의 재생이 불가능하다고 판단되면 다른 조음기관으로 마비된 조음기관의 역할을 대신할 수 있는지도 알아보아야 한다. 특정 말소리의 조음 위치를 알지 못하여 조음 장애가 생긴 아동의 경우에는 촉각을 동원하여 조음 위치를 지각하게 할 수도 있다. 이를 조음 위치 자극법(phonetic placement)이라고 한다. 반면, 마비로 인하여 조음 위치에 대한 지각이 결여된 경우에는 최대한으로 청지각에 의존하여 조음을 훈련하면 좋은 결과를 얻을 수 있다. 그 후 세밀하게 작성된 프로그램에 따라 소리의 산출 훈련을 여러 가지 방법으로 오랫동안 해야 한다. 또한 마비된 조음기관의 근육운동을 위해서 물리치료를 받기도 한다.

(2) 발성 장애

발성 장애의 치료는 이비인후과 의사의 처방에 따라 전문 언어치료사의 치료를 받아야 한다. 특히 발성 장애의 원인이 기질적이면 더욱 그러하다. 즉 성대에 이상이 생겨 수술을 받았거나 후두 절제 수술을 받은 경우 정기적인 이비인후과의 치료를 받으면서 발성훈련을 해야 한다. 특히, 식도 발성(esophageal speech)이나 인공 후두(artificial laxynx)의 사용에 대한 훈련은 전문 언어치료에 의존해야 한다.

기능적인 원인에 의한 발성 장애는 심리적인 요인을 참작하면서 훈련을 해야 한다. 대인관계에서 적응능력을 증진시키도록 하며, 대인 공포증을 감소시킬 수 있도록 대인 면역성을 키울 수 있는 환경을 만들어 주는 것이 효과적이다. 특히 주의해야 할 것은 장애인을 돕는 일이 오히려 장애인에게 심리적인 부담이 되지 않도록 자연스럽게 일상 생활 속에서 도와야 한다. 장애인이 외부 사람들과의 접촉이 많은 경우에는 친구를 만들어주되 한꺼번에 여러 명의 친구를 만들어 주지 말아야 한다. 한 명씩 시간을 두고 친하도록 해서 장시간에 걸쳐 여러 명의 친구를 얻도록 해야 한다. 접촉 대상도 친구에서 시작하여 이웃 어른, 아버지나 어머니의 친구 등으로 범위를 점차적으로 확대해 가는 것이 좋다(Boone, 1977; Aronson, 1980). 특히 무성증의 경우에는 심리치료(psychotherapy)가 중요하다. 한쪽 성대의 마비로 인한 발성 장애는 치료와 훈련을 통하여 마비되지 않은 쪽의 성대 운동을 확대하여 마비된 쪽의 성대를 보완할 수 있도록 할 수 있다. 말소리가 정도 이상으로 약한 사람의 경우는 정기적으로 호흡 압력계(manometer)를 사용하여 호흡량 증가훈련을 실시하여 말소리를 크게 할 수 있고, 반면 말소리가 너무 큰 사람은 말소리 강도 측정기(vocal intensity register)를 사용해서 소리의 크기를 조절할 수 있으며 말소리의 높낮이 조절이 잘 안 되는 사람은 말소리 높낮이 측정기(pitch meter)를 사용해서 치료를 해야 한다.

(3) 유창성장애

Van Riper(1973)는 "말더듬은 아동의 입에서 시작되는 것이 아니라 어머니의 귀에서 시작된다."고 말하고 있다. 아동들이 말을 더듬을 경우 부모나 주위 사람들이 "크게 말해 봐, 다시 말해 봐라, 천천히 말해 봐라" 등의 말을 함으로써 아동에게 심리적 부담을 주어 말을 더듬게 되는 경우가 많다. 말을 더듬는 아동들 중에는 조음기관이나 발성기관에 이상이 있어서가 아니라 주위 사람들의 지나친 관심 때문에 말을 더듬게 되는 아동들도 있으므로 아동들이 말을 더듬을 때 초연하게 받아들이고 자연스럽게 대해 주는 것이 필요하다. 따라서 아동들이 말을 더듬을 때는 자연스럽게 대해 주면서 병원이나 언어치료 전문기관의 치료를 받는 것이 필요하며 다음과 같은 점에 주의를 해야 한다.

① 아동이 스스로 생각하고 놀 수 있는 시간적 여유를 충분히 준다.
② 아동이 말을 더듬어도 자연스러운 태도로 들어준다.
③ 아동이 말을 할 때 정서적 안정감을 가질 수 있도록 해준다.
④ 아동이 말을 더듬을 때 놀리지 않도록 한다.
⑤ 아동에게 모든 사람들은 어느 정도 다 말을 더듬는 사실을 일깨워 준다.
⑥ 아동에게 말더듬이라는 이름을 붙여 주지 않는다.
⑦ 아동이 말이 막혀 이어 가지 못할 때 말을 대신해 주지 않는다.

⑧ 아동에게 바르게 말하는 것을 모방하게 한다.

⑨ 아동과 함께 소리 내어 글을 읽거나 노래를 하고 동시를 읽는다.

유창성장애의 보편적인 형태인 말더듬의 치료법에는 말더듬 수정법과 유창성 완성법이 있다(김원경, 2010).

○ 말더듬 수정법

- 말더듬의 순간을 찾아내는 단계
- 말더듬에 대한 둔감화 단계
- 말더듬 수정단계

○ 유창성 완성업

- 지연청각피드백 (DAF)기계를 통한 훈련
- 일반화를 위한 문제해결과정 : 전이단계
- 말더듬 그룹지도 : 유지단계

최근에 유창성장애 치료에 많은 영향을 준 것은 행동주의 원리의 적용이다. 이 방법에 의하면 말더듬을 학습된 반응으로 간주하고 유창한 구어를 확립하고 격려함으로써 말더듬을 없애는 것이다(김원경 외, 2010).

(4) 언어 발달 지체

언어 발달 지체는 정신지체, 뇌성마비, 자폐증 등으로 인한 경우가 많으며, 정서적인 요인으로 생기기도 하고 그 밖에 다른 원인으로 인한 경우도 있다. 언어발달이 지체되는 언어 발달 지체 아동의 치료 프로그램은 일반아동의 언어발달 과정과 언어 발달 지체 아동의 능력을 고려하여 작성해야 하며, 다음과 같은 점을 고려해야 한다.

① 일상생활을 통해서 말을 가르친다.

② 말을 들으려고 하는 태도를 길러준다.

③ 그림책을 보면서 이야기해 준다.

④ 아동의 말에 즉시 반응해준다.

⑤ 치료하는 사람의 말을 모방하게 한다.

⑥ 아동에게 말을 할 수 있는 기회를 준다.

⑦ 아동이 묻는 말에 친절히 대답해 준다.

⑧ 아동이 의사표현을 할 때 몸짓이나 손짓으로 하지 않고 말로 하게 한다.

⑨ 장난감, 그림책, 실물 등 교재를 활용한다.

⑩ 이야기를 해 준 다음 그 내용을 물어본다.

3) 학교에서의 말-언어 지도

(1) 학교에서의 판별

학교에서 말-언어장애가 있는지 없는지 판별하기 위해서는 다음과 같은 사항을 유의해 보면 알 수 있다.

① 조음 장애가 있는지를 살펴보기 위해서는 말소리의 발달을 알아야 한다. 우리 나라의 아동들은 자음의 경우 조음 장애가 주로 마찰음의 'ㅅ, ㅆ'과 유음인 'ㄹ'에서 많이 나타난다. 3~4세 아동들 중에서도 마찰음을 잘 발음하는 아동들이 있으나 일반적으로 5세가 되어야 마찰음이 완성된다. 따라서 3, 4세 아동이 '사람'을 '자람' 또는 '다람'으로 발음하는 것은 조음 장애라 볼 수 없다. 그러나 초등학교 아동이 이러한 발음을 한다면 조음 장애의 가능성이 보인다고 할 수 있다.

② 너무 쉰 목소리를 낸다든가, 콧소리를 내는 불유쾌한 음성 또는 호흡 조절을 잘 하지 못하고 씩씩거리는 경우 발성 장애의 가능성이 보인다고 할 수 있다.

③ 아동의 연령에 비해 목소리가 너무 높거나 너무 낮거나, 혹은 너무 커서 시끄러움을 느낄 정도이거나 너무 작고 부드러워서 의사소통이 잘 안될 때 발성 장애의 가능성이 있다고 할 수 있다.

④ 말의 리듬이 순조롭지 못하고, 말을 할 때 주저하거나 특정음을 길게 끌거나 반복하는 경우 유창성 장애의 가능성이 있다고 할 수 있다.

⑤ 어휘나 문장의 의미를 이해하지 못하거나, 이야기를 명백히 들었음에도 이해하지 못했을 때 또는 정확한 문장을 만드는데 어려움을 느끼는 경우 언어장애

로 간주할 수 있다.

(2) 말-언어의 학습

아동이 어떻게 언어를 배워 나가느냐에 대해서는 이론이 다양하며 획일적으로 말하기 어렵다. 그러나 일반적으로 언어발달은 신체적 발달, 인지발달 및 사회성 숙도가 함께 관련지어 발달된다. 언어를 학습하는 데 있어 생리적으로, 인지적으로, 사회적으로 무슨 일이 일어나는가에 대해서는 아직까지도 연구가 계속되고 있으나 여기서는 아동의 언어획득에 도움을 주는 질문에 대해서 언급하고자 한다(송준만 · 유효순, 1990).

① 아동이 말을 배울 때 무엇에 대하여 이야기 하는가?이것은 아동의 언어가 운동감각 및 개념 발달과 어떤 관계가 있는가 하는 것이다. 아동은 말을 시작할 때 주위 환경 속에서의 사건, 사물 및 그들의 관계에 대하여 이야기를 한다. 특히 아동들은 자신이 자주 보거나 갖고 놀거나 상호 작용한 것에 대해 말하는 경향이 있다. 대부분의 아동들이 '까까', '우유' 등의 사물의 이름과 '엄마', '아빠'의 명사를 먼저 배우고 그리고 대인 관계에 필요한 인사하기, 요구하기, 거부하기 등의 어휘를 배운다. 이들이 새로운 사물의 이름을 배우는 것은 주로 사물의 모양, 색, 크기, 소리, 맛, 촉감 등에 관한 것이다.

② 아동이 처음 말을 배울 때 어떻게 문장의 형태와 구조를 배우는가? 즉 유아의 언어는 점차 성인의 언어로 바뀌어 가는데 이러한 과정에서 아동은 보다 복잡하고 정교한 어휘와 문장을 배워야만 한다. 일반적으로 아동에게 하는 부모의 대화는 아동의 인지수준에 맞추어지며 부모는 아동에게 그들의 행위에 대한 이야기를 함으로써 계속적으로 '언어 학습'을 시키게 된다. 그리고 이야기하는 방식을 변화시켜 점진적으로 아동의 지식과 언어능력을 확장시켜 간다.

③ 아동은 어떻게 언어 사용을 배우는가? 이것은 언어의 실용적 측면으로 어떻게 아동들의 언어가 목적을 달성하게 하는가에 관한 것이다. 부모와의 상호 작용에서 아동은 자신의 발성이 부모의 행동에 영향을 주고, 또한 부모의 발성이 자신에게 영향을 미친다는 것을 알게 된다. 이렇게 부모와의 사회적 상호 작용에서 발성을 배우며 다른 사람에게 행동을 지시하거나 사물에 대해 언급하기 위해

의도적으로 대화를 하기 시작한다. 그리고 자신의 대화에 원인과 결과가 있음을 스스로 배우게 된다. 정상아동은 2세 정도가 되면 화법의 기본 규칙, 즉 이야기할 때는 차례를 지켜야 한다든가 효과적으로 의사소통을 하기 위해서는 반복하거나 분명히 해야 하는 것이 필요하다는 것 등을 배우게 된다.

(3) 구두언어 증진을 위한 방법

학교생활에서 위와 같은 문제점을 보이거나 구두언어에 어려움을 느끼는 아동들은 어휘나 문장의 의미를 이해하지 못하거나 문장 구성에서 어려움을 갖게 된다. 따라서 아동들이 어휘의 의미나 문장의 의미 이해에 어려움을 느낄 때는 학교에서는 다음과 같은 점에 유의하여 지도해야 한다.

① 아동들과 대화할 때 아동들에게 맞는 단순한 어휘나 문장을 사용한다.
② 말 활용 시간에는 그림이나 실물 등 시각적인 자료를 제시한다.
③ 말로 의사소통을 할 때 대답을 기대하기 전에 아동에게 생각할 시간을 충분히 준다.
④ 역할 놀이 같은 활동을 통해 어휘, 문장, 이야기의 의미를 구체적으로 경험하게 한다.
⑤ 인쇄된 자료를 통한 의사소통을 말을 통한 의사소통보다 더 잘하는 경우에는 말로 묻기 전에 인쇄된 자료를 먼저 준다.

또한 말로 문장을 만드는데 어려움을 느끼는 아동에게는 다음과 같은 활동을 해본다.

① 여러 종류의 낱말이나 구를 쓴 카드를 사용하여 문장을 만들어 보게 한다.

② 특정 낱말이 생략된 문장을 이용해서 구두어 연습을 하게 한다. 예를 들면 "○○는 예쁘다."와 같이 명사의 생략을 비롯하여 동사, 형용사 등 문장의 한 낱말의 위치를 생략하여 어려운 어휘를 넣어 문장을 만들게 한다.

③ 전화 역할 놀이를 해 본다. 친구에게 집에 놀러 오라는 전화, 무엇을 물어

보는 내용의 전화 등 다양한 대상을 선정하여 역할 놀이를 해 본다.

음악 활동은 말-언어 지도에 많은 도움이 된다. 특정한 소리로 구성된 간단한 노래, 즉 '딩동댕' 등은 아동에게 정확한 조음을 도울 수 있다. 또한 말더듬 아동들도 노래를 부를 때는 말을 더듬지 않는 경우가 많으며, 음성의 높낮이, 강도 등을 증진시키는 데도 음악 활동이 도움을 준다. 자신이 대화 분위기에 신경을 쓰거나 지나치게 남을 의식하는 아동에게는 음악이 도움이 된다. 노래를 부르는 안정된 분위기는 긴장으로부터 아동을 이완시켜 주기도 한다.

(4) 학급에서 교사의 유의사항

① 교사는 말-언어장애 아동을 수용하고 인간적으로 안정된 분위기를 느끼도록 해준다.

② 말-언어장애 아동들이 교사와 대화할 때 당황하지 않도록 하며, 자연스럽게 이야기할 수 있도록 하며, 잘못 발음하는 어휘나 이상한 목소리를 대화중에 지적하는 것은 금물이다.

③ 아동이 말을 할 때는 진지하게 들어주되 아동이 말을 계속하도록 강요해서는 안 된다.

④ 아동이 말을 할 때 적절하고 바람직한 언어에 대해서는 강화를 해주어 자신감을 가질 수 있도록 해준다.

⑤ 모방학습을 할 수 있는 기회를 준다.

⑥ 아동과 이야기할 때는 늘 안정되고 즐거운 분위기가 지속되도록 한다.

언어치료사들은 아동의 언어기술을 발달시키고 활용하도록 하기 위해 자연적인 중재를 하는 경우가 점점 많아지고 있다. 구조화된 교수환경보다는 자연적인 환경에서 기능적인 의사소통을 가르칠 수 있는 환경중심교수전략(Goldstein, Kaczmarek & Hepting, 1994)을 실행하는 것이다. 자연적 중재는 아동이 바람직하게 반응할 기회를 만들기 위해 환경을 구조화(예: 장난감을 들고 "뭐 하고 싶니?"라고 묻는다)하고 아동의 의사소통을 위해 성인의 반응을 구조화(예: 아동이 밖을 가리키면서 "나도 갈래"라고 말하고, 교사는 "물론 같이 가자"라고 말한다)하는 것이다. 효과적인 환경교수는 아동이 관심을 가지도록 언어 환경을 고안하여 교수목적에 맞는 상호작용이 증가하게 해야 한다. 의사소통장애학생을 위한 교육적 중재는 어떠한 중재방법을 사용하더라도 언어치료사나 교사들은 구체적인 목표를 세우고 아동의 행동을 정확하게 기록하고, 아동의 의사소통 노력이 보상되도록 학습 환경을 조성하는 것이 중요하다.

제10장

자폐성 장애

자폐(autism)는 사회적 상호작용과 의사소통에 있어서의 비정상적인 발달을 보이면서 활동과 관심 영역이 제한된 특성을 보이는 장애이다. 자폐범주성 장애는 사회적 상호작용 기술에서 일생동안 전반적인 어려움을 겪으며 극도의 제한된 관심과 행동은 물론 의사소통 기술에서의 어려움을 수반한다. 그러나 이들이 나타내는 기능은 낮은 수준에서부터 높은 수준에 이르는 연속선 상에 존재한다는 점에서 범주성(또는 스펙트럼) 장애로 명명하기도 한다.

1. 정 의

자폐를 진단하기 위해서 가장 많이 사용되고 있는 정신장애 진단 및 통계 편람(Diagnostic and Statistical Manual of Mental Disorders: DSM)의 분류에 의하면 자폐는 아동기 장애 중 전반적 발달장애(pervasive developmental disorder: PDD)에 포함되는데 대부분의 전문가들은 현재 PDD라는 용어 대신에 자폐스펙트럼 장애(Autism Spectrum Disorders: ASD) 또는 자폐범주성 장애라는 용어를 사용한다.

우리나라 「특수교육진흥법」에서는 자폐가 정서장애 범주에 포함되었으나 「장애인 등에 대한 특수교육법」으로 개정되면서 독립된 하나의 장애 영역으로 분류되었다. 특수교육법에 제시된 자폐성 장애의 정의는 다음과 같다.

> 사회적 상호작용과 의사소통에 결함이 있고, 제한적이고 반복적인 관심과 활동을 보임으로써 교육적 성취 및 일상생활 적응에 도움이 필요한 사람

최근 한국특수교육학회(2008)에서는 국내 학자들의 협력 연구를 통해 '특수교육 대상자 개념 및 선별기준'을 제시하였는데 그 중 자폐성 장애에 대한 정의를 살펴보면 다음과 같다.

> 자폐성 장애(autistic disorder)는 자폐(autism)라고도 불리며, 3세 전에 나타나는 발달장애로 알려져 있다. 자폐는 사회적 상호작용 및 의사소통 발달에 있어서의 질적인 결함과 제한적이고 반복적이며 상동적인 관심 및 행동을 보이는 등 세 가지 주요 영역에 영향을 미치는 장애다. 자폐성 장애는 현재 정신장애의 진단 및 통계 편람(DSM-Ⅳ-TR)에 의하여 아스퍼거 증후군, 레트장애, 소아기 붕괴성 장애, 달리 분류되지 않는 전반적 발달장애(PDD-NOS)와 함께 전반적 발달장애(PDD)에 속하는 다섯 가지 장애 중 하나로 분류된다. 그러나 최근에는 자폐성 장애를 이해함에 있어서 자폐적 성향 및 그로 인한 행동적 특성이 다양하고

폭넓은 증상으로 나타난다는 사실을 고려하여 범주성 장애로 인식하기 시작하였으며, 자폐 범주성 장애(autistic spectrum disorder)라는 용어를 사용하고 있다.

미국의 초기 IDEA의 정의에서는 자폐성 장애를 신체 및 기타 건강상의 장애에 포함하였으나(Resenberg, Wilson, Maheady & Sindelar, 2004), 최근 새롭게 개정된 법에서 자폐성 장애를 독립된 장애 영역으로 분리하였다. IDEA의 정의를 살펴보면 다음과 같다.

> 자폐성 장애는 구어 및 비구어 의사소통과 사회적 상호작용에 유의한 영향을 미치는 발달상의 장애이며 일반적으로 3세 이전에 나타난다. 이러한 문제들은 아동의 교육적 수행에 불리한 영향을 미친다. 자폐성장애와 관련된 다른 특성들은 반복적 행동과 전형적 행동, 환경적 변화에 대한 거부와 일상생활에서의 변화에 대한 거부, 감각적 경험에 대한 비정상적인 경험 등이다. 아동의 교육적 성취에 영향을 미치는 주 요인이 정서장애에 의한 것일 때는 자폐증이라는 용어를 적용하지 않는다(34 C. ER., Part 300.7[c]. [1][i][1997].

정신장애 진단통계 편람의 최신판인 DSM-Ⅳ-TR에서는 자폐성 장애를 전반적 발달장애의 범주에 포함시키고 세분화하여 정의내리고 있다. 정신장애 진단에 의한 자폐성 장애의 하위유형과 정의를 살펴보면 다음과 같다.

> · 자폐성 장애(autistic disorder) : 어린 시기에 발견되며 심각한 발달장애를 특성으로 한다. 낮은 사회성 발달, 언어발달에서의 손상, 경직된 행동 등이 주요 특징이다.
> · 아스퍼거 증후군(asperger's disorder): 제한적이고 반복적인 행동, 관심, 활동과 사회적 상호작용에서 일생동안 지속되는 어려움이 나타난다.
> · 레트 장애(Rett's disorder): 생후 첫해 동안 정상적인 발달을 한 후 나타나며, 여아에게서 주로 발생하는 유전적인 결함이다. 언어와 행동의 급속한 퇴행과 의도적인 손 움직임, 정신지체와 경련장애 등을 특징으로 한다.
> · 아동기 붕괴성 장애(childhood disintegrative disorder: CDD): 3~15세에 나타나며 언어와 사회성, 운동성과 배변기술 등이 급속도로 상실되는 장애로 매우 드물게 발생한다.
> · 비전형 전반적 발달장애(PDD not otherwise specified: PDD-NOS): 자폐성장애나 아스퍼거 장애와 유사하지만 진단적으로 유의한 특성에서 약간 다른 증상을 보인다(예: 출현 연령).

출처: Tawbin, Mauk, & Batshaw (2002).

위에 설명한 각 장애의 진단 기준은 표 10.1, 표 10.2, 표 10.3, 표 10.4와 같다.

표 10.1 자폐성 장애의 진단 기준(DSM-IV-TR)

A. 최소한 (1)에서 두 개, (2)와 (3)에서 각각 한 개씩을 포함한 여섯 개(또는 그 이상)의 행동 특성을 보임

(1) 다음 중 최소한 두 개 이상에 의해서 나타나는 사회적 상호작용의 질적 결함
  (a) 사회적 상호작용을 위한 눈맞춤, 얼굴 표정, 자세, 몸짓 등과 같은 다양한 비구어적 행동의 사용에 있어서 명백한 손상을 보임
  (b) 발달 수준에 적절한 또래 관계를 발달시키지 못함
  (c) 즐거움, 관심, 또는 성취를 다른 사람들과 자발적으로 나누려고 하지 않음(예: 관심있는 물건 보여주기, 가져오기, 가리키기 행동이 부족함)
  (d) 사회적 또는 정서적 상호성이 결여됨

(2) 다음 중 최소한 한 개 이상에 의해서 나타나는 의사소통의 질적 결함
  (a) 말의 발달이 지체되거나 전혀 나타나지 않음(몸짓과 같은 대체적인 의사소통 수단을 통해서 보상하고자 하는 시도가 나타나지 않음)
  (b) 적절한 말을 할 수 있는 경우에도 다른 사람과의 대화를 시작하고 유지하는 능력에 있어서 명백한 결함을 보임
  (c) 언어나 특이한 형태의 언어를 상동적이고 반복적으로 사용함
  (d) 발달 수준에 적합한 다양하고 자발적인 가상놀이나 사회적 모방놀이가 결여됨

(3) 다음 중 최소한 한 개 이상에 의해서 나타나는 반복적이고 상동적인 형태의 제한된 행동
  (a) 강도나 내용에서 비정상적인 하나 이상의 상동적이고 제한된 형태의 관심 영역에 몰두함
  (b) 비기능적인 특정한 일과나 의례적 행동에 융통성 없이 집착함
  (c) 상동적이고 반복적인 운동성 습관을 보임(예: 손이나 손가락 흔들기나 비틀기, 몸 전체를 이용한 복잡한 움직임)
  (d) 사물의 특정 부분에 대하여 지속적인 집착을 보임

B. 다음 영역 중 최소한 하나 이상의 발달지체나 비정상적인 기능이 3세 이전에 나타남
  (1) 사회적 상호작용
  (2) 사회적 의사소통 맥락에서 사용되는 언어
  (3) 상징놀이나 상상놀이

C. 레트장애나 아동기 붕괴성 장애에 의해서 더 잘 설명되지 않는 장애

출처: American Psychiatric Association (2000). *Diagnostic and statistical manual of mental disorder-IV-TR.* 서울: 하나출판사.

표 10.2 아스퍼거 증후군의 진단 기준(DSM-IV-TR)

A. 사회적 상호작용에서의 질적인 손상에 관한 다음 항목 중 적어도 두 개의 행동 특성을 보임
 (1) 사회적 상호작용을 위한 눈맞춤, 얼굴표정, 자세, 몸짓과 같은 여러 가지 비언어적 행동의 뚜렷한 손상
 (2) 발달 수준에 맞는 또래관계 형성 실패
 (3) 타인과 함께 기쁨, 관심, 성취를 나누고자 하는 자발적인 욕구의 결여(예: 타인에게 관심이 있는 사물을 보여주기, 가져오기, 지적하기의 결여)
 (4) 사회적 또는 정서적 상호교류의 결여

B. 제한적이고 반복적이며 상동적인 행동, 관심, 활동 형태에 대한 다음 항목 중 적어도 한 개가 나타남
 (1) 강도나 초점이 비정상적이며 한가지 이상의 상동적이고 제한적인 관심에 몰입
 (2) 특수하고 비기능적인 틀에 박힌 일이나 반복적 습관에 융통성 없이 매달림
 (3) 상동적이고 반복적인 운동성 버릇(예:손 또는 손가락을 퍼덕거리거나 비꼬기, 또는 복잡한 전신 움직임)
 (4) 사물의 부분에 지속적인 몰입

C. 장애가 사회, 직업 또는 다른 중요한 기능영역에서 임상적으로 심각한 손상을 일으킴

D. 임상적으로 심각한 전반적인 언어발달상의 지연은 없음(예:단음절 단어를 2세에 사용하고 의사소통을 위해 구를 3세에 사용함)

E. 아동기에 인지발달이나 연령에 적절한 자조기술 및 적응행동의 발달(사회적 상호작용 이외의), 환경에 대한 호기심의 발달은 임상적으로 심각하게 지연되지 않음

F. 다른 특정한 전반적 발달장애나 정신분열증의 진단기준과 일치하지 않음

출처: American Psychiatric Association (2000). *Diagnostic and statistical manual of mental disorder-IV-TR.* 서울: 하나출판사.

표 10.3 레트 장애의 진단 기준(DSM-IV-TR)

A. 다음 사항 모두
 (1) 명백하게 정상적인 출생 전과 주산기 발달
 (2) 출생 직후 5개월 동안 명백하게 정상적인 전신운동성 발달
 (3) 출생 시 정상적인 머리둘레

B. 정상적인 발달 기간이 지난 후 다음의 모든 사항이 시작된다.
 (1) 생후 5개월과 48개월 사이에 머리 성장의 감속
 (2) 생후 5개월과 30개월 사이에 과거에 습득한 의미있는 손기술의 상실과 뒤따르는 상동적인 손 움직임의 발달(예: 손 비틀기, 손씻기)
 (3) 발병 초기 사회적 참여의 상실(사회적 상호작용은 흔히 늦게 발달하지만)
 (4) 협응이 잘 안 되는 보행과 몸 움직임
 (5) 심한 정신운동성 지체를 동반한 손상된 수용·표현언어 발달의 심한 손상

출처: American Psychiatric Association (2000). *Diagnostic and statistical manual of mental disorder-IV-TR.* 서울: 하나출판사.

표 10.4 아동기 붕괴성 장애의 진단 기준(DSM-IV-TR)

A. 출생 후 적어도 2년 동안 분명한 정상 발달이 이루어지는데, 이는 나이에 적절한 언어적 · 비언어적 의사소통, 사회적 관계, 놀이, 적응행동으로 드러난다.

B. 다음 영역 가운데 적어도 2개 영역에서 과거에(10세 이전에)습득했던 기술이 임상적으로 심각한 수준에서 상실된다.
(1) 표현언어 또는 수용언어
(2) 사회적 기술 또는 적응행동
(3) 대변 또는 방광 조절
(4) 놀이
(5) 운동성 기술

C. 다음 영역 가운데 적어도 2개 영역에서 기능장애를 나타낸다.
(1) 사회적 상호작용에서의 질적인 장애(예:비언어적 행동장애, 친구 관계의 발달 실패, 사회적 또는 감정적 상호교류의 결여)
(2) 의사소통에서의 질적인 장애(예: 구두언어의 지연 또는 결여, 대화를 시작하거나 유지하지 못함, 상동적이고 반복적인 언어 사용, 여러 가지 가상적 놀이의 결여)
(3) 운동성 상동증과 매너리즘을 포함하는 제한적이고 반복적이고 상동증적인 행동, 관심, 활동

D. 장애가 다른 특정 전반적 발달장애나 정신분열증으로 잘 설명되지 않는다.

출처: American Psychiatric Association (2000). *Diagnostic and statistical manual of mental disorder-IV-TR.* 서울: 하나출판사.

2. 원인 및 진단

1) 원인

오랫동안 자폐성 장애의 수많은 원인이 제기되어 왔다. 과거에는 부모의 부적절한 양육이나 정신병리적 원인과 같은 심리적인 원인에 초점을 맞추었으나 현재에는 자폐성 장애는 주로 유전, 신경화학적 요인, 신경생리학적 문제 등과 같은 생물학적인 요인이 주요한 원인으로 제시되고 있다(Tsai, 2000; Towbin et al., 2002).

최근의 연구들은 비정상적인 두뇌발달로 자폐성 장애가 발생한다는 결과들을

밝히고 있다(Berney, 2000; Mueller & Courchesne, 2000). 특히 유전적 요인, 임신 중의 특정 요소들과 같은 생물학적인 요인이 자폐 범주성 장애의 발생과 관련된 것으로 추측되고 있으나(Tsai, 2000) 대부분 이러한 요인들이 원인 인자로서 분명하게 입증되지는 못하고 있는 실정이다.

유전의 경우 자폐 범주성 장애의 발생에 직접적인 영향을 미친다는 입증할 만한 자료들이 제시되고 있다(Bailey, Phillips & Rutter, 1996; Piven, 2002). 특히 쌍둥이 자폐아동의 출생이나 가족들 간의 자폐적 행동 출현에 대한 연구에서는 자폐성 장애의 유전적 요인을 강하게 주장한다(Gillberg & Cederlund, 2005; Segal, 2005). 그러나 자폐와 관련되는 특정한 유전자가 무엇인지, 어떠한 경로를 통하여 유전되는지에 대한 가설은 아직 입증되지 않고 있다(Hu-Lince, Craig, Huentelman & Stephan, 2005; Volkmar & Pauls, 2003).

출생 중 산소 결핍이나 임신 중 수면제 복용과 같은 임신 관련 요소들과 함께 선천성 풍진, 뇌염, 홍역 등의 바이러스 감염도 자폐 범주성 장애의 발생과 관련된 것으로 추측되고 있다(Chess, 1971; Deykin & MacMahon, 1980; Smalley, 1998; Trottier, Srivastava & Walker, 1999; Williams & Hersh, 1998). 또한 약체 X 증후군[1]이나 결절성 경화증[2]과 같은 특정 의학적인 상태에 놓인 경우 자폐 범주성 장애의 발생 가능성이 높아지는 것으로 보고되고 있다(Feinstein & Reiss, 1998; Blackman, 1990).

신경학적 관점에서 ASD는 두뇌와 중추신경 조직에서의 특정 화학물질들의 비정상적인 과다분비나 과소분비와 상관이 있다고 추측된다. 특히 수면이나 식욕, 기분 등에 영향을 미치는 아미노산 신경전달물질인 세로토닌은 많은 자폐 아동

1) X염색체의 돌연변이로 나타나는 증후군으로 정신지체를 나타내는 유전질환 중에서 가장 흔한 질환이다. 빈도는 세계적으로 봤을 때, 1/2,000 남성과 1/4,000 여성이고 260명당 1명의 여성이 보인자라고 알려져 있다. 또한 유전성 질환 중에서 다운증후군 다음으로 빈도가 높아 1/1,000 정도의 빈도로 나타난다. 증상은 매우 길고 좁은 얼굴, 귀가 위쪽으로 많이 나와 있으며 턱이 길다. 그 외에 고환이 크며 정신지체, 학습 장애, 언어장애, 지나친 활발, 부끄러움, 사회적 불안, 짧은 집중력 등의 정신적 장애가 나타난다."

2) 결절성 경화증(Tuberous Sclerosis)은 경련, 정신지체, 혈관섬유종(피지선종) 등을 특징으로 하는 신경계 장애로 유전질환이다. 대부분의 증상은 출생 전이나 출생 시부터 나타나며, 모반증이나 신경피부 증후군이 뇌, 신장, 심장, 눈, 폐, 기타 다른 기관들에 영향을 미치는 복합성 질환이다.

에게 과다분비되는 것으로 밝혀지고 있다(Anderson & Hoshino, 2005). 불규칙한 세로토닌 수준은 우울증이나 분노, 강박증과 같은 다른 증상들과도 관련이 있다.

뇌손상의 경우 뇌간이 손상되거나(Koegel, Koegel, Frea & Smith, 1995) 전두엽의 기능 이상으로 인하여(Dawson, Melzoff, Osterling & Rinaldi, 1998) 자폐 범주성 장애가 발생한다는 가설이 제시되고 있다. 또한 자폐아동의 두뇌는 다른 아동의 두뇌에 비해 크고 무거우며(Courchesne, 2005), MRI를 활용한 최근의 연구에서는 언어와 얼굴 인식, 사회 인지 등을 관여하는 두뇌 영역에서 구조적인 문제를 갖고 있다는 것을 밝혀냈다(Akshoomoff, Pierce & Courchesne, 2002). 아직까지 자폐성 장애의 두뇌 연구는 초기 단계이지만 두뇌 구조나 기능상의 문제가 하나의 요인으로 작용하며 두뇌 구조에 대한 연구는 앞으로도 지속될 것이다.

이상의 생물학적인 원인 외에도 환경오염, 소화기 기능 이상, 백신 접종 등의 다양한 요인들이 자폐 범주성 장애의 발생과 관련된 것으로 추측되고 있다. 그러나 과학적으로 입증되지 않은 원인론의 경우 그 치료를 위한 잘못된 접근을 하게 할 수도 있으므로 각별한 주의를 기울여야 한다.

2) 진단 및 판별

자폐성 장애는 3세 이전에 나타난다는 것이 진단 기준에 포함되어 있다. 대부분의 부모는 자녀가 15~22개월에 언어발달 문제와 의례적인 행동들이 나타나는 것을 보고 문제를 인식하기 시작한다. 그러나 보다 어린 시기의 비디오 자료를 분석해 보면 일반적으로 6~8개월 정도의 어린 시기에도 자폐유아들은 정상 발달을 보이는 아동들과 구분되는 행동 특성을 보인다(Chawarska & Volkmar, 2005; Robins, Fein, Barton & Green, 2001). 또래와 비교해 볼 때, 자폐유아들은 사람에 대한 시각적 관심을 잘 나타내지 못하고 사회적 의사소통 교환을 잘하지 못하며 자신의 이름을 부르는 소리와 같은 사람들의 소리에 적절하게 반응하지 못한다.

자폐성 장애 아동에 비하여 아스퍼거 증후군 아동들은 보다 높은 연령에 진단되는 경향이 있다. 대부분의 아스퍼거 증후군의 아동들이 언어 습득이나 인지발달, 자조기술 등에서 임상적으로 유의할 만한 지연을 보이지 않으므로 또래들과 사회적 상황에서 상호작용을 하게 될 때까지는 기능적 차이가 드러나지 않는다. 실제로 5세 이전에 진단이 확정되는 대부분의 자폐성 장애 아동들과 달리 아스퍼거 장애 아동들은 11세 정도가 되어야 명확하게 진단된다(Howlin & Asgharian, 1999).

자폐성 장애의 진단 및 판별을 위한 의료적 검사는 없다. 자폐증의 원인인 특정 신경생리학적 기제가 잘 알려져 있지 않기 때문에 다양한 평가와 아동의 행동 특성을 관찰하여 진단하게 된다. 진단은 주로 DSM-Ⅳ에 제시된 기준에 따라 심리학자나 정신과 의사, 소아과 의사, 신경과 전문의 등의 자폐성 장애 전문가가 진단하게 된다.(표 10.1, 표 10.2, 표 10.3, 표 10.4 참조). 자폐에 대한 임상 판별은 심리학적 평가와 아동의 발달력, 청력검사, 말/언어 검사, 의사소통 능력 검사, 지능검사, 의학과 신경학적 검사, 현재 가족기능 평가 등으로 이루어진다(Klin, McPartland & Volkmar, 2005; Towbin et al., 2002).

자폐성 장애로 의심되는 아동의 평가를 위해 개발된 도구에는 평정척도, 관찰 체크리스트, 양육자 면접 등이 있다. 표 10.5는 자폐성 장애의 선별과 진단에 사용되는 검사도구를 설명하고 있다.

표 10.5 자폐성 장애의 선별 및 판별을 위한 진단도구

유형	진단도구	내용
선별	걸음마기 자폐증 체크리스트 (Checklist for Austim in Toddler:CHAT)(Baird et al., 2000)	부모의 보고에 근거하여 자료를 수집하고 가상놀이와 응시행동, 지적하기 등과 같은 행동들을 상호작용하는 동안 측정하는 걸음마기 아동의 선별을 위해 사용되는 도구
	걸음마기 자폐증 체크리스트 개정판 (Modified Checklist for Austim in Toddler:M-CHAT)(Robin et al., 2001)	CHAT의 확장된 부모보고서, CHAT로 측정되지 않는 상호적 행동을 측정함
	2세 아동을 위한 자폐증 선별 (Screening for Autism in 2-Year-dlods : STAT)(Stone, Coonrod, & Ousley, 2000)	조기 선별을 위한 도구

주요 결함 척도	사회적 반응성 척도(Responsiveness Scale:SRS)(Constantino, 2002)	20분 정도 소요되며 교사나 부모에 의하여 실시되는 측정도구. 전체 65항목으로 의사소통과 사회적 상호작용, 상동적 행동 등과 관련된 내용이 포함됨
	아동의 사회적 행동 질문지(Children's Social Behavior Questionnaire : CSBQ)(Lutejin, Lutejin, Jackson, Volkmar, & Minderaa, 2000)	부모와 교사들이 평가하는 측정도구. 과다행동, 사회적 상호작용과 통찰력, 불안/경직되고 전형적인 행동을 측정함
	전반적 발달장애 평정척도(Pervasive Developmental Disorders Rating Scale:PDDRS)	각성, 애착과 인지 등과 관련된 51문항으로 구성됨
자폐증 평정 척도	아동기 자폐증 평정척도(Childhood Autism Rating Scale : CARS)(Lutejin, Lutejin, Jackson, Volkmar, & Minderaa, 2000)	직접관찰, 부모보고, 다른 장애를 가진 아동들과 구분하기 위한 15항목의 행동 평정척도
	자폐증 행동 체크리스트(Autism Behavior Checklist : ABC)(Krug, Arick, & Almond, 1980)	57항목의 행동평정척도로 감각, 사회적 행동과 반복적 행동을 측정하고 사회성, 적응행동, 의사소통, 언어 기술을 측정함
진단적 면담	자폐증 진단적 면담 개정판(Autism Diagnostic Interview-Revised : ADI-R)(LeCouteur, Lord, & Rutter, 2003)	PDD 아동과 성인의 양육자들이 실시하는 면담으로 총 93문항으로 구성되어 있으며 2시간 정도 소요됨
	사회 의사소통 장애 진단용 면담(Diagnostic Interview for Social and Communication Disorders : DISCO)(Wing, Leekman, Libby, Gould, & Larcombe, 2002)	ASD 관련 행동들을 파악하기 위한 반구조화된 면담
직접관찰 척도	자폐증 진단 관찰척도(Autism Diagnostic Observation Schedule : ADOS)(Lord et al., 2000)	약간의 언어능력이 있지만 유창하지 않은 고기능 청소년과 성인들의 사회적 행동과 의사소통 행동에 대한 관찰척도
	심리교육 프로파일 개정판(Psychoeducational Profile-Revised : PEP-R)(Schopler, Reichler, Bashford, Lansing, & Marcus, 1990)	3-7세 아동에게 사용할 수 있는 자폐 정도 측정 도구
아스퍼거 장애 진단	아스퍼거장애(및 고기능 자폐증) 진단용 면담)(Asperger's Syndrome(and High-Functioning Autism) Diagnostic Interview : ASDI)(Gillberg, Gillberg, Rastam, & Wentz, 2001)	행동, 사회적 행동, 관심, 일상생활, 구어 및 언어 능력, 의사소통 및 운동기술을 측정함

출처: 박현옥 외(2010). 『특수교육개론』, 학지사.

우리나라에서는 아동기 자폐증 평정척도(CARS)가 가장 많이 사용되고 있는데 15개 항목으로 이루어진 질문지에 아동 관찰과 부모 보고를 통해 1~4로 평가한다(Schopler, Reichler & Renner, 1988). 자폐증 진단 면접-개정판(ADI-R)도 사용되고 있는데 ADI-R은 자폐가 의심되는 아동의 양육자와 반구조화된 면접을 통해 의사소통, 사회적 발달, 놀이, 반복되고 제한된 행동, 행동문제 및 가족 특성을 알아내고 평가한다(Lord, 1997; Lord, Rutter & LeCouteur, 1994).

3) 출현율

자폐성 장애는 다양한 평가와 아동의 행동 특성 관찰을 통해 진단하게 되므로 진단하는 전문가에 따라 자폐의 발생률이 매우 다양하다. DSM-Ⅳ-TR(APA, 2000)에 의하면 자폐성 장애 발생률은 인구 10,000명당 2~20명에 이른다. 1970년대 이전 연구에서는 인구 10,000명당 약 4~6명 정도로 보고되었으며(Lotter, 1967; Wing & Gould, 1979), 1980년대의 연구에서는 그 발생률이 10명으로 증가하였다(Bryson, Clark & Smith., 1988). 좀 더 최근 연구결과에 따르면 자폐 인구는 1980년대 혹은 1990년대 초반에 비하여 10배 정도 높게 출현한 것으로 나타나고 있으며, 인구 1,000명당 3~4명이 출현하는 것으로 보고되고 있다(NAAR, 2005; Yeargin-Allsopp et al., 2003).

남아의 경우 여아보다 4-5배 더 높은 발생률을 보이며 최근 들어서 그 숫자가 증가하고 있는 것으로 보고되고 있으나 자폐 범주성 장애를 지닌 아동의 숫자가 정확하게 조사되지 않고 있기 때문에 그 발생률이 어느 정도인지를 말하기는 매우 어렵다. 우리나라의 경우에는 2007년 「장애인 등에 대한 특수교육법」에서 자폐성 장애를 독립된 장애 영역으로 포함시키기 전까지는 별도로 분류하지 않고 정서장애에 포함시켰기 때문에 아직까지 발생률에 대한 정확한 조사가 이루어지지 않고 있으며 관련 통계 자료도 부족한 실정이다.

3. 특 성

자폐성 장애는 사회성 및 의사소통 발달에 있어서 일탈적인 특성을 보이며 행동적인 면에서도 독특한 특성을 보인다. 특히 사회적 상호작용의 결함, 의사소통 기술의 결함, 반복적이고 전형적이며 의례적인 행동은 대부분의 자폐성 장애 아동들에게 나타나는 가장 보편적인 특징이다.

1) 발달에서의 일탈적 특성

(1) 사회적 상호작용의 결함

사회적 상호작용이란 다른 사람들과 상호작용을 하는 과정에서 나타나는 복잡하고 다양한 과정을 의미한다. 자폐 범주성 장애 아동들은 영아기의 이른 시기부터 부모가 안아주거나 상호작용을 시도할 때 일반 영아들과 같은 정상적인 반응을 보이지 않으며, 다른 사람들에 대한 관심을 거의 보이지 않는 경우가 많다. 그 대신 특정 사물에 대해서 집착하는 경향을 보이며 정상적으로 놀이하는 방법을 학습하지 못한다.

많은 자폐성 장애 아동들이 타인의 정서 상태를 인식하지 못하고 애착이나 관계 형성에 어려움을 갖는다. 부모가 꼭 껴안아 주기도 하고 애정을 보여줘도 거의 관심을 보이지 않는다. 자신의 감정을 적절하게 표현하지도 못하기 때문에 타인과의 상호작용에 많은 어려움을 겪는다. 타인과 함께 있는지 혹은 혼자 있는지에 대해 별로 개의치 않으며 알려고도 하지 않는 것처럼 보인다.

많은 ASD 아동들은 다른 사람이 머리를 끄덕이며 인사하는 것이나 손을 흔들며 인사하는 것과 같은 사회적 몸짓을 사용하지 않는다. 일부 자폐아동들이 당기기, 밀기, 자신이 원하는 것을 얻기 위해 다른 사람의 손을 끌기 등과 같은 기초적인 몸짓을 사용하지만 이러한 몸짓의 사용은 사회적 요소가 결여되어 있고 목적을 위한 수단으로서 성인을 이용하는 것처럼 보이기도 한다.

상호관심갖기(joint attention)의 결함은 ASD 아동에게 매우 흔하다(Stahl & Pry, 2002). 상호관심갖기란 어느 누군가가 바라보고 있는 곳을 자신도 바라보는 행동을 말한다. 즉 엄마가 머리를 돌려 어떤 것을 바라보는 것을 목격할 때 자신도 따라 하거나 누군가 가리키는 방향으로 머리나 눈을 돌리는 것을 의미한다. 상호관심갖기는 아동과 타인이 동일한 관계 구조에서 상호작용을 하도록 해주며 언어와 사회적 기술의 발달에 매우 중요한 요소이다.

아스퍼거 증후군의 아이들도 자폐성 장애인에 비해 덜 심각하기는 해도 사회성에서 문제를 보인다. 이들은 다른 사람들과 사회적 교류를 하지만 질적인 부분에서 문제를 보인다. 즉, 어색하고 일방적이며 상황에 적절하지 않은 발화 등과 같은 특이한 형태의 상호작용을 하는 경향이 있다. 아스퍼거 장애 학생들을 대하면 무척 둔하고 기계적인 방식으로 행동하며 상대방의 요구나 말하는 내용에 거의 주의를 기울이지 않아 마치 사물을 대하고 있는 듯한 느낌을 받는다(Linn & Smith-Myles, 2004). 이러한 경직성은 사회적 기술의 적용에서 더욱 두드러지게 나타난다. 특정 상황에 맞는 사회적 규칙을 적절하게 적용할 수 있는 대부분의 학생들과는 달리 아스퍼거 장애 학생들은 사회적 상황이나 참여한 사람에 상관없이 모든 상황에 동일한 규칙을 적용한다. 아스퍼거 장애인들이 상식이 부족하고 일상적인 사회적 상호작용에서 말로 전달할 수 없는 미묘한 의미들을 파악하지 못하기 때문에 이들은 주위 사람들에게 웃음거리가 되기도 한다(Smith-Myles & Simpson, 2001).

(2) 의사소통 기술의 결함

의사소통 기술의 결함은 사회적 상호작용의 결함과 같이 모든 ASD 학생의 특성이다. 그러나 그 심각성의 정도는 매우 다양하다. 자폐아동의 50% 정도는 기능적인 언어 습득에 어려움을 겪으며 단순한 말소리나 특이한 소리를 낸다. 또한 말을 잘 하는 자폐아들도 말의 억양이나 속도, 크기, 내용에 있어서 비정상성을 보이며, 로봇과 같이 말하거나 들은 말을 반복하는 반향어[3]를 하기 때문에 의사

3) 반향어란 일반적으로 다른 사람이 말한 단어나 문장을 의미 없이 반복하는 것을 말한다. 과

소통이 잘 되지 않는다. 또한 다른 사람의 눈이나 얼굴 표정을 보고 상대방의 감정이나 의도를 이해하지 못하고 얼굴 표정에 자신의 감정을 실어서 전달하는 능력에 어려움을 갖는 등 사회적 상호작용을 위한 언어를 사용하지 않는 경우가 대부분이다. 이것은 자신은 말을 할 수 있는 반면에 상대방의 반응에 대해서는 전혀 관심을 보이지 않기 때문에 언어를 사회적 상호작용을 위한 도구로 사용하지 못함을 의미한다.

자폐 범주성 장애 아동들 중에는 반향어가 아닌 의미있는 말을 자발적으로 사용하는 경우도 있다. 이와 같은 기능적인 말의 사용 정도는 아동에 따라서 매우 다르게 나타나는데, 이러한 자발적인 말도 언어의 형태면에서는 일탈적인 특성을 보인다. 대부분의 자폐아동은 구어를 사용해야 하는 경우에도 문어적 표현을 하거나 인칭을 바꾸어 사용하고, 추상적인 어휘나 은유적 어휘의 사용 능력에서도 결함을 나타낸다. 구어를 이해하는 능력에서도 어려움을 보인다. 이러한 문제는 대화할 때 함께 사용되는 비구어적 단어를 처리하는 데 어려움이 있기 때문이다. 그러므로 언어의 이와 같은 요소를 정확하게 사용하기 위해서는 문법적인 능력뿐만 아니라 말의 사회적인 요소에 주의를 기울이고 해석하는 능력이 요구된다.

말의 사회적 요소인 눈맞춤, 몸짓, 몸의 움직임 등은 비언어적 의사소통 행동이다. 대부분의 자폐성 장애 아동들은 사회적 상호작용에 사용되는 비언어적 의사소통 행동을 자주 사용하지 않는다. 또한 조음상의 실수를 빈번하게 보이고 알아들을 수 없거나 적절하지 않은 발성을 하기도 하며(Shriberg, Paul, McSweeny, Klin & Cohen, 2001) 말의 강세, 높낮이, 리듬 형태 등으로 구성된 운율학적인 면에서도 문제를 보인다(Baltaxe & Simmons, 1985). 언어의 운율학이란 이야기를 듣는 사람에게 언어적인 신호를 이해하도록 단서를 제공해주며, 동시에 상대방의 심리적인 상태나 기분 등을 알려주는 역할을 한다. 결국, 자폐 범주성 장애 아동이 언어의 운율학적 측면에 있어서 심각한 결함을 나타내는 것은 이들이 사회성 발달에 있어서 주요 장애를 보이기 때문인 것으로 설명될 수 있다.

결론적으로, 자폐 범주성 장애 아동은 말의 사용에 있어서 다양한 정도의 지체

거에는 반향어가 비기능적일 뿐만 아니라 언어를 이해하지 못하기 때문에 나타나는 것으로 여겨졌으나, 현재는 반향어가 지닌 다양한 형태와 기능들이 보고되고 있다.

와 일탈의 특성을 보인다고 할 수 있다. 그러나 이들의 말이나 언어상의 문제는 단순한 말의 습득과 사용에 있어서의 장애가 아니라 말을 대체할 수 있는 비구어적 의사소통에서도 장애를 보임으로써 사회-인지적인 측면에서의 장애와 연결된다는 것을 알 수 있다. 이와 같은 특성은 기타의 말 또는 언어장애와 자폐를 구분하는 주요 판별 요인으로 사용된다.

(3) 행동상의 문제

자폐 범주성 장애 아동들은 진단 기준상 사회성 및 의사소통상의 행동 특성 외에도 제한된 범위의 관심 영역에 지나치게 강도 높은 독특한 관심을 보이며, 동일한 일과를 따르는 등의 동일성에 대한 비합리적인 집착을 보이고, 상동적이고 반복적인 운동기능상의 습관을 보이며, 사물의 특정 부분에 대한 집착을 보이는 등의 행동 특성을 보인다(APA, 2000). 상동행동[4]은 일상생활을 방해하게 되고 사물이나 주위 환경을 경험할 수 있는 기회를 박탈하게 된다(Ozonoff et al., 2002).

자폐 범주성 장애 아동이 보이는 반복적이고 상동적인 행동은 지금까지 기능적인 목적이 없이 행해지는 것으로 알려져 왔다. 초기 연구자들은 이러한 행동들이 일반화된 불안 증상을 통제하기 위한 수단으로 나타난다고 하였다(Bettleheim, 1967; Kanner, 1943). 그러나 최근의 연구들은 이러한 행동들이 환경 안에서의 인과관계를 알아내고자 하는 시도로 생각하고 있다(Baron-Cohen, 2005). 이 행동들은 개개인에 따라 다른 기능으로 작용하는데 때로는 지루함이나 불안한 감정을 나타내기 위한 의사소통적인 시도의 목적일 수도 있으며, 어떤 경우에는 주의집중을 위한 기능으로 작용하기도 하고, 또 어떤 경우에는 특정 활동에 참여하거나 좋아하지 않는 상황이나 과제를 회피하기 위한 기능으로 작용하기도 한다(Kennedy, Meyer, Knowles & Shukla, 2000). 그러나 이러한 행동은 학습을 방해하거나 학교 및 지역사회에서의 통합을 방해하는 요소가 될 수 있으

4) 상동행동(stereotyped behavior)은 일상생활을 방해하는 반복적인 행동을 말하는데 예를 들어 앉아 있을 때나 걸어다니면서 몸을 앞뒤, 좌우로 흔들거나 주변을 빙빙 돌거나 손으로 날개짓을 하고 반복적인 소리를 내는 행동 등을 말한다. 또한 자신의 굽어진 모양의 손을 응시하거나 불빛을 바라보고 물건을 돌리거나 볼펜을 가지고 소리를 내면서 몇 시간씩 한 자리에 있기도 한다.

므로 교사는 환경적 사건이 반복적이고 의례적인 행동의 발생이나 빈도, 강도 등에 어떻게 영향을 미치는지 파악해야 한다. 자폐성 장애 아동의 행동 특성을 살펴보면 표 10.6과 같다.

표 10.6 자폐성 장애 아동의 행동 특성

행동 특성	내 용
제한된 범위의 관심 영역에 지나치게 강도 높은 독특한 관심을 보임	• 특정 주제에만 지나친 관심을 보이고 다른 주제에는 전혀 관심을 보이지 않음 • 특정 주제나 활동을 종료하는데 어려움을 보임 • 다른 활동에 방해가 됨(예: 활동에 집착하느라 식사나 화장실 가는 일을 지체함) • 독특한 주제에 관심을 보임(예: 물뿌리개, 영화 등급, 우주 물리학, 라디오 방송에서 읽어주는 편지) • 특정 관심 영역에 대한 비상한 암기력
특정 비기능적인 일과나 의례적 행동에 융통성 없이 집착함	• 정확한 순서에 따라 특정 활동을 수행하기를 원함(예: 자동차에서 내려 문을 닫을 때 정해진 순서에 따라서 행동함) • 일과의 사소한 변경에 대하여 쉽게 흥분함(예: 학교에서 집으로 돌아가는 길을 다른 길로 변경할 때) • 모든 변화에 대하여 사전 통보를 필요로 함 • 일과나 의례적인 행동이 지켜지지 않을 때 매우 불안해 함
상동적이고 반복적인 운동성 습관을 보임	• 흥분했을 때 양 손을 펴서 흔듦 • 손가락을 눈앞에 대고 흔들거나 꿈틀거림 • 손의 자세가 특이하거나 기타 손의 움직임을 보임 • 장시간 빙빙 돌거나 몸을 앞뒤고 흔듦 • 발뒤꿈치를 들고 걷거나 뜀
사물의 특정 부분에 대하여 지속적인 집착을 보임	• 사물을 비기능적으로 사용함(예: 인형의 눈을 손가락으로 두들김, 장난감 자동차 문을 계속 열었다 닫았다 함) • 사물의 감각적인 부분에 관심을 보임(예: 사물의 냄새를 맡거나 눈 가까이에서 봄) • 움직이는 사물을 좋아함(예: 선풍기, 흐르는 물, 돌아가는 바퀴) • 독특한 사물에 집착함(예: 오렌지 껍질, 줄)

출처: 이소현·박은혜(2010). 『특수아동교육』, 학지사.

자폐 범주성 장애를 지닌 아동들은 특정 사물에 지나친 관심을 보이기 때문에 특정 사물에 지나치게 집착하거나 관심의 영역이 극도로 제한되어 한 번 집중하기 시작하면 매우 오랜 시간동안 하나의 사물만을 가지고 놀이를 한다. 예를 들어 일반적인 아동은 인형이나 담요를 가지고 놀지만 자폐아동들은 가느다란 실한 줄에 집착하거나 변기의 물을 반복해서 내리거나 장난감을 일렬로 늘어놓거나 하는 방식으로 논다. 아스퍼거 장애 아동들도 자폐성 장애 아동들이 나타내는 것보다는 덜하지만 특이한 형태의 반복적인 놀이를 하면서 시간을 보낸다(APA, 2000). 많은 아동은 날씨체계, 지도 또는 전화번호 책이나 열차 시간표, 비행기 시간표, TV 쇼 등에 관심을 보인다(Loveland & Tunali-Kotoski, 2005). 이와 같은 동일성에 대한 집착은 환경이나 일과의 변경에 대해서도 매우 민감하게 반응하게 만들기 때문에 일상생활에서의 변화나 전이 또는 이동에 대한 극도의 어려움을 갖게 한다(Adreon & Stella, 2001; Myles & Simpson, 2001).

자폐 범주성 장애를 지닌 아동은 반복적이고 상동적인 행동 외에도 공격행동, 자해행동, 성질부리기(tantrum)[5], 기물 파손 등의 문제행동을 보이곤 한다. 다른 사람들을 향한 공격행동이나 자신에게 해를 끼치는 자해행동은 신속하고도 적절한 교수를 필요로 한다. 자해행동(sel-injurious behavior:SIB)은 자기자신을 향한 공격행동으로 심하게 머리박기, 때리기, 할퀴기, 물기 등의 행동으로 나타난다. 아스퍼거 장애 아동보다는 자폐성 장애 아동들에게서 보편적으로 나타나는 이러한 행동들은 아동 자신에게 심한 상해를 입히고 가족을 비롯하여 그 아동을 돌보는 사람들에게 심한 스트레스를 주게 된다. 자해행동은 아동의 교육적 배치에 영향을 주게 되며 학습을 하거나 일을 할 때에도 제한된 기회를 갖게 된다(Symons, 1995). 자해행동은 ASD 아동의 10~20%의 ASD아동에게 나타나며 정신적인 문제가 있거나 심한 장애가 있는 아동들에게도 나타난다(Rosenberg et al., 2004).

장애 아동이 보이는 문제행동의 약 75~80% 정도는 의사소통적인 기능을 지니고 있다는 사실을 고려해야 한다면(Iwata et al., 1994), 문제행동이 지니는 의사소통적인 기능을 대신 해줄 수 있는 적절한 대체행동을 교수함으로써 문제행동을 감소시킬 수 있다는 시사점을 준다(Chandler & Dahlquist, 2002).

5) 텐트럼(tantrum)은 언짢은 기분이나 짜증을 과도한 행동으로 표현하는 것을 말한다. 예를 들어 자폐성 장애 아동은 환경이나 사물의 변화에 대한 과민반응으로 무섭게 소리를 지르면서 바닥을 뒹굴거나 울면서 거부하는 행동을 보일 수 있다.

2) 관련 특성

(1) 감각 및 운동기능의 결함

많은 자폐성 장애 아동들이 감각 자극에 비전형적인 방식으로 반응하며 운동기능에 있어서도 문제를 보인다. 감각 자극에 대한 비전형적인 반응은 감각 자극에 대한 과잉반응과 과소반응의 형태로 나타난다. 과잉반응은 고통 역치나 빛과 소리, 촉각에 대하여 과도한 민감성을 보이는 행동으로, 예를 들어 소리나 빛에 대하여 지나치게 민감한 반응을 보이거나 특정 소리를 참지 못하며 타인이 몸을 대는 것이나 어떤 옷감에 대한 감촉을 싫어할 수 있으며 특정 냄새나 맛이 나는 음식물을 거부할 수도 있다. 과소반응적인 아동은 대부분의 사람들이 반응하는 감각자극에 대해 둔감하다. 예를 들어 고통에 대하여 무감각한 반응을 보인다거나 하루종일 빙글빙글 돌아도 어지러움을 느끼지 않고 어떤 형태를 만들기 위하여 자기 피부에 단단한 물체로 문지르기나 밀어넣는 행동을 하기도 한다. 많은 자폐 범주성 아동들이 어떤 자극에는 과잉반응을 어떤 자극에는 과소반응을 나타내기도 한다.

운동기능 장애의 경우 특이한 자세나 얼굴, 머리, 몸통, 팔다리 등의 비정상적인 움직임, 독특한 걸음걸이 등의 특성으로 나타난다(Leary & Hill, 1996). 자폐나 아스퍼거 증후군을 지닌 아동의 약 42~88%에 이르는 아동들이 감각 및 운동기능 장애를 보이며, 그 나타나는 시기, 증상, 형태는 다양한 것으로 보고되고 있다(Anzalone & Williamson, 2000; National Research Council, 2001).

주의력 결핍 과잉행동 장애(ADHD) 역시 자폐 범주성 장애 아동들에게서 많이 나타나는 행동 특성이라고 할 수 있다(Goldstein, Johnson & Minshew, 2001). 이들은 주의력 결핍, 과잉행동, 충동성과 함께 기타 관련 행동 특성들(예: 낮은 좌절 인내력, 빈약한 집중력, 자신의 요구를 관철하기 위한 과도한 집착, 불안정한 감정)을 보이곤 하는데, 과잉행동은 학령기가 되어서 감소되기도 하지만 주의력 결핍의 문제는 지속적으로 남아 학업성취에 부정적인 영향을 미치게 된다. 주의력 결핍 과잉행동 장애는 현행 진단 체계상 자폐 범주성 장애와는 동시에 진단되지 않는 장애로, 이들 간의 관계에 대한 연구는 아직까지 부족한 실정이다(이소현・박은혜, 2010).

(2) 지적 기능의 결함

대부분의 자폐성 장애 아동이 평균 이하의 지능을 갖고 있으나 그들이 보이는 지능의 범위는 우수한 경우부터 매우 심하게 낮은 경우까지 다양하다(APA, 2000). ASD 아동의 지능검사 결과에서는 그들의 15~30% 정도만이 지능지수 70 이상의 정상 범주의 지적 기능을 나타내며 약 70~80% 정도는 정신지체를 지닌 것으로 알려져 있다(Chakrabarti & Fombonne, 2001; Fombonne, 1999, 2005; National Research Council, 2001).

자폐 범주성 장애 아동들 중 정신지체를 함께 보이는 아동은 그렇지 않은 아동에 비해서 학업이나 일반적인 생활에 있어서 더 낮은 수행 수준을 보인다. 이것은 자폐 범주성 장애로 인하여 나타나는 언어 및 사회성 결함, 행동 조절의 어려움, 일과에 대한 집착 등의 특성에 정신지체로 인한 어려움이 가중되기 때문이다. 고기능 자폐아동, 저기능 자폐아동이라는 용어는 정신지체의 유무를 구분하기 위한 용어로 사용되기도 한다.

자폐 범주성 장애를 지닌 아동의 약 20% 정도는 평균 및 그 이상의 지적 기능을 보이는 고기능 자폐(high functioning autism: HFA)들이다. 이들 중 대다수는 일반학급에 통합되어 교육받는 경우가 많기 때문에 학교에서의 여러 가지 어려움에 직면하게 된다. 이것은 이들이 지적 기능에 있어서 평균 이상의 능력을 지니고 있음에도 불구하고 자폐로 인한 장애의 특성은 그대로 가지고 있기 때문이다.

자폐 범주성 장애로 진단받은 아동들 중 약 10% 정도가 특정 영역에서 뛰어난 능력이나 기술을 보이기도 한다(National Research Council, 2001). 이러한 뛰어난 능력이나 기술은 "자폐적 우수성(autistic savant)" 또는 "우수성 증후군(savant syndrome)"으로 불리며, 음악, 미술, 수학, 암기력, 기계 조작 등의 특정 영역에서 평균 이상의 뛰어난 능력을 보이는 것을 의미한다. 그러나 중요한 것은 이러한 특정 영역에서의 뛰어난 능력을 보이는 아동들의 경우 이러한 능력이 자신의 전반적인 지적 능력이나 일반적인 기능과는 무관하게 나타나며, 그 외 다른 영역에서는 매우 낮은 수행을 보이곤 한다(Nettelbeck & Young, 1996).

4. 교육적 지원

자폐성 장애 아동은 가르치기 매우 힘든 학생들이기 때문에 그동안 입증되지 않은 교육적 중재와 치료법이 수도 없이 나타나고 사라져 왔다(Heflin & Simpson, 2002; Jacobson et al., 2005). 그러나 지금까지 자폐아동의 치료와 처치에 대한 많은 논쟁들이 대부분 그 효과와 이익에 대한 과학적 증거없이 이루어져 왔기 때문에(Heflin & Simpson, 2002; Jacobson et al., 2005), 최근에는 구체적인 교수요소 및 기법에서부터 고도로 계획된 포괄적인 프로그램에 이르기까지 증거 기반의 교육 실제(evidence-based educational practices)가 추천되고 있다(Simpson & Myles, 2008).

1) 구조화된 조기중재

일반적으로 조기중재는 상당히 효과적인 성과를 가져오기 때문에 매우 중요하다. 집중적이고 행동적인 조기중재는 자폐아동들에게 의사소통, 언어 및 사회적 기술을 가르쳐서 일반학급에서 성공할 수 있도록 해 준다. 자폐성 장애의 특성이 사회성 및 의사소통 영역에서 두드러지게 나타나기 때문에 감각문제, 의사소통 기술, 사회적 기술 습득에 초점을 맞춘 조기중재는 어린 자폐 아동의 기능을 향상시키는 데 도움이 된다.

응용행동분석(applied behavior analysis: ABA)은 이러한 영역에서 어린 아동들의 기능을 향상시키기 위하여 가장 일반적으로 사용되는 방법이다. ABA는 환경이 학습에 어떠한 영향을 미치는지에 대한 원리들을 과학적으로 증명하는 교육평가와 교육설계, 실행을 위한 체계적인 접근법이다(Alberto & Troutman,

2006; Cooper, Heron & Heward, 2006). 응용행동분석은 아동에게 계획된 대로 기술을 가르치기 위해 정적 강화와 같은 행동 원리를 이용하며 새로운 기술을 가르치고 일반화할 수 있도록 날짜와 상황, 사람, 자료에 따라 다양한 절차와 반복적인 기회를 제공한다. ABA에 기초해서 자폐학생들을 가르치기 위한 체계적인 전략은 다음과 같다(김진호 외, 2006).

- 인위적 자극에서 자연적으로 발생하는 자극과 자신의 환경에 직면하는 사건으로 학생들의 반응을 전환시키는 전략(Green, 2001)
- 그림교환의사소통 시스템과 같은 대안적 의사소통(Bondy & Frost, 2002; Schwartz, Garfinkle, & Bauer, 1998; Sundberg & Partington, 1998)
- 사회적 관계를 위한 또래 중재(McConnell, 2002; Strain & Schwartz, 2001)
- 오류가 없는 식별 학습방법(Sidman, 1994)
- 직접 가르치지 않고 수업효과를 증진시키는 자극 균형 수업(stimulus equivalence class)의 개발(Sidman, 1994)
- 문제행동에 대한 기능적 평가(Homer, Carr, Strain, Todd, & Reed, 2002)
- 주요 반응 중재(Kogel, Kogel, Harrower, & Carter, 1999)
- 자연적인 언어전략(Goldstein, 2002; McGee, Morrier, & Daly, 1999)

자폐아동의 생활을 위한 체계적인 조기 중재의 가장 대표적인 예는 캐롤라이나 대학의 Lovaas 연구이다. 로바스는 4세가 될 때까지 약 2년 이상 매주 40시간 이상의 행동치료를 하였다. 그는 일 대 일의 집중적인 조기중재 프로그램을 19명의 자폐아동에게 제공하고 그 연구결과를 보고하였는데 집중적인 조기중재를 한 지 1년 후 아동의 50%는 일반유치원에 통합할 수 있었다고 하였다. 또한 조기중재 집단의 IQ 점수가 유사한 7세 아동 19명보다 20점 더 높았으며 그 중 9명은 교육적 성취에서 중요한 진보를 보여 일반학급으로 진급할 수 있었다. 19명의 동일 집단 아동이 평균 11.5세가 되었을 때 추후 평가를 한 결과, 이들은 진전된 상태를 유지하고 있었으며 제일 큰 변화가 있었던 9명 중 8명은 지능이나 적응행동 면에서 일반아동들과 별 차이가 없는 것으로 나타났다. 이렇게 구조화된 조기 중재에는 부모교육과 일반유치원 통합교육이 포함되었다(Lovaas, 1987; Lovaas, 1994; Smith, Eikeseth, Klevstrand & Lovaas, 1997; Smith &

Lovaas, 1998).

비록 이 연구의 타당성과 일반화에 몇 가지 의문이 제기되지만(Gresham & MacMillan, 1997) 적어도 자폐아동을 일반학급에 통합하기 위해 필요한 요인을 밝혀냈다는 점과 교사와 부모들에게 실질적인 희망을 주었다는 점에서 로바스와 그의 동료들의 연구는 자폐아동의 교육에서 놀랄만한 업적이었다(Baer, 2005).

2) 서비스 전달체계

일반학급이 모든 자폐학생을 위한 최소제한환경이 될 수는 없다. 미국 교육부 자료에 의하면 자폐학생들은 일반학급에서 27%, 분리학급에서 44%, 학습도움실에서 18%가 교육을 받았으며 약 11%는 특수학교나 거주시설을 이용하였다(미국 교육부, 2004). 이는 어린 자폐아동을 위한 가장 효과적인 중재의 하나인 또래중재를 위해서는 유능한 또래가 필수적이지만 이것은 통합환경이 충분조건이라는 뜻은 아니다.

대부분의 중도장애아동들은 자신의 독특한 기능 수준에서 시작하는 교육이 필요하다. 아동들은 다양한 경험을 통해 점진적으로 일반 교육과정으로부터 이익을 얻을 수 있게 될 것이다(Baer, 2005).

3) 학교적응을 돕기 위한 교수전략

(1) 조기통합교육

사회성 및 의사소통의 발달은 출생 직후부터 시작되어 유아기에 그 발달이 정점을 이루기 때문에 가능한 한 이른 시기부터 전형적인 발달을 촉진하는 환경에서 자연스러운 발달을 증진시켜야 한다. 실제로 통합교육의 형태로 이루어진 조기교육을 받은 아동들의 경우 그렇지 않은 아동들에 비해서 초등학교 통합 비율이 더 높아지는 것을 알 수 있다(McGee, Morrier & Daly, 2001). 예를 들어서, 자폐 범주성 장애 아동을 입학 초기부터 통합교육을 제공하는 미국의 월덴유치원(Walden Preschool)의 경우 79%에 이르는 아동들이 졸업 후 초등학교 일반학급에 통합된 것으로 보고되었다. 이것은 미국 전체 초등학교 일반학급에 통합된 자폐 범주성 장애 아동의 비율이 5%도 채 되지 않으며(Myles & Simpson, 1998), 하루 일과의 20% 이상을 일반학급에서 보내는 아동도 약 20% 정도밖에는 되지 않는다는 사실(U. S. Department of Education, 2000)과 비교해볼 때 매우 놀라운 결과이다. 그러므로 자폐 범주성 장애 아동의 통합교육은 가능한 한 이른 시기에 시작하여 자연적인 상황에서의 사회성 및 의사소통 기술을 습득하고 활용하게 함으로써 장애의 일탈적 발달 특성을 최소화할 수 있어야 할 것이다.

(2) 학업기술 교수

자폐성 장애 학생들은 학업적인 영역과 행동 영역에서 많은 어려움이 있기 때문에 여러 영역에 걸친 프로그램으로 구성된 포괄적인 중재를 필요로 한다. 이들의 학업 성취는 이들의 다양한 지적 수준에 의하여 영향을 받게 되며, 동시에 자폐 장애가 지니는 특정 문제들로 인해서도 영향을 받게 된다. 예를 들어서, 실행기능(executive functioning)에 있어서의 문제(Pennington & Ozonoff, 1996)는 숙제를 조직적으로 수행하거나 숙제 및 시험을 제 시간에 완수하거나 정해진 시간을 배정해서 특정 과제를 수행하는 등의 학업성취와 관련된 문제를 야기할 수 있으며, 주의집중의 어려움, 충동성, 과잉행동, 상동행동, 감각과 관련된 비전형적인 반응(예: 특정 감각에 대한 집착이나 회피) 등의 특성은 자폐 범주성 장애 아동의 학업 성취에 직접적인 영향을 미치게 된다.

일부 자폐아동들은 이미 학업기술을 지니고 있으며 일부는 기본적인 학업 전기술을 습득하는 데도 어려움을 보인다. 기능 수준과 상관없이 자폐 학생들은 정보를 기억하고 조직화하는 데 어려움을 보인다. 결과적으로 그들은 학업적 개념과 관련 기술을 습득하기 위해서 주의집중이나 과제 수행을 위한 자기-조절 능력과 같은 부가적인 인지전략과 문제해결 전략을 배울 필요가 있다(Moes, 1998; Takeuchi & Yamamoto, 2001).

일반학급에 통합된 아스퍼거 증후군이나 고기능 자폐아동들도 개별화된 지원과 수정이 필요하다. 특히 언어 자료에 대한 이해와 쓰기 표현을 위주로 하는 내용 중심의 교과 영역에서는 더욱 더 집중적인 지원과 수정이 요구된다. ASD 학생의 학업 기술교수 전략은 학습장애 학생들이나 ADHD 학생들에게 적용하는 전략과 유사하다.

(3) 사회적 기술 교수

사회적 발달 촉진을 위한 교육과정은 사회성 및 사회적 관계를 구성하는 모든 내용을 포함해야 한다. 사회적, 행동적 기능에 대한 교수는 일반적으로 실제 생활을 하는데 반드시 필요한 연령에 적합한 행동에 초점을 맞춘다. 비록 진단된 강점과 약점에 근거하여 개별교수가 실시된다 할지라도 그 내용은 대부분 사회적 상황에서의 통합을 가능하게 하는 일상생활기술, 자조기술, 기능적 의사소통 기술에 초점을 맞춘다. 많은 자폐학생들은 또래들과 어떻게 놀아야 하는지, 자신의 감정이나 정서를 어떻게 다루고 화를 조절해야 하는지를 명확히 배워야 한다. 일반적으로 얼굴 표정과 몸짓 이해, 비유적 표현에 대한 이해, 말하는 내용과 다른 의도, 사회적 기능의 명시되지 않는 규칙과 같이 명확히 지도하지 않으면 습득되기 어려운 기술의 교수에 초점을 맞춰야 한다(Smith-Myles & Simpson, 2001).

사회적 상황이야기와 그림활동 계획들은 자폐아동에게 새롭게 적용되고 있는 중재전략이다. 사회적 상황이야기(social story)는 자폐아동들에게 이해될 수 있는 형식으로 관련된 사람들의 기대 행동을 포함하여 사회적 상황과 내용을 설명해 주는 방법을 말한다. 사회적 이야기들은 개념에 관한 아동의 질문에 대답해 주고 다른 방식으로 질문하거나 얻을 수 없는 사회적 상황에 대한 정보를 제공해 준다(김미영 · 이소현 · 최윤희, 2006; Gray, 1994; 2000). 사회적 이야기들은 기대되는 행동과 상황을 묘사하는 데 사용될 수 있고 어떤 결과나 목표 성취에 대한 간단한 단계들을 설명할 수 있으며 예상되는 행동들과 새로운 일과를 가르치는 데 사용될 수 있다.

그림활동 계획(picture activity schedule)은 자폐아동에게 교실 내에서 연속적인 활동을 선택하고 수행할 때 독립성을 증가시키기 위해 사용할 수 있다. 자폐아동이 일반교실에 통합하기 위해서는 몇 가지 수준의 독립 수행이 필요한데

(Massey & Wheeler, 2000) 그림활동 계획은 교실 내에서 연속적인 활동을 선택하고 수행할 때 독립성을 증가시킬 수 있는 방법이다(Bevill, Gast, MaGuire & Vail, 2001; Morrison et al., 2002).

자폐성 장애 아동의 사회적 기술 교수 시에는 일탈적 발달 현상이 나타나는 사회성 및 사회적 관계의 모든 측면을 포함하는 것 외에도 사회적 발달의 결함으로 인하여 나타나는 부적절한 행동, 또는 비전형적인 방법의 의사소통 행동 등을 위한 교육적 접근도 함께 이루어져야 한다. 또한 청소년기나 성인기에 이른 자폐 범주성 장애인들을 위해서는 사회생활의 큰 비중을 차지하는 여가활용 및 직업교육이 특히 강조되어야 한다(Van Bourgondien & Mesibov, 1989).

(4) 언어 및 의사소통 기술

언어 및 의사소통 교육은 이 영역이 지니는 사회적인 특성으로 인해서 특별히 기능성이 강조되어야 한다. 특히 자폐 범주성 장애 아동의 의사소통장애가 사회-인지적 맥락에서 이해되어야 하는 장애이기 때문에 이들을 위한 의사소통 교육은 특별히 기능성이 강조되어야 한다. 그러므로 교사들은 언어나 의사소통의 형태를 습득시키는 것보다는 습득한 기술을 자신의 환경에서 어떻게 기능적으로 사용하게 할 것인가 하는 점을 더욱 중요하게 고려해야 한다.

언어교수의 내용은 학생의 지적 수준과 일치하는 말하기 능력에 따라 결정된다. 비구어 수준의 학생들은 그림, 상징, 의사소통판, 버튼을 이용해 학생의 요구를 말로 표현하는 전자도구 등을 활용하여 의사소통하는 방법을 배워야 한다. 구어를 사용할 수 있는 학생은 화용론과 구문론, 의미론과 조음 등을 포함한 표현언어에 초점을 맞춘다. 구어로 자기 의사를 표현할 수 있는 고기능 자폐 학생들에게 화용론적 표현을 가르치기 위해서는 보다 집중적인 중재가 필요하다. 의사소통 의도 이해하기, 대화 예절에 맞게 말하기, 청자의 요구를 이해하고 민감하게 반응하기 등을 가르치기 위해서 구체적인 교수가 실시된다(Paul, 2005). 특히 사회적으로 적절한 방법으로 대화를 시작하고 유지하며 마치는데 필요한 미묘한 기술은 자폐학생들이 통합상황에서 성공적으로 생활하기 위해 반드시 필요한 기술이다.

기능성 중심의 언어 및 의사소통 기술을 가르치기 위해서 교사들은 다음과 같은 여섯 가지 주요 원칙들을 이해하고 적용해야 한다(이소현, 1995; Wetherby & Prizant, 1992): (1) 아동의 현행 발달 수준과 기능적인 기준을 근거로 한다, (2) 자연적인 상황에서의 기능적인 의사소통 기술을 강조한다, (3) 양방간의 균형을 이룬 상호적인 의사소통을 촉진한다, (4) 의사소통의 대상자를 함께 교육한다, (5) 문제 행동을 교정하기 위한 프로그램과 통합해서 운영한다.

(5) 통합교육의 원칙

자폐 범주성 장애 아동의 성공적인 통합교육을 위해서는 다음과 같이 장애의 특성을 고려한 몇 가지 원칙을 적용해야 한다(이소현, 1999). 첫째, 자폐 범주성 장애가 지니는 사회적 발달에 있어서의 일탈적 결함이라는 특성을 고려할 때 개별 아동을 위하여 체계적으로 계획되고 실행되는 개별화 통합을 전제로 해야 한다(Handleman, Harris & Martins, 2005).

둘째, 통합 환경의 사회적 맥락과 활동이 자폐 범주성 장애 아동의 흥미와 관심을 유발할 수 있어야 한다. 예를 들어서, 사회적 자극이 너무 복잡하여 흥미를 상실하게 해서는 안 되며, 활동의 유형이 또래와의 협력이나 상호작용을 유발하는 것이어야 하고, 물리적 환경도 사회적 접촉이 활발하게 이루어질 수 있도록 근접성을 고려해서 구성해야 한다. 뿐만 아니라, 일상생활 중에 자연적인 사회적 통합이 발생할 수 있도록 휴식시간이나 점심시간 등의 자연 발생 상황을 잘 활용하는 것이 좋다.

셋째, 통합 환경 내의 성인과 또래들이 적절한 역할을 수행해야 한다. 자폐 범주성 장애 아동이 통합된 학급의 담임교사의 적절한 역할은 통합교육의 성패에 결정적인 영향을 미친다(Hundert & Hopkins, 1992). 또래들의 경우에는 사회적 기술 및 언어 발달에 있어서 훌륭한 모델의 역할을 수행할 수 있다. 그러나 물리적인 근접성만으로는 모델의 역할이 불충분하기 때문에 적절한 훈련을 통하여 실제로 모델이나 또래 교수자로서 역할을 수행할 수 있도록 도와주어야 한다. 다음은 자폐 범주성 장애 아동의 통합교육을 위하여 효과적으로 사용될 수 있는 특정 전략들을 보여주고 있다(Handleman et al., 2005).

- 또래 모델링
- 또래를 위한 사회적 시작행동 및 자기-통제 훈련
- 사회성 기술 증진을 위한 소규모 집단 활동
- 모든 학생들을 대상으로 하는 단짝 친구 프로그램
- 사진 활동 스케줄
- 사회적 활동을 위한 스크립트의 적용 및 소거
- 사회적 시작행동 기술에 대한 집중적인 교수
- 시작행동, 과제 수행, 사회적 기술에 대한 자기-관리 기술 교수
- 통합 촉진 기술(예: 교사가 직접 교수를 사용하는 대신 또래를 통하여 상호작용하고 환경을 구성함)
- 행동 관리 기술

자폐 범주성 장애 아동의 교육적 성과를 위해서는 아동이 속한 환경 내의 모든 사람들, 다시 말해서 교사와 또래들을 포함하는 모든 사람들이 장애의 특성을 잘 이해하고 장애의 특성을 고려한 교육적 접근을 계획하고 실행해야 한다.

제 11 장

청각장애

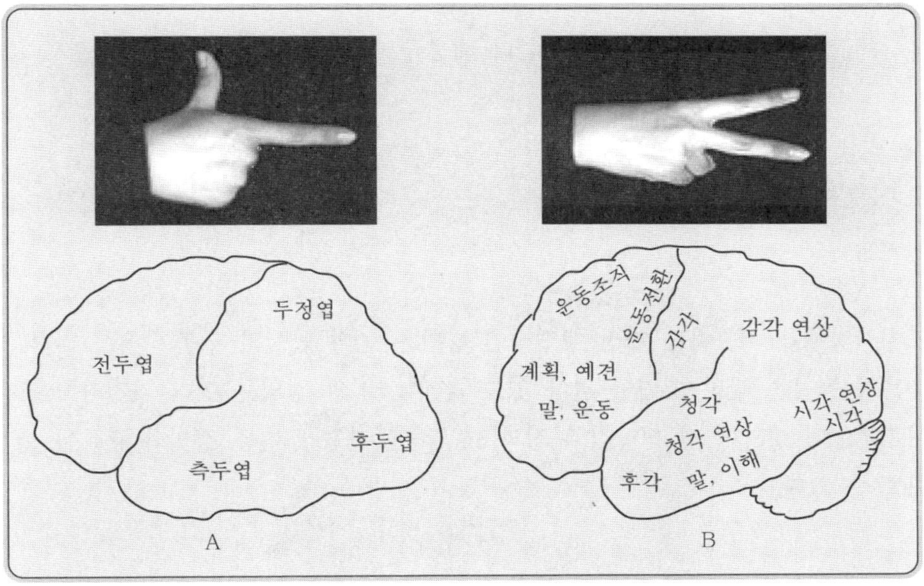

소리는 크기(강도)와 주파수로 측정한다. 강도는 데시벨(dB)로서 0dB은 정상적인 청력을 가진 사람이 들을 수 있는 가장 부드러운 소리이고, 참아낼 수 있는 가장 큰소리는 120dB이며 대화의 말소리는 65-75dB 정도이다. 데시벨(dB)이 점점 높아진다는 것은 소리가 점점 커진다는 의미이다. 소리의 주파수(frequency)는 1초에 생기는 진동의 회전수를 가리키며 측정단위는 헤르츠(Hz)이다. 인간의 가청 주파수 대역은 20-20,000Hz 정도이다. 주파수가 낮으면 저음, 주파수가 높으면 고음으로 나타난다.

언어를 이해하는 방법은 단순한 입술 움직임뿐 아니라 얼굴표정, 몸짓, 상황, 문맥을 통한 독화(speechreading)로 구어메시지를 이해한다. 그러나 독화로는 능숙한 독화자가 되기 어렵고 수화가 청각장애인들의 주 언어가 되고 있다. 각국의 수화는 문법체계가 모두 다르며 각 국 안에서도 지역에 따라 수화방법이 다르다. 난청도 농인으로 분류될 만큼 심한 상황이 아니라고 해도 언어발달의 모든 면에서 불이익을 받기 때문에 난청인이나 농아가 구두어 사용의 사회에서 교육되어야 하는가 혹은 수화사용 사회에서 교육되어야 하는지에 대하여서는 논란이 있다(Sheridan's, 2001). 그러나 청각장애인에 대한 일방적인 통합교육은 오히려 해로울 수 있고 건청인의 문화와 수화문화를 모두 용인할 수 있는 이중문화정체성을 습득할 수 있도록 유도하여야 한다(배성규, 2006).[1]

1. 정 의

청각장애를 구분하는 가장 보편적인 방법은 농과 난청의 구분이다. 그러나 대부분의 농인은 잔존 청력이 남아 있고 농과 난청의 정의는 여러 가지가 있으나 대표적으로 생리학 및 의학적 관점과 교육적인 관점에 따른 정의와 분류를 생각해볼 수 있다.

1) 생리학 및 의학적 정의와 분류

생리학 및 의학적인 측면에서는 주로 청력검사에 의한 청력손실도를 기준으로

1) 농인들이 가질 수 있는 정체성에는 의학적-병리적 관점에서 농을 이해하는 청인중심의 정체성(hearing Identity), 자신의 농과 청인 모두에 대한 혼돈과 정체성 부족의 주변정체성(Marginal Identity), 농인문화와 청인문화를 구분하고 농문화를 우선시하는 몰입정체성(Immersion Identity), 청인문화와 농문화를 모두 존중하고 두 문화의 강점과 약점을 모두 인식할 수 있는 이중문화정체성(Bicultural Identity)이 있다(배성규, 2006).

하는 청각장애 정도에 따른 정의와 청각장애의 원인 및 유형에 따른 정의로 나눌 수 있다. Moores(1987)는 청각장애를 농과 난청으로 나누고 각각을 다음과 같이 정의하였다.

> '농(deaf)'은 보청기를 사용하거나 사용하지 않은 상태에서 귀만으로 말을 들어 이해할 수 없을 정도(보통은 70dB 이상)로 청각에 장애가 있는 사람.
> '난청(hard-of-hearing)'은 보청기를 착용하거나 착용하지 않은 상태에서 귀만으로 말을 들어 이해하는 것이 불가능하지는 않으나 어려운 정도(35-69dB)로 청각에 장애가 있는 사람을 말한다.

한편 미국 캘리포니아주의 조작적 정의 또한 위의 정의와 유사하다. 즉 농학생은 말을 이해하기 위해 청각을 사용할 수 없으며, 보청기를 착용하고도 청력손실이 너무 심해서 청각만을 통해서는 말을 이해할 수 없는 사람으로 정의하고 있다. 난청은 말소리와 다른 청각적 자극에 반응한다. 일반적으로 말을 이해하기 위해서 보청기의 도움을 빌어 그들의 청각을 사용할 수 있다고 정의되었다(국립특수교육원, 2008).

한편, 세계보건기구(WHO)는 장애정도에 따른 기준으로 경도 20-40dB, 중등도 40-70dB, 중도 70-90dB, 최중도 90dB 이상으로 분류하고 하였다. 원인 및 유형에 따른 분류는 청각기관의 손상부위에 따라 전음성 청각장애, 감각 신경성 청각장애, 중추성 청각장애, 혼합성 청각장애, 기능성 청각장애 등의 유형으로 분류한다. 또는 청력도 상의 청력형으로 수평형은 청력손실도가 전주파수 대역에 걸쳐 거의 동일한 경우, 저음장애형은 고주파수대의 청력손실이 적고 저주파수대의 청력손실이 더 큰 경우를 말하며, 고음급추형은 저주파수대의 청력손실은 수평형이나 2,000Hz 이상에서 급격한 청력손실이 있는 경우이며, 고음점경형은 저주파수대에서 고주파수대로 올라갈수록 청력손실도가 커지는 경우를 말한다(김영욱, 1994). 우리나라 장애인복지법상의 장애인 등급기준은 장애정도를 기준으로 하며 다음 표 11.1과 같다.

표 11.1 장애인 복지법 상의 청각장애인 기준

장애급	장애정도
제 1급	없음
제 2급	두 귀의 청력을 각각 90 dB 이상 잃은 사람 (두 귀가 완전히 들리지 아니하는 사람)
제 3급	두 귀의 청력을 각각 80dB이상 잃은 사람 (귀에 입을 대고 큰 소리로 말을 하여도 듣지 못하는 사람)
제 4급	1. 두 귀의 청력을 각각 70dB이상 잃은 사람 (귀에 대고 말을 하여야 들을 수 있는 사람) 2. 두 귀에 들리는 보통 말소리의 최대의 명료도가 50% 이하인 사람)
제 5급	두 귀의 청력을 각각 60dB이상 잃은 사람(40㎝ 이상의 거리에서 발성된 말소리를 듣지 못하는 사람)
제 6급	한 귀의 청력을 80dB이상 잃고, 다른 귀의 청력을 40dB이상을 잃은 사람

2) 교육적인 정의와 분류

우리나라 「장애인 등에 대한 특수교육법」상의 청각장애를 지닌 특수교육대상자기준은 다음과 같다.

> 청력 손실이 심하여 보청기를 착용해도 청각을 통한 의사소통이 불가능 또는 곤란한 상태이거나, 청력이 남아 있어도 보청기를 착용해야 청각을 통한 의사소통이 가능하여 청각에 의한 교육적 성취가 어려운 사람.

한편 미국의 장애인 교육법(Individuals with Disabilities Education Act, 1990)은 청각장애를 농과 난청으로 나누고 각각 다음과 같이 정의하고 있다.

> '농'이란 음을 증폭하지 않거나 음을 증폭하여 주더라도 청각으로 언어 정보를 처리하는 데 장애가 있어서 아동의 교육적 수행에 부적 영향을 미칠 정도로 대단히 심한 청각장애를 의미한다.
> '난청'이란 영구적이건 일시적이건 관계없이 학생의 교육적 수행에 영향을 미치는 손상을 말한다.

교육적인 관점에서는 어느 정도의 청각장애가 아동의 말과 언어발달에 영향을 줄 것인지에 관심이 있다. 청각장애와 언어발달지체는 긴밀한 관계가 있으므로 전문가들은 구두적인 언어능력에 주로 초점을 맞춘다. 따라서 청각장애가 일어난 연령에 매우 관심을 갖는데 일찍 청각장애가 일어날수록 언어를 발달시키는데 더 어려움을 보이기 때문에 전문가들은 선천적인 농아자와 태생후기의 후천적 농아자로 용어를 구분하여 사용한다. 혹은 언어습득에 초점을 둔 용어로서 언어전 농은 태어날 때부터 혹은 언어가 발달하기 전에 농인이 된 것을 말하며 언어후의 농은 구두어와 언어가 발달한 이후에 농이 된 사람을 말한다. 미국 농학교 대표자회(CEAD)에서는 청각장애를 입은 시기에 따라 선천농(congenital deaf: 태어날 때부터의 농)과 후천농(adventitiously deaf: 출생후 어떤 시기에 농이 됨)으로 분류하였으며, 언어습득시기인 2-3세를 기준으로 이전에 농이 된 자를 언어전 농(prelingual deafness)으로 언어습득 시기를 지나 청각장애를 입은 자를 언어후 농(postlingual deafness)으로 분류하였다. 그러나 전문가에 따라 언어전 혹은 언어후의 농을 구분하는 점이 다 다르며 언어습득시기를 어떤 이는 18개월을 중심으로 하고 어떤 이는 더 어린 시기인 12개월 혹은 6개월로 언어전과 후의 농 기준을 나누기도 한다.

또한 일부 전문가들은 청취 역치수준에 따라 구분하기도 하는데, 경도(26-40dB), 중등도(41-55dB), 중등-중도(56-70dB), 중도(71-90dB), 최중도(91dB 이상)로 구분하기도 한다(Andrews, Leigh & Weiner, 2004). 이러한 청각장애의 수준은 단순한 청력민감도에 따른 것이기보다 언어발달에 영향을 미치는 정도에 따라 분류한 것이다. 일부 전문가들은 여러 분류 방식중의 한가지에 집착하기를 거부하는데 그 이유는 이들 정의가 측정하기에 매우 어려워 정확하지 못하기 때문이다. 따라서 청각장애의 분류에만 의존하여 듣고 말하는 능력을 엄격하게 판단하지 않는 것이 좋다. 청력손실도, 청각장애를 입은 시기, 음성언어정보의 처리능력, 보청기의 활용가능성 등이 함께 고려된 분류가 청각장애아 교육을 위해서는 필요하다(김영욱, 1994).

2. 원인, 판별 및 예방

청각장애의 출현율은 정의, 연구되는 인구, 검사의 정확성 등의 이유로 인하여 출현율이 매우 달라진다. 2009년부터 「장애인 등에 대한 특수교육법」에 따른 장애영역별 조사에 의하면 3,726명으로 특수교육 대상자중 4.7%가 청각장애로 조사되었다(교육과학기술부, 2010). 따라서 전체 학령기 인구의 0.1%가 청각장애이다(전국 학령기 인구중 2.3%를 장애인 출현율로 간주한 경우). 미국 교육부의 추정률은 6세부터 17세 인구중의 0.13%가 농이거나 난청아동이라고 추정한다. 농과 난청을 구분하여 추정률을 보고하지는 않지만 난청이 농보다 훨씬 많다. 더구나 일부 전문가들은 많은 난청아동들이 특수교육으로부터 혜택을 받을 수 있으나 제대로 서비스를 받지 못하고 있다고 생각한다(Hallahan 외, 2009). 김승국 등(1973)의 조사에 의하면 27dB 이상 되는 청각장애는 0.3%이며 90dB 이상은 0.08%로 나타났다.

1) 귀의 구조

소리는 에너지가 공기 입자를 타고 진동하며 퍼지는 것이다. 마치 수면에 돌을 던졌을 때 물결이 퍼져나가는 것처럼 소리 에너지도 공기 중에 비슷한 동심원을 그리며 퍼져 나간다. 사람이 그 같은 파동을 감지해서, 그 속에 담긴 의미를 이해하게 된다. 사람의 귀는 귓바퀴에서 귓구멍으로 고막에 이르는 부위를 '외이'라고 하고, 고막 안쪽의 공간을 '중이', 그 안쪽의 뼈로 둘러싸인 부분의 구조물을 '내이'라고 한다.

외이는 울퉁불퉁한 얇은 연골로 이루어진 귓바퀴와 '외이도'로 이루어지는데, 귓바퀴의 연골은 우리 몸에서 가장 얇은 피부로 덮여 있다. 외이도는 귓구멍 입구에서 고막(tympanic membrane, eardrum)까지를 말하는데 길이가 약 3.0~

3.5cm이고, 직경 7~9mm 정도의 관으로 S자형으로 약간 굽어 있다. 귓바퀴는 외부의 소리를 집중시키며, 모아진 소리는 귀 안으로 들어가 고막을 진동하게 된다.

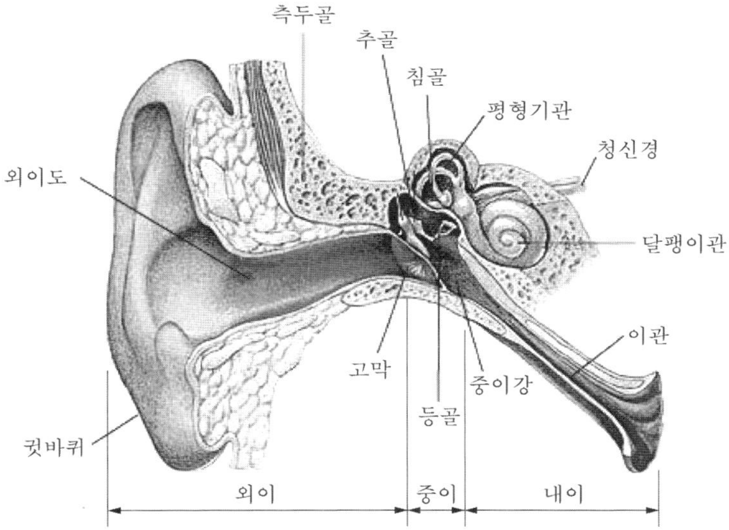

그림 11.1 귀의 구조

중이는 고막과 그 안쪽의 공간을 말하며, 이곳에는 '추골', '침골', '등골'이라는 작은 뼈 3개가 있는데, 이들은 고막의 진동을 내이에 전달하여 준다. 이 공간은 앞쪽으로는 '이관'에 의하여 코의 뒤쪽과 연결되고, 뒤쪽으로는 '유양동'이라는 귀 뒷부분 뼈의 공간과 연결되어 있다. 고막은 탄력이 뛰어난 아주 얇은 막으로 공기 입자의 미세한 진동까지 감지할 수 있다. 사람이 말을 알아듣는 것도 따지고 보면 소리 에너지가 고막을 진동시키는 방법에 좌우된다. 고막 안쪽, 중이(中耳)에 있는 이소골(아주 작은 세 개의 뼈: 추골, 침골, 등골로 구성)은 오디오의 앰프와 같아서, 소리를 증폭하는 역할을 한다.

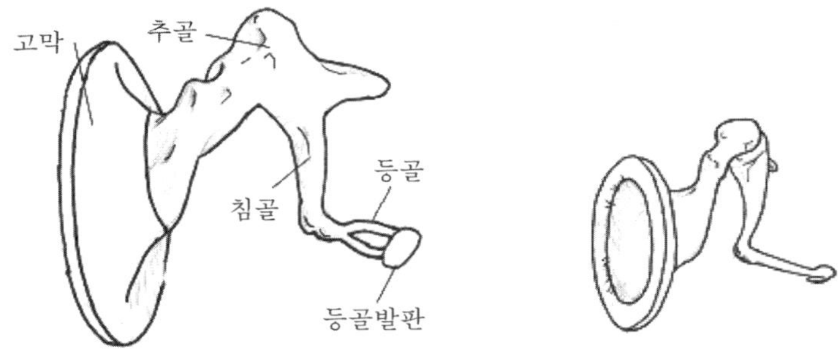

그림 11.2 중이 이소골

내이는 '와우', '전정'과 '반규관'으로 이루어지는데, 와우는 달팽이 껍질과 같은 모습으로, 우리가 듣는 여러 가지 소리가 이곳에서 전기적 신호로 바뀌어 신경을 통하여 뇌로 전달된다. 전정과 반규관(vestibular mechanism)은 평형기능을 담당하는 곳이다. 증폭된 소리는 다시 내이(內耳)에 있는 달팽이관(cochlea)으로 전달되며, 이 속에 있는 수만 개의 미세한 유모세포(hair cell)는 음파라는 물리적 에너지를 전기신호로 변환시키는 역할을 한다. 이 세포가 노화 등의 이유로 감소하거나 손상되면 소리가 들려도 그것을 감지하고 이해할 수 없게 된다. 한편 달팽이관에서 변환된 전기신호는 다시 청(聽)신경을 통해 뇌로 전달되며, 뇌에선 그 같은 전기신호를 해석해서 소리의 의미를 알아낸다. 예를 들어 "엄마"라고 말할 때 발생하는 음파가 달팽이관에서 '1234'란 전기신호로 바뀌어 뇌에 전달되면, 뇌는 '1234'를 '엄마'란 의미로 이해하게 된다. 따라서 아기가 말을 배우는 것은 1234란 신호는 엄마, 2345란 신호는 아빠, 1122란 신호는 할아버지란 식으로 특정 전기신호를 암기하는 과정이다(이승복 · 한기선, 2003).

2) 청각장애의 유형과 원인

(1) 청각장애의 유형

장애부위에 따라 전도성(전음성) 청각장애, 감각신경성(감음성) 청각장애, 혼합성 청각장애 등의 세 가지 유형으로 나누어진다. 전도성 청각장애는 외이나 중이의 기형이나 합병증으로 기인하고, 감각신경성 청각장애는 내이의 청각신경 섬유들이나 감각기전의 손상이 그 원인이 된다.

전도성(전음성) 청각장애(conductive hearing loss)는 외이나 중이의 이상에 의하여 초래된 청각장애로써 일반적으로 그 정도가 심하지 않다. 매우 드물게 60-70dB 이상의 청력손실이 나타나기도 하지만 대부분이 60dB 이하이며 의료적 처치도 가능하다. 전도성 청력손실일 경우에는 골도 청력은 거의 정상이며 기도 청력에만 장애가 있다.

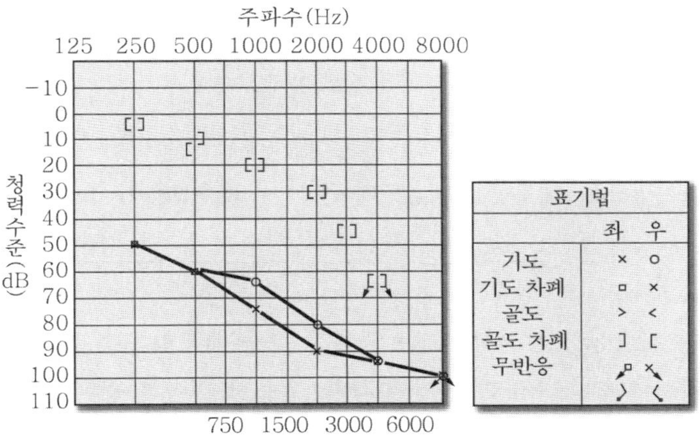

그림 11.3 청력도 표기방법

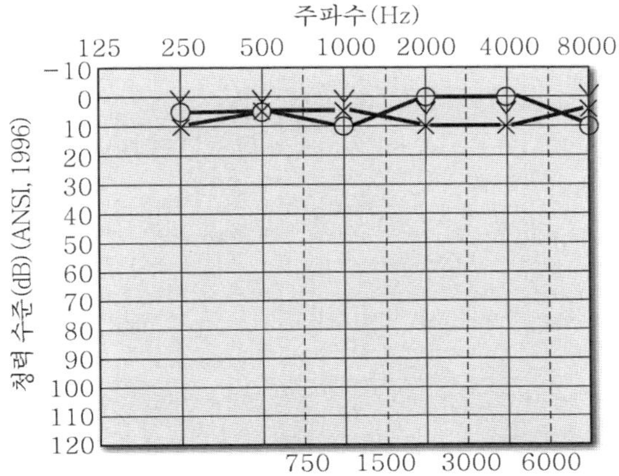

그림 11.4 정상청력도

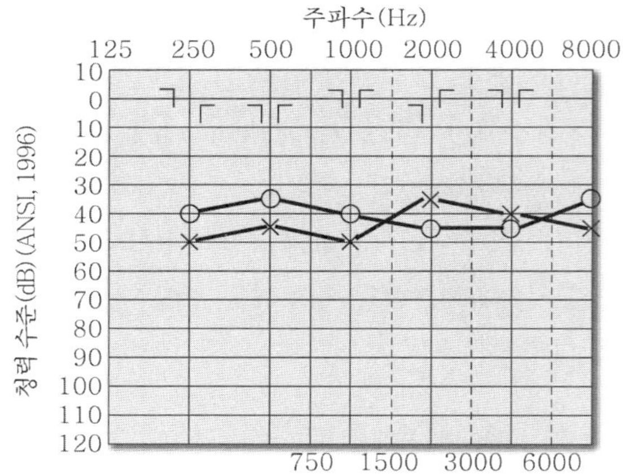

그림 11.5 전도성 청각손실

감각신경성 청각장애(sensorineural hearing loss)는 내이의 청각신경섬유들이나 감각기전의 손상으로 대부분 그 정도가 심하여 특수교육이 요구되고 청각을 통한 의사소통에 어려움을 겪는다. 감각신경성 청력손실자인 경우에는 흔히 저주파수대보다 고주파수대의 청력손실이 크며 골도청력과 기도청력의 차이가 거의 없다. 대부분의 감각신경성 청각장애는 의과적 수술이나 약물을 통해 교정될 수 없다. 내이청각장애는 소리의 왜곡, 균형감각, 귀울림 현상과 같은 중복문제를 가지고 있다. 청각장애의 유전원인은 400가지가 넘으며 선천적 청각장애의 50%가 유전적인 원인이다.

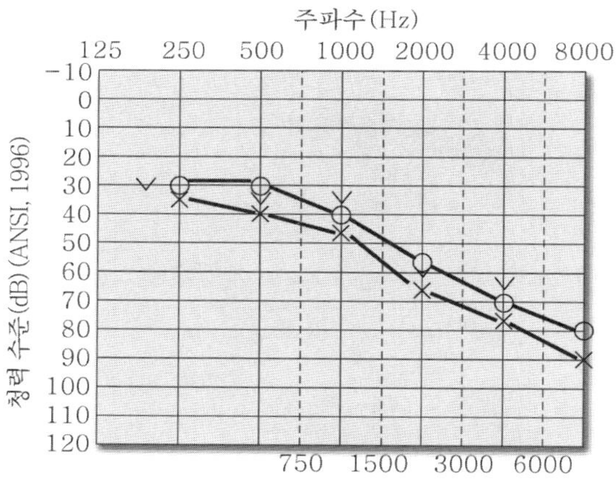

그림 11.6 감각신경성청각장애

혼합성 청각장애(mixed hearing loss)는 중이의 증폭기능의 장애와 내이의 감각신경성 장애가 복합된 경우이다. 중이의 전도성장애는 치료가 가능하나 감각신경성장애는 치료가 불가능하다. 그러나 일반적으로 청력손실 정도는 심하지 않으며 골도청력보다 기도청력의 손실이 더 크다.

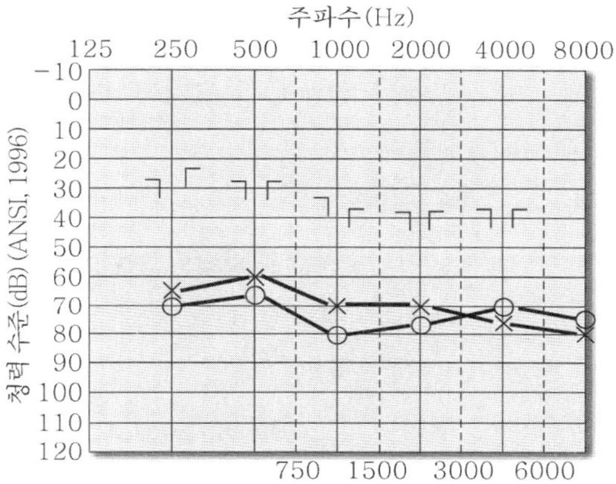

그림 11.7 혼합성 청각장애

청력손실의 발생시기는 아동교육에 매우 중요한 요소이다. 청각손실이 선천적인가 혹은 후천적인가의 문제는 언어전 청각장애와 언어 습득후의 청각장애와 관련이 있다. 특수교육을 받는 청각장애 아동의 95%는 언어전 청각장애이다. 보통 2세 이후 말과 언어가 확립된 뒤에 청력손실을 입은 아동은 언어 전 농이 된 아동과는 매우 다른 교육적 서비스를 필요로 한다. 언어전 농아를 위한 교육은 일반적으로 언어와 의사소통 방법을 습득하는데 초점을 맞추고 있으며 언어 후 농아를 위한 프로그램은 보통 적절한 언어패턴들과 명료한 말을 유지하는 것을 강조한다.

(2) 선천적 청각장애의 원인

선천적 청각장애의 약 50%정도는 유전 이상이 원인이다. 유전적 청각장애는 상염색체 우성이나 열성 혹은 성염색체와 관련이 있을 수도 있다. 유전적 청각장애의 80~90%는 양친이 정상청력이며 열성유전자를 보유하였기 때문에 상염색체의 열성유전에 의해 발생한다. 성염색체 X관련 열성유전은 유전적 청각장애의 1~2%로 매우 드문 경우이다. 모체풍진, 선천성 거대세포, 조산 또한 선천적인 원인이다. 모체풍진은 임신초기 3개월 이전에 산모가 감염되었을 경우 태아는 농, 시각장애, 심장병 등 여러 장애를 가져올 수 있다. 거대세포 바이러스(congenital cytomegalovirus; CMV)는 포진 헤르페스 균에 의한 호흡기성의 병이다. 농, 난청, 정신지체, 시각장애 혹은 청각장애를 일으킨다. 조산은 청각장애 뿐 아니라 학습장애, 지적장애 등 여러 면에서 장애를 일으키는 원인이 되며 일반아동들보다 농 아동들에게서 조산이 더 많다.

아동기 농의 50%는 유전성에 의한 것이다. 유전적 증후군으로는 바덴부르크 증후군(Waardenburg syndrome), 어셔증후군(Ushers syndrome), 트레쳐 콜린지 증후군(Treacher Collins syndrome), 이경화증(otosclerosis) 등이 있다. 바덴부르크 증후군(Waardenburg syndrome)은 1951년 네덜란드 안과 의사인 Waardenburg에 의해 기술된 증후군이며, 멜라닌세포(Melanocyte) 이상을 보인다. 42만명 당 1명의 희귀한 빈도를 보이지만 농아 학교에서는 30명당 1명의 빈도를 보인다. 멜라닌세포는 피부, 안구, 내이의 발달에서 중요한 역할을 하기 때문에 난청, 피부백반증, 청색안(blue eye) 등을 보이는 증후군이다. 상염색체 우성 유전을 보이지만 Type 2, 4의 일부는 열성 유전을 보인다.

어셔증후군(Usher syndrome)은 망막색소변성과 함께 양측성 감각신경성난청을 수반하는 상염색체 열성유전 질환이다. 유병률은 100,000명 당 약 1.8명에서 6.2명으로 나타나는 것으로 알려져 있으며, 가장 흔한 증후군으로 난청과 실명이 함께 존재하는 환자의 50%를 차지한다. 점차 시각장애를 동반하기도 하며 지적장애나 정신분열증을 동반하기도 한다.

트레쳐 콜린지 증후군(Treacher Collins syndrome)의 원인은 우성유전자 변이이다. 이 증후군은 안면 변형을 동반하는 난청으로 눈꼬리가 바깥 아래쪽으로 쳐지므로 환자는 물고기나 새처럼 보이는 특이한 얼굴이다. 난청은 통상 이소골기형에 의한 전음성난청으로 청력손실은 50-60dB 정도이며 고실 성형수술로 회복이 가능하다.

이경화증(otosclerosis)은 중이염에 비해 드물게 발생하는 질환으로 등골이 난원창에 비정상적으로 붙어있다. 이경화증은 일반적으로 유전성 요인이 크다. 이경화증은 여성이 남성보다 더 많고 인구의 0.5%가 이경화증이지만 증세가 보이지 않는 경우도 있고 진행성 난청으로 이명 현상도 있다. 주로 중년부터 나타나는 경우가 많다.

(3) 후천적 청각장애의 원인

중이염, 뇌막염, 메니에르병, 소음 등은 후천적인 청각장애의 원인이 될 수 있다. 중이염은 6세 미만의 아동들이 많이 경험한다. 일반적으로 중이염은 항생제로 치유될 수 있으나 완치되지 않으면 염증, 고막파열과 같은 병이 일어날 수 있다. 중이염은 급성 중이염, 삼출성 중이염, 알레르기성 중이염이 있는데 감염, 만성병, 원인불명 등이 원인이다. 뇌막염은 출생후 또는 언어발달후 청력손실을 야기하는 원인으로 청각손실의 4.9%가 뇌막염에 의한다(김승국 외, 1998). 뇌막염에 의하여 청각손실을 입은 아동은 중증의 내이 청력손실과 균형감각의 장애를 겪는다. 메니에르병은 주로 귀울림, 어지러움증 등을 수반하는 내이장애로 대부분의 경우 특발성 질환이기 때문에 원인을 알 수 없다. 그러나 이 병은 10세 이하의 아동들에게서도 나타날 수 있으며 보통 30-50세 사이에 발병하나, 어느 나이에서나 생길 수 있고 성별, 인종에 관계없이 발병한다. 이병은 주요 원인은 내림프액낭 안에 있다고 한다. 내림프액낭은 내이에서 달팽이관과 반고리관에 있는 내림프액의 양을 유지하는 기관이다. 아직 증명되진 않았으나, 내림프액낭이 바이러스에 감염될 때 메니에르병이 발병될 가능성이 있다. 메니에르병이 발병하는데 기여하는 다른 요인으로는 스트레스, 고염분 식단, 내분비계 이상 등이 있다. 소음은 일반적으로 직업적인 질병인데 만성적으로 직업적 소음에 노출되어 청력손실을 가져올 수 있다. 또한 시끄러운 음악소리에 오래 노출되는 경우 청력손실을 일으킬 수 있다.

3) 청각장애의 판별

청각검사는 일반적으로 4개의 검사로 구성된다. 선별검사, 순음청력검사, 어음청력검사 및 기타 대안검사이다.

(1) 선별검사

영아에 대한 선별검사와 학령기 아동에 대한 선별검사가 있다. 신생아의 93%는 청력 선별검사로 청음반출측정을 받는다. 달팽이관은 소리를 수신할 뿐 아니라 청자극을 받으면 낮은 강도의 청음을 발신하기도 한다. 이 달팽이관의 반출음이 청음반출측정(otoacoustic emission)[2]으로서 달팽이관의 기능정도를 알 수 있다. 많은 학교에서는 초등시절에 정규적인 선별 프로그램을 갖는다. 선별검사는 개별적으로 검사되는 것보다는 집단으로 측정되어 정확도가 떨어지므로 이러한 검사를 통하여 문제가 있다고 판단되는 경우 좀더 종합적인 검사에 의뢰된다. 다음과 같은 특성을 보이는 아동은 청각장애일 가능성이 있으므로 유의하여야 하며(Stephens et al, 1982), 개별검사는 휴대용 청력검사기(audiometer)를 사용하여 간단히 검사한다.

① 귀와 관련된 신체적인 문제를 나타낸다.
② 조음을 잘하지 못하며, 특히 자음의 생략현상이 있다.
③ 라디오, 텔레비전 등을 보통 사람들이 불평할 만큼 큰 소리로 듣는다.
④ 좀 더 잘 듣기 위해서 머리를 치켜 올리거나 화자 쪽으로 머리를 돌린다.
⑤ 다시 말하라고 자주 요구한다.
⑥ 보통의 말소리에 반응을 보이지 않거나 주의를 기울이지 않는다.
⑦ 말하는 활동에 참여하지 않으려고 한다.

(2) 순음청력검사

여러 강도와 주파수에서 소리를 들을 수 있는 청력역치(threshold)를 파악한다. 주파수는 Hz로 측정되는데 각 주파수에서 0dB부터 120dB의 음을 제시한다. 주

---

2) AABR(Automated Auditory Brainstem Response) : 소리자극을 주고 청신경을 비롯한 뇌의 반응을 측정하는 검사로 저장된 정상 신생아의 뇌파와 자동으로 비교하여 대개 35dB 이상의 난청 유무를 선별함(pass: 통과 또는 refer: 재검으로 결과가 나옴)
- AOAE(Automated Otoacoustic Emission) : 소리자극을 주어 청각세포에서 발생하는 음향 진동파를 측정하여 내이(달팽이관)의 이상 유무를 확인하는 검사로 대개 30~35dB 이상의 난청 유무를 자동으로 선별함(pass: 통과 또는 refer: 재검으로 결과가 나옴)

파수는 보통 125Hz부터 8,000Hz까지의 옥타브로 증가하는데 대부분의 어음은 500-2,000Hz 범주에 있다. 청력측정에서 아동은 각 수준에서 음을 50% 정도 탐지할 수 있을 때 청음역치를 파악할 수 있다. 예를 들면 60dB의 청력손실 아동은 적어도 음의 크기가 60dB이 될 때까지 소리를 탐지하지 못하고, 정상청력의 아동은 0dB에서 10dB 사이 수준의 같은 주파수 음을 들을 수 있다.

청각검사자는 0 - 110dB과 125 - 8,000Hz 사이의 음을 제공하여 각 주파수 125Hz, 250Hz, 500Hz, 1,000Hz, 2,000Hz, 4,000Hz와 8,000Hz에서 어떤 강도(dB)의 음을 들을 수 있는지를 파악한다. 그러나 특별한 경우를 제외하고는 125Hz, 8,000Hz의 검사는 하지 않는다. 아동의 청력손실정도를 산출할 때에는 말소리의 주요 주파수 대역인 500Hz(a), 1,000Hz(b), 2,000Hz(c)에서의 청력역치의 평균으로 구한다. 즉 평균 청력손실도는 (a + 2b + c) / 4의 4분법에 의하여 산출한다. 골도청력검사는 기도청력검사와 같은 방법으로 한다. 다만 수신기를 귀의 뒤에 있는 유양돌기에 부착하여야 하며, 반드시 차폐를 하여야 한다는 점이 다르다. 검사의 결과는 예를 들어 500Hz에서 50dB손상은 일반인은 500Hz 주파수에서 0dB에서 들을 수 있는 소리를 50dB의 강도에서 들을 수 있다는 것을 말한다.

(3) 어음청력검사

개인이 언어의 음에 대한 탐지와 이해능력을 파악한다. 각각의 귀에 어음수용역치(speech reception threshold: SRT)를 측정하고 기록한다. 이 방법의 예는 각각의 귀에 두음절로 된 낱말을 제시하여 50% 이상을 알아듣는 음압수준을 파악한다. 그러나 여러 주파수와 음압(dB)으로 아동에게 음절, 낱말을 제시하여 50% 알아듣는 수준을 어음수용역치로 측정한다고 하더라도 일상환경에서 화자의 말을 항상 이해할 수 있다는 것을 의미하지는 않는다.

측정하기 어려운 아동에 대한 대안검사는 일반적인 청력검사의 지시를 따르거나 자신에게 요구되는 것을 이해할 수 없는 아동들에게는 대안적인 검사가 필요하다. **유희청력검사(play audiometry)**는 순음이든 어음이든지 소리를 듣게 되면 공을 잡든지 장난감을 꾹 누르는 행동과 같이 아동들의 흥미를 끌 수 있는 방법으로 청각능력을 평가한다. **고실측정법(tympanometry)**은 스피커와 마이크로폰, 압력을 변화시킬 수 있는 공기펌프가 연결되어 있는 작고 부드러운 귀마개를 귀에 넣고 압력을 변화시키면서 특정 주파수의 소리를 줄때 고막에서 반사되어 나오는 음향에너지를 측정하여 중이의 상태를 평가하는 방법이다. **유발반응청력검사(evoked-response audiometry)**는 뇌파를 측정하는 방법으로 아동이 검사되고 있는지 모르는 상태에서 EEG변화를 알아보는 방법이다. 이 검사로 내이의 Corti씨 기관의 유모세포에서 발생하는 와우 마이크로폰의 발생유무를 보아 감음계의 이상유무를 알 수 있으며, 청신경계의 유발반응의 발현시기와 파형 등을 관찰하여 신경계의 어느 부위에 이상이 있는가를 알 수 있다. 또한 이 검사법은 뇌성마비아동, 유아 등 일반검사가 어려운 아동에게도 객관적인 검사가 가능하다는 장점이 있으나 비용이 많이 드는 단점이 있다.

이외의 검사로는 청각적 이미턴스(immittance), 청각유발전위, 이청방사(Otoaccoustic Emissions, OAE)와 같은 방법들이 사용된다. 청각적 이미턴스는 고막에서 반사되는 소리와 고막에서 중이로 들어가는 소리의 조합된 말이다. 검사음이 외이도에 들어가면 부딪쳐 나오는 에너지의 양을 측정하는 고막측정이라고도 한다. 청각유발전위는 청각뇌간반응(auditory brainstem response, ABR)이라고도 하며 소리를 들려주면 뇌의 청각 통로를 따라 많은 중개장소에서의 전기활동 변화가 소리로 나타난다. 따라서 청각손실, 청각통로 손상부위를 알아볼 수 있다. 이청방사는 내이에서 나는 자발적인 이청방사와 소리를 들려주고 관찰하는 유발이청방사가 있다.

3. 특 성

청각장애는 개인 행동의 어떤 면에서는 심대한 영향을 미치지만 다른 특성에는 거의 영향을 미치지 않을 수도 있다. 맹인이나 농인 중에서 하나를 택해야 한다면 어떤 것을 택할 것인가? 즉각적으로 대부분의 사람들은 농인을 선택한다. 그 이유로는 이동할 때 시력을 사용하고 자연의 아름다움은 시각적으로 인식할 수 있기 때문이다. 그러나 기능면에서는 농인은 맹인보다 훨씬 불리한 상황에 놓인다.

1) 언어사용

청각장애인은 그들 자신의 언어인 수화를 사용하지만 건청인과의 사회생활에서는 언어장애로 인하여 생활에 불리한 것은 사실이다. 언어를 사용하는 능력은 청각장애의 정도와 청각장애가 일어난 시기와 관계가 있다. 집중적인 언어치료를 받아도 언어발달 전 청각장애아동은 알아들을 수 있는 말을 하기 어렵다(Marschark, 2002). 농인이 되기 전에 자신의 말을 들을 수 있는 유아와 성인은 태생적으로 농인인 사람에 비하여 유리하다. 농아는 턱, 입, 혀를 움직이면서 느껴지는 감각과 그 움직임으로 일어나는 소리를 연결시키지 못한다. 또한 정상 아동들은 성인의 말을 듣고 흉내내지만 농아들을 정상아들처럼 듣고 흉내낼 수 없다. 청각장애의 정도와 언어습득에 미치는 영향은 표 11.2와 같다.

표 11.2 청각장애의 정도와 언어습득영향

청각수준	장애정도	언어장애
10-15dB	정상	언어장애 없음
16-25dB	경미함	조용한 환경에서는 장애 없음. 소란한 환경에서는 약간의 언어이해문제
26-40dB	경도	조용한 대화환경에서 주제가 친근하고 어휘가 제한적인 경우에는 의사소통의 어려움이 없음. 주변이 조용하여도 작은 소리나 먼 곳의 대화는 듣기 어려움. 교실내의 토론에 참여하기 어려움
41-55dB	중등도	가까운 곳의 대화는 들을 수 있음. 교실내의 토론과 같이 그룹활동은 어려움이 있음.
56-70dB	중등도-중도	큰소리로 또렷하게 말하는 소리는 들을 수 있음. 그룹활동에 어려움이 있음. 개인의 대화는 알아들을 수 있으나 장애가 보임.
71-90dB	중도	개인은 큰소리로 말하지 않으면 듣지 못하고, 큰소리로 말하여도 낱말을 많이 이해 못함. 환경의 소리는 듣기는 하지만 항상 알아듣지는 못함. 개인의 회화는 알아들을 수 없음.
91dB+	최중도	개인은 큰소리는 듣기는 하지만 회화는 전혀 알아듣지 못함. 시각이 주 의사소통 도구임. 개인의 회화가 발달된다 하더라도 쉽게 알아들을 수 없음.

출처: Hallahan 외, 2009, p. 348.

2) 지적 · 학업적 성취

청각장애인에게 일반 지능검사를 실시할 때는 그들의 구두언어 사용의 한계를 이해하고 언어성 검사보다 동작성 검사를 수화로 검사한다면 좀 더 공정한 지능검사가 될 수 있다. 이러한 검사를 통하여 청각장애아와 건청인의 지능에는 별 차이가 없다는 결과가 있다(Prinz et al, 1996). WISC-R을 표준화하기 위하여 1,228명의 농학생을 대상으로 검사한 결과, 일반적으로 동작성 검사 중 부호화와 그림 차례맞추기 검사만을 제외하고는 일반학생과 유사한 방법으로 수행하였다. 청각장애 아동의 지적능력은 일반 아동에 비하여 양적인 평균이 조금 낮기는 하지만 정상범주에 있다고 할 수 있다(이준우, 2003). 물론 검사가 높은 언어 수준을 요구할 경우에는 평균이하의 지적능력을 보인다. 중요한 것은 이러한 열등한 능력은 효과적인 교육과 경험을 통하여 향상될 수 있다는 것이다.

불행히도 농 아동의 대부분은 학업 부진을 보이는데 읽기능력은 가장 영향을 받는다. 대체로 청각장애 학생들은 읽기 능력에서 최소한 5년 정도의 지체상태로 졸업하게 된다(Kyle & Harris, 2006). 수학은 그들이 가장 잘하는 과목이지만 역시 일반 학생에 비하여 상당히 뒤떨어진다. 여러 연구에 의하면 부모가 농인인 경우의 농 아동은 일반 부모의 농 아동들에 비하여 읽기 성취가 더 높고 더 나은 언어기술을 보인다(Powers, 2003). 그 이유로서는 수화언어의 긍정적인 영향으로 생각되는데 농인인 부모는 수화를 통하여 자녀와 의사소통이 더 잘되고 아동에게 필요한 지원을 해줄 수 있기 때문이다. 덧붙여 농부모의 농아동은 수화사용에 더 능숙하고 수화가 문자언어와 읽기를 능숙하게 하는데 도움이 된다. 즉 지원을 더 잘해 줄 수 있는 가정은 농학생이 더 성취할 수 있다. 아동의 교육에 더 참여하는 가족은 아동의 상황을 더 잘 알고 인도해 줄 수 있으며 기대치를 높이고 아동을 지나치게 과보호 하지 않으며 아동과 함께 농 사회에 함께 참여함으로써 아동은 높은 성취를 할 수 있게 된다(Schirmer, 2001).

3) 사회적응

건청인의 사회적 발달과 개성의 발달은 의사소통과 크게 관련되는데 농인의 경우도 크게 다르지 않다. 건청인은 의사소통할 대상을 찾는데 어려움이 없으나 농아자는 대화할 사람을 찾는데 어려움이 있다. 연구에 의하면 농아자 학생은 외로움을 겪을 위험이 있다. 농아자 학생의 고독을 고려하여 두 가지 요소가 중요하다: 포함교육(통합)과 부모의 청각 수준이다.

연구에 의하면 통합교육 상황에서 농아 학생과 건청 학생간의 상호작용은 거의 없다. 또한 통합교육 상황에서 농아자는 다른 농학생이 옆에 있으면 정서적으로 안정되는데 이러한 상황은 청각장애 학생의 출현율이 높지 않기 때문에 항상 가능하지 않으므로(Kluwin, Stinson & Colarossi, 2002) 상호작용을 늘리는 한 방법으로 협동학습의 방법이 유용하다.

청각장애인이 다른 청각장애인과 같이 어울리기 위하여 사회적 상호작용이 가장 중요하며 부모가 농인일 경우 농 아동은 다른 농 가정과 쉽게 어울릴 수 있다. 그러나 농아동의 95%는 건청인 부모를 두고 있기 때문에 의사소통의 문제는 심각하고 정서적으로 위험하다. 그 이유는 건청인 부모는 수화사용이 능숙하지 못하여 자녀와 쉽게 대화할 수 없기 때문이다. 그러나 농인은 부모가 건청인이고 다른 농아동들과 어울린 경험이 많지 않다 하더라도 성인이 되면 결국 농인들과 어울리게 된다. 이 농인들과의 사회생활은 농문화의 영향이다.

농문화. 옛날에는 농인들이 건청인 사회와 격리되는 것을 사회병리적인 증상으로 보았지만 지금은 수화를 사용하는 사람들간의 자연스러운 유대감을 인정하고 많은 사람들이 일반인을 포함하여 수화를 사용하면서 농문화의 가치를 인정하고 있다.

농문화의 특성

1. 언어가 다르다. 농인사회는 그들 자신을 이중언어 사용자로 본다. 농인들은

건 청인의 언어와 수화를 번갈아 사용하고 건청인의 문화와 수화문화를 모두 사용한다.

2. **농에 대한 태도.** 자신을 농인으로 생각하느냐의 여부. 자신의 청각장애 상태와 는 관계없이 중증의 청각장애 혹은 경증에 관계없이 자신을 농이라고 생각하는 정도에 따라 다르다.

3. **농인사회의 행동규범은 건청인의 행동규범과 다르다.** 농인은 비공식적이고 신체접촉을 많이 한다. 그들은 대화에 매우 솔직하고 대화하고자 하는 내용에 머뭇거리지 않고 바로 주제에 접근한다.

4. **그들간의 결혼.** 그들끼리의 결혼이 90%이다. 건청인과 농인의 결혼에 대하여 부정적이다.

5. **농인으로서 유명한 사람과 사건을 매우 중시한다.** 농인 전통에 대하여 그들의 지식과 지혜를 매우 중시한다.

농: 장애인가 문화적 차이인가?	
대부분의 사람들은 농을 명확한 장애로 간주하지만 농인들은 장애라는 말보다 그들만의 언어를 가지는 문화적 소수인종으로 간주되어야 한다고 주장한다(Ladd, 2003). 그런데 농은 생물학적으로 장애라고 생각하는 이유는 무엇인가? 왜 농은 다르다거나 획득(다른 언어나 다른 문화)으로 간주하기보다 손실로 간주되는가? 그 이유는 이 사회가 농의 개념을 청각손실로 인식하기 때문인데 비록 농인이 아무것도 잃지 않았다 하더라도 청각 손실로써 차이를 두고 있다. 농인사회의 사람들은 농이 장애이기 때문에 교육자나 기타 전문인들에게 도전적인 문제를 주고 있다는 사실을 믿지 않는다. 그렇다면 특수교사는 특히 차이를 수정하고 사람들을 가능한 정상으로 만들도록 훈련받은 전문가로서 농인을 특수교육의 서비스 대상으로 보지 않는 것은 무책임한 것일까?	일단의 전문가들은 농인들의 매우 적극적인 얼굴 표정이나 사람들의 관심을 얻으려는 행동들을 병리적인 것으로 인식하였지만 사실은 문화적인 차이일 뿐이라고 말한다(Andrews, Leigh, & Weiner, 2004). 그런 반면에 그들은 또한 지적하기를 농인사회는 미국장애인법에 의하여 평등한 보호를 받아야 한다고 점을 말한다. 농인을 병리적인 현상으로 보는 관점은 Alexander Graham Bell이 유명한 과학지 ≪National Academy of Science≫에 글을 발표한 것에서도 나타나 있는데 그는 그 당시 우생학을 적용하여 농인의 유전성과 재생산능력을 중지시켜야 한다고 제의하였다. 그 우생학설은 과거에 농인이 당하였던 상황을 말해주고 있다. 그러나 이제는 과거로부터의 시계추가 바뀌어져서 농인의 문화를 존중하고 그들의 능력에 초점을 둘 수 있어야 할 것이다.

출처: Hallahan 외, 2009. p. 342.

6. **자발적인 사회조직을 형성한다.** 전국 농인협회와 같은 조직, 농인올림픽, 농

인 영화관과 같은 자신들의 유대조직을 강화한다.

통합교육이 증가하면서 농문화가 잠식되고 있다. 예전에는 농문화는 세대에서 다음 후대로 기숙제 학교를 통하여 전해졌는데, 최근에는 농아들이 지역사회로 통합되면서 다른 농 학생과 접촉할 수 있는 기회가 적어졌다. 이에 많은 전문인들은 학교가 지역사회의 학교에 다니는 농아동들을 위하여 농의 역사와 문화를 개발하도록 지역사회의 농인들을 참여시키도록 권고하고 있다. 전체 장애영역 중에서 농인집단은 자신들의 권리를 강하게 주장하는 집단이다. 농인의 사회가 잠식되고 있다고 생각하는 사람들도 있으나 아직도 사회적, 교육적, 의료적인 정책에서 농인들은 강하게 자기 옹호를 하고 있다.

인공와우 이식(cochlear implant)논쟁. 인공 와우각은 귀 속에 수술로 삽입하는 내부 장치와 귀 밖에 설치하는 외부장치로 이루어져 있다. 외부 장치는 마이크와 송신기, 호출기만한 크기의 언어처리기(speech processing unit)로 이루어져 있다. 내부 장치는 100원짜리 동전 크기만 하고 삽입하기 위해서는 3시간 정도의 수술이 필요하며, 수술을 위해 입원할 필요는 없다. 작동 과정을 살펴보면 마이크가 소리를 모아 언어처리기로 보내고 이를 거친 후 수신기에 보내져 인공와우각에 소리가 전달된다. 이곳에서 음향 에너지가 신경 자극으로 바뀐다. 최종적으로 이 신경 자극은 청각 신경을 통해 뇌로 전달된다.

이 수술은 대체로 2-6세의 중증 청각장애인에게 시술되었는데 농인사회에서 이 시술에 대하여 반대하는 의견과 이 시술은 농인사회에 대한 침해라고 반발하고 미국식품의약품관리국(FDA, the Food and Drug Administration)에 아이가 2살이 될 때까지 아이에게 인공 와우각 수술을 할 수 없도록 요구하고 있다. 그래야지만 아이가 수화를 배우고 농아인 사회(the deaf community)를 체험할 수 있는 기회를 가질 수 있기 때문이라는 것이다. 농아인들은 자신들의 세계가 고유의 언어와 공동체 의식을 가지고 있으며 또한 하나의 독립된 문화를 가지고 있으며 이 문화는 다른 어느 민족이나 인종처럼 자부심을 가질 만하며 보존할 가치가 있다고 주장한다.

한편 청각장애인의 부모가 건청인인 경우 인공 와우각 수술을 선택할 가능성이 높다. 농문화에 대하여 이들이 공동체를 이룰 수는 있겠으나 그 공동체는 완전히 고립된 공동체일 것이며 그 공동체에 속한 대부분의 사람들이 초등학교 3학년 수준의 글도 못읽을 것이라고 주장한다. 또한 그 공동체의 의도와 목적 때문에 다른 어떤 공동체와도 의사소통할 수 없을 것이며 그 구성원들 중 95%는 장기간에 걸쳐서 사회보장제도의 보호를 받게 될 것이라고 주장한다.

이 두 주장들 사이의 상호 이해와 의견 접근은 거의 불가능한 듯하다. 만약 농아인 사회(the deaf community)에서 자신들의 주장을 철회하고 인공 와우각 수술을 지지하게 된다면 그들은 자신들의 문화를 부정하게 되는 의미도 있기 때문이다. 어쨌든 인공 와우각 수술을 지지하는 사람들은 인공 와우각 수술을 원하는 사람은 수술을 선택할 수 있도록 해주어야 한다고 주장한다. 한편 근래에 들어 인공와우와 구화교육의 발달로 청각장애인의 의사소통 방법에 대한 접근방식이 수화 일변에서 다양해지고 건청인과의 의사소통 수준도 높아지고 있으며 나아가 정보통신기술의 발달로 청각장애인의 정보에 대한 접근 등 청각장애인이 건청인 사회내 참여할 수 있는 기반이 확충되어 가고 있다. 이는 청각장애인이 건청인 사회에서 함께 살아가기 위한 사회통합의 기반이 과거 어느 때보다도 견고하게 마련되었고 청각장애인의 사회통합이 청각장애인 사회복지실천에 중요한 과제로 부상하게 되었음을 보여준다(김태완, 2009).

실제로 한국장애인 고용촉진 공단고용개발원(2009)의 2008년 장애인실태조사[3]에 따르면 전국의 등록 장애인구수 2,137,226명. 중 청각장애인은 222,486명으로 전체장애인의 10.4%에 해당하고 지역사회내에 거주중인 청각장애인의 지역사회내 비율은 99.5%로 대부분의 청각장애인이 지역사회내에서 생활하고 있는 것으로 나타나 지역사회내 생활정도가 매우 높은 것으로 나타났다 즉 청각장애인은 지역사회내에서 지리적·물리적으로 통합상태에서 살고 있으며 이는 청각장애인의 사회통합에 대한 논의가 지리적·물리적 개념이 아닌 사회·문화적 사회통합에 대한 접근이 필요하다는 것을 다시 한번 실제적으로 보여주고 있다.

3) 장애인실태조사는 「장애인복지법」제31조 및 「장애인복지시행령」제18조에 근거하여 2005년 이후 매 3년마다 정기적으로 실시되고 있다. 장애인실태조사는 장애인의 생활실태와 복지욕구 파악을 통해서 장·단기 장애인복지정책수립의 기초자료로 제공되고 있다.

4. 교육적 지원

1) 교육내용

청각장애나 농 아동을 지도하는 데에는 많은 어려움이 있지만 가장 큰 어려움이 언어소통이다. 언어소통 도구로서 구화 혹은 수화 중심의 교육이 오랫동안 논란이 되어 왔다. 구화는 농아동이 말할 수 있도록 지도하여야 한다는 관점이며, 수화는 손 사용을 통한 의사소통을 주장하는 것이다. 수화는 19C 중반까지 많이 사용되다가 점차 구화가 강조되었다. 수화는 농인들 대부분이 자연 수화를 사용하며 구화인, 중도실청인, 미취학 농인들은 수어를 시용하더라도 청인의 음성언어구조와 같은 문법수어(지문자)를 의사소통 수단으로 사용하는데, 지금은 대부분의 전문가들이 구화와 수화를 모두 사용하는 종합적 의사소통법(total communication approach)을 권고한다(Andrews et al., 2004). 그러나 농 사회의 사람들은 종합적 의사소통은 부적절하고 이중문화-이중언어적 접근을 주장하여 수화를 우선적인 언어로 가르쳐야 한다고 강조한다.

2) 교수방법

(1) 구어/청각교육법

구어강조 프로그램은 가능한 알아들을 수 있는 말을 하는 능력과 잔존청력을 발달시키기 위해 청능학습, 독화, 증폭기의 사용으로 말하는 것에 초점을 두고 구어를 산출하고 이해하는데 초점을 둔다. 구어를 이해하기 위한 필담, 제스처의 사용, 손가락으로 가리키는 것을 금하고 구어를 통하여 자신을 표현하고 이해하는 것을 배워야 한다. 청능학습은 잔존청력을 사용하는 능력을 확대하도록 훈련한다.

음의 변별, 소리의 변별을 강화하고 청각적 변별을 강화하는 방법으로 다른 감각을 사용할 수 있다. 독화는 구어 접근법과 유사한데 독순법(speechreading)과 같이 시각적 단서의 사용을 강조한다. 독화는 농인이나 난청인의 의사소통에 귀중한 보조수단이 될 수 있다. 독화는 화자의 얼굴을 관찰하여 구어메시지를 이해하는 과정이다. 가장 독화를 잘하는 사람도 시각적 단서만 가지고는 화자가 말한 것의 25% 정도만 탐지할 수 있다고 추정된다.

발음암시법(cued speech)은 구어 의사소통 방법을 보충하기 위한 방법이다. 이것은 볼 근처에서 수신호형태로 단서를 추가하는 것으로 독화로 구별하기 어려운 음소를 인식할 수 있게 함으로써 구어의 시각적 표현을 제공한다. 수신호는 말과 함께 사용되는데 이것은 수화도 아니고 지문자도 아니며 혼자서는 쓰임새가 없다. 구화접근법에 대하여서는 논란이 많다. 특히 농인에 대하여 수화를 강조하지 않는 것에 대하여 비판적이다. 이와 같은 비판은 중증의 청각장애인이 청각을 사용할 수 있다고 가정하는 것은 비현실적이기 때문에 수화를 사용하지 못하게 하는 것은 이들의 언어소통을 막는 길이다. 독화는 매우 어렵고 능숙한 독화자는 매우 드물다. 독화를 어렵게 만드는 여러 요소는 발화자가 입술을 또렷하게 움직이지는 않을 수 있으며, 여러 다른 소리도 입모양이 비슷한 경우가 많고, 발화자마다 소리내는 방법이 다양하고, 이야기 하는 환경의 불빛이 흐리거나 빠르게 말하거나 얼굴을 돌리고 말하는 경우와 같은 요인으로 인하여 독화 능력을 키우기가 쉽지 않다.

(2) 수화

농인은 구두언어를 배우기 매우 어렵지만, 수화는 배울 수 있다. 그러나 역사적으로 수화는 진정한 언어가 못된다고 생각되고 구화와 독순이 주류를 이루었다. 우리나라의 수화도 국제적인 환경변화에 의하여 1970년대 말부터 80년대 초에 한국수화의 신조어기(김칠관, 1999)[4]가 토털커뮤니케이션 이론의 영향으로 활성화되었다. 한국수어 역사상 최초의 수어교본이 1979년 발간되었다. 이어 '표

4) 김칠관(1999)은 한국수화의 확장시기를 형성기(체계화기), 확장 1기(대체조어기), 확장 2기(신조어기), 확장 3기(전환기)로 구분하고 있다.

준수화사전 편찬위원회'를 구성하고 1982년 표준수화사전이 편찬되었으며, 1979년에는 KBS 방송에서 수어통역을 시도하였다. 이 공중파방송은 청인들이 농인의 언어인 수화를 접하게 됨은 물론 젊은 청인들 사이에 수어관심을 촉발시키는 계기가 되었다(안세준, 1999). 1997년에는 제 1회 수화통역사 자격인정고시를 실시하여 수화통역사를 배출하기 시작하였다. 점차 일반인들도 수화에 관심을 가지고 1981년 이후 「수화교실」「수화서클」도 급증하였다.

수화의 비보편성. 18C 프랑스 목사 de L´Eppe가 수화의 아버지라고 불리운다. 이 말을 들으면 de L´Eppe가 수화를 창조한 것으로 생각하지만 그가 한 것은 이미 불란서 농인들이 사용하고 있던 수화를 택하여 그 수화의 사용을 더 강화시킨 것이다. 즉, 일반적인 생각과는 반대로, 보편적인 하나의 수화는 존재하지 않는다. 지리적이나 문화적으로 다른 언어와 마찬가지로, 모두 다른 수화를 만들어 내었다. 그 이유는 수화는 구두어와 마찬가지로 공통적인 사용에서 발전한 것이다. 여러 연구는 수화의 혁신적인 면을 입증하고 있는데 예를 들면 건청인 부모에게서 태어난 농아 쌍둥이는 둘이 서로 의사소통하기 위하여 수화체계를 발전시킨다. 그러나 그러한 의사소통을 몇 년에 걸쳐 사용하더라도 그들의 의사소통은 매우 초보적이며 공용의 수화체계만큼 정교하게 발전되지 않는다.

수화언어의 발달이정표. 상당한 증거에 따라 농아의 수화언어 발달은 구두어 사용의 아동과 같은 언어발달 이정표를 따라 발달한다. 예를 들면 건청아동의 옹아리 시기와 마찬가지로 농 아동도 옹아리를 같은 시기에 한다. 또한 농 아동도 건청 아동과 마찬가지의 시기에 첫 단어와 두 낱말 구절의 수화 싸인을 한다. 수화는 구두어와 마찬가지의 신경학적 토대를 갖추고 있는데 좌반구의 뇌는 구두어를 담당하고 있고 신경영상기술의 사용도 뇌의 좌반구가 수화 습득과 사용에 관계되어 있다는 점이다. 농인이면서 뇌졸중 환자는 오른쪽 좌반구보다 왼쪽 좌반구가 마비 된 경우에 싸인 사용에 더 어려움을 보인다(Waters et al., 2007).

수화의 문법. 한글 지문자는 1947년 윤백원에 의하여 국어체계에 맞추어 창안되었다. 수화를 선호하는 사람들은 지화체계는 너무 느리고 어색하며 낱말 문법 규칙은 언어이해에 그리 중요한 요소가 아니라고 주장한다. 수화를 주장하는 사람들은 수화에 숙달되는 것이 언어학습에 도움이 되고 수화가 더 자연스러웁고 효율적인 언어로서 세상을 배우는데 더 필요한 언어이다(안영희, 2003). 수화는 구두어처럼 단어와 싸인레벨과 마찬가지로 문장 수준에서도 문법구조를 가지고 있다(Goldin-Meadow, 2003). 또한 손 모양과 위치와 움직임은 구두어만큼 복잡한 문법을 만들고 있다.

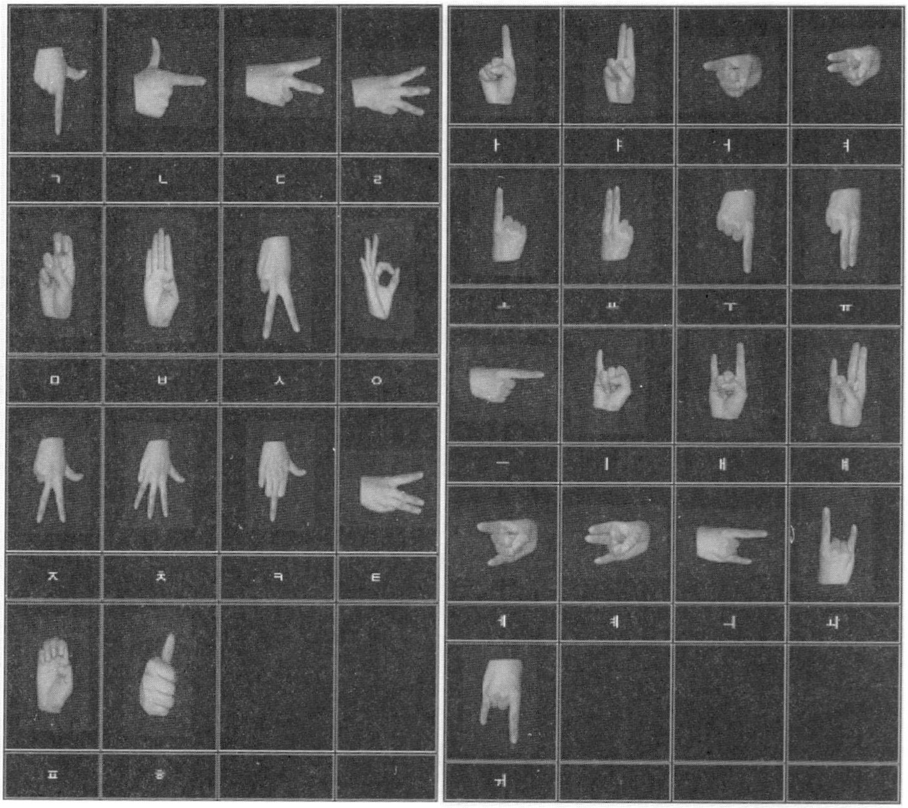

출처 : http://blog.naver.com/PostView.nhn?blogId=jenaland&logNo=130118168024&parentCategoryNo=37&viewDate=&currentPage=1&listtype=0

그림 11.8 한글 지문자

(3) 종합적 의사소통법

최근에는 대부분의 학교는 종합적 의사소통법을 강조하여 구화와 수화를 병행한다. 수화는 일반적인 농인들의 의사소통체계로서의 수화(sign language)와 지문자(finger spelling)방식이 있다. 지문자는 종종 지화라고 불리운다. 종합적 의사소통은 청각장애인과 건청인간에, 그리고 청각장애인간에 효과적인 의사소통이 이루어질 수 있도록 하기 위해 구화, 수화, 몸짓, 판토마임, 필담, 지문자, 낱말카드, 그림카드, 수어통역사 등의 의사소통 양식을 적절히 선택, 결합하기를 강조하였다(김승국, 1999). 이 종합적 의사소통 방식은 특정 의사소통양식이 중요한 것이 아니라 각 사람에게 가장 적합하고 용이한 의사소통 양식이라면 모두 수평적으로 똑같이 존중되어야 한다는 점이다. 한 조사에 의하면 말과 수화를 함께 사용하는 농학생은 62.2%이며, 말만 사용하는 농학생은 21.1%, 수화만 사용하는 농학생은 16.7%이다.[5)]

3) 최신동향

이중문화 – 이중언어 접근법(Bicultural-Bilingual approach). 이중문화-이중언어적 접근은 수화를 주 언어로 사용하고 국어를 제2언어로 사용하도록 하며, 농인들이 자신들을 위한 프로그램과 내용개발에 주도적인 역할을 담당하고, 교육과정은 농문화에 대한 것을 포함하여 교육하는 것을 말한다. 농아동들이 자연스럽게 습득할 수 있는 언어는 수화, 수어라는 점을 인정하고 수어를 습득할 기회를 주며, 그 다음에 그것을 기반으로 구어, 지문자를 익히도록 하는 교육방법이다(안영희, 2003). 실패가 없이 안전하고 성공이 보장되는 방법이란 아직 존재하지 않지만 지금까지 농 아동들을 위한 여러 교육방법이 시도되었다. 1960년대와 70년대에는 종합적 의사소통방법이 해답이라고 생각되었었다. 1980년대와 90년대에는 이중언어 교육이 그 해답으로 간주되었다. 인공와우 수술이 증가하면서 많은 아동들이 구두적/청각적으로 교육되는 방법이 다시 중시되었다. 종국적으로 여러 접근법이 여러 특성의 농 아동에게 맞추어 제공될 수 있어야 한다(Schirmer, 2001).

공학적 발달. 여러 공학적인 발전은 청각장애인이 청인과 접촉하고 그들의 정보를 얻기 쉽게 하였다. 공학의 발전은 다음 다섯 가지 영역에 관련된다. 보청기,

5) http://blog.naver.com/s5ssy/140049342083

자막, 전화, 컴퓨터지원 교수, 인터넷, 특히 보청기는 귀 뒤 걸이형, 귀속 걸이형, 귀속 깊이 끼워 넣는 보청기 등 여러 종류가 있다. 귀 뒤에 거는 형은 가장 효능이 높아 중증 청각장애인이 사용하기 좋으며 교실에서 FM시스템으로 사용할 수 있기 때문에 아동들이 사용하기 좋은 종류이다. FM시스템은 교사가 무선 옷깃마이크를 착용하고 아동은 FM 수신기를 착용한다. 아동은 FM 수신기에 붙어 있는 보청기를 통하여 증폭된 소리를 듣거나 FM 수신기와 연결된 귀 뒤 걸이 보청기를 통하여 증폭된 소리를 들을 수 있다. 아동이 보청기의 혜택을 받을 수 있는 것은 교실내의 음향상태에 따라 달라진다.

보청기가 교육프로그램에 빼놓을 수 없는 기기이기는 하지만 일부 농 아동은 청각장애가 심하거나 장애종류에 따라 보청기의 도움을 받을 수 없다. 대체로 보청기는 소리를 크게 하기는 하지만 더 맑게 해주지는 못한다. 따라서 청각이 왜곡되어 있으면 그 왜곡된 소리를 증폭할 뿐이다. 어떠한 기구를 사용하든지간에 그 기구를 최대한 효과적으로 사용하기 위하여 학생, 부모, 교사가 모두 협력하여야 한다.

제12장

시각장애

출처: Heward (2006). Exceptional Children (8th). Pearson Education.

시각장애는 일상적인 생활을 영위하는데 장애를 줄 수 있는 시력이나 시기능에 문제가 있는 모든 경우를 포함한다. 시력(視力:vision)은 보이는 것을 해석하는 능력이다. 시각(視覺: sight)은 물체가 발산하거나 반사하는 빛을 수용하는 시각기의 능력을 말한다. 시야(視野: vision field)는 눈으로 정면의 한 점을 주시하고 있을 때 눈에 보이는 외계의 범위를 말한다.

1. 정 의

시각장애는 일반적으로 교육자들이 선호하는 교육적 정의와 의학 전문가들이 선호하는 법적 정의로 구분할 수 있다. 「장애인 등에 대한 특수교육법」에서 명시된 시각장애에 대한 정의는 다음과 같다.

> 시각계의 손상이 심하여 시각기능을 전혀 이용하지 못하거나 보조공학기기의 지원을 받아야 시각적 과제를 수행할 수 있는 사람으로서 시각에 의한 학습이 곤란하여 특정의 광학기구·학습매체 등을 통하여 학습하거나 촉각 또는 청각을 학습의 주요 수단으로 사용하는 사람

특수교육법의 정의는 시력의 손상과 함께 시각정보의 처리능력을 중요하게 간주한다. 특수교육에서 보편적으로 사용하는 용어는 '맹'과 '저시력'이다. '맹'은 점자나 촉각 및 청각 매체를 통해 교육해야 하는 사람을 의미하고 '저시력'은 잔존시력을 활용하여 문자를 확대하거나 광학적인 기구를 사용하여 교육해야 할 사람을 의미한다(임안수, 2008). 시력과 시야가 같은 학생이라도 학습에 있어서의 시각 활용 정도는 다를 수 있기 때문에 특수교육이 필요한 아동도 있고, 특수교육 서비스가 필요 없는 아동도 있다. 따라서 시각장애의 교육적 정의는 교정을 해도 시력이 아동의 교육적 수행에 불리한 영향을 주는 것을 말한다. 이러한 경우에는 현재 시각적 과제 수행에 어려움을 보이지만 보상적인 시각적 전략, 저시력을 위한 기타 도구, 환경적인 수정의 사용으로 그러한 시각적 과제를 수행하는 능력을 강화할 수 있게 된다(Corn & Koenig, 1996).

실제로 시각장애인들의 많은 수가 잔존 시력을 지니고 있으며 전혀 볼 수 없는 사람들은 소수에 불과하다. 「장애인복지법」에서는 시각장애를 네 가지 범주로 나누어 구분하고 있다. 그 내용을 살펴보면 다음과 같다.

가. 나쁜 눈의 시력(만국식시력표에 따라 측정된 교정시력을 말한다. 이하 같다)이 0.02 이하인 사람
나. 좋은 눈의 시력이 0.2 이하인 사람
다. 두 눈의 시야가 각각 주시점에서 10도 이하로 남은 사람
라. 두 눈의 시야 2분의 1 이상을 잃은 사람

또한 장애인복지법은 장애 등급에 따라 복지서비스와 지원 정도를 규정하고 있는데 장애인복지법에 의한 시각장애 등급 판정 기준을 살펴보면 표 12.1과 같다.

표 12.1 「장애인복지법」에 따른 시각장애 등급 판정 기준

장애 등급	장애 정도
제1급	좋은 눈의 시력(공인된 시력표에 의하여 측정한 것을 말하며 굴절 이상이 있는 사람에 대하여는 최대 교정시력을 기준으로 한다. 이하 같다)이 0.02 이하인 사람
제2급	좋은 눈의 시력이 0.04 이하인 사람
제3급	1. 좋은 눈의 시력이 0.08 이하인 사람 2. 두 눈의 시야가 각각 모든 방향에서 5도 이하로 남은 사람
제4급	1. 좋은 눈의 시력이 0.1 이하인 사람 2. 두 눈의 시야가 각각 모든 방향에서 10도 이하로 남은 사람
제5급	1. 좋은 눈의 시력이 0.2 이하인 사람 2. 두 눈의 시야각도의 합계가 정상 시야의 50% 이상 감소한 사람
제6급	나쁜 눈의 시력이 0.02 이하인 사람

의학계에서 사용하는 법적 정의에 의하면 시각장애는 시력과 시야의 측정에 따라 이루어지는데, 교정 시력이 20/200 이하이거나 시야가 20° 미만인 경우를 의미하며 법적 맹(legally blind)이라는 용어를 사용한다. 교정 시력이 20/200~20/70인 경우에는 저시력(low vision)으로 분류된다. 여기에서 시력이 20/200이라 함은 정상 시력을 지닌 사람이 200피트에서 볼 수 있는 것을 20피트에서 보는 것을 의미한다. 즉, 더 가까이 가서 봐야 볼 수 있다는 뜻이다(Koestler, 1976).

저시력은 두 눈 모두 비정상적인 시력이나 시야로 인해 안경, 인공수정체, 콘텍트렌즈 등에 의한 굴절 보정 및 모든 안과적 치료에도 불구하고 시력이 정상 수준이 될 수 없는 상태를 말한다. 약시는 눈의 생김새나 구조에 전혀 이상이 없는데도 시력이 좋지 않은 경우를 말하는데 안구에 기질적인 이상이 없이 발생하

는 시력 저하이다. 일반적으로 저시력과 약시를 혼동하여 사용하는데 시력을 기준으로 시각장애를 포함하므로 약시는 반드시 저시력에 포함되지만 모든 약시가 저시력에 포함되지는 않는다.

시력이 정상이라고 할지라도 시야가 너무 좁아서 전체적으로 볼 수 없는 사람도 법적 맹으로 포함된다. 정상 시력을 가진 사람은 고개를 돌리지 않고도 180° 안의 사물을 다 볼 수 있는 반면에 시야가 20°인 사람은 주변 시력이 매우 약해서 볼 수 있는 범위가 20°이하로 제한되기 때문에 좁은 터널을 통해 보는 것과 같은 현상이 나타난다. 반대로 주변 시야는 좋지만 중심 부분의 사물을 정확하게 보는 것은 불가능한 경우도 있다. 일반적으로 시야는 주의깊게 살피지 않으면 점점 더 손상되는 경우가 있기 때문에 총괄적인 시력검사에는 시야 검사도 반드시 포함되어야 한다.

[정상]

[주변부 시야 결손]

그림 12.1 정상 시야와 주변부 시야 결손을 보이는 환자의 시야

2. 원 인

시각장애의 원인은 발생 시기별로 또는 눈의 구조와 손상 정도에 따라 분류할 수 있다. 시각장애의 발생 시기를 기준으로 분류하면 선천적 시각장애와 후천적

시각장애로 나눌 수 있다. 2008년 한국보건사회연구원에서 실시한 장애인실태조사에 따르면 선천적 원인에 의한 시각장애가 2.8%, 출생시 원인에 의한 시각장애가 0.3%, 질환과 사고를 포함하는 후천적 원인에 의한 시각장애가 93.2%, 원인불명으로 인한 시각장애가 3.7%로 선천적 장애보다 후천적 장애가 훨씬 높은 비율을 차지한다. 시각장애의 발생 시기별 원인은 표 12.2와 같다.

표 12.2 발생 시기별 시각장애의 원인

구분		남자(%)	여자(%)	전체(%)
선천적 원인		2.1	3.8	2.8
출생시 원인		0.2	0.4	0.3
후천적 원인	질환	51.3	66.8	58.0
	사고	45.6	21.8	35.2
원인불명		0.9	7.3	3.7
계		100	100	100

출처: 한국보건사회연구원 (2008). 장애인실태조사.

선천적 원인에 의한 시각장애는 출생하면서 또는 출생한 직후에 장애를 가지게 되어 사물이나 사람 등에 대한 시각적 기억이 전혀 없으나 후천적 원인에 의한 시각장애는 출생 이후 시각적 기억이 생긴 이후에 장애를 얻게 되므로 시각장애의 발생 시기는 개념 형성과 학습에 중요한 영향을 미치게 된다. 즉 시각 경험의 유무에 따라 교육방법이 매우 달라질 수 있는데 최근에는 의학의 발달로 선천성 시각장애가 줄어들고 있는 추세이다.

일반학교에 재학 중인 아동들 중에 시각에 문제가 있는 아동들의 시각 질환 원인으로는 근시 32.7%, 사시 9.3%, 근시와 사시를 동시에 갖고 있는 학생이 5.6%, 백내장 5.6%, 녹내장 4.7%, 시신경 위축 3.7%, 미숙아 망막병증 2.8%, 사고 1.9%, 안검 내반증 1.9%, 백색증 1.9%, 원인불명 2.8%, 원시 2.8%이다. 이 외에 망막색소변성, 선천성 황반변성, 망막 혈관 이상, 안구진탕, 무홍채증, 소안구증의 순으로 나타났다(박순희 · 정귀순, 2009). 시각장애의 후천적 원인에 의한 분류는 표 12.3과 같다

표 12.3 후천적 원인에 의한 시각장애

(단위: %)

		남자	여자	전체
질환	신경계질환	0	0.1	0.1
	감각기질환	33.9	55.3	42.8
	심혈관질환	2	1.4	1.8
	대사, 면역 및 내분비계 질환	9.5	8.4	9
	신생물(종양)질환	1.5	0.9	1.2
	중독성질환	0	0.1	0.1
	감염성질환	3.1	3.2	3.1
	미상	2.9	6	4.2
사고	폭력에 의한 사고	1.3	1.7	1.5
	가정내 사고	3.4	7.8	5.2
	교통사고(탑승자)	3.6	1.9	2.9
	교통사고(보행자)	1.4	0.2	0.9
	스포츠 및 놀이 중 사고	5.5	2.9	4.4
	화상	0.4	0	0.2
	약물 사고	0.3	0.5	0.4
	기타 사고 및 외상	30.8	9.1	21.8
	전상	0.5	0	0.3
	미상	0	0	0
	기타	0	0.4	0.2
계	계	100	100	100

눈의 시각, 근육, 신경체계의 어떤 부분이라도 손상을 입는다면 시각장애를 일으킬 수 있다. 시각장애의 원인이 되는 다양한 질환을 이해하기 위해 먼저 눈의 구조와 기능을 알아보고자 한다.

1) 눈의 구조와 기능

눈의 구조는 그림 12.2와 같다.

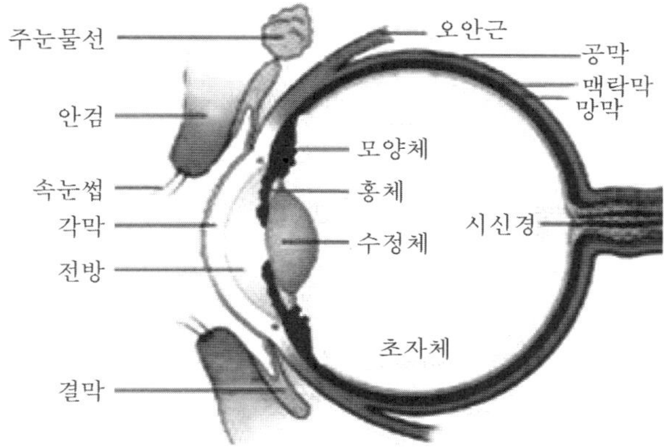

그림 12.2 눈의 구조

눈의 구조는 카메라의 원리와 비슷하다. 빛을 받아들이는 렌즈와 같은 구실을 하는 수정체가 있고 조리개와 같은 역할을 하는 홍채가 동공의 크기를 조절하여 눈 안으로 들어오는 빛의 양을 조절한다. 동공 밖으로는 동공과 홍채를 보호하며 외계에서 들어오는 광선을 굴절시키는 각막이 있다.

시각(視覺: sight)은 물체가 발산하거나 반사하는 빛을 수용하는 시각기의 능력을 말한다. 빛은 각막을 통과하여 맑은 방수로 가득찬 동공을 지나 홍채의 조절에 의해 빛의 양이 조절되고 수정체에 닿으면 수정체는 사물과의 거리에 따라 초점 거리를 맞추는 조절 기능을 수행하는데 이러한 기능은 모양근의 작용에 의해 이루어진다. 수정체를 통과한 빛은 맑고 투명한 초자체를 통과하게 되는데 초자체는 반고형의 젤리 모양으로 무혈관의 투명한 조직이다. 초자체를 거쳐 망막에 도달된 빛은 시신경을 거쳐 뇌의 해당 부위에 저장되는데 시신경은 망막의 여러 곳에 시세포가 모여 다발을 이룬 것이다. 망막은 카메라의 필름과 유사한 기능을 하는 곳인데 망막 중 노란빛을 띤 황반은 추세포가 많이 모여 있는 곳으로 황반이 가장 밀집해 있는 곳을 중심와(fover)라고 하며 제일 예민한 장소이다. 시신경은 망막의 좌우측으로 들어오는데 시신경 교차에 닿으면 좌측 부분은 좌측 두뇌쪽으로 갈라진다. 좌우로 갈라진 시신경은 상구핵에 도달되어 눈의 반사작용을 하는 장소를 지나 측술상핵에 도달되고 이곳에서 명암의 판단이 이루어진다. 이곳에서 방사선이 사방에 흩어지듯이 시각방사가 일어나 뇌의 시신경 피질에 도달하게 된다. 뇌는 받아들인 영상을 해석하고 다른 감각, 신체, 감정, 인지 및 경험한 정보를 비교하여 인식한다. 눈을 통해 들어온 물체의 상이 시신경까지 도달하는 시각 통로는 그림 12.3과 같다.

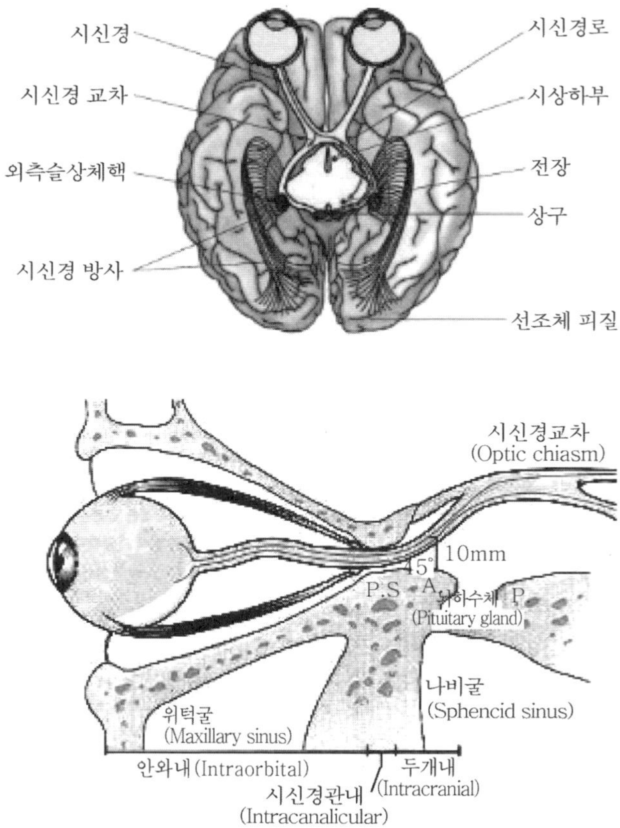

그림 12.3 시각통로와 시신경교차

시각은 우리의 감각 기관 중 가장 많은 양의 정보를 받아들이는 기관으로서 우리의 생명과 직접적인 연관 관계를 가지고 있다. 그러나 위의 과정 중 어떤 한 과정이 정상적으로 기능을 발휘하지 못하게 되면 시각장애가 일어나게 되는 것이다. 눈의 구조와 기능의 문제로 발생하는 시각장애는 다음과 같다.

(1) 굴절 오류

눈을 통해 들어온 빛은 망막에 지각되기까지 굴절되는데 눈의 크기와 형태에 따라 굴절이 불완전하여 근시가 되거나 원시가 될 수 있다. 근시는 가까이 있는 것은 잘 보지만 멀리 있는 것을 잘 못보는 것이고, 원시는 멀리 있는 물체는 잘 보이지만 가까운 곳의 물체를 잘 보지 못하는 현상을 말한다. 이러한 원시와 근시는 수정체나 모양체가 탄성을 잃거나 안구의 지름이 너무 길거나 짧을 때 발생한다. 난시는 각막이 평평하지 않거나 안구 모양이 적절하지 않을 경우 사물을 제대로 보지 못하는 것이다. 난시가 발생하였을 때 망막에 맺히는 상이 심하게 왜곡되는 문제가 발생한다. 근시나 원시의 경우 안경이나 렌즈를 이용하여 광선의 경로를 변경시키면 가능한 한 초점을 맞출 수 있으나 심한 경우 교정을 통해서도 일상적인 학업에 어려운 경우 특수교육 서비스가 필요하게 된다.

(2) 안구 문제

안구와 관련된 문제로는 무안구증, 소안구증, 안구진탕증, 사시, 망막박리 등이 있다. 무안구증은 눈꺼풀과 눈썹은 정상적으로 형성되어 있으나 안구가 없는 경우이고, 소안구증은 안구가 너무 작게 형성되어 발생하는 문제이다. 또한 눈을 조절하고 움직이는 것을 담당하는 근육에 문제가 있을 경우 안구진탕증이나 사시가 발생한다. 안구진탕증은 눈이 빠르게 불수의적으로 앞뒤로 움직이기 때문에 물체에 초점을 맞추거나 글자를 읽는데 어려움이 발생한다. 사시는 안구의 움직임을 조절하는 눈 주위 근육의 수축과 이완에 문제가 있어 발생하는 것으로 눈동자가 안쪽으로 몰리는 내사시와 바깥쪽으로 몰리는 외사시가 있다. 사시는 두 눈이 동시에 같은 물체에 초점을 맞추지 못하기 때문에 약시가 되거나 영구적으로 시력을 상실할 수 있으나 최근 의학의 발달로 조기에 발견할 경우 치료가 가능하다. 망막 박리는 망막이 맥락막으로부터 떨어져 망막의 감각기능이 저하됨으로써 심각한 시각장애를 초래하는 상태를 말한다. 원인은 외상이나 고도근시, 백내장 수술 후 무수정체안[1] 등을 들 수 있으나 원인을 알지 못하는 경우도 많은

1) 무수정체안(Aphakia)은 우리 눈 속의 수정체가 여러 가지 원인으로 인하여, 즉 노인성 백내장으로 수정체를 제거하였거나 혹은 외상으로 수정체가 이탈되어 제 위치에 없는 상태가

것으로 알려져 있다.

2) 원인 질환

시각장애의 선천적 원인이 되는 질환으로는 미숙아 망막병증, 피질시각장애, 녹내장, 백내장, 시신경 위축, 백색증, 안구진탕, 망막색소변성 등이 있다. 후천적 원인 질환에는 당뇨 망막병증, 황반변성, 백내장, 녹내장 등이 있다.

(1) 백내장

백내장은 수청체가 혼탁해지거나 불투명해져서 빛이 망막에 도달하지 못하게 되어 시각적 상이 왜곡되고 희미하게 보이는 현상을 말한다. 선천적 백내장의 경우 산모가 풍진에 감염되거나 갈락토스미아[2]가 원인이 된다. 후천적 백내장은 외상이나 염증에 의하여 발생하며 수정체에만 문제가 있는 경우 인공수정체를 삽입하는 수술을 할 수 있다.

(2) 녹내장

녹내장은 눈방수의 배출이 원활하게 이루어지지 않아 안압이 높아지고 증가된 안압이 시신경을 손상시키게 되면 영구적인 시력 손실을 초래하는 질병이다. 녹내장은 40세 이후의 중년기에 많이 발생하고 진행될수록 보이는 장면 중 일부가 까만 점으로 보이는 암점 현상이 나타난다. 특히 녹내장은 안통과 두통을 유발하기 때문에 상당한 고통이 따르고 한쪽 눈이 녹내장에 걸릴 경우 다른 쪽 눈으로 녹내장이 전이될 염려가 있어 심한 경우 안구를 적출하는 경우도 있다.

(3) 백색증

백색증은 유전질환의 한 종류로 눈, 피부, 머리카락에 소량의 색소 밖에 없거나 전혀 없는 경우를 말한다. 예외적으로 눈에만 색소가 없는 경우도 있다. 안구

된 눈을 말한다.

2) 갈락토스미아란 신진대사 결함으로 우유에 함유되어 있는 유당을 혈당으로 전환할 수 없는 질환을 말한다.

백색증은 일반적으로 남자에게 더 많으며 시력저하, 난시, 광선공포증, 안구진탕증을 수반한다.

(4) 망막 색소 변성

망막 색소 변성은 청소년기에 나타나는 경우가 많으며 유전적인 질환으로 망막을 점진적으로 퇴화시킨다. 처음에는 간상체 세포에 먼저 영향을 미침으로 주변시력이 약화되고 야간 시력이 저하되지만, 진행됨에 따라 터널시야[3]나 시각장애를 초래한다. 선천성 농을 초래하는 어셔 증후군(Usher's syndrome)과도 관련이 있다.

(5) 당뇨망막증

눈 내부를 정상적으로 순환하는 액의 막힘이나 방해로 인해 안구 내압이 비정상적으로 높은 상태를 말한다. 높아진 압력이 망막과 시신경을 손상시키면 시력은 손상되거나 상실된다.

(6) 시신경 감퇴

시신경 감퇴는 시신경 섬유가 손상되는 것을 말하며 전기적 자극이 망막에서 두뇌의 시각중추로 전달되지 않게 된다. 원인은 뇌하수체종양, 매독, 녹내장, 다발성경화증, 유전 등이다. 시각장애의 정도는 손상된 부위와 정도에 따라 달라지며 시력, 시야의 손상, 색깔 지각의 어려움 등을 나타낸다.

(7) 시각피질 손상

시각장애 아동 중에는 눈 자체에는 아무런 문제가 없으나 시각적 정보를 해석하는 뇌의 일부분의 손상이나 기능장애로 인해 시력이 손상되는 경우가 있다. 이러한 시각피질 손상의 원인은 출산 시의 산소부족이나 뇌손상, 뇌수종, 중추신경계의 감염 등이 있다.

---

3) 터널시야(tunnel vision)를 가진 사람은 좁은 관이나 터널을 통해 세상을 보는 것으로 자신의 지각을 묘사한다. 일반적으로 사람은 정면을 똑바로 응시할 때 160~170° 범주의 사물을 볼 수 있다.

(8) 기타

이 외에도 조산아나 저체중아를 위한 인큐베이터에서 산소를 지나치게 많이 공급함으로 인해 근시 또는 실명을 초래하는 후수정체 섬유증식증4)이 있는데 이는 산소 사용을 줄인 이후 출현율이 현저히 줄어들었다. 또한 임산부가 임신 초기에 풍진에 감염되면 시각, 청각, 정신지체 등의 장애를 가진 아동이 태어날 가능성이 매우 높으므로 임산부들의 건강관리에 대한 주의가 요구되고 있다.

3) 출현율

2010년 12월 현재 보건복지가족부에 등록된 우리나라 장애인은 총 2,517,312명이며 그 중 시각장애인은 총 249,259명으로 전 장애인 중 약 10.1% 정도이다(보건복지가족부, 2011). 특수교육 서비스를 받는 아동의 비율로 볼 때 시각장애의 출현율은 매우 낮다. 교육과학기술부에 등록된 전체 특수교육 대상학생은 82,665명이며 이 중 시각장애 학생은 2,315명으로 2.8%이다(교육과학기술부, 2011). 2011년 국립특수교육원의 특수교육 요구아동 출현율 조사연구에 따르면 시각장애 아동의 출현율은 6~11세 아동 중 0.3% 정도이다. 이 중 맹에 해당하는 아동은 약 0.01%, 저시력에 해당하는 아동은 0.02% 정도이다.

시각장애 학생 중 특수학교에 배치된 시각장애 학생이 1,495명, 일반학교 특수학급에 배치된 시각장애 학생은 344명, 일반학교 일반학급에 배치된 시각장애 학생은 466명, 특수교육지원센터에 배치된 시각장애 학생은 10명이다(교육과학기술부, 2011).

---

4) 망막혈관의 확장 및 증식, 망막 부종, 망막 섬유성 증식, 망막의 내층이 색소상피에서 분리되는 망막박리 등 망막에 병적인 변화가 일어나는 증상이다. 미숙아를 보육하는 과정에서 고농도 산소를 과다하게 사용한 경우 발생한다. 결국은 눈의 발육이 정지되고 실명하게 된다.

3. 특 성

시각장애는 시각 또는 근육체계의 한 부분 혹은 여러 부분의 발달이 제대로 이루어지지 않거나 손상, 기능 부전에 의해 일어날 수 있다. 시기능은 환경, 빛의 조건, 활동에 따라 변한다. 따라서 교사나 상담가는 아동의 시력장애의 원인에 대해서는 잘 모르더라도 아동의 특수한 시력 문제가 교실에서 과제를 수행하는 데 어떻게 영향을 미치는지에 대해서는 파악해야 한다. 미국실명예방협회에서 제시한 시각문제의 징후들을 행동, 외모, 안질 면에서 제시하면 다음과 같다(박순희, 2007).

- 행동 : 눈을 심하게 문지른다. 한쪽 눈을 감거나 머리를 한쪽으로 기울이거나 앞으로 내민다. 눈의 사용이 요구되는 작업이나 독서에서 어려움을 보인다. 눈을 자주 깜박이거나 문지르고 싫증을 잘 낸다. 멀리 있는 사물을 분명하게 보지 못한다. 눈을 가늘게 뜨거나 찌푸린다. 눈 작업을 해야 할 때 몸이 긴장되어 있다. 책을 지나치게 가까이 대고 본다.
- 외모 : 눈이 붉게 충혈되어 있다. 눈에 물기가 많다. 눈에 다래끼가 자주 난다. 양 눈이 다른 방향을 보고 있다.
- 안질 : 눈이 가렵고 얼얼하거나 긁고 싶어 한다. 잘 보지 못한다. 눈 작업 후에 현기증, 두통, 메스꺼움을 느낀다. 흐리게 보이거나 두 개로 보인다.

교사나 상담가는 또한 아동의 시각 손상 시기를 아는 것이 필요하다. 출생 시부터 시각장애를 가진 아동과 12세에 시력을 잃은 아동은 세상을 이해하는 지각 양상이 다르기 때문이다. 선천적인 맹 아동은 비시각적 감각과 청각, 촉각을 통해 학습을 하게 되며 후천적 맹 아동은 이전에 본 것에 대한 시각적 기억을 보유하고 있기 때문에 교육에 도움이 될 수 있다. 그러나 중도에 시력을 읽고 갑자기 적응해야 하는 후천적 아동은 선천적 아동에 비해 정서적 지원과 수용에 대한 지원이 요구된다.

(1) 운동발달과 이동

시각장애를 지닌 아동은 감각운동기부터 운동성 발달의 지체를 보이기 시작한다. 이것은 정상적인 시력을 지닌 아동들이 주변의 흥미있는 물체를 보기 위해서 고개를 들거나 좌우로 돌리는 등의 운동을 지속적으로 하면서 목 가누기와 돌리기 등의 중요한 운동 발달을 이루는 반면 시각을 상실한 아동들은 그렇지 않기 때문이다(Stone, 1997).

완전히 시각을 상실한 아동은 확장된 주위 환경을 탐구하고자 하는 동기 유발이 안 될 수도 있으며 환경 내에 탐구할만한 가치가 있는 무엇인가가 있다는 사실을 학습할 수 없다. 부모들 중에는 아동의 안전을 위해서 주변을 돌아다니며 탐구하는 것을 막기도 하기 때문에 이동성과 운동기능 발달에 부정적인 영향을 미치게 된다. 또한 시야가 정상적이지 못한 아동은 주어진 환경에서 움직이는 것이 고통스러웠던 경험 때문에 안 움직이려고 한다.

물리적 환경을 접하거나 경험을 통한 학습의 기회가 제한되어 있는 점과 운동발달과 이동이 잘 이루어지지 않는 점 때문에 시각장애 아동은 물리적으로 사회적으로 분리될 수 있다. 제한된 시력도 운동발달에 부정적인 영향을 줄 수 있다. 약시 아동은 일반 아동보다 열악한 운동기술을 갖고 있으며 대근육 운동기술, 특히 균형 감각이 부족하다. 시각장애 아동들은 모방을 통해 운동 활동을 할 수가 없으며 공간에 대해 더 많은 주의가 필요하다(Bouchard & Tetreault, 2000).

(2) 인지와 언어

장애가 없는 일반아동은 자신의 경험과 환경과의 상호작용을 통해 끊임없이 학습한다. 아동들의 움직임에 따라 시각은 환경과 환경 내 사물의 관계에 대해 자세한 정보를 전해준다. 어떤 특별한 노력 없이도 일반 아동들은 일상 경험으로부터 유용한 정보를 풍부하게 제공받는 것이다. 그러나 시각장애 아동들의 경우에는 이러한 우연 학습이 불가능하다. 이해를 하거나 정보들을 서로 연결시켜야 하는 인지적 과제에서 시각아동은 일반 아동보다 수행력이 떨어지게 된다(Kingsley, 1997).

시각장애 유아들이 일반 아동들에 비해서 지적 능력이 낮은 것으로 잘못 인식되기도 하는데 실제로 시각장애인들의 지능이 낮다는 근거는 제시되지 않고 있다. 그러나 시각의 손상으로 인해서 다른 감각들에 의존하여 학습하게 되므로 사물의 영속성, 인과관계, 목적과 수단의 관계 등과 같은 많은 인지적 능력을 습득하는 시기가 늦어질 수 있다. 또한 일반 유아들에게는 자연스럽게 반복적으로 제공되는 모방과 관찰의 기회가 없기 때문에 또래들에 비해서 개념 발달이 늦어질 수도 있다. 특히 선천적으로나 영아기에 장애를 가지게 되는 경우 정보 수집 체계에 손상을 입게 되므로 개념 형성에 큰 영향을 받게 된다. 정보수집체계의 어려움이 시각장애 학생들의 학습을 방해하기는 하지만 잠재력을 제한하지는 않는다. 따라서 시각이 아닌 다른 감각을 통해서 개념을 반복적이고 직접적으로 접촉하도록 하는 것이 중요하다.

(3) 사회적 적응과 상호작용

시각의 손상은 사회성 발달에 부정적인 영향을 미칠 수도 있다. 시각장애 아동은 일반 아동에 비해 자유시간에도 상호작용을 더 적게 하게 되므로 사회적 기술이 지체될 수 있다(Skellenger, Hill, & Hill, 1992). 부모나 친구들의 눈맞춤이나 미소와 같은 시각적인 신호를 보지 못하기 때문에 이러한 행동들을 배울 수 없으며, 애정을 표현하거나 받는데 어려움을 경험한다. 또한 시각장애로 인해서 사회적 상호작용을 시작하고 유지하기 어렵다. 예를 들어 시각장애 학생들은 대화하는 동안 상대방의 몸짓, 얼굴표정, 신체의 움직임들을 볼 수 없다. 사회적으로 적절한 눈맞춤, 얼굴표정, 몸짓을 사용하여 대답하지 못하는 것은 상대방의 의사소통 의도에 관심도 없고 친구를 찾을 것 같지도 않다고 느끼게 한다. 시각장애를 가진 많은 청소년들이 좋은 친구들을 갖고 있기는 하지만 사회적 고립 위기를 극복해야 하며 우정을 쌓고 유지하기 위해 정상 시력의 또래보다 더 많은 노력을 기울여야 한다(Leigh & Barclay, 2000)

시각장애 아동들 중에는 몸을 앞 뒤 또는 좌우로 흔들거나 눈을 문지르거나 손이나 손가락을 흔드는 등의 반복적인 신체 동작을 하는데 행동을 보이는 경우가 있는데, 이러한 자기자극적인 상동행동은 사회적으로 부정적인 인상을 주기도 한다. 이러한 행동은 학습을 방해하기도 하고, 신체적인 손상을 입힐 수도 있으므로 적절한 행동 중재가 필요하다.

4. 교육적 지원

1) 진단 및 평가

(1) 선별

보건교사나 일반교사는 시각장애가 있을 것으로 판정될 가능성이 높은 학생을 발견하기 위해 매년 신체검사의 일부로 실시하는 원거리 시력검사와 학생의 눈 외모 및 행동을 관찰한다. 신체검사의 일부로 실시되는 시력검사는 4~6m에서 학생의 시력을 측정하는 원거리 시력 평가로 각 학교의 보건교사가 관리하고 결과를 건강기록부에 기록한다. 일반교사는 표 12.4에 제시한 항목을 기준으로 학생을 관찰하고 관찰 빈도가 1주 1회 이상으로 표시되는 항목이 세 개 이상일 때 학생에게 안과진단을 받도록 권유한다.

표 12.4 시각장애 학생 선별을 위한 관찰표

<table>
<tr><th rowspan="2">영역</th><th rowspan="2">항목</th><th colspan="4">관찰빈도</th></tr>
<tr><th>전혀 없음</th><th>1일 1회</th><th>1주 1회</th><th>1개월 1회</th></tr>
<tr><td>눈의 외모</td><td>눈이 자주 충혈된다.
눈을 자주 비비거나 깜박거린다.
눈물이 자주 흐른다.
눈곱이나 고름이 많이 나온다.
다래끼가 자주 생긴다.
동공이 흐려지거나 열린다.
눈동자가 계속 움직인다.
각막이 혼탁하다.
눈꺼풀이 처지거나 부어 있다.</td><td></td><td></td><td></td><td></td></tr>
</table>

눈을 사용한 후 호소 증상	어지럽다고 한다. 눈이 아프다고 한다. 머리가 아프다고 한다. 메스껍다고 한다. 눈이 흐리다고 한다. 글자나 단어가 겹쳐 보인다고 한다. 눈꺼풀이 화끈거리거나 간지럽다고 한다.				
근거리 과제 수행시 나타나는 시각행동	머리를 지나치게 앞으로 내밀며 본다. 얼굴을 찌푸린다. 한 눈을 가리거나 감는다. 근거리 작업을 수행한 후 눈의 피로를 지나치게 느낀다. 비정상적인 각도에서 자료를 들고 읽는다. 머리를 돌려 한 눈만 사용한다. 자료를 지나치게 가까이에 두고 읽는다. 책을 읽을 때 줄을 자주 놓친다. 책을 읽을 때 머리를 몹시 움직인다. 일반문자를 읽기 어려워한다. 글씨를 쓸 때 줄을 맞추지 못하고 간격이 일정치 않다.				
원거리 과제 수행시 나타나는 시각행동	머리를 너무 앞으로 내밀며 본다. 다른 학생들 무리에서 떨어지려고 한다. 칠판을 볼 때 사시로 본다. 벽시계를 찾기 어려워한다. 멀리 있는 사물을 보지 못한다. 사물과 자주 부딪친다. 지나치게 조심하며 걷는다. 먼거리에서 일반문자를 읽기 어려워한다.				
주변 시각 행동	보행할 때 머리를 돌린다. 정면이 아닌 곳에 있는 사물을 보지 못한다. 양 옆에 있는 사물과 부딪힌다. 옆에서 사람이 다가오면 지나치게 놀란다. 글씨를 쓸 때 페이지 중간부터 쓴다.				
기타	빛에 지나치게 민감하다.				

(2) 시각기능의 평가

시각기능이란 시각장애학생이 과제를 수행하는데 현재 보육하고 있는 시각을 활용하는 능력을 말한다. 특수교사는 일반교사와 협력하여 학교의 일상적인 환경에서 시각장애 학생의 시각적 과제 수행 능력에 대한 상세한 정보를 수집하고 교수전략을 수립하기 위해 시각기능을 평가해야 한다(Koenig et al., 2000; Lueck, 2004).

첫째, 학생의 안과진단서, 저시력기구나 안과의 처방전, 학생생활기록부, 건강기록부, 상담기록부, 개별화교육계획, 학생의 수행 평가물 등을 수집하여 시각장애 학생의 시각 및 관련 특성을 파악한다. 교사는 안과진단서와 건강기록부를 근거로 시각장애학생의 시력, 시야, 색각 등 시기능, 시각장애의 원인 질환, 장애 발생 시기, 예후, 치료 등에 관한 사항 그리고 기타 건강관련 특이사항을 파악한다. 학생생활기록부, 과거의 개별화교육계획 등 다른 문서를 근거로 시각장애학생의 지능, 적응행동, 성격, 학업성취도 등을 조사한다.

둘째, 시각장애학생, 부모, 일반교사 등을 대상으로 면접을 통해 시각장애 학생의 시력, 시야, 빛에 대한 민감도 등을 확인하고 시각장애학생이 학습, 정보통신매체 활용, 보행, 일상생활, 대인관계, 여가활동 등을 위해 시각을 어떻게 활용하고 있는지 파악한다.

셋째, 시각장애학생의 학교환경, 환경 내 행동, 눈의 외모 등을 관찰한다. 환경과 관련된 관찰 내용은 교실과 복도의 조명, 교실 번호판의 글자크기와 위치, 교실 내 벽과 바닥의 대비, 칠판과 좌석배치, 계단과 평지의 대비, 운동장 각종 기구의 위치와 색깔 대비 등이다. 눈 외모와 관련된 관찰 항목은 눈의 크기, 눈꺼풀 상태, 사시, 안구진탕, 각막 혼탁, 동공 색깔, 백내장 등이다. 시각장애 학생이 수업시간마다 시각적 과제를 어떻게 수행하는지, 휴식시간이나 점심시간에 친구들과 어떻게 상호작용하는지, 학교 내 여러 장소에서 어떻게 보행하는지, 식사나 몸단장 등을 어떻게 하는지 등에 대해 관찰한다.

넷째, 형식적·비형식적 도구를 사용하여 학생의 원거리 및 근거리 시력, 시야, 대비감도, 색각, 광감도, 시지각, 안구 운동 등을 검사한다. 원거리 시력을 측정하기 위해 칠판 읽기, 게시물 읽기, 복도의 현수막 읽기, 슬라이드나 비디오 보기, 교사의 표정이나 몸동작 따라하기, 친구의 위치 알아보기, 체육시간에 공 잡기, 버스 번호 읽기 등의 과제를 수행하게 한다. 근거리 시력을 평가하기 위해서는 교과서 등 각종 자료 읽기, 쓰기 활동, 퍼즐 맞추기 등을 수행하게 한다.

다섯째, 문서검토, 면접, 관찰, 검사 등을 통해 수집한 자료를 기초로 시각기능

평가보고서를 작성한다. 보고서는 평가 결과의 요약과 추천사항으로 구성하는데 추천사항은 다른 전문가에게 의뢰하여야 할 내용, 일반교사에게 자문하여야 할 교수적 수정, 특수교사가 직접 지도하여야 할 시각기술, 추가로 지원하여야 할 관련서비스 등을 포함한다.

(3) 교육결과의 평가

시각장애학생의 교육결과에 대한 평가는 교과목별 학업성취도를 평가하는 학력평가와 개별화교육계획에 제시된 개별화교수목표에 대한 평가로 구분할 수 있다. 교과목별 학업성취도 평가는 일반교사가 담당하며 개별화교수목표에 대한 평가는 특수교사가 담당한다. 시각장애로 인한 특성이 평가에 불공평하고 부적절한 결과를 초래할 수 있으므로 시각장애학생을 평가할 때는 시각장애를 고려하여 합리적인 검사조정이 필요하다(Barclay, 2003).

평가를 실시하기 전에 시각장애학생의 시각기능 평가 결과를 기초로 검사지의 제시형태, 학생의 답안 작성 양식, 적절한 검사 환경 및 검사 시간 등을 결정한다. 검사도구의 제시 형태는 일반학생과 동일한 시험지, 글자크기나 글자체 등 형식을 편집한 시험지, 확대경이나 확대독서기 등 저시력 기구 제공, 컴퓨터 화면 출력이나 전자파일 제공, 낭독이나 녹음된 시험지 제공, 점자시험지 등 다양하다.

학생의 답안 작성 양식은 일반적인 필기구를 사용, 컴퓨터에서 직접 입력, 다른 사람의 대필, 답안의 육성 녹음, 점자 필기 등이다. 가장 중요한 검사 환경 조정은 적절한 시험 장소를 결정하는 것이다. 시각장애 학생이 정안학생들과 같은 장소에서 시험을 보는 것이 적절한지, 별도의 장소에서 보는 것이 적절한지 선택한다. 확대 시험지나 점자시험지, 저시력기구나 녹음 및 점자필기구 등을 사용한다면 책상이 넓어야 하고, 낭독과 대필로 시험을 치룬다면 주위 소음을 최대한 줄여야 한다. 그 밖에도 검사 환경과 관련하여 조명, 자리 배치, 책상 높이 등을 조정한다. 일반적으로 시각장애 학생에게 검사 시간을 연장시켜 줄 필요가 있다. 그것은 시각장애학생의 읽기, 쓰기 속도가 일반학생의 속도에 비해 대략 2~3배 정도 느리며 시각장애로 인한 읽기 속도 저하가 학업성취도 평가에 불리하게 영향을 미치는 것을 최소화시켜야 하기 때문이다.

평가를 진행하는 동안 시각장애학생과 적절하게 의사소통하고 시각장애학생의 행동을 관찰하며 검사 조정의 적절성을 점검한다. 시각장애학생이 검사환경, 시간연장, 시험에 필요한 각종 보조도구 등에 대해 정확하게 알 수 있도록 구체적으로 확인시켜 주고 시험 결과에 불공평하게 영향을 주는 질문이 아니라면 주저하지 말고 질문하도록 친밀한 분위기를 조성한다. 시각장애학생이 시각장애로 인해 피로감을 느끼는지, 갑작스러운 안압 상승으로 인해 통증을 겪고 있는지, 조명이 부적절하거나 눈부심을 많이 일으키는지 등 학생의 행동을 관찰한다. 시험 시작 전에 준비한 여러 조정 방법을 계획한 대로 충실하게 적용할 뿐만 아니라 계획된 조절이 시각장애학생의 특성과 평가목적에 부합한지 점검한다.

평가를 마치고 나서는 학생에게 추가적인 지원이 필요한지 확인하고 시험 결과를 작성한다. 만약 시각장애학생이 익숙하지 않은 장소에서 시험을 볼 경우에는 교실로 안내해 줄 필요도 있으며 확대독서기나 녹음기 등 시험을 위해 별도의 보조도구를 대여해 온 경우에는 보조도구를 반환한다. 학생의 응답에 근거하여 정확하게 시험 결과를 작성하며 시험과정에서 관찰한 학생의 특이행동이나 제공된 검사조정에 대한 의견 등을 별도로 작성하여 특수교사, 부모 등에게 알린다.

2) 교수환경

교수환경이란 교실의 물리적 환경뿐만 아니라 학급의 사회, 심리적 환경을 포함하는 개념이다. 시각장애 학생을 위한 교수환경의 수정 전략은 다음과 같다(이소현 · 박은혜, 2010).

(1) 저시력 학생을 위한 환경 수정

저시력 학생은 잔존시각을 최대한 활용할 수 있는 교수 환경을 제공해야 한다. 인접한 두 표면의 밝기 차이가 클수록 각 표면이 쉽게 눈에 띄므로 대비를 높여주는 것이 저시력 학생의 시각 과제 수행에 도움이 된다. 예를 들어 계단과 평지, 복도 벽과 교실문, 교실 바닥과 책상 등이 각각 서로 대비되도록 한다. 과학이나 기술, 가정 실습시간에 대비가 잘 되도록 실습용 탁자, 요기, 내용물, 실습 도구의 색깔을 서로 반대색으로 선택한다.

색깔을 단서로 활용한다. 저시력 학생은 일반적으로 노란색, 빨간색, 파란색 등 원색을 쉽게 식별하지만 개별 학생마다 다를 수 있으므로 식별 가능한 기능평가를 실시하여 사물함이나 책상, 출발선 등 학생이 사용해야 할 도구에 표시를 해주는 것이 좋다.

시각장애 학생에게는 적절한 조명이 필요한데 적절한 조명 수준은 시각장애의 원인에 따라 다르다. 예를 들어 미숙아 망막병증이나 시신경 위축, 백내장(수정체 주변부)으로 인한 시각장애의 경우에는 높은 수준의 조명이 필요하지만 녹내장, 백내장(수정체 중앙부), 백색증, 안구진탕, 망막색소변성이 있는 학생에게는 상대적으로 낮은 수준의 조명이 필요하다. 교실 전체의 조명에도 신경을 써야 하지만 개별학생에게 추가적인 조명을 제공하는 것이 중요하다. 조명기구는 정면보다 측면에 두는 것이 좋으며 교정시력이 좋은 쪽 눈과 같은 방향의 어깨 높이가 적절하다.

눈부심을 방지하는 조치가 필요하다. 많은 시각장애 학생이 햇빛으로 인한 눈부심을 겪기 때문에 교실에 커튼이나 블라인드 등을 설치하고 유리창 근처에 배치하지 않도록 한다. 눈부심 방지를 위해 학생이 착용한 색안경이나 모자를 허용하는 것도 필요할 것이다.

시각적 자료의 크기를 확대하고 칠판에 판서할 때도 글자를 크게 쓰는 것이 필요하다. 또한 눈과 사물과의 거리가 가까울수록 좋으므로 가능한 한 거리를 조절할 수 있도록 조치하고 필요한 경우 칠판 가까이 나와서 판서 내용을 확인하도록 허용해야 한다. 학생의 자료를 가까이 두고 읽을 수 있도록 높이 조절이 가능한 책상을 사용하는 것도 필요하다.

저시력 학생은 일정한 공간에 제시된 시각 정보가 너무 많거나 복잡할 때 혼란을 느끼거나 과제를 느리게 수행한다. 따라서 교실의 책상이나 가구를 단순하게 배열하고 게시판의 중요 내용을 빨리 읽을 수 있도록 불필요한 자료는 제거하거나 구석으로 재배열한다. 즉, 여러 가지 실험기구를 사용할 때 즉시 사용할 도구만 올려놓고 다른 도구는 옮겨 놓았다가 필요할 때 사용하도록 도와준다.

(2) 맹학생을 위한 환경 수정

맹학생의 일반학교 환경의 적응 정도는 학생의 보행기술과 물리적 환경에 의해 결정된다. 맹학생들에게 독립보행에 필요한 보행훈련을 실시하고 환경이 바뀔 때마다 방향정위를 위해 체계적으로 도와주어야 한다.

환경수정은 필요한 범위 내에서 조정하되 체계적으로 정돈한다. 교실 내 책상이나 기타 가구를 체계적으로 정돈하고 맹학생에게 설명해야 하며 책상이나 가구의 위치를 바꿀 경우에는 변경된 위치를 알려주어야 한다. 맹학생은 맨 앞줄이나 각 줄의 가장자리에 배치해 줄 때 책상을 쉽게 찾지만 시간이 지나면 특정 위치가 아니더라도 변경된 위치를 알려주면 적응할 수 있다.

청각 및 촉각 표시를 제공한다. 표시는 시각장애 학생이 환경을 이해하는데 참고할 수 있으며 일정한 장소에서 쉽게 발견할 수 있는 사물 또는 감각 정보이다. 예를 들어, 학기 초에 맹학생이 교실을 찾는 것이 익숙하지 않을 때에는 교실 입구에 발로 쉽게 느낄 수 있는 깔개를 고정시켜 두었다가 익숙해지면 치운다. 남자화장실과 여자화장실을 쉽게 구별할 수 있도록 소리가 다른 방울을 각 화장실 출입문 위에 설치해 둘 수도 있다.

(3) 시각장애 학생을 위한 사회 · 심리적 환경

시각장애 학생의 통합을 위해서는 사회 · 심리적 환경이 매우 중요하다. 교사가 시각장애 학생을 어떻게 대하느냐에 따라 일반학생의 시각장애 학생에 대한 태도도 달라질 수 있다 가능한 한 모든 수업 및 수업 외 활동에 시각장애 학생이 일반학생과 동일하게 참여하도록 기회와 환경을 마련해 주고 반드시 필요한 것만 특별한 조치를 취한다. 일반학생들이 '장님, 봉사, 소경' 등과 같은 편견을 주는 명칭 대신 시각장애라는 명칭을 사용하도록 지도하며 흰지팡이나 확대경과 같이 시각장애 학생이 사용하는 보조도구에 대해 학생들이 질문하면 시각장애 학생이 직접 설명할 수 있는 기회를 준다. 시각장애 학생의 눈에 대해 불필요한 질문을 하지 않도록 지도하며 친구들에게 자신의 시각 조건에 대해 구체적이고 솔직하게 대답하도록 맹학생을 지도한다.

3) 교수자료

시각장애학생을 위한 교수자료는 시각자료, 청각자료, 촉각자료로 구분할 수 있다. 저시력학생이라고 하여 시각자료만 제공할 것이 아니라 청각자료와 촉각자료도 제공할 필요가 있다. 청각자료는 비교적 제작이 용이하고 읽는 속도가 바르지만 철자 확인 곤란 등 정확한 독서가 불편하고 이용자의 자유로운 통제가 제한된다. 촉각자료는 정확하고 구체적인 독서가 가능하고 이용자의 통제가 비교적 넓게 허용되는데 비해 제작하기가 어려우며 속도가 느리다.

저시력 학생을 위한 시각자료는 일반문자로 된 자료, 전자파일, 확대 편집한 자료 등을 포함한다. 저시력 학생이 확대경이나 확대독서기 등을 사용하더라도 일반문자로 된 자료를 사용하기 불편해 한다면 저작권에 저촉되는 자료가 아닌 한 저시력 학생에게 전자 파일을 제공할 수 있으며 저시력 학생은 스스로 컴퓨터를 사용하여 자신의 시각기능에 알맞게 자료를 읽을 수 있게 된다.

시각장애 학생에게 적절한 교수자료는 문식성 매체에 따라 개별화되어야 한다. 맹학생 중에도 점자를 사용하는 학생이 있는가 하면 아직 점자를 습득하지 못해 녹음이나 낭독 또는 전자파일의 음성출력 등 청각매체를 사용하는 학생도 있다. 저시력 학생은 일반문자를 사용할 수도 있고 확대경이나 확대독서기 등을 활용하여 일반문자를 읽기도 하며 확대교과서와 같이 확대된 자료를 읽어야 하는 경우도 있다. 맹학생이든지 저시력 학생이든지 한가지 문식성 매체를 사용하는 것보다 여러 매체를 활용하도록 지도한다. 각종 학습자료를 확대하여 제공할 때에는 개별학생의 시각기능에 적절한 글자크기, 글자체, 줄간격, 대비, 배열 등을 고려한다.

시각자료를 활용하기 위해 저시력 학생은 확대경, 망원경, 확대독서기 등 저시력 기구를 사용한다. 확대경은 가까이 있는 자료를 읽기 위한 보조도구로서 손잡이형, 막대형, 스탠드형, 안경 장착형 등 종류가 다양하다. 언제든지 쉽게 꺼내 사용할 수 있고 확대경의 렌즈를 깨끗하게 유지하도록 보관 방법을 지도하고 가장 유리하게 볼 수 있는 각도로 확대경을 쥐도록 지도하며, 초점거리(자료와 렌즈 사이의 거리)와 작업거리(자료와 눈 사이의 거리)를 결정해 주며 필요할 때 자유롭고 편안하게 사용하도록 격려한다. 망원경은 칠판글씨나 실외활동에서 먼 거리에서 일어나는 장면을 보기 위해 사용한다. 확대독서기는 확대경보다 높은 배율로 자료를 접근하도록 해 주며 크기 확대뿐만 아니라 대비 조절 등 다양한 기능을 갖추고 있는 저시력 기구이다.

청각자료란 녹음자료, 전자파일, 낭독을 포함한다. 교과서는 녹음자료로 구비되어 있지 않다. 그러나 일부 참고서, 아동 및 청소년 도서는 시각장애인복지관이나 녹음도서관에 제작되어 있어서 대출받아 이용할 수 있다. 구체적인 녹음자료 확보에 대해서는 특수교사의 자문을 받는다. 당장 필요한 간단한 자료는 교사가 직접 녹음하여 학생에게 제공해 줄 수도 있다. 파일로 되어 있는 자료라면 파일을 학생에게 주어 음성으로 화면을 읽어주는 화면읽기 프로그램이 설치된 컴퓨터에서 내용을 읽을 수 있도록 한다. 수업 시간에 나누어 주는 짧은 자료는 학생에게 조용히 낭독해 줄 수도 있다. 이 때 낭독 속도나 방법에 대해 학생이 자신의 요구를 표현하도록 격려한다.

촉각자료는 점자자료, 사물, 모형, 양각자료 등이 있다. 대부분의 국정교과서는 점자로 출판되어 있어 학생들에게 제공된다. 검인정 교과서의 경우에는 특정 출판사의 교과서만 점자로 출판되어 있으므로 특히 중·고등학교의 경우 모든 교과서를 점자로 구할 수 없다. 점자교과서는 일반교과서와 내용은 같지만 사진, 그림, 표, 그래프, 지도 등 시각적 요소는 생략되어 있거나 점역을 위해 부분적으로 수정되어 있다. 교과서를 제외하면 거의 모든 자료가 점자로 구비되어 있지 않은 것이 우리나라 현실이다. 그러나 점자로 되어 있지 않더라도 전자 파일이 있다면 점자정보단말기에서 파일을 불러내어 점자로 읽을 수 있으므로 맹학생이 일반학교에서 교육받을 수 있는 여건이 점차 개선되고 있다. 파일이 없다면 직접 입력해 주거나 자원봉사자를 확보하여 입력하게 한 후 파일을 맹학생에게 제공할 수 있다.

교육공학의 발달은 시각장애 아동들도 장애를 극복하는데 많은 도움이 되고 있다. 시력을 보완해 줄 수 있는 광학기구나 큰 점자책을 대신하여 포켓 사이즈의 건전지용 장치에 점자를 입력하면 목소리가 나오는 장치, 전동식 점자판, 인쇄물을 진동의 형태로 전환하는 소형 휴대 전자장치인 옵타콘 등은 시각장애 아동의 개인적 요구에 맞게 활용하여 보다 교육적인 효과를 나타낼 수 있다.

맹학생을 지도하기 위해서는 점자로 된 자료뿐만 아니라 실물, 모형, 양각 자료 등을 제공할 필요도 있다. 맹학생은 시각장애로 인해 실제적인 경험의 범위가 제한되기 쉬우며, 자연 사물에 대한 구체적이고 정확한 개념을 습득하는데 어려움이 있다. 세포의 구조, 화석의 단면도, 별자리, 등고선을 나타낸 지형도, 우리나라 지역별 가옥구조 등과 같은 내용은 점자자료로 제작하는 데 한계가 있다. 점자로 그려주더라도 맹학생이 그것을 정확하게 이해하지 못할 수 있다. 이 때에는 실물이나 모형, 양각자료[5]를 사용하여 지도한다. 교실에서 실물, 모형, 양각자료를 제공해 줄 수 없다면 해당 시각 자료의 핵심적인 내용을 체계적으로 말로 설명해주고 맹학생의 손을 이끌어 기본 윤곽을 책상위에 그려주는 방법을 사용할 수 있다. 아래 사진은 시각장애 학생을 위한 다양한 교수자료의 예이다.

휴대용독서확대기

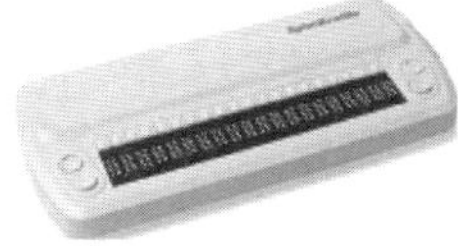

점자모니터

골볼

독서확대기

그림 12.4 다양한 교수자료의 예

4) 교수방법

시각장애 아동은 특별한 교수방법이 필요하다. 가능한 한 실제 사물을 제공하고 직접 조작하고 경험을 통해 정보를 얻을 수 있어야 한다. 예를 들어 시각장애

5) 양각자료란 촉각변별이 가능한 여러 가지 사물을 통해 만든 자료 또는 입체복사기 등으로 복사하여 볼록하게 형태를 나타내는 자료이다.

아동은 새가 우는 소리를 들을 수 있지만 이 소리만으로는 새 자체에 대한 구체적인 생각을 갖지 못한다. 교사가 새에 대해 가르치려면 다양한 종류의 새를 만지게 하고 알, 둥지, 깃털과 같이 관련된 사물을 다루어 보게 하는 활동을 계획할 수 있다. 가정이나 학교에서 애완새를 기르게 할 수도 있을 것이다. 그런 경험을 통해 시각장애 아동들은 새에 관한 책을 읽고 어휘를 암기하고 훨씬 구체적이며 정확한 지식을 얻게 된다.

(1) 점자교육

시각장애학생의 읽고 쓰는 주된 수단인 점자는 문자, 단어, 숫자, 그 외 두드러진 점으로 배열된 읽고 쓰는 촉각적 체계이다. 최근에는 점자타자기가 나와 속도가 빨라졌지만 일반 아동이 인쇄 활자를 읽거나 쓰는 것 보다 3-4배 정도 느리고, 모든 자료가 다 점자화되어 있지 않다는 제한점이 있으며 일반인들이 잘 이해하지 못한다는 문제가 있다(Smith, 2004). 시각장애 학생이 사용하는 점필과 점판, 한글 자모의 점자표시와 지문자는 그림 12.5와 같다.

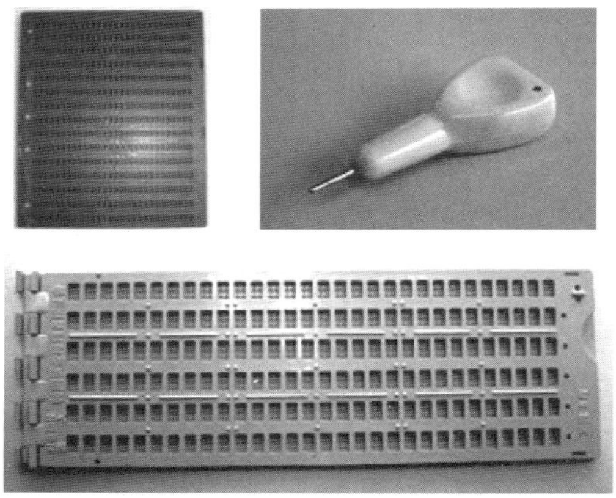

점필과 점판

그림 12.5 점필과 점판

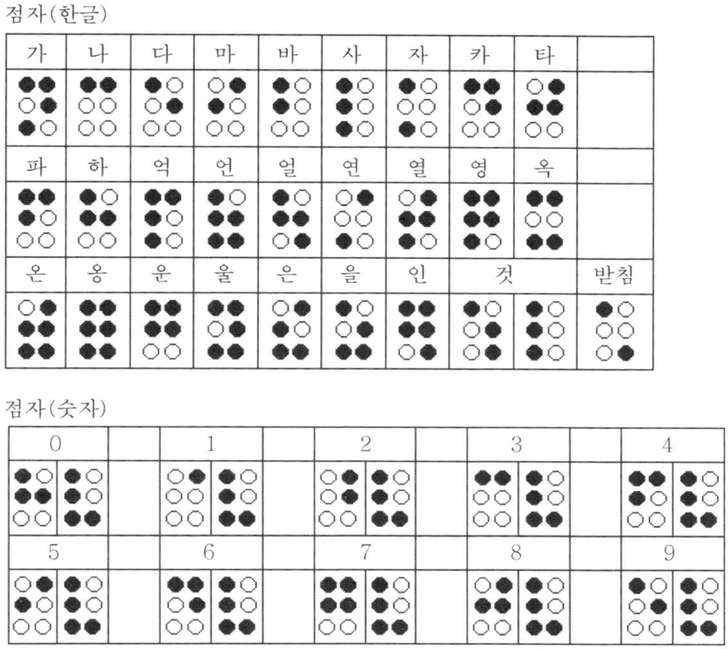

그림 12.6 한글 자모의 점자 표시

(2) 묵자교육

묵자란 일반인들이 사용하는 글자를 점자와 구별하여 칭할 때 사용하는 용어이다. 흔히 시각장애 아동에게는 점자교육만 하는 것으로 생각하기 쉬우나, 일반 워드프로세서의 사용법도 익히도록 지도하는 것이 좋다. 워드프로세서의 사용은 일반 글자의 읽기와 쓰기에 도움을 준다. 입력한 글자를 음성으로 읽어주는 프로그램을 사용하면 시각장애 아동이 자신이 옳게 입력했는지를 점검할 수 있게 해준다.

(3) 방향정위와 이동성 훈련

방향정위와 이동성 훈련은 시각장애 아동의 교육에 있어서 매우 중요한 서비스이다. 방향정위란 시각 외의 잔존 감각기관을 통해서 자신과 주위환경과의 관계를 이해하는 능력을 말한다. 이동성이란 물리적 환경에서 안전하고 독립적으로 다닐 수 있는 능력으로 보행훈련이라고도 불린다.

(4) 사회적 기술 교수

시각장애 학생들은 일반 학생들이 시각적인 관찰을 통해서 배우는 사회성 기술을 배울 기회가 부족하기 때문에 이를 학습하도록 도와주어야 한다. 구체적인 교육 내용으로는 말이나 몸짓을 이용하여 먼저 인사하기, 얼굴표정을 통해서 일반 친구의 관심을 유지시키기, 적절한 신체 위치와 몸짓 사용하기, 손을 사용한 신호 익히기, 다른 사람의 대화를 방해하지 않기, 습관화된 부절적한 상동행동을 감소시키기 등이 필요하다(Smith et al., 2006).

제13장

지체장애

지체장애는 범위가 넓고 다양하여 어떤 종류는 비교적 경미하며 일시적인가 하면 어떤 것은 심하고 진행성인 것도 있다. 과거 특수교육진흥법에서는 지체부자유란 용어를 사용하였으나 현재의 「장애인 등에 대한 특수교육법」에서는 지체장애라는 용어를 사용하고 있다. 또한 장애인복지법에서는 뇌병변장애라는 용어를 사용하고 있는데 이는 뇌성마비, 외상성뇌손상, 뇌졸중 등 뇌의 병변으로 인하여 발생한 장애를 말한다. 지체장애 학교의 학생 중 대부분은 뇌성마비아동들이며 이들이 수반한 장애의 가장 일반적인 것이 지각장애, 특히 시·지각 장애를 많이 지니고 있다. 지각 능력은 학습 준비 기술을 습득하거나 학습 활동을 할 때 중요하며, 일상생활 기술과도 깊은 관계가 있으므로 조기에 발견하여 치료와 교육을 실시해야 한다.

1. 정 의

지체장애아동 중에는 장애가 단순하고 그 정도가 가벼워 의료와 교육 모두에서 크게 문제가 되지 않는 아동도 있지만, 장애가 두 가지 이상이어서 복잡하거나 그 정도가 심하여 의료와 교육 모두 문제가 되는 아동도 있다. 지체장애의 종류와 원인은 장애의 정도, 장애의 부위 등 다양한 변인으로 인해 정의하기가 어렵고, 시대와 문화에 따라 의학적 발달과 사회・문화의 발달로 인해 그 내용이 변화될 수 있으므로 단적으로 정의를 내리기가 매우 곤란하다(Bigge, 2005).

1) 교육적 정의

우리나라의 「장애인 등에 대한 특수교육법」의 지체장애에 대한 정의는 다음과 같다.

> 지체장애란 기능·형태상 장애를 가지고 있거나 몸통을 지탱하거나 팔다리의 움직임 등에 어려움을 겪는 신체적 조건이나 상태로 인해 교육적 성취에 어려움이 있는 사람

미국 IDEA의 정의에 따르면 지체장애는 정형외과적 손상(orthopedic impairment), 외상성 뇌손상(traumatic brain impairment)과 중복장애(multiple disabilities)도 일부 지체장애를 포함하는 집단으로 볼 수 있다(이소현・박은혜, 2011). 각각의 정의는 다음과 같다(노선옥 외, 2008).

> 정형외과적 장애(orthopedic impairment)는 학생의 교육적 성취에 불리한 영향을 미치는 심

각한 정형외과적 손상을 의미한다. 이 용어는 선천성 이상에 의한 손상(내반족, 사지 기형 등), 질병에 의한 손상(소아마비, 골결핵), 기타 다른 원인에 의한 손상(뇌성마비, 절단, 골절, 혹은 화상에 의한 수축) 등에 의한 것을 포함한다.

외상성 뇌손상(traumatic brain impairment)이란 외부의 물리적 힘에 의한 뇌손상으로 일부 혹은 전신기능장애, 심리사회적 손상 중 하나 혹은 양쪽 모두를 불러일으키고 교육적 수행에 불리한 영향을 미친다. 외상성 뇌손상은 인지, 기억, 주의, 추론, 추상적 사고, 판단, 문제해결, 감각, 지각, 운동능력, 심리사회적 행동, 신체기능. 정보처리, 언어 중 한 영역 이상의 손상을 가져오는 개방형 혹은 폐쇄형 뇌손상을 말한다. 선천성 혹은 퇴행성, 또는 출생 시 발생한 뇌손상은 외상성 뇌손상에 포함되지 않는다.

중복장애(multiple disabilities)란 한가지 손상을 위한 특수교육 프로그램으로는 조정이 어려운 심각한 교육적 요구가 복합된 수반장애(정신지체와 맹, 정신지체와 정형외과적 장애와 같은)로 정의할 수 있다. 중복장애에는 맹·농 장애를 포함하지 않는다.

일본은 학교교육법 시행령 제 22조 3에 명시된 특수교육 범주별 정의 및 분류 기준에서(문부과학성, 2007) 지체부자유를 정의하여

가) 지체부자유의 상태가 보장구의 사용에 의해서도 보행, 필기 등 일상생활에서 기본적인 동작이 불가능 또는 곤란한 정도의 자

나) 지체부자유의 상태가 전호에 기재된 정도에 도달하지 않은 자 중 상시의 의학적 관찰지도를 필요로 하는 정도의 자로 정의하고 있다(노선옥 외, 2008, p. 28).

2) 복지법 정의

우리나라의 「장애인 복지법」상의 지체장애와 뇌병변 장애 정의는 다음과 같다.

지체장애인은

(가) 한 팔, 한 다리 또는 몸통의 기능에 영속적인 장애가 있는 사람

(나) 한 손의 엄지손가락을 지골(指骨: 손가락 뼈) 관절 이상의 부위에서 잃

은 사람 또는 한 손의 둘째 손가락을 포함한 두 개 이상의 손가락을 모두 제1 지골 관절 이상의 부위에서 잃은 사람

(다) 한 다리를 리스프랑(Lisfranc : 발등뼈와 발목을 이어주는) 관절 이상의 부위에서 잃은 사람

(라) 두 발의 발가락을 모두 잃은 사람,

(마) 한 손의 엄지손가락 기능을 잃은 사람 또는 한 손의 둘째 손가락을 포함한손가락 두 개 이상의 기능을 잃은 사람

(바) 왜소증으로 키가 심하게 작거나 척추에 현저한 변형 또는 기형이 있는 사람

(사) 지체(肢體)에 위 각 항목의 어느 하나에 해당하는 장애정도 이상의 장애가 있다고•인정되는 사람

"뇌병변장애인(腦病變障碍人)은 뇌성마비, 외상성 뇌손상, 뇌졸중(腦卒中) 등 뇌의 기질적 병변으로 인하여 발생한 신체적 장애로 보행이나 일상생활의 동작 등에 상당한 제약을 받는 사람"을 말한다.

미국 재활법 504조의 정의에서는 지체장애를 "한가지 혹은 그 이상의 일상생활을 실질적으로 제한하는 신체장애를 가지고 있는 경우를 말한다. 근골격의 치료를 위해 약물을 복용하는 사람과 의수를 장착하고 있다고 할지라도 가정·학교·지역사회 활동에 지장이 없다면 지체부자유로 분류되지 않는다. 그러나 어떤 사람의 장애조건이 연필을 쥐지 못하거나 학급을 이동하지 못하거나 혹은 기본적인 요구를 처리하지 못할 정도의 상태라면 지체부자유로 분류된다".

이러한 정의는 대부분 정형외과적 및 신경학적 손상(뇌성마비, 이분척추, 뇌수종, 척수손상, 절단, 골절 등)으로 신체의 구조와 기능에 문제가 있어 아동들이 자신의 신체를 마음대로 움직이지 못하는 상태를 의미한다.

2. 원인 및 출현율

1) 발생시기에 따른 장애 원인

지체장애의 원인은 매우 다양하다. 정형외과적 손상 및 신경학적 손상, 근골격 장애, 선천성기형 및 건강장애 등을 출산 전, 출산 시, 출산 후의 요인들로 나누어 볼 수 있다.

(1) 출산 전 원인(prenatal)

임신 중에 산모의 부적절한 태내 환경이나 유전적 요인, 모체 감염, 풍진(독일 홍역), 거대 바이러스 감염, 독극물에 의한 노출, 약물 복용, 대사성 질환이 있을 경우와 조산에 의한 미숙아 등이 이에 속한다. 산전 원인 중 모체의 산소 결핍에 기인한 임신 중의 저산소증, 생화학적 결함, 출혈, 태반 이상, 모체와 태아의 혈액형 불일치로 인한 핵 황달, 태아의 미숙 등을 들 수 있다.

이 밖에도 임신 중에 부적절한 의학적 처지, 약물중독, 산모의 영양실조, 임신 중 질병, 임신중독, 복부 엑스선 촬영, 성병, 가스중독, 심한 신체 충격 등이 뇌성마비 발생의 60%를 차지하고 있다. 특히 미숙아는 분만 외상을 받기 쉽고 두개골 내출혈과 산소 결핍을 일으키기 쉽기 때문에 발생률이 더 높다. 미숙아는 정상아에 비해 3배 높은 발생빈도를 보인다. 또한 연구에서는 선천성 발육부진, 임신 중 진정제 과다 복용, 알코올중독, 흡연 등도 원인이 될 수 있다.

(2) 출산 시 원인(natal)

분만 중에 일어나는 허혈성 뇌증이 대부분이며 분만사고로 인한 뇌출혈 또는 분만 중 감염에 의하여 발생하는 패혈증에 의한 뇌염, 뇌막염 및 장기간 지속되는 핵 황달 등이 이에 포함된다. 출생 중에 외상이나 산소 결핍이 크게 영향을 미친다. 분만 지연, 난산 등의 기계적 요인과 기도의 폐색, 호흡마비, 양수 흡입 등으로 인한 신생아 가사 등을 들 수 있다.

아기가 분만을 준비하지 않은 위치에 있는 상태에서 위치변화를 시도하는 것은 신체손상을 주기 쉽다. 외상으로는 아기의 과다한 체중으로 인한 겸자분만에 의한 조산으로 태아에게 산소 공급이 중단되어 장애를 일으킬 수 있다. 산소결핍은 출생 과정에서 태아에게 공급되는 산소의 양이 감소될 때 일어난다. 분만 중 60%는 전치 태반, 분만지연 또는 출산을 인위적으로 조작하는 경우, 태아에 비해 산도가 좁거나 머리가 나오는 방향에서 변경된 아기, 신생아기의 심폐질환, 자가 면역, 용혈성 질환으로 심한 황달 등이 출산시 원인이 된다.

(3) 출산 후 원인(postnatal)

뇌손상, 뇌혈관 질환, 뇌막염, 뇌염, 중독증 또는 뇌의 무산소증, 허혈, 출혈을 야기하는 비진행성 신경학적 질환 등이다. 출산 후에는 미생물에 의한 뇌막염, 뇌에 바이러스 감염으로 영아기에 열이나 산소의 부족으로 생후 2년 이내에 일어난다. 유아기의 뇌막염과 뇌의 바이러스 감염은 근육을 허약하게 할 수 있다. 심한 황달, 납 중독, 사고로 인한 외상, 고열, 뇌종양 등도 출산 후 원인이 된다.

지체 장애의 원인이 되는 정형외과적 손상 및 신경학적 손상 중 정형 외과적 장애는 뼈, 관절, 사지 그리고 그것과 관련된 근육들을 포함하는 골격계에 영향을 미친다. 신경학적 장애는 몸을 움직이고 어떤 부분을 조작, 사용하는 것에 관계되는 신경계에 영향을 미친다. 정형 외과적 장애와 신경학적 장애는 두 개의 상이한 장애이긴 하지만 행동에 있어서는 유사한 제약을 유발하므로 교육, 치료, 재활 활동에서 많은 점이 공통적일 수가 있다. 그리고 그 두 가지 형태 사이에는 밀접한 관계가 있다. 예를 들면, 중추신경계에 손상을 입어서(신경학적 장애) 다리를 움직이지 못하는 아동은 그 다리의 뼈와 근육들에도 이상이 생길 수 있다(정형 외과적 장애).

지체장애가 되는 가장 흔한 이유 중의 하나는 중추 신경계인 뇌나 척수 신경의 손상이며, 이러한 신경계의 이상으로 몸을 움직이고 각 부분을 조작, 사용하는 것에 장애를 가지게 된다. 신경학적 장애에는 뇌성마비, 이분 척추, 근이영양증, 척수손상 등 여러 가지가 있다.

2) 출현율

교육인적자원부(2007)의 '특수교육 연차보고서'에서는 일반학교와 특수학교에 재적하고 있는 지체장애 학생 수는 전체 특수교육 대상 학생 75,187명 중 9,659명으로 12.8%라고 보고하였다. 한편 한국보건사회연구원의 '2005년도 장애인 실태조사'에서 지체장애의 출현율은 전체 2.31%로 나타남으로써 점진적으로 높아지고 있으며, 특수교육 대상 학생 수도 2005년 10%, 2006년 11.1%, 2007년 11.7%, 2008년 12.3%로 조금씩 증가하였다.

지체장애 출현율을 OECD 나라들과 비교해 보면 미국 0.17%, 독일 0.21%, 스위스 0.09%, 네덜란드 0.16%, 뉴질랜드 0.10%, 프랑스 0.18%로 대체로 비슷하다. 미국은 학령기 아동의 20%(1,200만명 정도)를 고질적인 의료상황에 처해 있는 학생으로 추정하고 있다(Sexson & Dingle, 2001). 또한 6세~21세 사이의 67,772명의 아동들의 정형외과적 장애로 특수교육을 받았다고 보고하였다(김진호 외, 2007).

3. 특성

1) 장애유형별 특성

(1) 뇌성마비(Cerebral Palsy)

뇌성마비는 우리나라 지체장애 특수학교학생 중 가장 높은 비율로 나타나며 인지능력이 많이 손상되지 않은 학생은 일반학교에 다니는 경우가 많다. 따라서 일반학교 교사들도 뇌성마비의 특성에 관해 알아 두는 것이 중요하다.

정의. 뇌성마비는 뇌의 여러 곳에 이상이 발생하여 신경 증후를 나타내는 경련, 또는 억제하기 어려운 운동 등의 증세가 동반되는 장애로 분류되고 있다. 뇌성마비는 비진행성으로 장기적인 질환이며 전염성이거나 유전성은 아니다. 뇌성마비는 학자마다 다르게 정의하고 있으나 대부분 뇌손상의 후유증으로 정의하고 있다. 즉, 뇌신경 부분 손상에 의한 주 운동기능 이상으로 정의하였다(Cruickshank, 1976).

뇌성마비는 하나의 질병이 아니라 비슷한 임상적 특징을 가진 증후군들을 집합적으로 일컫는 용어로 미성숙한 뇌에 대한, 비진행성 병변 혹은 손상으로 인하여 생기는, 운동과 자세에 장애를 보이며 그 유형은 성장함에 따라 변화를 보여 줄 수 있는 임상 증후군이라고 통상적으로 정의를 내린다(Bigge, 2005/Kurtz L. A.). 뇌성마비의 임상 양상에 있어 운동과 자세의 이상뿐만 아니라 정신지체, 간질, 언어장애, 시·청각장애 등을 수반하기도 한다.

분류. 뇌성마비는 생리적 분류, 장애부위별 분류, 병인 분류, 장애 수반에 따른 분류, 신경생리학적 기능의 분류 등 여러 유형으로 나누고 있다. 뇌성마비를 운동장애 유형에 따라 생리학적으로 분류하면 다음과 같다(Bigge, 2005).

㉠ **경직형**(spastic type): 뇌성마비의 50~60%가 경직형에 속한다(Bowe, 2000). 이 경직형은 근긴장도가 아주 높아 근육의 과잉 강직이나 과잉 동작을 나타내며 강한 수축을 보이는 반면 근육의 경직은 이루어지지 않고 딱딱하거나 약한 것이 특징이다. 이 경직성을 가진 아동들은 자세가 불규칙적이고, 반사적 행동이 정상아동들보다 더 높게 나타난다. 손발이 완전히 마비되고, 팔은 다리보다 더욱 먼저 영향을 받는다. 이러한 장애는 뇌성마비 인구 중 가장 많이 나타난다.

운동은 심하게 몸이 뻗치는 현상을 보이며 정교한 움직임이 어렵다. 뻗침 반사로 인해 근육의 움직임을 통제하지 못하고 갑자기 움직이는 현상과 이 움직임을 방해하는 길항근의 폭발적인 움직임으로 간헐적 경련 현상을 보인다. 유아에게 발바닥의 바깥 부분을 자극하면 엄지발가락이 위로 뻗치고 다른 발가락은 부채처럼 벌어지는 바빈스키 반응이 일어난다. 아동이 성장하면 경직형 근육은 작아져서 사지나 척추, 골반이 기형이 된다. 두뇌 구조에서 경직형은 뇌 피질의 추상형 부분에 장애가 생길 때 일어난다. 특히 전두엽의 원동력은 신경을 경유하는 척수운동을 신호로 하는 과정에서 문제가 발생되어 이 경로의 어느 부분 손상을 입어도 경련이 일어난다. 경직형 아동들은 일반적으로 지능지수가 떨어지며 지각, 청각, 시각, 언어 장애를 나타낸다. 과다한 근육긴장으로 인해 근육이 수축되어 근육을 짧게 만들거나 변형되지 않도록 매일 관절 운동을 수동적으로 실시해야 한다. 경직형 아동들은 앉거나 걷거나 이야기 하는 것이 지연되고 일반적으로 지각장애가 나타난다. 경직성 아동은 낮은 지능, 운동장애, 감각장애, 경련 등 다양한 장애를 가지고 있으며, 말하기가 어렵고 듣기와 시력에 문제가 있으며 이동과 호흡에도 어려움이 있다.

㉡ **불수의 운동형**(athetoid type) : 뇌성마비의 20~30%는 불수의 운동형이며 사지 · 목 · 안면 등을 지속적이며 불규칙하게 뒤틀거나 꿈틀거리는 운동을 억제할 수 없어 나타나는 것이 특징이다. 긴장하거나 움직이면 증세가 더욱 심해지고 잘 때에는 나타나지 않는다.

뇌성마비 불수의 운동형은 무의식적으로, 한 목적을 위해 둘 이상의 근육계를 쓸 수 없어 움직임이 증가하고 쓰기와 극적인 근육이 느려진다. 아동이 움직이거나 잠자거나 휴식을 취할 때는 과장되어 나타난다. 이것이 자발적으로 움직이기 시작했을 때는 몇몇의 근육을 긴장시키게 된다. 최초의 반사들은 연속적이고 각각 강직 반사와 모로반사는 불균형적으로 대부분 장애를 동반한다.

얼굴의 움직임은 혀와 입술이 안으로 들어가고, 호흡 조절이 어렵다. 그러나 지능은 정상 아동과 같은 아동들도 있으며 청각장애는 거의 없다. 휴식 중에도 느리게 불수의 운동이 나타난다. 특히 손목과 손가락에서 심하다. 이 형태의 뇌성마비 아동 중에 비긴장성 불수의 운동형은 뒤틀린 움직임이 주로 나타나지만 근육의 긴장은 없다. 따라서 사지, 목, 몸통이 때때로 뒤틀리거나 춤추는 듯한 형태도 있다.

불수의 운동형의 특징은 얼굴표정 짓는 것과 먹고 말하는 동작에 큰 어려움이 있다. 부분적으로 머리가 뒤로 젖혀진 상태에 있으나 예측할 수 없이 머리가 좌우로 돌려지고 혀가 나오고 침을 흘린다. 또 시각으로 집중이 어렵고, 머리 가누기에 어려움이 있어 시각으로 물체를 따라가며 보는 것이 힘들다. 감정의 기복이 심하고 다소 불안하고 미성숙하며 경직형보다 두려움이 없고 흥분을 하기 쉽다.

ⓒ **운동 실조형**(ataxic type) : 소뇌의 문제로 뇌성마비의 약 1~10%가 운동실조형이다. 소근육 · 대근육 운동의 문제와 협응 운동의 결함이 있고 균형잡기, 자세취하기, 공간 내에서의 방향감각 · 위치 감각의 결여로 인하여 운동부조화가 현저하게 나타난다. 운동 실조형은 운동피질을 조절하고 운동근육의 절제를 하는 소뇌의 손상으로 야기된다. 운동 실조의 아동들은 공간에서의 균형과 자세를 조절하는 동작을 하지 못한다. 소뇌의 손상으로 방향과 평형감각에 이상이 생겨 균형을 잡지 못하고, 잘 넘어지고, 서 있을 때나 걸을 때 비틀거리고, 마치 술에 만취한 사람처럼 비틀거리며 잡으려고 하는 물건을 잘 잡지 못한다. 운동 실조형은 유아가 걷기 시작해야 발견할 수 있고, 서는 것은 가능하나 보행은 곤란하다. 그리고 손과 손의 협응이 불가능하여 균형 잡기, 미세한 손놀림이 어렵다. 또한 자세나 균형이 잡히지 않아 무작정 움직이고, 균형감각 상실, 공간에서의 위치감각 장애와 심한 경우 공간개념이 떨어진다.

ⓔ **강직형**(rigid type) : 근육의 심한 강직성을 보인다. 뇌성마비 중 강직형은 5%로 매우 적은 편이다. 강직형 뇌성마비는 그 손상이 신경조직 바깥통로에서 발생한다. 운동을 하려고 할 때 팔과 다리의 갑작스런 불수의 운동을 수반하고 운동조절이 어렵다. 근육의 신축성이 상실되어 팔, 다리를 움직이면 계속적인 운동저항이 강하게 나타나며 언어와 동작이 경직되고 발육과 지능발달이 좋지 않다. 강직형은 경직형이 더 심하게 나타나는 장애로, 사지를 펴는 동작마저 어렵게 된다.

ⓜ **혼합형** (mixed type): 두 가지 혹은 그 이상의 운동장애가 나타나는 경우를 말한다. 경직형과 불수의 운동형이 함께 나타나기도 하고 경직형과 진전형이 함께 나타나기도 한다. 이런 아동들은 대부분 중증이고 복합장애가 나타난다.

ⓑ **진전형** (tremor type): 뇌막염과 같은 질병에 의해 생기며, 뇌성마비 중 약 2%정도 나타나는 유형이다. 진전형은 규칙적인 리듬을 억제할 수 없는 불수의 운동이 특징이며, 조절할 수 없는 진전이 계속되어 사지가 흔들리며 근육에 율동적인 불수의적 운동이 일어난다. 운동조절이 어려워 대소변을 가리지 못하고 심하게 말을 더듬는 특징을 보인다. 쉬고 있어야 할 경우에도 계속적으로 온몸이 움직이

며 자율적으로 조절할 수 없는 떨림으로 인해 연속적인 근육의 긴장이 있다.

뇌성마비의 분류는 사지 곤란에 따른 부위별 분류와 운동장애에 따른 생리학적 분류로 나눌 수 있다. 마비 부위에 따른 분류는 뇌성마비를 운동장애가 나타나는 신체 부위에 따라 분류한 것이다.

㉠ **사지마비(quadriplegia)**: 양팔, 양다리의 운동 마비를 말한다.
㉡ **편마비(hemeplegia)**: 신체의 반신 마비를 말한다.
㉢ **하지마비(paraplegia)**: 양 하지 마비가 주 증상이고 양 상지 마비는 경미한 마비이다.
㉣ **단마비(monoplegia)**: 사지 중 어느 한 부분의 마비를 말한다.
㉤ **삼지마비(triplegia)**: 사지 중 세 부분의 마비를 말한다.

수반장애(associated disorder). 뇌성마비에게 수반되는 장애는 언어장애, 정신지체, 시각장애, 경련발작, 청각장애, 감각장애, 그리고 정서장애, 학습능력의 감퇴 등이 나타날 수 있다. 아래 표는 한국의 뇌성마비 아동이 사회적 제약이나 행동이 얼마나 있는지를 나타내는 비율을 보여주고 있다.

표 13.1 뇌성마비의 수반장애

장애영역	사지마비	편마비	양마비	혼합형	기타
시각	55%	23%	38%	64%	50%
청각	22%	8%	13%	21%	17%
지적장애	67%	38%	56%	79%	92%
경련장애	45%	12%	45%	12%	45%

출처: 김승국, 1992.

㉠ **지적장애.** 뇌성마비아동은 60~75% 이상이 경증 혹은 중증의 지적장애를 보인다. 이들 중 15%는 간헐적 혹은 제한적 지적장애, 35%는 중등도의 제한적 혹은 확장적 지적장애를 보이며, 나머지 50%는 중증의 전반적 지적장애를 보이고 있다. 7세 이상의 뇌성마비아동 225명 중 85%는 독서능력이 낮으며 93%의 아동이 수학능력이 떨어진다. 그러나 20~30%의 아동 대부분은 지능 지수가 평

균 이상이거나 정상 발달을 보이고 있다. 그들 중 하반신 장애는 지적 장애가 가벼운 편이며 정상적인 인지발달을 보인다. 뇌성마비 불수의 운동형의 아동은 경직형 아동보다 정신지체가 가볍다. 또 경련성 장애를 가진 아동의 80%는 지적장애를 보이는 반면, 경련성의 사지장애를 가진 30% 정도의 중복장애아동은 정상적인 지능을 보이기도 한다. 무정위 운동증상 40%의 아동은 지각장애를 갖고 있으며, 이들은 도형 배경, 두 점의 분별능력, 위치감각, 진동감각, 통각, 온도감각에서 장애를 보인다.

ⓛ 언어장애. 뇌성마비아동의 30~60%는 언어장애가 있다. 듣기 · 말하기 장애는 기능장애의 특성으로 인해 언어장애를 나타낸다. 태아기 풍진으로 인한 뇌성마비는 대부분 청각의 손실이 있으며 정상적인 발음에 문제가 있고, 혀와 성대 등 움직이는 기능에 영향을 준다. 말하기에서 발음이 부정확한 것은 뇌의 장애로 인하여 나타나는 것이다. 특히 경련성 사지 마비에서 언어장애가 많이 나타나며, 편마비보다는 사지나 양쪽 하지 마비에서 더 많이 나타난다. 무정위 운동장애는 구음장애가 있는데, 이는 말하는 근육이 마비되어 조절하기 어려워 장애가 나타나는 것으로 말을 조직하고 선택하는 데 어려움이 있다.

ⓒ 청각 및 시각장애. 시각 · 청각장애는 각각 5~20%에 이른다. 1,293명의 뇌성마비 아동 청력 조사 결과 5%에서 명확히 청력장애가 나타났으며, 8%에서는 의심을 가질만한 이상을 보였다. 청각장애는 불수의 운동형에 흔히 나타나며, 경직성 뇌성마비는 2%의 청각문제를 가지고 있다. 한국의 뇌성마비 601명 중에는 청각장애를 가진 사람은 3.7%였다. 특히 핵 황달에서 장애가 된 뇌성마비의 80%가 청력에 장애를 보였다. 뇌성마비 아동 601명 중 3.1%가 시각장애를 보였고, 시각장애 아동의 25~50%는 사시를 가지며 경련성 아동에게서 많이 보였다. 발달이 미숙한 유아는 망막이 미성숙하며, 반신마비장애아동은 자주 시각의 한 영역을 볼 수 없다. 따라서 뇌성마비 40%는 학습에 영향을 미치는 시 · 지각에 장애를 가지고 있다. 특히 불수의 운동형을 보이는 아동은 눈을 위로 치켜뜨지 못한다. 이는 우측 편마비 아동에게서 생긴 장애에서 나타나며, 핵 황달을 가진 아동은 위를 응시할 수 없다. 이 외에도 손의 모양이 없고 촉감이 적으며 상지가 작고 감각에 장애를 보인다. 60%의 핵 황달에 의한 장애아동은 적든 많든 시각

장애를 나타낸다.

㉣ **발작장애.** 뇌성마비아동의 80%는 이상뇌파를 보인다. 그들의 30~50%는 살아가면서 발작이 나타나기 때문에 교육과 사회적응에서 심각한 문제를 가지게 된다. 간질은 과도한 전기적 뇌 기능이 뇌의 신경세포에 과잉 자극하여 일어나는데, 아동의 학습능력도 다양하고 신체적 문제뿐만 아니라 사회·심리적인 문제가 더 심각하다. 발작의 형태는 일반적 발작과 부분적 발작으로 나눠볼 수 있다. 일반적 발작은 대발작, 소발작, 근 간대 경련, 무정위 운동발작 등 예고 없이 일어나며 심하면 의식까지 잃게 된다. 부분 발작은 운동기능과 행동에 영향을 주고 잠시 목적 없는 행동이 나타난다. 대발작은 편마비 아동에서 자주 일어나고 가벼운 발작은 사지마비와 경직형에서 자주 나타난다.

그러나 어린 아이가 경련을 일으킨다고 모두 다 간질은 아니다. 다만 먹지도 않았는데 씹거나 삼킨다거나 눈동자의 움직임, 헛소리, 몸의 움직임, 반응의 처짐 등을 잠시 또는 오랫동안 반복해서 관찰해야 한다. 진단방법으로는 완전한 신체 및 신경언어 검사가 실시되고, 때로는 두뇌 X-ray 실험과 EEG, CAT 등이 있다. 간질의 예방이나 치료는 위험한 환경과 뇌 손상을 줄 수 있는 환경을 개선하여 방지할 수 있다. 간질은 보통 약물치료를 하는데, 약물치료는 학업을 계속 하는데 도움이 된다.

(2) 이분척추(spina bifida)

이분척추(spina bifida)는 신체 하측 부분에 대한 근육 조절과 감각을 담당하는 척추가 정상적으로 발달하지 못하는 선천적인 결손이다. 태아발달에서 영아의 등에 척추의 결손 부분으로 척수막이 튀어나오는 것을 '수막류'라고 부른다. 척수 내막, 척수, 신경근이 모두 튀어나오는 것은 '척수수막류(myelomeningocele)'라고 하며 이것은 좀 더 중증 상태이다(Bigge, 2005).

정상적인 척추에서는 중앙에 뇌와 신체의 여러 부분을 연결하는 신경을 감싸고 있는 척수를 포함하는 관이 있다. 척수에 파괴되거나 깨져 있을 때 이 중앙 통로는 완전하지 않으므로 척수와 피복이 깨진 부분을 통해 돌출되어 있는 아동의 등에 혹이 생기는 원인이 될 가능성이 있다. 이 부분에서 신경의 분열과 손상은 마비의 원인이 되는 대동맥, 수족 간의 신호가 전달되는데 방해가 되는 것을 의미한다. 촉감, 통증, 위치의 감각을 나타내는 신체에서 뇌로의 신호도 또한 차단된다. 척추의 손상은 척추의 어느 곳에서도 발생할 수 있으며 대개는 아래 부분에서 발생한다.

이분척추의 치료는 많은 신중을 기해야 하는데, 혹을 제거하고 척수를 덮기 위한 조기 수술을 하더라도 나중에 뇌수종이나 마비로 발전되기도 한다. 이분척추에서 척추의 손상 정도는 다리의 약함과 마비의 정도에 영향을 줄 수 있는데, 만일 척추이분증이 척추의 아래에 있다면, 발과 무릎의 근육만이 영향을 받을 수 있어서 보행보조를 위해 짧은 브레이스를 하여야 하고, 만약 이분증이 흉부 중앙에 있다면 가슴 아래 근육이 마비되기 때문에 휠체어를 사용해야 한다.

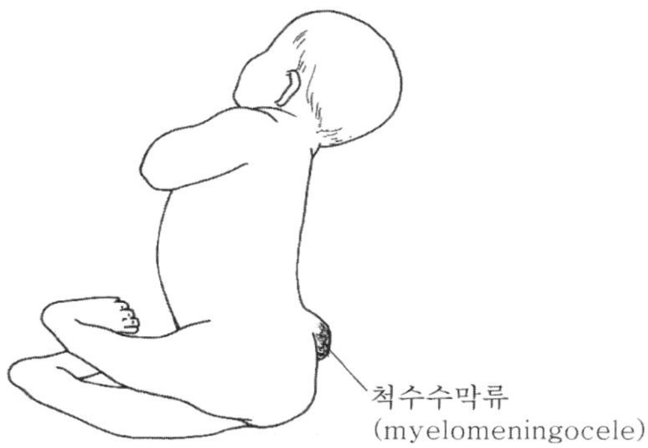

그림 13.1 척추수막류

또한 이분척추는 방광과 대장의 실금 문제가 심각한데, 여자는 소변을 방광으로부터 외부 주머니로 돌리는 수술을 해야 하며, 남자의 경우 음경주머니가 실금 문제를 해결해 준다. 근래에 일반적인 방법은 간헐적으로 요도관을 꽂는데, 이는 배출을 위해 방광 안에 요도관을 삽입하는데, 이로 인한 비뇨기 감염과 신장 손상은 심한 합병증을 일으킨다. 실금의 심리학적 문제는 어린 아동에게 있어 특히 사회생활에서 극복하기 매우 어렵다. 실금은 일반교실에서 공부하는 아동에게 가장 큰 문제로, 특수학교에서 아동이 옷을 갈아입을 수 있게 하고 치료와 주의를 해야 한다.

그 외에도 이분척추 아동들은 대부분 지능적 문제를 가지고 있지는 않으나 소수의 아동들이 심한 지능장애를 보인다. 이분척추는 뇌수종과 동반될 수도 있는데, 이는 뇌척수액이 뇌 주위 조직에 축척되어 생기는 것이다. 이 액은 뇌로부터 혈류 속으로 들어가기도 하는데, 이분척추 아동은 보통 하지마비 상태로 대소변 조절을 잘 하지 못하기 때문에 감각의 손상 뇨관을 이용한 인공배뇨를 실시한다.

(3) 뇌수종(수두증, Hydrocephalus)

뇌수종(Hydrocephalus)은 뇌실이나 거미막 밑 공간에 수액이 지나치게 많이 괴어 그 부분이 확대된 상태이다. 어린 아동의 경우 머리의 둘레가 커지고 지능이나 운동발달이 지체되며 호흡곤란, 전신경련, 의식장애가 일어나기도 한다(Bleck & Nagel, 1975). 뇌수종은 이분척추와 연결되어 생기는데, 뇌가 활동할 때 뇌실들은 확대되고 유체는 활발해진다. 어린 아기들의 뼈는 머리에서부터 함께 결합되어 있지 않아 초과된 유체들은 그 부분을 억누르고 머리는 커지게 된다. 이것이 계속되어 뇌수종이 된다.

(4) 근이영양증(Muscular Dystrophy)

근이영양증은 "근육 세포가 퇴화되고 지방이나 섬유 조직으로 대치되는 것으로 특징지어지는 진행성이고 광범위한 근육의 악화"로 정의되다. 근이영양증의 가장 흔한 형태는 듀센느타입(Duchenne muscular dystrophy: DMD type)이다. 이 장애는 주로 남아에서 발생하며 어머니로부터 아들로 열성 성염색체 유전자(recessive X-link gene)에 의해 유전될 수 있다. 근육위축증은 2~6세 무렵의 유아기에 시작되는데 이때 아동들은 계단을 오르거나 달리는데 어려움을 느낀다. 경한 증세를 보이는 아동이 보이는 증상은 골반근육에서 시작되거나 어깨 근육에서부터 시작된다. 골반근육이 상당히 약해질 때가 되면, 바닥에서 일어나기 위해 아동들은 손을 이용하여 넓적다리를 짚고 점점 위로 다리를 짚어가면서 일어서는 동작을 보인다. 이러한 자세를 Gower's sign이라고 한다.

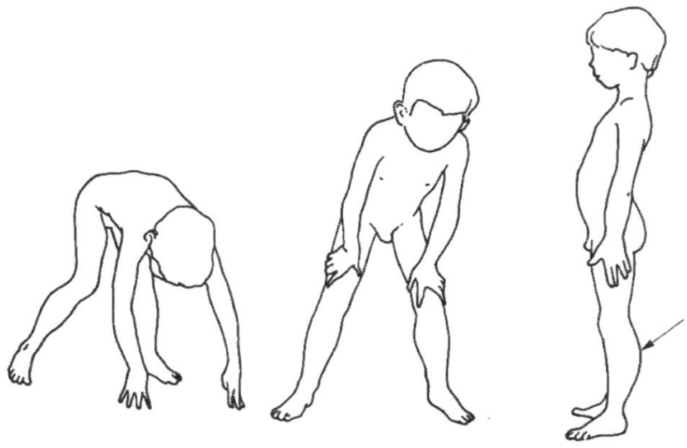

그림 13.2 Gower's sign

이 증세가 악화되면 호흡기능이 점차로 약해져서 폐렴을 일으킬 수도 있다. 특히 아동은 이동하는데 어려움을 겪게 되어 보조도구를 필요로 하고, 10~14세 무렵이 되면 걷기 어렵고 휠체어가 필요하며 전동 휠체어가 유용하다. 근이영양증은 진행성이기 때문에 아동들이 최소 3세까지 진단되지 않을 수 있다. 학교에 입학하기 전 진단받지 못한 아동들은 운동 발달이 느리거나 서투른 움직임을 보이거나 학습장애까지 보일 수 있다. 이 질환을 앓는 아동은 장애가 점점 심해지며 10~12세가 되면 전혀 걸을 수 없을 수도 있다. 이 질환은 매우 치명적이고 이 질환이 있는 아동이 십대 후반까지 생존하는 경우는 드물다.

(5) 골형성 부전증(Anostosis)

골형성 부전증은 골격계가 정상으로 성장하지 못하고 뼈들이 쉽게 골절되며 20,000명의 신생아 중 한 명꼴로 유전되는 질환으로, 골형성 부전증이 있는 아동들은 골절되기 쉬우므로 보호되어야 한다. 이 질환의 아동들은 목발, 보장구 등을 사용해서 짧은 거리를 걸을 수 있으나, 대개 휠체어를 필요로 한다. 또한 정형외과적 장애정형을 가진 다른 아동들처럼 골형성 부전증을 가진 아동도 골절과 치료에 따른 장기 결석 때문에 학업에 영향을 받는다. 종종 골형성 부전증이 있는 아동들은 손은 사용할 수 있으므로 적절한 지원을 받게 되면 대부분 교실 활동에 참가할 수 있다.

(6) 척수손상(Spinal Cord Injury)

척수손상은 주로 사고에 기인하며 가장 큰 원인은 교통사고이다. 미국의 장애인교육법에서는 외상성 뇌손상의 정의를 "외상성 뇌손상(traumatic brain impairment)이란 외부의 물리적 힘에 의한 뇌손상으로 일부 혹은 전신기능장애, 심리사회적 손상 중 하나 혹은 양쪽 모두를 불러일으키고 교육적 수행에 불리한 영향을 미친다. 외상성 뇌손상은 인지, 기억, 주의, 추론, 추상적 사고, 판단, 문제해결, 감각, 지각, 운동능력, 심리사회적 행동, 신체기능. 정보처리, 언어 중 한 영역 이상의 손상을 가져오는 개방형 혹은 폐쇄형 뇌손상을 말한다." 선천성 혹은 퇴행성, 또는 출생시 발생한 뇌손상은 외상성 뇌손상에 포함되지 않는다. 외상성 뇌손상은 1년에 10,000명당 23명의 비율로 발생한다. 이것은 주로 교통사고, 추락, 아동학대, 총상 또는 기타 두부손상 같은 다양한 원인에 의해 발생된다.

(7) 선천적 기형

신체의 어떤 부위나 기관의 결함이나 기형을 가지게 된 경우 일부는 유전적 요인이며 일부는 태아 발달기에 바이러스, 박테리아, 방사선, 화학물질 등이 태아의 정상적 발달에 영향을 미치게 되어 기형으로 태어난다. 선천적 기형에는 심장과 혈관기형, 고관절 탈구 사지기형, 두개안면기형 등이 있다.

2) 심리 · 교육적 특성

(1) 신체 · 운동적 특성

지체장애아동의 가장 중요한 신체적 특성은 운동기능의 장애와 자세의 문제이다. 운동기능의 장애는 신체나 운동 발달이 지체를 가져오는 것 뿐 아니라 신체의 부자유로 인한 유아기의 경험부족으로 말하기, 쓰기 등 여러 영역의 심리적 발달을 저해한다. 또한 근육의 협응이 어렵고 비정상적인 운동패턴의 영향을 받으며 근육이 마비되거나 위축되고 심지어는 신체일부를 상실하는 경우도 있다. 또한 지체장애 아동들은 대부분 이동에 어려움이 있어서 보조기, 크러치, 휠체어를 사용한다. 뇌성마비아의 많은 수는 운동 기능 장애와 더불어 시각·청각·언어·지능 등의 중복 장애를 수반하고 있어서 특이한 심리적 특성을 나타내는 경향이 있다.

간접적인 요인으로는 과보호, 거부, 방임 등의 부적절한 부모의 양육 태도가 지체장애의 행동과 성격에 영향을 미치며 운동 능력과 학습 능력의 발달을 지체시킬 수도 있다. 또한 시설이나 치료기관에 장기 입원으로 인한 사회적 고립을 들 수 있다. 특히 뇌성마비아동의 경련발작으로 인한 약물복용, 이분척추나 뇌수종으로 인한 욕창방지 및 변비 등 학교생활에서 교사의 역할은 매우 중요한 비중을 차지한다.

(2) 지능과 학업성취

지체장애 아동 중 뇌성마비의 일부, 이분척추, 근이영양증 아동은 지능에서 정상 또는 그 이상을 보이기도 한다. 그러나 대부분 치료에 많은 시간을 할애해야 하며 입원 및 수술 등으로 학업성취가 낮아지게 된다. 뇌성마비 아동의 평균 지능은 일반 아동의 평균 지능보다 낮다. 뇌성마비아의 지능분포는 정상 분포에서 현저하게 일탈되어 전체적으로 낮은 지능으로 전체의 75%는 IQ 70이하이며 나머지 25%는 경계선 수준이라고 주장하기도 한다.

일부 지체장애아동들은 병원에 입원하거나, 치료를 받기 위해 의사를 찾아가거나, 가정에서 쉬어야 하기 때문에 학교생활을 정상적으로 할 수 없고, 정상적인 지능과 동기를 가지고 있다 하더라도 학업 성취에서 같은 연령의 다른 아동보다 떨어질 수 있다. 또한 환경변화에 대한 적응력의 미발달과 신체적, 심리적 부적응을 일으키기 쉽고 운동 기능의 장애나 자세유지, 이동, 손 조작 등이 곤란하고 의사소통이 곤란하여 학업성취가 낮아지게 된다. 더욱이 학습능력이 지체되고 흥미와 관심이 편중되어 새로운 경험을 획득하고자 하는 욕구가 부족하고 획득한 지식/기능을 활용하거나 일반화하는 통합력이 부족하여 학업성취가 떨어지게 된다.

뇌성마비아의 교육에 있어서 가장 큰 문제점 중의 하나는 주의 집중력의 결여이다. 환경 내의 특정 대상에 주의를 집중하지 못하고 불필요한 자극이나 관계없는 자극에 무선택적으로 반응하며 주의가 산만하고 일관성이 없는 특성을 보인다. 과잉 행동을 보이는 아동은 초기에 불규칙한 수면과 나쁜 식습관을 나타내고 행동에 안정성이 결여되어있다. 또한 공격적이고 파괴적이며 반윤리적인 행동을 나타내기도 하며 과제 수행 시 충동적으로 해결하므로 지적 능력이 낮게 평가되기도 한다. 또한 새로운 학습으로의 전이가 곤란하고 어떤 관념에서 다른 관념으로의 전환이나 이행이 곤란한 고집성을 나타내기도 하여 학습에 어려움을 가져온다.

(3) 사회 · 정서적 특성

지체장애아동의 심리적 특성은 다양하며, 신체장애 아동이 자신의 신체적 한계에 대해서 어떻게 적응하며, 사회적 대인관계상황에서 어떻게 반응하느냐는 부모, 형제자매, 동료 및 일반 사람들의 반응에 많은 영향을 받는다. 일반 사람들이 지체 장애인을 두려워하거나, 거부하거나, 차별하면 지체장애인은 낙인찍힌 점을 극복하기 위해서 많은 노력을 해야 하며, 동작하는 태도로 보면 의존적인 사람이 된다. 그러나 일반사람과 같은 사람으로 인정해 주면 독립심이 강한 생산적인 사회 구성원이 되려고 노력하게 될 것이다(Wood, 2002). 지체장애 아동들은 신체적으로 남에게 많이 의존하게 됨으로 수동적인 경우가 많다. 병원치료, 수술, 입원 등으로 인한 심한 고통은 아동의 성격이나 학교생활에 많은 영향을 미친다. 지체장애아동은 외모뿐만 아니라 침을 흘린다거나 경련성 장애로 인한 뻣침 등으로 사회적 관계형성에 큰 영향을 받는다. 다양한 보장구를 사용해야 하는 것도 또래들과 쉽게 어울리지 못하는 요인이 되기도 한다.

(4) 의사소통의 특성

지체장애 아동의 대부분을 차지하는 뇌성마비 아동들 중에는 다양한 원인으로 남의 말을 알아듣기는 해도 말을 통한 의사표현을 할 수 없는 아동들이 많다. 또한 손과 팔이 자유롭지 못하여 글씨를 써서 의사표현을 할 수 없는 아동들도 있다. 의사소통장애로 오랫동안 의사소통을 하지 못하는 아동들은 의사소통 자체에 거부감을 느껴 다른 사람들과의 관계를 꺼리게 되어 상호작용을 하지 못할 때가 많다. 그렇게 되면 정서적으로 왜곡되고 좌절을 느껴서 더불어 사는 사회의 일원으로서 인간관계를 수립하고 유지하기가 어렵다(이규식, 1988).

(5) 자아개념

자아 개념은 자기 자신을 어떻게 인지하고 어떤 의미를 부여하는가에 따라 좌우된다. 신체에 대한 자아개념은 신체 감각, 지각이나 경험, 타인의 행동이나 태도 등에 영향을 받아 형성되는 것으로 신체에 대한 자아 개념과 자아의식 형성에 많은 영향을 준다. 지체장애아는 운동장애나 기형 등에 의해 신체의 전체 또는 일부에 대해서 왜곡된 이미지를 형성하기 쉽고, 지능이 높을수록 실제보다 장애 정도를 심한 것으로 판단하는 경향이 있다. 그러므로 자기 자신에 대한 자아존중감을 가지고 가정, 학교, 지역사회에서 당당한 위치를 가질 수 있도록 주위에서 협력하고 격려해 주어야 한다. 뇌성마비아의 자아개념은 그들 부모의 태도에 의해 크게 영향을 받으며 부모의 양육태도가 주된 요인이라 할 수 있다.

4. 교육적 지원

1) 운동기능의 강화

지체장애 아동이 교육 현장에서 겪는 가장 큰 어려움은 밥 먹기, 옷 입고 벗기, 용변 처리, 이동, 의사소통 등을 스스로 독립적으로 할 수 없다는 점이다. 따라서 교사는 아동들이 학교생활 중에 기능적인 움직임과 자세유지를 돕기 위한 기술을 배울 필요가 있다. 학교생활에 필요한 활동의 수행을 위해 바르게 앉아있는 자세 유지를 위한 머리와 몸통을 통제해야 하며, 팔 동작과 소근육 운동기능 도구의 사용을 신장시켜야 한다. 또한 목발이나 보행기를 사용하여 서기와 걷기를 훈련시키며, 교실이나 학교 상황에서 휠체어의 이동에 필요한 기능을 익히도록 해야 한다.

적절한 자세와 동작은 근육과 뼈의 발달을 촉진시키며 적절한 자세와 앉는 방법, 그리고 정기적 움직임은 신체장애가 있는 아동에게 아주 중요하다(Wright & Bigge, 1991). 또한 스스로 자신의 자세를 바꿀 수 없는 아동은 2~3시간마다 자세를 바꾸어 주어 혈액순환, 관절 및 근육에 무리가 되지 않도록 주의해야 한다. 그리고 휠체어에 앉아 학습하는 아동들이나 보조 도구를 사용하는 아동들은 또래들과 사회적 상호작용을 하기 어렵기에 그룹 활동참여가 제한될 수도 있다. 그러므로 고립되거나 소외되지 않도록 교사들은 각별히 주의를 할 필요가 있다. 신변처리 기능이란 식사, 용변보기, 옷 입고 벗기 등을 말한다. 지체장애 아동들은 상지가 부자유하여 특수하게 고안된 식사도구(컵, 스푼, 접시 등) 등을 사용하며 식사도구가 미끄러지지 않도록 매트를 사용하기도 한다. 용변훈련에서는 휠체어로 화장실로 이동하기, 변기에 옮겨 앉기, 뒤처리하기 등을 지도한다. 또한 교사들은 교실에서 아동들이 옷 입고 벗기 및 단추 끼우기도 지도해야 한다.

2) 의사소통 기능

다른 사람이 알아들을 수 없는 말을 하거나 글을 쓰지 못하는 지체장애아에게는 대안적인 의사소통 체계(예: 보완·대체 의사소통체계)가 제공되어져야 한다. 뇌성마비아들 중에는 뇌손상으로 인하여 조음과 발성에 심한 문제가 있는가 하면 소근육 운동 기능이 제한되어 말을 할 수 없거나 쓰기 기능에 문제가 많다. 근위축증이나 관절염은 아동이 허약해져서 글씨를 쓸 때 쉽게 피곤하게 한다. 이런 아동들에게는 대안적인 의사전달 체제가 필요하다. 교사들과 부모들은 언어임상가들과 긴밀히 협의해서 지체장애아를 위한 대안적 의사소통 도구를 선택하고 준비하여야 한다.

가장 일반적인 보완 대체 의사소통 보조도구는 의사소통판(Communication board)과 전동의사소통 보조도구이다. 교사는 언어치료사, 부모, 컴퓨터 공학가 등과 긴밀히 협력해서 적합한 도구를 선택하고, 아동에게 사용법을 가르쳐주며 다른 아동들과 의사소통하도록 도와주어야 한다(Bigge, 2005). 전동 타자기와 컴퓨터는 쓰기의 또 다른 대처방안이다. 워드프로세스용 소프트웨어는 쓰기를 하는

데 사용될 수 있으며, 컴퓨터가 타자기보다 더 효율적이다. 소근육 운동 기능의 제한으로 표준 키보드의 사용이 불가능한 학생들에게는 커다란 키가 부착된 확대 키보드가 사용하기에 더 편리하다. 또한 글씨를 잘 쓸 수 있도록 손잡이가 굵은 연필이나 보조도구(pencil holder, arm holder 등) 등을 활용하게 해주며 잘 찢어지지 않는 양질의 종이를 주는 등의 배려가 필요하다. 한편, 글씨 쓰기가 불가능한 아동에게는 타자기나 카드로 대치할 수 있도록 꾸준히 지도하여야 한다.

3) 치료지원

「장애인 등에 대한 특수교육법」(2007) 제28조 특수교육관련 서비스에서는 특수교육 대상자에게 필요한 경우 물리치료, 작업치료 등 치료지원과 각종 학습보조기기, 보조공학기기, 통학지원 등을 제공할 수 있도록 규정하고 있다.

(1) 물리치료

물리치료란 운동과 열, 냉 물 및 전기, 초음파 및 마사지, 온열자극 등으로 신체기능을 향상시켜주는 치료방법으로 보바스치료방법과 보이타치료방법이 대표적이다. 보바스 치료는 영국의 물리치료사 Bobath가 개발한 치료방법으로 세계적으로 가장 많이 이용되는 치료방법이다. 이 치료의 근본원리는 소멸되어야 할 비정상적인 반사패턴을 인위적으로 억제시키고 정상적인 반사패턴을 촉진시켜 바르게 몸을 가누고 몸통 돌려 눕기를 하고 바르게 두발을 모아서 서고, 평형반응 등을 유발시켜 균형을 잡고, 앉고, 서고, 걸을 수 있도록 유도하는 것이다. 가능하면 아동을 울리지 않고 같이 놀아주면서 비정상적 반사가 최대로 줄어드는 자세에서 정상적인 정위반사와 평형 반응을 계속 유도하는 방법이다. 이 원리에 의해 정상발달 순서에 따라 머리 가누기, 잡기, 뒤집기, 배밀이, 앉기, 네발서기, 기기, 서기, 걷기 등을 꾸준히 훈련하여 정상 동작이 완전히 몸에 베개 하는 치료이다. 한편 보이타 치료는 말초신경에 계속적인 유용한 자극을 주어 중추신경계로 자극을 전달하여 정상적인 반응을 이끌어 내는 것으로, 근육의 균형적인 수축을 유도하여 미성숙된 뇌세포에 기억시킬 수 있게 하는 것이다. 보이타 치료법에는 기기 반사와 뒤집기 반사의 두 가지 반사운동을 이용한다. 이 치료법은 사지의 운동뿐만 아니라 안면근, 혀, 인후두 근육이 전체적으로 운동되고 근육 발달에 의해 발음기관의 언어기능도 좋아진다. 또한 근육 발달로 호흡 기능이 좋아지며, 복부 근육의 발달로 대소변 가리기에도 도움을 준다. 또한 체중 부하와 균형 잡힌 근육 수축에 의해 골성장이 촉진되며, 경련성이 많이 감소된다. 특히 보이타 방법은 정상발달 단계를 고려하며 0~1세 영아에게 적용하면 효과적이다.

(2) 작업치료

작업치료(occupational therapy)는 신체의 기능감소, 예방, 기능의 회복, 유지 및 사회적응 기술을 높이기 위한 치료이다. 식사하기, 옷 입고 벗기, 대소변 처리, 몸단장하기, 돌아눕고, 앉고 일어서고, 걷기 등의 일상생활의 모든 기능을 가능하게 하여 독립적으로 생활할 수 있도록 치료하는 것이다. 치료 목적에 따라 미술이나 공예뿐만 아니라 레크리에이션 등 치료사가 창의적으로 여러 가지 작업활동을 선택하여 훈련할 수 있다. 작업치료의 목적은 다음과 같다.

① 좋은 자세유지를 위한 치료
② 운동기능 향상을 위한 치료
③ 근력강화 관절의 운동 가동범위 증진 및 협응 능력 향상을 위한 활동치료
④ 지각 기능의 향상을 위한 치료
⑤ 일상생활능력 향상을 위한 치료
⑥ 아동의 적절한 자세를 유지하기 위한 다루기 치료
⑦ 일상생활 동작 훈련: 아동이 가정이나 사회에서 생활하기 위해 필요한 기능과동작을 독립적으로 수행하는 훈련이다.

치료는 크게 연령에 따라 나누어 볼 수 있다. 출생 후 7세까지는 운동기능 향상과 지각능력 향상에 중점을 두어야 하며 7세 이후에는 학령기가 시작되므로 학습능력이 부족한 경우 이에 대한 치료가 같이 이루어지고 15세 이후에는 아동의 인지기능의 상태에 따라 일상생활 훈련에서부터 직업 전 훈련까지 모든 분야에 걸쳐 이루어진다.

(3) 언어치료

지체장애 아동은 운동발달지연, 인지장애, 정서장애, 사회성 결여와 함께 언어나 비언어로 표현하는 의사소통 기능의 장애가 나타날 수 있다. 이외에도 섭식기능의 발달 저하로 인한 구강 조음기관의 기능 저하가 나타나고 구비강 호흡분리 곤란 및 역호흡 등 발성의 기초가 되는 호흡기능이 떨어질 수 있고, 수용언어 능력 발달 저하 등으로 인하여 원활한 의사소통에 어려움을 겪을 수 있다.

이 때 시행하는 언어치료는 의사소통에 제한을 주는 여러 요인을 연구하여 각 아동에게 적합한 방법으로 의사소통 기능을 증진시키는 치료이다. 간접적인 검사(행동관찰 및 부모상대의 체크리스트 등)와 직접적인 검사(그림 어휘력 검사, 언어 이해 인지력 검사 등)를 통해 아동의 현재 수용 및 표현 언어 발달 연령을 파악하고, 각 아동의 생활환경과 욕구들을 고려하여 개별화된 치료 목표를 세워 부모와의 성숙 촉진, 섭식패턴의 정상화, 아래턱과 입술 및 혀의 조절 개선, 협응운동의 촉진 및 구강지각의 개선, 조음 훈련 및 운율의 개선 등을 시행한다.

4) 보장구 관리와 지도

보장구는 지체장애 아동의 신체활동을 높이고 장애를 개선하여 사회생활과 교육적 요구를 충족시키는 역할과 기능을 담당하고 있다. 보조기 착용을 거부하거나 반대로 너무 집착하는 경향이 있는데 보조기의 착용은 전문가의 정밀한 진단과평가가 있어야 하며, 착용 후에도 정기적인 검진을 받아야 한다. 보조기를 사용하여 효과를 얻으려면 신체와 일체감을 갖게 하고 아동이 거부감을 덜 느끼도록 하는 격려 및 공학적 이해가 중요하다.

보조기(brace)는 사용에 따라 여러 가지가 있다. 아동에게 흔히 사용되는 보장구는 보조기 종류가 가장 많이 추천되고 있다. 이동, 기립 보행, 목발 보행기, 휠체어, 절단자의 기능이나 미용을 목적으로 하는 의수, 의족 등이 있다.

(1) 하지보조기: 하지보조기는 체중을 받쳐주어 체중부하를 경감시킨다. 관절을

똑바르게 유지시키며 기형을 예방, 하지 교정, 불수의적인 동작을 조절, 질병이나 상해를 받은 관절을 보호하거나 고정시키고, 약해진 근육을 도와주거나 대신한다.

아래 그림 13.3은 무릎 아래 부위가 마비가 있거나 근력의 약화로 족관절이 약하고 불안정할 때 사용하는 보조기이다. 그림 13.4는 장다리 보조기(long leg brace)로 고관절 이하 부위에 마비와 장애가 있거나 슬관절에 굴곡 변형이 있거나 또는 내반슬, 외반슬, 반장슬 등의 변형이 있을 때 사용한다. 고관절의 내전, 내선, 변형이 있을 때 골 반대를 부착하여 사용한다.

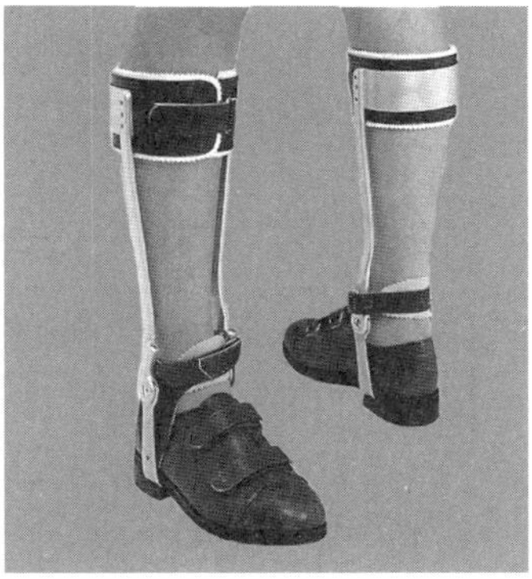

그림 13.3 단다리 보조기

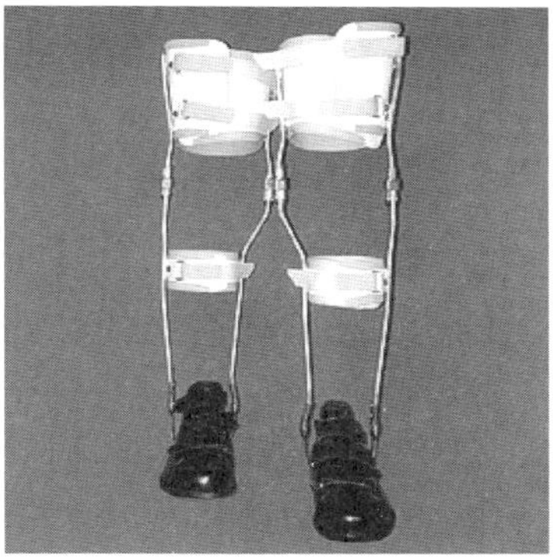

그림 13.4 장다리 보조기

(2) **상지 보조기**: 주로 부목이라 한다. 손의 보장구를 스프린트(splint)라 한다. 기본적인 손, 발 기능과 운동, 감각에 도움을 주기 위한 것으로 두 가지로 분류. 몇 주 정도만 사용하기 위하여 만드는 경우가 많다.

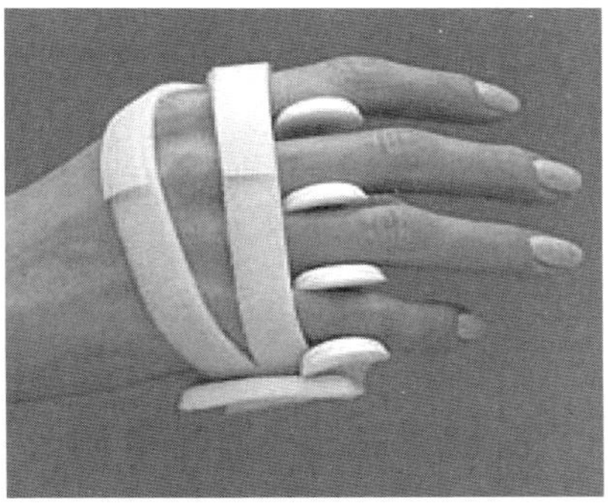

(3) **크러치(crutch)** : 대부분 나무 제품이며, 알루미늄 또는 가벼운 금속 제품도 있다. 끝은 미끄러지지 않도록 고무를 씌우고, 키의 16%를 감산하여 크기를 정한다. 어깨와 팔의 길이의 각도가 25~30도 정도 굴곡이 생기게 높이 조절한다. 적당하지 못한 크러치 사용은 겨드랑이에 과도한 압력과 마찰을 초래한다. 사용 처음 며칠은 팔, 어깨가 아프지만 힘 기르기 연습으로 극복할 수 있다. 미끄러운 양말, 신발, 슬리퍼, 높은 힐을 신으면 안 된다.

계단을 내려갈 때는 크러치와 불편할 발이 먼저 내딛도록 한 다음 손상되지 않은 발이 내려가도록 하고, 계단을 올라갈 때는 불편하지 않은 발을 먼저 내디딘 다음 크러치와 불편할 발을 내딛도록 한다. 보행 훈련 시 지켜야 할 사항은 보행 전 상지 힘 기르기, 몸의 균형을 잡는 훈련하기, 훈련 장소로는 미끄럽지 않은 장소를 선택하기. 헬멧 착용(특히 간질이 있는 아동의 경우) 등이다.

(4) **휠체어(wheel chair; W/C)** : 휠체어는 이동이 불편한 아동이 사용하며 꼭 필요한 사람에게 필요한 기간만큼 사용한다. 편리성만을 강조하여 휠체어를 사용하면 몸을 골고루 사용하지 않게 되어 이차적인 장애를 갖게 되거나 퇴행되어 어려움을 겪을 수도 있다. 그러므로 반드시 의사의 지시나 전문가의 조언을 얻어 휠체어를 사용하는 것이 좋다.

바른 휠체어 생활지도

첫째, 좋은 자세는 몸의 중심을 맞추고 신체의 균형을 유지할 수 있다. 운동장애를 가진 많은 아동들은 균형반응과 근육상태가 좋지 못하기 때문에 안정된 자세와 신체의 균형을 유지할 수 있도록 교사들은 지도해야 한다. 자세는 자주 변경해야 한다. 한 자세를 너무 오랜 동안 취하면 염증이 생긴다. 어떤 자세에서도 안정성은 필요하며, 몸통과 골반의 균형이 유지되어야 한다.

둘째, 골반은 머리와 몸통유지의 기초가 된다. 골반의 자세가 좋을 때 아동이 노력을 덜 들이고 몸통과 엉덩이의 양쪽에 똑같이 실어야 한다. 등이나 철골로 기대어 앉아서는 안 된다.

셋째, 아동의 발은 휠체어 받침에 균형을 잡고 유지해야 안정성을 더해주고 바른 골반의 자세를 유지시킬 수 있다.

넷째, 중증 장애를 가진 아동이 선 자세를 유지하기 위해서 상지 유지가 필요하다. 아동의 머리를 지지하고 팔을 사용할 수 있는 능력은 어깨띠를 이용해서 효과를 얻을 수 있다. 아무렇게나 편하게 앉는 자세는 이차적 장애를 초래한다. 부적절한 자세를 오래 방치해 두면 척추이상, 발성, 호흡, 소화, 시각, 상지와 머리의 운동조절에 이상을 가져오는 등의 부정적인 결과를 초래할 수 있으므로 좋은 자세 유지가 필요하다.

(5) 기타 보장구: 평행봉(parallel bar), 보행기(walker), 지팡이(cane), 컴퓨터 보조 기기 등이 필요하다. 평행봉은 초보적 보행 훈련시 이용된다. 이행 평행봉은 균형 감각이 떨어지는 환자에게 안도감을 준다. 처음에는 팔에 의한 전진을 하게 되나, 점차 체중을 다리로 옮기게 된다. 높이는 아동이 평행봉을 잡고 서 있을 때 팔꿈치관절이 25~30도 장도 굽힘이 되는 높이가 적당하다. 보행기(walker)는 평행봉 다음 단계로 네 발이 있는 보행기를 사용한다. 평행봉처럼 안전하지는 못하나 지팡이나 크러치같은 작은 보행 보조기를 사용하기 전 훈련 단계에서 사용하면 유용하다. 지팡이(cane)는 편측 다리에 병변이 있을 경우에는 병변이 있는 반대쪽 손으로 사용. 양측에 병변이 있을 때는 지팡이 둘을 사용하여 2점 교대 보행으로 한 지팡이와 반대 측 다리를 동시에 앞으로 내어 보행할

수 있다. 컴퓨터 보조 기기는 다음과 같은 보조 기기들이 있다.

- 상지 기능을 완전히 대신할 수 있는 음성인식이나 자판
- 휠체어 부착 컴퓨터
- 손의 잡기, 집기, 펴기, 쥐기 등의 기능을 향상시키는 컴퓨터 조절기
- 대체 키보드(확장형 키보드, 축소형 키보드)
- 글쇠보호대(keyguard)
- 터치스크린

5) 교육설비 · 시설 및 지도

지체장애인들의 가장 기본적인 요구 중의 하나는 건축 상의 장애물을 제거해 주고 좀 더 편리한 보조 시설물을 설치해 주는 것이다. 아동들 중에는 비록 지능이 정상에 가깝다 하더라도 학교 시설물의 불편 때문에 일반학교 내 일반학급에 배치되지 못하는 경우가 많다. 지체장애인의 교육을 위해서는 학교 시설물이 편리하게 설치되어야 한다. 이러한 학교 시설물은 의사, 교사, 지체장애인, 학부모, 건축가 등의 긴밀한 협조에 의한 팀웍에 의해 이루어져야 한다(Kauffman & Hallahan, 2007). 지체장애 아동이 사용하는 보조도구는 쉽게 손이 닿는 곳에 놓아두어야 한다. 책·걸상은 직접적으로 신체를 의지하고 학습 시 사용하는 도구이기 때문에 매우 중요하다. 이것은 학습에 있어서 능률상의 문제뿐만 아니라 자세 교정에도 지대한 역할을 한다. 체격에 부적절한 책·걸상을 오랫동안 사용하면 여러 가지 신체장애 요인을 악화시키고 성장 발육을 저해하기도 한다. 그러므로 비록 신체적인 발달이 비정상적이라 하더라도 교육적 욕구를 성취하기 위해서는 이들의 신체적 특성에 적합하도록 여러 가지 형태의 책·걸상이 제작되어야 한다.

(1) 책상

휠체어용 책상은 윗몸이 들어갈 정도의 둥근 홈이 책상 면에 파지고 서랍을 없게 하여 다리가 편하도록 하며 책상 옆에 가방걸이를 부착하여 학습 시 자세의 불균형으로 상체가 불안정한 아동을 위해서는 책상 면에 사용하지 않는 손의

손잡이를 부착하는 것이 도움이 된다. 또한 책상 면은 일반 아동용보다 조금 크게 하며 가장자리에 얇은 막대를 부착하여 연필이나 지우개 등 소지품이 떨어지지 않도록 한다.

책상의 높이는 신체적인 개인차를 고려하여 높낮이 조절이 가능하도록 하며, 발받침을 부착하여 자세가 안정되도록 한다. 목발을 사용하는 아동의 책상은 아동이 앉아서도 목발을 잡을 수 있는 위치에 목발 고정 장치를 해주어야 한다. 또한 다른 아동들에게 불편을 주지 않도록 해야 한다.

(2) 걸상

몸이 경직되고 머리를 가누지 못하여 자세 유지가 어려운 아동들에게는 필요에 따른 다양한 형태의 보조도구를 부착하여야 한다. 몸의 균형이 불안정한 아동의 걸상에는 팔걸이를 부착하고 특히 상체균형이 불안정한 아동에게는 걸상의 등받이 부분을 좀 더 높고 넓게 해 주어야 한다. 그리고 안정감을 주기 위해 발받침의 높낮이를 조절할 수 있도록 제작해야 하며, 머리를 가누지 못하는 아동을 위해서는 머리 받침을 부착해 주되 아동의 머리둘레보다 5~10cm정도 크게 하며 쿠션을 넣어 압박감을 주지 않도록 해야 한다. 또한 몸통과 머리균형이 모두 불안정하여 앉기가 어려운 아동에게는 몸 전체를 고정시킬 수 있는 인서트(Insert)를 부착해야 한다. 인서트란 휠체어에 앉아 있는 아동의 올바른 자세 유지를 위해 앉은 자세에서 휠체어와 아동의 몸통 사이에 생기는 공간에 삽입해 주는 보조물을 말한다.

중증지체장애 아동들은 신체적인 균형 및 동작을 마음대로 조절하지 못하므로 책·걸상에 앉아 있는 것조차 어려운 경우가 많다. 또한 같은 종류의 장애라 할지라도 상태가 각기 다르기 때문에 신체의 조건에 따라 여러 가지 형태로 책·걸상이 제작되어야 하며 아울러 이들의 정서적·심리적인 문제도 고려하여 형태와 색을 선택해야 한다. 이와 같이 책·걸상은 지체부자유아동들에게 적합한 학습조건을 만들어 줄 뿐만 아니라 자세교정에도 영향을 미치므로 아동 개개인의 특성에 알맞게 제작되어야 한다.

(3) 위생시설

위생시설은 지체부자유아동들이 편리하게 사용할 수 있도록 설비되어야 한다. 화장실은 가능한 양변기를 설치하며 손잡이를 부착하여 가능한 한 용변은 스스로 처리하게 한다. 음수대도 휠체어를 탄 채로 사용할 수 있도록 배려하며 거울은 윗부분을 벽에서 기울여서 경사지게 달며 곳곳에 안전벨을 달아 비상시에 이용할 수 있게 한다.

(4) 환경시설

지체부자유아동의 놀이시설은 아동들에게 즐거움을 주면서 운동기능과 신체조절기능에 도움이 되도록 하며 부딪히거나 넘어져도 충격을 완화할 수 있도록 바닥과 벽, 도구 등의 소재 선택에 주의하여 안전에 유의하도록 한다. 교실문의 폭은 80cm 정도로 문턱이 없게 하여 휠체어 사용이 용이하게 하며 경사로를 설치하되 바닥이 미끄럽지 않게 해야 한다. 계단에는 직선계단, 꺾어진 계단, 구부러진 계단 등이 있는데 가장 이상적인 계단은 꺾어진 계단이며, 교내에서 장애 아동들이 훈련할 수 있도록 설치하면 도움이 될 것이다.

(5) 진로 · 직업 지도

진로 · 직업 교육이란 개인이 생활의 일부로 혹은 생활 수단으로서 일을 배우고 일에 종사하기 위하여 준비하는 경험의 총체(Gibson & Mitchell, 1981)이며 개개인 모두가 일에 관련된 사회의 가치관에 친숙하고, 이런 가치관이 개인의 일상적 가치 체계에 통합되고, 이러한 가치체계는 일이 개인에게 가능하며 보람 있고 만족될 수 있어서 생활화하도록 협조해 주는 학교와 지역사회 간의 노력의 총체(Hoyt, Evans, Machin & Mangam, 1974) 라고 할 수 있다. 즉, 진로 교육은 개인이 진로를 선택하고 선택한 진로를 계속적으로 발전시켜 나갈 수 있도록 도움을 주어 자아실현을 함으로써 생산적인 사회성원으로 육성시키는 것이다.

지체장애 학생들의 진로 · 직업 교육은 그들의 장애상태와 능력에 알맞은 선택을 하여 개인적으로는 생애 목표를 달성하고 가정적으로는 행복한 생활을 누릴 수 있도록 학교에서는 전인적인 교육이 이루어져야 하며, 사회적으로는 산학협동이 증진되고 국가차원에는 인력의 효율적 운영이 이루어질 수 있도록 해야 할 것이다.

교과부는 장애학생의 취업을 위해 학교기업사업을 추진하고 있으며 2011년에는 20개교에서 직업훈련을 목적으로 학교내에 일반사업장과 유사한 형태로 직업교육 환경을 조성하여 직업훈련을 하고 있다(교과부, 2011). 장애학생의 진로·직업교육 내실화 및 취업률 제고를 위해서 교과부에서는 20개 고등학교를 「통합형 직업교육 거점학교」로 지정하여 운영하고 있다. 그러나 지체장애 학생들은 장애가 중증·중복으로 진로·직업 교육에 어려움이 많다. 그리하여 특수학교 내에 「학교 기업」설치를 확대하고, 장애유형 및 능력을 고려한 맞춤형 프로그램을 운영해야 할 것이다.

(6) 재택·순회교육

순회교사의 역할은 매우 다양하다. 교과 지도는 물론 치료에 대한 지식과정 및 다양한 훈련방법의 적용 및 부모상담도 요구된다.

① 순회교사는 아동의 장애가 퇴보하는 것을 방지할 수 있도록 치료사의 조언과 부모의 협조가 계속 되도록 해야 한다. 2011년 우리나라 특수학교 228개 순회·파견학급에서 240명의 교사들이 순회교육을 실시하고 있다. 또한 특수교육지원센터에 교사 676명이 순회교육을 실시하고 있다(교과부, 2011).

② 아동의 능력과 연령, 동기, 기대수준 등을 평가하여 실시한다.

③ 아동의 문제와 요구를 파악하고 효과적인 교육과 치료를 위해 부모가 조력자 역할을 잘 수행할 수 있도록 부모 상담을 하여야 한다. 부모는 교사보다 아동에 대한 정보를 더 많이 가지고 있기 때문이다.

④ 부모는 아동에 관해서 요구를 많이 한다. 부모의 요구를 충족시켜 주기 위해서 여러 분야의 전문가들과 부모들이 상담할 수 있도록 도와주어야 한다. 순회교사는 다양한 교수방법과 창의적인 방법으로 아동을 교육해야 하며 아동의 가정에서의 실제상황을 학교 보건교사에게 보고하여 자문을 받을 수 있도록 노력해야 한다. 재택·순회교사는 하루에 여러 가정을 방문할 때도 있으므로 지칠 수도 있고 수업 준비를 충분히 잘 할 수 없을 때도 있어 효율적인 수업이 이루어

지지 못할 때도 있다. 또한 여러 다른 학년 아동을 담당하게 될 때는 수업 연구와 교재 교구 준비 시간이 충분하지 못할 때가 있다.

재택·순회교육의 또 다른 문제점은 아동은 항상 개별수업을 받게 되어 경쟁력이 떨어져 학업성취가 낮아지게 된다는 것이다. 중증장애 아동이라도 또래집단과 어울릴 수 있는 기회가 마련되어야 한다. 재택·순회교육은 중증아동이나 통학하기 어려운 아동에게 교육의 혜택을 제공한다는 큰 의의가 있다(2005, 구본권). 그러므로 재택 교육 대상 아동들도 학교나 사회로 통합하여 교육받을 수 있는 제도가 마련되어야 한다. 그리고 중증·중복장애로 이동이 곤란한 가정, 병원, 시설 내 특수교육 대상아동의 학교교육 제공을 위한 지원이 확대되어야 하며, 순회교육 내실화를 위한 순회교육 전담 특수교육교사의 배치 확대 및 연수가 강화되어야 한다.

제14장

건강장애

2011학년도

-병원학교 운영체제 다양화 방안-

전국 병원학교 워크숍 개최 계획

첨단의학기술의 발달과 과학의 발전에도 불구하고 만성질환으로 장기적인 치료를 필요로 하는 학생 수는 점점 늘어가고 있다. 만성질환이나 암 등으로 장기적인 질병치료과정과 불확실한 예후, 이겨내기 어려운 투병과정은 학생들의 성격과 행동에 많은 영향을 미치게 된다. 특히 학령기의 만성질환 학생들은 투병 기간중 극도의 외로움과 지루함으로 신체증상이 악화되기도 한다. 그러나 의료기술의 발달로 만성질환이나 암 등은 생명과 직결되는 위협적인 질병이 아니라는 것이 알려졌다. 건강장애(health impairment)는 2005년 특수교육진흥법이 개정되면서부터 특수교육의 대상에 포함이 되었다. 미국의 경우 장애인 교육법(IDEA)에서는 만성적 질환을 가진 학생들을 기타 건강장애(other health impairment)로 정의하여 학업의 어려움 등 학교적응을 지원하고 필요한 특수교육적 지원과 서비스를 제공할 수 있도록 규정하고 있다.

1. 정 의

국내의 경우 매년 질병으로 인해 8천여명의 학생이 중퇴 · 휴학하고 있으며, 만성질병으로 휴학 및 중퇴한 병 · 허약 학생들은 대부분 장기치료나 통원치료를 위해 학업을 포기하고 있다(류신희, 2008). 병 · 허약 학생의 대부분은 치료후 학교에 복귀하고 있으나 장기간의 학습결손으로 학교생활에 어려움을 겪는다. 만성질환은 소아암으로 구분되는 급성백혈병, 악성림프종, 고환태아성암, 간암, 골육종, 바이러스성 종양이 있고, 소아당뇨, AIDS(acquired immuno-deficiency syndrome, 후천성 면역결핍증), CMV(cytomegalo virus, 거대세포 바이러스 감염증), ADHD(주의집중 과다행동장애), 소아천식, 심장장애, 신장장애, 간질, 악성빈혈, 통증증후군, 혈우병, 난소암 등 많은 질병이 건강장애에 포함된다.

1) 각국의 정의

2008년 5월 26일에 개정된 「장애인 등에 대한 특수교육법」시행령의 건강장애 정의는 다음과 같다.

> 심장장애 · 신장장애 · 간장애 등 만성질환으로 인하여 3개월 이상의 장기 입원 또는 통원치료 등 계속적인 의료적 지원이 필요하여 학교생활 및 학업수행 등에 있어서 교육적 지원을 지속적으로 받아야 하는 사람

한편 장애인복지법에서는 건강장애관련대상을 신장장애인, 심장장애인, 호흡기장애인, 간장애인, 안면장애인, 장루 · 요루장애인(腸瘻 · 尿瘻障碍人), 간질장애인

(癎疾障碍人)으로 일상생활과 사회생활에 상당한 제약을 받는 사람으로 정의하고 있다.

미국 장애인교육법(IDEA 2004)은 기타 건강장애(other health impaired)로 분류하여 다음과 같이 정의하고 있다.

> i) 결핵, 심장질환, 천식, 류마티스열, 신장염, 겸상적혈구성 빈혈, 혈우병, 간질, 납중독, 백혈병, 당뇨병 등의 만성 또는 급성의 건강문제로 인하여 체력이나 활동에 제한이 발생하는 것으로 아동의 학습에 불리하게 작용하고,
> ii) 아동의 교육 수행에 부정적인 영향을 미치는 경우로서 위에서 언급한 소아암이나 소아당뇨와 같은 만성질환 뿐 아니라 전염성 질환인 AIDS(aquired immuno-deficiency syndrome, 후천성 면역 결핍증), CMV(cytomegalo virus, 거대세포 바이러스 감염증) 등도 포함하며, 또한 주의력결핍 장애 또는 주의력결핍과잉행동장애(ADHD)도 이 범주에 포함한다.

독일의 경우에는 만성질병(건강장애)을 좀더 확대하여 6종류로 구분하여 다음과 같이 정의하고 있다.[1)]

(가) 심장과 혈액순환기 계통의 질병

심장의 선천적 기형, 예를 들어 심장판막이상 혹은 신경쇠약성 심장 및 혈액순환기 계통의 장애(심신의 장애)

(나) 폐와 호흡기 계통의 질병

천식과 같은 질병으로 여러 요소들이 복합적으로 작용하는데 특히 심리적 조건들이 강하다. 혹은 폐렴과 같은 질병

---

1) 독일은 특수교육의 대상자 범주를 지체장애, 만성질병(건강장애), 청각장애와 난청장애, 시각장애와 약시장애, 정신지체, 학습장애, 언어장애, 정서(행동)장애로 구분하고 있다(노선옥 외, 2008, p. 24).

(다) 신경계통의 질병

골수와 뇌에 갑자기 생기는 신경계통의 질병으로 발작증세를 보인다. 예를 들어 마비, 감각장애 혹은 간질과 같은 질병을 들 수 있다.

(라) 혈액의 질병

혈우병으로 아주 중요한 응고단백질의 결핍으로 발생하는 질병.

(마) 암

백혈병, 뇌종양, 악성종양림프종.

(바) 에이즈

죽음으로의 진행, 잠복기에서 15년까지.

일본은 건강장애와 유사한 개념으로 병약·신체허약이란 용어를 사용하고 다음과 같이 정의하고 있다(노선옥 외, 2008).

> (가) 병약은 만성의 호흡기 질환, 신장질환 및 신경질환, 악성신물질 그 외의 질환의 상태가 지속되어 의료 또는 생활규제를 필요로 하는 정도의 자.
> (나) 신체허약은 질병에 걸리기 쉬워 지속적으로 생활규제를 필요로 하는 정도의 자.

2) 만성질환 정의

(1) 소아암

급성백혈병, 악성림프종, 뇌종양, 고환태아성암, 간암, 골육종, 바이러스성 종양 등이 있다. 암 중에는 급성백혈병, 악성림프종이 50% 이상이다.

(2) 소아천식

천명과 기침이 빈발하여 호흡곤란을 일으키기도 한다. 발작성 호흡곤란과 심한 천명을 초래하는 기관지천식과 삼출성 체질의 기관지염, 천식양기관지염을 총칭하여 소아천식이라고 한다.

(3) 소아당뇨

췌장에서 인슐린을 합성하여 분비시키는 능력이 감소되어 발생하는 질병으로 식사후 높아진 영양소들의 처리가 불가능해져 혈액내에 높은 농도의 당, 지방 등의 영양소가 있어도 세포 등이 이용할 수 없는 상태를 말한다.

(4) 심장장애

심장장애는 관상동맥 질환인 협심증, 심근경색, 심부전, 선천성 심장기형, 심장판막증, 부정맥 등으로 심장이 더 이상 정상적인 기능을 하지 못하는 상태를 말한다. 장애인복지법의 기준은 심장의 기능부전으로 인한 호흡곤란 등의 장애로 일상생활에 상당한 제약이 있는 상태를 말한다.

(5) 신장장애

신장장애는 신체내의 노폐물을 제거하여 적절한 수분과 전해질을 보유할 수 있도록 조절하는 기관인 신장의 기능 이상으로 인한 장애로 일상생활 활동에 어려움을 가져오며, 장기간 신장 기능을 대신하는 치료가 필수적인 상태를 말한다. 즉 여러 신장질환 중에서 영구적인 신장기능 손상으로 인해서 투석이나 신장 이식을 필요로 하는 만성신부전증을 신장장애로 통칭한다. 장애인복지법에는 신장의 기능부전(機能不全)으로 인하여 혈액투석이나 복막투석을 지속적으로 받아야 하거나 신장기능의 영속적인 장애로 인하여 일상생활에 상당한 제약을 받는 경우를 말한다.

(6) 호흡기장애

폐나 기관지 등 호흡기관의 만성적 기능부전으로 인한 호흡기능의 장애로 일상생활에 상당한 제약을 말한다.

(7) 간장애

간의 만성적 기능부전과 그에 따른 합병증 등으로 인한 간기능의 장애로 일상생활에 상당한 제약을 받는 경우를 말한다.

(8) 안면장애

안면 부위의 변형이나 기형으로 사회생활에 상당한 제약을 받는 경우를 말한다.

(9) 장루 · 요루장애(腸瘻 · 尿瘻障碍)

배변기능이나 배뇨기능의 장애로 인하여 장루(腸瘻) 또는 요루(尿瘻)를 시술하여 일상생활에 상당한 제약을 받는 경우를 말한다.

(10) 간질장애(癎疾障碍)

간질에 의한 뇌신경세포의 장애로 인하여 일상생활이나 사회생활에 상당한 제약을 받아 다른 사람의 도움이 필요한 경우를 말한다. 돌발적이고 일과적인 발작을 특징으로 하는 만성 중추신경계 질환의 총칭이다.[2)]

(11) 후천성 면역결핍증(Aquired Immune Deficiency Syndrome, AIDS)

후천적으로 발생한 면역 결핍에 의하여 일어나는 증후군으로 선택적으로 세포매개성 면역이 결핍되며 1981년경부터 발견되어 유행성으로 파급되고 있다. 감염경로는 접촉 또는 오염된 사기나 혈액의 수혈 등에 의한다.

(12) 거대세포 바이러스 감염증(CMV)

거대세포바이러스 감염증은 선천성 바이러스 감염의 가장 흔한 원인으로 인체 거대세포바이러스(cytomegalovirus)에 의해 전염되는 질환이다. 인체 거대세포바이러스는 출생시 심한 결손을 일으킬 수 있는데 95% 정도는 경한 증상이거나

---

2) 장애인복지법의 기준 및 류신희(2008)자료,
http://www.kmle.co.kr/search.php?Search=%B0%A3%C1%FA
의학검색자료 참조.

증상이 나타나지 않는다. 심한 증상으로는 간과 비장의 비대, 소뇌증, 황달, 출혈성 피부 반점 등이 있으며, 눈에 영향을 미치는 경우도 있다.

3) 건강장애 대상자 현황 및 출현율

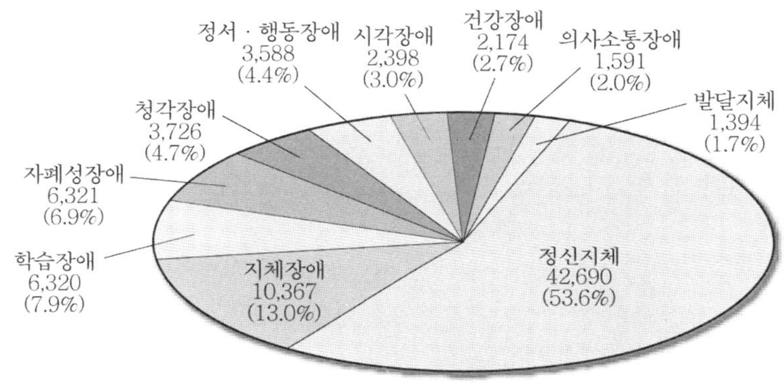

그림 14.1 건강장애 분포

표 14.1 연도별 장애영역별 특수교육대상학생 현황

(단위 : 명, %)

연도	시각장애	청각장애	정신지체	지체장애	정서행동장애	자폐성장애	의사소통장애	학습장애	건강장애	발달지체	전체학생수
2006	1,902 (3.0)	2,806 (4.5)	33,958 (54.3)	6,957 (11.1)	8,852 (14.2)		301 (0.4)	6,738 (10.8)	1,024 (1.6)	-	62,538 (100)
2007	2,292 (3.5)	2,864 (4.3)	36,041 (54.7)	7,739 (11.7)	7,695 (11.6)		1,185 (1.8)	6,982 (10.6)	1,142 (1.7)	-	65,940 (100)
2008	2,103 (3.0)	3,073 (4.3)	40,222 (56.3)	8,788 (12.3)	7,681 (10.7)		1,226 (1.7)	6,754 (9.4)	1,637 (2.3)	-	71,484 (100)
2009	2,113 (2.8)	3,385 (4.5)	40,601 (54.0)	9,659 (12.8)	3,537 (4.7)	4,647 (6.2)	1,324 (1.8)	6,526 (8.7)	1,945 (2.6)	1,450 (1.9)	75,187 (100)
2010	2,398 (3.0)	3,726 (4.7)	4,2690 (53.6)	10,367 (13.0)	3,588 (4.5)	5,463 (6.9)	1,591 (2.0)	6,320 (7.9)	2,174 (2.7)	1,394 (1.7)	79,711 (100)

※ 2009년부터 「장애인 등에 대한 특수교육법」에 따른 장애영역별 조사
출처 : 교육과학기술부, 2010. 특수교육연차보고서.

건강장애와 관련하여 미국의 기타 건강장애 출현율은 2.2% 혹은 3.1%로 높게 나타나고 있다(김은주, 2008). 우리나라의 경우는 15세 이하 소아의 사망률 중 가장 흔한 것은 사고에 의한 것이고, 그 다음이 종양인데, 보건복지부 사업의 일환으로 시행되고 있는 한국중앙암등록사업의 보고에 의하면, 국내에서 발생하는 15세 미만의 암 환자 수는 전체 암의 2% 미만이며, 매년 1,100~1,200명이 발생하는 것으로 발표되었다.[3] 또한 보건복지부의 2005년도 장애인실태조사 결과에 의하면 심장장애의 출현율은 0.13%, 신장장애는 0.09%, 호흡기 0.08%, 간장애 0.03%, 간질장애 0.06%로 조사되었다.

2. 원 인

1) 소아암

건강장애의 원인은 매우 다양하지만 가장 많은 것이 소아암이다. 소아암이란 악성종양을 말한다. 사람의 신체는 많은 종류의 세포로 이루어져 있다. 신체가 필요로 할 때 세포는 분열하고 성장한다. 신체가 건강할 때는 세포의 분열과 성장이 자동적으로 조절되어 필요 이상으로 분열하지 않는다. 그러나 때로는 새로운 세포를 필요로 하지 않을 때에도 세포가 분열되어 종양(tumor)이 된다.

종양은 양성 혹은 악성으로 구분된다. 악성 종양을 암이라 한다. 양성 종양은 대부분 제거하고 나면, 다시 재발되지 않고 신체의 다른 부분으로 퍼지지도 않는다. 또한 양성 종양은 거의 생명을 위협하지 않는다. 그러나 악성 종양은 암세포가 비정상적이고 조절할 수 없이 분열된다. 무절제하게 증식하여 정상세포를 밀어내고 체내의 정상적인 기능을 파괴하게 된다. 암은 가족력, 체질적 장애, 환경 같은 다양한 요인에 의해 영향을 받아 발생하게 된다. 그러나 암의 원인에 대해서는 아직까지도 확실히 밝혀진 것은 없다. 대부분의 암세포는 매우 빨리 자라기 때문에 초기증상 없이 갑작스럽게 나타난다(Hamish Wallace & Daniel Green,

3) http://soaam.or.kr/36047

2004). 암세포는 가까이 있는 조직으로 침범하며 자라고, 또한 암세포가 혈액이나 림프계로 들어가 떠다니다가 다른 조직에 암을 퍼뜨리기도 한다. 이렇게 퍼지는 경우를 전이되었다고 한다.

소아암은 보통 18세 미만에서 생기는 암으로 성인에서의 암과는 종류가 다르며 완치율이 높다. 소아에게 많이 생기는 암은 성인의 위암, 간암, 폐암, 자궁경부암, 유방암, 대장암과는 달리 백혈병, 뇌종양, 악성림프종, 신경모세포종, 윌름스종양 등이 생긴다(Helen Langton, 2000). 우리나라의 경우 15세 미만의 아동을 살펴보면 2002년 한 해 동안 1,188명이 소아암을 진단받았고 그 중 백혈병이 가장 큰 비율을 차지하였으며(약 1/3), 그 다음으로 중추신경계종양(뇌종양), 악성림프종, 생식기종양, 교감신경계 종양(주로 신경모세포종), 연조직 육종, 골종양(뼈에 생기는 암), 악성 신종양(콩팥에서 생기는 암, 주로 윌름스 종양), 암종 및 상피성 종양, 악성 간종양(주로 간모세포종), 망막모세포종 순이었다. 소아암의 종류 및 발생 빈도는 표 14.2와 같다.

표 14.2 소아암의 종류 및 발생 빈도

종류	수(빈도)
백혈병	373명 (31.4%)
급성 림프구성 백혈병	244명 (65.4%)
급성 골수구성 백혈병	95명 (25.5%)
만성 골수구성 백혈병	16명 (4.3%)
중추신경계종양(뇌종양)	200명 (16.8%)
악성림프종	139명 (11.7%)
생식기종양	85명 (7.2%)
교감신경계 종양	79명 (6.6%)
연조직 육종	71명 (6.0%)
골종양(뼈 종양)	64명 (5.4%)
악성 신종양	43명 (3.6%)
암종 및 상피성 종양	33명 (2.8%)
악성 간종양	28명 (2.4%)
망막모세포종	29명 (2.4%)
기타 악성 종양	44명 (3.7%)
총계	1,188건

출처: 한국 중앙 암 등록 본부, 2002

소아암은 어른에서 생기는 암들에 비하여 치료가 잘 되는 편이다. 아동에게 가장 많은 백혈병의 경우에 완치율이 60~70% 이상이어서 어른에서 생기는 암에 비하여 소아암은 상당히 희망적이라고 할 수 있다. 소아암 아동은 완치된 후에 오랫동안 학교와 사회에 적응하며 살아야 하기 때문에 병이나 치료와 관련된 후유증이나 부작용을 최소화하는 것이 중요하다. 소아암의 증상과 종류는 매우 다양하나 초기에 발열, 출혈, 창백, 구토, 뼈의 통증, 피로, 식욕부진 등의 증세를 보인다. 아래 표에 암의 종류에 따라 나타나는 주요 증상은 다음 표 14.3과 같다.

표 14.3 소아암 분류에 따른 주요 증상

종류	부위	주요증상
백혈병	혈액	복통, 충혈, 타박상, 식욕부진, 열, 간비대, 관절통, 감염, 권태감, 피로, 흥분, 창백, 점상출혈, 비장비대, 보행 거부, 체중감소, 절름거림, 멍
뇌종양	뇌, 척수	인지발달장애, 식욕부진, 운동실조, 균형장애, 성격변화, 서툰 행동, 보행장애, 졸음, 기면증, 두통, 체중증가 지연, 성장지연, 권태감, 혼미, 사시, 시야변화, 구토, 쇠약, 고혈압, 시력감퇴, 근육쇠약
Hodgkin병	림프절	열, 식은땀, 체중감소, 비장비대, 간비대, 가려움증, 기면, 권태, 식욕부진
non Hodgkin병 림프종	림프절 이외의 부위	복부팽만, 식욕부진, 덩어리, 통증, 복수, 오한, 기침, 설사, 호흡곤란, 코피, 열, 뇌신경 마비, 비염, 구토, 호흡음 이상(천명)
신경모세포종	신경절 (복부, 흉부)	복부 덩어리, 빈혈, 방광과 항문의 괄약근 기능장애, 보행장애, 고혈압, 식욕부진, 피로, 뼈의 통증, 소화장애, 감염, 음식물을 삼키기 곤란함, 안구돌출, 체중감소, 간비대, 눈꺼풀이 처짐, 호흡곤란
윌름스종양	콩팥	복부 덩어리, 빈혈, 식욕부진, 열, 혈뇨, 고혈압, 기면, 복부팽만, 복통, 변비
횡문근육종	근육, 복부, 얼굴	만성 중이염, 삼키기 어려움, 배뇨장애, 귀 통증, 코피, 위장관 막힘, 안구돌출, 쉰 목소리, 혈뇨, 요로폐쇄, 청각상실
골종양	뼈	뼈의 통증, 병리적 골절, 쇠약, 체중감소, 식욕부진
Ewing 육종	대퇴, 다리뼈, 팔뼈	통증, 열, 압통, 종창
망막모세포종	눈	시력 제한, 상실, 사시

(1) 백혈병

백혈병(leukemia)은 암세포가 정상 백혈구로 성숙하지 못한 백혈구의 수를 비정상적으로 증식시켜 골수를 가득 채우는 것이다. 결과적으로 골수에 정상적으로 적혈구, 백혈구, 혈소판을 만드는 조혈 세포가 있어야 할 부위를 암세포가 대신 차지하게 된다. 골수 내부에는 조형모세포가 있는데 이는 적혈구, 백혈구, 혈소판 등을 생산하고 면역기능에 관여한다. 골수에서 생산되는 백혈구는 세균이 우리 몸을 침범할 때 대항하여 싸우고, 적혈구는 산소를 운반하고 우리 몸의 기관과 조직의 노폐물을 제거하며, 혈소판은 혈액을 응고하게 하여 출혈을 막아준다. 백혈병 암세포가 골수를 차지하게 되면, 골수에서 만들어져야 하는 적혈구, 백혈구, 혈소판이 정상적으로 생성되지 못하기 때문에, 백혈병의 주요 증상인 빈혈(적혈구 감소), 출혈(혈소판 감소), 발열(정상 백혈구 감소로 인한 감염)이 나타나게 된다(Hamish Wallace & Damiel Green, 2004).

백혈병은 소아암의 1/3을 차지하며 혈액에 생기는 암으로 급성과 만성으로 분류되며 림프구성 백혈병(lymphocytic leukemia), 골수구성 백혈병(myelocytic leukemia)으로 구분된다. 아동의 경우에는 항암치료만으로도 70%이상의 완치를 보이는 급성 림프구성 백혈병이 전체 백혈병의 약 3분의 2를 차지한다. 급성 백혈병 증상으로는 안면 창백, 출혈, 발열이 있으며 간과 비장, 림프절이 커지는 경우도 있다.

(2) 뇌종양 (brain tumor)

5~10세 아동에게 많이 발생하며 소뇌부분에서 주로 발생하고 위치에 따라 예후가 다르다. 증상은 종양부위와 연령에 따라 다르나 일반적으로 잠에서 깰 때 나타나는 두통, 강직, 마비, 잘 걷지 못하고 피로, 성장지연, 불안정, 혼수, 식욕감퇴, 경련, 목이 뻣뻣하며, 고혈압 등이 있다. 이러한 증상 외에도 사시나 복시(물체가 두 개로 보이는 것)가 나타날 수 있으며, 뇌압 상승으로 인한 증상으로 두통이나 구토 등의 증상이 나타나게 된다. 뇌종양의 치료로 과거에는 수술적 제거와 방사선 치료가 주된 치료 방법이었으나, 최근 항암제의 개발로 인하여, 이제는 항암제 치료가 주를 이룬다.

(3) 악성 림프종(malignant lymphoma)

림프절에 생기는 암으로 소아에서 세 번째로 많이 발생하며 전체 소아암의 15%정도를 차지하고 치료성공률은 약 75%이다. 림프조직이 많은 신체 부위 어디에서도 생길 수 있는 질환으로, 대개는 복부(배에서 덩어리가 만져지거나 장폐쇄 등으로 진단), 흉부(흉곽 내에서 생기는 것으로 기침이 오래 지속되거나 호흡곤란 등으로 발견될 수 있으며 우연히 흉부 X-선 촬영 때 발견되기도 함), 또한 목이나 겨드랑이 등에서 림프절이 커지는 것이다.

이는 호즈킨병(Hodgkin disease)과 비호즈킨 림프종(non-Hodgkin lymphoma)으로 구분된다. 호즈킨병은 주로 목에 있는 림프절에 생기는 악성 종양으로 침범된 조직이 국한된 경우 10년 생존율이 90%이상이고, 국한되어 있으나 비장, 간, 골수, 폐, 종격동 등에 전이되며 특징적인 증상으로는 통증 없이 림프절이 커지고 단단해지며 잘 움직이는 것이다. 비호즈킨 림프종은 호즈킨병과 구분하자면 림프절에 국한되지 않고 전신적으로 확산되며 전이가 조기에 더 자주, 빨리 일어나며 종격동과 뇌막에 더 잘 발생한다. 증상은 호즈킨병과 비슷하며 골수나 뇌막을 침범할 경우 백혈병의 전형적 증상이 나타날 수 있다.

(4) 신경모세포종(neuroblastoma)

3세 이하의 아동에 흔한 암 중 하나이다. 신경모세포종 환아의 75%가 5세 미만이고, 때로는 출생시에 발견되는 경우도 있다. 신경모세포종은 자율신경계의 하나인 교감신경에서 발생하는 악성 종양이다. 복부에서 흔히 발생하여 배에서 덩어리가 만져져서 진단되는 경우가 많다. 콩팥 위에 있는 부신에서 많이 생긴다. 또한 흉부에서 생기기도 한다. 병의 정도에 따라 치료결과가 매우 다르며 초기에 발견되면 90%이상이 완치되지만, 온몸에 퍼진 제 4기에 발견되면 완치율이 30% 정도밖에 되지 않아 조기 발견이 중요하다. 증상은 복부팽만을 보인다.

(5) 횡문근육종(rhabdomyosarcoma)

근육 세포에 생기는 암으로 신체 어느 부위에나 발생 가능하지만 8세 이전에는 머리와 목 부위에 많이 발생하고 청소년기에는 사지에 발생하며 발생부위에 따라 치료 결과가 달라진다. 증상은 코와 인두에 발생하며 조기증상으로 코 막힘, 삼키기가 힘들어지고, 콧소리, 목과 귀의 통증, 코피, 목의 혹이 만져지고 안구에 발생하는 경우에는 눈꺼풀 처짐, 사시, 결막출혈, 안구돌출과 같은 증상을 보인다. 치료로는 수술을 하여 암 세포를 되도록 많이 제거하는 것이 중요하며, 수술 후에 항암제를 투여하게 된다. 수술로 암을 완전히 제거하지 못한 경우일지라도 항암제를 투여하여 암을 최소한으로 줄인 후 남아 있는 부위에 방사선 치료를 하고 항암제를 일정기간 투여한다.

(6) 윌름스종양(Wilms tumor)

윌름스종양의 약 80%는 5세 미만의 아동에게 발생한다. 가장 많이 생기는 연령은 2~4세이다. 윌름스종양은 신장(콩팥)에서 생기는 암으로 조기 발견되면 80% 이상이 완치 가능하다. 증상으로는 복부에 만져도 아프지 않은 단단한 덩어리가 있고, 복부팽만을 보이며 피로, 권태감, 발열이 나타나고 폐에 전이된 경우 호흡곤란, 기침, 짧은 호흡, 가슴통증 등이 있다.

(7) 골종양(bone tumor)

뼈에 생기는 암으로 성장이 활발한 사춘기에 주로 발생하며 과거에는 다리를 절단하고도 사망률이 높았지만 최근 치료방법의 개발로 관절 기능을 손상시키지 않고도 수술이 가능해 완치 후에도 기능의 장애 없이 생활할 수 있다. 증상은 발생부위의 통증인데, 통증이 심하지 않을 경우 외상이나 성장통으로 여길 수 있으므로 아동이 절거나 신체활동이 줄고 무거운 물건을 들을 수 없을 때에는 주의하여 보아야 한다. 골육종(osteosarcoma)과 유윙육종(Ewing sarcoma)이 악성 골종양의 85%이상을 차지한다.

2) 소아천식

천명과 기침이 빈발하여 호흡곤란을 일으킨다. 소아천식은 일반적으로 사춘기가 끝날 때까지 기간의 천식으로 보면 되는데, 피리소리 같은 천명을 동반하는 호흡곤란이 자연적으로 혹은 치료에 의해 비교적 단시간에 개선되는 증상을 반복하는 질환으로 알레르기 물질을 비롯한 여러 가지 자극에 과민성을 가지는 조직이 광범위하고도 동시에 가역적으로 반응해서 기관지에 폐색을 일으키는 질환이다.[4)]

성인의 기관지천식과 마찬가지로 소아천식도 알레르기 항원이 원인이 되는 외인성 천식(알레르기성 천식), 기도 감염에 의해 천식이 유발되는 내인성 천식(감염형 천식) 및 양자의 요인이 혼합되어 나타나는 혼합형 천식 등으로 분류할 수 있다.

3) 소아당뇨

췌장에서 인슐린을 합성하여 분비시키는 능력이 감소하여 발생하는 질병으로 식사후 높아진 영양소들의 처리가 불가능해져 혈액내에 높은 농도의 당, 지방 등의 영양소가 있어도 세포 등이 이용할 수 없는 상태를 말한다. 소아당뇨는 거의 대부분 유전적인 배경이 있는 것으로 알려져 있고 여기에 환경적인 요소가 첨가되면서 췌장의 베타세포가 점차적으로 파괴되어 소아당뇨가 발생한다. 어린이 당뇨병의 대다수는 인슐린주사가 필요한 인슐린 의존형 당뇨병이지만, 중학생, 고등학생으로 연령이 높아감에 따라 인슐린 비의존형 당뇨병이 많아집니다. 즉 과식이나 운동부족 등의 요인이나 췌장 세포의 바이러스 감염 등이 원인이다.

4) 심장장애

심장장애는 심장의 기능 부전으로 인하여 일상생활 정도의 활동에도 호흡곤란 등의 장애가 있어 일상생활 활동에 현저한 제한을 받는 경우를 말한다. 심부전이란 심장의 펌프 기능이 장애를 일으켜 정맥압이 상승하고, 충분한 양의 산소를 말초조직에 공급할 수 없는 상태를 말하며 심기능부전이라고도 한다. 심부전은 모든 기질적(器質的)인 심질환에 기인하여 생기는데, 가장 흔한 것은 심근경색

4) 자료: http://www.medcity.com

(心根梗塞), 심근변성, 심장판막증, 고혈압증, 심낭염(심막염)에 의한 것이다. 심장장애는 2000년 장애인실태조사에 따르면 전체장애인수(1,449,496명)의 약 3%(44,414명)를 차지하고 있다.5)

5) 신장장애

신장장애는 신장의 기능 부전으로 인하여 혈액투석이나 복막투석을 지속적으로 받아야 하거나 신장의 기능에 영속적인 장애가 있어 일상생활 활동에 현저한 제한을 받는 경우를 말한다. 우리나라에서는 만성신부전만을 신장장애범주에 포함하고 있다. 신부전의 원인으로는 과거에는 만성사구체염에 의한 것이 많았으나 현재는 사구체염의 치료가 향상된 반면, 당뇨병의 증가로 당뇨병에 의한 만성신부전이 가장 많다. 또한, 루푸스, 고혈압, 신결핵, 결석, 다낭성 신증, 만성신우신염 등의 질환이 원인이 될 수 있다. 그러나, 많은 경우에 신장이 거의 망가진 후에 발견되어 원인을 알 수 없는 경우도 많다. 신장장애는 2000년 장애인실태조사에 따르면 전체장애인수(1,449,496명)의 약 2%(25,284명)를 차지하고 있다.

3. 특 성

건강장애 학생의 신체상 저하, 인지능력의 저하, 정서상태의 변화, 신체적 활동 제한, 결석일수의 증가 등과 함께 친구들이나 교사의 질병에 대한 지식부족, 오해 및 태도변화는 학교에서 건강장애 학생들의 학급활동을 방해하는 주된 문제들이다(진주혜, 2001). 체중증가, 혹은 체중저하, 탈모, 방사선치료로 인한 부작용 등으로 인해 부정적인 반응을 초래하거나, 자신감을 잃게 되는 등은 치료 후에 학교로 돌아가는 아동에게는 이것이 가장 큰 스트레스가 된다.

5) http://www.hp.go.kr/hpGuide/hpPortalCont.dia?method=contDetailView&mnid=0301080101050000

1) 신체의 변화

체중 증가 및 감소. 항암 치료 혹은 화학요법에 의한 부작용인으로 달덩이 같은 얼굴과 부은 외모를 처음 보는 사람들은 두려워한다. 또한 심하게 마르거나 창백한 피부색도 친구들이 쉽게 다가갈 수 없는 이유가 된다.

탈모. 치료 후 머리카락이 거의 없거나 새로 머리가 나더라도 이전 머리카락과는 색이나 굵기가 다른 경우가 많다. 모자를 쓰고 있어야 하고 혹시 벗어질까봐 불안해하고 걱정을 한다.

수술 흉터 및 치료 흔적. 수술로 생긴 흉터나 방사선 치료로 인한 피부에 그려놓은 선들이 옷으로 가려지지 않는 부위이면 주위 친구들로부터 놀림을 받을 수 있다.

통증. 뼈나 관절 부위, 그리고 수술 부위에 통증이 온다. 그러나 많은 아동이 학교에서 아픈 것을 참으려고 한다. 통증이 있으면 아동이 말을 하지 않아도 표정이나 행동으로 알 수 있으며 대부분의 아동은 진통제를 가지고 다닌다. 진통제를 복용하도록 권하는 것도 도움이 된다. 학교생활 중 운동이나 과격한 신체 운동으로 인한 통증이 심해지는 것을 방지해야 한다.

운동 기능 장애. 팔, 다리 부위에 치료를 받은 경우 보행이 어려워서 휠체어나 보조도구에 의존하는 경우가 많다. 또한 학교에는 계단이 많고, 화장실이 좁아서 학교생활이 너무 어려울 경우가 있다. 소아암 학생이 복귀할 경우 미리 1층에 있는 교실을 배정받는 것이 도움이 된다.

청력 감퇴. 고용량 항암제나 약물복용의 부작용은 치료의 후유증으로 청력 감퇴가 올 수 있다. 수업 시간에 설명을 듣기도 어렵고, 친구들과의 대화에도 어려움을 경험할 수 있다. 교사가 건강장애 학생들을 앞자리에 앉도록 배려하면 수업에 좀 더 집중할 수 있다. 필요에 따라 녹음기를 사용하거나 옆에 앉는 친구에게 알림장을 확인해 줄 것을 부탁하여 수업 내용이나 다음 날 준비물에 누락 사항이 없도록 할 수 있으며 청력 감퇴는 영구적일 수 있다.

피로. 건강장애 학생들은 전반적인 기력의 감퇴로 하루 종일 학교생활을 하기가 어렵다. 처음에 학교에 복귀해서는 한 시간 동안을 집중하기가 어렵다. 또한 체육 시간에 또래들과 같이 어울릴 수 없는 것도 학생에게는 큰 스트레스가 된다. 초기에 너무 힘들어하면 보건실에서 자주 휴식을 취하도록 한다. 또한 처음부터 하루 종일 학교생활을 하는 것보다는 아동의 상태를 고려하여 오전에만 참여하고, 점차 시간을 늘여가도록 하는 것도 도움이 된다.

감염의 위험성. 특히 아동이 치료 중에 학교에 복귀한 경우, 낮은 백혈구 수치는 감염에 취약하다. 그러므로 교사는 소아암 아동에게 마스크를 착용하도록 하고, 친구들에게 손 씻기를 교육하여 개인위생을 관리하는 것이 필요하다.

2) 정서 및 행동 변화

우울 및 불안. 달라진 외모에 대한 주위 사람들의 반응에 대한 걱정과 두려움이 불안을 야기한다. 학생들은 학교 복귀 후에 본인의 학습 능력이 학업진도를 맞추어 나가기에 부족하다는 것을 알게 되면서 좌절감과 불안을 경험하게 되고, 교사의 설명을 이해하지 못하면서 좌절감과 학교생활에 대한 흥미를 잃어가면서 눈에 띄게 우울해지는 것을 볼 수 있다. 가족들에게 복습과 예습을 도와주도록 당부하고 학생에게 칭찬과 격려를 자주해 주는 것이 좋다. 많은 연구에서 소아암 아동이 학교생활에 성공적으로 적응하는 데 가장 큰 역할을 하는 사람은 부모가 아니고, 교사라고 보고하고 있다. 교사의 관심과 격려가 학생에게 어려움을 극복할 수 있는 큰 힘이 된다.

공격적 성향. 학생들은 치료의 부작용과 신체적 피로로 인하여 짜증을 내거나 과도하게 화를 내며 때로는 손으로 때리거나 발로 차는 등의 폭력적인 행동을 보이는 경우가 있다. 또한 부모의 과잉보호로 인해서 감정조절이 미숙하거나 참을성이 부족해서 공격적 성향이 나타날 수도 있다. 아동의 언어나 행동이 폭력적이 될 경우에는 바람직하지 않다는 것을 알려준 후에는 혼자 생각할 시간을 주는 것이 좋다. 폭력적인 행동 대신에 아동이 감정을 표현할 수 있는 방법에 대하여 아동과 의논하는 것도 도움이 된다. 단체 생활을 하기에 어려울 정도라고 판단되면 부모에게 개별적인 상담을 받는 것은 제언해야 한다.

사회적 고립. 학교에서 친구 관계가 원만하지 못하면 아동은 두통이나 피곤함을 이유로 학교에 가지 않으려고 한다. 새롭게 복귀하는 학급에 전에 알던 친구가 한 명도 없고, 유급이 된 경우에는 학급친구와의 관계가 더욱 어색할 수 있다. 앞으로 친구들을 어떻게 사귈지, 모르는 아이들 사이에서 위축되는 경우가 많다. 친구들과 어울리지 못하는 이유가 때로는 치료를 받는 중에 또래들의 흥미를 끌었던 사건이나 속어 같은 것을 모르고 있거나, 게임을 하지 못하는 것과 같이 작은 일인 경우가 많다. 교사는 학급 친구들 1~2명을 정해서 가깝게 지낼 수 있도록 하는 것이 도움이 된다. 교사가 아동과 자주 이야기하고, 어려워하는 것이 있을 때, 적극적으로 해결해 주는 것이 학생들에게 도움이 된다.

자아정체감 혼돈. 학령기 학생은 또래들과 비교하며 '나는 어떤 사람인가?'라는 생각을 자주 하게 된다. '나는 환자이고, 다른 아이들보다 잘 하는 것은 아무 것도 없어.'라는 생각을 자주하게 되며 심한 열등감을 갖게 되고, 원하는 일이 되지 않을 때마다 '그것 봐, 나는 역시 아무 것도 할 줄 아는 것이 없어.' 라고 생각하며 의욕을 상실하게 된다. 아동은 점점 내성적으로 변하고, 새로운 것을 시도하려는 노력조차 하지 않으며 친구들 사이에서 위축된 행동을 나타낸다. 또한 병의 재발에 대한 걱정과 두려움 때문에 혼자서 고민한다. 처음에는 자기의 주장을 내세워 보기도 하지만 자주 울거나, 감정을 조절하지 못하는 경우가 많다. 이러한 정서 및 행동 변화에 대처해 나갈 수 있는 전문가는 바로 부모님과 학교교사이다. 대부분의 학생은 행동을 통해 자신의 감정과 생각을 표현한다. 학생의 성격에 따라 겉으로 보기에 아무런 문제가 없어 보이기도 하지만, 많은 경우에 조용한 아동은 점점 더 조용해지고, 활발한 아이는 점점 더 과격해진다. 힘들면 잠을 잘 못자는 학생이 있는가 하면, 너무 많이 잠을 자는 학생도 있다. 두통이나 복통을 호소하고, 하루 종일 피곤해 하거나 슬퍼 보일 때도 있다. 학생도 이러한 모든 변화에는 관심과 도움이 필요하다. 학교생활을 하면서 아동이 혼자 부딪히며 고민할 것들이 많아진다. 따라서 아동이 신뢰하는 성인과의 효과적인 의사소통이 요구된다. 학교에서 다른 학생들 때문에 어렵다면 컴퓨터를 이용한 이메일이나 문자사용도 좋은 방법이다. 학생이 고민하는 문제가 아무리 작은 것이라도, 해결방법을 같이 의논하고, 관심 있게 들어준다면 학생은 그 과정을 통해서 자신감을 갖게 되고 스스로가 가치 있는 사람이라고 생각하게 된다. 친한 친구나 선배, 혹은 소아암 청소년 모임 등에 참석하는 것은 이런 문제를 가지고 고민하는 사람이 혼자가 아니라는 것을 강조할 수 있기 때문이다.

3) 학업성취에 미치는 영향

치료로 인한 신체변화와 학교에서 학습수행에 미치는 문제들은 소아암학생 뿐만 아니라 체력이 약하거나, 장기간 학교 수업을 받지 않았던 학생이면 누구에게나 나타날 수 있다.

인지능력의 저하. 두경부 방사선검사의 후유증으로 지능지수가 낮아질 수 있다는 보고가 있으나 걱정할 수준의 현저한 변화는 아니다. 학생의 정서적 장애가 더 심각한 문제로 여겨지고 있다. 지능검사 및 각종 심리 검사를 통해 학생의 상태를 보다 객관적으로 파악해서 개별적인 상담을 받는 것이 바람직하다. 소아당뇨는 심각한 과소혈당 때문에 학업수행과 집중에 어려움을 갖고, 학교에서 운동할 장소가 없거나 시간의 부족, 혈당검사나 주사를 할 적당한 장소의 부족으로 인해, 학업수행에 문제를 갖게 된다(권태연, 2003).

집중력 및 기억력 감퇴. 학습한 내용이나 준비물에 대한 지시 사항을 쉽게 잊어버릴 수 있으므로, 노트와 메모장에 꼼꼼히 기록하는 습관을 기르도록 해야 한다.

빨리 읽거나 정확히 읽기 어려움. 빨리 읽거나 정확히 읽기 어려우므로 재촉하지 말고 천천히 시간을 갖고 읽도록 한다. 정확히 읽었을 때 칭찬해준다.

뒤처진 수업진도. 학교 복귀 초기에는 진도에 따라 가기가 어렵다. 방과 후에 학급친구들과 부모가 도울 수 있도록 하는 것이 좋다.

칠판에 있는 내용 보고 쓰기 어려움. 칠판에 있는 내용 보고 쓰기 어려울 때가 있으므로 교사가 유인물을 주거나 방과 후에 친구 노트를 복사하는 것이 좋다(Helen Longton, 2000).

4. 교육적 지원

건강장애 학생은 병원치료가 장기화하고 정상적인 생활을 하는데 어려움이 있는만큼 그들에 대한 교육적 프로그램은 병원학교, 순회교육 및 일반학교에서의 교육이 학생의 필요에 따라 제공되어야 한다. 병원학교란 장기입원이나 장기 통원치료로 인하여 학교교육을 받을 수 없는 학생들을 위해 병원내에 설치된 학교를 말한다. 현재 우리나라의 병원학교는 교사 1인이 운영하는 파견학급 형태이며 여러 학교급, 학년의 학생이 함께 공부하기 때문에 수요자인 학생의 입장을 고려하여 병원학교로 통칭된다. 병원에 따라 교육청에서 파견한 학급 형태로 운영되는 경우 특수교사가 1인 파견되어 있고, 교육청과의 협약을 통해 일부 지원받고 있으나 병원자체로 운영하는 병원학교가 있다. 병원학교별 학생 및 운영 현황은 표 14.5에 있다. 순회교육은 교사가 건강장애 학생의 가정이나 병실을 방문하여 지도하는 교육형태로 건강장애 학생의 부모들은 자녀에게 필요한 교육제도 형태 중 교사가 매주 2-3회 가정을 방문하여 지도해주는 순회교육을 선호한다(김은주, 2008). 또한 학교복귀와 화상강의의 방법으로 학교로 돌아가기를 원하며 가능하면 같은 또래와 상급학교나 학년으로의 진학 혹은 진급을 원한다.

1) 교사의 준비

힘든 치료를 받는 중에도 건강장애 학생은 학교를 그리워하고 학교생활에 대한 기대를 하게 된다. 그러나 학교 복귀가 가까워질수록 많은 두려움과 스트레스를 받게 된다. 학교 복귀 초기에 교사는 여러 가지 준비를 해야 학생이 성공적으로 학교생활에 적응할 수 있게 된다. 교사는 학급학생들이 학교로 복귀하는 건강장애 학생과 병에 대해 편견 없이 받아들이고 도와줄 수 있도록 교육환경을 조성해야 한다. 건강장애 학생이 학교 복귀 시 겪게 되는 변화에 자연스럽게 적응하기 위해서는 학급 친구들에게 아동의 의학적 상태에 대한 구체적인 정보를 주는 것이 필요하다. 그러나 학생과 가족이 질병에 대해 모든 것을 알리기를 원하지 않는다. 건강장애 학생 개인에 따라 적극적으로 자신의 질병 경험에 대해 말하길 원하는 학생이 있는 반면, 과거 자신의 경험과 병에 대해 알리기를 거부하는 경우도 있다. 때로는 부모가 아동에게도 질병을 숨긴 채 치료를 받게 하여 완치할 때까지도 학생은 그저 많이 아팠다는 사실만 알고 학교로 복귀하는 경우도 있다. 주로 내용으로는 질병에 대한 일반적인 정보, 치료과정, 치료에 따른 신체적 변화, 건강장애 학생을 도울 수 있는 방법 등이다. 무엇보다도 병이 전염된다든지, 걸리면 누구나 죽는다는 등의 또래 아동들의 잘못된 인식을 바로잡아야 한다. 건강장애 학생들을 위한 교육지원의 과정은 다음 그림 14.2와 같이 진행할 수 있다.

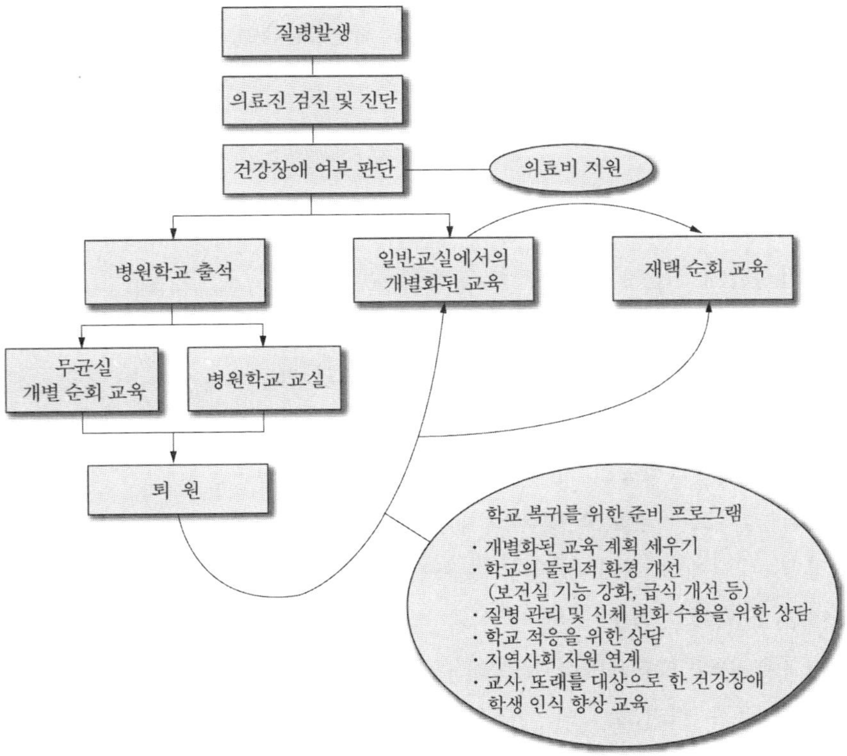

출처: 박은혜 · 박지연 · 노충래, 2005. p. 286.

그림 14.2 건강장애 학생을 위한 교육전달체계

2) 수업 시 배려

담임교사는 학생의 뜻을 최대한 반영하는 것이 중요하다. 학생이 교과서를 매일 가지고 다니는 것이 힘들 수 있으므로 교과서를 2권씩 준비하여 학교 사물함에 두고 다니게 하면 학생에게는 큰 도움이 된다. 학생의 청력감퇴와 집중력 감소 등을 고려하여 교실의 앞자리에 앉을 수 있도록 배려하는 것이 학생에게 도움이 된다. 수술이나 항암치료의 후유증으로 거동에 제한을 받는 학생은 휠체어를 사용해야 하므로 1층에 위치한 교실을 사용하도록 배려를 하는 것이 학생에게 도움이 된다. 뇌종양 치료를 받은 학생은 치료 부위에 따라 인지나 운동기능에 영구적인 장애가 생길 수 있다. 담임교사의 특별한 격려와 배려가 필요하다. 축구나 피구를 할 경우에는 심판을 보도록 하여 학생이 학급 친구들과 같이 어울릴 수 있도록 도와주는 것이 좋다. 학생이 피로를 호소할 경우 보건실에서 잠시 쉬도록 해 준다. 다음과 같은 배려를 해줌으로써 학생이 학교수업에 더 적응하기 쉽다.

- ○ 수업시간에 질문할 때 충분한 시간을 준다.
- ○ 반복적인 질문이나 문맥의 의미를 되묻는 질문에 칭찬해 준다.
- ○ 이미 알려줬던 것을 잊어버렸다고 꾸짖지 않는다.
- ○ 필요한 만큼 조금씩 정보를 준다.
- ○ 결과보다는 과정동안 노력을 칭찬해 준다.
- ○ 관심을 갖고 지켜보고 있음을 항상 주지시켜 준다.
- ○ 청력, 시력에 문제가 있거나, 혹은 집중하기 힘들어 한다면 소음이 적은 곳이나 교사와 가까운 곳에 앉을 수 있도록 배려해 준다.
- ○ 능력에 따라 학습과제를 조절해 준다.
- ○ 수업내용을 필기하는 데 어려움이 있을 경우, 녹음기 사용을 허락해 준다.
- ○ 언어능력에 어려움이 없을 경우 숙제 제출시 녹음테이프를 배려해 준다거나 시험시간에도 구두시험을 볼 수 있도록 배려해 준다.

3) 그 밖의 여러 상황에 대한 배려

놀림. 항암치료로 인해 머리카락이 빠져서 모자를 쓰고 마스크를 쓴 경우, 모자를 벗기거나 "빡빡이", "마스크맨"이라고 놀리기도 한다. 건강장애 학생과 관련된 정보, 병명과 예후, 현재 건강상태, 학교에 요구되는 사항과 주의사항 등 필요한 정보에 솔직하고 간단명료하게 아이들의 눈높이에 맞추어 교육하는 것이 중요하다. 건강장애 학생을 도와주는 방법은 놀이에 끼워주기, 친구랑 방과 후 같이 숙제하기, 다른 반 학생들이 놀릴 때 잘못된 정보를 바로 잡아주기, 입원치료로 인해 결석하는 동안 편지하기, 친구입장에서 먼저 생각하고 양보하기 등이다.

친구가 없어 외로운 학생. 쉬는 시간에 모두들 놀고 있을 때 혼자 자기자리에만 앉아 있거나 친구들과 같이 놀지 못하는 것에 치료가 끝난 후에도 학교생활에 가장 힘들어하는 부분이며 적응하기 어려운 부분이다. 학생들은 공부를 못해서라기보다는 친구가 놀리거나 친구가 없어서 학교에 가길 싫어한다. 따라서 담임교사는 건강장애 아동을 격렬한 놀이에서 기다려주거나 배려해 주도록 같은 학급학생들을 지도하는 것이 필요하다.

공부를 잘 하고 싶은 학생. 학령기 학생은 무엇이든 열심히 하고 남들로부터 인정을 받고 싶어 하는 욕구가 강하다. 마찬가지로 학령기 건강장애 학생도 학업능력에 대해 좋게 평가받기를 원한다. 학업능력을 유지하는 것은 또래와 다르지 않다는 생각을 갖게 한다. 학생의 학습능력을 사정, 평가하여 그에 따라 적절하게 도움을 주어야 한다.

병원학교의 운영. 병원학교는 장기적인 결석이 불가피한 만성질환 학생의 교육의 연속성을 위해 병원 내에 설치된 학교로, 우리나라에 2011년을 기준으로 32개 병원에 개설되어 있다. 장기간 병원에 입원하고 있는 학생들이 병원학교에서의 학교생활 경험이 치료효과를 증진시킴으로 병원의 의료진들은 병원학교 설치 운영에 적극적이며 일부 병원에서는 의료진들의 자발적인 참여로 어린이 병원학교를 설치・운영하기 시작하였다(김은주, 2006, 유일영, 2006). 현재 입원 아동들에게 제공되는 교육 형태는 병원사정에 따라 다양하다. 주로 병원학교 내에 퇴직교사나 자원봉사자 교사가 배치되어 수업시간표에 따라 다양한 교육을 제공한다. 아픈 아동의 체력 여건에 따라 직접 학교에 가서 교육을 받기도 하고, 때로는 교사가 직접 아동의 병실을 방문하기도 한다.

병원학교가 소속된 지역사회나 학교나 협약교육청 등의 관리 하에 수업확인증명서를 발급하면 아동의 소속 학교에서는 이를 출석으로 인정하도록 하고 있다. 학생당 1일 적정 교육시간은 의료진과 협의하여 조정하되 초등학교는 1시간 이상, 중·고등학생은 2시간 이상을 1일 최소 수업시간으로 하여 병원학교 출석을 정규학교 출석으로 인정해 준다.

병원학교 외에 사이버 가정학습 서비스 및 화상강의 시스템이 현재 시범운영 중에 있다. 컴퓨터나 개인용 휴대단말기를 통하여 개인별 학년과 학력 수준에 맞게 학습 서비스를 제공받을 수 있다. 특히 중·고등학생의 경우에는 화상강의 시스템을 통해 개별지도를 받을 수 있는 점이 유용한 것으로 평가되고 있다.

표 14.4 병원학교 현황

(단위 : 교, 명)

학교수	월평균 학생수	교사 및 담당자수	병원명	
			교육청 소속 병원학교 (21개)	교육청과 병원간 협약 및 병원자체 운영 병원학교 (11개)
32	1,190	57	부산대병원, 동아대의료원, 인제대부산백병원, 영남대의료원, 대동병원, 경북대병원, 가천의대부속길병원, 인하대부속병원, 충남대병원, 울산대병원, 국립암센터, 강원대병원, 강릉아산병원, 충북대병원, 단국대천안병원, 전북대병원, 화순전남대병원, 경상대병원, 국립부곡병원, 양산부산대병원, 전남국립나주병원	서울대병원, 세브란스병원, 한양대병원, 서울아산병원, 삼성서울병원, 국립서울병원, 서울시립어린이병원, 한국원자력병원, 서울성모병원, 경희대의료원, 서울고대구로병원*

출처: 교과부 2011 연차보고서

표 14.5 병원학교별 학생 및 운영 현황

(단위 : 명)

시도	병원명	월평균 이용학생수	건강장애 학생수	담당 특수교사수 (서울지역은 담당자자격 및 수)	보조원수
서울	경희의료원	6	-	사회복지사 4	10
	세브란스병원	102	77	중2급정교사 1, 보건교사 1	인턴교사1
	고려대구로병원	100	29	복지사 1	치료사2
	원자력의학원	20	12	초등교사 11	1
	서울대병원	262	262	평생교육사 1	관리교사 1, 공익 3
	서울아산병원	8	8	초중등교사 8	2
	삼성서울병원	65	60	중등교사 1	
	서울성모병원	93	93	의료사회복지사 1	
	서울어린이병원	47	28	초등특수교사 1	
	국립서울병원	58	28	중등교사 1	1
	한양대병원	16	16	사회복지사 1	1
부산	부산대병원	13	10	1	1
	동아대의료원	13	1	1	-
	인제대부산백병원	110	34	1	1
대구	영남대의료원	25	33	1	-
	대동병원	10	3	1	-
	경북대병원	13	30	1	-
인천	길병원학교	40	1	1	-
	인하대병원학교	23	2	1	-
대전	충남대병원	6	15	1	2
울산	울산대병원	25	33	2	2
경기	국립암센터	16	16	2	-
강원	강원대학교병원	20	5	1	1
	강릉아산병원	5	2	1	1
충북	충북대학교병원	11	10	1	-
충남	단국대병원학교	10	5	1	1
전북	전북대학교병원	9	14	1	1
전남	화순전남대병원	18	49	2	1
	국립나주병원	6	6	1	-
경남	경상대병원	15	7	1	-
	부곡병원	8	7	1	1
	양산부산대병원	17	16	2	-
계	32	1,190	912	57	34

출처: 교과부 2011 연차보고서

제15장

영 재

한국은 1974년 평준화교육정책이 시작되었는데 그 평준화정책의 부작용에 대한 대책으로 영재교육의 필요성이 대두되었다(정영수, 1984). 그러나 법적으로는 1997년에 교육부가 교육기본법 1992조 및 1999조에 영재교육을 의무조항으로 포함시키고, 2000년 1월에 「영재교육진흥법」을 제정·공포하였다. 이 법의 목적은 199조에 '재능이 뛰어난 사람을 조기에 발굴하여 능력과 소질에 맞는 교육을 실시함으로써 개인의 타고난 잠재력을 계발하고 개인의 자아실현을 도모하며, 국가와 사회의 발전에 이바지하게 함을 목적으로 한다'고 하였다. 2002년 4월에 「영재교육진흥법 시행령」이 공포됨에 따라 전국 초·중등학생을 대상으로 법적장치 아래 제도적인 영재교육이 실시되었다.

1. 정 의

영재성이나 재능은 어떤 의미에서는 지적장애와 마찬가지로 우리가 정의하기 나름이다. 어떤 사람은 한동안은 영재라고 판단되어도 다른 때에는 영재가 아닐 수도 있는데 인위적인 정의에 따라 바뀔 수 있기 때문이다. 즉, 어떤 정의는 더 논리적이고 더 정확하며, 더 유용하다거나 어떤 정의가 절대적으로 더 정확하다고 말하기 어렵다. 우리는 영재와 재능이라는 개념에 대하여 더 연구해야 하고 정의를 내릴 수 있기 전에 영재아를 파악하려는 이유부터 더 생각해볼 필요가 있다는 주장도 있다(Sternberg, 2009; Lohman, 2006). 영재라는 용어 자체도 매우 혼란스러워 영재 이외에도 어떤 면에서 우수한 사람들을 지칭하는 여러 용어로는 신동, 귀재라는 용어도 사용하며 학문분야에서 우수한 사람을 영재(gifted), 예능 분야에서 우수한 사람을 재능인(talented)이라고 구분하기도 하며 능력과 재주가 뛰어난 사람을 영재와 재능인(gifted and talented)이라는 용어로 부르기도 한다. 조숙, 통찰, 천재, 창의력, 재능, 영재와 같은 용어에 대한 설명을 다음과 같이 정리할 수 있다:

- 조숙이란 말은 눈에 띄게 일찍 발달하는 것을 말한다. 조숙한 아동들은 언어, 음악, 수학과 같은 영역에서 매우 어린 시절에 영재성이 발달한 사람이다.
- 통찰력이란 부적절한 정보로부터 적절한 정보를 가려내어 새롭고 유용한 방식으로 정보를 조직하거나 기존의 정보와 새 정보를 종합하여 독창적이며 생산적인 방법으로 조직할 수 있는 능력이다.
- 천재란 어떤 영역에서도 특별한 적성과 능력을 보여주는 것을 말한다. 매우 희귀한 지적능력과 창의력을 보여준다.
- 창의력이란 새롭고도 유익한 아이디어, 새롭고 중요한 관계를 파악하는 감각 혹은 이전에는 생각 못했던 중요한 문제를 질문할 수 있는 능력을 말한다.

- 재능이란 특별한 능력, 적성, 혹은 성취를 말한다.
- 영재란 인지적으로 우수하고, 창의적이고 동기력이 대부분의 아동들과 다르게 뛰어나서 사회에 특별히 가치있는 공헌을 할 수 있다.

1) 「영재교육진흥법」의 정의

「영재교육진흥법」 제 2조의 정의는 다음과 같다.

> 영재란 재능이 뛰어난 사람으로서 타고난 잠재력을 계발하기 위하여 특별한 교육이 필요한 사람을 말한다.

보다 구체적으로는 '고등학교 과정이하의 각급 학교에 취학한 자 중에서 일반지능, 특수학문적성, 창의적 사고능력, 예술적 재능, 신체적 재능, 기타 특별한 재능 중 각각에 대하여 뛰어나거나 잠재력이 우수한 사람 중 영재판별 기준에 의거하여 판별된 사람을 영재교육 대상자로 한다고 규정하고 있다(김태서, 2007). 또한 제 5조에는... '영재교육기관의 장은 위의 영재교육대상자를 선발할 때 저소득층 자녀, 사회적 취약 지역 거주자 등 사회적·경제적 이유로 잠재력이 충분히 발현되지 못한 영재를 선발하기 위하여 별도의 선발절차를 마련하는 등의 조치를 할 수 있다.'고 정하여 현재 능력을 보이는 사람과 잠재력이 있는 사람을 모두 포괄하고 있다. 그러나 우리나라의 영재 정의에는 아직도 인지적인 측면과 기술적인 측면에서 규정하고 있고 인성적 측면의 지도력(leadership)분야의 영재성이 제외되어 있으므로 앞으로 이 영재정의는 확장되어 재규정될 필요가 있다.

2) Marland와 미국교육국의 정의

Marland(1972)는 다음과 같이 정의하고 있다.

> 영재란 뛰어난 능력의 소유자로서 앞으로 많은 업적을 이룩할 수 있는 가능성이 있다는 것

을 전문가가 인정하는 사람으로 그 자신과 사회에 기여하기 위하여 정규교육과정이 제공하는 것 이상의 변별적인 특별교육 프로그램이나 도움을 필요로 하는 아동이다.

이 Marland의 정의를 바탕으로 하여 미국 교육국은 다음 6개 분야에서 능력이 있다는 것을 보여주었거나 가능성이 있는 아동을 영재로 판단한다.

1. 일반지적능력
2. 특수 학문 적성
3. 창의적/생산적 사고
4. 지도력
5. 시각 및 무대예술 재능
6. 신체/운동 능력

3) Renzulli의 영재정의

미국 교육국의 정의 다음으로 널리 사용되는 영재의 개념은 미국 코네티컷 대학 교수이자 미국 연방정부의 국립영재교육 연구소 소장인 렌쥴리(Renzulli)에 의한 정의이다. 렌쥴리의 정의는 영재란 타고난 능력이외에 집중력과 창의성을 가지고 있는 사람으로 정의하여 평균이상의 능력, 높은 창의성, 높은 과제집착력을 영재의 요소로 보았다. 특히 세 요소를 갖추어야 하지만 세 가지 특성에서 모두 대단히 뛰어나야 할 필요는 없으며 한 특성에서 적어도 상위 2% 이내에 속해야 하지만 나머지 특성에서는 상위 15%이내면 된다고 본다. 렌쥴리는 다음 그림 15.1과 같이 정의하고 있다.

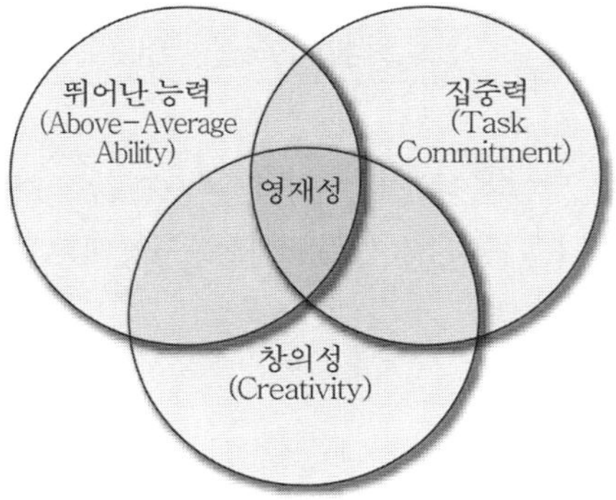

출처: 김태서, 2007, p. 13.

그림 15.1 Renzulli의 영재개념도

그러나 아직 영재가 무엇인가에 대한 일치된 동의가 부족하기 때문에 정의를 일괄적으로 내리기 어려우며 일반적으로 영재의 정의는 (1) 일반적 지적기능, (2) 특정 학업적성, (3) 창의적 사고능력, (4) 미술이나 행위예술의 탁월한 능력, (5) 지도능력을 포함한다. 영재란 사고능력에서 양적이며 질적인 차이를 말한다. 영재는 매우 열심히 하고 동기가 높다. 물론 양 자체만으로 영재를 만들지는 않고 양의 질이 문제이다. 영재는 일반인보다 더 많이 생각하고 더 열심히 하는데 우리들보다 질적으로 생각도 높고 하는 수준도 높다(Huefner, 2006). 또한 영재성이란 문화적 가치에 근거한다. 영재성은 여러 다른 능력이며 그 능력을 측정하는 방법이 다 다르다. 영재성이 무엇인지 어떻게 측정하는지는 문화가 무엇을 가치있게 생각하는지와 무엇을 믿는지에 따라 다르다. 대부분의 전문가는 지능이 영재성의 전부가 아니라고 생각한다. 대부분의 지능검사는 연역적으로 추론하는 능력을 측정하고 옳고 틀리는 하나의 답에 도달하는 검사를 하는 반면, 창의력검사는 여러 잠재적인 답을 요구하여 창의력이 영재정의에서 매우 주요한 주제이다(Hanshon, 2006). 한편 Sternberg와 Zhang(1995)은 영재성에 다음 5가지 범주를 제시하고 영재성을 정의하는 기준으로 하였다.

1. **탁월성.** 개인은 한 두 영역의 수행에서 일반 학생들보다 우수하여야만 한다.

2. **희소성.** 매우 소수의 동급생들이 그러한 특성을 보인다.
3. **실행력.** 그 우수성을 실제로 실천해 보이고 그 희소성의 능력은 타당한 검사에 의하여 측정된다.
4. **생산성.** 개인의 수행은 어떤 것을 생산할 수 있는 잠재력을 보인다.
5. **가치성.** 개인의 수행은 사회에서 매우 가치롭게 평가된다.

2. 영재성의 판별

1) 일반적인 판별

영재성을 파악하는 가장 보편적인 방법은 지능검사, 표준화 성취도검사, 교사추천, 부모추천, 동급생추천, 자기추천의 방법이 있고 학생의 활동과 작품에 대한 평가방법이 있다. 사실 전통적인 측정방법, 검사에 의한 접근방식을 모두 버려서는 안 된다는 비판이 있으며, 이에 덧붙여 모든 문화와 인종그룹, 사회그룹에 공정한 판별방식을 고안하고 다문화적인 차이를 인식하며 여러 사회경제적 위치, 언어, 가치를 파악하는 것이 중요하다. Hunsaker와 Callahan(1995)은 공정을 기하기 위하여 여덟 가지의 원칙을 제시하였다.

1. 측정은 협소한 재능개념을 넘어야 한다.
2. 별도의 적절한 판별전략으로 영재의 여러 다른 면을 파악해 내야 한다.
3. 신뢰성있고 타당한 도구와 전략이 사용되어야 한다.
4. 적절한 도구가 제대로 서비스되지 못한 사람들을 위하여 사용되어야 한다.
5. 각 아동은 어떤 측정에서는 점수의 한계를 인식하는 개별적 존재로 보아야 한다.
6. 복합적-측정/복합적 기준으로 접근되어야 한다.
7. 개별 케이스 연구의 가치와 복합적인 점수의 제한성에 대한 이해가 있어야 한다.
8. 개별 학생의 요구와 능력에 따라 파악되고 배치되어야 하며 서비스제공의

수에 초점을 두어서는 안된다.

현재 우리나라에서는 교사추천, 논리력, 창의력 및 면접 등을 통하여 영재를 판별하고 있다. 현행 우리나라 판별과정은 다음 표 15.1과 같다.

표 15.1 현행 우리나라의 판별방식

구분	현행	앞으로의 변경 방향
1단계	교사추천	교사추천 강화*
2단계	논리적 사고력 검사	영재성 검사 (창의성 · 지능 · 동기 강화)
3단계	창의적 문제해결력 검사 (수학, 과학, 정보과학)	해당 분야 적성 검사 (수학, 과학, 정보과학, 예술 등)
4단계	면접	면접(심층 면접, 캠프 등)

* 교사 추천 양식(학생 행동 관찰 기록, 학부모 지원서, 학생 자기 보고서, 각종 심리검사 결과 등 포함)을 근거로 종합 · 판단

출처: 교육인적자원부, 2007.

한편 렌쥴리(Renzulli)는 각종 표준화 검사 결과에서 높은 점수를 받지 못한 학생들 중에서 영재로서의 특수한 잠재력이 있는 학생들이 있을 수 있음을 지적하고 표준화검사결과, 교사의 추천, 심화학습과정 및 결과 등을 종합적으로 고려하여 판별하여야 한다고 주장하였다. 렌쥴리(Renzulli)가 주장하는 판별절차는 다음 표 15.2와 같다.

표 15.2 렌쥴리(Renzulli)의 영재판별

단계	방법	대상
1단계	지능, 학업성취, 적성 등의 표준화 검사에 의한 판별	영재 학생수의 50%를 각종 표준화 검사점수로 선발
2단계	교사추천	영재 학생수의 50%를 표준화검사가 아닌 추천 및 그 외의 다양한 방법으로 선발
3단계	다양한 대안적 선발방법	
4단계	특별추천	
5단계	부모추천	
6단계	탁월한 학생 행동정보에 기초한 추천	

출처: 신득수, 2011, p. 13.

2) 지능의 개념

인간 지능에 대하여 하나의 지능지수를 나타내어 변할 수 없는 것으로 생각하는 이전의 일반지능개념을 더 이상 받아들이지 않게 되었다. Sternberg(1997)는 영재의 3부분을 시사하는 지능의 이론을 설명하여 분석적, 창조적, 실천적 지능을 설명하고 있다.

- **분석적 지능**이란 문제를 여러 부분으로 나누어 이해하는 능력이며 전통적인 지능검사에서 측정될 수 있는 기술들이다.
- **창조적 지능**이란 통찰력, 직감력, 창의력 혹은 새로운 환경에서 적응하는 능력으로 예술과 과학에서의 높은 성취와 관련되는 기술이다.
- **실천적 지능**이란 분석적, 창조적 능력을 활용하여 일상생활의 문제를 풀 수 있게 하는 능력으로 성공적인 직업을 성취한 사람들이 보이는 기술들을 말한다.

(H. Gardner, 1943~)

오늘날 다중지능이 매우 중요시된다. 하버드 교육대학원 교수인 Gardner는 대부분의 지능검사가 언어적, 논리적인 내용과 일부 공간적 지능만을 평가하고 있으며 다른 타입의 지능을 무시하고 있다고 주장한다. 그는(1983; 1993) 초기에는 7개의 지능으로 언어지능, 논리-수리지능, 공간지능, 음악지능, 신체운동지능, 대인지능, 개인내 성찰지능을 포함하고 그 이후 자연지능을 첨가하여 8개의 지능을 강조하였으며 일반적인 지능검사는 언어지능, 논리-수리지능과 공간지능만을 검사하고 있기 때문에 인간지능을 제대로 파악하지 못하는 검사라고 개인지능검사를 부정하였다. Gardner는 비표준화된 방법으로 여러 상황에서 개인을 관찰하여 각자의 특징과 강점을 파악하는 방법으로 적성을 파악하여야 함을 강조하였다. 그러나 AAIDD 기관(미국

지적·발달적 장애협회)은 2010년 제 11차 지적장애의 정의를 제시하면서 Gardner의 지능이론은 아직 경험자료에 의한 타당성이 부족하고 그 이론을 바탕으로 한 검사도구가 부족하기 때문에 현재 사용되고 있는 개인 지능검사도구를 사용하는데 동의하고 있다(aaidd, 2010).[1]

3) 출현율 및 수혜율

어느 정도 우수한 것이 영재 혹은 재능인으로 간주할 수 있는가? 비교그룹에 비하여 50%, 80%, 90%, 혹은 99% 더 잘 하는 것이 영재인가? 특별한 재능 학생의 수는 영재의 준거에 따라 그 수가 달라질 것이다. 인구의 몇 %가 특별한 재능인으로 간주될 수 있을까? 보통 3-5%가 영재 혹은 재능아로 구분될 수 있다. 이 영재의 출현율은 정의가 사용되는데 따라 달라진다. 영재가 상위 x%라고 정해지면 출현율은 그에 따라 정해질 수 있다. 물론 x%가 전국 샘플의 퍼센트이면 학교 혹은 문화 그룹 안의 영재아 비율은 수행에 사용되는 기준에 상관없이 비교 그룹에 따라 달라질 수 있다.

미국은 2001년 연방정부의 「영재교육법(Gifted and Talented Students Act」(1988년 제정)을 재승인하고 문부성의 정의에 따라 3-5%를 영재로 판별할 수 있다. 미국의 32개주에서 영재교육 실시를 법으로 의무화 했고 10개주는 특수교육의 일환으로 영재교육을 실시하고 있다. 과거에는 극소수(1%)의 천재만을 대상으로 한 좁은 의미의 영재개념이었으나 최근에는 그 범위를 30%까지 확대하려 하고 있다(이우강, 2010). 영국은 2001년 「영재교육법」을 제정하였고, 2002년 국립영재교육원(NAGTY)을 설립하였으며 2005년 영재교육에 대한 정부비전을 제시하고 5~10%를 대상으로 영재교육을 제공하고 있다. 호주는 1991년 '영재교육전략'을 제정하여 전담부서를 설치하고 10%의 학생들을 대상으로 영재교육을

1) Gardner의 주장은 많은 교육자들의 공감과 특수교육자들에게 희망을 준 지능이론이다. 그러나 aaidd기구의 공식적인 평가는 Gardner의 다중지능이론이 증거자료의 불충분으로 받아들이지 않고 현재 사용중인 지능검사도구를 통한 지적능력 평가를 선택하였다. 이에 덧붙여 표준화도구의 여러 오류를 고려하여 지능지수의 범주로 측정의 표준오차를 고려하도록 하고 임상적 판단을 강조하고 있다.

제공하고 있다. 한편 우리나라는 영재교육의 수혜율이 초등학교는 1.11%, 중학교 1.03%, 고등학교 0.13%에 그치고 있다. 각국의 수혜율 비교는 다음 표 15.3과 같다.

표 15.3 각국의 수혜율 비교

구분	한국	미국	영국	이스라엘	싱가포르	중국	러시아
비율	0.59%	1~15%	5%	5%	1%	0.01%	1%

출처: 교육인적자원부, 2007[2].

이에 우리나라는 외국에 비하여 영재교육이 크게 부족하여 교육과학기술부(교육인적자원부)에서는 2012년까지 전체 초·중·고생의 1%(7만여명)에게 영재교육기관별로 특성화된 영재교육을 제공할 계획을 하고 있다. 앞으로의 수혜자 목표계획은 다음 표 15.4와 같다.

표 15.4 영재교육 수혜자 목표치

구 분		2008년	2009년	2010년	2011년	2012년
초·중·고 학생 수(추산)*		7,769,000	7,738,000	7,569,000	7,343,000	7,115,000
영재교육 수혜자 비율 목표치		0.8%	0.9%	1%	1%	1%
영재교육 수혜자 목표 인원	전체	62,150명	69,640명	75,690명	73,430명	71,150명
	초	33,850명	35,110명	37,890명	36,530명	34,250명
	중	27,700명	28,730명	31,000명	29,900명	28,800명
	고	3,600명	5,800명	6,800명	7,000명	8,100명

* 교육통계('07, 학년별 학생수), 통계청('07, 연령별 추계인구) 자료를 인용하여 산출

2) 한국교육개발원, 2007 인용자료 재인용.

3. 특 성

1) 개인적 특성

Terman의 영재특성에 대한 연구는 영재는 몸이 허약하고 정서적으로 불안하며 사회성이 없다는 일반적인 견해를 뒤집었다. 그의 연구결과는 다음과 같다.

1. 대부분의 영재는 신체적으로 일반 아동보다 건강하다.
2. 영재는 읽기, 언어사용, 수학적 사고력, 과학, 문학, 예술 등의 분야에서 일반아동보다 우수하다. 그러나 계산이나 철자, 역사나 사회적 사실에 대한 정보에 있어서는 우수함이 뚜렷이 들어나지 않았다.
3. 영재의 관심분야는 다양하고 즉흥적이다. 책을 즐겨 읽고 일반 아동보다 독서량이 많으며 좋은 책을 읽는다. 또한 영재들은 수집을 많이 하고 취미가 다양하다. 일반 아동보다 게임이나 놀이에 대한 지식도 많다.
4. 영재는 자신의 지식을 자랑하거나 과장하지 않는다. 그들은 속임수를 쓰지 않고 진실하다. 그들의 인성적 특성이나 사회성은 대체로 양호하고 정서적 안정 도 높은 편이다.
5. 영재들은 모든 면에서 우수하다. 영재들이 지적으로는 우수하지만 비지적 분야에서는 상대적으로 우수하지 못하다는 논리는 사실과 다르다(김태서, 2007).

지적 특수성에 있어서 영재아동들은 일반 아동들보다 문제해결능력이 우수하며 많은 양의 정보를 보유하며, 정보에 대한 기억력이 뛰어나다. 수준 높은 개념을 쉽게 이해하고 문제해결에 쉽게 활용한다. 정의적 특성으로는 자율적인 학습자세가 특징적이다(Rogers, 1986). 영재아들은 자기 자신에 대한 신념이나 자아

개념이 굳건하고 건전하며, 문제를 스스로 해결하고 자기가 가진 해답에 긍지를 갖는다(이우강, 2010).

2) 가정적 특성

가족, 학교, 더 큰 문화는 어떻게 아동의 영재성을 키울 수 있는가? 연구들은 부모들이 자녀의 영재성을 보는 관점과 관리하는 방식에 있어서 매우 다르다고 보고하고 있다(Renzulli & Park, 2002). 가정과 가족은 매우 중요하고, 특히 아동이 어린 시절에는 특히 중요하다. 매우 성공적인 사람들의 가정은:

- 가족중의 누군가가(대부분 부모중 한명 혹은 부모 모두) 아동의 재능에 대하여 개별적으로 관심을 가지고 지원을 많이 해주며 개발할 수 있게 격려를 많이 해 준 사람이 있다.
- 부모가 역할모델이 되어 특히 생활태도에 대한 모델이 되어준다(최소한 아동의 재능이 발달하는 초기에).
- 재능을 개발하는 분야와 관련된 가정의 활동에 개발하고 탐색하도록 부모의 격려가 있었다. 아동이 관심과 능력의 작은 특성들이 고무되고 보상되었다.
- 부모는 아동이 재능분야에서 배워가는 것을 언어를 배우는 것과 마찬가지로 당연시하였다.
- 가족은 재능에 대하여 기대된 행동과 가치를 보이고 아동의 발달단계에 적합한 수행에 대하여 스케줄과 표준을 분명히 하였다.
- 가르치는 일은 비공식적이고 여러 상황에서 일어났다. 초기의 학습은 탐색적이고 놀이와도 같았다.
- 가족은 또래교사/멘토와 상호작용을 통하여 아동의 수행을 인도할 수 있는 정보를 얻었다.
- 부모는 연습을 지켜보고 아동이 적절한 연습시간을 갖도록 하였고 필요한 경우 교육하고 기준을 달성하면 아동에게 강화하여 상주는 방법을 사용하였다.
- 부모는 아동을 위하여 특별교사와 특별교수를 제공하였다.

- 부모는 아동의 활동이 일반인 앞에서 표출될 수 있도록 여러 연주회, 경연대회에 참여하였다.

학교가 아동의 영재성을 양육할 수 있는 방법에 대하여서는 별 주목을 하지 않았다. 그러나 학교가 영재성을 파악하고, 교수를 위하여 그룹화하고, 교육과정을 계획하고 활동을 강화하는 것은 가장 우수한 학생들이 성취하는데 큰 영향을 미친다. 학생이 특정한 영역에서 우수함을 성취하도록 학교가 촉진하게 되면 영재성은 모든 문화적 사회경제적 그룹에서 발견될 수 있다.

3) 미성취 영재 특성

미성취 학생이란 잠재력과 성취간의 차이가 있는 학생을 말한다. 학생은 여러 가지 이유로 인하여 자신의 능력만큼 성취하지 못할 수 있는데 낮은 기대, 동기 부족, 가족상처, 혹은 기타 이유 때문이다. 많은 여성은 사회적 장벽 혹은 문화적 장벽 때문에 어떤 직종으로 진출하지 못하고 승진되지 못하여 훨씬 더 미성취된다. 소수인종 그룹의 아동들은 그들의 능력 판별과 프로그램제공의 편견으로 미성취되고, 장애가 뚜렷한 학생들은 성취를 간과하거나 기회가 거부되므로 미성취된다.

특별한 재능아 혹은 영재아의 미성취는 어떠한 그룹에서도 나타날 수 있는데 정서적 불안, 혼돈, 무관심 혹은 가정의 학대와 같은 원인이 있다. 흔히 있는 원인으로는 부적절한 학교 프로그램 때문인데, 학교활동이 이미 배운 내용이거나 교사의 기대가 낮아서, 혹은 학생의 잘못된 행동으로 평점이 낮아져서 도전적이지 못하고 따분한 수업을 받게 될 수 있다. 이러한 저성취는 부정적인 자아개념을 만들게 되고 학교에 대하여 부정적인 태도를 갖게 된다. 학생이 학교와 자신에게 대하여 부정적으로 인식하게 되면 자신이 가진 특별한 능력이 간과될 수 있다.

4) 가난, 문화적 소수 혹은 장애영재 특성

영재는 사회·경제적 지위의 고하를 막론하고 어느 가정에서나 거의 동일한 비율로 출현할 수 있다(조석희·한순미, 1986). 사회·경제적 지위가 높은 가정의 영재들은 잠재력을 계발함으로써 영재로 판별될 기회가 높다. 그러나 가난한 지역의 아동은 장난감, 읽을 자료, 여행기회, 탐색, 좋은 영양, 의료보호 및 기타 어떠한 풍요로운 가정에서 일반적으로 제공하는 유리한 것들이 없을 수가 있다. 학습을 위한 기본적인 필요사항과 기회의 결여는 지능과 창의성을 가릴 수가 있다. 도심지 아동들의 가정은 재능을 개발할 수 있는 기회와 경험을 제공할 재정적 자원이 없다. 그런데 낮은 소득의 영재아를 지원하는 것은 예산이 부족한 경우에 가장 쉽게 제거될 수 있는 항목이다(Murray, 2005). 한편 공교육차원에서 영재교육을 실시할 때 특히 혜택을 받을 수 있는 집단은 오히려 사회·경제적 지위가 낮은 가정의 영재들이다.

문화적 인종적 소수 그룹의 학생, 예를 들어 아시아 그룹은 일반 인구의 비율보다 더 많은 수가 영재프로그램에 포함되어 있다. 그러나 다른 그룹은 그 비율이 낮다. 오늘날의 가장 큰 도전은 문화적으로 다양하고 불이익의 영재 학생들을 파악하여 특별 프로그램에 포함시키는 일이다. 일부 문화적 인종적 그룹 학생들은 영재 프로그램에서 무시되어 왔다. 적절하게 판별하고 프로그램을 적용하면 비교적 모든 인종 그룹에서 비슷한 비율로 영재 학생들이 나올 수 있다. 그러나 그러한 비율은 다음과 같은 노력이 있을 때 가능하다:

- 문화적으로 민감하게 파악할 수 있는 기준을 고안하고 적용하여야 한다.
- 비율이 낮은 그룹에서 교육과 직업에 대한 열정을 일으킬 수 있는 상담제공.
- 모든 인종 그룹에서 높은 성취를 보이는 모델만들기.
- 영재 학생을 위한 프로그램에 저성취 인종 학생들 포함.
- 비율이 낮은 그룹을 포함할 수 있게 가능한 시스템 채택.
- 소수 인종 아동들의 가정에 상호관계 형성.

궁극적으로, 모든 문화와 인종적 배경의 아동들과 젊은이를 위하여 지적으로 고무시키면서 가족과 사회를 안전하게 만드는 더 큰 사회와 환경의 문제가 제기되어야 한다. 학교 밖에서의 공평한 발전의 기회는 영재학생을 위한 프로그램에 비율적으로 적은 소수인종 학생들에게 도움될 수 있을 것이다. 각국의 소외계층에 대한 프로그램은 다음 표 15.5와 같다.

표 15.5 각국의 소외계층 영재 프로그램

미국 : 영재교육법 예산 지원 하에 10개의 소외계층 프로그램 운영
※ 프로젝트 CLUE(Clustering Learners Unlocks Equity) : 인디애나주 초3~중2(초 52교, 중 15교)의 소수민족 영재학생 대상 cluster grouping 시범 운영
※ 프로젝트 SIS(Scientists-in-the Schools) : 펜실베니아주 저소득층 및 소수민족 중·고 영재학생 대상 과학교육
영국 : 사회경제적으로 소외된 지역 공립학교를 중심 영재교육 제공
※ 도시내 수월성 프로그램(Excellence in Cities Programme) : 초 2,000교, 중 1,000교 학생 150,000명 대상
※ 런던 영재교육(London Gifted and Talented) : 33개 런던 지부의 혁신적 e-learning을 기반으로 교육문제가 열악한 수도 거주 학생에게 제공
이스라엘 : 소외계층 아동에게 학습경험을 제공하고, 학습과정을 관찰하여 영재성 여부를 판별하고자 노력
※ Israel Sephardic Education Foundation : 도시 저소득층 및 소외지역 아동들에게 장학금 지급
※ 텔아비브대학의 청소년 여름대학 (Youth Summer University)
호주 : 소외계층 영재학생을 포함하여 보다 많은 영재학생 지원 위해 정부 예산증액 및 다양한 기금조성
※ Telstra Foundation Community Development Fund : 다양한 프로그램을 통해 소외계층 영재아동 지원
※ Australian Chamber Orchestra : 소외계층 음악영재 지원
한국 : 소외계층의 특성을 고려한 맞춤형 교수·학습자료 및 선발도구 개발·보급('08, 매년 교수·학습자료 6종)
※ 우리 현실에 적합한 소외계층 영재교육 프로그램 운영 모델 개발('08)
※ 소외계층 영재 프로그램 운영 다양화와 지자체, 관련 부처, 대학의 참여 활성화
※ 사이버 교육, 캠프 등 소외계층의 특성에 맞는 영재교육 프로그램 운영
※ 소외계층 수혜 현황을 영재교육기관 평가에 반영

출처: 교육인적자원부, 2007.

장애이면서 영재인 학생에 대한 교육이 부각되고 있다. 학생이 두 번 특별하다는 것은 장애가 있으면서 특별한 재능이 있는 학생들을 파악해 내는 것이며, 연구와 개발, 교사 및 다른 전문인을 양성하여 이러한 아동들을 지도할 수 있고, 그러한 학생들을 위하여 전문가간의 협력을 개선하고 그 학생들의 성인생활을 준비시키는 것이다(Gallagher, 2006).

장애아에 대한 우리의 틀에 박힌 기대는 그들의 능력을 파악하지 못하게 한다. 예를 들면 아동이 말하는 능력이 부족하거나 신체적으로 능동적이지 못하거나 지적으로 둔한 태도를 보이면, 우리는 그 아동이 지적으로 장애가 있다고 생각한다. 사실은 중증의 지적장애학생과 같은 신체특성을 보이는 학생이 지적으로 우수할 수도 있다. 이러한 사실이 인식되지 않는다면 뇌성마비나 신체장애를 가진 학생들의 재능은 무시될 수가 있다. 영재학생이면서 청각장애가 있는 학생들도 교사들이 영재의 싸인을 파악하지 않거나, 농인과 대화할 수 있는 능력이 부족한 교사에 의하여 교육될 때 그들의 언어 능력이 잘 발달되지 못하면 그들의 영재성이 간과될 수 있다. 학습장애나 주의력결핍 과잉행동장애 학생들이 지적으로 매우 탁월한 경우가 있는데 제대로 측정되지 못하면 그들의 능력이 제대로 파악되지 못한다.

표 15.6 영재이면서 장애를 가진 학생

<table>
<tr><td colspan="2">반응적 교수
특별한 재능을 가진 학생들의 요구충족
-두 번 특수한 학생들을 파악하고 교수하는 전략-</td></tr>
<tr><td>어떤 학생들이 두 번 특수한 경우인가?
장애이면서 영재를 말하는데 학습장애 혹은 뇌성마비이면서 탁월한 재능을 보이는 학생을 말한다. 불행히도 영재성은 장애성이 더 중심되기 때문에 어려울 수 있다.
그 어려움은 다음과 같은 내용을 포함.
• 가능한 영재성에는 초점 없이 장애에 초점을 둠
• 신체적, 전체적 인지기대와 연합된 전형적 기대
• 발달지체는 추상적 사고 혹은 구두적 능력과 같은 인지능력에서 뒤떨어짐
• 장애제한 때문에 이 세상 경험의 제한
• 전반적인 높은 지능과 같은 영재성의 제한적 관점
• 장애 구체적인 관점이 영재성을 가리움.
이러한 장애를 극복하기 위하여 (1) 측정 도구는 특별활동에 참여하는 정보를 포함할 것, (2) 장애 관련 정보에 덧붙여 강점 패턴을 파</td><td>장애로 인하여 영향받지 않은 부분을 비중을 높일 것.

두 번 특수한 학생들에 대한 전략
• 강점, 관심, 지적인 영재성에 초점을 두고
• 보상이 될 수 있는 전략사용을 가르치고 격려하며
• 의사소통의 제한성을 줄이고 대안적인소통 방법을 개발하고
• 건전하고 현실적인 자아개념을 형성하도록 도와 공개적인 토론을 통하여 장점과 약점을 인식할 수 있게 한다.
• 고차원의 추상적 사고, 창의력, 문제해결접근을 강조함
• 영재성과 장애성의 영역에서 개별적인 단계를 제공함
• 기대를 높이고 자기주도적인 길을 촉진시킴
• 학생의 강점에 초점을 두는 교수를 제공함</td></tr>
</table>

악하고, (3) 경험할 수 있는 기회의 측면에서 능력을 관찰할 것, (4) 검사도중에 적용과 조절을 가능하게 하고, (5) 비슷한 장애를 가진 타 학생과 비교.	

5) 여성 영재 특성

여성은 영재와 재능이 있는 학생들 중 가장 소홀한 대상이다. 오늘날 특별한 재능을 가진 여성들은 한 세대 전에는 거부되었던 교육과 직종을 선택할 수 있는 기회가 있다. 문화적인 요소는 재능있는 여성들을 발견하고 인식하는데 방해가 되었다. 여성은 전통적으로 남성의 영역이었던 학문이나 직종인 화학, 물리, 의학, 치과의와 같은 영역에 들어올 기회와 동기가 부여되지 못하였다. 여성들이 이러한 분야에 들어오면 그들의 수행에 대하여 부적절한 기준에 따라 부적절하게 강화되었다. 여성은 여러 성취 및 적성측정에서 남성에 비하여 뒤떨어지고 과학, 공학, 수학과 같은 학문이나 직업을 택하지 않는 경향이 있어왔다. 간단히 말하면 높은 지위, 권력 및 월급이 보장되는 여러 발전된 학문분야와 전문직, 직업에서 여성은 인구에 비하여 적게 분포되어 있다. 이러한 부족한 분포의 이유는 낮은 부모기대, 성역할차이에 대한 지나친 강조 및 매력의 강조, 성역할에 대한 학교와 사회의 전형성, 높은 성취 여학생에 대한 관심부족, 독립적이지 못한 것에 대한 기대와 같이 성취에 해가 되는 교육실시 때문으로 생각해볼 수 있다.

연구에 의하면 특별한 재능이 있는 여학생에 소홀하고 그들의 영재비율이 적은 문제는 이전에 생각했던 것보다 훨씬 더 복잡하다. 인종이나 문화적 소수인종의 비율이 적은 것처럼 여성이 관련된 문제는 문화적, 사회적, 정치적인 이슈와 관계가 있으며 단순하고 쉬운 해결책은 없다. 그럼에도 불구하고 특별한 재능의 여성에 대한 교육은 도전적인 코스를 택하여 모험하도록 권장하고, 그들의 능력에 맞는 직종을 택하도록 권하며 전형적인 여성의 역할을 깰 수 있는 길을 탐색하도록 격려함으로써 개선이 될 수 있을 것이다.

4. 교육적 지원

1) 영재교육과정

영재교육 대상자를 위한 교육과정은 상위 수준의 내용, 고급의 사고 과정, 질 높은 산출물, 자유로운 환경, 성 평등한 교육내용으로 구성하고, 특히 학생들 스스로가 자신의 소질과 적성에 적합한 진로선택을 탐색할 수 있는 교육을 반영하여야 한다. 또한 영재교육과정은 영재교육 대상자들의 특성을 반영하여 정규 교육과정을 심화하는 방향으로 구성·운영한다.(교육인적자원부, 2007).

영재교육과정 개발모형은 1) 내용중심 모형(content model), 2) 과정-결과중심 모형(process-product model), 3) 인식론적 모형(epistemological model)의 세 종류로 구분할 수 있다(VanTassel-Baska, 1993).

내용중심의 모형(content model)은 학습속도를 빠르게 하여 일반학생들에게 제공되는 내용을 속진학습할 수 있게 하는 모형으로 교과내용학습에 초점을 두고 창의성이나 사고력의 학습에는 적절하지 않다. 이 내용중심 모형중에는 렌쥴리(Renzulli)의 다중메뉴모형(Multiple Menu)이 있는데 교과지식을 효과적으로 전달하는데 목적을 두어 교과지식전달절차, 정보입력 및 파지, 학습전략의 습득, 창의적 수업개발과 같은 내용으로 영재를 가르치는 교사에게 일반학교에서 다루지 못하는 특별한 프로그램의 설계에 참고가 될 수 있는 모형이다.

과정-결과중심의 모형(process-product model)은 학습방법에 초점을 둔다. 이 모형은 학생들에게 문제제기와 문제해결을 시도하게 하고, 실제 전문가와 접촉하게 한다. 이 모형은 학습내용이 중요하게 취급되지 않는 점에서 내용중심 모형과 차이가 있다. 교과내용을 속진학습하는데 중점을 두지 않고 내용을 깊이 연구하는데 중점을 둔다. 이 모형의 대표적인 예로서 렌쥴리(Renzulli)의 III단계 심화학습모형(Enrichment Triad Model)이다. 이 내용은 다음 표 15.7과 같다.

표 15.7 렌쥴리(Renzulli)의 III단계 심화학습모형(Enrichment Triad Model)

심화학습 단계	내 용
I단계 심화학습	흥미유발을 위하여 탐구활동으로 일반교육과정에서 접하지 못한 문제를 다루어볼 수 있도록 하여 다양한 주제와 사실에 흥미를 갖게 한다.. 또한 현장경험으로 다양한 전문가들을 찾아가 만나보고 경험을 얻게 한다.
II단계 심화학습	창의적 사고력과 문제해결력, 비판적 사고와 감성적 사고, 학습방법의 학습, 학습자료의 이용방법, 문장력, 담화능력 혹은 시청각기구의 사용능력개발활동을 포함한다. I 단계에서 관심있는 주제를 더 깊이 학습활동할 수 있다.
III단계 심화학습	학생들이 문제를 자신이 선택한다. 수준높은 내용의 학습과 전문가들이 가지고 있는 연구방법을 학습하도록 한다.

인식론적 모형(epistemological model)은 영재들이 지식의 단편적인 사실보다는 전체적인 개념을 이해하도록 하기 위한 교육과정모형이다. 중요한 개념이나 주제, 및 원리를 접하여 인식의 기본 틀을 만들어 주고자 한다. 개념학습 교육과정, 고전 읽기 프로그램, 철학공부, 인간연구과제 등이 이 모형을 이용한 방법이다. 개념 중심으로 주제와 이론, 지식의 구조와 본질에 대한 접근이며 얼마나 깊이 인식하고 있는지에 초점을 둔다(이해명, 2006).

2) 교육기관

영재교육기관이란 영재학교, 일반학교 영재학급(교육청주관 영재학급 포함) 및 영재교육원이 있고, 대학교 부설 과학영재교육센터가 있다. 특수목적고인 과학고등학교, 외국어고등학교 등이 있다. 영재학급은 초등 425학급, 중등 215학급, 고등부 68학급이며 영재교육원은 초등 216학급, 중등 216학급이고 고등부가 11학급이다. 표 15.8은 학교급별 영재교육기관의 설치현황이다.

표 15.8 학교급별 영재교육기관 설치현황

(단위 : 기관, 명, %)

기관	기관수	초등학생	중학생	고등학생	합계*
영재학교	1	-	-	427	427
영재학급	408	7,980	4,013	1,242	13,255
교육청 영재교육원	216	11,873	12,783	663	25,299
대학 · 과학영재교육원	38	2,468	4,504	53	7,025
합계	663	22,321	21,300	2,385	46,006
전체 학생에 대한 비율	-	1.11	1.03	0.13	0.80
상대적 비율	-	100.0	95.4	10.7	-

* 특목고(과학 · 예술 · 체육 계열) 재학생 미포함
- 과학 · 예술 · 체육 계열 특목고 재학생 22,679명 포함 시 고교생 25,064명(초등 대비 112.3%), 전체 고교생의 1.35%(총 68,685명, 0.89%)

출처: 교육인적자원부/16개 시 · 도교육청/한국교육개발원, 2007.

3) 교육방법

우리나라의 경우 일반학교에서는 1980년대 후반부터 영재교육을 실시하려는 움직임이 있어왔다. 일반학교에 재학하는 영재들을 위한 영재교육은 속진과 심화학습으로 구분된다(구자억 외, 1999). 일반적으로 속진은 같은 나이 또래보다 앞선 학년으로 학생을 보내는 방법이며 심화학습은 학생의 학년을 올리지 않고 교육 내용을 더 풍부하게 하여 경험하게 하는 방법이다. 심화학습과 속진은 여러 다양한 방법으로 제공되는데 일반교실에 배치하고 어떠한 지원도 하지 않는 것에서부터 과학, 수학, 예술분야에 앞선 교육과정을 제공하는 특별 학교까지 다양하다. 그 양 극단에는 교사프로그램의 자문, 자료실교육, 지역사회 멘토 프로그램(전문가와 일대 일의 교수를 제공하는 방법), 독립 학습 프로그램, 특수학급, 학년을 빨리 올려 고등학교나 대학으로 조기입학 시키는 방법 등이 있다.

모든 지역이 가능한 모든 대안을 제공하지는 못하고 어떠한 한 종류의 프로그램은 모든 영재학생의 요구를 만족시키지는 못한다. 이상적으로 진단, 판별 및 교수는 학생이 장애이건 영재이건 혹은 둘 다의 특성을 가지건 간에 모두 긴밀하게 연결되어야 한다. 교육방송, 전화 회의, 통신소스들이 유능한 학생들과 교사

들이 광범한 지역에서 상호작용할 수 있게 해주는 도구이다. 이러한 통신체계는 지방과 먼 지역의 영재학생들에게 적절한 교육을 제공하는데 매우 중요하고 매우 우수한 학생들의 수행을 높여주는데 컴퓨터도 매우 유용하다. 소프트웨어 교육, 자료은행활용, 컴퓨터 게임의 개발, 영어와 외국어로 글쓰고 편집하기, 컴퓨터 언어 학습, 수학의 고등문제풀이 같은 방법들을 사용할 수 있다.

(1) 속진

속진이란 교육과정의 한 두 과목에서 동기생들보다 빠르게 배워나가는 것을 말한다. 학년을 한두 학년 뛰어 넘거나 한두 과목에서 학년이 높은 학생들과 함께 수업을 듣는 것이다. 고등학교에서 속진은 상급코스를 택하는 것이다. 속진은 특히 지방에서는 많이 사용하지 않는다. 이 속진은 지적으로 매우 우수한 IQ 160 이상의 학생들에게 주로 사용한다. 매우 우수한 학생들에게 속진과 심화 학습은 그들의 능력에 적합한 학업적 진전과 함께 가장 좋은 사회적 경험을 제공한다.

속진에 대한 반대자들은 나이 많은 학생들과 함께 그룹짓는 것은 부정적인 사회적 정서적 경험을 가지게 되고 같은 나이 또래의 학생들을 경멸하게 되는 결과를 가져올 수 있다고 생각한다. 그러나 이러한 생각은 영재교육에 대한 가장 나쁜 생각중의 하나이다. 속진을 주장하는 사람들은 적절한 교육과정과 교수방식은 특수학교나 영재아동들보다는 나이 많은 학생들을 위하여 일반교육에서 실시하는 것이 적절하다고 생각한다. 더욱이 나이 많은 지적능력이 비슷한 동요들과 같은 그룹으로 배우는 것은 그들이 항상 첫째이거나 맞지 않으므로 학생들은 보다 더 현실적인 자아개념을 가지고 능력이 그들만 못한 사람들에게 관대한 태도를 배울 수 있다. 속진의 연구결과는 긍정적인 효과를 보고하고 있지만 모든 케이스에서 도움되는 것은 아니다. 속진은 잘 적용되는 방법인데 개별적인 케이스에 주의를 요하고 특별한 교육과정 영역에서 주의를 필요로 한다.

저성취학생을 예방 혹은 반응할 수 있는 한 가지 방법은 학년을 뛰어 넘게 하거나 과목을 뛰어넘어 학교가 더 양육가능한 곳이 되게 하고 더 많은 흥미를 줄 수 있게 하며 도전적인 곳으로 만들어야 한다. 그러나 속진이 항상 적합한 방법은 아니며 특별 재능 학생들의 문제를 해결하기에 충분한 것은 아니다. 상담, 개인과 가족치료와 여러 지원적 교정적 전략이 속진에 대한 대안 혹은 속진에 덧붙여 사용할 수 있다.

(2) 심화교육

Renzulli와 그의 동료들은 아동은 특별한 프로젝트나 활동과 관련되어 영재행동을 보인다는 개념을 바탕으로 그들의 평균이상의 능력, 창의력과 과제집착력을 적용할 심화모델을 개발하였다. 개별 판별 방법에 의하여 선발된 학생은 개별적 혹은 소그룹으로 실제적인 문제를 탐구하는 심화학습에 참여한다; 여론조사, 정치가, 지리학자, 편집자 등. 교사는 (1) 일반적인 관심에서 풀 수 있는 문제들을 해석하고 초점을 두도록 돕는다, (2) 문제해결을 위한 도구와 방법을 제공한다, (3) 그들의 결과를 믿을 만한 청중에게 소통할 수 있도록 돕는다. 학생들은 그들 같은 나이의 학생들을 위한 교육과정을 뛰어넘는 생산적인 활동을 추구하도록 능력, 창의력, 동기가 있는 한 심화 프로그램에 남아 있을 수 있다. 그 모델은 학교 전체의 심화모델이다. 그 목적은 능력이 있는 학생들을 위하여 특별한 프로그램을 만들어 좀 더 일반교육의 통합된 프로그램을 만드는 것이다.

이스라엘의 영재교육은 심화학습 프로그램이 주를 이루고 있다. 심화학습 프로그램은 주로 일반학교의 교육내용을 심화시킨 것이며 정규교육과정에서 다루지 않은 주제를 다룬다. 이스라엘의 와이즈만 과학연구소는 35년 전부터 이스라엘의 대학들이 영재교육을 실시하는 것을 지원하기 위하여 주요 활동을 제공하였는데 그 주요활동은 다음과 같다. 중학교 2학년을 대상으로 물리, 화학, 전기 전자, 천문학, 컴퓨터, 진화, 사진, 운석 등 80개 과목을 개설하여 운영하는 과학 클럽이 있다. 수학은 초등 5, 6학년은 시험에 합격해야하되 중학교 1학년 이상은 누구나 참여할 수 있다. 수학 워크숍에는 영재를 무료로 초대한다. 9학년 이상의 경우에는 10여명의 아동에게 1년동안 국제 수학 올림피아드를 준비시킨다. 또한 영재교육을 받지 못하는 불우한 학생들에게 여름과학캠프, 국제 여름 과학캠프, 과학과 음악, 과학경시대회, 특강 등의 교육활동을 실시한다(이우강, 2010).

4) 최근동향

(1) 조기중재

어린 아동들의 영재성은 정의, 진단, 프로그램 및 평가에 특별한 문제들을 일으킨다. 비록 이들 영재 아동들에 대한 프로그램과 서비스가 개선되기는 하였으나 그러한 노력들에 대한 부정적인 시각은 남아 있다. 이들에 대한 더 나은 교육을 발전시키는 데의 장애물이라면 부모의 옹호지원이 부족하고, 적절한 교사양성이 부진하며, 나이 든 학생들에 초점이 주어지고 있고, 재정적인 한계와 이 아동들의 조기입학을 방해하는 법과 같은 방해들이 있다. 우수 아동들에 대한 판별과 프로그램에 대한 장벽은 생활연령을 뛰어넘는 학년 속진제를 거부하는 정책과 철학들이다.

특별한 재능의 아동들을 교육하는 문제는 많은 문제들이 미해결상태이다. 그들이 3-4학년이 되기 전에 판별하고 프로그램을 제공하는 것이 얼마나 유익한 것인지 아직 미정이고 이들 아동들과 일할 학부모나 교사를 어떻게 잘 훈련할 수 있는지도 아직 미지수이다. 장애가 있고 영재성이 있는 유아들을 조기판별하는 것은 매우 중요한 일이다. 어떤 만병통치가 있는 것은 아니나 조기입학이나 심화학습은 영재아동들에게 큰 도움이 된다. 영재 조기교육 대상 아동들에게 가장 필요한 것은 현재 있는 학교체제를 유용하게 활용할 수 있는 자유이다. 특정한 영역에서 나이 든 학생들과 배울 수 있는 자유와 적격성규칙으로 교육과정을 좀 더 빨리 습득할 수 있는 적격성 규칙을 활용할 수 있어야 한다. 특별한 재능의 아동들은 지능이 매우 높고 중간 이상의 적응행동을 보이며 지도자적인 기술도 가지고 있다. 여러 분야에서 그들의 앞선 능력은 모든 면에서 앞선다는 의미는 아니다. 정서적으로는 그들의 생활연령에 맞는 발전을 보이지만 때때로 그들의 불균형적인 발달은 사회적인 고립을 가져올 수도 있다. 그러나 그들의 인지력과 언어력이 매우 발달되어 있기 때문에 그들의 사회적, 정서적 기술에서 비현실적인 기대를 하게 될 수도 있다. 그들은 민감한 성인에 의하여 적절한 교육적 환경을 제공하는 지도가 필요할 수도 있다. 그들은 도움이 필요할 수도 있는데 자기

이해, 독립심, 적극성, 친구만들기, 사회문제해결력과 같은 능력을 키우는데 도움이 필요하다.

(2) 미성취 영재파악

영재성이라는 말은 어느 정도 '타고난 것'을 시사하는 것처럼 보이지만, 그것이 곧 성공에 대한 보장을 뜻하는 것은 아니다. 그래서 동기, 학습, 가정환경과 같은 환경적 요인도 매우 중요하다. 그래서 최근에는 학습장애의 가림 효과와 미성취자를 고려하기 시작했고, 영재를 판별하기 위한 기준을 좀 더 낮게 설정하는 경향이 늘어났다. 예를 들어, Montgomery(2003)는 110~115의 IQ 점수를 가진 학생 중에서도 어떤 잠재적인 영재아가 발견될 수 있기 때문에, 상위 20% 안에 있는 모든 학생이 가능한 후보로 간주되어야 한다고 제안하였다.

(3) 이중적 예외성(double exceptionality)에 대한 고려

아인슈타인과 뉴턴의 자폐 증세에 대한 많은 논쟁의 예는 영재성의 어떤 특징과 장애를 서로 구별하는 것이 어렵다는 것을 보여준다. Baron-Cohen 교수와 Ioan James는 아인슈타인과 뉴턴의 인성이 아스퍼거 증후군과 일치한다고 주장한다(Baron-Cohen, 2003). 아인슈타인과 뉴턴 모두 제한된 특정한 분야에 강한 흥미를 보였고, 사회적인 맥락에서 적절하게 처신하는 것을 매우 어려워하였다. 때때로 그들은 자신의 연구에 깊이 몰두하여 먹지도 않았다. 뉴턴은 친구가 거의 없었고, 종종 기분이 우울했고 말도 거의 하지 않았다. 그는 50세에 우울증과 과대망상으로 신경 쇠약을 겪었다. 아인슈타인은 4살 때 말하기 시작했고, 말년에 그는 대인관계 욕구의 결핍을 사회적 정의와 책임감으로 대체했다(Alsop, 2007). 이러한 모든 것이 이중적 예외성을 가진 사람을 정의하는 일을 매우 복잡하게 한다. 따라서 학습문제와 장애를 가진 학생도 그 불리한 배경을 고려하여 교육을 통해 이득을 얻을 기회를 허용해야 한다. 진공 상태에서 학습하는 학생은 아무도 없고 그래서 상황이 고려되어야 한다는 것이다(장병기, 2011).

(4) 교수방법

영재교육의 최근 관심사는 영재 학습자가 더 많이 성취하도록 도전받게 하고,

가능한 한 그 후보자가 교육받을 기회를 박탈당하지 않도록 하며, 아울러 일반 학생들에게도 도움이 될 수 있는 방안을 모색하는데 있다. 그렇지만 적당한 학습 환경 속에서 학생들을 적절하게 지원하는 조건이 이루어져야 한다. 그래서 그들의 자신감, 흥미, 자기 믿음에 위험이 없이 자신의 가능성이 실현되도록 해야 한다. 이것을 위해 학습 환경은 자극이 되는 적절한 상황을 제공할 필요가 있고, 학습자가 학습을 위한, 그리고 교사와의 상호작용을 시작하기 위한 책임을 갖도록 뒷받침을 제공할 필요가 있다. 그런 학습 환경은 영재 학습자가 성공할 수 있도록 할 것이고, 더 많은 학습자가 적어도 어떤 경우에, 어떤 상황에서 예외적으로 높은 성과나 높은 수준의 과제를 수행하는 능력을 보여주도록 촉진시킬 수 있기 때문이다(Taber, 2007).

부 록

〈부록 1〉

Edward Zigler-Personality Questionnaire(EZPQ)

문항	문항내용	측정	0	1	2	3
1	아동은 정직하게 열심히 일한다. 대수롭게 생각하지 않는다.	효				
2	아동은 생각, 느낌, 혹은 결과를 마음속에 담고 있다.	부				
3	아동은 주어진 제한을 인정한다.	순				
4	아동은 많은 시간을 혼자 보낸다.	부				
5	아동은 다른 사람의 일을 모방한다.	외				
6	아동은 확신이 있다.	성				
7	아동은 낯선이에게 지나치게 친밀하게 대한다.	긍				
8	아동은 순종하지 않고, 상관없이 행동한다*	순				
9	아동은 많은 일에 호기심을 보인다.	창				
10	아동은 뒤따르는 사람이다.	외				
11	아동은 그룹에 있어야 할 때 혼자 고립되어 있다.	부				
12	아동은 다른 사람과 신체적 접촉을 하려 한다.	긍				
13	아동은 후속 결과에 상관없이 다른 사람이 하라는 것을 한다.	외				
14	아동은 과제가 주는 즐거움으로 한다.	효				
15	아동은 쉽게 용기를 잃는다.*	성				
16	아동은 창의적인 방법으로 물건을 사용한다.	창				
17	아동은 사회의 관습에 따라서 한다.	외				
18	아동은 스스로 고립된다.	부				
19	아동은 계속 관심과 칭찬을 원한다.	긍				
20	아동은 자신이 하고 싶어도 다른 사람이 중요하지 않다고 하면 그만 둔다	외				
21	아동은 자신에게 요청하는 것을 책임있게 수행한다.	효				
22	아동은 꼭 필요하지 않아도 성인의 도움을 원한다.	긍				
23	아동은 더 친근하게 할 수 있다.	부				
24	아동은 규칙을 잘 듣지 않는다*	순				
25	아동은 학교에서 문제풀이가 잘 안되어도 잘 될 것이라는 믿음을 갖고 있다.	성				
26	아동은 어떤 강화물이 없어도 열심히 한다.	효				
27	아동은 창조적이다.	창				

28	아동은 대체로 시키는 대로 한다.	순					
29	아동은 스스로 시작하는 사람이다.	효					
30	아동은 학교에서 새로운 일에 부딪칠 때 일이 잘 되리라고 믿는다.	성					
31	아동은 남을 잘 안 믿는다.	부					
32	아동은 많은 지시 받기를 좋아한다.	외					
33	아동은 과제나 목표가 달성될 때까지 지속한다.	효					
34	아동은 또래보다 성인을 좋아한다.	긍					
35	아동은 대부분 성공하리라고 기대한다.	성					
36	아동은 학교과제를 빨리 끝낸다.	효					
37	아동은 자신의 행동 지침으로 남이 하는 것을 관찰한다.	외					

긍=긍정적 반응경향성(Positive-Reaction Tendancy), 부=부정적 반응경향성(Negative-Reaction Tendancy), 성=성공기대(Expectancy of Success), 순=순종적인 자세(Obedience), 외=외부지향성(Outerdirectedness), 창=창의적/호기심(Creativity/Curiosity), 효=효능동기(Effectance Motivation), *표는 반대로 점수화 하는 문항.

37개 문항의 영역: 긍: 7 ,12, 19, 22, 34 부: 2, 4, 11, 18, 23, 31성: 6, 15, 25, 30, 35 순: 3, 8, 24, 28 외: 5, 10, 13, 17, 20, 32, 37 창: 9, 16, 27효: 1, 14, 21, 26, 29, 33, 36

이 도구는:

① 긍정적 반응 경향성(positive-reaction tendancy)으로 자신을 지원해 주는 성인에게 의존적이고 그들과 상호작용 하고자 하는 동기가 높은 상태를 말한다.

② 부정적 반응 경향성(negative-reaction tendancy)으로 낯선 성인과 상호작용하는 초기에 지적장애인이 보여주는 경계하는 태도를 말한다.

③ 성공의 기대(expectancy of success)로서 새로운 과제에 접했을 때 성공하거나 실패를 예견하는 정도를 말한다.

④ 외부지향성(outerdirectedness)은 어려운 문제이거나 애매한 문제를 해결하고자 할 때 자신이외의 외부인으로부터 해결방법을 찾는 경향성을 말한다.

⑤ 효능동기(effectance motivation)는 어려운 문제를 공략하거나 해결하는 것으로부터 오는 즐거움, 기쁨을 말한다.

〈부록 2〉

장애인 등에 대한 특수교육법

[시행 2011. 7.21] [법률 제10876호, 2011. 7.21, 일부개정]
교육과학기술부(특수교육지원과), 02-2100-6568

제1장 총 칙

제1조(목적) 이 법은 「교육기본법」 제18조에 따라 국가 및 지방자치단체가 장애인 및 특별한 교육적 요구가 있는 사람에게 통합된 교육환경을 제공하고 생애주기에 따라 장애유형·장애정도의 특성을 고려한 교육을 실시하여 이들이 자아실현과 사회통합을 하는데 기여함을 목적으로 한다.

제2조(정의) 이 법에서 사용하는 용어의 정의는 다음과 같다.

1. "특수교육"이란 특수교육대상자의 교육적 요구를 충족시키기 위하여 특성에 적합한 교육과정 및 제2호에 따른 특수교육 관련서비스 제공을 통하여 이루어지는 교육을 말한다.
2. "특수교육 관련서비스"란 특수교육대상자의 교육을 효율적으로 실시하기 위하여 필요한 인적·물적 자원을 제공하는 서비스로서 상담지원·가족지원·치료지원·보조인력지원·보조공학기기지원·학습보조기기지원·통학지원 및 정보접근지원 등을 말한다.
3. "특수교육대상자"란 제15조에 따라 특수교육을 필요로 하는 사람으로 선정된 사람을 말한다.
4. "특수교육교원"이란 「초·중등교육법」 제2조제5호에 따른 특수학교 교원자격증을 가진 자로서 특수교육대상자의 교육을 담당하는 교원을 말한다.
5. "보호자"란 친권자·후견인, 그 밖의 사람으로서 특수교육대상자를 사실상 보호하는 사람을 말한다.
6. "통합교육"이란 특수교육대상자가 일반학교에서 장애유형·장애정도에 따라 차별을 받지 아니하고 또래와 함께 개개인의 교육적 요구에 적합한 교육을 받는 것을 말한다.
7. "개별화교육"이란 각급학교의 장이 특수교육대상자 개인의 능력을 계발하기 위하여 장애유형 및 장애특성에 적합한 교육목표·교육방법·교육내용·특수교육 관련서비스 등이 포함된 계획을 수립하여 실시하는 교육을 말한다.
8. "순회교육"이란 특수교육교원 및 특수교육 관련서비스 담당 인력이 각급학교나 의료기관, 가정 또는 복지시설(장애인복지시설, 아동복지시설 등을 말한다. 이하 같다) 등에 있는 특수교육대상자를 직접 방문하여 실시하는 교육을 말한다.
9. "진로 및 직업교육"이란 특수교육대상자의 학교에서 사회 등으로의 원활한 이동을 위하여 관련 기관의 협력을 통하여 직업재활훈련· 자립생활훈련 등을 실시하는 것을 말한다.
10. "특수교육기관"이란 특수교육대상자에게 유치원·초등학교·중학교 또는 고등학교(전공과를 포함한다. 이하 같다)의 과정을 교육하는 특수학교 및 특수학급을 말한다.

11. "특수학급"이란 특수교육대상자의 통합교육을 실시하기 위하여 일반학교에 설치된 학급을 말한다.
12. "각급학교"란 「유아교육법」 제2조제2호에 따른 유치원 및 「초·중등교육법」 제2조에 따른 학교를 말한다.

제3조(의무교육 등) ① 특수교육대상자에 대하여는 「교육기본법」 제8조에도 불구하고 유치원·초등학교·중학교 및 고등학교 과정의 교육은 의무교육으로 하고, 제24조에 따른 전공과와 만 3세미만의 장애영아교육은 무상으로 한다.

② 만 3세부터 만 17세까지의 특수교육대상자는 제1항에 따른 의무교육을 받을 권리를 가진다. 다만, 출석일수의 부족 등으로 인하여 진급 또는 졸업을 하지 못하거나, 제19조제3항에 따라 취학의무를 유예하거나 면제받은 자가 다시 취학할 때의 그 학년이 취학의무를 면제 또는 유예받지 아니하고 계속 취학하였을 때의 학년과 차이가 있는 경우에는 그 해당 연수(年數)를 더한 연령까지 의무교육을 받을 권리를 가진다.

③ 제1항에 따른 의무교육 및 무상교육에 드는 비용은 대통령령으로 정하는 바에 따라 국가 또는 지방자치단체가 부담한다.

제4조(차별의 금지) ① 각급학교의 장 또는 대학(「고등교육법」 제2조에 따른 학교를 말한다. 이하 같다)의 장은 특수교육대상자가 그 학교에 입학하고자 하는 경우에는 그가 지닌 장애를 이유로 입학의 지원을 거부하거나 입학전형 합격자의 입학을 거부하는 등 교육기회에 있어서 차별을 하여서는 아니 된다.

② 국가, 지방자치단체, 각급학교의 장 또는 대학의 장은 다음 각 호의 사항에 관하여 장애인의 특성을 고려한 교육시행을 목적으로 함이 명백한 경우 외에는 특수교육대상자 및 보호자를 차별하여서는 아니 된다.

1. 제28조에 따른 특수교육 관련서비스 제공에서의 차별
2. 수업참여 배제 및 교내외 활동 참여 배제
3. 개별화교육지원팀에의 참여 등 보호자 참여에서의 차별
4. 대학의 입학전형절차에서 장애로 인하여 필요한 수험편의의 내용을 조사·확인하기 위한 경우 외에 별도의 면접이나 신체검사를 요구하는 등 입학전형 과정에서의 차별

제2장 국가 및 지방자치단체의 임무

제5조(국가 및 지방자치단체의 임무) ① 국가 및 지방자치단체는 특수교육대상자에게 적절한 교육을 제공하기 위하여 다음 각 호의 업무를 수행하여야 한다.

1. 장애인에 대한 특수교육종합계획의 수립
2. 특수교육대상자의 조기발견
3. 특수교육대상자의 취학지도
4. 특수교육의 내용, 방법 및 지원체제의 연구·개선
5. 특수교육교원의 양성 및 연수
6. 특수교육기관 수용계획의 수립
7. 특수교육기관의 설치·운영 및 시설·설비의 확충·정비
8. 특수교육에 필요한 교재·교구의 연구·개발 및 보급
9. 특수교육대상자에 대한 진로 및 직업교육 방안의 강구
10. 장애인에 대한 고등교육 및 평생교육 방안의 강구

11. 특수교육대상자에 대한 특수교육 관련서비스 지원방안의 강구
12. 그 밖에 특수교육의 발전을 위하여 필요하다고 인정하는 사항

② 국가 및 지방자치단체는 제1항의 업무를 수행하는데 드는 경비를 예산의 범위 안에서 우선적으로 지급하여야 한다.

③ 국가는 제1항의 업무 추진이 부진하거나 제2항의 예산조치가 부족하다고 인정되는 지방자치단체에 대하여는 예산의 확충 등 필요한 조치를 하도록 권고하여야 한다.

④ 교육과학기술부장관은 제1항의 업무를 효율적으로 수행하기 위하여 보건복지부장관·고용노동부장관·여성가족부장관 등 관계 중앙행정기관 간에 협조체제를 구축하여야 한다. 〈개정 2008.2.29, 2010.6.4〉

제6조(특수교육기관의 설립 및 위탁교육) ① 국가 및 지방자치단체는 특수교육대상자의 취학 편의를 고려하여 특수교육기관을 지역별 및 장애영역별로 균형 있게 설치·운영하여야 한다.

② 국가 및 지방자치단체는 국립 또는 공립의 특수교육기관이 부족하거나 특수교육대상자의 의무교육 또는 무상교육을 위하여 필요한 경우에는 사립의 특수교육기관에 그 교육을 위탁할 수 있다.

③ 제2항에 따라 특수교육을 위탁한 경우에는 해당 특수교육기관의 교육여건이 국립 또는 공립 특수교육기관의 수준에 미달하지 아니하도록 지원하여야 한다.

④ 제2항에 따른 위탁교육·제3항에 따른 지원 또는 비용부담 등에 관하여 필요한 사항은 대통령령으로 정한다.

제7조(위탁교육기관의 변경신청) ① 제6조제2항에 따라 교육을 위탁받은 사립의 특수교육기관에 취학하고 있는 특수교육대상자 또는 그의 보호자는 해당 특수교육기관의 교육활동이 매우 불량하거나 특수교육대상자의 특성에 맞지 아니하여 특수교육대상자의 교육에 현저한 지장을 주고 있다고 판단되는 때에는 교육장 또는 교육감에게 그 사유를 구체적으로 명시하여 취학하고 있는 교육기관 외의 교육기관에 취학할 수 있도록 교육기관 변경을 신청할 수 있다.

② 제1항에 따른 변경신청을 받은 교육장 또는 교육감은 신청 접수일부터 30일 이내에 제10조제1항에 따른 시·군·구특수교육운영위원회 또는 시·도특수교육운영위원회를 열어 신청인·해당 학교의 장 등 이해관계인의 의견을 들은 후 변경 여부를 결정·통보하여야 한다.

제8조(교원의 자질향상) ① 국가 및 지방자치단체는 특수교육교원의 자질향상을 위한 교육 및 연수를 정기적으로 실시하여야 한다.

② 국가 및 지방자치단체는 특수교육대상자의 통합교육을 지원하기 위하여 일반학교의 교원에 대하여 특수교육 관련 교육 및 연수를 정기적으로 실시하여야 한다.

③ 제1항과 제2항에 따른 교육 및 연수에 필요한 사항은 대통령령으로 정한다.

제9조(특수교육대상자의 권리와 의무의 안내) 국가 및 지방자치단체는 제15조제1항 각 호의 장애를 가지고 있는 자를 알게 되거나 제15조에 따라 특수교육대상자를 선정한 경우에는 2주일 이내에 보호자에게 해당 사실과 의무교육 또는 무상교육을 받을 권리 및 보호자의 권리·책임 등을 통보하여야 한다.

제10조(특수교육운영위원회) ① 제5조에 따른 국가 및 지방자치단체의 업무수행에 관한 주요사항을 심의하기 위하여 교육과학기술부장관 소속으로 중앙특수교육운영위원회를, 교육감 소속으로 시·도특수교육운영위원회를, 교육장 소속으로 시·군·구특수교육운영위원회를 각각 둔다. 〈개정 2008.2.29〉

② 제1항에 따른 중앙특수교육운영위원회의 구성·운영 등에 관하여 필요한 사항은 대통령

령으로, 시·도특수교육운영위원회 및 시·군·구특수교육운영위원회의 구성·운영 등에 관하여는 특별시·광역시·도 및 특별자치도(이하 "시·도"라 한다)의 교육규칙으로 각각 정한다.

제11조(특수교육지원센터의 설치·운영) ① 교육감은 특수교육대상자의 조기발견, 특수교육대상자의 진단·평가, 정보관리, 특수교육 연수, 교수·학습활동의 지원, 특수교육 관련서비스 지원, 순회교육 등을 담당하는 특수교육지원센터를 하급교육행정기관별로 설치·운영하여야 한다.

② 제1항에 따른 특수교육지원센터는 하급교육행정기관이나 특수학교, 특수학급이 설치된 일반 초·중·고등학교 또는 관할 지역의 관공서(장애인복지관을 포함한다) 등 특수교육대상자를 비롯한 지역주민의 접근이 편리한 곳에 설치하여야 한다.

③ 특수교육지원센터의 설치·운영 등에 관하여 필요한 사항은 대통령령으로 정한다.

제12조(특수교육에 관한 연차보고서) 정부는 특수교육의 주요 현황과 정책에 관한 보고서를 매년 정기국회 개회 전까지 국회에 제출하여야 한다.

제13조(특수교육 실태조사) ① 교육과학기술부장관은 특수교육대상자의 배치계획·특수교육교원의 수급계획 등 특수교육정책의 수립을 위한 실태조사를 3년마다 실시하여야 한다. 〈개정 2008.2.29〉

② 교육과학기술부장관은 대학에 취학하는 장애학생의 교육여건을 개선하기 위하여 필요하다고 인정하는 경우 장애학생의 교육복지 실태 등에 관한 조사를 실시할 수 있다. 〈개정 2008.2.29〉

③ 제1항과 제2항에 따른 조사의 내용과 방법, 그 밖에 조사에 관하여 필요한 사항은 대통령령으로 정한다.

제 3 장 특수교육대상자의 선정 및 학교배치 등

제14조(장애의 조기발견 등) ① 교육장 또는 교육감은 영유아의 장애 및 장애 가능성을 조기에 발견하기 위하여 지역주민과 관련 기관을 대상으로 홍보를 실시하고, 해당 지역 내 보건소와 병원 또는 의원(醫院)에서 선별검사를 무상으로 실시하여야 한다.

② 교육장 또는 교육감은 제1항에 따른 선별검사를 효율적으로 실시하기 위하여 지방자치단체 및 보건소와 병·의원 간에 긴밀한 협조체제를 구축하여야 한다.

③ 보호자 또는 각급학교의 장은 제15조제1항 각 호에 따른 장애를 가지고 있거나 장애를 가지고 있다고 의심되는 영유아 및 학생을 발견한 때에는 교육장 또는 교육감에게 진단·평가를 의뢰하여야 한다. 다만, 각급학교의 장이 진단·평가를 의뢰하는 경우에는 보호자의 사전 동의를 받아야 한다.

④ 교육장 또는 교육감은 제3항에 따라 진단·평가를 의뢰받은 경우 즉시 특수교육지원센터에 회부하여 진단·평가를 실시하고, 그 진단·평가의 결과를 해당 영유아 및 학생의 보호자에게 통보하여야 한다.

⑤ 제1항의 선별검사의 절차와 내용, 그 밖에 검사에 필요한 사항과 제3항의 사전 동의 절차 및 제4항에 따른 통보 절차에 필요한 사항은 대통령령으로 정한다.

제15조(특수교육대상자의 선정) ① 교육장 또는 교육감은 다음 각 호의 어느 하나에 해당하는 사람 중 특수교육을 필요로 하는 사람으로 진단·평가된 사람을 특수교육대상자로 선정한다.

1. 시각장애

2. 청각장애
3. 정신지체
4. 지체장애
5. 정서 · 행동장애
6. 자폐성장애(이와 관련된 장애를 포함한다)
7. 의사소통장애
8. 학습장애
9. 건강장애
10. 발달지체
11. 그 밖에 대통령령으로 정하는 장애

② 교육장 또는 교육감이 제1항에 따라 특수교육대상자를 선정할 때에는 제16조제1항에 따른 진단 · 평가결과를 기초로 하여 고등학교 과정은 교육감이 시 · 도특수교육운영위원회의 심사를 거쳐, 중학교 과정 이하의 각급학교는 교육장이 시 · 군 · 구특수교육운영위원회의 심사를 거쳐 이를 결정한다.

제16조(특수교육대상자의 선정절차 및 교육지원 내용의 결정) ① 특수교육지원센터는 진단 · 평가가 회부된 후 30일 이내에 진단 · 평가를 시행하여야 한다.

② 특수교육지원센터는 제1항에 따른 진단 · 평가를 통하여 특수교육대상자로의 선정 여부 및 필요한 교육지원 내용에 대한 최종의견을 작성하여 교육장 또는 교육감에게 보고하여야 한다.

③ 교육장 또는 교육감은 특수교육지원센터로부터 최종의견을 통지받은 때부터 2주일 이내에 특수교육대상자로의 선정 여부 및 제공할 교육지원 내용을 결정하여 부모 등 보호자에게 서면으로 통지하여야 한다. 교육지원 내용에는 특수교육, 진로 및 직업교육, 특수교육 관련서비스 등 구체적인 내용이 포함되어야 한다.

④ 제1항에 따른 진단 · 평가의 과정에서는 부모 등 보호자의 의견진술의 기회가 충분히 보장되어야 한다.

제17조(특수교육대상자의 배치 및 교육) ① 교육장 또는 교육감은 제15조에 따라 특수교육대상자로 선정된 자를 해당 특수교육운영위원회의 심사를 거쳐 다음 각 호의 어느 하나에 배치하여 교육하여야 한다.
1. 일반학교의 일반학급
2. 일반학교의 특수학급
3. 특수학교

② 교육장 또는 교육감은 제1항에 따라 특수교육대상자를 배치할 때에는 특수교육대상자의 장애정도 · 능력 · 보호자의 의견 등을 종합적으로 판단하여 거주지에서 가장 가까운 곳에 배치하여야 한다.

③ 교육감이 관할 구역 내에 거주하는 특수교육대상자를 다른 시 · 도에 소재하는 각급학교 등에 배치하고자 할 때에는 해당 시 · 도 교육감(국립학교의 경우에는 해당 학교의 장을 말한다)과 협의하여야 한다.

④ 제3항에 따라 특수교육대상자의 배치를 요구받은 교육감 또는 국립학교의 장은 대통령령으로 정하는 특별한 사유가 없는 한 이에 응하여야 한다.

⑤ 제1항부터 제4항까지의 규정에 따른 특수교육대상자의 배치 등에 관하여 필요한 사항은 대통령령으로 정한다.

제4장 영유아 및 초·중등교육

제18조(장애영아의 교육지원) ① 만 3세 미만의 장애영아의 보호자는 조기교육이 필요한 경우 교육장에게 교육을 요구할 수 있다.

② 제1항에 따른 요구를 받은 교육장은 특수교육지원센터의 진단·평가결과를 기초로 만 3세 미만의 장애영아를 특수학교의 유치원과정, 영아학급 또는 특수교육지원센터에 배치할 수 있다.

③ 제2항에 따라 배치된 장애영아가 의료기관, 복지시설 또는 가정 등에 있을 경우에는 특수교육교원 및 특수교육 관련서비스 담당 인력 등으로 하여금 순회교육을 제공하도록 할 수 있다.

④ 국가 및 지방자치단체는 장애영아를 위한 교육여건을 개선하고 설비를 정비하기 위하여 노력하여야 한다.

⑤ 그 밖에 장애영아의 교육지원에 필요한 사항은 대통령령으로 정한다.

제19조(보호자의 의무 등) ① 특수교육대상자의 보호자는 그 보호하는 자녀에 대하여 제3조제1항에 따른 의무교육의 기회를 보호하고 존중하여야 한다.

② 부득이한 사유로 취학이 불가능한 의무교육대상자에 대하여는 대통령령으로 정하는 바에 따라 제1항에 따른 취학의무를 면제하거나 유예할 수 있다. 다만, 만 3세부터 만 5세까지의 특수교육대상자가 「영유아보육법」에 따라 설치된 보육시설 중 대통령령으로 정하는 일정한 교육 요건을 갖춘 보육시설을 이용하는 경우에는 제1항에서 정하는 유치원 의무교육을 받고 있는 것으로 본다.

③ 제2항에 따라 취학의무를 면제 또는 유예 받은 자가 다시 취학하고자 하는 경우에는 대통령령으로 정하는 바에 따라 취학하게 할 수 있다.

제19조(보호자의 의무 등) ① 특수교육대상자의 보호자는 그 보호하는 자녀에 대하여 제3조제1항에 따른 의무교육의 기회를 보호하고 존중하여야 한다.

② 부득이한 사유로 취학이 불가능한 의무교육대상자에 대하여는 대통령령으로 정하는 바에 따라 제1항에 따른 취학의무를 면제하거나 유예할 수 있다. 다만, 만 3세부터 만 5세까지의 특수교육대상자가 「영유아보육법」에 따라 설치된 어린이집 중 대통령령으로 정하는 일정한 교육 요건을 갖춘 어린이집을 이용하는 경우에는 제1항에서 정하는 유치원 의무교육을 받고 있는 것으로 본다. 〈개정 2011.6.7〉

③ 제2항에 따라 취학의무를 면제 또는 유예 받은 자가 다시 취학하고자 하는 경우에는 대통령령으로 정하는 바에 따라 취학하게 할 수 있다.

[시행일 : 2011.12.8] 제19조

제20조(교육과정의 운영 등) ① 특수교육기관의 유치원·초등학교·중학교·고등학교과정의 교육과정은 장애의 종별 및 정도를 고려하여 교육과학기술부령으로 정하고, 영아교육과정과 전공과의 교육과정은 교육감의 승인을 받아 학교장이 정한다. 〈개정 2008.2.29〉

② 특수교육기관의 장 및 특수교육대상자가 배치된 일반학교의 장은 제1항에 따른 교육과정의 범위 안에서 특수교육대상자 개인의 장애종별과 정도, 연령, 현재 및 미래의 교육요구 등을 고려하여 교육과정의 내용을 조정하여 운영할 수 있다.

③ 특수학교의 장은 교육감의 승인을 받아 유치원·초등학교·중학교·고등학교과정을 통합하여 운영할 수 있다.

제21조(통합교육) ① 각급학교의 장은 교육에 관한 각종 시책을 시행함에 있어서 통합교육의 이념을 실현하기 위하여 노력하여야 한다.

② 제17조에 따라 특수교육대상자를 배치받은 일반학교의 장은 교육과정의 조정, 보조인력의 지원, 학습보조기기의 지원, 교원연수 등을 포함한 통합교육계획을 수립·시행하여야 한다.

③ 일반학교의 장은 제2항에 따라 통합교육을 실시하는 경우에는 제27조의 기준에 따라 특수학급을 설치·운영하고, 대통령령으로 정하는 시설·설비 및 교재·교구를 갖추어야 한다.

제22조(개별화교육) ① 각급학교의 장은 특수교육대상자의 교육적 요구에 적합한 교육을 제공하기 위하여 보호자, 특수교육교원, 일반교육교원, 진로 및 직업교육 담당 교원, 특수교육 관련서비스 담당 인력 등으로 개별화교육지원팀을 구성한다.

② 개별화교육지원팀은 매 학기 마다 특수교육대상자에 대한 개별화교육계획을 작성하여야 한다.

③ 특수교육대상자가 다른 학교로 전학할 경우 또는 상급학교로 진학할 경우에는 전출학교는 전입학교에 개별화교육계획을 14일 이내에 송부하여야 한다.

④ 특수교육교원은 제1항부터 제3항까지의 규정에 따른 업무를 수행하기 위하여 각 업무를 지원하고 조정한다.

⑤ 제1항에 따른 개별화교육지원팀의 구성, 제2항에 따른 개별화교육계획의 수립·실시 등에 관하여 필요한 사항은 교육과학기술부령으로 정한다. 〈개정 2008.2.29〉

제23조(진로 및 직업교육의 지원) ① 중학교 과정 이상의 각급학교의 장은 특수교육대상자의 특성 및 요구에 따른 진로 및 직업교육을 지원하기 위하여 직업평가·직업교육·고용지원·사후관리 등의 직업재활훈련 및 일상생활적응훈련·사회적응훈련 등의 자립생활훈련을 실시하고, 대통령령으로 정하는 자격이 있는 진로 및 직업교육을 담당하는 전문인력을 두어야 한다.

② 중학교 과정 이상의 각급학교의 장은 대통령령으로 정하는 기준에 따라 진로 및 직업교육의 실시에 필요한 시설·설비를 마련하여야 한다.

③ 특수교육지원센터는 특수교육대상자에게 효과적인 진로 및 직업교육을 지원하기 위하여 대통령령으로 정하는 바에 따라 관련 기관과의 협의체를 구성하여야 한다.

제24조(전공과의 설치·운영) ① 특수교육기관에는 고등학교 과정을 졸업한 특수교육대상자에게 진로 및 직업교육을 제공하기 위하여 수업연한 1년 이상의 전공과를 설치·운영할 수 있다.

② 교육과학기술부장관 및 교육감은 지역별 또는 장애유형별로 전공과를 설치할 교육기관을 지정할 수 있다. 〈개정 2008.2.29〉

③ 전공과를 설치한 각급학교는 「학점인정 등에 관한 법률」 제7조에 따라 학점인정을 받을 수 있다.

④ 제1항 및 제2항에 따른 전공과의 시설·설비 기준, 전공과의 운영 및 담당 인력의 배치 기준 등에 관하여 필요한 사항은 대통령령으로 정한다.

제25조(순회교육 등) ① 교육장 또는 교육감은 일반학교에서 통합교육을 받고 있는 특수교육대상자를 지원하기 위하여 일반학교 및 특수교육지원센터에 특수교육교원 및 특수교육 관련서비스 담당 인력을 배치하여 순회교육을 실시하여야 한다.

② 교육감은 장애정도가 심하여 장·단기의 결석이 불가피한 특수교육대상자의 교육을 위하여 필요한 경우 순회교육을 실시하여야 한다.

③ 교육감은 이동이나 운동기능의 심한 장애로 인하여 각급학교에서 교육을 받기 곤란하거나 불가능하여 복지시설·의료기관 또는 가정 등에 거주하는 특수교육대상자의 교육을 위하

여 필요한 경우 순회교육을 실시하여야 한다.

④ 제1항부터 제3항까지의 규정에 따른 순회교육의 수업일수 등 순회교육의 운영에 필요한 사항은 대통령령으로 정한다.

제26조(종일제를 운영하는 유치원 과정의 교육기관) ①「유아교육법」 제2조제6호에 따른 종일제를 운영하는 유치원 과정의 교육기관에 특수교육대상자가 배치되는 경우 해당 각급학교의 장은 특수교육대상자에 대한 종일제 운영을 담당할 인력을 학급당 1인 이상 추가로 배치할 수 있다.

② 제1항에 따른 종일제 담당 인력의 자격기준, 운영방법 등에 관하여 필요한 사항은 대통령령으로 정한다.

제27조(특수학교의 학급 및 각급학교의 특수학급 설치 기준) ① 특수학교와 각급학교의 장은 다음 각 호의 기준에 따라 학급 및 특수학급을 설치하여야 한다.

1. 유치원 과정의 경우 : 특수교육대상자가 1인 이상 4인 이하인 경우 1학급을 설치하고, 4인을 초과하는 경우 2개 이상의 학급을 설치한다.
2. 초등학교·중학교 과정의 경우 : 특수교육대상자가 1인 이상 6인 이하인 경우 1학급을 설치하고, 6인을 초과하는 경우 2개 이상의 학급을 설치한다.
3. 고등학교 과정의 경우 : 특수교육대상자가 1인 이상 7인 이하인 경우 1학급을 설치하고, 7인을 초과하는 경우 2개 이상의 학급을 설치한다.

② 교육감은 제1항에도 불구하고 순회교육의 경우 장애의 정도와 유형에 따라 학급 설치 기준을 하향 조정할 수 있다.

③ 특수학교와 특수학급에 두는 특수교육교원의 배치기준은 대통령령으로 정한다.

제28조(특수교육 관련서비스) ① 교육감은 특수교육대상자와 그 가족에 대하여 가족상담 등 가족지원을 제공하여야 한다.

② 교육감은 특수교육대상자가 필요로 하는 경우에는 물리치료, 작업치료 등 치료지원을 제공하여야 한다.

③ 각급학교의 장은 특수교육대상자를 위하여 보조인력을 제공하여야 한다.

④ 각급학교의 장은 특수교육대상자의 교육을 위하여 필요한 장애인용 각종 교구, 각종 학습보조기, 보조공학기기 등의 설비를 제공하여야 한다.

⑤ 각급학교의 장은 특수교육대상자의 취학 편의를 위하여 통학차량 지원, 통학비 지원, 통학 보조인력의 지원 등 통학 지원 대책을 마련하여야 한다.

⑥ 각급학교의 장은 특수교육대상자의 생활지도 및 보호를 위하여 기숙사를 설치·운영할 수 있다. 기숙사를 설치·운영하는 특수학교에는 특수교육대상자의 생활지도 및 보호를 위하여 교육과학기술부령으로 정하는 자격이 있는 생활지도원을 두어야 한다. 생활지도원의 배치 기준은 국립학교의 경우 교육과학기술부령으로, 공립 및 사립학교의 경우에는 시·도 교육규칙으로 각각 정한다. 〈개정 2008.2.29〉

⑦ 각급학교의 장은 각급학교에서 제공하는 각종 정보(교육기관에서 운영하는 인터넷 홈페이지를 포함한다)를 특수교육대상자에게 제공하는 경우 특수교육대상자의 장애유형에 적합한 방식으로 제공하여야 한다.

⑧ 제1항부터 제7항까지의 규정에 따른 특수교육 관련서비스의 제공을 위하여 필요한 사항은 대통령령으로 정한다.

제5장 고등교육 및 평생교육

제29조(특별지원위원회) ① 대학의 장은 다음 각 호의 사항을 심의·결정하기 위하여 특별지원위원회를 설치·운영하여야 한다.
1. 대학의 장애학생 지원을 위한 계획
2. 심사청구 사건에 대한 심사·결정
3. 그 밖에 장애학생 지원을 위하여 대통령령으로 정하는 사항

② 특별지원위원회의 설치·운영 등에 관하여 필요한 사항은 대통령령으로 정한다.

제30조(장애학생지원센터) ① 대학의 장은 장애학생의 교육 및 생활에 관한 지원을 총괄·담당하는 장애학생지원센터를 설치·운영하여야 한다. 다만, 장애학생이 재학하고 있지 아니하거나 대통령령으로 정하는 바에 따라 장애학생 수가 일정 인원 이하인 소규모 대학 등은 장애학생 지원부서 또는 전담직원을 둠으로써 이에 갈음할 수 있다.

② 장애학생지원센터(제1항에 따라 장애학생 지원부서 또는 전담직원으로 갈음하는 경우에는 이를 말한다)는 다음 각 호의 업무를 담당한다.
1. 장애학생을 위한 각종 지원에 관한 사항
2. 제31조에서 정하는 편의제공에 관한 사항
3. 교직원·보조인력 등에 대한 교육에 관한 사항
4. 장애학생 교육복지의 실태조사에 관한 사항
5. 그 밖에 대학의 장이 부의하는 사항

③ 장애학생지원센터의 설치·운영에 관하여 필요한 사항은 대통령령으로 정한다.

제31조(편의제공 등) ① 대학의 장은 해당 학교에 재학 중인 장애학생의 교육활동의 편의를 위하여 다음 각 호의 수단을 적극적으로 강구하고 제공하여야 한다.
1. 각종 학습보조기기 및 보조공학기기 등의 물적 지원
2. 교육보조인력 배치 등의 인적 지원
3. 취학편의 지원
4. 정보접근 지원
5. 「장애인·노인·임산부 등의 편의증진보장에 관한 법률」 제2조제2호에 따른 편의시설 설치 지원

② 국가 및 지방자치단체는 제1항에 따라 필요한 경비를 예산의 범위 안에서 지원하여야 한다.

제32조(학칙 등의 작성) 대학의 장은 이 법에서 정하는 장애학생의 지원 등에 관하여 필요한 내용을 학칙에 규정하여야 한다.

제33조(장애인 평생교육과정) ① 각급학교의 장은 해당 학교의 교육환경을 고려하여 「장애인복지법」 제2조에 따른 장애인의 계속교육을 위한 장애인 평생교육과정을 설치·운영할 수 있다.

② 「평생교육법」 제2조제2호에 따른 평생교육기관은 장애인의 평생교육 기회의 확대를 위하여 별도의 장애인 평생교육과정을 설치·운영할 수 있다. 〈개정 2011.7.21〉

③ 「평생교육법」 제19조에 따라 설립된 평생교육진흥원은 장애인의 평생교육 기회 확대 방안 및 장애인 평생교육 프로그램을 개발하여야 한다. 〈개정 2011.7.21〉

④ 「평생교육법」 제20조에 따라 설치 또는 지정된 시·도평생교육진흥원은 「평생교육법」 제2조제2호에 따른 평생교육기관이 장애인 평생교육과정을 설치·운영할 수 있도록 지원하여

야 한다. 〈개정 2011.7.21〉

제34조(장애인평생교육시설의 설치) ① 국가 및 지방자치단체는 초·중등교육을 받지 못하고, 학령기를 지난 장애인을 위하여 학교형태의 장애인평생교육시설을 설치·운영할 수 있다.

② 국가 및 지방자치단체 외의 자가 제1항에 따른 장애인평생교육시설을 설치하고자 하는 때에는 대통령령으로 정하는 시설과 설비를 갖추어 교육감에게 등록하여야 한다.

③ 국가 및 지방자치단체는 장애인평생교육시설의 운영에 필요한 경비를 예산의 범위 안에서 지원하여야 한다.

제 6 장 보칙 및 벌칙

제35조(대학의 심사청구 등) ① 장애학생 및 그 보호자는 대학에 이 법에 따른 각종 지원조치를 제공할 것을 서면으로 신청할 수 있다.

② 대학의 장은 제1항에 따른 신청에 대하여 2주 이내에 지원 여부 및 그 사유를 신청자에게 서면으로 통지하여야 한다.

③ 장애학생 및 그 보호자는 제1항에 따른 신청에 대한 대학의 결정(부작위 및 거부를 포함한다)과 이 법을 위반하는 대학의 장 또는 교직원의 행위에 대하여 특별지원위원회에 심사청구를 할 수 있다.

④ 특별지원위원회는 제3항의 심사청구에 관하여 2주 이내에 결정을 하여야 한다.

⑤ 제3항에 따른 심사에서는 청구인에게 의견진술 기회를 주어야 한다.

⑥ 대학의 장, 교직원, 그 밖의 관계자는 제4항에 따른 결정에 따라야 한다.

⑦ 그 밖에 특별지원위원회에 대한 심사청구에 관하여 필요한 사항은 대통령령으로 정한다.

제36조(고등학교 과정 이하의 심사청구) ① 특수교육대상자 또는 그 보호자는 다음 각 호의 어느 하나에 해당하는 교육장, 교육감 또는 각급학교의 장의 조치에 대하여 이의가 있을 때에는 해당 시·군·구특수교육운영위원회 또는 시·도특수교육운영위원회에 심사청구를 할 수 있다.

1. 제15조제1항에 따른 특수교육대상자의 선정
2. 제16조제3항에 따른 교육지원 내용의 결정 사항
3. 제17조제1항에 따른 학교에의 배치
4. 제4조를 위반하는 부당한 차별

② 제17조제1항에 따라 특수교육대상자를 배치받은 각급학교의 장은 이에 응할 수 없는 특별한 사유가 있거나 배치받은 특수교육대상자가 3개월 이상 학교생활에의 적응에 상당한 어려움이 있는 경우에는 해당 시·군·구특수교육운영위원회 또는 시·도특수교육운영위원회에 심사청구를 할 수 있다.

③ 시·군·구특수교육운영위원회 또는 시·도특수교육운영위원회는 제1항과 제2항의 심사청구를 받은 때에는 이를 심사하여 30일 이내에 그 결정을 청구인에게 통보하여야 한다.

④ 제3항의 심사에서는 청구인에게 의견진술의 기회를 주어야 한다.

⑤ 교육장, 교육감, 각급학교의 장, 그 밖의 관계자는 제3항에 따른 결정에 따라야 한다.

⑥ 제3항에서 정하는 심사결정에 이의가 있는 특수교육대상자 또는 그 보호자는 그 통보를 받은 날부터 90일 이내에 행정심판을 제기할 수 있다.

⑦ 제1항부터 제4항까지의 규정에 따른 심사청구의 절차 등에 관하여 필요한 사항은 대통령령으로 정한다.

제37조(권한의 위임과 위탁) ① 이 법에 따른 교육과학기술부장관의 권한은 그 일부를 대통령

령으로 정하는 바에 따라 교육감에게 위임할 수 있다. 〈개정 2008.2.29〉

② 이 법에 따른 교육감의 권한은 그 일부를 대통령령으로 정하는 바에 따라 교육장에게 위임할 수 있다.

제38조(벌칙) 다음 각 호의 어느 하나에 해당하는 자는 300만원 이하의 벌금에 처한다.

1. 제4조제1항을 위반하여 장애를 이유로 특수교육대상자의 입학을 거부하거나 입학전형 합격자의 입학을 거부하는 등의 불이익한 처분을 한 교육기관의 장
2. 제4조제2항제1호부터 제3호까지의 규정을 위반하여 특수교육 관련서비스의 제공, 수업참여 및 교내외 활동 참여와 개별화교육지원팀에의 보호자 참여에 있어서 차별한 자
3. 제4조제2항제4호를 위반하여 대학의 입학전형절차에서 수험편의의 내용의 확인과 관계없는 별도의 면접이나 신체검사를 요구한 자

부칙 〈법률 제8483호, 2007.5.25〉

제1조 (시행일) 이 법은 공포 후 1년이 경과한 날부터 시행한다. 다만, 제3조 중 유치원 및 고등학교 과정에 대한 의무교육의 실시는 국가 및 지방자치단체의 재정여건을 고려하여 대통령령으로 정하는 바에 따라 순차적으로 실시한다.

제2조 (다른 법률의 폐지) 특수교육진흥법은 폐지한다.

제3조 (특수교육대상자에 대한 경과조치) 이 법 시행 당시 종전의 「특수교육진흥법」의 규정에 따라 선정된 특수교육대상자는 이 법에 따라 선정된 특수교육대상자로 본다.

제4조 (벌칙 적용에 관한 경과조치) 이 법 시행 전의 행위에 대한 벌칙의 적용에 있어서는 종전의 「특수교육진흥법」의 규정에 따른다.

제5조 (다른 법령의 개정) ① 고등교육법 일부를 다음과 같이 개정한다.

제45조제5항중 "「특수교육진흥법」 제15조제3항의 규정을 준용한다"를 "「장애인 등에 대한 특수교육법」 제27조에 따른다"로 한다.

② 장애인고용촉진 및 직업재활법 일부를 다음과 같이 개정한다.

제8조제2항제1호중 "「특수교육진흥법」 제2조제3호"를 "「장애인 등에 대한 특수교육법」 제2조제10호"로 한다.

③학원의 설립 · 운영 및 과외교습에 관한 법률 일부를 다음과 같이 개정한다.

제2조의2제1항제1호중 "「특수교육진흥법」 제10조제1항"을 "「장애인 등에 대한 특수교육법」 제15조제1항"으로 한다.

제6조 (다른 법령과의 관계) 이 법 시행 당시 다른 법령에서 「특수교육진흥법」 및 그 규정을 인용한 경우 이 법 중 그에 해당하는 규정이 있는 때에는 종전의 규정에 갈음하여 이 법 또는 이 법의 해당 조항을 인용한 것으로 본다.

부칙 〈법률 제8852호, 2008.2.29〉 (정부조직법)

제1조(시행일) 이 법은 공포한 날부터 시행한다. 다만, · · ·〈생략〉· · · 부칙 제6조에 따라 개정되는 법률 중 이 법의 시행 전에 공포되었으나 시행일이 도래하지 아니한 법률을 개정한 부분은 각각 해당 법률의 시행일부터 시행한다.

제2조부터 제5조까지 생략

제6조(다른 법률의 개정) ①부터 〈93〉까지 생략

〈94〉 장애인 등에 대한 특수교육법 일부를 다음과 같이 개정한다.

제5조제4항 중 "교육인적자원부장관"을 "교육과학기술부장관"으로 한다.
제10조제1항, 제13조제1항·제2항, 제24조제2항 및 제37조제1항 중 "교육인적자원부장관"을 "교육과학기술부장관"으로 한다.
제20조제1항, 제22조제5항, 제28조제6항 후단 중 "교육인적자원부령"을 각각 "교육과학기술부령"으로 한다.
〈95〉부터 〈760〉까지 생략
제7조 생략

부칙 〈법률 제10339호, 2010.6.4〉 (정부조직법)

제1조(시행일) 이 법은 공포 후 1개월이 경과한 날부터 시행한다. 〈단서 생략〉
제2조 및 제3조 생략
제4조(다른 법률의 개정) ①부터 〈63〉까지 생략
〈64〉 장애인 등에 대한 특수교육법 일부를 다음과 같이 개정한다.
제5조제4항 중 "노동부장관"을 "고용노동부장관"으로 한다.
〈65〉부터 〈82〉까지 생략
제5조 생략

부칙 〈법률 제10876호, 2011.7.21〉
이 법은 공포한 날부터 시행한다.

〈부록 3〉

AAIDD 지원요구척도

지원강도 척도

인터뷰와 프로파일 형식 성인용 (16세 이상)

이름: ______________ 검사일: ______________
주소: ______________ 생년월일: ______________
전화번호: ______________ 연령: ______________ (만 나이로 작성)

지원하는 기관, 개인
이름: ______________ 관계: ______________ 전화: ______________
이름: ______________ 관계: ______________ 전화: ______________
이름: ______________ 관계: ______________ 전화: ______________
기타 중요사항:

응답자 개인과의 관계 언어
1. ______________ ______________ ______________
2. ______________ ______________ ______________
면담자: ______________ 직위: ______________
소속기관: ______________ 전화: ______________
주소: ______________ e-mail: ______________

평균 점수 100, 표준편차 15.점수가 낮을수록 지원필요가 적음
지원단계 I (간헐적 지원)표준점수84이하
지원단계 II (제한적 지원)표준점수85 -99
지원단계 III (확장적 지원)표준점수100 - 115
지원단계 IV (전반적 지원)표준점수116 이상

제1부 지원요구척도(Support Need Scale)

지시사항: 빈도, 일일지원시간, 지원의 종류파악 (Part A-F)
각 항목에서 0-4점
원점수를(raw score) 각 항목마다 채점하여 기록하고 항목의 전체 총 원점수를 계산.

1. 이 척도는 현재 가능한 지원, 혹은 제공되는 서비스에 상관없이 점수를 채점.
2. 각 활동을 성취하는데 필요한 지원점수 반영.
3. 보조공학기기를 사용하면 그 보조공학기기의 사용 상태에서 점수 채점.
4. 모든 항목을 채점하고, 학생이 활동을 보이지 않는 항목도 최대한 가상되는 점수 부여.

Part A: 가정생활활동

가정생활 활동	빈도					일일지원 시간					지원 타입					원점수
1. 화장실 사용	0	1	2	3	4	0	1	2	3	4	0	1	2	3	4	
2. 옷 관리(세탁포함)	0	1	2	3	4	0	1	2	3	4	0	1	2	3	4	
3. 음식 준비	0	1	2	3	X	0	1	2	3	4	0	1	2	3	4	
4. 음식 먹기	0	1	2	3	4	0	1	2	3	4	0	1	2	3	4	
5. 가정유지, 청소	0	1	2	3	4	0	1	2	X	X	0	1	2	3	4	
6. 옷 입기	0	1	2	3	4	0	1	2	3	4	0	1	2	3	4	
7. 목욕, 위생, 외모관리	0	1	2	3	X	0	1	2	3	4	0	1	2	3	4	
8. 가정용 기구사용	0	1	2	3	4	0	1	2	3	4	0	1	2	3	4	
원점수 총점 가정생활활동																

점수키		
빈도	일일지원시간	지원타입
이 활동을 위하여 얼마나 자주 지원이 필요한가? 0= 전혀 없거나 한 달에 한번 이하 1= 최소한 한 달에 한번 이상 혹은 일 주 이상에 한번 2= 일주일에 한번 이상 혹은 매일 이상에 한번 3=하루에 한번 이상 혹은 한시간 이상에 한번 4= 매 시간에 한번 혹은 더 자주	0= 전혀 없음 1= 30분 이하 2= 30분 이상 2시간 이하 3= 2시간 이상 4시간 이하 4= 4시간 이상	어떤 종류의 지원인가? 0= 없음 1= 관리, 감독 2= 구두적/몸짓 3= 부분적인 신체지원 4= 완전한 신체지원

Part B: 지역사회활동

지역사회 활동	빈도					일일 지원 시간					지원 타입					원점수
1. 지역사회에서 돌아다니기(교통포함)	0	1	2	3	x	0	1	2	3	4	0	1	2	3	4	
2. 지역사회에서 오락/여가 생활 참여	0	1	2	3	x	0	1	2	3	4	0	1	2	3	4	
3. 지역사회 공공기관 활용	0	1	2	3	X	0	1	2	3	4	0	1	2	3	4	
4. 친구, 가족방문	0	1	2	3	x	0	1	2	3	4	0	1	2	3	4	
5. 우선적인 지역사회 활동참여(교회, 봉사활동)	0	1	2	3	x	0	1	2	3	4	0	1	2	3	4	
6. 물건사기 서비스 받기	0	1	2	3	4	0	1	2	3	4	0	1	2	3	4	
7. 지역사회인과의 상호작용	0	1	2	3	4	0	1	2	3	4	0	1	2	3	4	
8. 공공건물 접근	0	1	2	3	4	0	1	2	3	4	0	1	2	3	4	
원점수 총점 지역사회활동																

Part C: 전 생애 학습활동

전 생애 학습활동	빈도					일일 지원 시간					지원 타입					원점수
1. 학습활동 중 타인과 상호작용	0	1	2	3	x	0	1	2	3	4	0	1	2	3	4	
2. 훈련/교육결정에의 참여	0	1	2	3	x	0	1	2	3	x	0	1	2	3	4	
3. 문제해결 전략의 학습 및 사용	0	1	2	3	4	0	1	2	3	4	0	1	2	3	4	
4. 학습에 공학기기의 사용	0	1	2	3	4	0	1	2	3	4	0	1	2	3	4	
5. 훈련/교육환경에의 접근	0	1	2	3	4	0	1	2	3	4	0	1	2	3	4	
6. 기능적 학업기술 학습(싸인 읽기)	0	1	2	3	4	0	1	2	3	4	0	1	2	3	4	
7. 건강, 체육교육 기술 학습	0	1	2	3	4	0	1	2	3	4	0	1	2	3	4	
8. 자기결정력 기술의 학습	0	1	2	3	4	0	1	2	3	4	0	1	2	3	4	
9. 자기관리 전략의 학습	0	1	2	3	x	0	1	2	3	4						
원점수 총점 전 생애 학습활동																

점수 키		
빈도 이 활동을 위하여 얼마나 자주 지원이 필요한가? 0= 전혀 없거나 한달에 한번 이하 1= 최소한 한 달에 한번 이상 혹은 일 주 이상에 한번 2= 일주일에 한번 이상 혹은 매일 이상에 한번 3= 하루에 한번 이상 혹은 한시간 이상에 한번 4= 매 시간에 한번 혹은 더 자주	일일 지원 시간 0= 전혀 없음 1= 30분 이하 2= 30분 이상 2시간 이하 3= 2시간 이상 4시간 이하 4= 4시간 이상	지원 타입 어떤 종류의 지원인가? 0= 없음 1= 관리, 감독 2= 구두적/몸짓 3= 부분적인 신체지원 4= 완전한 신체지원

Part D: 고용 활동

고용 활동	빈도					일일 지원 시간					지원 타입					원점수
1. 직업에의 접근/취업, 과제의 조절	0	1	2	3	x	0	1	2	3	4	0	1	2	3	4	
2. 특정한 직업기술 학습 및 사용	0	1	2	3	x	0	1	2	3	4	0	1	2	3	4	
3. 직장 동료와의 상호 교류	0	1	2	3	X	0	1	2	3	4	0	1	2	3	4	
4. 감독/코치와의 상호 교류	0	1	2	3	x	0	1	2	3	4	0	1	2	3	4	
5. 일 관련 과제를 적합한 속도로 완수	0	1	2	3	x	0	1	2	3	4	0	1	2	3	4	
6. 일 관련 과제를 적절한 품질로 완수	0	1	2	3	4	0	1	2	3	4	0	1	2	3	4	
7. 직업 과제를 바꾸기	0	1	2	3	4	0	1	2	3	4	0	1	2	3	4	
8. 고용주로부터 정보 얻고 도움받기	0	1	2	3	4	0	1	2	3	4	0	1	2	3	4	
원점수 총점 고용 활동																

Part E: 건강, 안전 활동

건강 활동	빈도					일일 지원 시간					지원 타입					원점수
1. 약복용	0	1	2	3	4	0	1	2	3	4	0	1	2	3	4	
2. 건강 혹은 안전위험성 피하기	0	1	2	3	4	0	1	2	3	4	0	1	2	3	4	
3. 건강관리 서비스 받기	0	1	2	3	4	0	1	2	3	4	0	1	2	3	4	
4. 걸어다니기, 돌아다님	0	1	2	3	4	0	1	2	3	4	0	1	2	3	4	
5. 응급서비스접근 지식얻기	0	1	2	3	4	0	1	2	3	4	0	1	2	3	4	
6. 영양가 식사유지	0	1	2	3	4	0	1	2	3	4	0	1	2	3	4	
7. 신체건강과 체형유지	0	1	2	3	4	0	1	2	3	4	0	1	2	3	4	
8. 정서적 안정유지	0	1	2	3	4	0	1	2	3	4	0	1	2	3	4	
원점수 총점 건강, 안전 활동																

점수 키		
빈도 이 활동을 위하여 얼마나 자주 지원이 필요한가? 0= 전혀 없거나 한 달에 한번이하 1= 최소한 한 달에 한번 이상 혹은 일 주 이상에 한번 2= 일주일에 한번 이상 혹은 매일 이상에 한번 3= 하루에 한번 이상 혹은 한시간 이상에 한번 4= 매 시간에 한번 혹은 더 자주	일일 지원 시간 0= 전혀 없음 1= 30분 이하 2= 30분 이상 2시간 이하 3= 2시간 이상 4시간 이하 4= 4시간 이상	지원 타입 어떤 종류의 지원인가? 0= 없음 1= 관리, 감독 2= 구두적/몸짓 3= 부분적인 신체지원 4= 완전한 신체지원

Part F: 사회적 활동

사회적 활동	빈도					일일 지원 시간					지원 타입					원점수
1. 가정내의 사회성	0	1	2	3	x	0	1	2	3	4	0	1	2	3	4	
2. 오락/여가활동 참여	0	1	2	3	x	0	1	2	3	4	0	1	2	3	4	
3. 가정 밖의 사회성	0	1	2	3	4	0	1	2	3	4	0	1	2	3	4	
4. 친구 사귀고 유지하기	0	1	2	3	x	0	1	2	3	4	0	1	2	3	4	
5.개인적 필요사항을 타인과 대화	0	1	2	3	4	0	1	2	3	4	0	1	2	3	4	
6. 적절한 사회적 기술 사용	0	1	2	3	4	0	1	2	3	4	0	1	2	3	4	
7. 애정 및 친밀한 관계형성	0	1	2	3	4	0	1	2	3	4	0	1	2	3	4	
8. 봉사활동 참여	0	1	2	3	4	0	1	2	3	4	0	1	2	3	4	
원점수 총점 사회적 활동																

점수 키		
빈도 이 활동을 위하여 얼마나 자주 지원이 필요한가? 0= 전혀 없거나 한 달에 한번 이하 1= 최소한 한 달에 한번 이상 혹은 일 주 이상에 한번 2= 일주일에 한번 이상 혹은 매일 이상에 한번 3= 하루에 한번 이상 혹은 한시간 이상에 한번 4= 매 시간에 한번 혹은 더 자주	일일 지원 시간 0= 전혀 없음 1= 30분 이하 2= 30분 이상 2시간 이하 3= 2시간 이상 4시간 이하 4= 4시간 이상	지원 타입 어떤 종류의 지원인가? 0= 없음 1= 관리, 감독 2= 구두적/몸짓 3= 부분적인 신체지원 4= 완전한 신체지원

참고문헌

강병근(2008). 보편적 디자인(Universal Design)의 이론적 배경과 철학적 개념. 통합교육을 위한 방법론적 접근: 보편적 설계(Universal Design), 1-9. 한국특수교육학회, 2008년 추계학술대회.

강연희(2002). 청각장애 영유아 어머니의 양육 스트레스에 관한 연구. 이화여자대학교 사회복지 대학원 석사학위 논문.

강영임(2007). 장애인 보호작업장의 운영실태와 개선방안에 관한 연구. 원광대학교 행정대학원 사회복지학과 석사학위논문.

강영택·김성애·김은주·이해균 외(1998). 특수교육대상자 출현율 조사연구. 국립특수교육원.

강종구 외 10인(2010). 『특수교육학개론』. 서울: 학지사.

곽승철(2010). 보편적 학습설계가 장애학생의 교육적 통합에 주는 함의. 한국지체부자유아교육학회지 중복·지체부자유연구, 53(4), 1-29.

곽재석 외 6인(2005). 주요국 초·중등 교육개혁 사례분석과 한국적 시사점. 한국교육개발원.

교육과학기술부(2008). 「장애인 등에 대한 특수교육법령」 해설자료.

교육과학기술부(2010). 특수교육 연차보고서.

교육과학기술부(2010). 학업성취도평가…학력향상 비결은? 홍보영상 3월 15일 등록.

교육과학기술부(2011). 특수교육연차보고서. 서울: 교육과학기술부.

교육인적자원부(2007). 제 2차 영재교육진흥종합계획('08-'12).

구미자(2005). 수학학습부진아의 학습부진 원인분석과 효과적인 지도방안에 관한 연구. 경북대학교 교육대학원 석사학위논문.

구본권(2007). 『지체장애 아동교육』. 서울: 시그마프레스.

구자억·조석희·김홍원·서혜애·장영숙(1999). 영재교육과정개발 연구-초·중학교 영재교육과정 시안개발을 위한 기초연구. 수탁연구 CR 99-20. 한국교육개발원.

국립특수교육원(2006). 특수학급 컨설팅 시범학교 운영보고서. 국립특수교육원.

국립특수교육원(2008). 특수교육 국제동향분석.

국립특수교육원(2009). 특수교육실태조사.

국립특수교육원(2010). 특수교육 현장의 보조공학 활용 실태 및 요구. 국립특수교육원.

국립특수교육원(2003). 장애학생을 위한 보완·대체의사소통의 실례와 전망. 국립특수교육원.

권태연(2003). 청소년기 소아당뇨인의 심리사회적 적응에 관한 연구. 이화여자대학교 석사학위논문.

김경열(2003). 영미 특수교육 관련법규 분석을 통한 우리나라 통합교육의 고찰. 대구대학교 대학원 석사학위논문.

김덕희(2007). 『소아비만과 소아당뇨』. 좋은 날.

김동일 · 송승현 · 전병운 · 한경근(2010). 『특수교육학개론』. 서울: 학지사.

김동호(2000). 자립생활 패러다임에서 본 한국장애인 복지관 연구. 연세대학교 행정대학원 사회복지전공 석사학위논문.

김미선(2005). 학교차원의 긍정적 행동지원이 장애학생을 포함한 학생들의 문제행동과 학교 분위기에 미치는 영향. 이화여자대학교 대학원 박사학위논문.

김미영 · 이소현 · 최윤희(2006). 통합 환경에서의 상황이야기 중재가 자폐성 장애를 지닌 유아와 일반 유아의 사회적 상호작용에 미치는 영향. 유아특수교육연구, 6(1), 85-107.

김병하(2000). 특수교육 패러다임 이동과 특수학교의 재구조화. 특수교육저널: 이론과 실천. 35(3), 137-162.

김병하(2006). 특수교육의 역사와 철학, 대구대학교.

김병하 · 조원일(2005). 한국에서 통합교육의 정책적 지향과 실천과제: 비교사적 관점에서. 특수교육저널: 이론과 실천, 6(4), 37-53.

김봉선(2004). 정신지체인 지원고용과 관련된 요인들의 상호작용. 성균관대학교 대학원 사회복지학과 석사학위논문.

김삼섭 · 전병운 · 정해동 · 박은영 · 고진복 · 박은송(2007). 특수교육 교원 중장기 수급방안. 특수교육학연구, 42(2), 1-28.

김선영(2001). 정신지체 아동의 기억에 관한 연구. 이화여자대학교 교육대학원 석사학위논 문.

김선희(2003). 반구자극중재가 난독증 아동의 읽기향상에 미치는 효과. 이화여자대학교 대학원 석사학위논문.

김선희 등 역(2002). 『의사소통 장애』. 서울: 학지사

김성애(2004). 해석주의 관점에서 본 발달장애아 진단 · 평가의 과제. 발달장애학회지, 8(2), 143-161.

김수희(2009). 일반학급에서의 비공식적 의뢰전 중재상태 및 활성화 방안에 관한 조사 연구. 경인교육대학교 교육대학원 교육석사학위논문.

김승국(1985). 일반학교에 통합되어 있는 장애학생의 실태조사연구. 사대논총, 단국대학교.

김승국(1992). 『특수교육의 발전과 통합교육의 추진』. 도서출판 특수교육.

김승국(1995). 『특수교육학』. 양서원.

김승국(1999). 교육에서의 이해. 농아안과 사회, 한국농아인 협회.

김승국(1994). 한국 특수교육의 발전과정. 특수교육논총, 10(5), 5-23.

김승국(2003). 『장애인의 언어와 사회통합』. 서울: 특수교육.

김승국(2003). 『특수교육 때문에』. 서울: 특수교육.

김승국 · 김영욱 · 황도순 · 정인호(1998). 『청각장애 아동교육』. 서울: 교육과학사.

김신옥(1995). 아동의 사회적 상호작용에 대한 이해발달. 박사학위논문. 연세대학교 대학원, 서울.

김애화(2005). 2004 미국 특수교육법 개정에 즈음하여 살펴본 미국 특수교육의 동향: 학습장애 영역을 중심으로. 2005년 한국특수교육학회 추계학술대회 주제발표.

김애화(2006). 학습장애 학생을 위한 중재연구에 관한 문헌분석. 특수교육저널: 이론과 실천, 7(2), 265-299.

김영욱(1994). 청각장애 교육대상의 정의 및 분류. 현장특수교육, 1, 26-31.

김영진(1998). 『효율적인 학습상담법』. 서울: 양서원.

김영태(2002). 『아동 언어장애의 진단 및 치료』. 서울: 학지사.

김영환(2002). 『정신지체아의 언어』. 서울: 도서출판 특수교육.

김용욱(2004). Paulo Freire교육론의 특수교육적 접근. 대구대학교 특수교육대학원 논문.

김용욱(2008). 통합교육을 위한 방법론적 접근: 보편적 설계. 통합교육을 위한 방법론적 접근: 보편적 설계(Universal Design), 11-30. 한국특수교육학회 2008년 추계학술대회.

김용욱 · 변찬석 · 박찬웅 외(2002). 『학습장애아 교육의 이론과 실제』. 대구: 대구대학교 출판부.

김원경(2004). 『특수교육법신론(개정판)』. 서울: 도서출판 특수교육.

김원경(2010). 『최신특수교육』. 서울: 학지사.

김윤옥(1997). 특수아동 완전통합교육을 위한 미국의 동향과 한국의 과제. 특수교육연구, 4, 45-72.

김은경(1997). 환경중심언어중재와 아동중심언어중재가 언어지체 아동의 어휘와 의사소통 행동에 미친 효과. 박사학위논문. 단국대학교 대학원, 서울.

김은경(2001). 자폐성 장애 유아의 사회적 상호작용 특성. 한국유아특수교육연구, 1(2), 79-104.

김은주(2008). 건강장애 학생을 위한 병원학교 운영 지원체계의 타당화 연구. 이화여자대학교 특수교육학과 박사학위논문.

김정권(1966). 한국 정신박약아 교육의 사적 배경에 관한 일연구. 특수교육연구, 2, 61-81.

김정권(1968). 정신박약학교 교육과정에 관한 일 연구, 한사대논문집, 1-62.

김정권(2002). 탈현대 패러다임과 21세기 특수교육의 전망. 특수교육재활과학연구, 41, 11-16.

김정권 (2008). 한국특수교육의 방향과 특수교육 교원양성기관의 역할. 교과교육연구, 29, 1, 223-243.

김정수 · 박경수(2005). 공동모금 재정지원을 통해 본 장애인 복지분야의 서비스 패러다임 동향분석. 한국사회복지학, 57(1), 147-167.

김정연(2001). AAC 내과상대자 지도가 중도 장애아동의 의사소통 습득과 어머니의 의사소통 중재기술 사용에 미치는 효과. 석사학위논문. 이화여자대학교 교육대학원, 서울.

김정은(2007). 성격검사도구 개발을 통한 정신지체 학생의 성격특성연구. 부산대학교 특수교육학과 박사학위논문.

김정은 · 강영심(2010). 정신지체 하위유형별 특성분석을 통한 특수교육적 함의. 현상 · 해석학적 교육연구, 7(1), 139-162.

김정효(2008). 중도 지적장애 학생의 상동행동 관련 중재 연구동향-최근 10년간(1997-2006)의 국외연구를 중심으로. 특수교육, 7(1), 195-213.

김정희(2009). 일본 특별지원교육의 주요내용과 시사점. 비교교육연구, 19, 1, 189-209.

김종인 · 이준우 · 우주형(2007), 『장애인 복지론』, 서현사.

김주연(2008). 장애인의 인권보장에 관한 고찰. 인권복지연구, 4, 131-155.

김진숙 · 강경숙(2005). 일본 · 중국 · 홍콩의 초등 통합교육과 교육과정 운영동향. 특수교육연구, 12, 1, 27-55.

김진호 · 한태륜(1999). 『재활의학』. 서울: 군자출판사.

김진호 · 박재국 · 방명애 · 안성우 · 유은정 · 윤치연 · 이효신(2006). 『최신 특수교육(제8판)』. 시그마프레스.

김진호 · 박재국 · 방명애 · 안성우 외(역)(2006). 『최신 특수교육』. 시그마프레스.

김태서(2007). 한국영재교육의 발전과정. 단국대학교 대학원 박사학위논문.

김태완(2009). 청각장애인의 사회통합에 영향을 미치는 요인에 관한 연구. 강남대학교 사회복지전문대학원 석사학위논문.

김호경(2003). 지식기반 사회에서 학교교육 방향 탐색. 위덕대학교 교육대학원 석사학위논문.

김호일 · 이인경(2000). 심상정교화 훈련이 경도 정신지체 아동의 기억수행에 미치는 효과. 특수교육학연구, 35,1, 83-99.

남민철(2005). 정신지체 장애인의 직업재활의 현황과 개선방안에 관한 연구. 명지대학교 사회복지대학원 사회복지학 석사논문.

노선옥 · 김현진 · 신재훈 · 정우식 · 황선준 · 박재국(2008). 특수교육 국제동향분석. 국립특수교육원.

류신희(2008). 건강장애 학생의 교육실태 및 학교복귀지원에 대한 요구조사. 조선대학교 교육대학원 석사학위논문.

문수백 · 여광응 · 조용태(2003). 『한국판 시지각 발달검사』. 서울: 학지사.

박경묵(1997). 초등학교 교육의 재구조화를 위한 개혁과제의 탐색. 진주교육대학교 논문집, 40, 129-146.

박수홍 · 안성우 · 정주영 · 서유경 연구자료 RM 2008-1, 특수교육용 보조공학기기 분석 및 향후 발전 방안 탐색

박숙자(2004). 의사소통 보조도구 활용지도가 뇌성마비 아동의 사회적 상호작용에 미친 효과. 박사학위논문. 단국대학교 대학원, 서울.

박순희(2007). 『시각장애아동의 이해와 교육』. 서울: 학지사.

박순희 · 정귀순(2009). 일반학교에 재학 중인 정상 시력 이하로 시력이 약한 학생들의 교육실태 및 지원 요구 조사. 특수교육학연구, 43(4), 135-156.

박승희(1996). 일반학급에서 장애학생의 통합교육을 위한 특수교육 교사의 역할. 초등특수교육연구. 제 10집. 177-197.

박승희(2004). 장애개념화의 진전이 장애인 지원구축에 지니는 함의. 특수교육학 연구, 38(4), 27-65.

박은혜(2003). 보완 · 대체의사소통 중재를 위한 연구방법론 고찰. 한국언어청각임상학회,

8(1), 144-167.

박은혜·박지연·노충래(2005). 교육취약계층 학습권 보장을 위한 건강장애학생 교육지원모형개발. 특수교육학연구, 40(3), 269-298.

박창일·문재호(2007). 『재활의학』. 서울: 한미의학.

박창일 등(1997). 뇌성마비의 조기진단을 위한 이학적 평가항목의 개발. 대한재활의학회지, 21(4), 679-688.

박현옥(2005). CHC 지능이론에 따른 정신지체아의 인지요인 특성과 읽기기능분석. 대구대학교 문학박사 학위논문.

박현옥 외(2010). 『특수교육개론』. 학지사.

박현옥·김은주(2004). 통합교육에 관한 국내 연구 동향 분석. 특수교육학연구, 38(4), 285-309.

박현옥·이정은·노진아·권현수·서선진·윤현숙 공역(2010). 『특수교육개론』. 서울: 학지사.

박혜정(1999). 나무그림 형태분석을 통한 특수학교 정신지체아의 심리적 특성. 우석대학교 교육대학원 석사학위논문.

박희찬·이효자·장병연(2005). 중증장애학생 전환교육의 실제-교사용지침서. 국립특수교육원.

방명애(2006). 역할놀이 중심의 자기결정 활동 프로그램의 적용이 정신지체 학생의 자기결정 기술과 적응행동에 미치는 영향. 특수교육연구, 13(1), 179-200.

방명애(2009). 자기결정기술 활동프로그램. 서울: 특수교육.

배성규(2006). 청각장애인의 이중문화정체성 형성에 영향을 미치는 요인에 관한 질적연구. 대구대학교 교육대학원 석사학위논문.

배소영 등(2001). 『의사소통장애학 개론』. 서울: 하나의학사.

보건복지가족부 (2011). 복지통계자료(http://stat.mw.go.kr/stat/data/cm_data_list.jsp?menu_code=MN01020702).

서강석(1994). 교육가능 정신지체아의 나무그림에 나타난 심리적 특성. 우석대학교 교육대학원.

서울 장애인 종합복지관(1996). 장애인 이동 이렇게 합시다. 서울: 서울 장애인 종합복지관

細渊富夫·박경란(2006). 일본 특별지원교육에 대한 자치단체의 정책동향. 특수교육저널: 이론과 실제, 7(2), 197-218.

落合俊浪, ·姜美羅(2002).일본의 21세기 특수교육의 방법과 한국에의 시사, 특수교육학 연구, 37(1), 1-23.

송병호(2010). 『건강장애』. 서울: 학지사.

송성권(2004). 정신지체 자녀의 평생계획에 관한 연구. 한일장신대 국제신학대학원 석사학위논문.

송창호(2000). 대근육 운동치료 프로그램이 중복장애 아동의 대근육 운동발달에 미치는 효과. 경희대학교 체육대학원 석사학위논문.

송형우(2007). 한국 통합교육제도 성립배경에 관한 연구. 단국대학교 대학원 석사학위 논문.

신득수(2011). 영재교육의 현황 및 개선방안. 강원대학교 교육대학원 석사학위논문.

신선경(1994). 특수교육기관에 수용중인 정신지체 아동의 원인적 분류. 경상대학교 대학원 의학과 석사학위논문.

신종호 · 김동일 · 신현기 · 이대식(역)(2003). 『정신지체(제 6판)』. 시그마프레스.

신종호 · 김동일 · 신현기 · 이대식(역)(2008). 『정신지체(제 7판)』. 시그마프레스.

신진숙(1998). 완전통합교육에 대한 교사의 인식연구. 대구대학교 대학원 박사학위 논문.

신현기(2002). 사회적 지능의 관점에서 본 정신지체인의 적응행동 특성과 그 함의. 특수교육, 1, 1-9.

신현기(2003). 사회적 상황에 따른 정신지체학생의 사회적 정보처리능력 연구. 한국특수교육학회, 229-249.

신현기 · 최세민 · 유장순 · 김희규(2005). 『통합교육의 이론과 실제』. 서울: 박학사.

안세준(1999). 농아인과 사회. 한국농아인협회.

안영희(2003). 한국 농인사회의 역사적 변천에 관한 탐색적 연구. 나사렛대학교 재활복지대학원 국제수화 통역학 전공, 석사학위논문.

양민화(2005). 미국의 학습장애 판별과정과 교육. 학습장애연구, 2, 2, 103-121.

양숙미(2002). 장애아동을 위한 반 장애주의(anti-handicappism) 통합교육의 실천적 함의. 한국아동복지학, 13, 53-75.

여광응(2003). 『정신지체아의 심리학적 이해』. 서울: 학지사.

오봉수(1985). 각국의 특수교사 양성제도의 비교연구, 행동연구, 7, 108-124.

오세웅(2003). 새로운 정신지체 정의에 따른 분류체계 비교분석. 정신지체연구, 5, 263-282.

왕난옥(2008). 우리나라 장애아동 조기중재 정책의 현황 및 개선방안에 관한 연구. 서울시립대 도시과학대학원 사회복지학과 석사학위논문.

우정환 · 윤광보(2007). 특수교육보조원제도의 운영실태 및 요구에 대한 비교연구. 특수교육연구, 14(2), 2-30.

유년하(2004). 신자유주의에 의한 한국의 교육개혁에 관한 연구. 동양대학교 교육대학원 석사학위논문.

유병주(2000). 정신지체인의 성인교육을 위한 Paulo Freire 교육철학의 의의. 특수교육연구 7, 27-46.

유철주 외 공저(1999). 『소아 암 진단에서 치료까지』. 서울: 도서출판 참말.

유현옥(2010). 탈이념 시대에 있어 교육이념 정립의 문제와 교육철학의 과제. 교육철학, 48, 113-136.

윤명숙(2004). 사회적 구성개념으로서의 장애관 연구-특수교육에 주는 시사-.청주교육대학원 석사학위논문.

윤점룡 · 원종례 · 권효숙 · 유장순 · 김주영(2006). 학령기 장애학생 통합교육 현황 실태 조사연구, 정서 · 행동장애연구, 22(3), 81-117.

윤진영(1997). 기능적 의사소통훈련을 통한 회피기능의 자해행동 처치의 효과. 이화여자대학교 석사학위논문.

윤치연(1998). 기능적 의사소통지도가 행동장애아동의 문제행동에 미치는 효과. 박사학위논문. 대구대학교 대학원, 대구.
윤혜경(1997). 아동의 한글읽기발달에 관한 연구.부산대학교 대학원 박사학위논문.
이나미(2008). 중도 지적장애인의 취업직종 확대를 위한 관련기관 연계 모형연구-제조업 이외의 직종탐색 시범사례 문헌연구. 특수교육, 7(2), 27-52.
이나미(2008). 『특수아동 진단 및 평가』. 집문당.
이나미 · 최윤희(2010). 『지적장애아교육』. 청목출판사.
이대식(2007). 성공적인 통합교육에 필요한 일반교육의 조건. 통합교육연구, 2(1), 1-27.
이대식(2009). 한국형 중재-반응(RTI) 접근법의 조건. 특수교육학연구, 44,2, 341-367.
이미숙(2006). 음운인식 훈련이 읽기장애아의 음운인식과 문자해독에 미치는 효과. 여수대학교 교육대학원 석사학위논문.
이미숙(2010). 미국 특수교육학계의 장애명칭붙임 논의에 대한 소고. 특수교육저널: 이론과 실천, 11(1), 75-97.
이미아 · 강영심 · 정은영(2007). 정신지체 학생의 성격 특성에 기반한 통합교육 장면에서의 중재방안 탐색. 정신지체 연구, 9(1), 71-96.
이병인(2007). 2004년 미국의 장애인교육법(IDEA) 개정안 주요내용 고찰. 유아특수교육연구, 7(2), 21-46.
이상춘 · 조인수(1998). 『정신지체아교육』. 전주: 신아출판사.
이성규(2007). 장애패러다임의 변화와 최근 한국 장애인 복지계의 흐름과 전망. 국립특수교육원 연구자료.
이소연 · 박은혜(2011). 『특수아동교육』. 서울: 학지사.
이소현(1995). 자폐아 언어교육: 기능성 중심의 방향 정립을 위한 제언. 인간발달연구, 23, 69-93.
이소현(1999). 자폐장애의 일탈적 특성 고찰을 통한 특수교육적 접근의 방향성 정립: 사회성 발달장애를 중심으로. 특수교육학연구, 34(2), 227-256.
이소현 · 박은혜(2010). 『특수아동교육』. 서울: 학지사.
이승복 · 한기선(2003). 『의사소통 과학과 장애』. 서울: 시그마프레스.
이영옥(2002). 장애아동 통합교육을 위한 보조교사제에 관한 연구. 인천대학교 행정대학원 사회복지학과 석사학위논문.
이예다나(2010). 학습장애 학생을 위한 읽기중재의 메타분석연구. 고려대학교 대학원 석사학위논문.
이우강(2010). 국내외 영재교육의 비교 및 국내 영재교육의 개선방안. 순천대학교 교육대학원 석사학위논문.
이원령 · 이한우(2004). 학습장애 원인 · 진단 · 지도 · 특성 이해연구. 특수교육저널: 이론과 실천, 15(4), 407-425.
이익섭 · 최정아 · 이동영(2007). 장애인 자립생활모델에 대한 탐색적 고찰: 사회적 배제 관점을 중심으로. 한국사회정책, 14, 49-81.
이정은 · 강경숙 · 김미선(역)(2009). 『중도장애』. 학지사.

이준우(2003). 한국 농청소년 농 정체성과 심리사회적 기능과의 관계에 관한 연구. 숭실대학교 대학원 박사학위논문.

이태수 · 김동일(2006). 또래중재가 읽기장애아동 및 또래교사의 읽기유창성 향상에 미치는 효과. 특수교육저널: 이론과 실천, 7(3), 121-135.

이해명(2006). 『영재교육의 이론과 실제』. 서울: 교육과학사.

이해송 · 김선미 · 최남기 · 오종석 · 강미선 · 임희정 · 양규호(2006). 정상인과 정신지체인, 다운증후군 환자에서 치주질환 원인균의 출현율. 대한소아치과학회지, 33(3), 457-468.

이효자 · 안영진 · 장병연 · 주은희 · 박숙자(2005). 『특수아동교육』. 서울: 도서출판 정일.

이효자 · 박희찬(1997). 경도장애학생 전환교육의 실제(II)-고등부. 국립특수교육원.

임안수(2008). 『시각장애아 교육』. 서울: 학지사.

임희진(2002). 정신지체인의 사회통합 활성화 방안에 관한 연구. 인천대학교 행정대학원 사회복지 석사학위논문.

장병기, 영재교육의 세계적 동향. 교육연구정보, 제56호 (춘천교육대학교 과학교육과).

장태정(2004). 공동생활가정 정신지체인의 여가활동 활성화 방안, 대구대학교 사회복지대학원 석사학위논문.

전헌선 외 13명(2006). 『중복 · 지체부자유아 교육』. 대구대학교 출판부.

전혜인(2006). 부모결연 프로그램이 장애아동 어머니의 양육 스트레스와 양육효능감 및 가족역량강화에 미치는 영향. 이화여자대학교 박사학위논문.

정근선 · 김애화(2006). 학습장애 학생을 위한 교수-학습 수정에 대한 일반교사들의 인식조사. 학습장애연구, 3(1), 29-52.

정대영(2001). 학습장애의 개념 및 진단평가의 문제와 과제. 제 9회 한국정서장애학습장애아교육학회 학술대회, 30-62.

정대영(2007). 학습장애의 정의와 진단적 평가기준의 법적구정을 위한 대안탐색. 특수아동교육연구, 9(2), 257-285.

정동영 · 김형일 · 정동일(2001). 특수교육 요구아동 출현율 조사연구. 국립특수교육원.

정범모(1993). 『입시와 교육개혁』. 서울: 나남.

정석용 · 노치규(2001). 특수교육에서의 명칭붙임과 핸디케피즘: 정신지체와 정서장애를 중심으로. 정서 · 학습장애연구, 17(2), 1-18.

정영수(1984). 한국교육 정책의 이념(II). 서울: 한국교육개발원.

정주영(2004). 정신지체 초등학생의 일반교육과정 참여에 대한 통합학급교사의 인식과 실제. 특수교육연구, 11(2), 309-336.

정해동 · 김주영 · 박은혜 · 박숙자(1989). 장애 학생을 위한 보완 · 대체의사소통 지도. 국립특수교육원.

정현숙(1991). 뇌성마비아의 나무그림 검사에 나타난 심리특성. 대구대학교 석사학위논문.

조석희 · 한순미(1986). 취학전 영재의 특성 및 부모의 지도실태와 요구에 관한 조사 연구. 서울: 한국교육개발원.

조선현(2005). 보완대체 의사소통 중재가 중도 정신지체 아동의 의사소통 수단과 기능향상에 미치는 영향. 대구대학교 대학원 이학석사학위 논문.

조성민(2011). 학습장애의 정체혼미와 특수교육학적 재해석. 청주교육대학교 교육대학원 석사학위논문.

조용태(1994). 정신지체 아동의 단기기억에 있어서 과제의 자동처리 결함연구. 특수교육학회지, 15(1), 73-87.

조용태(2002). 情의 유무에 따른 정신지체 아동의 특성. 특수교육연구, 9(2), 169-185.

채규만(1999). 아동의 학습장애와 ADHD의 진단과 치료적인 접근. 임상심리학회 workshop 자료

천춘경(2000). 보완·대체 의사소통체계 활용을 위한 지역 사회 중심의 기초 어휘 및 문장 조사. 석사학위논문. 단국대학교 대학원, 서울.

최민식(2009). 행복을 부르는 세 잎 클로버. 용인대학교 교육대학원 석사학위논문.

최선경(2006). 성인정신지체인 가족의 부양부담과 가족지원 서비스 연구-소비자와 제공자의 종합적인 관점을 중심으로-서울여자대학교 대학원 사회사업학과 박사학위논문.

최성규·남상직(2004). 마인드맵 프로그램이 학습장애 아동의 어휘력에 미치는 효과. 특수교육저널: 이론과 실천, 5(1), 341-367.

최성규·황석윤(2009). 정신지체 아동의 지능검사와 적응행동 검사의 하위척도 통합을 위한 퍼지추론 규칙연구. 특수교육재활과학연구, 48(3), 105-125.

최세훈(2009). 우리나라 영재교육의 현 상황분석 및 개선방안. 순천대학교 교육대학원 석사학위논문.

최옥주(2002). 개별화교육을 위한 초등학교 교육의 재구조화. 한국교원대학교 교육대학원 석사학위논문.

최하영(2011). 장애학생의 교육과정적 통합 제고를 위한 교수적 수정 연구 고찰. 특수교육, 10(2), 5-24.

추정선(1993). 학습장애아의 학습전략 방안에 관한 연구. 부산교육대학교 논문집, 29(1), 343-360.

한경임(1998). 중증 뇌성마비아동의 보완, 대체 의사소통 중재의 효과. 박사학위논문. 대구대학교 대학원, 대구.

한국특수교육학회(2008). 특수교육대상자 개념 및 선별기준. 한국특수교육학회.

한국학습장애학회(2005). 학습장애의 진단과 평가, 학습장애의 학문적 토대확립, 한국학습장애 2005 춘계 심포지엄.

한영선(2011). 일본 특별지원교육의 성립과 특징에 관한 연구. 대구대학교 특수교육대학원 특수교육학과 지체부자유교육전공 석사학위논문.

한현민(1996). 성공경험, 목표설정 및 귀인훈련이 정신지체아의 비인지적 동기특성에 미치는 효과. 대구대학교 박사학위 논문.

한현민(1998). 경도 정신지체아와 학습장애아의 동기특성에 대한 이론적 고찰. 대진논총, 6, 129-144.

함용운 외 11인(2010). 『보장구학과 의지학』. 서울: 현문사.

허묘연(1990). 학습장애아동의 인지적, 정서적 · 행동적 특성. 이회여자대학교 대학원 석사 학위논문.

허운나(1997). 새로운 교육 패러다임의 필요성과 교육 정보화. 정보화시대 교육의 선택. 서울 : 대화출판사.

홍정숙(2005). 일본학습장애아교육의 동향-일본 문부과학성 정책문서 분석을 중심으로-. 학습장애연구, 9(2), 123-143.

홍효숙(1994). 심상정교화 훈련이 아동의 장기기억에 미치는 효과. 초등교육학연구, 2(1), 205-221.

황민아(2001). 경직형 불수의운동형 뇌성마비 성인의 파열음 산출의 음향음성학적 특성. 한국음성과학회지, 8(3). 209-224.

황순영 · 김정은(2006). 정신지체 학생의 성격특성 분석을 통한 교육적 중재방안 탐색. 재활복지, 10(2), 63-85.

황원영(1997). 『특수교육철학』. 서울: 교육과학사.

AAIDD (2010). Intellectual Disability: Definition, Classification, and Systems of Supports, 11th Edition. AAIDD, Washington DC.

AAMR (2004). Support Intensity Scale Users Manual. Washington DC.

Abrams, L. A. (1995). Strengthening the fabric of child and family policies: Interweaving the threads of research In D. Baumrind (Ed.), *Child maltreatment and optimal caregiving in social contexts* (pp. 101-116). New York: Garland.

Achenbach, T. M., & Edelbrock, C. S. (1981). Behavior problems and competencies reported by parents of normal and disturbed children aged four through sixteen. *Monographs of the Society for Research in Child Development*, 46(1, Serial No. 188).

Adreon, D., & Stella, J. (2001). Transition to middler and high school: Increasing the success of students with Asperger syndrome. Intervention in School and Clinic, 36, 266-271.

Akshoomoff, N., Pierce, K., & Courchesne, E. (2002). The neurobiological basis of autism from a developmental perspective. Development and Psychopathology, 14, 613-634.

Alberto, P. A., & Troutman, A. C. (2006). Applied behavior analysis for teachers(7th ed.). Upper Saddler River, NJ: Merrill/Prentice Hall.

Alice J. Punwar · Suzanne M. Peloquin(2000). Occupational Therapy. Philadelphia: Lippincott Williams & Wilkins.

Alsop, S (2007). The emotional lives of fledgling geniuses, In K. S. Taber(eds.), Science Education for Gifted Learners. Routledge, 45-58.

American Federation of Teachers & AFL-CIO. (1996). *Full inclusion for special needs students.* Wachington DC: Author.

American Psychiatric Association (2000). *Diagnostic and statistical manual of mental disorder-Ⅳ-TR.* 서울: 하나출판사.

American Psychiatric Association. (2000). *Diagnostic and statistical manual of mental disorders* (4th text rev. ed.). Washington, DC: Author.

American Speech-Language-Hearing Association(1991). Augmentative and alternative communication. ASHA, 33(8), 3-14.

Anderson, G. M., & Hoshino, Y. (2005). Neurochemical studies of autism. In F. R. Volkmar, R. Paul, A. Klin, & D. Cohen (Eds.), Handbook of autism and pervasive developmental disorders:Vol. 2. Assessment, interventions, and policy (4th ed., pp. 453-472). Hoboken, NJ: Wiley.

Andrews, J. F., Leigh, I. W., Weiner, M. T. (2004). Deaf people: evolving perspectives from psychology, education, and sociology, Boston: allyn & Bacon.

Anzalone, M. E., & Williamson, G. G. (2000). Sensory processing and motor performance in autism spectrum disorders (Vol. 9). Baltimore:Bookes.

Apgar, V., & Beck, J. (1972). Is my baby all right? A guide to birth defects. New York: Trident Press.

Archer, A. L. (1992). *Advanced skills for school success.* North Billerica, MA: Curriculum Associates.

Arvidson, H. H., Fuller, D. R., & Lloyd, L. L.(1977). Augmentative and alternative communication: A handbook of principles and practives. MA: Allyn and Bacon.

Atkinson, R. C., & Shiffrin, R. M. (1968). Human Memory. A Proposed System and its Control Processes. N Y: Academic Press. 89-195.

Baer, D. M. (2005). Letters to a lawyer. In W. L. Heward. T. E. Heron, N. A. Neef, S. M. Peterson, D. M. Sainato, G. Cartledge, R. Gardner Ⅲ, L. D. Peterson, S. B. Hersh, & J. C. Dardig(Eds.), Focus on behavior analysis in education: Achievements, challenge, and opportunities (pp. 3-30). Upper Saddle River, NJ: Merrill/Prentice Hall.

Bailey, A., Phillips, W., & Rutter, M. (1996). Autism: Towards an intergration of clinical, genetic, neuropsychological, and neurobiological perspectives. Journal of Child Psychology and Psychiatry, 37, 89-126.

Bain, A. & Lancaster, J (2008). Inclusion and Comprehensive School Reform: Lessons from the Field, *Australasian Journal of Special Education*, 30(1), 39-50.

Baird, G., Charman, T., Baron-Cohen, S., Cox, A., Swettenham, J., Wheelwright, S., et al. (2000). A screening instrument for autism at 18 months of age: A 6 year follow-up study. Journal of the American Academy of Child and

Adolescent Psychiatry, 39, 694-702.

Baltaxe, C., & Simmons, J. Q. (1985). Posodic development in normal and autistic children. In E. Schopler & G. Mesibov (Eds.), Issues in autism: Communication problems in autism (pp. 95-125). New York: Plenum Press.

Barclay, L. A. (2003). Preparation for assessment. In S. A. Goodman & S. H. Wittenstein(Eds.), Collaborative assessment: Working with students who are blind or visually impaired, including those with additional disabilities(pp. 37-70). New York: AFB Press.

Barkley, R. E., Fischer, M., Smallish, L., & Fletcher, K. (2004). Young adult follow-up of hyperactivity children: Antisocial activities and drug use. Journal of Child Psychology and Psychiatry, 45(2), 195-211.

Bassarath, L. (2001). Conduct disorder: A biopsychosocial review. *Canadian Journal of Psychiatry*, 46(7), 609-617.

Baumrind, D. (1996). The discipline controversy revisited. *Journal of Applied Family and Child Studies*, 45, 405-414.

Becker, J. V., & Bonner, B. (1998). Sexual and other abuse of children. In R. J. Morris & T. R. Kratochwill (Eds.), *The practice of child therapy* (3rd ed., pp. 367-389). Boston: Allyn & Bacon.

Beers, S. R., & De Bellies, M. D. (2002). Neuropsychological function in children with maltreatment-related posttraumatic stress disorder. American Journal of Psychiatry, 159, 483-486.

Beirne-Smith, M., Ittenbach, R. & Patton, J.(6th ed.) (2002). Mental Retardation. Pearson Education Inc: New Jersey.

Belsky, J. (1993). Etiology of child maltreatment: A developmental ecological analysis. Psychological Bulletin, 114, 413-434.

Berney, T. P. (2000). Autism: an evolving concept. British Journal of Psychiatry, 176. 20-25.

Bettleheim, B. (1967). The empty fortress: Infantile autism and the birth of the self. New York: Free Press.

Beukelman, D. & Miranda, P. (1998). Augmentative and communication: Management of severe communication disorders in children and adults (2nd ed.). Baltimore: Paul H. Brooks Pub. Co.

Beukelman, D. & Mirenda, P. (1992). Augmentative and communication management of severe communication disorders in children and adults. Baltimore: Paul H. Brookes Publishing.

Beukelman, D. & Mirenda, P. (2005). Augmentative and alternative communication. Baltimore: Paul H. Brookes Publishing.

Beukelman, D., Matas, J., Mathy-Laikko, P., & Legresley, K.(1985). Identifying the nonspeaking population: A demographic study. Augmentative and Alternative Communication, 1, 17-31.

Bevill, A. R., Gast, D. L., MaGuire, A. M., & Vail, C. O. (2001). Increasing engagement of preschoolers with disabilities through correspondence training and picture cues. Journal of Early Intervention, 24, 129-145.

Bigge, J. L.(2005). Teaching individuals with physical and muliple disabilities(3rd ed). New York: Macmillan Publishing

Blackman, J. A. (1990). Medical aspects of developmental disabilities in children birth to three(2nd ed.). Rockville, MD:Aspen.

Bleck, E., & Nagel, D. (1975). *Physically handicapped children- A Medical atlas for teachers.* NY: Grune & Stratton, Inc.

Blewitt, P. & Krackow, E (1992). Acquiring Taxonomic Relation in Lexical Memory. Journal of Experimental Child Psychology, 54, 37-56.

Bliss, C. K.(1965). Blissymbolics. Sydney: Semantography Publications.

Blondel, B., Kaminsky, M., & Breart, G. (1980). Antenatal care and maternal demographic and social characteristics: Evolution in France between 1972 and 1976. Journal of Epidemiology and Community Health, 34, 157-163.

Bondy, A., & Frost, L. (2002). A picture's worth: PECS and other visual communication strategies in autism. Bethesda, MD:Woodbine, House.

Bouchard, D., & Tetreault, S. (2000). The motor development of sighted children and children with moderate low vision aged 8-13. Journal of Visual Impairments and Blindness, 94, 564-573.

Bradley, R., Danielson, L., & Doolittle, J. (2005). Response to intervention. Journal of Learning Disabilities, 38(6), 485-486.

Briere, J. N., & Elliot, D. M. (1994). Immediate and longterm impacts of child sexual abuse. The Future of Children: Sexual Abuse of Children, 4, 54-69.

Browder, D. M., Trela, K., Gibba, S.L., Wakeman, S., & Hallis, A (2007). Academic skills: reading and Mathematics. In S. L. Odom, R. H. Horner, M.E. Snell & J. Blacher(Eds). Handbook of developmental disabilities(PP. 292-309). New York: Guilford Press.

Bryan T. & Burstein, Karen (1998). Teacher-Selected Strategies for Improving Home Work completion. Remedial and Special Education, 19, 263-280.

Bryant, D. P. & Bryant, B. R. (2006). 특수교육공학.

Bryson, S. E., Clark, B. S., & Smith., I. M. (1988). First report of a Canadian epidemiological study of autistic syndromes. Journal of Child Psychology and Psychiatry, 4, 433-445.

Canter, L., & Canter, M. (2001). Assertive discipline: Positive management for today's classroom (3rd ed.). Seal Beach, CA: Canter.

Carroll, J. B. (1993). Human cognitive abilities: A survey of factor-analytic studies. New York: Cambridge University Press.

Cascione, R. The Developmental-Difference Controversy in Verbal Mediation of Behavior. In E. Zigler & D. Balla, (Eds.) (1982). Mental Retardation: The Developmental-Difference Controversy. LEA: Hillsdale, NJ.

Chakrabarti, S., & Fombonne, E. (2001). Pervasive developmental disorders in preschool children. Journal of the American Medical Association, 285(24), 3093-3099.

Chandler, L. K., & Dahlquist, C. M. (2002). Functional assessment strategies to prevent and remediate challenging behavior in school settings. Upper Saddle River, NJ: Merrill/Prentice-Hall.

Chandler, L. K., & Dahlquist, C. M. (2006). Functional assessment: Strategies to prevent and remediate challenging behavior in school settings(2nd ed.). Upper Saddle River, NJ: Merrill/Prentice Hall.

Chasnoff, I. J. (2003). Prenatal substance exposure: Maternal screening and neonatal identification and management. NeoReviews, 4, 228-235.

Chess, S. (1971). Austim in children with congenital rubella. Journal of Autism and Childhood chizophrenia, 1(1), 33-47.

Cicchetti, D., & Rogosch, F. A. (1994). The toll of child maltreatment on the development child. Child and Adolescent Psychiatric Clinics of North America, 3, 759-772.

Cicchetti, D., & Toth, S. L. (1998).Perspectives on research and practice in developmental psychology. In I. E. Siegel & K. A. Renninger (Eds.), Handbook of child psychology (Vol.4). (5th ed., pp. 479-582). New York:Wiley.

Cole, C. M., Waldron, N., & Majd, M (2004). Academic Progress of students across inclusive and traditional settings. Mental Retardation, 42, 2, 136-144.

Cook, Albert M. (2009). 보조 테크놀로지의 원리와 실제.

Cooper, J. O., Heron, T. E., & Heward, W. L. (2006). Applied behavior analysis(2nd ed.) Upper Saddle River, NJ: Merrill/Prentice-Hall.

Corn, A. L., & Koenig, A. J. (1996). Perspectives of low vision. In A. L. Corn & A. J. Koenig (Eds.), *Foundation of low vision: Clinical and functional perspectives* (pp. 3-25). New York: AFB Press.

Dacey, J. S., & Travers, J. F. (2002). Human development across the lifespan (5th ed.). Boston: McGraw-Hill.

Danaher, Armijo, & Lazara, 2006). Part C updates: Eighth in a series of updates on selected aspects of the Early Intervention program for Infants and Toddlers with Disabilities,(Part c), of IDEA, Chapel Hill, NC: The University of North Carolina, FPG Child Development Institute, National Early Childhood Technical Assistance Center.

Daniel P. Hallahan · James M. Kauffman · Paige C. Pullen(2009). Exceptional Learners. Boston: Pearson.

Das, J. P., Naglieri, J. A., Kirby, J. R. (1994). Assessment of cognitive processes: The PASS theory of intelligence. boston: Allyn & Bacon.

Dawson, G., Melzoff, A. N., Osterling, J., & Rinaldi, J. (1998). Neuropsychological correlates of early symptoms of autism. Child development, 69, 1276-1285.

Delbarere, I., Verstraelen, H., Goetgeluk, S., Martens, G., DeBacker, E., & Temmerman, M. (2006). Pregnancy outcome in primiparae of advanced maternal age. European Journal of Obstetrics and Gynecology, 10, 1016.

Dell, Amy, et al. (2011). 특수교육 보조공학.

DeMatteo, D., Marczyk, G., & Pich, M. (2007). A National Survey of state legislation defining mental retardation: Implications for policy and practice after Askins. Behavior Science and the Law, 25, 781-802.

Deykin, E. Y., & MacMahon, B. (1980). Pregnancy, delivery, and neonatal complications among autistic children. Americal Journal of Diseases of Children, 124(9), 860-864.

Diamond, K. E. (2002). The development of social competence in children with disabilities. In p. k. Smith & C. H. Hart (Eds), Blackwell handbook of childhood social development (pp. 571-587). Malden, MA: Blackwell publishers.

Duncan, B. B., Forness, S. R., & Hartsough, C. (1995). Students identified as seriously emotionally disturbed in day treatment: Cognitive, psychiatric, and special education characteristics. Behavioral Disorders, 20, 238-252.

Edgerton, R. B. (2001). Hidden majority of individuals with mental retardation and developmental disabilities. In A. Tymchuk, K. C. Lakin, & R. Luckasson, (Eds.), (2001). The forgotten generation: The status and challenges of adults with mild cognitive limitations. Baltimore: Brookes.

Feinstein, C., & Reiss, A. L. (1998). Autism: The point of view from fragile X studies. Journal of Autism and Developmental Disorders, 28(5), 393-405.

Feldman, D., Kinnison, L., Jay, R., & Harth, R. (1983). The effects of differential labeling on professional concepts and attitudes toward the emotionally disturbed/behaviorally disordered. Behavioral Disorders, 8, 191-198.

Figueras, F., Figueras, J., Meler, E., Eixarch, E., Coll, O., Gratacos, E., et al. (2007).

Customized birthweight standards accurately predict perinatal morbidity. Archives of Disease in Childhood: Fetal and Neonatal Edition, 92, F277-F280.

Fitzsimon, P. (2002). Neoliberalism and Education: the autonomous chooser.

Flynn, J. R. (1984). The mean IQ of Americans: Massive gains 1932 to 1978. Psychological Bulletin, 95, 29-51.

Flynn, J. R. (2007). What is intelligence: Beyond the Flynn Effect. New York: Cambridge Press.

Fombonne, E. (1999). The epidemiology of autism: A review. Psychological Medicine, 29, 769-786.

Fombonne, E. (2005). Epidemiological studies of pervasive developmental disorders. In F. R. Volkmar, R. Paul, A. Klin, & D. Cohen (Eds.), Handbook of autism and pervasive developmental disoders, volume one: Diagnosis, development, neurobiology, and behavior (3rd ed., pp. 42-69). Hoboken, NJ: Wiley.

Forness, S. R., Kavale, K. A. (1997). Defining emotional or behavioral disorders in school and related services. In J. W. Lloyd, E. J. Kameenui, & D. Chard (Eds.), *Issues in educating students with disabilities* (pp. 45-61). Mahwah, NJ: Erlbaum.

Forness, S. R., Kavale, K. A. (2001). Ignoring the odds: Hazards of not adding the new medical model to special education decisions. *Behavioral Disorders*, 26, 269-281.

Forness, S. R., Knitzer, J. (1992). A new proposed definition and terminology to replace "serious emotional disturbance" in Individuals With Disabilities Education Act. *School Psychology Review*, 21, 12-20.

Friend, M., & Bursuch, W. D. (2002). Including students with special needs: A practical guide for classroom teachers (3rd ed.). Boston, MA: Allyn and Bacon.

Fuchs, L. S., Fuchs, D., & Speece, D. L. (2002). Treatment validity as a unifying construct for identifying learning disabilities. Learning Disability Quarterly, 25, 33-45.

Fujiura, G. T. (2003). Continuum of intellectual disability: Demographic evidence for the "forgotten generation." Mental Retardation, 41, 420-429.

Fujiura, G. T., & Yamaki, K. (2000). Trends in demography of childhood poverty and disability. *Exceptional Children*, 66(2), 187-199.

Gardner, H. (1983). Frames of Mind. New York: Basic Books.

Gardner, H. (1993). Assessment in context: The alternative to standardized testing. In H. Gardner(Ed.), Multiple intelligences: The theory in practice, 161-183. New York: Basic Books.

Gartner, A. & Lipsky, D.K. (1997). Inclusion and School.

Gillberg, C., & Cederlund, M. (2005). Asperger syndome: Familial and pre-and perinatal factors. Journal of Autism and Developmntal Disorders, 35(2), 159-166.

Gillberg, C., Gillberg, C., Rastam, M., & Wentz, E. (2001). The Asperger syndrome (and high-functioning autism) diagnostic interview (ASDI): A preliminary study of a new structured clinical interview [Special issue]. Autism, 5(1), 57-66.

Goldstein, A. P., Johnson, C. R., & Minshew, N. J. (2001). Attentional processes in autism. Journal of Autism and Developmental Disorders, 31(4), 433-440.

Gottesman, I. I. (1991). *Schizophrenia genesis: The origins of madness*. New York: W. H. Freeman.

Gottfredson, L.S, (1997). Mainstream science on intelligence: An editorial with 52 signatories, history, and bibliography. Intelligence, 24(1), 13-23.

Gray, C. A. (1994). The social story kit. In C. A. Gray(Ed.), The new social story book(pp. 215-224). Arlington, TX: Future Horizons.

Gray, C. A. (2000). Writing social stories with Carol Gray. Arlington. TX: Future Horizons.

Green, G. (2001). Behavior analytic instruction for learners with autism: Advances in stimulus control technology. Focus on Autism and Other Developmental Disabilities, 16, 72-85.

Green, W. W. (1981). Hearing disorders. In A. E. Blackhurst & W. H. Berdine (Eds.), An introduction to special education. Boston: Little, Brown.

Greenspan, S. (1997). The role of intelligence in a broad model of personal competence. In D. P. Flanagan, J. O. Genshaft, & P.L. Harrison (Eds). Contemporary intellectual assessment: theories, test, and issues(P. 133). New York: Guilford.

Greenspan, S., & Switzky, H. N. (2006). Lessons learned from the Arkins decision the next AAMR Manual. In H. N. Switzky & Greenspan (Eds.) What is mental retardation? Ideas for an evolving disability in the 21st century(pp. 283-302). Washington, DC: American Association on Mental Retardation.

Greenspan, S., Loughlin, G., & Black, R. (2001). Credulity and Gullibility in people with developmental disorders: A framework for future research. In L. M. Glidden(Ed). International revork of research in mental retardation, Vol. 24, 101-133. New York: Academic Press.

Gresham, F. M. (2005). Responce to intervention: An alternative means of identifying students as emotionally disturbed. Education and Treatment of Children, 28(4),

328-345.

Gresham, F. M., Lane, K. L., MacMillan, D. L., & Bocian, K. M. (1999). Social and academic profiles of externalizing and internalizing groups: Risk factors for emotional and behavioral disorders. *Behavioral Disorders*, 24, 231-245.

Gunter, P. L., Denny, R. K., Jack, S. L., Shores, R. E., & Nelson, C. M. (1993). Aversive stimuli in academic interactions between students with serious emotional disturbance and their teachers. Behavioral Disorders, 18, 265-274.

Guralnick, 2001). Social competence With peers and early childhood inclusion. in M. J. Guralnick(Ed), Early childhood inclusion: Focus on change(pp. 481-502). Baltimore: Brookes.

Hack, M., Klein, N. K., & Taylor, H. G. (1995). Long-term developmental outcomes of low-birth-weight infants. The Future of Children, 5, 176-196.

Hall, N., Williams, J., & Hall, P. S. (2000). Fresh approaches with oppositional students. *Reclaiming Children and Youth*, 8(4), 219-226.

Hallahan, D. P., & Kauffman, J. M. (2003). *Exceptional learners: Introduction to special education* (9th ed.). Boston: Allyn & Bacon.

Hallahan, D., Kauffman, J., & Pullen, P. (2009). Exceptional Learners(11th ed.) Pearson.

Hallenbeck, B. A., & Kauffman, J. M. (1995). How does observational learning affect the behavior of students with emotional or behavioral disorders? A review of research. Journal of Special Education, 29, 43-71.

Hamilton, B. E., Martin, J. A., Ventura, S. J., Sutton, P. D., & Menacker, F. (2005). Births: Preliminary data for 2004. National Vital Statistics Report, 54, 1-18.

Handleman, J., Harris, S., & Martins, M. (2005). Helping children with autism enter the mainstrem. In F. R. Volkmar, R. Paul, A. Klin, & D. Cohen (Eds.), Handbook of autism and pervasive developmental disorders, volume two: assessment, intervention, and policy (3rd ed., pp. 1029-1042). Hoboken, NJ: Wiley.

Handler, S., Fierson, W. (2011). Joint technical report-Learning disabilities, Dyslexia, and Vision. Pediatrics, 127, e818-e856.

Heflin, L. J., & Bullock, L. M. (1999). Inclusion of students with emotional/behavioral disorders: A survey of teachers in general and special education, *Preventing School Failure*, 43(3), 103-111.

Helen Langton(2000). The Child with Cancer. New York: Bailliere Tindall

Heward, W. L. (2006). Exceptional Children (8th). Upper Saddle River, NJ: Pearson.

Hirshfeld-Becker, D. R., Biederman, J., Faraone, S. V., Robin, J. A., Friedman, D., Rosenthal, J. M., et al. (2004). Pregnancy complications associated with childhood anxiety disorders. Depression and Anxiety, 19, 152-162.

Hollier, L. M., Leveno, K. J., Kelly, M. A., McIntire, D. D., & Cunningham, F. G. (2000). Maternal age and malformations in singleton births. Obstetrics and Gynecology, 96, 701-706.

Hosp, J. L., & Reschly, D. J. (2002). Predictors of restrictiveness of placement for African-American and Caucasian students. *Exceptional Children*, 68, 225-238.

House, S. (2000). Stages in reproduction particularly vulnerable to xenobiotic hazards and nutritional deficts. Nutrition and Health, 14, 147-193.

Hoyert, D. L., Freedman, M. A., Strobino, D. M., & Guyer, B. (2001). Annual summary of vital statistics: 2000. Pediatrics, 108, 1241-1255.

Hu-Lince, D., Craig, D. W., Huentelman, M. J., & Stephan, D. A. (2005). The autism genome project: Goals and strategies. American Journal of Pharmacogenomics, 5(4), 233-246.

Hundert, J., & Hopkins, B. (1992). Traing supervisions in a collaborative team approach to promote peer interactions of children with disabilities in intergrated preschools. Journal of Applied peer interactions of children with disabilities in intergrated preschools. Journal of Applied Behavior Analysis, 25, 385-400.

Hunsaker, S & Callahan, C. (1995). Creativity and giftedness: Published instrument uses and abuses. Gifted Child Quarterly, 39, 2, 110-114.

Huntze, S. (1985). A position paper of the Council for Children with Behavioral Disorders. *Behavioral Disorders*, 10, 167-174.

Idol, L, (2006). toward Inclusion of special education students in general education. Remedial and Special education, 27(2), 77-94.

Iwata, B. A., Pace, G. M., Dorsey, M. F., Zarcone, J. R., Vollmer, T. R., Smith, R. G., Rodgers, T. A., Lerman, D. C., Shore, B. A., Mazaleski, J. L., Goh, G., Gowdery, G. E., Kalsher, M. J., McCosh, K. C., & Wills, K. D. (1994). The function of self-injurious behavior, An experimental-epidemiological analysis. Journal of Applied Behavior Analysis, 27, 215-240.

Jacobson, J. W., Mulick, J. A., & Foxx, R. M. (Eds.). (2005). Fads: Dubious and improbable treatments for developmental disabilities. Hillsdale. NJ: Erlbaum.

Jane B. Schulz · C. Dale Carpenter(1995). Mainstreaming Exceptional Students. Boston: Allyn and Bacon.

Jensen, M. (2005). Introduction to emotional and behavioral disorders: Recognizing and managing problems in the classroom. NJ: Merrill/Prentice Hall.

Kaiser, A. P., Cai, X., Hancock, T. B., & Foster, E. M. (2002). Teacher-reported behavior problems and language delays in boys and girls enrolled in Head Start. Behavioral Disorders, 28, 23-29.

Kanner, L. (1943). Autistic disturbance of affective contract. In A. M. Donnellan (Ed.), Classic readings in autism (pp. 11-53). New York:Teachers College Press.

Kauffman, J. M. (2005). *Characteristics of emotional and behavioral disorders of children and youth* (8th ed.). Upper Saddle River, NJ: Pearson.

Kauffman, J. M. (2008). Characteristics of emotional and behavioral disorders of children and youth(9th ed.). NJ: Merrill/Prentice-Hall.

Kennedy, C. H., Meyer, K. A., Knowles, T., & Shukla, S. (2000). Analyzing the multiple functions of streotypical behavior for students with autism: Implications for assessment and treatment. Journal of Applied Behavioral Analysis, 33, 559-571.

Kerr, L., Delaney, B., Clarke, S., Dunlap, G., & Childs, K. (2001). Improving the classroom behavior of students with emotional and behavioral disorders using individualized curricular modifications. *Journal of Emotional and Behavioral Disorders*, 9, 239-247.

King, B., DeAntonio, C., McCracken, J., Forness, S., & Ackerland, V. (1994). Psychiatric Consultation in Severe and Profound Mental Retardation, American Journal of Psychiatry, 151(12), 1802-1808.

King, J. C. (2000). Physiology of pregnancy and nutrient metabolism. American Journal of Clinica lNutrition, 71(Supplement 5), 1218S-1225S.

Kingsley, M. (1997). The effects of a visual loss. In H. Mason & S. McCall(Eds.), Visual impairment: Access to education for children and young people(pp.23-29). London: Fulton.

Kirk, S.·Gallagher, J.·Coleman, M.·& Anastasiow, N. (2009). Educating Exceptional Children. Wadsworth: Belmont, CA.

Kluwin, T., Stinson, M., & Colarossi, G. (2002). Social processes and outcomes of in-school contact between deaf and hearing peers. Journal of deaf Studies and Deaf Education, 7, 200-213.

Koegel, R. L., Koegel, L. K., Frea, W. D., & Smith, A. E. (1995). Emerging interventions of children with autism: longitudinal and lifestyle implications. In R. L. Kogel and L. K. Koegel (Eds.), Teaching children with autism: Strategies for initiating positive interactions and improving learning opportunities. Baltimore: Paul H. Bookes.

Koenen, K., Moffitt, T., Roberts, A., Martin, L., Kubzansky, L., Harrington, H., Poulton, R., & Caspi, A. (2009). Childhood IQ and Adult Mental Disorders: A Test of the connitive Reserve Hypothesis. American Journal of Psychiatry, 166(1), 50-57.

Koenig, A. J., Holbrook, M. C., Corn, A. L., DePriest, L. B., Erin, J. N., & Presley, I. (2000). Specialized assessment for students with visual impairments. In M. C. Holbrook & A. J. Koenig(Eds.), Foundations of education: Instructional strategies for teaching children and youths with visual impairments(pp. 103-172). New York: AFB Press.

Koestler, F. (1976). The Unseen Minority: A social history of blindness in the United States. New York: Davis McKay Co.

Kogel, L. K., Kogel, R. L., Harrower, J. K., & Carter, C. M. (1999). Pivotal response intervention I: Overview of approach. Journal of The Association for Persons with Severe Handicaps, 24, 174-185.

Krueger, P. M., & Scholl, T. O. (2000). Adequacy of prenatal care and pregnancy outcome. Journal of American Osteopathy Association, 100(8), 485-492.

Krug, D. A., Arick, J. R., & Almond, P. J. (1980). Behavior checklist for identifying severely handicapped individuals with high levels of autistic behavior. Journal of Child Psychology and Psychiatry and Allied Disciplines, 21(3), 221-229.

Kyle, F. & Harris, M. (2006). Concurrent correlates and predictors of reading and spelling achievement in deaf and hearing school children. Journal of Deaf Studies and Deaf Education, 11, 273-288.

Lane, K. L. (1999). Young students at risk for anti-social behavior: The utility of academic and social skills interventions. *Journal of Emotional and Behavioral Disorders*, 7, 211-223.

Lane, K. L., Gresham, F. M., & O'Shaughnessy, T. E. (2002). Interventions for children with or at risk for emotional and behavioral disorders. Boston: Allyn & Bacon.

Lane, K. L., Menzies, H. M., Barton-Arwood, S. M., Doukas, G. L., & Munton, S. M. (2005). Designing, implementing, and evaluating social skills interventions for elementary students: Step-by-step procedures based on actual school-based investigations. Preventing School Failure, 49(2), 18-26.

Larson, S. A., Lakin, K. C., Anderson, L., Kwak, N., Hak Lee, J., & Anderson D. (2001). Prevalence of mental retardation and developmental disabilities:Estimates from the 1994/1995 National Health Interview Survey Disability Supplements. American Journal of Mental Retardation, 105, 231-252.

Laursen, E. K. (2003). Principle-centered discipline. Reclaiming Children and Youth, 12(2), 78-82.

Leary, M. R., & Hill, D. A. (1996). Moving on: Autism and movement disturbance. Mental Retardation, 34(1), 39-53.

LeCouteur, A., Lord, C., & Rutter, M. (2003). The autism diagnostic interview:

Revised (ADI-R). LosAngeles: Western Psychological Services.

Leigh, S. A., & Barclay, L. A. (2000). High school braille readers: Achieving academic success. Review, 32, 123-131.

Lewis, D. R. & Johnson, D.R. (2005). Costs of family care for individuals with developmental disabilities. In R. J. Stancliffe & K.C. Lakin(Eds.), Costs and outcomes of community services for people with intellectual disabilities(p. 63-89), Baltimore: Brookes.

Licht, B. (1983). Cognitive-motivational factors that contribute to the achievement of learning disabled children. Journal of Learning Disabilities, 16, 483-490.

Light, J. C.(1997). "Communication is the essence of human life": Reflections on communicative compenence. Augmentation and Alternative Communication, 13(2), 61-70.

Linan-Thompson, S., Vaughn, S., Prater, K., & Cirino, P. T. (2006). The response to intervention of English language learners at risk for reading problems. Journal of Learning Disabilities, 39(5), 390-398.

Lipsky, D., & Gartner, A. (1996). Inclusion, School Restructuring, and the Remaking of American Society. Harvard Educational Review, 66, 4, winter, 762- 796.

Little, W. J. (1862). On the influence of abnormal parturition, difficult labours, premature birth, and asphyxia on the mental and physical condition of the child, especially in lation to deformities. Transactions of the London Obstetrical Society, 3, 293-298.

Lloyd, J. W., Kauffman, J. M., & Gansneder, B. (1987). Differential teacher response to descriptions of aberrant behavior. In R. B. Rutherford, C. M. Nelson, & S. R. Forness (Eds.), *Severe behavior disorders of children and youth* (pp.41-52). Boston: College Hill.

Lloyd, L. L., Vicker, B., & Zangari, C.(1994). Augmentative and alternative communication: An historic perspective. Augmentative and Alternative Communication, 10, 7-59.

Lohman, D, (2006). Exploring perceptions and awareness of high ability. Roeper Review, 29, 32-40.

Loncke, F. & Snell, M.(2000). A procedure for dynamic assessment of nonsymbolic and presymbolic communication. Paper presented at the 9th biennial conference of the ISAAC, Washington, DC.

Lord, C., Risi, S., Lambrecht, L., Cook, E. H., Jr., Leventhal, B. L., & DiLavore, P. C. (2000). The autism diagnostic observation schedule generic: A standard measure of social and communication deficits associated with specturm of autism. Journal of Autism and Developmental Disorders, 30(3), 205-223.

Lotter, V. (1967). Epidemiology of autistic conditions in young children: Ⅱ. Some characteristics of the parents and children. Social Psychiatry, 1(4), 163-173.

Lovaas, O. I. (1987). Behavioral treatment and normal educational and intellectual functioning in young autistic children. Journal of Consulting and Clinical Psychology, 55, 3-9.

Lovaas, O. I. (1994). Comments made during Ohio State University teleconference on applied behavior analysis, The Ohio State University, Columbus.

Loveland, K. A., & Tunali-Kotoski, B. (2005). The school-age child with an austistic specturm disorder. In F. R. Volkmar, R. Paul, A. Klin, & D. Cohen (Eds.), Handbook of autism and pervasive developmental disorders, volume one: Diagnosis, development, neurobiology, and behavior (3rd ed., pp. 247-287). Hoboken, NJ: Wiley.

Lueck, A. H. (2004). Overview of functional evaluation of vision. In A. H. Lueck(Ed.), Functional vision(pp. 89-114). New York: AFB Press.

Lutejin, E., Lutejin, F., Jackson, S., Volkmar, F., & Minderaa, R. (2000). The children's the psychometric characteristics. Journal of Autism and Developmental Disorders, 30, 317-330.

Machado, C. J. (2006). Impact of maternal age on birth outcomes: A population-based study of primiparous Brazilian women in the city of Sao Paulo. Journal of Biosocial Science, 38, 523-535.

MacMillan, D. L. (1982). Mental retardation in school and society (2nd ed.). Boston: Little, Brown.

MacMillan, D. L. Siperstein, G. N., & Gresham, F. M (1996). A Challenge to the viability of mild mental retardation as a diagnostic category. Exceptional Children, 62, 356-371.

Magg, J. W. (2000). Managing resistance. *Intervention in School and clinci*, 35, 131-140.

Malmgren, K. W., Trezek, B. J., & Paul, P. V. (2005). Models of classroom management as applied to the secondary classroom. The Clearing House, 79(1), 36-39.

March of Dimes Peristas. Retrieved February 22, 2007, from http://www.marchofdimes.com/peristats.

Marston, J. R. (2001). LSCI in functional behavior assessment and positive behavioral intervention. Reclaiming Children and Youth, 10(1), 57-60.

Massey, N. G., & Wheeler, J. J. (2000). Acquisition and generalization of activity schedules and their effects on task engagement in a young child with autism in an inclusive preschool classroom. Education and Training in Mental

Retardation and Developmental Disabilities, 35, 326-335.

Mastropieri, M. A., & Scruggs, T. E. (2004). The inclusive classroom: Strategies for effective instruction(2nd ed.). Upper Saddle River, NJ:Merrill/Prentice Hall.

McConnell, S. (2002). Interventions to facilitate social interactions for young children with autism: Review of available research and recommendations for education intervention and fiture research. Journal of Autism and Developmental Disabilities, 32, 351-372.

McCormick, M. C., Brooks-Gunn, J., Buka, S. L., Goldman, J., Yu, J., Salganik, M., Scott, D. T., Bennett, F. C., Kay, L. L., Bernbaum, J. C., Bauer, C. R., Martin, C., Woods, E. R., Martin, A., & Casey, P. H. (2006). Early intervention in low birth weight premature infants: results at 18 years of age for the infant health and Development Program. pediatrics, 117(3), 771-780.

McDonald F. T.(1980). Teaching and Using Blissymbolics. Toronto. 박숙자 역(1990). 『블리스심블의 이용』. 서울: 목양서원.

McGee, G. G., Morrier, M. J., & Daly, T. (1999). An incidental teaching approach to early intervention for toddlers with autism. Journal of The Association for the Severely Handicapped, 24, 133-146.

Mercer, C. D., & Mercer, A. R. (2002). Teaching students with learning problems. Upper Saddle River, NJ: Merrill Prentice Hall.

Miles, W. A. (2003) Talking the language of the hands to the hands, DB-Link. Available online at www. dblink. org/ lib/ hands. htm.

Miller, J. D., Lynam, D., & Leukefeld, C. (2003). Examining antisocial behavior through the lens of the five factor model of personality. Aggressive Behavior, 29, 497-514.

Moes, D. (1998). Intergrating choice-making opportunities within teacher-assigned academic tasks to facilities the performance of children with autism. Journal of the Association for Persons with Severe Handicaps, 23, 319-328.

Moeschler, J. B., & Shevell, M, (2006). Clinical genetic evaluation of the child with mental retardation or developmental delays. Pediatrics, 117, 2304-2316.

Montgomery, D.(2003). Gifted and Talented Children with Special Educational Needs, London. NACE/Fulton.

Moores, D. (1987). Educating the deaf: Psychology, principles, and practices(3rd ed.). Boston, MA: Houghton Mifflin.

Morrison, R. S., Sainato, D. M., BenChaaban, D., & Endo, S. (2002). Increasing play skills of children with autism using activity schedudules and correspondence training. Journal of Early Intervention, 25, 58-72.

Mueller, R. A., & Courchesne, E. (2000). Autism's home in the brain: Reply.

Neurology, 54(1), 270.

Myles, B. S., & Simpson, R. L. (1998). Inclusion of students with autism in general education classrooms: The autism inclusion collaboration model. In R. Simpson & B. Myles (Eds.), Educating children and youth with autism: Strategies for effective practice (pp. 241-256). Austin, TX:Pro-Ed.

Myles, B. S., & Simpson, R. L. (2001). Effective practices for students with Asperger syndrome. Focus on Exceptional Children, 34(3), 1-14.

Nancy E. Kline(2004). Essentials of Pediatric Oncology Nursing. Association of Pediatric Oncology Nurses.

National Alliance for Autism Research (NAAR) (2005). What is autism: An overview. Retrieved November 5, 2005, from http://www.nad.org/whatisit/index.php

National Research Council (2002). Community and Quality of Life: Data needs for informed decision making. Washington, DC: National Academy Press.

National Research Council (NRC). (2001). Educating children with Autism. Washington, DC: National Academic Press.

Neisser, U. (1976). General, academic, and artificial intelligence. In L. B. Resnick(Ed), The nature of intelligence, 135-144. Hillsdale, NJ: Erlbaum.

Neisser, U., Boodo, G., Bouchard, T., Boykin, A., Brody, N., Ceci, S., et al. (1996). Intelligence: Knowns and unknowns. American Psychologist, 51, 77-101.

Nettelbeck, T., & Young, R. (1996). Intelligence and savant syndrome: Is the whole greater than the sum of the fragments? Intelligence, 22, 49-68.

Office of Special Education Programs. (1995). [OSEP Memorandum 95-16, 22 IDELR 531]. Washington, DC: Auther.

Olga Dreeben(2007). Introduction to Physical Therapy for Physical Therapist Assistants. Boston: Jones and Bartlett Publishers.

Ortiz, A. A., Wilkinson, C. Y., Roberton-Courtney, P., & Kushner, M. I. (2006). Considerations in implementing intervention assistance teams to support English language learners. Remedial and Special Education, 27(1), 53-63.

Owens, R. E.(1995). Language disorders-A functional approach to assessment and intervention. MA: Allyn & Bacon.

Ozonoff, S., Dawson, G., & McPartland, J. (2002). A parent's guide to Asperger syndrome and high-functioning autism: How to meet the challenges and help your child thrive. New York: Guilford.

Patterson, G. R., Cipaldi, D., & Bank, L. (1991). An early starter model for predicting delinquency. In D.J pepler & k. H. Rubin (Eds). The development and treatment of childhood aggression (pp. 139- 168). Hillsdale, NJ: Erlbaum.

Patton, J., Ittenbach R., Beirne-Smith, M (1994). Mental Retardation. New York:

Merrill.

Paul, R. (2005). Assessing communication in autism spectrum disorders. In F. R. Volkmar, R. Paul, A. Klin, & D. Cohen (Eds.), Handbook of autism and pervasive developmental disorders: Vol. 2. Assessment, interventions, and policy (4th ed., pp. 799-816). Hoboken, NJ: Wiley.

Peck, C., Staub, D., Gallucci, C., & Schwartz, I. (2004). Parent perception of the impacts of inclusion on their nondisabled child. Research and Practice for Persons with Severe disabilities, 29(2), 135-143.

Pennington, B. F., & Ozonoff, S. (1996). Executive functions and developmental psychopathology. Journal of Children Psychology and Psychiatry, 37(1), 51-87.

Peterson, C. A., Wall, S., Raikes, H. A., Kisker, E. E., Swanson, M. E., Jerald, J., Atwater, J. B., & Qiao, W. (2004). Early head start: Identifying and serving children with disabilities. Joumal of Early Childhood Special Education, 24(2), 76-88.

Peterson, N. L. (1987). *Early intervention for handicapped and at-risk children: An introduction to early childhood-special education.* Denver: Love Publishing Co.

Piven, J. (2002). Genetics of personality: The example of the broad autism phenotype. In J. Benjamin, R. I. Ebstern, & R. H. Belmaher(Eds.), Molecular genetics and human personality. Washington, DC: American Psychiatric Publishers.

Plomin, R. (1989). Environment and genes: Determinants of behavior. *American Psychologist*, 44, 105-111.

Prinz, P., Strong, M., Kuntze, M., Vincent, M., friedman, J., Moyer, P., et al (1996). A path to literacy through ASL and English for Deaf children. In C. Johnson & J. Gilbert(Eds.) Children's Language(Vol. 9 P. 235-251). Mathwah NJ:Lawrence Erlbaum Associates.

Prior, M., & Werry, J. S. (1986). Autism, schizophrenia, and allied disorders. In H. C. Quay & J. S. Werry (Eds.), *Psychopathological disorders of childhood* (3rd ed.). New York: Wiley.

Quershi, M., & Seitz, R. (1994). Non-equivalence of WPPSI, WPPSI-R, and WISC-R scores. Current Psychology, 13, 210-225.

Quine, L. (1986). Behavior Problems in Severely Mentally Handicapped Children Psychological Medicine, 16, 895-907.

Reddy, U. M., Ko, C., & Williger, M. (2006). Maternal age and the risk of stillbirth throughout pregnancy in the United States. American Journal of Obstetrics and Gynecology, 195, 764-770.

Reid, R., & Nelson, J. R. (2002). The utility, acceptability, and practicality of functional behavioral assessment for students with high-incidence problem behaviors. *Remedial and Special Education*, 23, 15-23.

Reilly, T. (2009). Talent, Purpose, and Goal orientations:case studies of talented adolescents, 20(2), 161-172.

Renzulli, J. & Park, S. (2002). Giftedness and high school dropouts: Personal, family and school-related factors. Storrs, CT: National Research Center on the Gifted and Talented

Rhode, G., Jensen, W. R., & Reavis, H. K. (1998). The tough kid book: Practical classroom management strategies. Longmont, CO: Sopris West.

Robin, D., Fein, D., Barton, M., & Green, J. (2001). The modified checklist for autism in toddlers. Journal of Autism and Developmental Disorders, 31(2), 131-144.

Rorschach, H. (1942). Rorschach psychodiagnostic plates. New York: Psychological Corporation.

Rosenberg, D. A., & Krugman, R. D. (1991). Epidemiology and outcome of child abuse. Annual Review of Medicine, 42, 217-224.

Rosenberg, M. S., Wilson, R. J., Maheady, L., & Sindelar, P. T. (2004). Educating students with behavior disorders (3rd ed.). Boston: Pearson Education.

Rowland, C. & Schweigert, P. (1993). Analyzing the Communication Environment to Increase Functional Communication. Journal of the Association for Persons with Severe Handicaps, 18(3), 161-176.

Rutter, M. (1996). Maternal deprivation. In M. H. Bornstein (Ed.), Handbook of parenting: Vol. 4. Applied and practical parenting(pp. 3-31). Mahwah, NJ: Erbaum.

Saavedra, L. M., & Silverman, W. K. (2002). Classification of anxiety disorders in children: What a difference two decades make. *International Review of Psychiatry*, 14, 87-101.

Saigh, P. A. (1998). Posttraumatic stress disorder. In R. J. Morris & T. R. Kratochwill (Eds.), *The practice of child therapy* (3rd ed., pp. 390-418). Boston: Allyn & Bacon.

Schalock, R. L. & Luckasson. R. (2005). Clinical judgement. Washington, DC: American Association on Mental retardation.

Schirmer, B. (2001). Psychological, social, and educational dimensions of deafness. Boston: Allyn & Bacon.

Scholl, T. O., Hediger, M. L., Schall, J. I., Khoo, C., & Fischer, R. L. (1996). Dietary and serum folate: Their influence on the outcome of pregnancy. American Journal of Clinical Nutrition, 63, 520-525.

Schonert-Reichl, K. A. (1993). Empathy and social relationalships in adolescents with behavioral disorders. Behavioral Disorders, 18, 189-204.

Schopler, E., Reichler, R. J., & Renner, B. R. (1988). The childhood autism rating scale (CARS) for diagnostic screening and classification of autism. Irvington, NY: Irvington.

Schopler, E., Reichler, R. J., Bashford, A., Lansing, M. D., & Marcus, L. M. (1990). Psychoeducal profile-Revised. Austin, TX:PRO-ED.

Schulte-kőrne, G., Ziegler, A., deimel, W., schumacher, J., Plume, E 외 7인 (2006). Interrelationship and familiality of dyslexia Related Quantitative Measures. annals of Human Genetics, 71, 160-175.

Schwartz, I., Garfinkle, A. N., & Bauer, J. (1998). The Picture Exchange Communication System: Communicative outcomes for young children with disabilities. Topics in Early Childhood Special Education, 18, 144-159.

Segal, N. L. (2005). Twin study summaries. Twin Research and Human Genetics, 8(4), 411-2, 413-4.

Seoud, M. A., Nassar, A. H., Usta, I. M., Melhem, Z., Kazma, A., & Khalil, A. M. (2002). Impact of advanced maternal age on pregnancy outcome. American Journal of Perinatology, 19, 1-8.

Shaw, G. M., Lammer, E. J., Wasserman, C. R., & O'Malley, C. D. (1995). Risks of orofacial clefts in children born to women using multivitamins containing folic acid periconceptionally. Lancet, 346, 393-396.

Shepherd, T. L. (2010). Working with students with emotional and behavior disorders: Characteristics and teaching strategies. Upper Saddle River, NJ: Pearson.

Sherwood J. Best · Kathryn Wolff Heller · June L. Bigge(2005). Teaching Individuals with Physical or Multiple Disabilities. Columbus, Ohio: Pearson Merrill Prentice Hall.

Shriberg, L. D., Paul, R., McSweeny, J. L., Klin, A., & Cohen, D. J. (2001). Speech and prosody characteristics of adolescents and adults with high-functioning autism and Asperger syndrome. Journal of Speech and Hearing Research, 44, 1097-1115.

Sidman, M. (1994). Equivalence relations and behavior: A research story. Boston: Authors Cooperative.

Siegel-Causey, E., & Wetherby A. (2000). Nonsymbolic communication. In E. S. Martha, & B. Fredda(EDs), Instruction of students with Severe Disabilities(5th ed.). NJ: Prentice Hall.

Sigman & Ruskin, 1999). Continuity and change in the social competence of childern with autism, Down syndrome, and developmental delays. Monographs of the Society for research in child Development, 64(1) (serial NO.256).

Simpson, R. L., & Myles, B. S. (2008). Educating children and youth with austim. PRO-ED.

Skellenger, A., Hill, E., & Hill, M. (1992). The social functioning of children with visual impairments. In S. L. Odom, S. R. McConnell, & M. A. McEvoy(Eds.), Social competence of young children with disabilities: Issues and strategies for intervention(pp. 165-188). Baltimore:Brookes.

Slater, S. B., Vukmanovic, P., Macukanic, T., Prvulovic, T., & Cutler, J. L (1974). The Definition and Measurement of Disability, Social Science and Medicine, 8, 305-308.

Smalley, S. L. (1998). Autism and tuberous sclerosis. Journal of Autism and Developmental Disorders, 28, 407-414.

Smith, C. R., Wood, F. H., & Grimes, J. (1988). Issues in the identification and placement of behaviorally disordered students. In M. C. Wang, M. C. Reynolds, & H. J. Walberg (Eds.), *Handbook of special education: Research and practice* (Vol. 2). New Yrk: Pergamon.

Smith, D. D. (2004). Introduction to special education: Teaching in an age of opportunity(5th ed.). Boston: Allyn and bacon.

Smith, D. D. (2007). Introduction to special education: Making a difference (6th ed.). Boston, MA: Pearson Education.

Smith, J. D. (2004). In A. McCray Sorrells, H. J. Rieth, & P. T. Sindelar(Eds.), Critical issues in special education: Access, diversity, and accountability (pp1-15). Boston: Allyn & Bacon.

Smith, T. E. C., Polloway, E. A., Patton, J. R., & Dowdy, C. A. (2006). Teaching students with special needs: In inclusive settings (4th ed.). Boston: Allyn and Bacon.

Smith, T., & Lovaas, O. I. (1998). Intensive and early behavioral intervention with autism: The UCLA young autism project. Infants and Young Children, 10(3), 67-78.

Smith, T., Eikeseth, S., Klevstrand, M., & Lovaas, O. I. (1997). Intensive behavioral treatment for preschoolers with severe mental retardation and pervasive developmental disorders. American Journal on Mental Retardation, 102, 238-249.

Smithells, R. W., Nevin, N. C., Seller, M. J., Sheppard, S., Harris, R., Read, A. P., et al. (1983). Further experience of vitamin supplementation for prevention of neural tube defect recurrences. Lancet, 1, 1027-1031.

Smith-Myles, B., & Simpson, R. L. (2001). Effective practices for students with Asperger's syndrome. Focus on Exceptional Children, 34, 1-16.

Spearman, C. (1927). The Abilities of man: Their nature and measurements. New York: Macmillan.

Spinner, M. R., & Siegel, L. (1987). Nonorganic failure to thrive. Journal of Preventative Psychiatry, 3, 279-287.

Spitz, H. H. (1966). the role of input organization in the learning and memory of mental retardates. International Review of Research in Mental retardation, 2, 29-56.

Sprague, J., & Walker, H. (2000). Early identification and intervention for youth with antisocial and violent behavior. Exceptional Children, 66, 367-379.

Stahl, L., & Pry, R. (2002). Joint attention and set-shifting in young children with autism. Autism, 6, 383-396.

Stephen, R. & Warren, U. (2009). Young Children with Special Needs(5th). Merrill: Pearson Education, Inc.

Stephens, W. E. (1972). Equivalence formation by retarded and nonretarded children at different mental ages. American Journal of Mental Deficiency, 77, 311-313.

Sternberg, R. (2009). ethics and giftedness. High Ability Studies, 20, 2, 121-130.

Sternberg, R. J. & Detterman, D. (1986). What is intelligence? Contemporary viewpoints on its nature and definition. Norwood, NJ: Ablex.

Sternberg, R. J. (1988). The Triachic mind: A new theory of human intelligence. New York: Penguin.

Stipek, D. & Weisz, J. (1981). Perceived personal control and academic achievement. review of Educational Research, 51, 101-137.

Stone, J. (1997). The preschool child. In H. Mason & S. McCall(Eds.), Visual impairment: Access to education for children and young people (pp. 87-96). London: Fulton.

Stone, W. L., Coonrod, E. E., & Ousley, O. Y. (2000). Screening tool for two-year olds (STAT): Development and preliminary data. Journal of Autism and Developmental Disorders, 30, 607-612.

Strain, P. S., & Schwartz, I. (2001). ABA and the development of meaningful social relations for young children with auti.sm. Focus on Autism and Other Developmental Disabilities, 16, 120-128.

Sundberg, M. L., & Partington, J. W. (1998). Teaching language to children with autism or other developmental disabilities. Pleasant Hill, CA: Behavior Analysts.

Sutherland, L. C. (2004). Speech, language, and audiology services in public schools.

Intervention in School and Clinic, 39, 209-217.

Symons, F. J. (1995). Self-injurious behavior: A brief review of theories and current treatment perspectives. Developmental Disabilities Bulletin, 23, 91-104.

Taber, K. S.(2007). Science education for gifted learners? In K. S. Taber(eds.), Science Eucation for Gifted Learners. Routledge, pp. 1-14.

Takeuchi, K., & Yamamoto, J. E. (2001). A case study of examining the effects of self-monitoring on improving academic performance by a student with autism. Japanese Journal of Special Education, 38, 105-116.

Thompson, (1984). Developmental dyslexia. London: Arnold.

Thurstone, L., 1938. Primary mental abilities. Chicago: University of Chicago Press.

Tolan, P., Gorman-Smith, D., & Henry, D. (2001). New study to focus on efficacy of "whole school" prevention approaches. *Emotional & Behavioral Disorders in Youth*, 2, 5-6, 22-23.

Tolan, P., Gorman-Smith, D., & Henry, D. (2001). New study to focus on efficacy of "whole school" prevention approaches. *Emotional & Behavioral Disorders in Youth*, 2, 5-6, 22-23.

Tourette Syndrome Association. (2000). What is Tourette syndrome. Bayside, NY: Author.

Towbin, K. E., Mauk, J. E., & Batshaw, M. L. (2002). Pervasive developmental disorders. In M. L. Batshaw (Ed.), Children with disabilities (5th ed.). Baltimore: Brooks.

Trembly, R. E. (2000). The development of aggressive behavior during childhood: What have we learned in the past century? International Journal of Behavioral Development, 24, 129-141.

Trottier, G., Srivastava, L., & Walker, C. (1999). Etiology of infantile autism: A review of recent advances in genetic and neurobiological research. Journal of Psychiatry and Neurosceince, 24(2), 193-215.

Tsai, L. (2000). Children with autism spectrum disorder: Medicine today and in the new millennium. Focus on Autism and Other Developmental Disabilities, 15(3), 138-145.

Turnbull, A., Turnbull, R., & Wehmeyer, M., (2010). Exceptional Lives: Special Education in today's Schools. Pearson Edu. Inc, Upper Saddle River, NJ.

Turnbull, R., Turnbull, A., Shank, M., & Smith, S. J. (2004). *Exceptional lives: Special education in today's schools*(4th ed.)(p. 139). Upper Saddle River, NJ: Pearson.

Tymchuk, A. J., Lakin, K. C., & Luckasson, R. (Eds.), (2001). The forgotten generation: The status and challenges of adults with mild cognitive limitations.

Baltimore: Brookes.

U. S. Department of Education (2003). 25th Annual Report to Congress. Washington, DC: Auther.

U. S. Department of Education, (2000). To assure the free appropriate public education of all children with disabilities. Washington, DC: Author.

UNESCO, (1994). The Salamanca Statement and Framework for Action.

Van Bourgondien, M. E., & Mesibov, G. B. (1989). Diagnosis and treatment of adolescents and adults with autism. In G. Dawson (Ed.), Autism: Nature, diagnosis, and treatment(pp. 367-385). New York: The Guilford Press.

VanDerHeyden, A. M., Witt, J. C., & Gilbertson, D. (2007). A multi-year evaluation of the effects of a response to intervention(RTI) model on identification of children for special education. Journal of School Psychology, 45(2), 225-256.

VanTassel-Baska, J., (1993). Basic Principles of Curriculum and Instruction. Chicago: University of Chicago Press.

Volkmar, F. R., & Pauls, D. (2003). Autism. The Lancet, 362, 1133-1141.

Vygotsky, L. S.(1978). Mind in society. Cambridge, MA: Harvard University Press.

W. Hamish B. Wallace · Daniel M. Green(2004). Late Effects of Childhood Cancer. London: Arnold.

Wagner, M., Newman, L., Cameto, R., Garza, N., & Levin, P., (2005). After high school: A first look at the postschool experiences of youth with disabilities: A report from the National Longitudinal Transition Study-2 (NTLS-2). Menlo Park, CA: SRI. http://www.nlts2.org/

Wagner, R. K., Torgesen, J. K., & Rashotte, C.A.(1993). Development of reading-related Phonological processing abilities: new evidence of bidirectional causality from a latent variable longitudinal study. Developmental Psychology, 30(1), 73-87.

Walker, H. M. (1982). Assessment of behavior disorders in school settings: Outcomes, issues, and recommendations. In M. M. Noel & N. g. Haring (Eds.), *Progress or change: Issues in educating the emotionally disturbed: Vol.1. Identification and program planning* (pp. 11-42). Seattle: University of Washington.

Walker, H. M., & Severson, H. H. (1990). Systematic screening for behavior disorders(SSBD). Longmont, CO: Sopris West.

Walker, H. M., & Severson, H. H. (1990). Systematic screening for behavior disorders. Longmont, CO:Sopris West.

Walker, H. M., Ramsey, E., & Gresham, F. M. (2004). Antisocial behavior in school: Strategies and best practices (2nd ed.). Pacific Grove, CA: Brooks/Cole.

Wetherby, A. M., & Prizant, B. M. (1992). Facilitating language and communication development in autism: Assessment and intervention guidelines, In D. E. Berkell (Ed.), Autism: Identification, education, and treatment (pp. 107-134). Hillsdale, NJ: Lawrence Earlbaum.

White, L. (2004). Foundations of maternal and pediatric nursing(2nd ed.). Clifton Park, NY:Thomson Delmar Learning.

Widom, C. S. (1997). Child abuse, neglect, and witnessing violence. In D. M. Stoff, J. Brelling, & J. D. Maser (Eds.), *Handbook of antisocial behavior* (pp. 159-170). New York: Wiley.

William M. Cruickshank(1976). Cerebral Palsy. Syracuse University Press.

Williams, J. H., & Ross, L. (2007). Consequence of prenatal toxin exposure for mental health in children and adolescents: A systematic review. European Child and Adolescent Psychiatry, 16, 243-253.

Williams, P. G., & Hersh, J. H. (1998). Brief report: The association of neurofibromatosis type 1 and autism. Journal of Autism and Developmental Disorders, 28(6), 567-571.

Wing, L., & Gould, J. (1979). Severe impairments of social interactions and associated abnormalities in children: Epidemiology and classification. Journal of Autism and Developmental Disorders, 9(1), 11-29.

Wing, L., Leekman, S. R., Libby, J., & Larcombe, M. (2002). The diagnostic interview for social and communication disorders: Background, inter-rater reliability and clinical use. Journal of Child Psychology and Psychiatry and Allied Disciplines, 43(3), 307-325.

Wood, F. H. (1987). Issues in the education of behaviorally disordered students. In R. B. Rutherford, C. M. Nelson, & S. R. Forness (Eds.), *Severe behavior disorders of children and youth* (pp.15-26). Boston: College Hill.

Wood, J. W.(2002). Adapting instruction to accommodate students in inclusive settings. New Jersey: Merrill Prentice Hall.

Wu, G., Bazer, F. W., Cudd, T. A., Meininger, C. J., & Spencer, T. E. (2004). Maternal nutrition and fetal development. Journal of Nutrition, 134, 2169-2172.

Wu, Y. W., Croen, L. A., Shah, S. J., Newman, T. B., & Najjar, D. V. (2006). Cerebal palsy in a term population: Risk factors and neuroimaging findings. Pediatrics, 118, 690-697.

Yeargin-Allsopp, M., Rice, C., Karapurkar, T., Doernberg, N., Boyle, C., & Murphy, C. (2003). Prevalence autism in a U. S. metropolitan area. Journal of the American Medical Association, 289(1), 49-55.

Young Views on special Needs Education (2003). European Agency for Development in Special Needs Education. http://www.european-agency.org

Zeaman, D., & House, B. J., 1963. The role of attention in retardate discrimination learning. In N. R. Ellis(ed.) Handbook of mental deficiency: Psychological theory and research(P. 159-223). Hillsdale, NJ: Erlbaum.

Zeaman, D., & House, B. J., 1979. A review of attention theory. In N. R. Ellis(ed.) Handbook of mental deficiency: Psychological theory and research(2nd ed., pp. 63-120). Hillsdale, NJ: Erlbaum.

Zeisel, S. H., & Roberts, J. (2003). Othis media in young children with disabiliues infints and young children. 16(2). 106-119.

Zigler, E & Balla, D., 1982. Mental Retardation: Developmental-Difference Controversy. Hillsdale, New Jersey.

Zigler, E & Balla, D., Hodapp R., (1984). On the definition and classification of mental retardation. American Journal of Mental Deficiency, 89, 215-230.

Zigler, E. & Gates, D. (1999). Personality Development in Individuals with Mental Retardation. Cambridge: University Press.

Zigler, E., Bennett-Gates D., & Hodapp R., Assessing Personality Traits of Individuals with Mental Retardation. In E. Zigler & D. Bennett-Gates, (1999). Personality Development in Individuals with Mental Retardation, 206-225. Cambridge: University Press.

http://www.jisikin.co.kr/tt/6392.

http://www.seoulats.or.kr/home/index.asp

http://radicalpedagogy.icaap.org/content/issue4_2/04_fitzsimons.html

http://www.google.co.kr/search?sourceid=navclient&hl

http://blog.naver.com/goblingo?Redirect=Log&logNo=20022359566.

- 서울시 장애인 종합복지관 블로그

http://majung1982.blog.me/30080278530

-서울시 보조공학 서비스 센터

찾아보기

[ㅊ]

[ㅌ]

[저자 소개]

• 박숙자

연세대학교 문과대학 교육학과(학사)
단국대학교 대학원 특수교육과(석사)
단국대학교 대학원 특수교육과(박사)
연세대학교 재활학교 교장(1975.07-2009.8.30)
연세대, 이화여대, 가톨릭대, 백석대, 광운대 특수교육과 강사
한양여대 유아교육과 강사, 숙명여대 평생교육원 강사
(현) 연세대학교 교육대학원 강사

〈저서 및 논문〉
『블리스 심볼의 이용』, 박숙자 역(1990). 목양서원
MacDonald F.T.(1980). Teaching and Using Biissynbolics, Toronto
『장애학생을 위한 보완, 대체 의사소통지도』, 1999. 국립특수교육원(공저)
『특수아동교육』, 2005. 도서출판 정일(공저)
장애학생을 위한 보완, 대체 의사소통의 전망. (2008). 국립특수교육원
보완, 대체 의사소통을 활용한 기능적 의사소통기술 증진, 2007. 인천광역시 장애인 복지관
의사소통 장애학생을 위한 교수 학습방법. 2008. 국립특수교육원
중증 장애아의 교수 학습 지도 방법, 2009, 국립특수교육원

• 이나미

연세대학교 문과대학(학사)
Missouri State University-Kirksville, Special Education(석사)
University of Missouri-Columbia, Special Education(박사)
Missouri State School 특수학교 교사
이대, 연대, 단국대 특수교육과 강사
한국교육개발원 특수교육실 책임연구원
(현) 대불대학교 특수교육학과 교수

〈저서 및 논문〉
『특수아 진단 및 평가』, 2006. 집문당.
『발달장애인의 직업전 훈련 프로그램의 실제』, 2008, 21세기사(공저)
『지적장애』, 2011. 청목출판사.
중도 지적장애인의 취업직종 확대를 위한 관련 기관 연계모형연구, 특수교육, 2008.
특수학급 운영의 효율화 방안 외 다수, 한국교육개발원.

• 최윤희

이화여자대학교 사범대학 특수교육과(학사)
이화여자대학교 교육대학원 특수교육학과(석사)
이화여자대학교 대학원 특수교육전공(박사)
서울시남부장애인종합복지관 교육재활팀장
광성해맑음학교 특수교사
이화여자대학교 특수교육연구소 연구원

〈저서 및 논문〉
『특수아 상담』, 2007. 시그마프레스.
『장애유아 진단 및 평가』, 2009. 학지사(공저).
『지적장애』, 2011. 청목출판사.
반응적 의사소통 전략을 중심으로 한 어머니훈련이 발달지체 유아와 어머니의 상호작용에 미치는 영향, 유아특수교육연구, 2006
장애 유아 통합교육 실행요소: 국내 연구에 나타난 요소들을 중심으로, 유아특수교육연구, 2007.
일반중학교 진학에 따른 장애 학생 어머니의 전이 경험과 요구, 특수교육, 2010.
자기지시전략을 활용한 물건사기훈련이 정신지체 초등학생의 구매관련행동에 미치는 효과, 특수교육, 2011.

특수교육학개론

2012년 1월 2일 초판인쇄
2012년 1월 7일 초판발행

저 자 박숙자 · 이나미 · 최윤희
발행인 유성열
발행처 청목출판사
서울특별시 영등포구 신길로 40길 20
전화 (02) 849-6157(代) · 2820 / 833-6090~1
FAX (02) 849-0817
등록 제318-1994-000090호

파본은 바꾸어 드립니다. 값 23,000원

http : //www.chongmok.co.kr

ISBN 978-89-5565-439-4

※ 인지는 생략합니다.